Reinhard Stähling, Barbara Wenders
Worin unsere Stärke besteht

Die Reihe »Dialektik der Be-Hinderung« ist inter- und transdisziplinär angelegt. Sie eröffnet den Zugang zu einem vertieften theoretischen Begreifen der sozialen Konstruktion von Behinderung in Form von Beiträgen zu einer synthetischen Humanwissenschaft. Sie versteht sich in den Traditionen kritischer Theorie, die immer auf eine veränderte gesellschaftliche Praxis im Sinne von Dekolonisierung und Überwindung sozialer Ausgrenzung zielt. Außerdem muss kritische Theorie im Bereich von Behinderung und psychischer Krankheit erweiterte Zugangswege kritischer Praxis eröffnen und sich von dieser ausgehend bestimmen, denn wie bereits Comenius festhielt: »Das Wissen, das nicht zu Taten führt, mag zugrunde gehen!«

Damit ist ein Verständnis von Behinderung und psychischer Krankheit zugrunde gelegt, das von dem bio-psycho-sozialen Wechselverhältnis von Isolation und sozialer Ausgrenzung als Kernbestand der Konstruktion von Behinderung ausgeht. Gegen diese Prozesse wird die generelle Entwicklungsfähigkeit aller Menschen durch menschliche Verhältnisse gesetzt, in deren Mittelpunkt, in Anlehnung an die »Philosophie der Befreiung«, Anerkennung und Dialog stehen.

Das einzig Heilige, das zählt, ist die Existenz des Anderen.

DIALEKTIK DER BE-HINDERUNG

Herausgegeben von Georg Feuser, Wolfgang Jantzen †, Willehad Lanwer, Ingolf Prosetzky, Peter Rödler und Ursula Stinkes

Reinhard Stähling, Barbara Wenders

Worin unsere Stärke besteht

Eine inklusive Modellschule
im sozialen Brennpunkt

Mit einem Vorwort von
und einem Interview mit Georg Feuser

Psychosozial-Verlag

Zum Buch ist für Fortbildungszwecke die Filmdokumentation
PERSPEKTIVEN entstanden. Laufzeit: 27 Min.
Diese kann als DVD bzw. Link zum Download erworben werden bei:
FriJus GmbH, Stuttgart – Tel. 0711-8066697
f.schuchardt@frijus.de – www.frijus.de

Bibliografische Information der Deutschen Nationalbibliothek
Die Deutsche Nationalbibliothek verzeichnet diese Publikation
in der Deutschen Nationalbibliografie; detaillierte bibliografische Daten
sind im Internet über http://dnb.d-nb.de abrufbar.

Originalausgabe
© 2021 Psychosozial-Verlag, Gießen
E-Mail: info@psychosozial-verlag.de
www.psychosozial-verlag.de
Umschlagabbildung: Donata Wenders
Umschlaggestaltung und Innenlayout nach Entwürfen von Hanspeter Ludwig, Wetzlar
ISBN 978-3-8379-3122-8 (Print)
ISBN 978-3-8379-7786-8 (E-Book-PDF)

Inhalt

Teil III
Reflexionen

Vorwort

Würde man von der heute wohl von niemanden mehr überschaubaren Anzahl der allein für den Sektor des Erziehungs- und Bildungs- und Unterrichtssystems (EBU) vorliegenden deutschsprachigen Fachliteratur zur Frage der »Inklusion« (ehemals »Integration«) ausgehen, könnte man der Annahme zuneigen, dass es um diese Frage und damit die Umsetzung der UN-Behindertenrechtskonvention (UN-BRK) bestens bestellt sein muss. Schließlich umfassen diese Bemühungen vor allem im Bereich des Schulsystems schon viereinhalb Jahrzehnte an Forschung, Theoriebildung und Praxis. Nicht zu vernachlässigen sind dabei die Entwicklungen in der Frühen Bildung[1] und die sich zunehmend stellenden für den tertiären Bildungsbereich.[2]

Im Feld dieser Publikationsfülle nehmen die Arbeiten von Reinhard Stähling und Barbara Wenders, die vor allem die Entwicklung der Schule Berg Fidel in Münster und deren Praxis beschreiben, eine zentrale Stellung ein. Dies vollzieht sich auch dank der filmischen Dokumentation der Arbeit »im sozialen Brennpunkt«, die der sehr häufig zu hörenden Aussage »Das kann ich mir gar nicht vorstellen!« schnell den Boden entzieht, weil es nicht nur um die Schule für alle im Sinne einer romantisch verklärten Sicht geht, in Bezug auf die *alle* auch *Alle* meint, sondern um die konkrete tägliche Zusammenarbeit mit den Schüler*innen dieser Schule. Und darauf bezogen dünnen sich tragfähige Schriften, die nachweisen, was es bedeutet, sich als Kollegium und Schulgemeinde dieser Realität einer immens großen Heterogenität der Schüler*innen zu stellen, deren Eltern und den Lebensverhältnissen und -bedingungen der Familien, sehr

---

1 Siehe zum Beispiel Feuser (1987/1984) und Amipur & Platte (2017).
2 Siehe zum Beispiel das Projekt écolsiv des Institut Unterstrass der Pädagogischen Hochschule Zürich (https://www.unterstrass.edu/innovation/ecolsiv/; filmische Dokumentation unter: https://www.podcast.de/podcast/621467/ [11.01.2021]).

11

schnell aus. Und würde man die Bücher und Texte, in denen im Feld der Inklusion *alle* nicht *Alle* meint, was ein Widerspruch in sich ist, vernachlässigen, dann ginge das Zählen sehr schnell auf leicht überschaubare Anzahlen zurück.

Mit diesem Buch setzen der Autor und die Autorin ihre Arbeit in aller Eindeutigkeit und Konsequenz fort; nun bezogen auf die PRIMUS-Schule[3] Berg Fidel-Geist Münster, die als Schulversuch des Landes Nordrhein-Westfalens ein gemeinsames Lernen im Sinne einer »Schule ohne Schulversagen« und ohne Ausschluss eines Kindes, aus welchen Gründen auch immer dieser praktiziert werden könnte, im Lernfeld 1. bis 10. Schuljahr fort. Sie schreiben im neunten Kapitel dieses Buches:

> »Unser Schulversuch PRIMUS hat den Auftrag, herauszuarbeiten und zu erproben, wie wir die soziale Ungleichheit aufheben können, in einer ›Schule‹ für alle von Jahrgang 1 bis 10‹ ohne den Bruch nach Jahrgang 4«,

und betonen:

> »*Aus dem Leben der Klassengemeinschaft* heraus entstehen die Probleme, die zu lösen sind, und sie werden zu Themen.«

Mir erscheint es nicht nötig, dem noch mehr hinzuzufügen. Liest man in diesem Buch, wie dieser Unterricht der Jahrgänge 1 bis 10 aus dem fortwährenden Kampf um Solidarität entstanden ist, sich unter anderem in freier Arbeit, durch einen »Freien Forscher Club«, unter Einbezug der Klassenräte entwickelt hat, wie er sich durch die Corona-Krise bewegt, in der sich die aufgebaute Solidarität aller mit allen bewährt, und bedenkt man, wie es gelingt, relevante Ansätze aus Lern- und Entwicklungstheorien heranzuziehen, wird es möglich, die »feinen Unterschiede« der sozialen Ungleichheit aufzudecken und jene, die in deren Folge im Dunkeln sind, sichtbar zu machen.

Liest man die Stimmen der Schüler*innen, die zu Wort kommen, wird deutlich, dass man mit der Kolonialität des selektierenden und segregierenden Systems keine Schule für Alle gestalten kann, sondern in neuen Formen von Selektionen und Segregationen endet, was heißt – wie ich es beschreibe – mit der Integration der Inklusion in die Segregation einen »Inklusionismus« zu schaffen, der nicht nur die Inklusion als solche per-

---

3 PRIMUS bedeutet »*PRIM*arstufe *U*nd *S*ekundarstufe I«.

vertiert, sondern auch jedwede berufsethische Dimension eines pädago-gisch für die Kinder verantwortlichen Handelns (Feuser, 2017).

Wenn man dann erkennen kann, »worin unsere Stärke besteht«, näm-lich in einer solidarischen Schule, die der OECD-dominierten Abrich-tungspraxis und kulturellen Invasion die Stirn bietet, dann wird deutlich, warum man den Schulversuch PRIMUS-Schule in NRW so schnell wie möglich wieder abschaffen möchte, noch bevor ein zweiter Durchgang zu Ende kommen und eine wissenschaftlich zu nennende Auswertung des Schulversuchs erfolgen kann, weil diese humane und demokratische Unter-richtspraxis anscheinend der demokratischen Verfasstheit unserer Repu-blik widerspricht, wogegen das selektierende, ausgrenzende und segregie-rende EBU dem zu entsprechen scheint.[4]

Das aber werden die Schulen, die Schüler*innen, die Eltern und eine demokratisch überzeugte Zivilgesellschaft hoffentlich abzuwenden wissen. Einen erziehungs- und humanwissenschaftlich haltbaren und vernünftigen Grund gegen das Modell der PRIMUS-Schulen, die konsequent in den Jahrgängen 1 bis 13 geführt werden müssten, gibt es auch jenseits der For-derungen der UN-BRK nicht – nur politische Willkür.

Georg Feuser
Konstanz, im Sommer 2021

Literatur zum Vorwort

Amirpur, Donja; Platte, Andrea (2017): *Handbuch Inklusive Kindheiten*. Opladen, Toronto: Barbara Budrich.

Feuser, Georg (1987/1984): Gemeinsame Erziehung behinderter und nichtbehinder-ter Menschen im Kindertagesheim. http://bidok.uibk.ac.at/library/feuser-kinder-tagesheim.html (11.01.2021).

Feuser, Georg (2017): *Inklusion – ein leeres Versprechen? Zum Verkommen eines Gesell-schaftsprojekts*. Gießen: Psychosozial-Verlag.

---

4 Siehe zu dieser Frage https://www.georg-feuser.com/primus-schulen-des-landes-nord-rhein-westfalen/ (11.01.2021).

Die Solidarität der Kinder untereinander und die professionelle Solidarität der Pädagog*innen

Einleitung und Dank

Sozialer Brennpunkt

Wir arbeiten in einer Schule im sozialen Brennpunkt Berg Fidel und schreiben, was wir erfahren und gelernt haben von den Schüler*innen und ihren Eltern. In den vielen Jahren im Brennpunkt haben wir erfahren, dass die Kinder, die hauptsächlich unsere Schule besuchen, eines eint: Sie sind vom Leben nicht verwöhnt und zeigen eine natürliche Stärke. Ein türkischer Arzt, der selbst im Berliner Wedding aufgewachsen ist und heute noch im »problematischen Kiez« wohnt, schickt seine Kinder in diesem Stadtteil zum Fußball, weil die Mannschaft dort »mehr mit dem wahren Leben zu tun hat«. Er sagt zu uns, dass der Ruf mancher »schlimmer« Schulen oft ein Vorurteil sei. Er glaube, dass diese Schulen weniger mit sozialen Problemen und Mobbing zu tun hätten als andere. Kinder, die am Rande der Gesellschaft stünden, würden viel größere Empathie für die Kinder haben, die sich in ähnlicher Lage befänden. Aus einer ganz anderen Perspektive erzählt uns eine Schulpsychologin, dass gerade Kinder in Armutsgebieten oft Minderwertigkeitsgefühle hätten. Sie seien teilweise sehr verletzlich und fühlten sich leicht beleidigt und gekränkt. Sie verglichen sich mit anderen und fühlten sich bewertet und kritisiert, weil sie vielleicht nicht die angemessene Sprache beherrschten oder sich durch ihre Kleidung absetzten. Kränkungen in der Schule seien oft der Anlass, »es den anderen zu zeigen«. Wenn sie mit niemandem über ihre Kränkungen sprächen, weil sie sie nicht zugeben wollten, dann käme es öfter zu aggressiven Ausbrüchen. Diese Kinder, die in Armut lebten, könnten nur schwer ein Gemeinschaftsgefühl aufbauen. Aus diesem Grund fordert die Individualpsychologie (Alfred Adler), das Gemeinschaftsgefühl dieser Kinder zu stärken, um das Gefühl der Unzulänglichkeit zu kompensieren (Kluge, 2016, S. 250ff.). Ohne es uns bewusst gemacht zu machen, arbeiten wir seit Jahrzehnten daran, die solidarische Stärke vieler Kinder untereinander zu kultivieren. Wir entwickelten deshalb sowohl Regeln und Routinen als auch schuleigene Strukturen. Sie sind notwendig sowohl für Pädagog*innen zur Bewältigung der Arbeit als auch für Eltern und deren Kinder. Dass »unsere« Kinder aus dieser Stärke heraus und bei dieser Unterstützung *gemeinsam wesentlich mehr an Lernerfolgen schaffen*, als im psychologischen und schulischen Einzeltest für sie möglich ist, das ist eine bemerkenswerte Entdeckung, die Lew Vygotskij (1896–1934) in seinen psychologischen Studien belegen konnte (siehe dazu Kapitel 4 und 8).

Ein Mädchen aus einer Migrantenfamilie würde etwa so denken

Wenn ich als Kind mit meiner Familie in eine fremde Stadt komme, suche ich nach Halt. Einige sagen, dass es hier schwer wäre, in der unbekannten neuen Welt klarzukommen. Andere Mädchen geben mir Zuversicht und Hoffnung, dass ich stark genug dafür bin. Wenn ich auf neue Sprachen und ungewohnte Umgangsformen stoße, fühle ich mich fremd, suche nach Orientierung. Meine Mutter kann auch die andere Sprache noch nicht. Ich möchte sie ganz schnell lernen. In der Kultur meiner Familie finde ich Sicherheiten: Ich kenne das Essen, ich kann schon kochen, ich verstehe die Sprache, zumindest die einfache, und ich weiß, wie ich mich zu anderen verhalten kann. Ich will tanzen können wie meine Schwester und mein großer Bruder. Später werde ich singen und festliche Kleider tragen wie meine Mutter. Ich freue mich über mein Spielzeug, über unsere Schriftzeichen und unsere Musik. Später werde ich alles darüber wissen. Da liegt meine Stärke zusammen mit meiner Familie. Wir helfen uns alle und halten zusammen.[5]

Ein anderer Junge aus einer geflüchteten Familie denkt

Ich als Kind von Migranten, gerade nach Deutschland gekommen, wollte nicht weg aus meiner Heimat. Aber ich hatte große Angst vor dem Krieg. Jetzt finde ich in der fremden Umgebung noch nicht, was ich brauche. Mir fehlt ganz viel. Ob ich hier einiges so machen kann wie zu Hause? Ich möchte gerne hier einen Freund finden.

---

5 In dieser Passage (und nachfolgend in allen grafisch abgesetzten Kästen dieser Art im gesamten Buch) werden ein »vermutetes inneres Erleben« (Prengel, 2013, S. 126) beziehungsweise »subjektive Handlungsgründe« (Holzkamp, 1995, S. 21ff.) mit unseren Worten wiedergegeben.

Behutsam lerne ich jeden Tag etwas dazu. In unbekanntes Terrain taste ich mich vor. Ich will etwas wagen, was ich zuvor noch nie gemacht hatte. Hoffentlich finde ich nette Leute, die zu mir halten und mich hier wollen. Und ich trauere, weil ich meine Großeltern nicht mehr sehen kann und meine vielen Onkel und Tanten. Ich möchte hier auch im neuen Land dazugehören. Und sie haben schon gesagt, dass sie noch einen guten Fußballer suchen, der Tore schießen kann. Das kann ich. Aber vielleicht lachen sie mich aus, weil ich es nicht so gut kann, wie sie? Ich träume als Kind von einer festen Fußball-Mannschaft, in der wir trainieren, um andere Mannschaften zu besiegen. Wenn wir das Spiel verlieren, tragen wir es gemeinsam. Aber ich kann die Sprache noch nicht.

Als Kind mit Migrationsvorgeschichte sehe ich die Welt der Fremden. Was ich verstehen kann, greife ich sofort auf. Andere meinen, ich wäre benachteiligt, weil ich nicht so schnell die fremde Sprache beherrschen kann. Oder weil ich nicht sofort beim Fußball mitspiele, sondern etwas vorsichtig mich an die anderen herantaste. Ich brauche aber niemanden, der mich bemitleidet und als Benachteiligten tituliert.

Die Konsequenz dieses Kindes lautet

Als Kind einer Migrantenfamilie spüre ich, worin meine Stärke besteht. Man braucht mir nicht unbedingt die Tür zu öffnen. Ich schließe mir die Welt auch selber auf. Den Schlüssel bringe ich mit aus meiner eigenen Kultur und aus meinem eigenen Selbstbewusstsein. Ich gewinne immer mehr Überblick und ahne, dass ich es schaffen kann. Meine Trauer ist trotzdem da. Einige andere Menschen zeigen mir, dass sie mich mögen und sich auf mich freuen, auch wenn ich noch nicht alles kann.

Unsere Schüler*innen und ihre Familien stammen aus mehr als 30 verschiedenen Nationen.[6] Die Familien sind überwiegend auf staatliche Unterstützung angewiesen. Viele der Kinder und Jugendlichen haben erlebt, dass ihnen nichts geschenkt wurde, und dass sie nur gemeinsam wie mit Geschwistern ihre Probleme bewältigen können. Alleine ist man verloren, sagen einige.

In einem Sammelband mit persönlichen Texten über Menschen, die Armut

---

6 Alle in diesem Buch vorkommenden Namen aus unserem schulischen Kontext sind verändert und anonymisiert.

heute erfahren, schreiben die Herausgeber, dass im öffentlichen Diskurs der Mittelschicht die ethnische, die kulturelle Herkunft und das Geschlecht, aber nicht die soziale Herkunft im Mittelpunkt stünden. Deutschland gebe sich als Land, in dem die Klassenzugehörigkeiten unsichtbar seien. Die Kategorie der Klassenherkunft und die damit verbundenen Missstände sind jedoch oft verwoben mit Fragen von *Race* und *Gender* (Barankow & Baron, 2021, S. 7ff.). Nur zusammen sind wir stark, wie jeder weiß. Das würde bedeuten, dass die Probleme der Benachteiligten und Diskriminierten gemeinsame Wurzeln haben und daher auch gemeinsam und solidarisch zu lösen sind.

Als Horst-Eberhard Richter, der bedeutende und politisch engagierte Psychoanalytiker, 1974 sein Buch *Lernziel Solidarität* veröffentlichte, sprach er in erster Linie von sozialen Randgruppen (von Drogengefährdeten, Straffälligen, Obdachlosen, bestimmten Behinderten, psychisch Kranken, Gastarbeitern unter anderen), also von den »Nachhinkenden der Leistungsgesellschaft« (Richter, 1998 [1974], S. 218). Ihre Vorgänger wurden 40 Jahre zuvor in den Vernichtungslagern der Faschisten ermordet. Es galt, ein »neues Ausmerzungsdenken zu verhindern« (ebd., S. X). Solidarität bezog sich hier nicht ausdrücklich auf die lohnabhängige Arbeiterschaft, die als »mittelschichtsorientiert« galt. Richter konzentrierte sich in seinem Buch von 1974 auf die »von der 68er Rebellion ausgehende soziale Bewegung« (ebd., S. I). Neben Wohngemeinschaften und Kinderläden gründete man Randgruppen-Initiativen aus solidarischen Gefühlen für die Menschen, die am Rande der Gesellschaft standen und allenfalls geduldet waren. Diese solidarischen Bestrebungen gingen von der Mittelschicht aus. Das »Lernziel Solidarität« hatten sich aus der Mittelschicht stammende Akteur*innen selbst gesetzt (ebd., S. 233). Sie fühlten sich den Randständigen verbunden. Teils kamen sie selbst als Aufsteiger*innen ursprünglich aus benachteiligten Kreisen, andere nahmen gewissermaßen Nachhilfestunden in Solidarität. Sie erprobten solidarisches Handeln, indem sie sich in sozialen Initiativen engagierten – eine wichtige Zeit der Selbsterfahrung, ohne jeden Zweifel, die allerdings eine Kehrseite hatte: Was Richter (ebd.) damals selbst als »Solidarisierung nach unten« (ebd., S. 236) bezeichnet hat, wurde getrübt durch einen blinden Fleck, der anscheinend einen kolonialen Hintergrund verbarg. Die Bürgerlichen kamen zur Hilfe und gingen möglicherweise darum auf Randständige zu, »weil man darin sich selbst beziehungsweise einen wichtigen, bislang unterdrückten Aspekt des eigenen Seins wiederfinden will« (ebd.). Könnte es sein, dass Aktionen, die durch Motive der bürgerlichen Selbsterfahrung getrieben sind, wie eine »kulturelle Invasion« (Freire) aufgenommen werden und die Unterdrückten so eben nicht befreien?

Der Volksschullehrer Konrad Wünsche kontrastiert 1979 in seinem heute noch wichtigen Bestseller *Die Wirklichkeit des Hauptschülers* die schulischen, bürgerlich geprägten Anforderungen mit den Realitäten der Kinder der »Schweigenden Mehrzahl« (der »Unterschicht«):

> »Das, was das Bürgertum als geistige Interessen verstand, sind immer die Neigungen von einzelnen. Und das ist eben etwas, was der in der Schweigenden Mehrzahl Vereinzelte überhaupt nicht brauchen kann, das ist ein Anspruch, der ihn noch restlos lähmt. Sein Interesse kann nicht die persönliche Neigung eines einzelnen zu irgend etwas Wahrem, Gutem, Schönem sein, sein Interesse ist erst einmal das, das er mit den anderen, die in der gleichen Lage sind, gemeinsam hat« (1979, S. 26f.).

Die »Schweigende Mehrzahl« ist auf Gedeih und Verderb darauf angewiesen, sich eng zusammenzuschließen. Solidarisches Verhalten ist in der Not nicht ein »Lernziel«, sondern eine Überlebensstrategie. Beziehen wir dies auf die Schule, so lässt sich mit Konrad Wünsche noch heute feststellen, dass die Kinder aus Armutsverhältnissen

> »nicht Selbstentfaltung, sondern Zusammenschluss [...], nicht eigene Initiative, sondern Solidarität [wollen]. Bleiben wir kurz beim Beispiel Klassenarbeit: Selbstentfaltung, das verlangt vom Schüler, auf sich gestellt nur um die eigene Arbeit sich kümmern und damit den Nachbarn möglichst übertreffen. Solidarität, das verlangt von ihm, das gemeinsame Interesse sehen, daß die Arbeit gut ausfallen muß, daß es keine großen Unterschiede geben darf, weil sonst einer gegen den anderen ausgespielt wird, also heißt es: helfen, abgucken lassen. Das ergibt sich einfach aus der Sache und braucht keine umfassende politische Ideologie« (ebd., S. 27).

Mit Paulo Freires »Pädagogik der Unterdrückten« (1971), in den starken, weltweiten Alphabetisierungskampagnen, erkennen wir, wie sich die Betroffenen befreien von der »kulturellen Invasion«. Die eigentlich selbstverständlichen solidarischen Dialoge auf Augenhöhe lösen die Be-hinderungen des Lernens auf. Eine solche »kritische Pädagogik« (McLaren, 2000, 2015; Giroux, 2020) zielt im Sinne von Paulo Freire auf eine Abschaffung der behindernden Strukturen. Das bedeutet: »Expansives Lernen« (Holzkamp, 1995), und »mit Paulo Freire ›die Welt zu lesen‹« und zu gestalten (Boban & Hinz, 2021b).

Die »natürliche« Solidarität der Kinder – worin unsere Stärke besteht

»Worin unsere Stärke besteht«, eine Liedzeile des »Solidaritätsliedes« von Brecht und Eisler (zwischen 1929 und 1931 entstanden) (Brecht, 1967a, S. 369f.) haben wir als Titel dieses Buches gewählt. Diese Zeile erinnert uns daran, was wir oft vergessen haben: Die »Benachteiligten«, die »Verlorenen«, die »Schwachen«, die »Elenden«, die »Unterdrückten« – sie alle hatten durch ihre solidarischen Aktionen mehr Macht als wir wenigen Bevorzugten dieser Erde. Und wenn wir Pädagog*innen glauben sollten, dass sie in kleinen Schritten, wie auf einer Treppe, Lektion für Lektion vorankommen, dann muss uns Freinet erinnern: »Adler steigen keine Treppen!« (Hering & Hövel, 1996, S. 293f.)

>»Wollen wir es schnell erreichen,
>brauchen wir noch dich und dich.
>Wer im Stich lässt seinesgleichen,
>lässt ja nur sich selbst im Stich« (Brecht, 1967a, S. 369).

Diese Strophe aus dem »Solidaritätslied« von Bertolt Brecht und Hanns Eisler drückt es aus: Wenn ich als Kind beflügelt bin von dem Gefühl, dazuzugehören, dann entwickle ich Kräfte. Zusammen sind wir stark! Daher gilt:

>»Vorwärts und nicht vergessen,
>worin unsere Stärke besteht!
>Beim Hungern und beim Essen
>vorwärts und nicht vergessen
>die Solidarität« (ebd.).

In eine Obdachlosensiedlung in Münster, nahe dem Stadtteil Berg Fidel, zogen 1997 zahlreiche Familien aus dem ehemaligen Jugoslawien ein. Viele hatten sich vor den Gewehrsalven der Milizen gerettet, um ihr Leben gekämpft. In Schlauchbooten waren sie geflüchtet, nachts, ohne jegliche Sicherheiten. Wenn wir also deren Kinder fragen, was sie brauchen, antworten sie uns mit ihrem wilden Lachen, ihren lustigen gemeinsamen Spielen. Sie rennen in ihrem höchsten Tempo mit größter Anstrengung über den Hof der Obdachlosensiedlung und sind nie allein, wie Vögel, die in einem *Schwarm* zusammen fliegen. Dann wieder hocken sie zusammen in einem

Versteck, flüstern und organisieren einen „Überfall". Sie erschrecken in der »Clique«, in der sie gemeinsame Stärke erleben können. Sie sind so »nicht zu bändigen«, sie haben eine Bande. Und wenn sie in ihrer Bande etwas »aushecken«, dann gelingt es.

Diese *natürliche Solidarität* der Kinder aus Armutsgebieten ist die Stärke dieser Kinder. Sie gehört zu ihnen wie ein Persönlichkeitsmerkmal; denn sie teilen das gleiche Schicksal. Die Schicksalsgemeinschaft gibt die Kraft, die sie *wie Geschwister* füreinander einstehen lässt. Sie macht es möglich, dass sie vorankommen. Sie stellen sich anderen, die in Not sind, an die Seite. Können wir als Lehrer*innen mit dieser Stärke rechnen, sie in der Schule nutzbar machen? Diese Kinder leisten ungeheuer viel. Die Stärke dieser Kinder wird gesellschaftlich unterbewertet. Wir beschreiben in diesem Buch, wie wir diese Kräfte bei den Kindern und Jugendlichen entdecken. Sie zu entdecken, ist unsere Aufgabe. Sie weiterzuentwickeln, ist einerseits der Alltag der pädagogischen Arbeit, andererseits haben wir uns in der Schule »aus der Not heraus« über viele Jahre hinweg Strukturen geschaffen, in denen wir angesichts dieser Stärke unserer Schüler*innen mit ihnen gut arbeiten können. Aus der Unterrichtspraxis werden wir in diesem Buch berichten. Wir haben Schule und Unterricht umgebaut. Alle, die sich in Schulen bereits auf den Weg gemacht haben, mit Kindern und Jugendlichen den Dialog zu suchen, werden in diesem Buch erfrischende Anregungen finden. Grenzen des eigenen »Lehrer-Denkens« zu überwinden, ist notwendig und prägt unsere Arbeit in einem Brennpunkt.

Wie wir mit Eltern und Kolleg*innen die Schule Schritt für Schritt über Jahrzehnte verbessert haben, kann man in vorherigen Büchern nachlesen (Stähling, 2011a; Stähling & Wenders, 2012b, 2015). Im vorliegenden Buch können wir auch nicht diskutieren, was nötig wäre, um die Forderungen nach einer solidarischen Schule durchzusetzen. Wie und mit wem könnten sich die Brennpunktschulen mehr politisches Gewicht verschaffen? Auch diese Frage können wir hier nicht aufgreifen. Vielmehr geht es uns zunächst darum, die vorhandenen Stärken der Kinder und Jugendlichen im sozialen Brennpunkt überhaupt wahrzunehmen und mit den Schüler*innen zu lernen – auf Augenhöhe.

Wir können schauen, wie einer der bedeutenden Lehrer, der sich »parteiisch fürs Volk« einsetzte, seine Arbeit erklärt. Johann Heinrich Pestalozzi (1746–1827) hat im Erziehungsheim und Waisenhaus mit verwaisten und verwahrlosten Kindern seine an Jean-Jacques Rousseau (1712–1778) orientierte Pädagogik umgesetzt. Pestalozzi erklärt seinen Erfolg so: Man muss sie *zu Geschwistern machen*. So könnte uns gemeinsam mit ihnen gelingen, eine Schule im »Brennpunkt« zum Erfolg zu führen.

>»Mein wesentlicher Gesichtspunkt ging jetzt allererst darauf, die Kinder durch die ersten Gefühle des Beisammenseins und bei der ersten Entwicklung ihrer Kräfte zu Geschwistern zu machen, das Haus in den einfachen Geist einer großen Haushaltung zusammen zu schmelzen und auf der Basis eines solchen Verhältnisses und der aus ihm hervorgehenden Stimmung das rechtliche und sittliche Gefühl allgemein zu beleben. Ich erreichte diesen Zweck mit ziemlichem Glück. Man sah in kurzem bei siebenzig so verwilderten Bettelkindern mit einem Frieden, mit einer Liebe, mit einer Aufmerksamkeit und Herzlichkeit untereinander leben, wie in wenigen kleinen Haushaltungen zwischen Geschwistern stattfindet. Meine diesfällige Handlungsweise ging von dem Grundsatz aus: Suche deine Kinder zuerst weitherzig zu machen, und Liebe und Wohltätigkeit ihnen durch die Befriedigung ihrer täglichen Bedürfnisse [...] nahezulegen« (Pestalozzi, »Stanzer Brief«, 1953 [1799a], S. 199f.).

Das pädagogische Konzept unserer vor Ort in Berg Fidel entwickelten Pädagogik lässt sich mit dem Ziel Pestalozzis erklären und überschreiben: Wir müssen sie »zu Geschwistern machen«. Wenn in vielen Bereichen von ihnen die schulischen Anforderungen nicht erfüllt werden, so sind sie auf natürliche Weise solidarisch, um sich gegen Verunsicherung und Vereinzelung aufzustellen. Aber zunächst einmal müssen wir sehen, dass sie durch schulische Anforderungen eingeschüchtert werden. So ist zum Beispiel die Aufforderung einer Lehrkraft »Antworte in einem vollständigen Satz!« neben einer »Unterwerfungszeremonie« (Wünsche, 1979, S. 17) eine Methode, mit der

>»der Zusammenhang zwischen Sprache und Handeln unauffindbar gemacht wird und dadurch auf die Dauer sogar zerstört wird. Der Schüler muss dann alle Kraft aufwenden, zu dem, was er eigentlich zu sagen hat, eine passende Satzaussage, eine Satzergänzung, eine Nebensatzkonstruktion abzuliefern. Er ist bemüht, die Sache, um die es geht, zu einem Satz zu vervollständigen, und sein Interesse wird von sich, von seiner Meinung, seinem Willen fortgelenkt in ein System, in dem er, so wie er ist, gar nichts zu suchen hat, weil er dort nichts finden kann außer diesem System Vollständiger Sätze« (ebd., S. 18).

Die Kraft des » Gemeinsamen « pädagogisch und professionell nicht zu kultivieren und zu nutzen, hieße, diese Kinder ein weiteres Mal zu degradieren, ihnen ein weiteres Mal etwas vorzuenthalten. Die kulturelle Identität ihrer Familien wurde nicht selten zerstört in Krieg und Vertreibung. Die Kriegsherren und Unterdrücker trieben sie in Hungersnot und Elend. Immer wieder bestätigten sie ihnen ihre » Nichtigkeit «. Sie ließen sie in Not, Unwissenheit und Fremdbestimmung zurück. Notwendig ist hier die » befreiende Gerechtigkeit «, wie es der argentinische Philosoph Enrique Dussel fordert, » die allen gibt, was sie aufgrund ihrer Würde als Andere bedürfen [...] sie wälzt die bestehende, ungerechte Ordnung um « (1989, S. 80).

Die » Benachteiligten « sind nicht allein, aber sie werden in der Schule durch zum Beispiel Prüfungen, Zensuren, Syntaxtraining vereinzelt (Wünsche, 1979, S. 26). Sie haben Schwestern und Brüder, Freund*innen. Die Eltern haben Vieles gemeinsam: das gleiche geringe Einkommen, die ähnlichen Wohnverhältnisse, die gleiche Art von Problemen mit dem Geld, mit der Sprache, die gleichen Demütigungen durch Ämter, die gleichen Freuden, die ähnlichen Probleme mit den Kindern in der Schule. Die gemeinsame » beschissene Lage « schweißt sie zusammen. Sie haben eine Sache gemeinsam, sie müssen in schwerer Lebenslage durchkommen, und für dieses Ziel müssen sie fest zusammenhalten.

Die Befreiung aus dem Unrecht baut auf der Solidarität untereinander auf. Die notwendige, solidarische Arbeitsweise mit benachteiligten Kindern verwirklicht sich beim Lernen in der Schule am » Gemeinsamen Gegenstand « (Feuser, 2013a), wie wir in diesem Buch zeigen.

Wir beziehen uns auf Pestalozzi, wenn wir von der » natürlichen Solidarität « der Kinder der Benachteiligten sprechen. Den Begriff einer » natürlichen « Solidarität verwenden wir und reservieren ihn für die solidarischen Haltungen von den Kindern, die durch schwere Lebenslagen in einer Art Schicksalsgemeinschaft aufwachsen. Können wir die natürliche solidarische Haltung als *ein* Persönlichkeitsmerkmal betrachten, mit dem diese Kinder sich von anderen unterscheiden?

Wir bestätigen die Erfahrungen Pestalozzis, wenn er die solidarische Haltung der Kinder angesichts einer Notlage beschreibt:

> » Ich habe eine innere Kraft in den Kindern aufwachsen sehen, deren Allgemeinheit meine Erwartungen weit übertraf und deren Äußerungen mich oft sehr in Erstaunen setzten als rührten. Da Altdorf verbrannte, ver-

sammelte ich sie um mich her und sagte zu ihnen: Altdorf ist verbrannt. Vielleicht sind in diesem Augenblick hundert Kinder ohne Obdach, ohne Nahrung, ohne Kleidung, wollet ihr nicht unsere gute Obrigkeit bitten, dass sie etwa 20 dieser Kinder in unser Haus aufnehme [...]. Unser Haus hat nicht Geld so viel, als es will, es ist nicht sicher, dass wir um dieser armen Kinder willen mehr als vorher bekommen. Ihr könntet also in die Lage kommen, um dieser Kinder willen mehr für euren Unterricht arbeiten zu müssen, weniger zu essen zu bekommen und sogar eure Kleider mit ihnen teilen zu müssen. Saget also nicht, dass ihr diese Kinder wünscht, als wenn ihr euch alles dieses um ihrer Not willen auch gerne und aufrichtig gefallen lassen wollet; ich sagte dies mit aller Stärke, die mir möglich war, ich ließ sie selber wiederholen, was ich gesagt hatte, um mich sicher zu stellen, dass sie deutlich verständen, wohin ihre Anerbieten führe, aber sie blieben standhaft und wiederholten: ›ja, ja, wenn wir auch schlechter zu essen bekommen und mehr arbeiten, und unsere Kleider mit ihnen teilen müssen, so freut uns doch, wenn sie kommen‹« (Pestalozzi, »Stanzer Brief«, 1953 [1799a], S. 202).

Dies ist wie in einer Solidargemeinschaft,

»in der Lasten und Schäden eines jeden Teilhabers in gleichem Maße, aber von jedem gemäß seiner unterschiedlichen Leistungsfähigkeit getragen werden. Dadurch erfüllt sich der Sinn des Wortstamms ›solidus‹, was so viel wie fest, dicht, gediegen und ganz bedeutet. Diese Bedeutung von Solidarität, die Solidität mit sich bringt, ist abgeleitet von der Rechtsidee einer Schuld oder Verpflichtung fürs Ganze. Dafür braucht es zwar keinen Gott, aber die Vorstellung einer Gesamtverantwortung, die die Einzelverantwortung nicht voraussetzt, sondern allererst hervorbringt« (Bude, 2019, S. 25).

Solche Beobachtungen machen uns als Lehrer*innen in einem sozialen Brennpunkt Mut. Kinder und Jugendliche können untereinander sehr solidarisch sein (siehe dazu auch Prengel, 2013, S. 71ff.; Stähling, 2006) Diejenigen Kinder, denen in Tests so oft bescheinigt wird, dass »sie den Anforderungen der Lehrpläne nicht genügen«, haben ihre eigene Stärke, die viele unterschätzen. Einige missachten sie – aus einer langen Tradition, mit einem kolonialen Blick (Dussel, 2013).

Professionelle Solidarität der Pädagog*innen und die Geschichte unserer Schule im Brennpunkt

Das Pendant der *natürlichen* Solidarität, die wir bei Kindern aus benachteiligten Lebenslagen und Schicksalsgemeinschaften beobachten, ist auf der pädagogischen Seite die *professionelle* Solidarität (Prengel, 2013, S. 61ff., 2020; Stähling & Wenders, 2018, S. 11ff.). Die pädagogische Beziehung bewegt sich nach Prengel (2013) in einem Spannungsverhältnis zwischen Anerkennung, Verletzung und Ambivalenz. Der Mangel an Solidarität mit den Kindern zeigt sich »als Kunstfehler« in verletzenden Interaktionen, in Missachtung und dem Nicht-Ernstnehmen ihrer Bedürfnisse (ebd., S. 77ff.).

Hinter diesen Kunstfehlern verbergen sich häufig die vielen schlaflosen Nächte voller Verzweiflung, weil wiederholt etwas »schief gegangen« ist. Nachdem etwa ein Lehrer nun »immer wieder versucht hatte«, dass ein Kind das Verhalten ändert, war das Kind »endlich einmal« zum Erfolg gekommen. Der Lehrer war stolz und konnte sich nun den anderen Aufgaben zuwenden, die wegen der großen Mühen liegengeblieben waren. Genau dann passierte der Rückfall – das Kind schlug dem Mitschüler ins Gesicht. »Wer soll das aushalten können? Ich schaffe es nicht mehr alleine! Der Schüler macht mich fertig!«, war sein Hilferuf im Lehrerzimmer.

All diese Hilferufe kennen wir auch in unserer Schule. Sie sind nichts Ungewöhnliches. Aber wenn wir es nicht weiter so erleben wollen, müssen wir hilfreiche Strukturen schaffen. So brauchen wir Lehrer*innen Supervision. Wir müssen dafür sorgen, dass wir nicht zum Opfer werden, sondern aktiv die Probleme angehen, indem wir für alle Regeln, Rituale und Reviere (3 R) schaffen. Ebenso können wir in der eigenen Schule ganz viele Strukturen selbst ändern. Unsere pädagogische Solidarität drückt sich in der Struktur der Schule aus.

Die Schule Berg Fidel wurde vor 50 Jahren als Grundschule gegründet. Von Beginn bis 2002 war Manfred Pollert der Schulleiter. Reinhard Stähling war zunächst sein Stellvertreter, bis er seine Nachfolge antrat. Wir haben uns gemeinsam auf den Weg gemacht, innerhalb des bestehenden Systems in der Einzelschule genau die Strukturen zu schaffen, die für benachteiligte Kinder notwendig sind:

➤ seit den 1980er-Jahren: Freie Arbeit;

➤ seit den 1990er-Jahren: Klassenrat in jeder Klasse;

➤ seit 1992: Ganztagsschule in gebundener Form – so etwas gibt es in Deutschland leider nur selten im Grundschulbereich;

➤ seit 1992: Multiprofessionelle, klasseneigene Pädagogenteams für jede Klasse, seit 1997 mit sonderpädagogischem Personal – eine solche Teamarbeit gibt es nur recht selten an anderen Schulen;

➤ seit 1992: Angebot der regelmäßigen Supervision in den klasseneigenen Pädagogenteams;

➤ seit 2002: Gleichverteilung des sonderpädagogischen Personals in alle Klassen (Stähling, 2006, S. 101ff.);

➤ seit 2002: Altersmischung in jeder Klasse und seit 2014 auch noch schulformübergreifend (Jahrgänge 4 bis 6) – das ist sehr selten;

➤ seit 2014: Ausweitung der Grundschule bis in die Sekundarstufe zur PRIMUS-Schule unter einer Leitung – als Gemeinschaftsschule gibt es diese Schulformen zum Beispiel in Berlin (Vieluf, 2021);

➤ seit 2014: Ziffernnoten erst ab Jahrgang 9.

Diese für alle benachteiligten Schüler*innen notwendigen *schuleigenen* solidarischen Strukturen haben wir in dieser Brennpunktschule erkämpft. So wurden nicht die Strukturen im Schulsystem verändert, diese blieben leider bestehen, sondern diese einzelne Schule ging diesen Weg, die eigene Struktur solidarisch zu gestalten. Dabei machten wir das nicht im luftleeren Raum. Wir hatten eigentlich alles von anderen Schulen abgeschaut. Diese Schulen hatten sich – oft mit »Ungehorsam im Schuldienst« (Stähling & Wenders, 2013b) und unbeeindruckt von Vorgaben – auf einen widerspenstigen Weg gemacht. Bei der Wartburgschule in Münster fanden wir in vielen Hospitationen die Anregungen zum gebundenen Ganztag (ebd., S. 93ff., 2018, S. 322ff.). In Köln, Düsseldorf, Jena und Borken und natürlich in Kindergärten ließen wir uns schließlich überzeugen von der Altersmischung (Stähling, 2006, S. 116ff.). Das gemeinsame Lernen mit sogenannten »Behinderten« begegnete uns in Berichten, in Kindergärten und in Schulen im In- und Ausland. Wir besuchten die integrativen Regelklassen im sozialen Brennpunkt in der Grumbrechtstraße in Hamburg (Hinz, 1998, S. 132ff.) und bestätigten uns darin, sonderpädagogisches Personal auf alle Klassen gleich zu verteilen.

Wir sahen Schulen, die vom Schulbeginn bis zum Schulabschluss unter einem Dach sind und begriffen die enormen Vorteile davon (Sack, 2015a, S. 30ff.). Und besonders wichtig war, dass wir überall sahen, dass auch in anderen Schulen nur mit Wasser gekocht wurde. Wir haben es uns also nicht ausgedacht, sondern hospitiert und gelesen und dann begonnen mit den Planungen – meist in Arbeitsgruppen, oft auch mit betroffenen Eltern zusammen.

Alle diese strukturellen Veränderungen in der Schule waren auch als einzelne Maßnahme denkbar – ohne dass die anderen Strukturen sich ändern mussten. Alle »Innovationen« entstanden nicht in kurzer Zeit, sondern über ein halbes Jahrhundert. Wir wollten nur so viel verändern, wie wir selbst sicher waren, dass wir es bewältigen konnten. Natürlich mussten wir dabei auch innerhalb des Kollegiums nach Kompromissen suchen. Aber im Zentrum aller Mühen stand das gemeinsame Ziel, das die Schule für *Alle* gut sein sollte, also für jedes Kind. Oft waren die Eltern aktiv beteiligt in Arbeitskreisen, um die Wege miteinander zu besprechen und den »gesunden Menschenverstand« nicht aus dem Auge zu verlieren.

Es gab im Land auch Veränderungen, die sich weniger zum Vorteil der Benachteiligten auswirkten. Sie wurden meist von der Politik oder Verwaltung vorgegeben und mussten in den Schulen umgesetzt werden, so zum Beispiel der offene Ganztag, den wir aus pädagogischen Gründen von Beginn an ablehnten und stattdessen die gebundene und verpflichtende Form erkämpften. Oder die flexible Schuleingangsphase, die ab den 2000er-Jahren die Jahrgänge 1 und 2 altersgemischt führte und die Schulkindergärten abschaffte. Auch das lehnten wir ab und bauten – nach jahrelangen Arbeitskreisen – eine Altersmischung der Jahrgänge 1 bis 4 auf. Schließlich war da die sogenannte »Integration von Kindern mit sonderpädagogischem Förderbedarf«, die – gegen die Versprechungen – oft den Bedürftigsten nur den Weg zur Sonderschule wies. Für uns – die Eltern, die Kinder und das Kollegium – war selbstverständlich, dass alle im Stadtteil in die wohnortnahe Schule müssen, ohne Ausnahme – das nötige Personal dafür mussten wir uns teils selbst suchen.

Im »Brennpunkt« gibt es nichts geschenkt – das war unsere Erfahrung. Wir hatten bereits in den 1990er Jahren begriffen, dass man nicht so viel Fragen stellen sollte, sondern besser selbst macht, was man im Interesse der benachteiligten Kinder für nötig und selbstverständlich hält. Die »befreiende Gerechtigkeit« ist nach Dussel erfahrungsgemäß »subversiv« (1989, S. 80). Den nötigen »Ungehorsam im Schuldienst« (Stähling & Wenders, 2013b) haben wir uns *notgedrungen* selbst erarbeitet. Auch unter den Beschäftigten in anderen Schulen ist er weit verbreitet, wie wir aus vielen Gesprächen wussten. Unsere professionelle Solidarität mit den Kindern und ihren Eltern und unsere fachlichen Überzeugungen waren unsere Richtschnur.

In diesem Buch wird also zu berichten sein von den einzelnen Vorhaben und strukturellen Veränderungen, die auch in anderen Schulen, besonders in »Brennpunkten«, erfolgreich sind und Freude machen.

Die aktuellen Forschungsbefunde zur Schulqualität in sogenannten »herausfordernden« oder »sozialräumlich deprivierten« und »benachteiligten« Lagen scheinen besonders in Deutschland lückenhaft und unzureichend zu sein (Holtappels & Brücher, 2021, S. 131ff.). Interessanterweise enthält der von der OECD herausgegebene *Lernkompass 2030. Future of Education and Skills* keine Hinweise auf zukünftige Lösungsansätze für Kinder und Jugendliche in Brennpunktschulen (OECD, 2020). Das bedeutet, dass die Organisation für wirtschaftliche Zusammenarbeit und Entwicklung in ihrer Zukunftsvision für das Arbeiten in der Schule die Probleme der vielen Kinder, die in Armut leben, international in diesem Zusammenhang nicht thematisiert. Stattdessen wird betont, dass weltweit alle Schulen mit den Herausforderungen des sozialen, technologischen und wirtschaftlichen Wandels ringen und ihre Lehrpläne darauf einstellen und modernisieren sollen (ebd., S. 55). Was das für die Kinder bringen wird, die in Armut leben, wurde bisher offenbar nicht ausreichend gefragt und noch kaum einer kritischen Prüfung unterzogen: »Die im Dunkeln sieht man nicht« (siehe Kapitel 5).

Welche*r Wissenschaftler*in hat schon mal selbst wenigstens einige Jahre in einer Brennpunktschule gearbeitet und dort zur Lösung von praktischen Problemen beigetragen? Man weiß nicht viel und greift auf eigene Vorannahmen zurück. »Nun sind Forschende selbst in Differenz- und Defizitzuschreibungen verstrickt« (Drucks & Bremm, 2021, S. 247), sodass vielfach wie selbstverständlich davon ausgegangen wird, dass Schulen in sozialen Brennpunkten »anregungsarme Milieus« darstellen (siehe Kapitel 8). Wenn die *Defizitorientierung* zur Unkultur einer Schule anwächst und die Routinen der Organisation widerspiegeln, dann wird deutlich, dass die unsolidarischen Schulformen, die Schüler*innen auszusondern haben, das Bewusstsein der Lehrkräfte prägen. So überrascht es uns Praktiker*innen nicht, dass ein über den Zeitraum von 2014 bis 2018 angelegtes Schulentwicklungsprojekt bei Lehrkräften in mehreren Schulen »in herausfordernden Lagen« nicht erreichen konnte, dass die Defizitorientierung nicht zurückging, sondern sich teilweise sogar noch steigerte (Drucks & Bremm, 2021, S. 244). Defizitorientierungen umzuwandeln in einen produktiven Umgang mit Problemlagen, bedarf einer selbstbewussten, »ungehorsamen« Haltung gegenüber den historisch gewachsenen und auch veränderbaren Schulstrukturen in der einzelnen Schule (siehe Beispiele in Stähling & Wenders 2013b).

Besucher*innen stellen uns immer die Frage, wie wir das Neue eigentlich im bestehenden System in Gang gesetzt haben. Sie berichten nämlich von unüberwindbaren Barrieren aus der Verwaltung, die es bei ihnen nicht ermöglicht, solche einzelnen Reformen in der eigenen Schule zu beginnen.

Auch Eltern gelten in einigen Schulen als Hemmschuh, die durch ihre Mitbestimmungsmöglichkeiten das Rad der Geschichte scheinbar zurückzudrehen in der Lage wären. Besonders bürgerliche Eltern haben nicht selten Angst vor sogenannten »Experimenten«.

Nicht zuletzt bringen die Besucher*innen vor, dass an ihrer Schule gerade das Kollegium nicht bereit wäre, solche strukturverändernden Schritte mitzumachen. Der Personalrat blockiere einige Reformen wegen der zusätzlichen Belastungen der Kolleg*innen bei Neuerungen.

Manche Lehrkräfte, die mit »hochproblematischen« Schüler*innen nicht »fertig werden« und sie nicht »auf die Reihe kriegen« (Drucks & Bremm, 2021, S. 270ff.), schlagen vor, diese Schüler*innen von der Schule zu nehmen. Statt schulintern und auch scheinbar »abseits der Vorschriften« nach »kreativen«, strukturellen Möglichkeiten zu suchen, die Probleme schrittweise und professionell in multiprofessionellen Klassenteams zu lösen, entlastet der Blick auf die Defizite der Schüler*innen. Die trügerische Hoffnung besteht, dass die »Störenfriede« durch bestimmte Ordnungsmaßnahmen die Schule verlassen, dadurch wieder Normalität hergestellt wird und »man wieder richtig Unterricht machen kann«.

Viele Fragen haben wir auch in vorherigen Büchern zu beantworten versucht, wie zum Beispiel: Wie ging unsere Schule mit Widerständen aus Verwaltung, Politik, Elternschaft und Kollegium um? Die Widerstände aus allen Richtungen gegen Veränderungen erzeugen bei uns selbst und allen aktiv beteiligten Menschen Emotionen. Pläne misslingen, weil man vielleicht die »Gegenspieler*innen« falsch eingeschätzt hatte. Oder man hatte versäumt, Mitwirkungsorgane rechtzeitig zu informieren und auf einen Stand zu bringen. Räume fehlen für die Absprachen. Den Mitarbeiter*innen fehlt immer wieder die Zeit, sich über gemeinsame Ziele zu verständigen. Es drohen Beschwerden ... Überall kann etwas schiefgehen.

Oft aber fehlt es an Geld, um optimaler zu machen, was man sich vorgenommen hat. Personal wird dafür nicht bereitgestellt. Es gibt politische Entscheidungen, die festlegen, wie viel Personal die Schule zur Verfügung hat.

Kurz: Es gilt, mit solchen Grenzen zu leben. So kann man sich doch fragen, ob es sich lohnt, sich zu ärgern über Dinge, die nicht veränderbar sind – zumindest derzeit noch nicht. Darin sind unsere Eltern und auch die Schüler*innen sehr geübt. Sie kennen das Gefühl, dass man nicht ernstgenommen wird mit seinen Forderungen. Wir können voneinander lernen und auf die Solidarität von vielen anderen bauen. Wir fahren am besten damit, wenn wir gar nichts erwarten, sondern mit den derzeit nun einmal vorhandenen, sehr begrenzten Ressourcen selbst planen, was nicht zu verwechseln ist mit dem Motto, »den Mangel zu verwalten« – im Gegenteil geht es darum, trotz Mangel das Ziel anzustreben und nicht aus dem Auge zu verlieren. Wodurch? Durch eigenmächtige Gestaltung des Bereiches, der in der eigenen Verantwortung liegt. Das kostet Nerven, wie viele Schulleiterkolleg*innen immer wieder bestätigen. Und somit ist in diesem Buch auch zu spüren, wie schwer es derzeit noch ist, eine solidarische Schule zu versuchen. Wie haben wir es angestellt, die Nerven zu bewahren? Was brauchten wir dazu? Wie konnten wir mit den eigenen Krisen und emotionalen Grenzerfahrungen umgehen? Um dies alles darzustellen, reicht der Platz in einem Buch nicht aus. Eltern, Kinder und Jugendliche aber machen uns Mut.

Erfolge unserer Schüler*innen

Es war wirklich erstaunlich, was unsere Jugendlichen in der Schule geschafft haben. Und wir wissen immer noch nicht so genau, woran es gelegen hat, dass sie besser waren, als wir erwartet hatten und als die Grundschulempfehlung prognostiziert hatte (Abbildung 1 zeigt diese Entwicklung).

Ähnlich ermutigende Zahlen ergaben sich auch im darauffolgenden Jahr 2021. Dieser Erfolg der PRIMUS-Schule Berg Fidel-Geist Münster lässt sich unter der Perspektive, wie viele Schüler*innen das Abitur erreichen, vergleichen mit dem Erfolg von Gesamtschulen. 79 Prozent der Abiturient*innen der NRW-Gesamtschulen im Jahr 2020 erreichten einen höheren Abschluss, als man ihnen zugetraut hatte. Nur 21 Prozent der Abiturient*innen an Gesamtschulen waren in ihrem Grundschulgutachten als für das Gymnasium geeignet eingestuft worden (Dahlhaus et al., 2021). Für uns ist bemerkenswert, dass diejenigen Gesamtschulen mit einem sozialbelasteten Standorttyp einen größeren Anteil an nicht-gymnasialempfohlenen Schüler*innen zum Abitur bringen als Schulen eines weniger belasteten Standorttyps. 92 Prozent der Abiturient*innen im stark sozial belasteten Standorttyp hatten keine

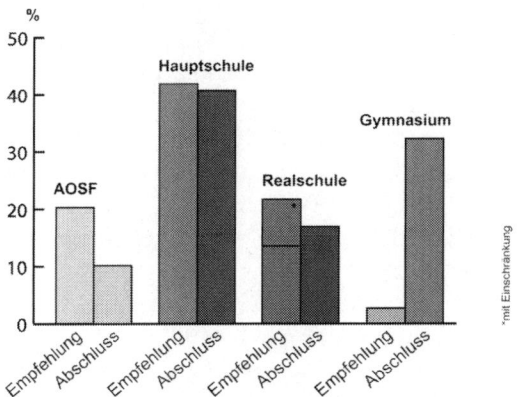

Abbildung 1: Halbjahreszeugnis des Jahrgangs 10 der PRIMUS-Schule 2020 im Vergleich zur Grundschulempfehlung

gymnasiale Empfehlung in Jahrgang 4 (ebd., S. 6). Waren also die »sozial belasteten Schulen« mit Schüler*innen aus Armutsverhältnissen besser in der Lage, zum Abitur zu führen als andere weniger sozial belastete Schulen? Das wäre aufschlussreich für unsere Betrachtungen.

Zwar belegen die Daten der genannten Abiturstudie (ebd.) den geringen Prognosewert der Grundschulgutachten und führen zu der Forderung, die Grundschulempfehlungen abzuschaffen. Daraus lässt sich jedoch nicht umgekehrt ableiten, dass die jeweiligen Grundschulempfehlungen falsche Aussagen machen. Sie spiegeln den Lernstand der betroffenen Kinder wider, aber sie zeigen nicht das Mögliche der Kinder, das noch nicht sichtbar ist. Somit stellt sich die Frage, welche Faktoren an Schulen wie einigen Gesamtschulen in NRW und an einigen Gemeinschaftsschulen Berlins diese positiven Entwicklungen überhaupt möglich machen.

Haben manche Schulen »aus der Not geboren« eine bessere pädagogische Antwort gefunden auf die Herausforderung, dass die große Mehrheit der Schüler*innen *aus benachteiligten Lebenslagen* stammen? Dafür sprächen auch die Erfolge der Gemeinschaftsschulen Berlin, die benachteiligte Schüler*innen mit großen Erfolgen fördern. Die Berliner Gemeinschaftsschulen führen die Schüler*innen von Jahrgang 1 bis Jahrgang 10 beziehungsweise 13 in einer Schule. Sie verzichten auf äußere Fachleistungsdif-

31

ferenzierung, auf Klassenwiederholung und Abschulung sowie auf Noten bis zum Jahrgang 8. Sie halten die erreichbaren Schulabschlüsse offen und geben der individuellen Bezugsnorm den Vorrang (Vieluf, 2021, S. 26). Damit stimmen sie in den wesentlichen Elementen mit unserer PRIMUS-Schule Berg Fidel-Geist überein. In der wissenschaftlichen Begleitung der Gemeinschaftsschulen (2008 bis 2016) zeigten besonders Schüler*innen mit Zuwanderungsgeschichte und mit geringem häuslichem Buchbestand wider Erwarten starke kompensatorische Effekte in den Bereichen Leseverständnis und Mathematik. Die Lernzuwächse im Zeitraum vom 7. bis zum 10. Jahrgang lassen sich auf die genannten pädagogischen Eckpfeiler zurückführen (ebd., S. 28ff.).

Beachtlich ist an der PRIMUS-Schule Berg Fidel-Geist, dass auch die Schüler*innen mit sonderpädagogischem Unterstützungsbedarf öfter, als zu erwarten war, einen Schulabschluss erreichten und in eine Ausbildung wechseln konnten. Die neuere Forschungslage bestätigt, dass die »Schulleistungen der inklusiv beschulten Schüler*innen die der exklusiv beschulten« vielfach übertreffen, sie »öfter einen regulären Schulabschluss« erreichen und »öfter in eine reguläre Ausbildung« wechseln (Jürgens, 2020, S. 67). Diese Ergebnisse aus der Forschung und aus den Praxiserfahrungen im Sekundarbereich bestätigen den Kurs der Schule, alle Schüler*innen bis zum Schulabschluss konsequent gemeinsam in ihren Klassen lernen zu lassen. Angesichts der immer noch relativ geringen Anteile von Schüler*innen mit sonderpädagogischen Unterstützungsbedarfen im Sekundarbereich ist dies eine wichtige Erkenntnis.

Der Einfluss einer Langformschule (Jahrgänge 1 bis 10), die die Klassengemeinschaften nicht zerreißt und alle »mitnimmt«, ist bedeutsam für den Lernzuwachs. Welche Rolle spielen in diesem reformierten schulischen Rahmen dann die benachteiligten Kinder und Jugendlichen selbst, wenn sie – wie in Brennpunktschulen – die Mehrheit der Schülerschaft bilden? Könnte es sein, dass sie gerade *in der Mehrheit* besonders ihre Stärken entfalten und ihre solidarischen Kräfte nutzen? Könnte es sein, dass sich gerade das, was aus einer bürgerlichen, defizitorientierten Perspektive (Drucks & Bremm, 2021) als »problematische Mischung« einer Brennpunktschule verrufen scheint, als Stärke erweist? Diese Frage wird in diesem Buch immer wieder durchscheinen, wenn wir überlegen, »worin unsere Stärke besteht«.

In der PRIMUS-Schule Berg Fidel-Geist müssen uns diese Erfolge auch angesichts der ungünstigen Startbedingungen besonders aufmerken lassen: Zu Beginn ab 2014 herrschten für die PRIMUS-Schüler*innen und Lehrpersonen des 5. bis 7. Schuljahres unzumutbare und unzureichende Rahmenbedingungen – vor allem hinsichtlich der Räume und des fehlenden Personals. Wir hätten aufgeben können, so schlimm war es. Und es waren 15 von 75 Schüler*innen, die mit sonderpädagogischem Förderbedarf kamen – darunter auch viele, die aus der Sonderschule für »Erziehungshilfe« (ESE-Schule) in das 5. Schuljahr zu uns wechselten. Diese Schüler sind heute erfolgreich, ohne Ausnahme, vermittelt in Stellen und auf Schulen. Ein Drittel von ihnen strebt das Abitur an.

Trotzdem fragen wir uns: Wieso war es möglich? Ist es die Notenfreiheit bis einschließlich Jahrgang 8? Eine Rolle spielt vielleicht, dass wir die Kolleg*innen anregen konnten, über Zensuren nachzudenken. Wir haben uns klar gemacht, dass schlechte Noten in Jahrgang 9 oder 10 auch in der Hinsicht kritisch zu sehen sind, dass sie selbst als Lehrer*innen dafür Verantwortung tragen und sich rechtfertigen müssen, welche Maßnahmen sie ergriffen haben, um das Scheitern von Schüler*innen zu verhindern.

Dennoch glauben wir, dass es da auch weitere Bedingungen gibt, die diese Schüler*innen so stark gemacht haben, zum Beispiel, dass wir ihnen in jedem Jahr zweimal die Gelegenheit gegeben haben, eine Woche lang etwas zu erproben, was sie selbstständig und aus eigenem Antrieb geplant haben (siehe Kapitel 2.2.): Dies war für sie eine Herausforderung oder eine Entdeckung, wenn sie sich selbst auf den Weg machten, um in einer bekannten Firma zu fragen, ob sie dort ein Praktikum machen dürften. Manche entdeckten, dass es auch in Arbeitsstellen nette Leute gibt, die sagen, dass sie sie brauchen können. Manche hatten schon in Jahrgangsstufe 8 eine Lehrstelle versprochen bekommen, weil sie so positiv aufgefallen waren. Andere setzten durch, dass sie für einige Tage in eine andere Stadt fahren oder im Wald übernachten durften.

Reinhard Stähling hat sie als Schulleiter gebeten, das Geheimnis ihrer Kraft zu beschreiben und eines Tages rückzumelden, was sie noch alles gemacht haben. Welcher Art sind die Kräfte dieser jungen Leute und woher haben sie diese? Worin besteht ihre Stärke? Wir wissen es nicht genau. Wir ahnen, dass es diese natürliche Solidarität untereinander ist, die sie stärker macht, als die Tests es voraussahnen ließen. Wir müssen mehr darüber erfahren. Dafür haben wird dieses Buch geschrieben. Wieso haben diese Schüler solche Schulerfolge? Hier einige Antworten, die uns einzelne Expert*innen zugesendet haben:

> »Für mich ist die plausibelste Erklärung: Die Schüler*innen sind über die lange Zeit in dieser Schule hinweg als Person und in ihrer Lern- und Anstren-

gungsbereitschaft so gestärkt worden, dass sie ihre Potenziale immer besser ausgeschöpft haben« (Hans Brügelmann, Universität Siegen, 02.07.2020).

»Ihre Grafik gehört jedem Bildungsfuzzi auf den Tisch geknallt, vor allem wegen der letzten Rubrik ›Gymnasium‹. Wer hätte diese Potentiale an anderen Orten so gefördert? Niemand« (Heribert Woestmann, Internationales Centrum für Begabungsforschung – Stiftung, 02.07.2020).

»Warum werden Kinder auf eine ESE-Schule überwiesen? Das hat mich als erstes stutzig gemacht. Die Kinder wollen ja mit ihrer Verhaltensauffälligkeit auch etwas ausdrücken und dann kommt Schule und sortiert sie wegen mangelnder Angepasstheit aus.
Vielleicht war es vor allem die Wertschätzung, die den SuS bei Euch widerfahren ist. Ihr habt sie wahrscheinlich alle so angenommen, wie sie sind. Und wenn keine Noten gegeben werden, dann wird ein wichtiges Angstmachpotenzial eliminiert, da fällt ein Herrschaftsinstrument weg. Ich denke auch, dass ihr an den Lernprozessen der Kinder viel stärker angesetzt habt als üblich. Und dann wollten sie es zum Abschluss wohl zeigen, dass sie was können?« (Ursula Carle, Universität Bremen, 02.07.2020)

»Wow, das ist ja wirklich stark, danke, lieber Herr Stähling!
Darf ich die Grafik in meiner Vorlesung zur Einführung in die inklusive Pädagogik verwenden???
Was für eine Diskrepanz ... und an der Laborschule haben wir ja auch so gute Abschlüsse, zumindest was die Aufhebung von AOSF und das Erreichen von qualifizierten Abschlüssen auch von ehemals schwachen Schülerinnen nach 10 angeht« (Birgit Lütje-Klose, Universität Bielefeld, 02.07.2020).

»Auf deine Frage nach dem Erfolg, so ist meine Betrachtung folgende: Der Erfolg hat mit dem Geist des gemeinsamen Lernens zu tun. Wenn man es schafft Kinder so zu sozialisieren, dass sie sich nicht als Konkurrenten verstehen, sondern als ergänzende Wesen, die sich gegenseitig durch Wissen, Bildung und Kulturen bereichern und befruchten, dann kommen auch solche Erfolge zustande« (Georgios Tsakalidis, Soziologe an der Universität Münster und Mitglied des Rates und des Integrationsrates der Stadt Münster, 03.07.2020).

»Ohne Dein Team im Einzelnen zu kennen, vermute ich, dass drei Faktoren zusammengekommen sind:

1) Die Notenfreiheit bis Kl. 8 ist m. E. fundamental, denn ihr habt den Kindern und Jugendlichen 8 Jahre Zeit gelassen, zu sich selbst zu finden. Während andere Kinder ab Kl. 3 jeden Tag, jede Woche, Jahr für Jahr von der Schule gedemütigt werden – was erklärt, warum sie in späteren Jahren von den Nazis angezogen werden, die ihnen Feindbilder liefern von Menschen, die angeblich noch weniger wert sind als sie selbst, was ihr Selbstwertgefühl wieder stärkt. Ich erlaube mir, mich selbst zu zitieren: ›Notengebung? Ein teuflisches System‹.

Jörg Ramseger hat das Prinzip der Lernerfolgsrückmeldung durch Noten wiederholt ›ein teuflisches System‹ genannt. Denn es beruhe auf dem Prinzip des Wettbewerbs unter Ungleichen und der systematischen Beschämung des langsam lernenden Kindes, das dem Vergleich mit den vom Leben begünstigten, schnell lernenden Kindern niemals gerecht werden kann.

Kinder im Grundschulalter würden aber nicht erkennen, dass die Qualität der Lehrkraft und die Bedingungen des Elternhauses für ihren Lernerfolg ebenso bedeutsam sind wie die eigene Anstrengung. Sie beziehen das Notenurteil auch nicht nur auf die einzelne benotete Leistung, sondern auf ihre ganze Person und verinnerlichen mit jeder mittelmäßigen oder schlechten Note nur den Gedanken ›Ich bin ein schlechter Schüler, ich bin dumm, ich bin ein schlechter Mensch‹. Denn sie erleben ja mit jeder schlechten Note, wie sie die Erwartungen ihrer Eltern enttäuschen. In seinem Abschlussvortrag zum Bundesgrund-schulkongress 2019 hat Jörg Ramseger diesen Gedanken wie folgt zu-sammengefasst: ›Unsere Gesellschaft kann es sich nicht länger leisten, immer wieder neu die Lernfähigkeit und Leistungsbereitschaft eines erheblichen Teils der Schülerinnen und Schüler durch eine auf dem Prinzip der Beschämung beruhende Praxis der Lernerfolgsrückmeldung systematisch zu zerstören. Denn mit dem System der Ziffernbenotung dokumentiert die Schule nicht nur das Schulversagen der langsamer ler-nenden Kinder – sie produziert es vielmehr selbst‹ (Ramseger 2020).

2) Als Nächstes habt ihr offenkundig den Kindern vermittelt, dass jedes von Ihnen eine Chance hat und Ihr niemals eines von Ihnen fallen lassen werdet. Weil dies das Prinzip der PRIMUS-Schulen ist. Das wird die Selbstlernkräfte der Kinder enorm angefeuert haben.

3) Und schließlich vermute ich, dass die Kinder gespürt haben, dass das Team der PRIMUS-Schule – und allen voran der Schulleiter – den Kin-dern und Jugendlichen – vermutlich ausnahmslos – tiefen *Respekt* ent-

gegengebracht hat und sie als vollwertige und gleichwertige Menschen begreift und ihnen das vermutlich auch wiederholt gesagt habt.

Ich denke, diese drei Faktoren reichen als Erklärung für Euren Erfolg und den der Kinder und Jugendlichen völlig aus und erklären alles« (Jörg Ramseger, Freie Universität Berlin, 24.07.2020, Kursivierung im Original als Fettung umgesetzt).

Which side are you on?

Wir wollen in diesem Buch den Blick der Benachteiligten solidarisch teilen, ihre Perspektive finden und versuchen, sie darzustellen.

Beim Schreiben dieses Buches wollen wir auch Licht auf Unrecht werfen, so wie es Sebastião Salgado mit seinen Fotos macht, denn »so schmerzhaft der Anblick ist, wir dürfen den Blick nicht abwenden« (Salgado, 2019, S. 73). Wim Wenders erläutert in seiner Laudatio für Salgado das Fotografieren als einen Akt des »Aufnehmens« und der »Empathie«:

> »Ist man bei dem Anderen, dem Leidenden, Hungernden, Sterbenden, lässt man ihn (oder sie) an sich heran, oder hält man sich heraus? [...] Sie können leicht, mit bloßem Auge, das wesentliche Merkmal unterscheiden, nämlich, ob ein Bild ›beindruckt‹, weil es von sich selbst einnehmen will, weil es sich selbst verkaufen will, weil es von sich selbst berauscht ist, oder ob es beeindruckt, weil es ›das Andere da‹ vor ihm hochhebt, diesem Anderen Respekt zollt, es zu Wort kommen lässt und ehren will?« (Wenders, 2019, S. 39)

Wir werden der Frage nachgehen, was es bewirkt, wenn wir uns als Lehrer*innen, Erzieher*innen, Sozialpädagog*innen und anderen aktiv an die Seite der Benachteiligten stellen, deren Probleme ernstnehmen und gemeinsam mit ihnen angehen.

Kann man neutral bleiben, wenn Unrecht herrscht? Die schulischen Erfolgsaussichten der Kinder hängen vom »kulturellen Erbe« (Bourdieu, 2018a [1966]) ihrer Familie ab: »All dies wird gerne, vielleicht nur allzu gerne zugegeben. Es aber dabei bewenden zu lassen, das hieße, sich der Frage nach der Verantwortung der Schule für den Fortbestand der sozialen Ungleichheit zu entziehen (ebd., S. 22f.). Wer hier unterschiedliche Kinder gleich behandeln will, ist den Benachteiligten gegenüber ungerecht. Die Schule reproduziert durch formale Gleichheit die Ungleichheit. Damit trägt sie Verantwortung. *Which side are you on?*

Aufbau und Sprache des Buches

Unsere alltägliche Schulpraxis in der PRIMUS-Schule Berg Fidel-Geist Münster werden wir im *ersten Teil* des Buches beschreiben (Kapitel 1–3). Wir beginnen mit Geschichten unserer Schüler*innen, viele aus geflüchteten Roma-Familien. In Kapitel 2 möchten wir ausführlich an Beispielen aus unserer eigenen Schulpraxis zeigen, welche konkreten solidarischen Bausteine in einer »Schule für alle« (ohne »Rausschmeißen«) nötig sind. Wir berichten über den Tagesablauf im gebundenen Ganztag (Kapitel 2.1), den Freien Forscher Club und Herausforderungen (Kapitel 2.2), die Freie Arbeit, die sich über viele Jahre immer wieder veränderte (Kapitel 2.3), den Klassenrat (Kapitel 2.4), das Freie Schreiben (Kapitel 2.5), und wie wir für Entlastung für alle sorgten (Kapitel 2.6). Ohne all diese Elemente scheint es uns nicht möglich, den Kindern gerecht zu werden. Dabei zeigen wir, wie die Erfahrungen der Schulreformer*innen uns Lösungen boten (Kapitel 2, 4 und 9). In Kapitel 3 geht es darum, wie wir mit der Corona-Krise umgehen.

In Kapitel 4 werfen wir einen Blick auf Theorien, die aus der Praxis des »Gemeinsamen Lernens« stammen und deren Erfahrungen wir nutzen. Es lohnt sich, sie an Beispielen der lernenden Kinder aus benachteiligten Lebenslagen anschaulich zu entfalten. Wir stellen Georg Feusers »Kooperation am Gemeinsamen Gegenstand« an Beispielen mit Schüler*innen dar. Auch die Theorie der »Zone der nächsten Entwicklung« von Lew Vygotskij werden wir erläutern und zeigen, dass es zur altersgemischten Klasse keine Alternative gibt. Schließlich werden wir uns ansehen, wie benachteiligte, langsam lernende Schüler*innen in der Schule am Lernen gehindert werden. Mithilfe der Theorie des defensiven Lernens von Klaus Holzkamp ziehen wir die Schlussfolgerungen für ein expansives Lernen in der Schule.

Bei all der konkreten Arbeit in den Klassen stoßen wir auf Kinder und Jugendliche, die sich schwertun und ihre Probleme sichtbar machen. Kinder verweigern sich, bedrohen andere, sagen kein Wort, lügen und verzweifeln. Wir schauen hinter die Kulissen und finden viele Beweggründe, wieso ein Kind so reagiert. Die Klasse zu führen, ist eine Herausforderung, aber in einem klasseneigenen Team geht es leichter.

Wir finden Verkettungen schwerer Lebenswege, die unsere Kinder erleben: Armut, Flucht, enge Wohnungen, Verschuldung, kein Essen und Trinken, keine Medikamente, keine Unterstützung, keine Busfahrkarten, Verfolgung durch Behörden, Tod der Verwandten, Isolation, Untertauchen im Ausland, plötzliches Verschwinden mit der ganzen Familie, Diebstahl, Schulversagen, Schulverweigerung und so weiter.

Wir erleben, dass die Kinder der Benachteiligten untereinander auf natürliche Weise solidarisch sind. Wir nennen dies *natürliche Solidarität* der Kinder (nach Pestalozzi und Célestin Freinet [1896–1966]) und grenzen sie ab von der *professionellen Solidarität* (nach Prengel, 2013) der Pädagog*innen zu den Kindern aus benachteiligten Lebenslagen. Diese beiden solidarischen Kräfte wirken und werden in Praxisbeispielen sichtbar.

All das ist nicht nur der Lebenshintergrund unserer Schüler*innen, sondern auch anderer – Studien zeigen dies. Im *zweiten Teil* unseres Buches geht es um diese harten Fakten, die jeder zur Kenntnis nehmen müsste: die himmelschreiende soziale Ungleichheit in der Schule (siehe Kapitel 5 und 6). Die »feinen Unterschiede« werden in der Schule stabilisiert, wie Pierre Bourdieu (2018b [1982]) belegt (siehe Kapitel 6). Wenn dies in Behörden oder öffentlich vorgetragen wird, zeigen manche Reaktionen, wie hilflos sich die Lösungen darstellen. Die Antworten lenken im Grunde oft vom Kern des Problems ab. Wenn wir Vorschläge machen, was unsere Kinder bräuchten, bekommen wir nicht selten von allen Seiten merkwürdige Ratschläge, die wir in Kapitel 7 und 8 darstellen:

➤ »Sie brauchen eine gute Mischung!«

➤ »Sie haben dort ein anregungsarmes Milieu, da will ja keiner hin!«

Bürgerliche Eltern planen, ihre Kinder von der Schule zu nehmen, falls wir ihre Ansprüche nicht erfüllen würden. Es geht nicht darum, ihren Kindern gerecht zu werden – das tun wir sowieso –, sondern die scheinbar selbstverständlichen Bilder von Schule zu erfüllen. Wie sollen wir den Kindern, die in Armut leben, gerecht werden und zugleich dafür sorgen, dass die Kinder der bürgerlichen Familien nicht den Eindruck haben, dass ihre Kinder zu kurz kommen? Ist es richtig, hinter den bürgerlichen Familien herzulaufen und so eventuell die verlorenen Kinder aus Armutsverhältnissen zu vernachlässigen?

In den Kapiteln 7 und 8 geht es auch darum, dass viele mit »Schmuddelkindern« nicht spielen wollen. Wir hinterfragen kritisch diejenigen, die in den Schulklassen eine »gute Mischung« fordern. Einige Wissenschaftler setzen ungeprüft voraus, dass die »Veränderungen in der Komposition der Schülerschaft durch Erhöhung des Anteils von Lernenden aus bildungsnäheren Familien« (Holtappels & Brücher, 2021, S. 135) bereits zu Leistungssteigerungen führt. Wir zeigen, dass dies eine historisch gewachsene Idee ist und dazu dient, die »störenden Schüler*innen« auszusondern oder gar nicht erst in der Schule aufzunehmen. Wir widerlegen die irreführende These, dass eine Schule mit Kindern aus dem sozialen Brennpunkt ein »anregungsarmes« Lernmilieu darstellt. Was benachteiligte Kinder brauchen, wissen wir, was sie nicht bekamen und bekommen, auch. Wir wissen, dass die Leute, die mit dem Wort »bildungsfern« beleidigt werden, selbst erkennen, was sie brauchen.

Und folgen wir dem, so ist es vor allem, dass sie ihre eigene Stärke leben – ihre »natürliche« Solidarität. Dies ist eine »Pädagogik der Unterdrückten« (Paulo Freire), die sich gegen eine »kulturelle Invasion« wehrt. Menschen, die in Armut leben, sind selbst in der Lage, ihre Anliegen in die Hand zu nehmen. Im Sinne einer »Philosophie der Befreiung« fordert Enrique Dussel (1989), dass »jeder Lehrer weiß, wann er in schweigendem Respekt auf die Jugend und auf das Volk zu hören hat« (ebd., S. 111). Sich von dem kolonialen schulischen Erbe zu befreien, bedeutet hier, sich nicht »für dumm verkaufen zu lassen«. Aus all den vorherigen Überlegungen und Erfahrungen im sozialen Brennpunkt entwickeln wir das Bild von einer Schule der Solidarität. Wie könnte sie aussehen? Diese Frage wollen wir am Ende in Kapitel 9 beantworten.

Immer stehen wir auf der Seite der sogenannten »schlechten« Schüler*innen. Wir zeigen, dass sie so schwach nicht sind. Und worin ihre Stärke besteht. Iris Mann hat es 1981 ganz einfach so formuliert: »Schlechte Schüler gibt es nicht«.

Uns interessiert zum Schluss, wie Georg Feuser, der ehemalige Sonderschulrektor und Integrationsforscher, in Bremen versucht hat, die Schulen im Sinne der Benachteiligten zu ändern. Wir bekommen die Antwort im Interview (Kapitel 10).

Das Buch folgt unserem eigenen Erkenntnisprozess. Aus der Praxis als Lehrer*in schreiben wir für die Praxis. Wir wollen den Kindern das Wort geben. Dazu einige Anmerkungen zur *subjektwissenschaftlichen* Herangehensweise: In der Supervision, wenn wir im klasseneigenen Pädagogenteam über unsere Kinder in der Klasse reden, benutzen wir einen Trick, wenn wir in Bezug auf bestimmte Fragestellungen oder Einschätzungen der Situation eines Kindes nicht weiterwissen. Wir fordern uns gegenseitig auf, angefangene Sätze, die die subjektiven Standpunkte des Kindes erahnen lassen, fortzusetzen. Wir schreiben: »Ich als Achmed fühle mich ...«, »Ich als Achmed denke über die anderen ...«, »Mir als Achmed fehlt hier ...« oder »Ich als Achmed würde jetzt am liebsten ...« und so weiter. Interessanterweise kommen wir mithilfe dieses Verfahrens auch dann aus festgefahrenen Situationen heraus, wenn sich eine Situation als unlösbar darstellt. Am nächsten Tag bereits spürt das Kind, ohne dass wir mit ihm geredet haben, dass sich etwas verändert hat. Meist fällt es uns zu Beginn der Supervision schwer, überhaupt eine fremde Perspektive einzunehmen; denn wir sind ja in Konflikte mit dem Kind verwickelt und wollen uns am liebsten nur mit unserer Perspektive beschäftigen. Wir sind also Teil des Problems: Wir sind eventuell gekränkt und durch das Kind in Situationen gebracht worden, die uns emotional forderten, ohnmächtig und handlungsunfähig machten. Dagegen sind die Perspektivwechsel hilfreich, denn sie nehmen »den Standpunkt des Subjektes«, des Schülers Achmed, ernst. Achmed wird in seiner Bedürftigkeit gesehen, und seine »subjektiven Handlungsbegründungen« (Holzkamp, 1995, S. 23ff.) kommen zum Vorschein. Damit ist nicht gesagt, dass menschliche Handlungsvorsätze »gut begründet« oder »vernünftig« seien (ebd., S. 25). Vielmehr ermöglicht uns die Darstellung in der ersten Person, stets die Perspektive des Lernenden im Blick zu haben.

Deshalb schreiben wir in diesem Buch unsere »Fallbeispiele« im Sinne einer subjektwissenschaftlichen Forschung (Holzkamp, 1995) meist aus der Perspektive des Subjektes auf. Vom lernenden Subjekt auszugehen, legt offen, was das Lernen behindert und was dazu beitragen könnte, diese Behinderung aufzuheben. Dabei werden »subjektive Handlungsgründe« (ebd.) offenbar. Wir schreiben daher häufiger mit unseren Worten aus der Sicht der Lehrpersonen oder der Schüler*innen in Ich-Form. Annedore Prengel spricht von einem »erahnten Schülertagebuch«, wenn es um die aktuelle empathische Vergegenwärtigung des vermuteten inneren Erlebens von Kindern und Jugendlichen geht (Prengel, 2013, S. 126).

Dank

Dieses Buch basiert auf unseren praktischen Erfahrungen in der Schule. Was wir immer mehr erkannt haben, ist in 40 Jahren Lehrerberuf gewachsen. Davon berichten wir. Zunächst haben wir einfach unsere Arbeit mit

Kindern und Jugendlichen geliebt. So fängt es bei fast allen Lehrer*innen an. Sie sind für ihre Klasse da und mit ihr verbunden. Die Kinder sind froh, dass sich hier jemand Zeit nimmt. Und wie alle im Lehrerberuf erlebten wir auch, dass es schwer ist, allen Ansprüchen genügen zu wollen. Wir stießen auf Probleme, die wir in unseren klasseneigenen Teams lösen konnten. Und wir versuchten für »unsere Kinder« alles möglich zu machen.

Seit 1992 arbeitet Reinhard Stähling im sozialen Brennpunkt Berg Fidel in Münster als Lehrer und in der Schulleitung. Barbara Wenders arbeitete von 1999 bis 2018 im Brennpunkt Berg Fidel und war vorher Lehrerin an Hauptschulen und an einer Sonderschule. Gemeinsam haben wir dafür gekämpft, dass 2014 aus der Grundschule Berg Fidel (mit den Jahrgängen 1 bis 4) eine Schule mit den Jahrgängen 1 bis 10 (13) entstehen konnte. Die Veränderung der Schule hin zu einer Schule der Jahrgangsstufen von 1 bis 10 (13) geht Schritt für Schritt voran – in jedem Neuanfang steckt zwar ein Zauber, der uns schützt (Hermann Hesse), aber in ihm steckt auch noch immer das Alte, das zu Überwindende, das wir abschaffen müssen, um das Neue durchzusetzen und den Menschen gerechter werden zu können.

Der Geist, der durch unsere Darstellung weht, ist offen. Wir bieten Impulse für die Selbsterprobung, aber auch für wissenschaftliche Analysen. Wir teilen unser Buch mit denen, die es am nötigsten brauchen – denen, die das Schulsystem am Lernen hindert. Paulo Freire hat seinem Buch *Pädagogik der Unterdrückten* (1971) eine Widmung vorausgestellt: »Den Unterdrückten und denen, die mit ihnen leiden und kämpfen«. Sein 100. Geburtstag am 19. September 2021 wird in aller Welt gefeiert. Unser Buch möchten wir als kleinen Beitrag dazu verstehen, diesen bedeutenden brasilianischen Lehrer zu ehren. So war zum Beispiel seine weltweit nachgeahmte Alphabetisierungskampagne so wirkungsvoll, dass er von der Militärregierung ins Gefängnis geworfen wurde.

Wir danken besonders herzlich Georg Feuser, der uns ermutigt hat, unsere Praxis aufzuschreiben. Seine wertvollen grundlegenden Hinweise zum Text waren unentbehrlich. Sein genauer Blick auf die Ungerechtigkeiten im Bildungswesen ist uns ein wichtiger Maßstab. In vielen gemeinsamen Gesprächen mit Mitstreiterinnen und Mitstreitern aus Schule und Wissenschaft haben wir uns anregen lassen. Auch dafür danken wir herzlich. Besonders möchten wir hervorheben die Bildungsjournalistin Brigitte Schumann, den Schulentwicklungsberater Bruno Achermann sowie den Schulleiter Rüdiger Schrade. Für die kritischen Gegenfragen, die auf Präzision und Verständlichkeit drängenden Anmerkungen gilt unser Dank auch dem Lehrer Jochem Knorr und dem Lektor Simon Scharf. Unserem Freund und Grafiker Friedel Callies danken wir für die Illustrationen und grafischen Arbeiten, die sein Verständnis für unser Anliegen belegen.

Der Inhalt dieses Buches ist Weiterführung, Ergänzung und letztendlich Quintessenz unserer Veröffentlichungen zum Umbau von Schule und Unterricht seit fast 20 Jahren. Wir danken dem Psychosozial-Verlag, dass er dieses Buch veröffentlicht und uns unterstützt.

Damit unsere Pädagogik auf Fortbildungen weitere Verbreitung erfährt, haben wir Hella Wenders und Luca Lucchesi zeitgleich gebeten, die Freie Arbeit und den Klassenrat in einem Kurzfilm mit dem Titel *Perspektiven* zu dokumentieren. Die beiden Filmemacher hatten bereits mit ihren beiden ZDF-Filmdokumentationen *Berg Fidel – Eine Schule für alle* und *Schule, Schule – Die Zeit nach Berg Fidel* unseren Schüler*innen ein Denkmal gesetzt. Wir danken ihnen herzlich für all das empathische Mitgehen auf dem Weg zu einer solidarischen Schule im sozialen Brennpunkt.

Die PRIMUS-Schule Berg Fidel-Geist ist geprägt durch viele Menschen. Wir danken allen auf diese Weise, die diese Schule mit den Jahrgängen 1 bis 10 möglich gemacht haben und ihre solidarische Haltung gegenüber den Kindern zeigen. Wir hoffen, dass sich Mitarbeiter*innen und Eltern vieler Brennpunktschulen verbünden, um für die Interessen ihrer Kinder und Familien stärker zu werden.

Barbara Wenders und Reinhard Stähling
Münster, im Oktober 2021

Teil I
Erfahrungen mit der Stärke der Kinder

1 Die Schule Berg Fidel im sozialen Brennpunkt und der solidarische Kampf

Die Perspektive einer Sonderpädagogin in einer Siedlung mit geflüchteten Familien

Kurz gefasst: In diesem Kapitel berichten wir über vielfältige Erlebnisse aus unserer Praxis der Integration von geflüchteten Roma-Kindern in die Brennpunktschule. Wir erzählen über unsere Erfahrungen mit Hausbesuchen bei Roma-Familien in einer Flüchtlingssiedlung, deren Kinder unsere Schule besuchen. Versäumnisse auf verschiedenen Ebenen treten zutage. Die Stärke der Kinder in ihren Familien wird deutlich.

Ende der 1990er Jahre kamen viele Familien nach Münster, die vor dem Kriegselend im Kosovo fliehen mussten. Einige dieser Familien wurden in der Umgebung der Grundschule Berg Fidel in einer ehemaligen Obdachlosensiedlung untergebracht. Ihre Kinder, die zunächst (kinderrechtswidrig) für »nicht-schulpflichtig« erklärt wurden, besuchten glücklicherweise nach und nach unsere Schule. Die Schulleitung hatte zuvor mit den Familien gesprochen. Viele waren Roma, einige gehörten anderen Volksgruppen an. Die meisten Familienmitglieder hatten im Kosovo, in Albanien oder Serbien nie eine Schule besucht. Sie alle waren traumatisiert, teilweise schwer, und brauchten zunächst nichts anderes als einen Ort ohne Angst und Schrecken, an dem sie sich angenommen fühlen konnten, so wie sie waren. Schule war nicht vertraut. Aber viele wollten sich hier in Deutschland einfinden, einen Neuanfang wagen. Und weil die Schulleitung anbot, dass die Schule Berg Fidel genau dieser Ort für ihre Kinder sein könne, kamen sie und meldeten ihre Kinder an.

Wir gründeten für sie eine Lerngruppe und nannten sie »Schmetterlingsklasse«. Eine der ersten Gruppen, mit der ich, Barbara Wenders, zu tun bekam, bestand aus ungefähr zehn bis zwölf Kindern im Alter zwischen sechs und zwölf Jahren. Ich erinnere mich an folgende Bilder, die in meiner Vorstellung noch präsent sind:

➤ Ein Mädchen sitzt laut weinend auf dem Boden, »Mama, Mama«, ruft es verzweifelt.

➤ Zwei kleine Mädchen hocken auf dem Tisch und tun so, als wäre dies ein Turngerät, von dem es Spaß macht, herunterzuspringen.

➤ Der ältere Bruder des weinenden Mädchens beugt sich in der Zwischenzeit zu seiner Schwester hinunter und versucht, sie zu trösten.

➤ Jessica und Sylvia, zwei ältere Mädchen, sitzen an ihren Tischen und malen. Ein weiteres Mädchen steht immer wieder auf, sein Körper zittert dabei. Brenda lächelt mit einem in die Ferne gehenden Blick und starrt irgendwo hin. Erst nach einigen Sekunden nimmt sie wieder Blickkontakt auf. Mehrere Jungen bauen auf dem Bauteppich. Sie sprechen Romanes. Ein anderer Junge, er hieß tatsächlich Sherif, beobachtet alles im Klassenraum und geht unruhig hin und her.

Meine Kollegin und ich waren ein Team. Wir bauten Strukturen auf, die in allen anderen Klassen der Grundschule Berg Fidel zum damaligen Zeitpunkt schon vertraut waren. Eine Rhythmisierung des Tages, Freie Arbeit, Sitzkreise, Klassenrat, Wiederholungen und Rituale, Sprech- und Sprachschulung. Wir fanden langsam Vertrauen, versuchten, Ängste abzubauen und die Kinder an schulische Abläufe und Rituale, an Lernmaterial und Hefte zu gewöhnen, was sie in ihrem Heimatland teilweise noch nie erfahren hatten. Das, was an Unrecht geschehen war, konnten wir nicht verändern. Wir konnten diesen Kindern aber eigene Stärken bewusstmachen, zumindest versuchten wir es. Nach und nach stellten sich kleine Erfolge ein. Die Kinder kamen regelmäßig, sie zeigten allmählich weniger Ängste, dafür ein echtes Lerninteresse. Manchmal begleiteten einige Mütter ihre Kinder bis zur Schultür. Die Kinder hatten Freude unter anderem an deutschen Sprechversen. Sie lernten zunehmend die in der Schule geltenden Ansprachen, Aufforderungen und Regeln und beachteten sie. Sie vertrauten uns, dass wir nichts Schlechtes im Sinn hatten. Es gab die ersten Lernerfolge im Abhören von deutschen Lauten und dem Schreiben der entsprechenden Grapheme. Im mathematischen Bereich ging es leichter und schneller voran. Das gemeinsame Spiel, die völlig entspannte Lernatmosphäre, die angstfreie Lernumgebung – das alles trug dazu bei, dass die Kinder nach einiger Zeit regelmäßig und gerne zur Schule kamen.

Sechs Jahre später im Jahr 2003 lösten wir die Schmetterlingsklasse auf und integrierten die Kinder, die immer noch aus dem Kriegsgebiet des Kosovo zu uns kamen, sofort in die allgemeinen Klassen. Wir Lehrer*innen schienen das Handwerkszeug dafür gelernt zu haben. Auch hatten wir ohnehin in jeder Klassengemeinschaft klare Regeln und feste Abläufe, die den Kindern Orientierung geben konnten. Wir nahmen auch in jede Klasse Kinder mit Behinderungen auf. Personell waren wir inzwischen so aufgestellt, dass wir das sonderpädagogische oder sozialpädagogische Personal auf jede Klasse gleich verteilen konnten (Stähling, 2006, S. 100ff.). Wir bildeten nach und nach feste Pädagogenteams für jede Klasse. Deshalb waren wir in der Lage, die Roma-Kinder in jeder Klasse aufzunehmen, ohne weiterhin eine gesonderte Roma-Klasse führen zu müssen.

Eines Tages kam eine Kollegin aufgeregt aus der Pausenaufsicht in das Lehrerzimmer gerannt und rief: »Die Roma rotten sich zusammen.« Auf dem Schulhof gab es offensichtlich eine Auseinandersetzung. Ein Junge hatte ein Roma-Mädchen beleidigt, und nun holten einige Roma-Kinder »Verstärkung« und kamen in großer Zahl, um den Übeltäter, der die kleine Schwester beleidigt haben sollte, offensichtlich zu bedrohen.

Wie sollten wir das in den Griff bekommen? Dies bewegte die Kolleginnen im Lehrerzimmer und die Aufsicht draußen. Was hatte das zu bedeuten? Wie stand es also um unser schulisches Handwerkszeug? Es waren offenbar auch die ureigenen Vorurteile und Ängste, die immer noch in einigen Kolleginnen zu stecken schienen: »Die Zigeuner klauen kleine Kinder und töten Hühner.«

Die oben beschriebene Situation auf dem Schulhof löste sich durch die ruhige Ansprache einer Kollegin an die zusammenstehende Gruppe verschiedener Roma. Sie hatten überhaupt nichts Bedrohliches im Sinn. Nur schien es ihnen Spaß zu machen, das gespürte Vorurteil, das sie doch zwischendurch immer wieder wahrnahmen, zu bedienen. Als zusammenstehende Menge (etwa acht bis zehn Personen) wirkten sie bedrohlich (wenn man es so sehen wollte), sie alle hatten dunkle Haare, dunklere Haut, und wenn sie gleichzeitig laut in einer Sprache sprachen, die nur eine Kollegin von uns verstand, schienen sie sich mächtig zu fühlen.

Aus heutiger Sicht ist darüber zu schmunzeln. Zum Glück. Immer mehr lernten wir von der gemeinsamen Arbeit mit den Kindern der Roma. Wir lernten als erstes, dass das Wort »Roma« von »Rom« (»Mensch«) stammt. »Wir sind alle Menschen«, erklärte uns der Älteste Rom auf dem Gelände der Siedlung, auf dem alle wohnten.

Wir lernten, dass alle Roma durch ihre gemeinsame Sprache, Romanes, miteinander verbunden sind. Dass Romanes keine Schriftsprache ist, schien für viele von uns Lehrer*innen unvorstellbar zu sein. Was wir aber auch lernten, war, wie fröhlich, hilfsbereit, lernwillig und begeisterungsfähig fast alle Roma-Kinder waren, die zu uns in die Schule kamen.

Ein anderes Erlebnis hätte Vorurteile durchaus verstärken können: Wir vermissten einige Tage lang direkt nach Schulschluss eine große Anzahl von Buntstiften und fanden sie, nachdem wir es wissen wollten, wo die Stifte abgeblieben waren, in der Schultasche eines jungen Roma-Mädchens. Ein Gespräch darüber und die angebotene offizielle Möglichkeit, Buntstifte mit nach Hause nehmen zu dürfen, beendete diesen regelmäßigen Schwund.

Wir lernten, dass für unsere Roma die Familie das Allerwichtigste im Leben bedeutet, der übergeordnete Sinn im Leben überhaupt, und dass Planungen sich in der Regel höchstens auf den nächsten Tag beziehen.

Manche Kinder kamen nicht regelmäßig zur Schule. Dann war es angebracht, dass ich einen Hausbesuch in der Flüchtlingssiedlung machte. Das habe ich sehr gerne getan – es bauten sich so leichter vertraute Beziehungen auf. Die Wohnanlage bestand aus sieben größeren Wohnblocks, die sich jeweils versetzt um einen Hof herum gruppierten. Die Mehrfamilienhäuser, ungefähr sechs bis acht Wohneinheiten pro Wohnblock, hatten nach hinten, manche auch nach vorne, Balkone. Auf diesen türmte sich bei einigen Familien Sperrgut, zwischen Sonnenschirmen und Wäscheständern. Auf einer kleinen Rasenfläche gab es Teppichstangen, auf denen meistens Teppiche hingen. Zu besonderen Feiertagen reinigten die Familien draußen ihre Teppiche mit Schaum und Bürsten. Ein kleiner Parkplatz gehörte zur gesamten Anlage mit Platz für etwa 20 Autos.

Die Gefahr der vierspurigen Ausfallstraße, die in unmittelbarer Nähe vorbeiführte, wurde zum Glück durch eine parallel zu ihr verlaufende, kleine Zufahrtstraße etwas gemildert. Zu Beginn dieser beruhigten Straße befand sich eine Gärtnerei, am anderen Ende der Wohnanlagen Brachland, bis zum nächsten Gewerbegebiet. Früher wohnten in den ungefähr 43 Wohnungen deutsche obdachlose Familien, die auf staatliche Unterstützungen angewiesen waren. Seit 1997 war die Anlage geflüchteten Familien aus dem Kosovo vorbehalten. Der Weg zur Schule liegt knapp unter der Drei-Kilometer-Marke, ein Anrecht auf öffentliche Beförderung war somit nicht gegeben. Vorne rechts vom Hof, gegenüber dem ersten Wohnblock, erstreckte sich der Flachbau der Kindertagesstätte der AWO.

In der Zeit von 2000 bis ungefähr 2016 machte ich sehr viele Hausbesuche in oben beschriebener Wohnanlage und in der Kindertagesstätte der AWO. Immer wieder musste ich den Familien schulische Vorgänge erklären, die die Eltern nicht verstehen konnten. Das fing beim Stundenplan an und manchmal ging es auch allein um die Einholung einer notwendigen Unterschrift, die wichtig war, damit ein Kind wichtige Hilfen bekam. Oft holte ich eine Einverständniserklärung ab, wenn es zum Beispiel um eine Klassenfahrt oder einen Ausflug ging. Oft genug habe ich erlebt, dass mir bei meinen Besuchen von den Eltern behördliche Briefe gezeigt wurden, mit der Bitte, sie ihnen zu erklären.

In der Rückschau war der Besuch in der Kindertagesstätte und die Zusammenarbeit mit den Erzieherinnen dort sehr effektiv, angenehm und gut. Diese Erzieherinnen waren über viele Jahre immer dieselben, sie strahlten eine hohe Arbeitszufriedenheit aus. Die Gruppenräume boten eine vorbereitete Umgebung zum Spielen und Lernen, die von höchster Professionalität zeugte. Die Gespräche über die Kinder, die im nächsten Jahr eingeschult werden sollten, waren für die spätere Arbeit mit den Kindern bei uns in der Schule sehr hilfreich und notwendig. Es war eine Brücke des Vertrauens, die dort aufgebaut wurde. Die Erzieherinnen besuchten später »ihre« Kinder auch in der Schule und freuten sich über die positive Entwicklung, an der sie mit beteiligt waren.

Wenn ich ein Kind bei sich zu Hause besuchte, wurde mir der immense Kontrast zwischen den anheimelnden Räumlichkeiten dieser Kita und den Wohnblocks bewusst. Falls es eine Hausnummer gab, war die Suche etwas leichter, ansonsten musste ich mich auf dem Hof durchfragen, wo die Familie von A. oder M. wohnte. Jeder wusste, wer wo wohnt. Darauf war Verlass. Auf dem Hof spielten meistens viele Kinder. Frauen oder auch Männer standen beisammen und unterhielten sich, oder schauten und beobachteten einfach nur. Manche der Frauen und Männer waren schon älter, die meisten von ihnen allerdings relativ jung. An der Haupthaustür gab es keine funktionierende Klingelanlage und nur hin und wieder ein Namensschild. Die Haupteingangstüren standen immer offen. So gelangte ich ins Treppenhaus und suchte nun weiter. Vor fast allen Türen standen viele Schuhe. Meistens stand der Name einer Familie an der Tür oder klebte an der Wand. Es war jedes Mal ein lustiger Triumph für mich, wenn ich anhand der Kinderschuhe erkannte, dass hier unsere Schülerin oder unser Schüler wohnen musste. Hin und wieder standen kleinere Möbelstücke auf dem Treppenabsatz und es roch meistens nach einer undefinierbaren Mischung aus Essen, abgestellten Gegenständen oder eben auch Schuhen. Die Löcher im Putz in einigen Treppenhäusern erinnerten mich an Schusslöcher. Dann klingelte ich, es wurde mir geöffnet und nach kurzer Vorstellung, »Mein Name ist Frau Wenders, ich bin die Lehrerin von A., ich komme von der Schule«, wurde ich hineingebeten und saß alsbald auf einem riesigen Sofa, wo ich sofort mit Getränken bedient wurde. Bei den ersten Besuchen zierte ich mich noch und versuchte, den angebotenen Kaffee, die Limonade oder das Wasser aus (falsch verstandener) Höflichkeit abzulehnen, was ich aber zum Glück schnell abgelegt habe. Nach den Eindrücken des Treppenhauses saß ich nun – wie geborgen – in einer Wohnung mit wenigen Möbeln, freundlichen Menschen und meistens vielen Kindern. Fast immer lief der Fernseher mit Programmen für Kinder oder einem Heimatsender. Dann begann unser Gespräch, und in der Regel wurde ich zuerst befragt, wie es mir ginge. Gleichzeitig muss ich gestehen, dass ich mich ebenfalls sehr dafür interessierte, was die Familie auf ihrer Flucht erlebt hatte, wo sie genau gewohnt und welche Berufe sie erlernt hatten. Mich interessierte ihre Migrationsvorgeschichte. Es gab Väter, die Schmiede waren oder die eine Metallwerkstatt besessen hatten. Ein Vater hatte in seiner Heimat viele Pferde besessen, die er ausbildete. Danush, sein Sohn, malte in der Schule viele Bilder von ihnen, und sein wehmütiger Gesichtsausdruck zeigte, wie sehr er das alles vermisste. Ein Vater erzählte von einer Fabrik, die er besessen hatte, in der er Schuhe anfertigte. Jetzt ging er an einem Rollator und zeigte mir auf Fotos die zerstörten Gebäude und Häuser in seiner Heimatstadt. »Metall, Metall«, sagte ein anderer Vater. »Wir, meine zwei Brüder und ich, hatten eine Metallwerkstatt, von unserem Vater, ein Familienbetrieb. Wir konnten alles reparieren. Jetzt habe ich einen Putzjob, aber ich möchte gerne wieder selbstständig sein. Kinder, Schule, wichtig.«

Auf meine Nachfrage hin erzählte er, dass er eine Schule besucht habe im Kosovo. Sein Vater schien in der Heimat geblieben zu sein oder war schon verstorben, das habe ich nicht herausgefunden. Seine zwei Brüder mit eigener Familie wohnten ebenfalls in dieser Wohnanlage und deren Kinder besuchten ebenfalls unsere Schule.

Im Jahre 2009 waren in Münster nach den damaligen Regelungen des Landes NRW 302 Roma-Familien von Abschiebung bedroht. Damals gab es in Münster eine große Roma-Demonstration, an der sich verschiedene Hilfsorganisationen, aber auch Privatpersonen beteiligten. Von den 302 zur Ausreise gezwungenen Roma erhielten damals fast alle in Münster ein weiteres vorläufiges Bleiberecht für einige Monate. Es war ein Erfolg vor allem auch für die Schüler*innen, die damals in der Schule Briefe an die Bundesregierung geschrieben hatten: »Wir wollen doch hierbleiben. Wir haben im Kosovo kein Haus mehr und keine Schule. Meine Mutter ist krank, mein Vater hatte eine schwere Herzoperation.«

Die meisten unserer Schüler*innen sind und waren fröhliche, zuversichtliche Kinder. Sie schienen sich wohlzufühlen. Sie können und konnten nicht erahnen, dass ihre Eltern oder andere Familienmitglieder unter posttraumatischen Belastungsstörungen und psychischen Erkrankungen zu leiden hatten. Manchmal erwähnten die Kinder, dass sie Angst hatten, zeigten aber – aus heutiger Sicht betrachtet – eine große Resilienz gegenüber all den Ungerechtigkeiten, denen sie in ihren jungen Leben unbewusst ausgesetzt waren. Alle sind von ihren Fluchterfahrungen geprägt. In Münster wurden damals sehr viele Roma auf die damalige Sonderschule für Lernbehinderte überwiesen. Eine Arbeits- beziehungsweise Ausbildungserlaubnis war für Flüchtlinge grundsätzlich nicht vorgesehen. Für ein dauerndes Aufenthaltsrecht musste eine Familie nachweisen, dass sie in der Lage war, ihren Unterhalt selbst zu finanzieren. Ungefähr ab 2005 konnten Familien, wie die von mir oben beschriebene Familie der Metallbauer, von dieser Regelung profitieren. Die Eltern einer Schülerin zum Beispiel übernahmen gleichzeitig so viele Putzjobs, dass sie auf den Unterhaltsbetrag kamen, der es ihnen erlaubte, in Deutschland zu bleiben.

Bei einem Hausbesuch erfuhr ich in einer Familie von der Misshandlung des Vaters kurz vor der Flucht. Jetzt saß ich einem blassen Mann gegenüber, der sich aufgrund seiner posttraumatischen Belastungsstörung nicht traute, seine Wohnung zu verlassen, und auf die Einnahme von Psychopharmaka angewiesen war. Seine Kinder, drei davon unsere Schüler, umringten ihn und schauten ihn mit liebevollen Blicken an. Die Mutter, eine sehr schöne Frau, hatte mich zuvor bedient und lächelte. Sie verdiente Geld mit verschiedenen Putzstellen. Nicht nur nach diesem Hausbesuch fühlte ich mich schlecht. Was bildete ich mir als Vertreterin der Institution Schule mit all den Schulfragen und Informationen eigentlich ein? Hatten diese Menschen nicht wahrlich andere Sorgen und waren diese – aus gesellschaftlicher Solidarität heraus betrachtet – nicht auch unsere Sorgen? Sollten ihre Kinder, die wie selbstverständlich unsere Schule besuchten, nach vier Jahren auf eine andere Schule wechseln müssen? Was wird dann aus Anisa, dachte ich damals schon, wenn sie nach vier Jahren Grundschule formal noch nicht das zeigen kann, was eine sogenannte »weiterführende« Schule, in diesem Fall eine Hauptschule, in Deutschland von zehnjährigen Kindern verlangt? Warum kann die Grundschule Berg Fidel nicht einfach weiterführen bis zum Schulabschluss?

Als ich Maja zu Hause besuchte, fand unser Gespräch nicht im Wohnzimmer statt, sondern in einem kleinen Raum, in dem ein Bett stand. Dort lag ein junger Mann, ungefähr 16 bis 17 Jahre alt. Er konnte sich kaum bewegen, nicht sprechen und nur mit dem Blick seiner Augen kommunizieren. Ich erfuhr, dass er Majas großer Bruder war, von dem wir bisher nichts wussten. Auf meine Frage, welche medizinischen oder therapeutischen Hilfen er bekäme, oder ob er irgendwie ein schulisches Angebot bekäme, wurde ich groß angeschaut. Nein, keine Therapie, keine Schule, keine Hilfe. Alles machte die Familie allein. Jetzt brauchte sie eine neue Waschmaschine, weil so viel Bettwäsche anfiel und die alte Maschine kaputt war. Ich war fassungslos. Da lag ein junger Mann mit schwerster Behinderung ohne irgendeine unterstützende Therapie und Hilfe von außen. Ich sprach mit der Familie über das Recht ihres Sohnes auf therapeutische und pflegerische Hilfe und Unterstützung und leitete mit ihrem Einverständnis eine Mitteilung weiter. Ich habe nie herausfinden können, ob den Behörden dieser »Fall« bereits bekannt gewesen war. Kurze Zeit später erzählte Maja mir, dass sie eine neue Waschmaschine bekommen hätten. Nie habe ich von Maja einen Vorwurf gegenüber Behörden vernommen, dass sie und ihre Familie völlig alleine für ihren Bruder da waren und alles für ihn machten, so wie sie es konnten. Es war für sie selbstverständlich. So lagerten sie ihn um oder bewegten seine Arme. Sie fütterten ihn und wickelten ihn. Sie sprachen mit ihm und kommunizierten mit seinen Augen. Sie legten sich neben ihn und erzählten ihm etwas oder scherzten mit ihm. Alles das war selbstverständlich, wie ein kulturelles Erbe ihrer Vorfahren. Diese Erfahrung hat mich nachhaltig auch in meiner Funktion als Lehrerin verunsichert und mich nicht zum ersten Mal fragen lassen: Was ist wirklich wichtig? In diesem Zusammenhang fallen mir noch zwei andere Episoden ein: Einmal ging ich über den Hof und aus einem der Hauseingänge kam mir ein sehr gepflegt aussehender, modisch elegant gekleideter junger Mann entgegen. Es war vielleicht auch ein Rom aus einer anderen Stadt. Er schien eine Familie zu suchen und sprach mich irgendwie fassungslos auf Deutsch an: »Sind wir hier in Deutschland?« Dann drehte er sich ab und ging kopfschüttelnd weg. Ich war zu perplex und verstand erst kurze Zeit später, was er meinte. Diese Wohnanlage wirkte dermaßen marode und heruntergekommen, dass sie nicht zum musterhaften, reichen Deutschland passen konnte. Wie sehr hatte ich mich bereits an diese äußeren Zustände gewöhnt. Für mich waren die Menschen wichtig, das Vertrauen, das sie mir entgegenbrachten im Hinblick auf den Schulerfolg ihrer Kinder.

Hatte ich es versäumt, laut anzuklagen? Anzuklagen gegen diese Missstände? Es gab doch Institutionen, die dafür zuständig waren. Das wusste ich durch verschiedene Gespräche, die ich mit einigen Mitarbeiter*innen hatte, wenn es um Anträge, Finanzierungen oder dergleichen ging, die für unsere Schüler*innen wichtig waren. Der kommunale soziale Dienst (KSD) bestand aus vielen verschiedenen Trägerinstitutionen, die Sozialarbeiter*innen und Sozialpädagog*innen beschäftigten. Ich hatte mit ihnen zu tun, wenn diese Mitarbeiter*innen ihrerseits mit unseren Familien zu tun hatten. Eine*n eigene*n, von der Schulleitung seit Langem geforderte*n Schulsozialarbeiter*in, hatten wir viele Jahre nicht. Entsprechend blieb es bei wenigen Gesprächsterminen.

Bei einem dieser Gespräche teilte ich einem Mitarbeiter einer Trägerinstitution mit, dass eine Schülerin von mir auf einer Matratze schlief, die schimmelte. Das war ihm zu meiner Überraschung bekannt. Die Beschaffung einer neuen Matratze für diese Familie schien aussichtslos zu sein. Ich habe nie verstanden, warum. Die Familie bekam wenig später durch eine private Initiative eine neue Matratze. Heute klage ich mich selbst an, dass ich die verschimmelte Matratze, die verschimmelten Wände in einer anderen Wohnung, die vielleicht ungewollt (?) rassistischen und kolonialen Bemerkungen eines für die Wohnanlage zuständigen Hausmeisters nicht laut angeklagt habe. Ich habe gedacht, Hauptsache, den Kindern geht es in der Schule gut, und das ist mein Job. Selbst ich habe Zuständigkeiten verteilt, statt »auf der Straße« laut anzuklagen.

Die Schülerin, die auf der verschimmelten Matratze schlief, war noch mit zwölf Jahren Bettnässerin. Das erfuhren wir auf einer Klassenfahrt und sorgten mithilfe des gesamten Pädagogenteams auf der Fahrt dafür, dass es für sie zu keiner peinlichen Situation kam. Diese Schülerin war ein schnell auffassendes, sprachlich sehr talentiertes junges Mädchen. Sie lebte ebenfalls in dieser maroden Wohnanlage. Der Vater war alleinerziehend, es gab eine ältere Schwester und einen jüngeren Bruder. Alle drei Kinder waren in unserer Schule. Hier werde ich nur über die Schülerin schreiben, mit der ich selbst in der Schule gearbeitet habe. Ich bin mit diesem Mädchen als Lehrerin durch alle Höhen und Tiefen gegangen. Als sie mir einmal sagte: »Ich weiß nicht, warum ich geboren bin, niemand versteht mich«, gab ich ihr zur Antwort: »Du selbst verstehst Dich am besten. Und Du selbst kannst Dein Leben verändern.« Ich war überzeugt, dass sie das Zeug dazu hatte, mindestens zunächst den mittleren Schulabschluss zu schaffen und dann vielleicht auch die Qualifikation für die Oberstufe. Ich hatte ihr ein Buch geschenkt mit dem Titel »Durch die Wand«. Die Autorin (Nizaqete Bislimi) selbst ist Romni. Sie ist Rechtsanwältin geworden. Na bitte, so eine Karriere wünschte ich mir auch für diese Schülerin. Ich schäme mich bis heute nicht für diesen vielleicht von anderen als naiv bezeichneten Wunsch. Auch für diese Schülerinnenlaufbahn war es wichtig, dass die Schule weiterging und nicht nach vier Jahren aufhörte.

Die oben beschriebene Wohnanlage wurde im Jahre 2019 vollständig »leergezogen«. Die Familien wurden auf das gesamte Stadtgebiet »umgesiedelt« (Amtsdeutsch). Die Schüler*innen kamen allerdings weiterhin zu uns, in die ihnen vertraute Schule, auch wenn der Schulweg nun noch weiter war.

Im Jahre 2014 hatten wir es tatsächlich geschafft, die Grundschule Berg Fidel zu einer PRIMUS-Schule hin auszubauen (Stähling & Wenders, 2018). Unsere Schüler*innen sollten vom pädagogischen Konzept der Grundschule Berg Fidel auch über das vierte Schuljahr hinaus profitieren. Das war der Wunsch. Die Alltagswirklichkeit zeigt bis zum heutigen Tag, dass der Weg mühsam und steinig ist, dass die Aufbauarbeit einer solchen Schule, die im staatlichen Schulwesen in NRW einmalig ist, von vielen Barrieren geprägt war und es immer noch ist. Das Zusammenwachsen von Grundschul- und Sekundarschullehrer*innen bezüglich ihrer Auffassung von »Unterricht« ließ mir bisweilen den Atem stocken. Immer wieder spürte ich in den ersten Jahren, in denen ich noch aktiv dabei war, dass das Berg-Fidel-Konzept – »Hier fliegt keiner raus« – bei einigen neuen Kolleg*innen durchaus nicht selbstverständlich war. »Es musste doch eine Grenze geben«, »Wir haben dafür nicht genügend Personal« oder »Es ist nicht zu schaffen« waren häufige Argumente für den vermeintlich nötigen Ausschluss eines Schülers oder einer Schülerin. Das Argument der nicht-vorhandenen Ressourcen stimmte leider und machte die Arbeit richtig schwer. So muss ich rückblickend feststellen, dass auch das Weiterlernen »ohne Brüche« in der PRIMUS-Schule für das oben beschriebene Mädchen nicht reibungslos verlief. Sicherlich kam erschwerend hinzu, dass wir, örtlich gesehen, zwei Standorte haben und die Jahrgänge 4 bis 6, 7 bis 9 und 10 an einem anderen Standort sind als die Jahrgänge 1 bis 3. Aber die Hauptschwierigkeit ergab sich aus meiner Sicht dadurch, dass zwischen einigen Grundschul- und Sekundarschullehrer*innen eine teilweise diametral entgegengesetzte Auffassung von »Unterricht« bestand, ohne dies anklagen zu wollen. Wenn ich zum Beispiel als ehemalige*r Realschullehrer*in oder Gymnasiallehrer*in von diesen Schulformen geprägt und davon überzeugt bin, dass es so etwas wie Realschüler*innen oder Gymnasialschüler*innen gibt, dann fällt es mir zunächst sehr schwer, mir ein Lernen für *alle gleichzeitig am Gemeinsamen Gegenstand* vorzustellen.

Habe ich darüber hinaus keinerlei Erfahrungen mit Teamarbeit oder mit dem Arbeiten mit Kindern und Jugendlichen mit sonderpädagogischem Förderbedarf machen können, liegt es nahe, ein neues Schulkonzept innerlich abzulehnen und es systematisch zu bekämpfen. Dabei ging es meinen Erinnerungen nach meistens nicht um die angeblich zu schwachen Leistungen einer Schülerin oder eines Schülers, es ging immer um ihr oder sein bisweilen extremes Verhalten, das auffiel und dem nichts anderes entgegengesetzt wurde als dass das Schulkonzept wohl nichts tauge oder die Schulregeln angeblich nicht streng genug seien und man es alleine nicht schaffen könne. Das ist sicher verkürzt und überspitzt ausgedrückt. Im Kern habe ich es aber immer so empfunden. Ich habe einige Schüler*innen in Erinnerung, die ihre Probleme durch ein extrem auffälliges Verhalten ausdrückten. Wie sollte das zu bewältigen sein, wenn man dem nichts entgegenzusetzen hat? Die gute Nachricht ist, dass es bewältigt und zum Positiven gewendet werden konnte – und das bis zum heutigen Tag. Diese Prozesse hier im Einzelnen zu beschreiben, würde zu weit führen. Jedenfalls gab es wöchentliche Sitzungen, in denen Handlungsmöglichkeiten und Entwicklungspläne besprochen wurden. Die Schulleitung und einige Kolleg*innen hatten den angeblich »unmöglichen« Verhaltensweisen einiger Schüler*innen im konstruktiven Sinne sehr viel entgegenzusetzen – alles auf der Grundlage: *Hier fliegt keiner raus.*

Dass sich diese mühsame Aufbauarbeit gelohnt hat, zeigen die Schulabschlüsse des ersten 10. Jahrgangs der PRIMUS-Schule im Jahr 2020: Alle Schüler*innen, von denen ich mir damals aus den oben beschriebenen Umständen heraus nicht vorstellen konnte, dass sie überhaupt einen Abschluss erlangen würden, konnten sich verbessern. Viele haben die ehemals bescheinigten Schulformempfehlungen (auch in Berg Fidel mussten wir solche Empfehlungen damals noch schreiben) dahingehend widerlegt, dass sie jeweils einen »höheren« Schulabschluss erreichen konnten beziehungsweise eine sogenannte »gymnasiale Qualifikation«. Es geht also doch, und dies erhoffe ich mir inständig auch für die von mir oben beschriebene Schülerin, die aus psychischen Gründen noch mit zwölf Jahren einnässte.

In bitterer Erinnerung ist mir ein Besuch bei einem sehr jungen Elternpaar, dessen Tochter nun eingeschult wurde. Es gehört zu unserem Konzept, dass wir alle Erstklässler*innen zu Hause besuchen. Das Paar zeigte mir stolz die selbst renovierte Wohnung. Ich wurde wie üblich bedient. Der junge Vater erzählte mir – als Vertreterin der Institution – von seiner eigenen Schullaufbahn in Deutschland:

»Ich kam direkt auf die Schule für geistig Behinderte, weil ich bei einem Test die Farben nicht auf Deutsch sagen konnte. Auf Albanisch hätte ich es gekonnt. Auf der Behindertenschule war ich bald zu schlau, und dann kam ich auf die Hauptschule. Ich hätte gerne KFZ gelernt, aber wir durften damals keine Ausbildung machen. Jetzt habe ich verschiedene Putzjobs. Ich hoffe, dass ich einen Aufenthalt bekomme.«

Junge Menschen mit Migrationsvorgeschichte durften Ende der 1990er Jahre keine Ausbildung machen, zur Schule musste man sie lassen. Was für ein Skandal! Kein Wunder, dass unsere Gesellschaft bis zum heutigen Tag an den Spätfolgen der (nicht nur) damals aus meiner Sicht völlig unsolidarischen und kolonialen »Ausländerpolitik« krankt. Alle drei Monate verlangte man den Familien ab, zum Amt zu gehen und sich einen weiteren Stempel der »Duldung« (!) zu holen. In der Schule merkten wir regelmäßig an der großen Unruhe vieler Kinder, dass die drei Monate wieder vorbei waren und die Familien in Angst um eine Verlängerung ihrer Duldung lebten – bis der erlösende Stempel erteilt wurde. Dazu ein Beispiel, das sich mir eingeprägt hat.

Diese Roma-Familie wohnte in einem Container, nicht in der oben beschriebenen Siedlung. Dort war kein Platz mehr. Es war an einem Eltern-Kind-Sprechtag. Skuters Mutter kam. Sie hatte ihr jüngstes Kind im Kinderwagen dabei und Skuter, Jahrgang 2, saß stolz neben ihr. Der Weg vom Container zur Schule dauerte eine knappe halbe Stunde. Skuter kam meist regelmäßig zur Schule. Er lernte schnell und mit Freude und konnte auch ausdauernd arbeiten. An manchen Tagen war er in Konflikte verwickelt und zeigte ein ausgeprägtes Bedürfnis, alles haben zu wollen. »Darf ich«?, »Ich möchte das«, »Warum nicht ich?«, »Nein, ich will nicht.«

Am Eltern-Kind-Sprechtag wollten wir zusammen mit Skuter Frau Bislimi zeigen, was ihr Sohn bisher gelernt hat und wie wir Skuter helfen könnten, sein Verhalten besser zu steuern. Wir hatten nicht unbedingt damit gerechnet, dass Skuters Mutter oder Vater kommen würde. Skuter selbst hatte die Einladung zu Hause abgegeben und den unteren Abschnitt unterschrieben wieder mitgebracht. Das war bei den letzten Eltern-Kind-Sprechtagen auch so gewesen. Und trotzdem war niemand erschienen. Skuter zog dann immer die Schultern hoch und sagte: »Ich weiß nicht.«

Heute ist Frau Bislimi da. Sie setzt sich hin, sie lächelt, sie strahlt. Sie scheint völlig in sich zu ruhen. Auch Skuter strahlt. In der Tat, die letzten zwei Wochen waren ohne nennenswerte Konflikte verlaufen. Von Frau Bislimi geht die Aura aus, als könne sie die ganze Welt umarmen. Jedes Buch, jedes Heft, das Skuter ihr zeigt, schaut sie lächelnd an. Sie schaut uns an und lächelt, schaut Skuter an und lächelt und schaut wieder eine von Skuter bearbeitete Seite an. Es scheint, als schaue sie manchmal durch die Seiten hindurch.

Was mag sie sehen, was macht sie so glücklich? Mit Skuters Lernerfolg sind wir alle zufrieden, die Mutter kann sich wirklich freuen. Aber dieses Strahlen, dieses Glück, das sich in den Augen der Mutter widerspiegelt: Liegt es daran, dass Skuter im Zahlenraum 100 gut rechnen kann, dass er lesen kann, dass er gut lesbar schreiben kann? Dass er in den letzten Wochen kaum in Konflikte verwickelt war? Oder dass wir Skuter im Container besucht haben? Eine Gruppe von Kindern, die sich mit dem Thema Gerechtigkeit auseinandergesetzt hatte, hat unterschiedliche Wohnsituationen untersucht. Skuter wohnt im Container, das können sich die anderen Kinder nun besser vorstellen. Bei den Steinhäusern gibt es auch erhebliche Unterschiede. Wir lernen so viel vom Miteinander, und alle sind wir gleich viel wert, auch wenn wir unterschiedlich wohnen. Für Kinder ist das kein Problem.

Strahlt Frau Bislimi deshalb vor Glück?

Wir haben alles besprochen, die halbe Stunde ist schon etwas überzogen, Frau Bislimi nickt wieder strahlend. »Sie sind glücklich, sie können wirklich stolz auf Skuter sein«, sagte ich. »Ist auch sonst alles gut?«, fragte ich. »Jaaaaa, gutt, wir haben sechs Monate.« Damit meint Frau Bislimi eine weitere Duldung von einem halben Jahr. Die Wörter »Aufenthalt« und »Pass« sind in meiner Erinnerung mit folgenden Episoden verbunden: Zu unserer Schultradition gehört eine wöchentliche Klassenfahrt nach Spiekeroog. Für diese Fahrt benötigte ich die Einverständniserklärung der Eltern, dass die Kinder während des *Aufenthalts* auf Spiekeroog in einer kleinen Gruppe alleine einkaufen gehen dürfen. Mirsana sagt zu mir: »Frau Wenders, ich habe keinen *Aufenthalt*, was soll ich machen?« Sie zeigt mir ein Dokument: Es ist ihre Duldungsbescheinigung. Sie ist dort zusammen mit ihrer Schwester aufgeführt und gilt als ein zur Ausreise verpflichteter Mensch. Mir fehlten die Worte und ich erklärte Mirsana (innerlich fassungslos), dass das Wort »Aufenthalt« im Zusammenhang mit der Klassenfahrt eine andere Bedeutung hat. Außerdem hatte ich um die Kopien der Impfpässe gebeten, um Tetanusimpfungen nachzuweisen. Im Infobrief an die Eltern und Kinder stand: »... für den Aufenthalt auf Spiekeroog benötigen wir die Kopien der Impfpässe ihrer Kinder«. So oder ähnlich hatte ich es formuliert. Mirsana stellt sich an unseren Begrüßungstisch und sagt, sie habe keinen *Pass*. Die Begriffe »Aufenthalt« und »Impf*pass*« waren völlig anders besetzte Begriffe für Mirsana. Sie hingen mit großer Unsicherheit und Ängsten zusammen. Angst vor der Abschiebung. Auch diesen Irrtum klärte ich mit der gesamten Gruppe im Klassenrat zumindest sprachlich auf: dass ein Impfpass mit ihrer Gesundheit zu tun hat und der Aufenthalt auf der Nordseeinsel Spiekeroog ein legaler Anwesenheitszeitraum bedeutet.

Dass Mirsana nicht automatisch in Münster bleiben darf, dass sie eigentlich nicht nach Spiekeroog auf Klassenfahrt fahren soll, sondern zurück in ihre Heimat ausreisen soll, das stimmt die Mitschüler*innen nachdenklich. Mirsana, das nette große Mädchen brauchen wir doch als Trösterin und Mutterersatz für die Kleinen, die vielleicht Heimweh haben werden. Wir sind ja eine altersgemischte Klasse mit jungen und älteren Kindern. Die Mirsana, die den jüngeren Kindern Sicherheit bietet, indem sie gerne mit ihnen spielt, ihnen etwas vorliest, oder die Mirsana, die gerne mit den älteren Mädchen zusammen kichert, wenn es um Jungen geht oder um lackierte Findernägel. Diese Mirsana gehört doch zu uns und wir profitieren davon, dass sie da ist.

Es gibt eine Realität in Mirsanas Leben, die ist für die anderen Kinder nun nicht mehr abstrakt wie Nachrichten aus dem Fernsehen, sondern Mirsanas Lebenshintergrund ist real und spürbar, das ist ihre Migrations(vor)geschichte. Es wäre wünschenswert, wenn einige Entscheidungsträger*innen, wie zum Beispiel Politiker*innen oder Manager*innen, ähnliche Erfahrungen in ihrer Schulzeit hätten machen können. Dann würden politische Entscheidungen vielleicht mehr von Respekt und Solidarität gegenüber *allen* Menschen geprägt sein.

2 Gelebte Praxis in der PRIMUS-Schule Berg Fidel-Geist (Jahrgänge 1 bis 10)

Kurz gefasst: Im folgenden Praxis-Kapitel beschreiben wir unsere eigene Alltagsarbeit mit einem klasseneigenen Team in einer altersgemischten Klasse der PRIMUS-Schule Berg Fidel-Geist: die gewachsenen Strukturelemente wie Rhythmisierung des Tages, Freie Arbeit (Mathematik, Deutsch), Freies Forschen, Klassenrat, Freies Schreiben. Wir beschreiben die Lernprozesse, die wir zusammen mit Schüler*innen angehen, und wie Schüler*innen sich gegenseitig durch die Klassengemeinschaft stützen. Die pädagogische Arbeit setzt an der konkreten Situation und den Fähigkeiten der Schüler*innen an. Hier ist die Sprache in der Schule als Hindernis zu überwinden. Außerdem schildern wir tägliche Herausforderungen durch schwierige Situationen mit Schüler*innen. Wir erzählen, wie wir damit umgehen. Unsere Praxis hat historische Wurzeln bei Freire, Freinet, Adler und anderen Reformansätzen aus Versuchsschulen. Die hier beschriebenen pädagogischen Grundsätze und praktischen Verfahren von Freire und Freinet sind zum Verständnis unserer Arbeit im Brennpunkt zentral.

2.1 Ein Schultag – Die Gruppe stärkt sich selbst

Die Schüler*innen, die die PRIMUS-Schule Münster Berg Fidel-Geist besuchen, leben zum großen Teil im gleichnamigen Stadtteil Berg Fidel. Berg Fidel gilt als Brennpunkt. Der sogenannte »weiße Riese« (ein grauweißer Hochhauskomplex mit zahlreichen Antennen, in dem sehr viele bedürftige Familien wohnen) ist neben einem Fußballstadion und der bekannten Volleyballhalle sein Wahrzeichen. Die Menschen stammen aus mindestens 50 verschiedenen Nationen. Die Mehrheit der Familien und alleinerziehenden Mütter, die ihr Kind zur PRIMUS-Schule schicken, sind auf Transferleistungen angewiesen.

Die PRIMUS-Schule Berg Fidel-Geist in Münster ist seit 2014 eine Versuchsschule des Landes NRW mit den Jahrgängen 1 bis 10 unter einer Leitung (zur wissenschaftlichen Begleitung des Schulversuchs siehe Carle, 2016; Huf, Idel & Schnell, 2016; Carle et al., 2018; Dogmus et al., 2020; Huf et al., 2021). Wir arbeiten in Münster daran, wie die Schule die Benachteiligungen besonders der Kinder, die in Armut aufwachsen, aufheben kann. Durch das öffentliche Interesse und die Öffentlichkeitsarbeit, »trauten« sich vermehrt auch abiturnahe Eltern, ihre Kinder bei uns anzumelden. Eltern von Kindern mit sichtbaren Behinderungen, die eine Schule des Gemeinsamen Lernens für ihre Kinder wollen, melden ihre Kinder schon seit Längerem in Berg Fidel an. Die Kunst besteht nun darin, *jedes* Kind in diesen vielfältigen Klassengemeinschaften zu seinem höchstmöglichen Schulabschluss zu bringen. Die Stärke der Kinder im Brennpunkt, ihr Zusammenhalt, und unsere vertrauensvollen, langjährigen Verbindungen zu ihnen und ihren Familien machen uns zuversichtlich. Wir haben über Jahrzehnte gemerkt, dass folgende Strukturen für diesen Erfolg notwendig sind:

➤ gebundener, verbindlicher Ganztag für alle;

➤ gemischte Jahrgangsklassen mit den Jahrgängen 1 bis 3, 4 bis 6, 7 bis 9 und 10);

➤ Arbeit von Pädagog*innen in festen – jeweils einer Klasse zugeordneten – multiprofessionellen Klassenteams (Stähling & Wenders, 2015);

➤ Freie Arbeit (siehe Kapitel 2.3);

➤ fächerübergreifendes Lernen in Projekten, Freien Forscher Clubs (FFC) und Herausforderungen (siehe Kapitel 2.2);

➤ Klassenrat (siehe Kapitel 2.4)

➤ zwei Räume für jede Klasse.

Zum Team einer Klasse der Jahrgänge 4 bis 6 gehören beispielsweise der*die Klassenlehrer*in, Sonderpädagog*in, Fachlehrer*in, Schulbegleiter*in (finanziert für bestimmte Kinder mit Behinderungen) und studentische Mitarbeiter*innen (teils über Praktika oder über Fördermittel für Ganztag oder Kinder aus bedürftigen Familien).

Sonderpädagogische Unterstützungsaufgaben werden in der wöchentlichen Teamsitzung festgelegt, koordiniert und durch alle Mitarbeiter*innen mitgetragen, beobachtet und verantwortet. Das hört sich leichter an, als es ist. Wir arbeiten ständig an der Verbesserung dieser Zusammenarbeit verschiedener Erwachsener aus verschiedenen Professionen (siehe Stähling & Wenders, 2015).

2.1.1 Ein Beispieltag[1]

Wir werden in diesem Kapitel einen typischen Tagesablauf einer Klasse mit den Kindern der Jahrgänge 4 bis 6 skizzieren. Die Darstellung erfolgt entlang der Zeitachse, aus meiner Perspektive als Klassenlehrerin (Barbara Wenders).

Tabelle 1: Beispielhafter Tagesablauf unserer PRIMUS-Schule Berg-Fidel

Zeit	Tätigkeit und Personaleinsatz
ab 7:00 Uhr	Offener Anfang mit ehrenamtlichen Helferinnen und Helfern für das Frühstück
bis 9:30 Uhr	Freie Arbeit, zwei Hauptamtliche, eine studentische Mitarbeiterin, ein Schulbegleiter
9:30 Uhr	Hofpause und Frühstück
10:15 Uhr	Lern-Klassenrat, zwei Hauptamtliche, ein Schulbegleiter
11:00 Uhr	Freier Forscher Club (FFC), eine Hauptamtliche, zwei studentische Mitarbeiter, ein Schulbegleiter
11:45 Uhr	Angebot: Hofpause
12:00 Uhr	Freier Forscher Club (FFC), eine Hauptamtliche, zwei studentische Mitarbeiter, ein Schulbegleiter
12:30 – 13:30 Uhr	Mittagessen und Pause, ein studentischer Mitarbeiter, ein Hauptamtlicher, ein Schulbegleiter
13:30 – 15.30 Uhr	Wald, eine Hauptamtliche, ein Schulbegleiter

7:30 Uhr: Begrüßung am Morgen im Begrüßungsraum

»Zeig mal, Du hast ja eine lustige Brille«, höre ich ein Mädchen (Jahrgang 5) rufen. »Ja, habe ich neu jetzt«, heißt die Antwort. Die Kinder kommen zu versetzten Zeiten in den Begrüßungsraum. Das ist einer der beiden Räume der Klasse. Alle Kinder gehen morgens durch diesen Begrüßungraum, um anschließend zum Arbeitsraum, dem zweiten Raum der Klasse, zu wechseln.

»Ich geh bald auf eine andere Schule«, sagt Niko (Jahrgang 4) früh morgens.

Stirnrunzeln. »Warum das denn?« Zwei ebenfalls anwesende Kinder

---

1 Die Beschreibung des Tagesablaufes folgt der Darstellung in Stähling & Wenders (2019).

schauen verwirrt oder nehmen es nicht ernst am frühen Morgen. Niemand geht weiter auf Nikos Bemerkung ein.

Mir als Lehrerin Barbara Wenders schießen allerdings sofort viele Gedanken durch den Kopf: Niko hat abiturnahe Eltern. Das Erlernen des Schreibens und Lesens am Schulanfang fiel ihm sehr schwer. Er brauchte zusätzliche Anstrengungsbereitschaft, die bei ihm absolut nicht selbstverständlich war. Durch sehr gezielte schulische Maßnahmen und unsere vorhandenen Strukturen konnte er seine Schwierigkeiten bewältigen. In einer konservativen Gleichschrittschule hätte er höchstwahrscheinlich gelitten am Vergleichsdruck, vermutlich wäre auch die Schuleingangsphase verlängert worden. Das hätte bedeutet, dass Niko nach einem zweiten Schuljahr die gerade erst entstandene Klassengemeinschaft hätte verlassen müssen. Bei uns gilt die notwendige Entwicklungszeit. Wir möchten, dass jede*r sein*ihr eigene*r Lernchef*in ist und bleibt, ohne Konkurrenz zu anderen. Niko konnte in der vertrauten Gemeinschaft bleiben und individuell lernen, und seine Leistungen sind –schuladministrativ gesprochen – sehr gut. Warum soll er jetzt wechseln? Sind Nikos Eltern Nutznießer*innen einer Schule, die sie aus pragmatischen Gründen für ihren Sohn gewählt haben, weil er, auch aus ihrer Sicht, es an einer Gleichschrittschule nicht ohne Leidensdruck geschafft hätte? Wussten sie bei der Anmeldung bereits, dass sie nur vier Jahre bleiben werden?

Das denke ich gerade, als ebenfalls zwei Viertklässler hereinkommen und sagen, dass sie heute ihren Vortrag halten wollen. »Ah, das könntet ihr doch gut im Wald machen«, sage ich. Heute ist Dienstag und nachmittags steht »Wald« auf dem Stundenplan. »Okay«, heißt die Antwort der Jungen. »Dann könnt ihr alles in der FFC-Zeit vorbereiten«, rufe ich ihnen hinterher. Sie gehen direkt in den Arbeitsraum.

Ich bin immer noch ein wenig verwirrt. Niko soll die Schule wechseln? Jetzt, wo er sich so gut entwickelt hat? Wenn ich eine Schulformempfehlung ausstellen müsste, würde sie (rein leistungsmäßig) gymnasial sein – aber wie kommt er sozial klar? Jetzt soll er womöglich in den Konkurrenzdruck zu gleichaltrigen Schüler*innen geraten? Ich weiß, wie wichtig Niko Erfolge und Freundschaften sind. Er hat sehr von seiner Klassengemeinschaft profitiert. Auslachen gilt hier nicht, schwächer sein – wenn man sich denn so fühlt – ist nicht schlimm, kein Problem und so weiter. Hier freuen sich alle darüber, dass alle weiterkommen und etwas geschafft haben, auch wenn die Ergebnisse sehr unterschiedlich sind. Auf der Klassenfahrt brauchte man keine Sorge vor Heimweh haben, weil die älteren Kinder dabei waren. All das denke ich und werde irgendwie schlecht gelaunt. So ist das also, Eltern kommen, profitieren und gehen dann wieder. Welche Wirkung hat so ein Verhalten auf die Gesamtgruppe? Welche Außenwirkung hat das? Dann denke ich, die Eltern wissen genau warum sie eine konservative gymnasiale Schulform nach Klasse 4 wählen. Ist ihnen auch klar, was sie damit auslösen? Sie stabilisieren dadurch das ungerechte Schulsystem, ohne sich etwas dabei zu denken. Oder wollen sie es so? Ist das Gemeinsame Lernen über den Jahrgang 4 hinaus einfach nicht gewünscht? Möchten Eltern ihre Kinder im Alter von zehn Jahren vorsortiert wissen? Ich breche meine Gedankenflut ab mit dem letzten Gedanken: Es könnte alles so einfach sein. Ich erlebe jeden Tag, dass die unterschiedlichsten Kinder aus unterschiedlichsten Lebensmilieus friedlich zusammen leben und lernen können – auch Niko.

Jeden Tag gehen einige Schüler*innen direkt in den Arbeitsraum. Es sind diejenigen, die klar strukturiert sind und wissen, womit sie gleich in der Freien Arbeit anfangen beziehungsweise weiterlernen werden. Die anderen verweilen am Tisch und es ergeben sich kurze, aber intensive Ankommensgespräche. Immer liegt mein Fokus darauf, dass die Kinder arbeitsfähig werden.

»Ich hatte einen Albtraum heute. Meine Mama hat noch geschlafen, deshalb habe ich die Unterschrift nicht dabei.«

Ein 12-jähriges Roma-Mädchen erzählt offen: »Ich hatte gestern Schlägerei.« Ich lasse mir kurz berichten, was geschehen ist.

»Mein Cousin verfolgt mich immer. Ich schwöre, ich mach doch nichts Schlimmes.«

»Wer hat wen geschlagen?«

»Ach, die anderen Mädchen, die kenn ich nicht, die waren in der Stadt. Die haben mich provoziert.«

»Was hast Du genau getan?«

»Getreten.«

»Was hat Dein Cousin damit zu tun?«

»Weiß nicht. Aber die anderen, die nerven mich alle und außerdem haben die mir schon oft Prügel angedroht.«

Eine verwirrende Geschichte am frühen Morgen.

Das Mädchen selbst leitet unseren Klassenrat, ist in Jahrgang 6 und geht nach ihren Äußerungen, die sie mit einem leichten Grinsen begleitet, zielstrebig in den Arbeitsraum. Das eigene Lernen ist für sie die beste Therapie. Sie kann sich dann ganz vertiefen, freut sich über ihre Lernerfolge, weiß, dass sie Hilfe und Erklärung von der Lehrperson im Arbeitsraum bekommt. Sie weiß, dass es im Arbeitsraum um nichts anderes geht, als um ihr persönliches Fortschreiten zum Beispiel in Mathematik und Deutsch oder Englisch. Da fühlt sie sich sicher. Sie scheint das Lernen zu genießen, weil wir ihre tatsächliche Leistungsfähigkeit sichtbar machen können. Ihre Leistungen sind gut, und wir wissen, da liegt immer noch mehr im Verborgenen.

Manche Schüler*innen sind noch sehr müde, sie sagen kaum etwas und bleiben für einen Moment am Begrüßungstisch, um anderen zuzuhören.

»Darf Dalina heute mit mir Tischdienst machen? Fekrije ist krank«, fragt ein Mädchen, das Tischdienst hat.

»Klar, wenn sie möchte«, antworte ich, »sonst haben wir ja eine Vertretung.«

»Kann ich heute Tee mit in den Wald nehmen?«, fragt Sunai.

»Wenn Du das alleine organisiert bekommst, sehr gerne!« Ein stolzer Blick.

»Ok, bist Du arbeitsfähig? Du weißt doch, Du wolltest mit den großen Zahlen weiterkommen«, frage ich.

»Ja, aber ich würde gerne noch einmal am Computer das Lernprogramm mit den großen Zahlen weitermachen. Da war ich schon im fünften Level, darf ich?«

»Klar.«

Sunai bleibt noch im Begrüßungsraum, in dem auch einige Computerarbeitsplätze vorhanden sind.

»Mein Taxi hatte heute Verspätung, die ganze Straße war gesperrt.«

»Das ist nicht schön«, sage ich zu Jan, und er weiß, dass er jetzt essen muss aufgrund seiner Insulinstörung.

»Was war denn los unterwegs?«, fragt ihn Lari.

»Hmm, Du hast mal wieder leckere Sachen dabei. Freust Du Dich auch schon auf den Kaufladen?«

»Ja«, haucht Jan und beißt in sein Mini-Laugenbrötchen.

In der Teamsitzung hatten wir mit seinem Schulbegleiter abgemacht, dass wir alle gemeinsam mit Jan herausfinden möchten, was er ohne seinen Schulbegleiter, dafür aber mit einem oder mehreren anderen Kindern oder ganz alleine schaffen kann. Jans komplexe Behinderung beeinträchtigt unter anderem seine Motorik, seine Sprache, sein Sehen und seine Reaktionszeit. Der Schulbegleiter organisiert heute den »Kaufladen« für Jan und drei andere Kinder, und eigentlich für alle, denn es gibt coole Dinge zu kaufen – und wie komme ich überhaupt an Geld?

Alle Teammitglieder haben die Gesamtgruppe im Blick, fühlen sich verantwortlich.

Jan geht erst später in den Arbeitsraum. Am Begrüßungstisch ist es nun leer. Der Fachlehrer Reinhard Stähling befindet sich im Arbeitsraum und leitet dort die Freie Arbeit. Eine studentische Mitarbeiterin und die Sonderpädagogin arbeiten zeitgleich mit einzelnen Kindern oder Kleingruppen am selben Lerngegenstand. Wenn ein Kind während der Arbeitsphase nicht mehr weiterarbeiten kann, darf es eine individuelle Pause nehmen. Manche Kinder sind aber so mit inneren Problemlagen, zum Beispiel in der Familie, beschäftigt, dass sie sich nicht konzentrieren können und ein Gespräch brauchen. Die Klassenlehrerin steht dafür bereit und kann im Begrüßungsraum oder bei einem Gang über den Schulhof dem Kind ihr Ohr geben, damit sich das Wirrwarr im Kopf klären kann. Wenn es andere Kinder betrifft, gibt es auch den Klassenrat, wo wir einmal in der Woche zu einer festen Zeit mit allen Kindern die Probleme besprechen (siehe Kapitel 2.4).

Zur gleichen Zeit, ab etwa 7:30 Uhr:
Freie Arbeit am Gemeinsamen Gegenstand im Arbeitsraum

Räumliche Lernorganisation: Fachlehrer Stähling sitzt an einem festen Platz im Arbeitsraum, die Schüler*innen kommen zu ihm. Parallel dazu laufen noch weitere Begrüßungsgespräche im Begrüßungsraum.

Personal: Die Klassenlehrerin beziehungsweise ein Fachlehrer, eine studentische Mitarbeiterin und ein Schulbegleiter unterstützen die Lernprozesse.

Mathematik

Jedes Kind beginnt morgens nach der Begrüßungsphase mit der individuellen, freien Arbeitsphase in Mathematik. Alle Kinder, die in den Arbeitsraum kommen, sind auf ein mathematisches Phänomen oder Thema konzentriert. Es geht bei der Multiplikation etwa um zeichnerisches Sichtbarmachen von zum Beispiel 3 x 16, um den Zusammenhang mit der Addition, den Mustern, die entstehen können. Es geht um die Division und wie wir eine Aufgabe durch Ausschneiden aus einem 100er-Kästchenpapier veranschaulichen können, es geht um Brüche, um verschiedene Zahlenräume, offene Aufgaben mit Text und so weiter. Durch ein gemeinsames Themengebiet entstehen große Synergien: Kinder verschiedener Lernniveaus und Alternsstufen lernen aktiv und nach ihrem individuellen Tempo, aber am gleichen Lerngegenstand. Sie können voneinander und miteinander lernen, indem sie die gleichen Problemstellungen auf unterschiedlichem Niveau bearbeiten (siehe Kapitel 4). Wir setzen am Bedürfnis der Kinder an, mit ihren Freunden etwas zusammenmachen zu wollen.

Sprache

Nach etwa 40 bis 50 Minuten wechseln die Kinder zu einer individuell passenden Zeit zum zweiten Themengebiet, dem sprachlichen Lernbereich. In der Stufe 1 bis 3 würde es vornehmlich um den Schriftspracherwerb gehen, in den Jahrgängen 4 bis 6 schließen wir daran an. Können wirklich *alle* lesen und *verstehen* sie das Gelesene?

Wie sieht es mit der Rechtschreibung aus? Es ist bekannt, dass Jugendliche in der Ausbildung scheitern oder nicht den höchstmöglichen Schulabschluss erlangen können, wenn wir nicht gründlich an diesen stofflichen Hürden mit ihnen arbeiten. Wenn sie hier keine soliden Kenntnisse aufbauen konnten, ist es unsere Aufgabe, genau hinzuschauen, an welcher Hürde ein Kind genau steht, um daran anknüpfen zu können. Sehr hilfreich war und ist eine Rechtschreibkartei, mit der wir gute Erfahrungen gemacht haben. Sie ist in drei Niveaustufen mit jeweils 100 Karten aufgebaut. Die Arbeit damit hat einen großen Aufforderungscharakter und bietet ein selbstständiges Arbeiten mit anschließender Dokumentation der bearbeiteten Karte. Das ist motivierend für alle. Kinder kommen ständig voran, es gibt eine regelmäßige Fremd- und Eigenkontrolle. Häufig arbeiten die Kinder mit Lernpartner*innen zusammen an den Karten und ergänzen ihr Wissen gegenseitig. Einzelne Rechtschreibphänomene wiederholen sich systematisch nach lernpsychologischen Gesetzen immer wieder in anderen Textzusammenhängen. Die Texte sind häufig lustig, sprachlich anspruchsvoll, regen zum Nachdenken an und vermitteln Lust auf eigene Textproduktionen. Die Arbeit in diesem Karteiformat erzeugt eine hohe Eigenmotivation und die Rechtschreibergebnisse sind gut.

Auch im sprachlichen Lernsetting sitzt der Fachlehrer Stähling zentral an seinem Platz und die Schüler*innen kommen zu ihm, um sich individuell etwas erklären zu lassen, und zur Rückmeldung (siehe Kapitel 2.3). Fast immer sind mehrere Kinder an den Gesprächen mit dem Lehrer beteiligt. Viele Kinder, besonders aus Armutsverhältnissen, interessieren sich für das Fortkommen ihrer Freund*innen. Nahezu jede freie Arbeitsphase endet für jedes Kind mit dem Hinweis, dass es am nächsten Tag an genau derselben Stelle weiter geht, wo das Kind heute aufgehört hat. Es wird nichts »übersprungen« oder »ausgelassen«, sondern alle Schüler*innen sollen erfahren, dass sie jeden Lerngegenstand auch verstehen, bevor sie zum nächsten Niveau fortschreiten können. Durch die enge Zusammenarbeit der Erwachsenen während der Freien Arbeit kann spontan auf Lernschwierigkeiten reagiert werden. Während der Zeit der Freien Arbeit können auch fremdsprachliche Übungseinheiten stattfinden. Auch sogenannte »Schriftstellerstunden« finden statt, in denen Schüler*innen die Möglichkeit haben, freie Texte zu produzieren (siehe Kapitel 2.5).

Individuelle Pausen

Jederzeit können die Schüler*innen während der gesamten Freien Arbeit (90 Minuten) individuelle Pausen nehmen und sich draußen (in Sichtweite) aufhalten. Durch ein Fenster werden sie wieder hereingerufen. Öfter gehen befreundete Mitschüler*innen gemeinsam in die Pause und nutzen die Zeit für ihre sozialen Themen. Sehr häufig kommen die Schüler*innen selbstständig nach kurzer Zeit wieder herein und setzen ihre Arbeiten fort. Sie sind häufig völlig vertieft, wenn sie wieder an die Arbeit gehen.

10:15 Uhr: Lern-Klassenrat

Nach der Hofpause und dem gemeinsamen Frühstück im Klassenraum findet von etwa 10:15 Uhr bis 10:55 Uhr der *Lern*-Klassenrat statt, nicht zu verwechseln mit dem wöchentlichen *Klassen*rat, bei dem Probleme besprochen werden (Stähling, 2006, S. 75ff.; Kapitel 2.4).

Die Kinder reflektieren über ihren Lernprozess, den sie in der freien Arbeitszeit heute erlebt haben. Im Gesprächskreis stellen sich nicht selten dabei Lernverknüpfungen her zwischen dem, was ein Kind heute gelernt hat, und einem anderen Kind, das diesen Zusammenhang derzeit noch entdeckt. Perspektiven kommen zusammen und ergänzen sich (siehe Kapitel 2.3.3.). Auch hier ist das Interesse der Kinder füreinander recht groß. Nach der intensiven Zeit im Sitzkreis brauchen alle eine Bewegungspause im Gelände. Um 11:00 Uhr treffen sich alle noch einmal kurz zu einer Besprechung des weiteren Vorgehens beim nun folgenden Freien Forscher Club. Auch hier wollen die meisten etwas über die Fortschritte der anderen erfahren.

11:00 Uhr: Freier Forscher Club (FFC)[2]

Räumliche Lernorganisation: zwei durchgehende Räume, vier Computerplätze

Personal: eine Hauptamtliche, zwei studentische Mitarbeiter, ein Schulbegleiter

Lernen als Bezug oder Beziehung zu meinen eigenen Gedanken und Vorlieben, zu meiner direkten oder weiteren Umgebung oder Umwelt (Eltern, andere Erwachsenen, Peers), zu Sachen oder Sachverhalten, Vorgefundenem und so weiter, wo geschieht dieses? Ist es möglich, zwar einerseits einen Abschluss erlangen zu wollen, aber andererseits gleichzeitig das zu lernen, was mich selbst in meinem Innersten interessiert? Nach vielen Jahren in Berg Fidel kommen wir zu der Erkenntnis, dass das möglich ist. Aber die Kinder und Jugendlichen sind doch so unterschiedlich, wie soll das gehen? Da gibt es Kinder, von denen wir nicht wissen, was in ihren Köpfen vorgeht, was sie interessiert, ob sie überhaupt etwas interessiert, und wenn ja, ob sie es ausdrücken können. In unserer Lernorganisation des »Freien Forscher Clubs« dürfen sich die Kinder ihr Thema selbst wählen, mit dem sie sich regelmäßig über einen unbestimmten Zeitraum hinweg beschäftigen und auseinandersetzen können. Sie bestimmen selbst, wie sie an welche Quellen und Informationen kommen, ob sie alleine oder in einer Gruppe arbeiten und wie sie ihre Ergebnisse anderen mitteilen möchten. Können das alle Kinder? Ist jedes Kind dazu in der Lage, expansiv im Sinne Holzkamps (1995) zu lernen? Unsere Antwort lautet: Ja, wenn wir sie erstens lassen und es uns zweitens gelingt, sie von unfreien, lernbehindernden Gedanken oder Konstrukten zu befreien. Dazu ist ihre Eingebundenheit in eine Klassengemeinschaft wichtig, weil sie den und die Einzelne(n) zusammen mit den befreundeten Mitschüler*innen sicher und mutig macht, neue Haltungen zu erproben.

Ich muss mich als Lehrperson entscheiden: Will ich ausschließlich lehren oder Stoff vermitteln? Oder lerne ich gemeinsam mit den Kindern und Jugendlichen das, womit wir gemeinsam die Welt, in der wir leben, versuchen zu erschließen?

In der wöchentlichen Teamsitzung organisieren und koordinieren wir die Arbeit des Freien Forscher Clubs (FFC) mit den verschiedenen

---

2 Siehe auch Kapitel 2.2.

Teammitgliedern. In der Beispielklasse steht der »FFC« mehrmals in der Woche offiziell auf dem Stundenplan. Die Erwachsenen, die während der FFC-Zeiten im Idealfall zur Verfügung stehen, sind die Klassenlehrerin, eventuell eine Fachlehrerin, eine Schulbegleiterin und studentische Mitarbeiterinnen. Diese gute personelle Besetzung ist für die erfolgreiche Arbeit in Forschergruppen hilfreich. Dafür verzichten wir zu anderen Zeiten auf Doppelbesetzungen.

Zeitlicher Rahmen

Grundsätzlich kann ein Thema so lange bearbeitet werden, bis tatsächlich die gestellten Fragen geklärt worden sind. Unter Umständen kann das ein halbes Jahr dauern. Die Aufgabe der Erwachsenen ist es, die Arbeitshaltung, die Intensität des Arbeitseinsatzes und die bisherigen Ergebnisse zu beobachten beziehungsweise zu dokumentieren. Dazu gibt es einen ausgehängten Arbeitsplan. Alle Arbeitsschritte werden dort zusammen mit dem jeweiligen Kind oder der Gruppe eingetragen. So können wir genau mitverfolgen, an welchem Arbeitsschritt sie stehen und wann zum Beispiel der Vortrag geplant ist.

Es kann sein, dass in der Klasse mindestens zehn verschiedene Themen zeitgleich bearbeitet werden. Das setzt voraus, dass die PCs über ein stabiles Internet verfügen, dass genügend Bücher und Informationsmaterial vorhanden sind, und dass die Kinder genau wissen, woran sie heute arbeiten müssen. Für viele Kolleg*innen klingt es angenehmer, wenn die Klasse an einem gemeinsamen Thema arbeitet, und einzelne Kinder oder Gruppen arbeiten an bestimmten Einzelthemen dazu. Unsere Erfahrung ist, dass es einen viel größeren Effekt auf *expansives und vernetztes Lernen* bei jedem einzelnen Kind hat, wenn es selbstbestimmt das Thema auswählen darf.

Heute hatten zwei Kinder (Jahrgang 4) schon frühmorgens ihren Vortrag (Thema Ägypten) angemeldet und bereiten sich nun darauf vor, ihn im Wald zu halten. Dazu brauchen sie ein Seil, das sie zwischen zwei Bäume spannen wollen, um ihre Plakate daran aufzuhängen. Sie packen den schuleigenen Bollerwagen voll mit ihren Büchern, die sie benutzen möchten, und mit Stiften und Zettel für alle. Sie möchten, dass die anderen ein Hieroglyphen-Rätsel lösen. Jetzt begeben sie sich mit einem pädagogischen Mitarbeiter in eine ruhige Ecke im Flur und üben ihren Vortrag als Generalprobe.

Drei Kinder müssen ihre Literatur sorgfältig in das FFC-Doku-Heft eintragen. Zwei von ihnen haben offiziellen Unterstützungsbedarf, sie arbeiten alleine, können aber gegebenenfalls das dritte Kind fragen. Das wissen sie.

Zwei Kinder planen ihren selbstständigen Besuch der Schleuse mit anschließendem Interview der Mitarbeiter*innen dort. Die 20 Fragen sind längst notiert. Heute suchen sie die Busverbindungen heraus. Die Fahrt ist weit. Bevor sie sich telefonisch um einen Termin bemühen dürfen, müssen sie einem oder einer Erwachsenen überzeugend sagen können, wie genau sie zur Schleuse kommen und wie zurück, mit welchem Bus es wann und von welcher Haltestelle aus losgeht und wie die Haltestelle, an der sie aussteigen müssen, heißt und so weiter. Das Lesen des elektronischen Fahrplans der Stadtwerke ist nicht ganz so einfach. Sobald sie alle Fahrtzeiten, Umstiege und Haltestellen genau wissen und eingetragen haben, können sie die Telefonnummer der Schleuse heraussuchen.

Die Kinder, die noch kein neues Thema gefunden haben, brauchen Beratung. Falls niemand von uns Erwachsenen Zeit dafür hat, ziehen sie sich mit Büchern auf den Lesehimmel oder bei gutem Wetter in eine Ecke des Schulhofes zurück oder nutzen die FFC-Zeit für selbst gesteuertes Lernen an ihren Rechtschreibkarteikarten oder im Mathematikbuch. Acht Kinder arbeiten selbstständig an ihren Plakaten, jeweils zu zweit oder zu dritt.

Ein Mädchen erstellt ihre Power-Point-Präsentation. Sie wird die Rapperin Namika vorstellen.

Die vier Computerarbeitsplätze werden von acht Kindern genutzt, die zu ihren Themen recherchieren. Dabei sind Jan mit Schulbegleiter und noch ein Mädchen mit offiziellem Unterstützungsbedarf geistige Entwicklung. Diese Arbeit wird von allen Erwachsenen mitbeobachtet und unterstützt. Das bedeutet, dass alle Erwachsenen in den zwei Räumen »unterwegs« sind. Die wichtigste Regel für alle ist dabei: Es muss nicht still sein, aber alle sprechen leise, niemand ruft quer durch den Raum nach einem oder einer Erwachsenen. Wenn der Schulbegleiter seine Pause macht, sagt er kurz Bescheid, und Jan wird selbstverständlich sowohl von den Kindern als auch von anderen Erwachsenen in den Blick genommen. Und Jan weiß selbst, wen er um Hilfe fragen kann.

Um etwa zwölf Uhr versammeln sich alle im Kreis, um Rückmeldungen zu geben über den Stand ihrer Arbeit im FFC. Gleichzeitig wird die Gruppe darauf vorbereitet, dass heute Nachmittag der Vortrag zum Thema Ägypten im Wald stattfinden wird.

Mittlerweile ist der studentische Mitarbeiter, der das Mittagessen leitet, angekommen. Jetzt wird aufgeräumt, die Arbeitsergebnisse in den Navigator (wie ein Lerntagebuch) eingetragen, und bis auf die Tischdienste gehen alle für eine kurze Zeit an die frische Luft.

Sunai kocht jetzt den Tee, den er mit in den Wald nehmen will. Jedes Kind nimmt später seinen Trinkbecher mit.

12:30 Uhr: Mittagessen – Mittagspause

Räumliche Lernorganisation: Gegessen wird in den Klassenräumen.

Personal: ein studentischer Mitarbeiter, ein Hauptamtlicher, ein Schulbegleiter

Tischdienst durch die Kinder: In der Regel holen vier Kinder das Geschirr in gepackten Kisten auf Wagen aus der Küche und decken die Tische ein. Alle Kinder sind ausnahmslos beteiligt, der Dienst wird wöchentlich gewechselt.

Gegen 13:00 Uhr ruft ein studentischer Mitarbeiter die Kinder von draußen herein und alle waschen sich als erstes die Hände. Die Leitung des Mittagessens ist für pädagogische Mitarbeiter*innen herausfordernd. Wie gestalten wir eine für alle angenehme Atmosphäre und schaffen es, dass auch sehr geräuschempfindliche Kinder und Erwachsene nicht unter einem für sie zu hohen Lärmpegel leiden? Werden die Hygienevorschriften eingehalten, wie halten wir es mit Tischsitten? Und vor allem beschäftigen wir uns auch mit Aspekten eines gesunden Mittagessens. Das alles sind Themen für die Teamsitzung, aber auch für den Klassenrat, wo wir unsere Standards gemeinsam festlegen. Zum Beispiel muss ein Kind, wenn es eine Speise nicht so gerne mag, wenigstens probieren. Im Klassenrat wurde beschlossen, dass abwertende Bemerkungen über das Essen nicht erlaubt sind (zum Beispiel: »Iiih, das ist ekelig.«).

Beim Mittagessen treffen unterschiedliche Kinder mit unterschiedlichen kulturellen Lebenshintergründen aufeinander. Ein entspanntes Mittagessen kann nur gelingen, wenn auch die Kinder selbst Verantwortung übernehmen. Durch die Altersmischung und die dadurch vorhandenen Erfahrungen einzelner Kinder erziehen sich die Schüler*innen gegenseitig. »Du musst erst probieren«, sagen die Erfahrenen, »Wie viele Stücke Pizza hattest Du schon? Die oder der hat erst zwei gehabt.« Dadurch bleibt es gerecht. »Du kannst das ruhig essen, das ist kein Schweinefleisch«, sagt ein nicht-muslimisches Kind zu einem verunsicherten muslimischen Kind. Und es stimmt garantiert.

Wenn wir das Mittagessen in der Teamsitzung besprochen haben, trauen sich pädagogische Mitarbeiter*innen immer mehr, die Vorteile der Altersmischung zu nutzen und ältere Kinder gezielt als Mithelfer*innen einzusetzen. Wenn wir als Erwachsene das Mittagessen mit den Kindern zusammen einnehmen, vertieft dies unsere Beziehung zu den Schüler*innen.

Das Mittagessen beginnt mit dem Vorlesen des Speiseplans, und anschließend kommt der jeweilige Tischdienst nach vorne, wo der studentische Mitarbeiter das Essen in Schüsseln austeilt. An jeder Tischgruppe sitzt ein Kind, das Tischdienst hat. Es bestimmt, wann mit dem Essen begonnen wird. Das Mittagessen wird in der Regel durch zwei Erwachsene geleitet.

Nach dem Mittagessen wird der »Zahnputzdienst« aktiv, ein Kind schickt mit einem kleinen Spiel (zum Beispiel: »Alle, die etwas Rotes tragen, ...«) die Kinder zum Zähneputzen. Danach beginnt für alle die gebundene Mittagspause, während die »Tischdienste« die Tische abräumen und die Kisten anschließend auf einem Wagen in die Küche bringen. Danach gehen auch sie nach draußen.

In der Mittagspause hat ein*e Erwachsene*r Innenaufsicht. Draußen auf dem Hof ist die allgemeine Aufsicht. Jetzt ist Zeit für eine große gemeinsame Bewegungspause. Manche Kinder, zum Beispiel Jan, brauchen einen kurzen Mittagsschlaf. Andere möchten in aller Ruhe ein Buch anschauen oder einfach mal nichts tun und im Sitzkissen ausruhen. Es ist in der Regel alles möglich, wir haben uns allerdings darauf geeinigt, dass die PCs ebenfalls Pause haben.

13:30 Uhr: Wald

Jeden Dienstag geht es in den Wald – mit Gummistiefeln oder festen Schuhen, je nach Wetterlage. Kleine Regenschauer oder Nieselregen sind kein Hinderungsgrund, da die Kinder Regenkleidung haben. »Was machen Sie eigentlich im Wald?«, fragte einmal eine Praktikantin, die uns begleitete und nicht sehr motiviert schien. Sie konnte sich aus fachdidaktischer Sicht zunächst nicht vorstellen, welche Bedeutung der Wald in ihrem Praktikum haben könnte. Vielleicht dachte sie, dass es für sie selbst im Hinblick auf ihre Fächer, die sie als Lehramtsstudentin studierte, im Wald nichts zu lernen geben könnte. Eine gute Frage also, die sich für die Praktikantin nicht mit einem Satz beantworten ließ: Erlebnis- oder Waldpädagogik, Psychomotorik, der Wald als zusätzlicher Lebens-, Erfahrungs- und Klassenraum und als Open-Air-Turnhalle. So scheinen wir ihn jedenfalls zu nutzen.

»Was machen wir denn da eigentlich?«, fragte ich die Kinder.

»Wir gehen da immer hin, gucken nach den Ziegen und wie hoch der Mais steht. Da ist so ein Feld, das sieht immer anders aus. Dann bauen wir am ›Waldsofa‹ (aus herumliegenden, dicken Ästen, Stämmen) weiter oder messen mit dem Bleistifttrick die Höhe der Bäume. Wir machen Spiele und schauen nach Tieren. Wir fassen Regenwürmer an und Asseln und haben letztens eine Schlange auf dem Weg gesehen. Manchmal nehmen wir den Bollerwagen mit und machen Picknick. Wir balancieren über Baumstämme oder bauen Buden. Jenni hat sich auf der ›Mädcheninsel‹ einen Nagel in den Fuß getreten, da mussten wir sie tragen«,

waren Antworten der Kinder. Eine große Zuversicht strahlen die Kinder aus, denn sie wissen, dass alle Schwierigkeiten zu bewältigen sind.

Heute wird es einen Vortrag zum Thema Ägypten geben.

Alle versammeln sich an der roten Linie (Schulhofgrenze) um 13:30 Uhr. Zwei große Kinder stehen vorne und achten darauf, dass alle sich zu zweit aufstellen, sie fühlen sich mit verantwortlich für das Überqueren der Straße als Gruppe. Nachdem die Gruppe die Straße überquert hat, dürfen die Kinder frei loslaufen. Auf dem Weg zum Wald gibt es vier Haltepunkte, an denen die Gruppe sich wieder sammelt. Nach etwa 15 Minuten ist der Wald erreicht. Wir versammeln uns am »Waldsofa« und die vortragenden Kinder bereiten alles vor. Niko hilft ihnen, er findet ihr Thema total spannend und hat für sie die Wäscheklammern mitgenommen. Für zehn Minuten gibt es eine freie Zeit. Dann ist es soweit. Zwischen zwei Bäumen spannt sich die Leine, an denen die Plakate befestigt werden. Es geht los, die »Ägyptengruppe« stellt sich vor und jeder sagt, was ihn an diesem Thema reizt und zu welchen Punkten die Gruppe etwas hören wird. Anschließend gibt es Rückmeldungen, die ausschließlich konstruktiv sein müssen. Wie der Vortrag gefallen hat, ob Teamarbeit zu spüren war, ob alles verstanden wurde und ob etwas gefehlt hat und wie zum Beispiel die Gestaltung der Plakate beurteilt wird. Es werden Fragen gestellt. Auch die Vortragenden selbst richten prüfende Nachfragen an ihr Publikum, oder es werden, wie mit Blick auf das heutige Beispiel, Zettel und Stifte verteilt, um ein Rätsel zu lösen. Das ist etwas schwierig im Wald, aber die Kinder sind erfinderisch. Es wird gegenseitig auf den Rücken geschrieben oder auf einer Baumscheibe, auf den Knien oder auch am glatten Buchenstamm.

Anschließend kommt Sunais Teerunde gut an, und ab etwa 15:00 Uhr ist es Zeit für den Rückweg.

Tagesabschlussrunde

Im Abschlusskreis besprechen wir den Tag (was war gut, was war nicht gut und warum und so weiter ...). Am Ende des Tages sollte nie die Frage fehlen: Gibt es noch etwas zu klären mit einem anderen Kind? Dafür ist jetzt die Gelegenheit, da wir möchten, dass alle zufrieden nach Hause gehen können.

An diesem Beispieltag war die Klassenlehrerin fast durchgehend präsent. An manchen Tagen gibt es Situationen, die wir zunächst als belastend empfinden:

> ➤ Ein*e fest eingeplante*r Mitarbeiter*in fällt unerwartet durch Krankheit aus.

> ➤ Während einer offenen Arbeitsphase (zum Beispiel im Rahmen des Freier Forscher Clubs) geraten Kinder in Streit und eines von ihnen » rastet aus «.

> ➤ Ein Kind erbricht während der Bänkchenrunde direkt auf den Teppichboden.

> ➤ Mitarbeiter*innen halten die vereinbarten Absprachen nicht ein.

> ➤ Mitarbeiter*innen lassen sich auf Machtkämpfe mit Schüler*innen ein.

> ➤ Eltern sind nicht erreichbar.

> ➤ Eltern beschweren sich.

> ➤ Erwachsenen wird Geld gestohlen.

> ➤ Ein Kind kommt trotz intensivster Unterstützung einfach nicht weiter im Lernen.

> ➤ Ein*e Schulbegleiter*in fällt ohne Vertretung aus, das Kind muss nun von einem anderen Teammitglied gewickelt werden.

Im ersten Moment sind wir geschockt, dann besinnen wir uns auf unsere professionelle Handlungsfähigkeit und suchen Lösungen, die für Entlastung sorgen (siehe auch Kapitel 2.6).

2.1.2 Almedina verweigert die Schule

» Ich lass mich hier nicht rumkommandieren! Fass mich nicht an! Ich hau ab! « – so eine zwölfjährige Schülerin, die wutschnaubend das Schulgelände verlässt. Sie hatte gerade eine Lehrerin als »Schlampe« beleidigt, und der hinzugerufene Kollege wollte die Schülerin zur Rede stellen. Die Lehrerin wollte die Mutter anrufen – da eskalierte es. Ein scheinbar nur nichtiger Anlass, eine Beleidigung auf dem Schulhof, brachte das Fass zum Überlaufen. Dies gab es schon mal. Damals kam die Schülerin tagelang nicht mehr in die Schule.

Auch heute an unserem Beispieltag ist die Mutter schwer zu erreichen. Die Sozialarbeiterin besucht umgehend die Familie zu Hause. Die Mutter wohnt alleine mit ihren fünf Kindern in einer Drei-Zimmer-Wohnung in einer Obdachlosensiedlung. Der Mann ist offenbar »verschwunden«. Die Sozialarbeiterin schellt an der Wohnungstür. Es öffnet zunächst niemand, obwohl hinter der Tür Stimmen von Kindern zu hören sind. Sie schellt an der Tür der Nachbarwohnung. Ein Mann kommt heraus und schaut skeptisch, ja abweisend, was man denn wolle. Die Sozialarbeiterin ist bereits bekannt als Mitarbeiterin der Schule und sagt, sie wolle die Mutter von Almedina besuchen. Der Mann erwidert, dass er sie mal anrufen wolle. Am Handy erreicht er sie. Er fragt im Auftrag der Mutter, was sie denn wolle. Die Sozialarbeiterin sagt, sie wolle über Almedina mit ihr sprechen. Ja, in zwei Stunden sei sie wieder zu Hause. Der Nachbar ist ruhig und gelassen und beobachtet genau, wie die Sozialarbeiterin reagiert. Er scheint der Mutter am Telefon in strengem Romanes-Ton mitzuteilen, dass sie kommen solle. Dann beruhigt er die Sozialarbeiterin und sagt, sie komme gleich. Die Sozialarbeiterin sagt, sie warte hier auf dem Gelände.

Den für das Obdachlosen-Quartier zuständigen Sozialarbeiter trifft sie in seinem Büro, einem einfach gehaltenen stickigen, kleinen Raum mit einem Oberlicht. Die »Schulpflichtverletzung« ist Thema in einigen Familien hier. Die bereits verhängten Bußgelder kann Almedinas Mutter nicht bezahlen. Sie halte sich sowieso meist an nichts – da sei nichts zu machen – er vermute, dass sie gleich nicht da sei. So sei zu prüfen, ob es sich hier um die »Gefährdung des Kindeswohls« handle. Nach einer halben Stunde Austausch im Büro versucht es die Sozialarbeiterin erneut an der Klingel. Dieses Mal öffnet die ältere Schwester, die eigentlich auch zu dieser Zeit in der Schule sein müsste. »Nä, ist nicht da«, sagt sie scheinbar uninteressiert. »Weiß nicht.«

Wie geht es in der nächsten Zeit nun weiter? Wieder Mahnschreiben, neuer Termin, keine Fortschritte, tagelang kommt Almedina nicht zur Schule. Inzwischen ist die Mutter mit ihrem sechsten Kind schwanger. Sie ist kaum erreichbar.

Die Sozialarbeiterin schreibt einen Bericht. Sie empfiehlt, eine »Hilfe zur Erziehung zu installieren«. Damit könne auf einen regelmäßigen Schulbesuch eingewirkt werden. Einige Wochen später erst kommt eine Familienhelferin für sechs Wochenstunden in die Familie. Morgens früh aufzustehen, fällt allen dort schwer. Sie wehren sich dagegen, von den Ämtern kontrolliert zu werden, und sehen ihre Würde missachtet. Almedina weigert sich weiterhin, in die Schule zu kommen.

»Sie haben alles getan«, sagt die schulfachliche Dezernentin zur besorgten Schulleitung bei solchen Jugendlichen, »denn die Schulpflichtverletzungen wurden angezeigt und verfolgt. Nun ist die Jugendhilfe am Ball!« Die Schulaufsicht sieht sich nicht mehr in der Pflicht. Die Schule ist scheinbar raus aus dem Spiel. Die Schülerin wird weiter fehlen, aber es besteht »kein Handlungsbedarf« bei der Schulleitung mehr. Die Jugendhilfe sucht die Familie nun erneut auf und übernimmt die »Federführung für den Fall«. Die Stunden der Sozialarbeiter*innen vor Ort werden aufgestockt.

Am Ende des Schultages sitzen die Klassenlehrerin und die Sozialarbeiterin noch im Klassenraum. Was ist von der Schule gemacht worden in der Zeit, bevor sie nicht mehr kam? War das »Schwänzen« zu verhindern? Was sagt ihre Freundin dazu? Wären wir erfolgreicher gewesen, wenn man in der Schule mehr Personal gehabt hätte? Oder ist diese Familie eben derartig »schwierig«, dass jede Bemühung ohne Erfolg bleiben würde. »Sie nehmen anderen die wertvollen Plätze weg«, sagte etwa ein anderer Sozialarbeiter, als man vorschlug, Almedina in eine besondere Maßnahme für Schulverweigerer*innen zu bringen.

Die Klassenlehrerin versetzt sich in die Rolle des Mädchens, das damals eine Fachlehrerin beleidigt hatte. Was hatte Almedina eigentlich gemeint? Vielleicht war es diese Wut: »Sie alle wissen doch, dass ich mich anstrenge – und dann werde ich hier beschimpft, nur weil ich nicht schaffe, was ich mir vorgenommen habe! Ich schaffe es eben nicht.«

Almedina hat gelernt, »sich zusammenzureißen«, ihre Wut und Verletzung nicht an anderen auszulassen. Dabei haben auch ihre Freundinnen aus der Klasse und auch ihre Cousinen geholfen. Aber manchmal »brennt bei ihr die Sicherung durch« und sie schämt sich dafür, versagt zu haben. Auch vor ihren Freundinnen. Sie verlässt das Gelände, um nicht mit ihrem Versagen konfrontiert zu werden.

Versucht man in den Schuhen von Almedina zu gehen, so wird klar, wo das Problem liegt. Aber das war schon sehr schwer – noch viel aufwendiger ist es, nun den »richtigen« Weg zu ihr zurück zu finden. Sie hat Vertrauen zu ihrer Lehrerin, da liegt ein großes Kapital: Die erfahrene Lehrerin spürt hier, dass sie es in der Hand hätte, diesem Kind »eine Chance zu geben«.

Es gibt ja auch noch die Freundinnen, die sich freuen, wenn sie wiederkäme. Wir wissen genau, dass Schüler*innen bereits dann besser lernen, wenn wir selbst unsere Ansicht über deren Lernfähigkeit ändern. »Du schaffst das! Wir werden dir dabei helfen!« – Worte, die zuweilen Wunder bewirken, wenn ihnen Taten folgen. Gute Lehrpersonen haben dies nicht nur einmal erlebt. Ein langer gemeinsamer Lernprozess steht Almedina und ihren Lehrkräften bevor.

Die Erfahrung zeigt, dass »gute« Lehrer*innen an ihre Schüler*innen glauben, auch wenn sie noch nicht so viele Fortschritte gemacht haben, wie »im Vergleich zu anderen« zu erwarten waren. Unaufgeregt reagieren! Rückschritte gehören zur Profession des Lehrerberufes! Dieser Beruf ist ein sozialer Beruf. Wir setzen uns auseinander mit vielen Menschen. Am normalen Schultag sind wir konfrontiert mit unabsehbaren Aufgaben, die uns nicht immer schnell gelingen können. Mit anderen Kolleg*innen tauschen wir uns aus. Wichtig ist für jeden, dass die Pädagog*innen im Team sich gegenseitig solidarisch unterstützen. Dies ist in unserem Beruf unbedingt nötig. Wenn es dabei Probleme gibt, was öfter passiert, sind Supervisionsangebote für jedes Team dringend erforderlich. Ein Schultag kann erfüllend sein, wenn wir spüren und ganz sicher sind, dass unsere Arbeit immer auch Beziehungsarbeit ist, die nicht schnell zu erledigen ist.

2.1.3 Altersmischung

Berichte über pädagogische Erfahrungen aus reformpädagogischen Schulversuchen der 1920er Jahre lassen uns heute staunen, wie Kinder vor etwa 100 Jahren miteinander und voneinander gelernt und sich gegenseitig gestärkt haben. In der Chemnitzer Versuchsschule lernten Kinder vom 6. bis zum 15. Lebensjahr zusammen in derselben Klasse mit mehr als 30 Schüler*innen (Pehnke, 2002a, S. 43ff.). Es waren überwiegend bedürftige Arbeiterkinder, die teils gezeichnet waren durch Hunger, enge Wohnverhältnisse, unzureichende Kleidung und Krankheit. Solche Schulbeispiele sind für unsere Fragestellung nach den geeigneten Wegen mit Kindern aus benachteiligten Lebenslagen sehr wichtig. Die Familien aus Armutsverhältnissen haben öfter viele Kinder. Sie haben gelernt, aufeinander aufzupassen. Diese Fähigkeiten sind in der Klassengemeinschaft zu spüren.

Der Tagesablauf war in der Chemnitzer Schule so gestaltet, dass für die »Großen« morgens »nach dem Morgenturnen Kurs- oder Übungsstunden lagen« (ebd., S. 112). Die »Kleinen« kamen wegen der niedrigeren Wochenstundenzahl erst später zur Schule. Die gesamte Klassengruppe war also nur einen Teil der Schulzeit zusammen. Dies ist in unserer Schule im Brennpunkt heute nicht so, aber auch denkbar. Der damalige Schulbericht erläutert die Arbeit in der gesamten Klassengruppe:

> »In diesen Stunden widmeten sich die Großen in der Hauptsache den Kleinen: sahen ihre Hefte durch, lasen, schrieben oder rechneten mit ihnen oder sorgten anderweit für deren Beschäftigung. Die oder jene Gruppe ging wohl auch mit ihren Kleinen spielen oder spazieren oder hielten kleine Besprechungen. Bei geeigneten Gegenständen fanden immer im Beisein der Kleinen und Kleinsten auch Klassenversammlungen und unterrichtliche Besprechungen statt. Die letzten Vor- und Nachmittagsstunden galten freier, leichterer Betätigung oder wurden zum Spielen, Erzählen, Vorlesen etc. verwendet. Die Kleinen unter sich, ebenso die Helfer-, Tisch- und Arbeitsgruppen führten im Gesamtverband der Klasse ihr besonderes Eigenleben. Besonderer Wert wurde gelegt auf die menschliche Verbindung der Kinder untereinander und dem Lehrer: Gruppen- und Einzelaussprachen« (ebd., S. 112f.).

Dass diese Gemeinschaft der Klasse von selbst gelingen kann, ist unrealistisch. Diese »Aussprache-Gemeinschaft« funktioniert nur, wenn Probleme gemeinsam in der Klassengruppe gelöst werden. Daher ist ein »Klassenrat« oder eine »Klassenbesprechung« (Spiel, 1947) unverzichtbar, die Regelungen für das Zusammenleben vereinbaren und die Kinder und Jugendlichen entlasten. Ohne Klassenrat wäre nach unserer Erfahrung die gesamte pädagogische Arbeit so nicht möglich. Daher kommt ihm eine zentrale Bedeutung zu (siehe Kapitel 2.4).

Dass alle Kinder in diesen Arbeitsphasen, in denen die Großen für die Kleinen zuständig sind, sehr bedeutende Lernprozesse erleben, geht auch aus den Schülerberichten selbst hervor. Ein »Kleiner« mit fast 13 Jahren schreibt:

> »Ich habe mich im Rechnen in diesem Jahr mehr bemüht als im vorigen Jahr. Im Lesen geht es gerade so, in Rechtschreibung auch, ebenso habe ich mich in den Klassenarbeiten rangehalten. Mein Großer meint, es ist mit mir gut, aber ich will oft nur nicht« (Pehnke, 2002a, S. 156).

Ein anderer 12-jähriger »Kleiner« berichtet:

»Mein Großer gibt sich mit mir viel ab. Er gibt sich große Mühe, dass er mich weiterbringt. Ich will bloß manchmal nicht. Einmal sagte er, ich soll immer früh zu ihm kommen und ihm sagen, was ich machen will. Ich bin noch nie zu ihm gegangen. Er hat nichts gesagt! Da denke ich, dass es nicht notwendig ist« (ebd.).

Ein 11-jähriger Junge ist als »Großer« für einen Kleinen zuständig. Er schreibt:

»Ich habe bis jetzt den Unterricht so eingeteilt: Früh schreibe ich ihm ein paar Wörter ins Buch vor. Dann lese ich mit ihm an der Wandtafel. Fürs Rechnen habe ich noch keine Einteilung. Manfred ist gut zu gebrauchen. Er rechnet auch mit Überlegung und macht die meisten Aufgaben richtig« (ebd.).

Ein anderer 12-Jähriger kümmert sich um ein 6-jähriges Kind und erklärt dazu:

»Ein Kind muss man danach behandeln, wozu es die meiste Lust hat. Es kann doch vorkommen, dass ein Kind zum Rechnen kein Geschick hat, aber zum Schreiben. So soll man ihm das Rechnen nicht mit Gewalt beibringen wollen, sondern eben das Lesen unterstützen. [...] Die Kleinen lernen auch sehr viel von den Großen schon durchs Zugucken. Die meiste Zeit verbringen unserer Kleinen mit Spielen. [...] Es soll ihnen der Schulbesuch nicht schwergemacht werden. Wie ein Heim soll ihnen die Schule sein« (ebd., S. 155).

In der Chemnitzer Versuchsschule gewannen die Kinder ein starkes Selbstvertrauen. Die vielen Schüler-Dokumente belegen, dass die Kinder sich wie selbstverständlich solidarisch unterstützten. Wir können heute aus den Erfahrungen von damals lernen. Wenn wir die Berichte lesen, müssen wir immer im Hinterkopf behalten, dass die beschriebenen Lernorganisationen durch die liebevolle, konsequente und aufmerksame pädagogische Leitung möglich waren. So entfalteten die Kinder mit den Pädagog*innen zusammen eine solche Eigendynamik, dass die Schule (unter den gegebenen Umständen vor 100 Jahren) sehr vielfältige und starke Lernprozesse erreichen konnte.

In diesem Sinne erläutert zum Beispiel ein 15-jähriger Schüler nach dem zweiten Versuchsschuljahr:

»Wir haben das bei uns so eingerichtet, dass jeder Kleinere einen Größeren zur Seite hat, mit dem er rechnet, schreibt, liest. Manche Große haben
auch zwei bis drei Kleine in Obhut. [...] Zu den Kleinen rechnen wir, die
noch nicht selbstständig arbeiten können. Und das selbstständige Arbeiten zu etwas Brauchbarem tritt wohl selten vor dem 11. oder 12. Lebensjahr ein. [...]. Die Kleinen müssen jeden Tag zu ihrem Großen kommen
und ihm sagen, was sie zu tun gedenken. Der Große muss sich immer mal
umschauen, wo sein Kleiner steckt. Er sieht von Zeit zu Zeit nach, was er
tut. Er sieht seine Bücher durch, gibt ihm wohl auch Hausaufgaben, wenn
er sieht, dass der Kleine von sich aus zu wenig macht. Das wird aber selten
nötig sein, wenn der Große dem Kleinen beigebracht hat: ›Nicht für die
Schule, sondern für das Leben lernst du!‹ Er erklärt ihm auch die Aufgaben
im Rechenheft. Aus der Sprachschule, die jeder Kleine hat, lernt er ihm. Er
lässt sich auch von Zeit zu Zeit mal etwas laut vorlesen und diktiert ihm
einige Sätze. Er macht ihn auf dieses oder jenes Buch aufmerksam, was er
lesen könnte. [...]

Nur wenn einmal etwas ganz Neues zu erklären ist, wie Bruchzahlen,
Dezimalzahlen und so weiter., dann setzt sich der Lehrer mit ihnen zusammen. Der betreffende Große ist dann natürlich mit dabei. Der Große
hat auch das Recht, wenn der Kleine sich ungehörig benommen hat, ihn
nach Hause zu schicken. Wenn der Kleine auf dem Hof spielen gehen will,
muss er den Großen um Erlaubnis fragen. Was der Große dem Kleinen
heißt, muss dieser tun; natürlich alles in vernünftigen Grenzen. Wir in
der freien Schule lehnen es ja grundsätzlich ab, zu befehlen. Wir wollen
nicht unter dem Kommando der Lehrer stehen, folglich wollen wir auch
nicht bei unseren Kleinen den Machthaber spielen. Und es geht auch, im
Ganzen gesehen, gut ab. Natürlich können bittere Einzelfälle nicht ausgeschlossen bleiben.

Obwohl die Großen sich mit den Kleinen abgeben, müssen sie zu ihrer
eigenen Arbeit kommen. Es muss nur bei beiden Teilen der gute Wille, Erkenntnis und Verständnis vorhanden sein. Wir Großen müssen vor allem
lernen, unsere Zeit gut einzuteilen und immer das Richtige zuerst zu tun.
Und es müssen auch die Güte und die Liebe da sein. Der Lehrer darf uns
nicht nur ›Lehrer‹ sein, der Schüler, der sonst vor der Autorität den ›Bückling machte‹, muss Kamerad sein. Es muss ein Rad ins andere greifen.
Unsere Gruppe ist wie ein Uhrwerk [...]. Die großen und kleinen Räder
sind wir. Die Feder, die uns treibt, der Schlüssel, der uns aufzieht [...], ist der
Lehrer« (ebd., S. 151f.).

Im Schulalltag unserer Brennpunktschule können wir in jeder Klasse mit den drei Jahrgängen erleben, dass Kinder sich selbst helfen und gegenseitig ermutigen, ähnlich wie es der Junge aus der Versuchsschule durchscheinen lässt. Wir möchten uns dahin weiterentwickeln, dass die »Großen« bei den »Kleinen« als zuständige Helfer*innen mitwirken. Erst wenn ein 15-Jähriger in der Klasse bei den Kleinen regelmäßig arbeitet und ein Teil der Klassengemeinschaft ist, werden wir von dieser Altersmischung in einer Schule stark profitieren. Somit wäre zu überlegen, wie eine solche Struktur aufzubauen ist. Derzeit sind die Jahrgänge 1 bis 3, 4 bis 6, 7 bis 9 und 10 in der Regel getrennt voneinander in Klassen.

Kämen wir zu dem Schluss, die neue Arbeitsform mit Altersmischung der Jahrgänge 1 bis 9 in einer Klasse strukturell einzuführen, könnten wir an unserer Schule – ähnlich wie schon bei der ersten Einführung der Altersmischung nach monatelangen Beratungen mit Eltern und Kollegium in Arbeitskreisen – folgendermaßen vorgehen:

➤ Wir bilden zwei Pionierklassen, die über Jahre Erfahrungen sammeln.
➤ Wir nutzen zwei vorhandene Klassen der Jahrgänge 4 bis 6.
➤ Die Kinder dieser Klassen verbleiben und wechseln nicht in eine Klasse mit den Jahrgängen 7 bis 9.
➤ Wenn ein Kind die Klasse verlässt (zum Beispiel, weil die Eltern doch den Wechsel in eine Klasse der Jahrgänge 7 bis 9 wollen), dann wird dieser Platz aufgefüllt mit einem*einer Schulanfänger*in oder einem Kind des Jahrgangs 2 oder 3. So entsteht über drei Jahre eine Klasse der Jahrgänge 1 bis 9. Die Schüler des Jahrgangs 10 könnten dann die Klasse freiwillig verlassen, und eine Crash-Kurs-Abschluss-Klasse wird zur Vorbereitung auf die zentrale Abschlussprüfung gebildet.
➤ Die früher bereits eingeführten Materialien für den Schriftspracherwerb und die Rechtschreibkartei sowie für Mathematik und Englisch werden weiterhin genutzt. Mit diesem Material arbeiten die Großen, die dieses Material bereits »durchgearbeitet« haben, mit den Kleinen. Sie kontrollieren deren Lernfortschritte und führen eine Fortschrittsliste für die vier Bereiche Schriftspracherwerb (Lesen durch Schreiben), Rechtschreibkartei, Mathe-Übungsbuch und Englisch-Übungsbuch.
➤ Die Arbeit mit den Kleinen in den Kernbereichen Sprache und Mathematik geschieht vorwiegend in der freien Arbeitszeit, morgens in den ersten Stunden.

In den nächsten Praxiskapiteln kann dieser Gedanke immer mitgedacht werden, um eine zukünftige Perspektive zu bekommen.

Bereits in Chemnitz war es selbstverständlich, dass die Großen herausfordernde Vorhaben planten. Heute sind solche »Herausforderungen« oder »Freie Forscher Clubs«, bei denen Schüler*innen eigene Pläne verantwortlich verfolgen, ein wichtiger Baustein in unserer Schule (siehe Kapitel 2.2).

In der Chemnitzer Versuchsschule war die Arbeit mit den »Kleinen« nicht auf den gesamten Schultag bezogen. Sie kamen später und fanden sich dann bei ihrem oder ihrer »Großen« ein, der oder die ihnen zur Seite stand. Diese Lernzeit für den Schriftspracherwerb, für die Mathematik und für Englisch liegt in unserer Schule in der freien Arbeitszeit an jedem Morgen zu Schulbeginn (siehe auch Kapitel 2.3).

Ein weiteres wichtiges Element der reformpädagogischen Schule, von dem zu lernen ist, stellt das Freie Schreiben dar. Es ist eingebettet in den Spracherwerb und kann in einer Schule mit einer internationalen Gemeinschaft von Schüler*innen eine große Bedeutung bekommen. Hier ist auch zu lernen von Paulo Freire, der viele wichtige Erfahrungen im Rahmen der Alphabetisierung gesammelt hat (siehe Kapitel 2.5).

2.2 »Freier Forscher Club« und »Herausforderungen«

2.2.1 Zur Geschichte des Freien Forschens

In unserer Schule gibt es für die Schüler*innen aller Jahrgänge die Möglichkeit, sich selbst einer Fragestellung zu widmen und diese intensiv zu verfolgen. Diese Lernorganisationen finden im Stundenplan der Jahrgänge 1 bis 6 als sogenannte »Freie Forscher Clubs« (FFC) statt und darauf aufbauend im »Stundenplan« der Jahrgänge 7 bis 9 als »Herausforderung« in der Woche der »Herausforderungen«. Zusätzlich gibt es in allen Klassen jeden Freitag eine »unverzweckte« »Frei Day«-Zeit (BMBF, 2017, S. 85f.).

Unsere Erfahrungen mit dem FFC reichen zurück in die frühen 1990er Jahre, als Reinhard Stähling, angeregt durch niederländische Kolleg*innen, diese Lernorganisation in Berg Fidel eingeführt hat (Stähling & Wenders, 2012b, S. 50, 2018c, S. 124).

Selbst tätig werden, mitbestimmen können und letztendlich ganz konkret in Kooperation oder auch alleine eine Handlung durchführen, etwas herausfinden – dies alles gehört zu den bedeutsamen, forschenden Aktivitäten von Kindern und Jugendlichen.

Mit der »freien Betätigung« in der Schule haben viele reformpädagogische Versuchsschulen in den 1920er Jahren Erfahrungen machen können. Für uns ist besonders interessant, dass dieses Konzept nicht nur im fortschrittlich-bürgerlichen Milieu erprobt wurde, sondern mit großem Erfolg in der von 80 Prozent Arbeiterkindern besuchten Versuchsschule in Chemnitz, die mit altersgemischten Klassen arbeitete (siehe Kapitel 2.1). Der Klassenlehrer Fritz Müller (1887–1968) und seine Kolleg*innen gewährten den Schüler*innen dabei große Freiräume.

> »Aus dem mehr passiven Kind der Lernschule wird so das ›schaffende Kind‹, dem der Lehrer immer mehr zum Berater, Mitforscher, Freund und Kamerad wird, der Wege weist, Anregungen gibt, Fehler erkennen und vermeiden hilft« (Pehnke, 2002a, S. 111).

In der Chemnitzer Versuchsschule sollte die Arbeit der Entwicklungsstufe und dem Interesse des Kindes angepasst werden. Viel Zeit war dabei zum Forschen, Experimentieren, Herausfinden und Entdecken vorgesehen:

> »Die Arbeitsgruppen bildeten sich stofflich nach den Anregungen des ›Wunschbuches‹, in das jedes Kind Fragen und Vorschläge für unterrichtliche Besprechungen eintragen durfte. Zwei Abteilungen wies das Wunschbuch auf:
> 1. Was ich wissen will;
> 2. Wovon ich erzählen will.
> ➤ Kleinere Fragen wurden in besonders dazu angesetzten Stunden beantwortet, größere in Kursen weiterverfolgt. Fleißig halfen auch die Kinder mit an der Wissensbereicherung ihrer Klassenkameraden: Wer Betriebe besichtigt, Bücher gelesen, Vorträge oder Vorführungen besucht hatte, berichtete davon. So wurde die Klasse neben einer Lebens- eine Bildungsgemeinschaft« (ebd., S. 111f.).

Diese Erfahrungen mit eigenständigem Forschen und Entdecken sind prägend. Folgerichtig fordert der deutsche Nationale Aktionsplan des UNESCO-Weltaktionsprogramms »Bildung für nachhaltige Entwicklung« (BNE), dass Schüler*innen in Deutschland sich in Gebiete vertiefen, die ihnen nicht von außen abverlangt werden, sondern die ihren eigenen Fragen, ihrer eigenen Entwicklungslogik (Feuser, 2011a) entsprechen.

Freiräume sollen den Kindern und Jugendlichen ermöglichen, sich an Entscheidungsprozessen zu beteiligen, kreative Lösungen zu erarbeiten und gestalterisch Einfluss zu nehmen:

> »In allen Bildungseinrichtungen wird ein Verständnis dafür geschaffen, dass Freiräume ein zentrales Element in der Bildung und für die Persönlichkeitsentwicklung sind. Es soll ein Bewusstsein dafür geschaffen werden, dass zum Beispiel Jugendarbeit im Sinne auf BNE nicht für, sondern mit Jugendlichen gestaltet wird. Die Mitbestimmung und Mitgestaltung wird nur über die Schaffung von ›Freiräumen‹ möglich. Raum und Zeit sind notwendig, um Selbstgestaltungs- und Selbstorganisationsmöglichkeiten zu bieten« (BMBF, 2017, S. 85).

Der Nationale Aktionsplan spiegelt die Einsicht wider, dass die »zerfächerten« Unterrichtstage stark einengen und die eigentlich für die Bildung nötigen Freiräume behindern:

> »Überformalisierte Strukturen sollen gelockert werden, da diese durch zu enge Vorgaben wie ein ›Korsett‹ der Selbstentfaltung eines Einzelnen im Weg stehen. Es stehen ausreichend Freiräume für die Ausbildung von Gestaltungskompetenzen zur Verfügung, die Partizipation, selbstständiges Lernen und kreatives Gestalten ermöglichen« (ebd.).

Daher gibt der Nationale Aktionsplan vor, dass alle Schulen ihre Stundenpläne und Lehrpläne entsprechend ändern müssen:

> »Unverzweckte ›Freiräume‹ sind strukturell zu verankern. Sie tragen zu einem Anstieg des gesellschaftlichen, politischen oder freiwilligen ehrenamtlichen Engagements bei. Dieses Engagement ist essenziell für die Teilhabe und Gestaltung von Zukunftsfragen. Bei sämtlichen Lernprozessen sind ausreichend ›Freiräume‹ gegeben, in denen eigenständig Themen und Inhalte erarbeitet werden« (ebd., S. 85f.).

Wie engagierte Pädagog*innen seit Jahrzehnten in Modellschulen vorleben, sollen Schulen zu »Werkstätten« umgewandelt werden, in denen die Kinder und Jugendlichen selbst Erfahrungen machen:

> »Ausreichende Freiräume im pädagogischen Prozess bieten die Chance auf Selbsterfahrungen und ermöglichen, sich an Entscheidungsprozessen

zu beteiligen, kreative Lösungen zu erarbeiten und gestalterisch Einfluss zu nehmen. Entsprechende Aktivitäten und Projekte gelingen erst durch die Partizipation der Zielgruppe. Zu beachten sind dabei die Handlungs- und Lebensweltorientierung, ein attraktives (Lern-)Umfeld bzw. anregende Lerngelegenheiten sowie entsprechende Methoden. Neben der Vermittlung von Wissen stehen das aktive Erleben und Handeln sowie die konkrete Selbsterfahrung im Mittelpunkt« (ebd., S. 86).

Klaus Holzkamp spricht vom »expansiv-weltaufschließenden Lernen«, einem Lernen »über die Schuldisziplin hinaus«, das allerdings auf »schuloffizielles Unverständnis« stößt (1995, S. 476ff.). Standardisierte Messinstrumente und Überprüfbarkeiten sind nur wenig brauchbar (Feuser, 2018b, S. 120ff.). Was wir erleben und beschreiben können, ist, dass Schüler*innen – auch und besonders aus benachteiligten Lebenslagen – auf diese Weise vertiefter, zielorientierter und damit erfolgreicher arbeiten, wenn sie sich selbst auf die Suche nach Antworten begeben. Sie können am Ende etwas erklären, zeigen, präsentieren, darstellen, vortragen und mit anderen darüber in den Dialog treten – in der Gruppe, mit oder ohne Unterstützung oder allein innerhalb einer Lerngemeinschaft.

Übertragen auf die klassischen Schulfächer, bezieht sich diese Lernzeit in der Primarstufe auf den sogenannten »Sachunterricht«, und in der Sekundarstufe vornehmlich auf die Fachgebiete Gesellschaftslehre, Naturwissenschaften, Religion und Arbeitslehre. Dass sich dabei Vernetzungen zu anderen Lern- und Fachgebieten ergeben, ist gleichzeitig das erwünschte Ziel.

Bedeuten die Lernorganisationen FFC, »Herausforderungen« oder »Frei Day« Abschied zu nehmen zum Beispiel von vorbereiteten Themenkisten, die in der Regel *fremdbestimmte* Fragestellungen (zum Beispiel: »Können Gummibärchen schwimmen?«), Material- und Literaturlisten, nützliche Tipps und – last, but not least – einen Haufen Arbeitsblätter beinhalten? Ja, im Hinblick auf fremdbestimmte Fragestellungen. Für Schüler*innen ist gerade die Unabhängigkeit von (handlungsmächtigeren) Erwachsenen für das Erleben von Selbstwirksamkeitserfahrungen und Selbstinitiative notwendig (Velten, 2019, S. 175; Velten, Schroeder & Miller, 2019, S. 227ff.). Das Gefühl der Selbstwirksamkeit stärkt die Ausdauer und Anstrengung bei der Bewältigung einer Aufgabe, und schwierige Anforderungssituationen können aufgrund eigener Kompetenzen bewältigt werden (Barysch, 2016, S. 202).

2.2.2 »Freier Forscher Club« (FFC) – eine besondere Lernorganisation[3]

Folgende Ausführungen zu unseren Erfahrungen mit dem FFC beziehen sich im Rückblick auf eine altersgemischte Klasse von 25 Kindern in den Jahrgängen 1 bis 6. Insgesamt fünf Kinder hatten offiziellen sonderpädagogischen Unterstützungsbedarf in den Bereichen geistige Entwicklung, Lernen, Sprache und emotionale und soziale Entwicklung.

Die Klassenlehrerin und Sonderpädagogin, pädagogische Mitarbeiter*innen (Studierende, Praktikant*innen), ein Schulbegleiter und manchmal auch eine Fachlehrerin gehörten zum klasseneigenen Pädagogenteam. Offiziell standen zweimal pro Woche 90 Minuten für diese Forscherzeit zur Verfügung. In der wöchentlichen Teamsitzung legten die Erwachsenen ihre zeitlichen Einsatzpläne fest und tauschten sich über den Verlauf der Forschungen der Kinder aus.

Unsere Fragen waren (und sind es immer noch):

➤ Erleben die Kinder ihr Lernen als etwas Positives, das ihnen hilft?

➤ Ist das Lernen fremdbestimmt oder handelt es sich beim FFC vielmehr um ein expansives Lernkonzept im Sinne Holzkamps (1995, S. 190ff.)?

➤ Trägt diese Lernorganisation dazu bei, im Sinne des jeweiligen höchstmöglichen Schulabschlusses eines Kindes zu wirken?

➤ Sind wir uns im Team dieser gemeinsamen Verantwortung darüber bewusst?

➤ Können *alle* Kinder partizipieren, und wenn nicht, wie machen wir es möglich?

➤ Was bedeutet »Freier Forscher Club«?

»Frei« bedeutet, dass die Kinder ihr Thema selbst bestimmen. »Expansives Lernen« findet für Holzkamp (1995) dann statt, wenn »ich im Zuge des Lernfortschritts mir selbst eine dem Inhalt der Lernproblematik gemäße Struktur von Informationsmöglichkeiten und Quellen aufbaue, die im Weiteren eine sinnvolle Nutzbarmachung des jeweils bereits Gelernten ermöglicht« (ebd., S. 479).

Kinder, die von Beginn ihres Schullebens an Gelegenheit haben, ihren eigenen Fragen, die ihrem kulturellen Hintergrund entsprechen, auf den

---

3 Ausführlichere Informationen zur Lernorganisation FFC und »Herausforderungen« sind zu finden in Stähling & Wenders (2018, S. 124ff.).

Grund zu gehen, zu *forschen*, deren Lernen ist in der Regel nicht fremdbestimmt. Dazu ist unserer Erfahrung nach eine Lernorganisation wie die des FFC hilfreich. Lernende können sich ohne strenge Zeitvorgaben vertiefen, etwas ausprobieren, die Schule dafür sogar verlassen, um Expert*innen aufzusuchen. Statt regelmäßig in voneinander getrennten Fächern Themen serviert zu bekommen, entdecken sie zu ihrem eigenen, für sie in ihrer Kultur derzeit zentralen Thema Vernetzungen. Sie erkennen im besten Fall, dass das Lernen immer weitergeht und eigentlich kein Ende hat. Das Thema »Schokolade« zum Beispiel wird nach einiger Zeit immer komplexer und auch politischer (zum Beispiel mit Blick auf den fairen Handel). Ein Thema wie »Brautkleider« hat direkt damit zu tun, wie zum Beispiel junge muslimische Mädchen ihre eigene lebensweltliche Situation wahrnehmen, sie bewerten und in Beziehung zu anderen Lebenswelten und Rechtsauffassungen bringen können (Zwangsverlobungen und Zwangsehen).

Im »Club« zu forschen bedeutet, dass ich zusammen mit anderen Kindern beziehungsweise Jugendlichen kooperiere oder mithilfe meines*meiner Assistent*in oder den Lehrer*innen an einem »Gemeinsamen Gegenstand« (Feuser, 2013a) arbeite.

Sechs Phasen des Freien Forscher Clubs

Wir beschreiben sechs Phasen bei der Arbeit des FFC. Dies geschieht in der Weise, dass wir uns in die subjektiven Sichtweisen einer Schülerin oder eines Schülers oder eines beziehungsweise einer Erwachsenen hineinversetzen und diese angenommene Sicht wiedergeben.

1 Themen- und Gruppenfindung

Fekrije (Jahrgang 2)

Mais, mein Thema ist Mais. Ich möchte alles über Mais wissen. Jeden Dienstag gehen wir in den Wald und kommen an diesem Maisfeld vorbei. Erst ist der Mais ganz klein, es sind ganz kleine grüne Blättchen. Die Reihen sind so lang, so riesig lang. Im Winter, wenn der Boden gefroren ist, dürfen wir übers Feld laufen, dann sind noch keine Pflanzen in Sicht und manchmal ist zwischen den Furchen das Wasser gefroren und wir krachen mit unseren Stiefeln hinein.

Das macht Spaß. Jetzt darf ich nicht ins Maisfeld. Dabei sind es so unheimlich lange Gänge. Hu, da könnte ich mich verlaufen, sagt Frau W. Sie scheint wirklich Angst davor zu haben, dass wir alle ins Maisfeld laufen und nicht mehr zu sehen sind. Vor den Sommerferien war der Mais noch nicht größer als ich, jetzt ist er viel größer als ich. Ich habe einen Meterstab dabei, und vielleicht kann Fouad mir helfen zu messen, wie groß der Mais jetzt ist. Das kann ich in mein Forscherheft eintragen. Ich brauche aber auch die Maiskörner, wie heißt das eigentlich, wo die drin sitzen? Aha, das sind Maiskolben. Ich möchte einen abreißen. Nein, geht nicht, höre ich. Ich muss schauen, ob einer am Boden liegt. Warum eigentlich? Das Feld gehört einem Bauern, den müsste ich fragen. Aber der ist nicht da und jetzt suche ich, ob ein Kolben auf dem Boden liegt. Ich bin so aufgeregt. Ich möchte wissen, was alles aus Mais gemacht wird und wo man diese Dinge kaufen kann. Eigentlich dachte ich, dass nur Popcorn aus Mais gemacht wird, hmm, das schmeckt gut. Dieser Mais soll für die Schweine sein. Igitt, Schweine. Dieser Mais soll Futtermais sein und gespritzt. Wo der Bauer wohl ist, dem das Feld gehört? Ich darf einkaufen gehen, sogar während der FFC-Zeit. Ich darf im Supermarkt alle Dinge, die aus Mais gemacht werden, erfragen und kaufen. Ob ich das hinkriege? Ein bisschen habe ich Angst, weil ich nie alleine einkaufen gehe. Nachher denken die, ich wollte klauen, oder so. Ich frage Leija, ob sie mitmachen möchte. Da, sie hat für mich gleich zwei Kolben auf dem Boden gefunden. Sie wurden heruntergerissen, aber nicht von uns. Die Kolben nehmen wir mit. Mais ist ein tolles Thema. Morgen ist FFC, dann trage ich ein, wie groß der Mais ist, und lege die Kolben auf den FFC-Materialtisch. Leija möchte mitmachen, sie isst auch gerne Popcorn. Woher kriegen wir denn das Geld, wenn wir einkaufen gehen? Ich muss die Unterschrift von meinen Eltern mitbringen. Ich finde FFC toll. Ich frage gleich mal die anderen, was die als Thema haben.

Fouad (Jahrgang 4)

Gestern habe ich mit meinem Bruder im Libanon geskypt. Papa ist im Gefängnis. Mein Bruder zeigt mir immer Videos von Kämpfen. Die haben dabei wahnsinnig viele Waffen. Die sind so lang, kenne ich alle nicht. Richtig viele, und damit kann man ballern. Töten. Man muss sich verteidigen. Wenn ich nur wüsste, was es alles für Waffen gibt. Ich habe schon mal von meinem Bruder solche Seiten im Internet gesehen. Geil. Ich frage mal, ob ich darüber forschen kann. Ich will wissen, was es alles für Waffen gibt und was die können.

Dana (Jahrgang 5)

Ich soll mir ein Thema aussuchen? Das war in meiner alten Schule ganz anders, da haben immer die Lehrer gesagt, was wir machen sollten. Das ist auch richtig so. Woher soll ich denn wissen, was ich machen soll? Das ist doch die Aufgabe der Lehrer. Also wirklich. Jetzt soll ich nachdenken. Mir fällt nichts ein. Ich habe gar keine Lust dazu, darüber nachzudenken. Auch nicht auf dem Lesehimmel [Empore im Klassenraum zum Lesen] mit den vielen Büchern. Die Erwachsenen sollen mich in Ruhe lassen. Ich habe schon genug Stress zu Hause, seit wir umgezogen sind. Jetzt vermisse ich meinen Vater, der in H. geblieben ist. Jetzt ist wenigstens kein Streit mehr zu hören, aber ich vermisse meinen Vater und meine Freunde in der alten Stadt. Jetzt habe ich kaum zugehört. Die Erwachsenen haben verschiedene Sachen aufgezählt. Was, habe ich da das Wort »Mode« gehört? Über Mode könnte man forschen, in der Schule? Was soll das denn? Ich würde gerne wieder ein Arbeitsblatt haben, das hat mich immer beruhigt. Da konnte man etwas ausfüllen, unterstreichen oder so. Dann war man fertig und dann kam das nächste Arbeitsblatt, da hatte man seine Ruhe und konnte auch mal kritzeln oder träumen. Mode? Ich würde gerne heute zu Primark gehen, die Klamotten sind so mega billig dort, da würde ich gerne mit Siana hin. Ob die darf? Bald ist die Hochzeit von meiner Cousine, was die wohl anzieht? Wow, ein tolles Brautkleid wird das werden, so wie die drauf ist. Ist bestimmt sehr teuer. Der Mann ist ganz ok. Brautkleider, wo kriegt man die eigentlich her? »Brautkleider« sage ich jetzt einfach mal laut. Weil das bestimmt ein unmögliches Thema ist, werden sie mich dann endlich in Ruhe lassen? »Brautkleider«, das ist ein sehr gutes Thema, höre ich. Das hat Frau W. allen Ernstes gesagt. Ja, dann, dann frage ich Siana, ob sie mitmacht. Das ist ja was.

Ben (Jahrgang 4)

Mama hat gesagt, dass sie mit mir heute wieder zu Bauer F. fährt. Da kann ich Traktoren sehen. Sie hat es versprochen. Ich möchte über Traktoren forschen. Ich kenne schon so viele und habe Kataloge davon zu Hause. Die Farben gefallen mir. Und vor allem gibt es verschiedene Marken. Darüber freue ich mich ganz doll, wenn ich einen Traktor sehe, den ich an der Marke erkenne. Deshalb muss ich mit Mama immer oft zu den Bauernhöfen. Ich sage H. [Schulbegleiter], dass ich über Traktoren forschen möchte. Das ist cool.

Emma und Saskia (Jahrgang 2)

Wir möchten über Pferde forschen. Cool, da können wir Fotos von den Pferden machen, auf denen wir reiten. Die ganze Anlage können wir fotografieren. Wir können unsere Reitlehrerin interviewen und vielleicht einen Ausflug mit allen zum Reiterhof organisieren. Das ist dann viel Arbeit und die müssten es erlauben. Außerdem möchte ich [Emma] über Pferderassen mehr herausfinden. Und ich [Saskia] habe zu Hause ein Buch von früher, als man die Ackerarbeit noch mit Pferden machen musste. Die Bilder sind sehr interessant für mich. Ich hätte Lust, einen Power-Point-Vortrag zu machen. Ob wir mit Ben zusammenarbeiten wollen, fragt jetzt H. [Schulbegleiter]? Ben will über Traktoren forschen. Das passt doch irgendwie gut, finde ich [Saskia]. Mal sehen, was E. dazu sagt.

Gero (Jahrgang 4)

Wann ist endlich Pause? Heute werde ich gewinnen beim Beyblade [Wettkampfkreisel aus Japan]. Hätte ich doch auch nur selbst eine Arena. Wie der toll dreht, das könnte ich immer und immer sehen. Ich habe gar keine Zeit, über ein Forscherthema nachzudenken. Was soll ich denn forschen? Ich möchte nur Beyblade spielen und gewinnen. Außerdem hätte ich gerne neue. Ob meine Mutter mir Geld gibt? Ich habe Angst sie zu fragen, weil sie ja jetzt Krebs hat. Ich darf über Beyblades forschen, höre ich. Das gibt es doch nicht allen Ernstes? »Das hat auch etwas mit Physik zu tun«, sagt die Lehrerin. Das Wort habe ich schon mal gehört. Über Beyblades forschen? Ist das ein Trick? Nee, ich glaube, die meinen das alles ernst hier mit uns.

Leija und Enesa (Jahrgang 1)

»FFC«, wie sich das anhört. Forschen sagen sie. Was soll das sein? Die Großen machen Plakate, das haben wir schon gesehen. Davon hängen ganz viele im Flur. Es gibt im Sitzkreis Vorträge. Das ist ganz schön schwer. Das können wir erst in ein paar Jahren. Das ist zu schwer. Wir können doch noch gar nicht schreiben oder richtig lesen. Wir sollen sagen, was uns interessiert? Das wissen wir nicht. Wir sollen alles malen, was wir gut finden. Das macht Spaß, das können wir. Aha, über Blumen, die auf unseren Bildern zu sehen sind, könnten wir forschen, zum Beispiel über Sonnenblumen, so heißt schließlich unsere Klasse. Ja, warum denn nicht? Was müssen wir tun? Wo gibt es Sonnenblumen? Dann können wir sie malen und uns ganz genau ansehen. Klar, Sonnenblumenkerne, die kennen wir, die essen wir immer. Aber ein Plakat? Vielleicht doch. Heute in der Freien Arbeit habe ich das Wort »Blume« abgehört und geschrieben. Dann kann ich es doch auch auf ein Plakat schreiben. Und »Stängel«, wie schreibt man »Stängel«? Der ist nämlich ganz schön lang von der Sonnenblume und dick ist der.

Ainur und Mendita (Jahrgang 6)

[Mendita:] Salima hat super Augenbrauen. Die hat einen neuen Stift, einen Definer. Ob der mir steht? Ich darf mich noch nicht schminken. Höchstens an Karneval oder die Fingernägel, das erlaubt meine Mutter. Ich habe letztens Nagellack von meiner großen Schwester geklaut. Ich finde die Farbe so toll. Überhaupt bald ist Karneval, da dürfen wir uns schminken. Ob wir darüber forschen wollen? Ja, warum denn nicht? Das ist super toll und das in der Schule.

Einige Schüler*innen haben bereits klare Vorstellungen darüber, was sie herausfinden und womit sie sich intensiv beschäftigen möchten. Andere brauchen ein persönliches Gespräch, um einen Anstoß für ein Thema zu bekommen, und wieder andere orientieren sich an ihrer Freundin oder ihrem Freund.

Wie ist das mit den jeweiligen Lehrplänen, den Curricula zu vereinbaren? Eltern fragen oft, ob ihr Kind genug lernt? Auf Elternabenden haben wir gemeinsam darüber gesprochen, dass es in der Schule auf der einen Seite um die Vermittlung von Kenntnissen und Fähigkeiten geht (Kulturtechniken wie

Lesen, Schreiben, Rechnen; historische und naturwissenschaftliche Themen) und auf der anderen Seite um deren Einbettung in ein Wissen vom »großen Ganzen«, vom Zusammenleben, um die sogenannte »Allgemeinbildung«. Dies knüpft immer an die Vorerfahrungen an, wie wir aus der lernpsychologischen Forschung wissen. Wolfgang Klafki (1996) fordert die Einbettung der Schlüsselprobleme in die Allgemeinbildung: Fragen zum Frieden, zur Umwelt, zu den Menschenrechten, zur Technikentwicklung und so weiter. Wir fordern die Kinder im FFC auf, ihre ureigenen Themen diesen Schlüsselproblemen zuzuordnen. Dazu hängen im Raum viele Bilder zu verschiedenen Schlüsselthemen der Agenda 2030 wie Eine Welt, Gerechtigkeit, Umwelt, Klimawandel, Frieden, Gesundheit, Kultur und so weiter.

Die Verortung der eigenen Interessen »in der Welt«, die es gilt, solidarischer zu gestalten, ist die tägliche Herausforderung aller Beteiligten und bildet die sinnvolle Gestaltung dieser Lernorganisation. Die sogenannten »Rahmenrichtlinien« stehen dem nicht entgegen.

2 20 Fragen – Gliederung

Dana und Siana (Jahrgang 6)

20 Fragen sollen wir aufschreiben. Alles, was wir wissen möchten. Ob das nicht peinlich wird bei unserem Thema »Brautkleider«? Auf jeden Fall will ich [Dana] wissen, was so ein Kleid kostet und wo man es kaufen kann.

[Siana:] Ich heirate nicht, und wenn, dann suche ich mir selbst einen Mann aus. Auf unserer Klassenfahrt haben wir Mohamed kennengelernt aus einer Gesamtschule. Der war echt nett. Müsste man mal hinfahren und ihn besuchen. Ob es stimmt, dass sich alle deutschen Mädchen ihre Männer selber aussuchen dürfen? Wie kann es sein, dass der Opa von Gerome, der in Mali lebt, acht Frauen hat? Ist das erlaubt? Scheidung ist blöd, aber manchmal auch besser so. Dann ist weniger Streit. Aber auf jeden Fall will ich schön aussehen, sehr schön. Und das Kleid muss einen langen Schleier haben. Wo gibt es in Münster solche Kleider? Wo heiratet man überhaupt? Ich habe gehört, dass man gar nicht in der Kirche heiraten muss, wie ein deutsches Mädchen das erzählt hat. Da gibt es so ein Amt, den Namen habe ich vergessen. Ich habe gehört, dass man auch beim Imam heiraten kann. Aber es macht mir auch Angst. Wie ist das mit dem Blut in der Hochzeitsnacht?

Ich [Siana] habe schon lange keine Mama mehr. Papas neue Freundin ist nett. Das Baby schreit viel. Sie wollen, dass ich öfter zu Hause bleibe und nicht in die Schule gehe. Das geht doch nicht, was soll ich machen?

All diese Gedanken müssen nun geordnet und in eine Gliederung gebracht werden. Dabei ist zumindest am Anfang sehr viel Hilfe notwendig. Unsere Erfahrung ist, dass das Wort »Gliederung« mittlerweile synonym für »Ordnung« benutzt wird. Es geht um Oberthemen. Grafische Hilfsmittel aus dem Internet nutzen unserer Erfahrung nach erst dann etwas, wenn die Schüler*innen das Prinzip der Ordnung im Kopf nachvollziehen können. Der Großvater mit den acht Frauen in Mali hat sicher primär nichts mit dem Thema »Brautkleider« zu tun, aber er stellt eine Vernetzung zu größeren kulturellen und historischen Zusammenhängen dar. Und diese Erweiterungen sind durchaus erwünscht. Sie führen letztendlich dazu, dass Schüler*innen die Erfahrung machen, dass die Vertiefung in ein Thema immer weitergehen kann, dass andere Fachgebiete hinzustoßen. Ich bestimme selbst, wo ich meine Grenze ziehe, wo ich mich vertiefen, oder ob ich immer weiter in mein Thema eindringen möchte. Dabei treibt mich oft auch die Interessenlage meines Freundeskreises an. Dort möchte ich etwas beitragen können.

3 Informationsbeschaffung

Fouad (Jahrgang 4)

Cool, der Computer ist frei und ich kann ins Internet. Endlich kann ich mir Bilder von Waffen ausdrucken. Ich sehe die angeklebten Internetadressen, die wir benutzen dürfen [kids-and-sience.de, kindernetz. de, blinde-kuh.de, fragfinn.de, helles-koepfchen.de, lernen-mit-spass. ch, planet.wissen.de, netzwelt.de]. Ich glaube, da finde ich nichts. Ich möchte bei Google suchen, die Erwachsenen bemerken das sicher nicht, ich versuche es. Wow, so viele Fotos. Was sind das alles für Waffen? »Bist du gerade bei Google?«, höre ich plötzlich Saschas [pädagogischer Mitarbeiter] Stimme hinter mir. »Du weißt doch, dass du nur zusammen mit einem Erwachsenen bei Google suchen darfst.« Ich dachte, Sascha wäre lockerer. Er sagt, dass er es im Team besprechen möchte. Jetzt habe ich plötzlich keine Lust mehr auf FFC. Mist. Außerdem wollte ich zusammen mit Benjamin forschen. Der ist mit seiner Gruppe noch immer nicht mit dem Fußballthema fertig. Hoffentlich ist er bald fertig. Mein Bruder ruft vielleicht heute wieder an, er erzählt immer von Kämpfen. Na ja, jetzt arbeite ich an meinen Pflichtaufgaben aus der freien Arbeit. Das ist eine Regel während der FFC-Zeit. Wenn ein Kind nicht weiterkommt, aus welchen Gründen auch immer, darf es an seinen Pflichtaufgaben aus dem sprachlichen oder dem mathematischen Bereich arbeiten. Ich bearbeite eine Rechtschreibkarte. Da weiß ich jetzt genau, wie es geht.

Fouad (Jahrgang 4) – eine Woche später

Die Erwachsenen haben im Team besprochen, dass ich nicht über Waffen forschen soll. Sie sagen, dass Waffen ausschließlich zum Töten da seien, und das wäre kein sinnvolles Forscherthema, und ich würde nur Spaß an den Bildern haben. Sie sagen, dass ich mir unsere Oberthemen, die »Schlüsselprobleme« – komisches Wort –, anschauen soll. Ich erinnere mich, dass ich beim Plakat »Umwelt« mitgearbeitet habe. Ich habe ein Windrad gemalt. Damals war eine Theatergruppe bei uns in der Klasse und hat über erneuerbare Energien ein Theaterstück aufgeführt. Das war ganz gut. Was hat das jetzt mit meinem Thema zu tun? Ich soll versuchen, ein Oberthema zu finden, das mich interessiert und wo es vielleicht auch irgendwie um Waffen geht. Ich sehe Bilder von gesundem Essen, ein Bild, wo moderne Bilder aufgeklebt sind, es steht »Kunst« drauf. Auf anderen Plakaten steht »Politik«, »Gerechtigkeit«, »Frieden«. Ich weiß nicht. Ich höre Sascha sagen: »Waffen haben doch mit Streit und Krieg zu tun« oder »Kennst du ein Land, wo jetzt Krieg ist?«

»Ja, da wo mein Vater ist, da kämpfen sie. Er war im Gefängnis.«

»Wo ist das?«, fragt Sascha.

»Libanon«, sage ich.

»Das wäre doch ein Thema für dich, oder?«, fragt Sascha.

Vielleicht hat er Recht. Eigentlich wollte ich auch nur meinem Bruder imponieren, dass ich mich mit Waffen auskenne, dass ich auch kämpfen kann. Wenn Benjamin mitmacht, nehme ich Libanon als Thema. Da gibt es viele Fragen. 20 Fragen brauchen wir.

Ich werde im Bücherbus nachfragen, ob es dort Bücher über den Libanon gibt. Oder vielleicht haben wir auf dem Lesehimmel in der Klasse ein Buch. Ich habe tatsächlich eines gefunden. Ein ganz großes, mit vielen Bildern und auch viel Text. Ich habe die Flagge vom Libanon entdeckt. Es ist ein Buch über verschiedene Länder und jedes Mal fängt das Kapitel mit der Flagge an. Ich kann sie abmalen. Aber zuerst schreibe ich das Buch in mein Forscherheft. Wir müssen alles aufschreiben, was wir benutzen. Auf die Seite »Daten/Quellen/Bücher«, da kommt das hin. Wie heißt der Titel, der Verfasser, wie viele Seiten hat das Buch? Das ist einfach. Aber ich finde keinen Verfasser, da brauche ich jetzt Hilfe.

Saskia (Jahrgang 2), Jennifer (Jahrgang 4) und Jan (Jahrgang 3)

Wie kommen wir in den Zoo? Wir wollen den Zoodirektor interviewen. Jan möchte wissen, wie die Löwen in den Zoo kommen. Uns interessiert das Delfinarium. Wir müssen die Busverbindung herausfinden und alle Haltestellen, an denen wir ein-, um- oder aussteigen müssen, aufschreiben und alle genauen Abfahrts- und Ankunftszeiten. Oh je. Das dauert. Jan kann sich gut Haltestellen merken, aber er kann noch keinen Fahrplan lesen. Wir hatten gedacht, dass Nina [Schulbegleiterin] uns hilft. Aber wir müssen alles alleine machen und Jan genau das, was er ohne Hilfe schafft. Dabei könnten wir ihm alles vorsagen. Aber er hat coole Fragen und die kann er mit seiner bunten Spezialtastatur auf dem PC schreiben. Wir drucken das dann aus und schneiden die Fragen aus und kleben sie mit ihm zusammen in sein Forscherheft. Wir haben jeder ein eigenes Forscherheft zu unserem gemeinsamen Thema. Hoffentlich können wir die Robben sehen.

Jetzt müssen wir anrufen und einen Termin für das Interview vereinbaren. Jan spricht sehr undeutlich, wie soll das gehen? Wir üben das Telefonieren. Eigentlich kindisch finde ich [Saskia], vor allem weil wir so tun als ob. »Simulieren« heißt das schwierige Wort. Jetzt bin ich an der Reihe. Ich werde sofort streng gefragt, was ich möchte. Das macht mich völlig unsicher. Ich stottere herum und sage, dass wir ins Delfinarium wollen. »Du musst doch erst einmal sagen, wer Du bist und dass wir ein Forscherthema haben«, brüllen die anderen mich an, nachdem sie vom Erwachsenen einen Tipp bekommen haben. Jeder von uns kommt dran, auch Jan. Er macht seine Sache gut. Seinen Namen können wir verstehen, aber dann wird es sehr abgehackt. Vielleicht kann er alles auf einen Talker sprechen, um zu üben. Gut ist, dass wir dabei sind und das Telefonat für ihn mit übernehmen können. Jeder macht das, was er am besten kann. Also ruft Jennifer an und vereinbart einen Termin. Da hatten wir schon wieder eine Sache nicht bedacht. »An diesem Tag und zu dieser Uhrzeit geht das nicht. Es muss alles während der Schulzeit stattfinden«, sagen die Erwachsenen. Stimmt ja. Falls wir unterwegs Hilfe brauchen, können wir unsere Lehrer*innen anrufen, wir kriegen ja das Schulhandy mit. »Also erst einmal in den Kalender schauen«, sagt Nina. Jetzt hilft sie uns doch. Dann noch einmal anrufen und genau sagen, wer wir sind und was wir möchten.

Wir sind am 11. Juni mit Frau Ziegler im Zoo verabredet, die bringt uns dann zum Zoodirektor. Die Adresse ist Sentruper Straße 315 in Münster. Wir sind um 11:00 Uhr an der Zookasse verabredet. Das müssen wir in unser Forscherheft eintragen.

Jetzt müssen wir die Fahrt organisieren. Welcher Bus, wann fährt er ab? Wo kriegen wir die Fahrkarten her? Was ist, wenn wir in den falschen Bus einsteigen? Im Forscherheft muss das alles ganz genau stehen. Wir sollen uns auch über mögliche Schwierigkeiten Gedanken machen. Was könnte passieren, wenn wir alleine unterwegs sind? Nina kommt doch wegen Jan mit, denke ich [Saskia]. Klar, aber Nina sagt, sie wird so tun, als ob sie gar nicht dabei wäre.

Dana und Siana (Jahrgang 6) sind ziemlich sicher im Busfahren. Das genaue Eintragen der geforderten Daten ins Forscherheft zum Thema der Brautkleider macht sie etwas ungeduldig. Dann müssen sie sich noch Gedanken machen darüber, wer was macht? Doch sie einigen sich. Wer nimmt das Schulhandy an sich, wer macht die Tonaufnahme? Wer macht Fotos?

Siana: »Ich schwöre. Wenn wir da reingehen, ich bin total aufgeregt, das darf mein Cousin nicht wissen. Gut, dass mein Papa nicht lesen kann, sonst hätte er gemerkt, was wir während des Unterrichts machen.«

Dana: »Stell dich nicht an, was soll denn passieren? Meinst Du, da sieht uns jemand?«
Siana: »Ich weiß nicht, wallah.«

4 Auswertung der Quellen zur Beantwortung der Fragen

Dana und Siana (Jahrgang 6) kamen unverrichteter Dinge wieder zurück. Sie haben sich nicht getraut, das Brautmoden-Geschäft zu betreten. Etwas schienen sie doch nicht bedacht zu haben. Sie konnten oder wollten sich vorher keinerlei Schwierigkeiten ausmalen, zu groß war vermutlich der Reiz, alleine in die Stadt zu fahren. Jetzt aber dazu zu stehen, dass sie sich nicht getraut haben, hineinzugehen, das war eine echte Herausforderung. Was hätten sie sagen sollen, wenn die Verkäuferin sie womöglich gefragt hätte, ob sie selbst heiraten wollten? Was hätten sie sagen sollen, warum sie während der Schulzeit in ein Brautmodengeschäft kämen?

Siana: »Wallah, ich schwöre, die sollen mich bloß alle in Ruhe lassen.«
Dana: »Ich gehe da auf jeden Fall beim nächsten Mal rein. 1.900 Euro für ein Brautkleid, wie soll man das denn bezahlen? Wenn uns doch jemand begleiten könnte. Dann würde Siana sich nicht so ins Hemd machen und sich einbilden, dass alle sagen würden, sie wolle heiraten. Ich möchte das auf jeden Fall noch einmal versuchen, wenn wir schon so etwas in der Schule machen dürfen.«

Lernen und Denken gehen stets auch mit Fühlen einher (Kaiser & Seitz, 2017, S. 17).

5 Präsentation der Ergebnisse

Folgende Präsentationsformen haben sich bisher entwickelt:
➤ die Erklärung des selbst gestalteten Plakates;
➤ ein kleiner Vortrag, gestaltet durch Bilder, Fotos, Plakate oder passende Requisiten;
➤ eine Power-Point-Präsentation;
➤ das Zeigen eines kurzen Filmes;
➤ eine selbst gestaltete Niederschrift (Buch) zum Thema;

➤   das Vorführen von Experimenten;

➤   eine selbst organisierte Exkursion für die gesamte Lerngruppe zum eigenen Thema (zum Beispiel die Fahrt auf einem Solarboot mit dem Kapitän, der zuvor von der FFC-Gruppe interviewt wurde).

Alle Präsentationsformen fanden entweder vor der eigenen Lerngruppe, in einer anderen Klasse oder auch vor Eltern an einem Elternnachmittag statt.

Jan (Jahrgang 3)

Ich bin so aufgeregt, ich will wieder in den Pflegeraum. Heute ist unser Vortrag. Ich soll nicht so sabbern, ich soll nicht so undeutlich reden, sagen die Mädchen. Nina [Schulbegleiterin] wird mir helfen. Ich freue mich schon, dass ich sagen kann, wie die Löwen in den Zoo kommen. Das wissen die anderen bestimmt noch nicht. Ich habe drei Fotos vom Zoodirektor geschenkt bekommen.

Ich muss mich schütteln, weil ich mich so freue und aufgeregt bin. Nina sagt, dass wir noch einmal alle zusammen üben. Ich muss mich vorstellen und sagen, warum ich mir das Thema ausgesucht habe. Nina bindet mir ein neues Speicheltuch um. Ich muss noch etwas essen. Dabei kann ich die Mädchen beobachten: Saskia und Jennifer bereiten den Tisch im Sitzkreis vor. Sie legen alles Material vom Zoo aus und auch einige Schleichtiere, zum Beispiel Robben. Meine Fotos behalte ich in der Hand, die darf niemand vorhersehen. Nina sitzt hoffentlich neben mir, dann bin ich weniger unruhig mit meinen Händen und kann die Fotos besser festhalten.

»Ich heiße Jan und habe mir das Thema Zoo ausgesucht, weil ich wissen wollte, wie die Löwen in den Zoo kommen. Und hier sind die Fotos, die ich geschenkt bekommen habe.«

»Nein, jetzt noch nicht, Jan, warte noch«, ruft Saskia. »Erst stellen wir uns auch noch vor.«

---

6   Rückmeldungen

Der Aufbau einer Rückmeldekultur war und ist uns sehr wichtig. Die folgenden originalen Rückmeldungen von Schüler*innen geben etwas von der damals erreichten Qualität wieder:

➤ »Mir hat euer Vortrag gut gefallen, weil ihr spannend vorgetragen habt.«
➤ »Ich habe etwas Neues gelernt, was ich vorher noch nicht wusste.«
➤ »Das Plakat ist euch gut gelungen, weil ich wichtige Informationen gut lesen kann.«
➤ »Du hast nicht so stockend wie beim letzten Mal gesprochen, weiter so.«
➤ »Ich finde, du solltest uns mehr anschauen, wenn Du redest.«
➤ »Ich habe eine Sache ... nicht verstanden.«
➤ »Könntet ihr das ... auch noch herausfinden?«
➤ »Warum hat immer nur einer gesprochen und die anderen nicht?«
➤ »Ich finde gut, dass Du Dich am Tisch festgehalten hast. Dadurch konntest Du ruhiger stehen.«
➤ »Ich finde es gut, dass Du Dich getraut hast, etwas laut zu sagen.«
➤ »Du hast das gut auswendig gelernt.«
➤ »Ich finde, ihr habt euch nicht so viel Mühe gemacht.«
➤ »Das Thema interessiert mich jetzt auch.«

Wenn Ergebnisse auf einem Elternnachmittag präsentiert wurden, nannten wir dies: »Eltern lernen von Kindern«.

»Da werde ich mir aber gute Fragen überlegen, die ich meinem Vater anschließend stelle«, sagte einmal ein Schüler vor einem Elternnachmittag, »Ich möchte wissen, ob er gut zugehört hat.« Der Vater konnte alle Fragen beantworten, und sein Sohn schien glücklich zu sein.

2.2.3 Herausforderungen –
Arbeit an den Grenzen der Komfortzonen[4]

In den Jahrgangsstufen 7 bis 9 dürfen die Schüler*innen zweimal im Jahr innerhalb einer Woche die Schule verlassen, um etwas auszuprobieren, was sie an ihre eigenen Grenzen bringt, bringen soll – eine »Herausforderung« im wahrsten Sinne des Wortes.

Im Folgenden wird versucht, durch die Einnahme der subjektiven Sichtweise einer Lehrerin die Relevanz dieser Unterrichtsorganisation zu unterstreichen:

---

4 Genaue Informationen zur praktischen Durchführung der Lernorganisation Herausforderungen sind zu finden bei Stähling & Wenders (2018, S. 139ff.), Stähling & Wenders (2020) und Xylander (2020).

Ich begleite Achmet während der Vorbereitungszeit für die Woche der Herausforderungen. Wäre Achmet nicht an unserer Schule, würde er eine Sonderschule Lernen besuchen müssen. Achmet hat die »Zettel«, die vor den Herausforderungen ausgefüllt werden müssen, dabei. Er holt sie zusammengefaltet aus seinem Rucksack, seufzt und holt auch einen Bleistift hervor. Kommentarlos fangen wir gemeinsam an, auszufüllen. Name, Geburtsdatum, Anschrift. »Anschrift«? Das Wort kommt Achmet nicht bekannt vor. Aha, »Adresse« ist gemeint. Klar, das kann er ausfüllen. Telefonnummer? Ein Blick zu mir, ist das Smartphone gemeint? Klar, die Smartphone-Nummer ist wichtig. Die Rede ist auch von den Erziehungsberechtigten. »Von meinem Vater?«, fragt er mich. Ich bejahe dies mit der Begründung, dass er ja noch nicht 18 sei. Ich merke, dass ihm das nicht behagt, die Nummer seines Vaters aufzuschreiben, außerdem weiß er die gar nicht. Also gehen wir erst einmal weiter durch die Vordrucke.

»Was möchtest Du überhaupt machen in der Woche der Herausforderungen?«

»Keine Ahnung«, Achselzucken. »Vielleicht KFZ.«

»Ja, da gibt es doch in Schulnähe einen Betrieb«, sage ich. »Was könnte Dich da interessieren, herausfordern?«

»Praktikum, vielleicht.« Immerhin gibt es eine Aussage.

»Dann ruf doch da mal an, ob Du ein Praktikum dort machen könntest.«

»Jetzt?«

»Ja, wann denn sonst? Außerdem hast Du doch dein Smartphone dabei.«

»Ich habe die Nummer nicht.«

»Die kannst Du Dir doch selbst mithilfe deines Smartphones beschaffen«, sage ich. Einige Minuten später ruft Achmet tatsächlich in der KFZ-Firma an. Ich staune. Er stellt sich höflich vor und trägt sein Anliegen vor. Auf die darauffolgende Frage, mit genau welcher Abteilung er denn jetzt verbunden werden möchte, hat er keine Antwort und legt spontan auf.

»Macht nichts«, sage ich. »Wir rufen noch einmal an und dann sagst Du, wo genau Du arbeiten möchtest.«

»Ich dachte, das ist alles gleich da«, sagt Achmet.

»Ja, das denkt man manchmal«, sage ich. Wir überlegen gemeinsam, was Achmet im KFZ-Betrieb kennenlernen möchte.

»Ölwechsel und so, schrauben, Reifenwechsel und so«, sagt Achmet.

Ohne zuversichtliches Zureden hätte Achmet vermutlich nicht noch einmal angerufen. Sich zu blamieren, scheint das Schlimmste zu sein, was Jugendliche im Alter von 13, 14 Jahren auf jeden Fall vermeiden wollen. Man möchte cool sein wie die Freunde und vermeidet Situationen, die einem nicht geheuer erscheinen. Beim zweiten Anruf klappt alles wie am Schnürchen. Die Dame am Telefon verbindet Achmet mit dem Werkstattmeister. Achmet ist total erleichtert, dass er auf die Frage nach dem Zeitraum nun auf den Spickzettel schauen kann, um die Daten abzulesen. »Okay, Du bekommst von uns Bescheid«, sagt der Werkstattmeister.

Enttäuschung macht sich bei Achmet breit. Warten? Das enttäuscht ihn. Und schon möchte er doch kein Praktikum im KFZ-Bereich machen. Was tun? Moralische Ansprachen wie »Das ist doch normal, dass man Bescheid bekommt, das gehört zum Leben und das ist immer so« laufen ins Leere. Ermutigung ist gefragt und auch Verständnis dafür, dass es für Achmet eine Enttäuschung ist. Trotzdem versuche ich zunächst, die Reaktion des Werkstattmeisters kurz und knapp zu erklären, um anschließend zu versuchen, Achmet ernst zu nehmen, und ich frage ihn nach alternativen Wünschen.

»Friseur«, sagt er. »Ein Kumpel von meinem Vater hat so einen Salon auf der Bahnhofstraße, ich weiß aber nicht, wie der heißt.«

»Das kannst Du doch vielleicht durch deinen Vater herausfinden«, sage ich, »oder Du fährst jetzt direkt mit dem Bus dorthin und fragst nach.«

Achmet scheint erstaunt darüber, jetzt sofort losfahren zu dürfen, das lässt ihn irgendwie zusammenzucken. Es ist also alles ernst gemeint. Er entscheidet sich, seinen Vater am Nachmittag zu fragen. Eine Woche später kann Achmet seine Zettel fristgerecht und ausgefüllt abgeben. Er hat tatsächlich mit seinem Vater zusammen den Friseurbetrieb kontaktiert und vom Besitzer eine Unterschrift bekommen, dass er dort ein Praktikum in der vorgesehenen Zeit machen kann. Ebenso hat sein Vater unterschrieben, dass er damit einverstanden ist. Achmet wirkt erleichtert, als ich ihn auf dem Schulhof sehe. Er winkt zum Gruß und hat eine neue Frisur.

Zwei Jahre später heben wir für Achmet den sonderpädagogischen Unterstützungsbedarf im Bereich Lernen auf. Sich Herausforderungen zu stellen, heißt, eigene Barrieren zu überwinden, um etwas tun zu können – im besten Fall etwas, das einem gefällt. Barrieren, die da sind, weil das Selbstbewusstsein noch nicht stabil genug ist, weil eine untergründige Angst vor Blamage oder Scheitern immer wieder die eigenen Aktionen lähmt – diese Barrieren können durch die Wochen der Herausforderungen abgebaut werden. Herausforderungen bringen erfolgreiche Strategien an den Tag, die Schüler*innen sich im Laufe der Zeit angeeignet haben, um unliebsame Situationen zu vermeiden. Diese Barrieren können überwunden werden, durch positive Erlebnisse – jenseits der Komfortzone.

Bei vielen Schüler*innen türmen sich Hindernisse auf, die häufig von Erwachsenen nicht als Behinderungen akzeptiert werden. »Stell Dich nicht so an, trau Dich, Du hast doch jetzt die Gelegenheit, Du musst doch wissen, was Du möchtest, das schaffst Du schon«, sind die uns bekannten Floskeln. Einen jungen Menschen in seiner kulturellen Gesamtheit versuchen ernst zu nehmen, ist manchmal nicht so leicht und verlangt auch Solidarität. Das bezeugen viele erleichterte und beglückte Schüler*innen am Ende einer Woche, wenn sie teilweise erschöpft, aber stolz von ihren Erfahrungen berichten können.

Bezüglich der sogenannten »Komfortzone« bleibt zu sagen, dass sich diese bei den verschiedenen Schüler*innen sehr unterschiedlich darstellt. Für die*den eine*n, die eine, beginnt das Verlassen der Komfortzone bei einem einfachen Telefonat oder einer selbstständigen Busfahrt, bei anderen beim selbstständigen Buchen einer Reise nach Berlin oder dem öffentlichen Präsentieren einer eigenen Musikkomposition. Einige organisieren sich selbst Wandertouren in der Natur und »Outdoor Activities« (Au & Gade, 2016). Die Jugendlichen erleben die Natur, wagen ein eigenes Abenteuer und fordern sich heraus. In der traditionellen norwegischen »Frilufsliv«-Kultur ist dies tief verankert. Von ihr, aber auch von selbstorganisierten Jugendgruppen, zum Beispiel in Gemeinden, können wir lernen, wie stark schon junge Menschen als erfahrene Gruppenleiter*innen verantwortlich Gruppen leiten können (Hofmann et al., 2015, S. 49ff.). An diese Tradition lässt sich anknüpfen.

Im Sinne der von der UNESCO vereinbarten Bildungsziele für nachhaltige Entwicklung wird eine Schule so zu einer »Wirkstätte« für junge Leute, die verantwortliches und solidarisches Handeln erproben und erfahren. Die von der UNESCO ausgewiesenen »Substainable Development Goals« für nachhaltige Entwicklung sind gerichtet auf das Überleben der Menschheit. Die Forderungen sind nicht neu. Junge Menschen wollen sie unterstützen. Die Jugendbewegung Fridays for Future verfolgt das Ziel, die Zukunft der Menschheit zu sichern, und erzeugt eine starke öffentliche und solidarische Unterstützung aus der Gesellschaft. Manche Politiker*innen haben dagegen das Recht der Jugend auf Partizipation und freie Meinungsäußerung relativiert und auf deren Begrenztheit verwiesen, was auch rechtlich stark umstritten ist (Dannenbeck & Dorrance, 2020, S. 49ff.).

Im Sinne des Nationalen Aktionsplans für die Bildung im Rahmen einer nachhaltigen Entwicklung (BMBF, 2017) haben sich einige Schulen entschieden, den Schüler*innen Freiräume in Form von »Herausforderungen« zu gewähren und sie zu Aktionen zu ermutigen. Dazu bieten sie in jeder Woche auch »Frei Days« an. Kinder und Jugendliche bekommen Zeit (in der PRIMUS-Schule zum Beispiel jeden Freitag in der 5. und 6. Stunde), um sich zu engagieren, sich herauszufordern und einzusetzen für die solidarische und friedliche Zukunft.[5] Sie bereiten in den festgelegten Zeiten ihre selbst gewählten, engagierten Aktionen vor. In der ganzen Schule entstehen daraus auch engagierte Aktionen zum Stopp des Klimawandels. Zusammen mit anderen Schulen geht es um »transformative Bildung« (Eickhoff et al., 2021).

Aktuelle Forschungen zeigen, dass Kindern und Jugendlichen wenig Gelegenheiten zur Mitbestimmung in der Schule gegeben werden (siehe die aktuelle Children's Worlds Studie von Andresen, Wilmes & Möller, 2019, S. 30; Moldenhauer, 2015, S. 85; Weber, Winklhofer & Bacher, 2008, S. 317ff.).

Kinder und Jugendliche können am »Frei Day« Autonomie und Partizipation erproben und ihr Recht auf freie Meinungsäußerung gemäß Artikel 12 der UN-Kinderrechtskonvention ausüben (Büker et al., 2018, S. 109).

> »Junge Menschen sind unverzichtbare Akteurinnen und Akteure, wenn es um die Gestaltung von Zukunft und Transformation geht. Sie müssen durch wirksame Beteiligung und Mitsprache in der BNE jugendgemäß eingebunden werden. Nur so kann sich neues Handeln unter Beteiligung aller entfalten« (BMBF, 2017, S. 70).

So entwickelt sich zunächst der Selbstwert eines Kindes beim FFC und den »Herausforderungen«, indem es sich mit eigenen Themen beschäftigt und seine Selbstwirksamkeit spürt. Der Selbstwert stärkt die Fähigkeit zur Empathie. Wenn ein Kind zufrieden ist, kann es sich besser in andere hineinversetzen und mitfühlen (Funk, 2016, S. 61ff.). Dies ist wesentlich dafür, sich für andere einsetzen zu können, was viele Kinder aus Armutsverhältnissen nach unserer Beobachtung meist schon gut in ihren Fami-

---

5 Siehe www.schule-im-aufbruch.de oder www.un.org (jeweils 03.07.2021).

lien gelernt haben. Kinder sollten lernen, Verantwortung übernehmen zu können (OECD, 2020, S. 23ff.); sie setzen sich auf diese Weise auch später in ihrem Leben für Demokratie und Zukunft ein (Sting & Sturzenhecker, 2013; Riek & van Ophuysen, 2014, S. 271).

2.3 Freie Arbeit[6]

Das gezielte Lernen und Üben in Mathematik, Deutsch und auch Englisch findet bei uns jeden Morgen für zwei Stunden in der *Freien Arbeit* statt. »Frei« bedeutet dabei nicht »Beliebigkeit«. Die Schüler*innen können sich nicht frei aussuchen, was sie gerade machen möchten. Sie arbeiten individuell an derselben Stelle weiter, wo sie beim letzten Mal stehengeblieben waren. Es geht darum, weiter voranzuschreiten, Kompetenzen in Mathe, Deutsch und in einer Fremdsprache zu erweitern.

Gemeinsam beschäftigen sich 25 Kinder in einer Klasse, die jeden Morgen zum Beispiel im Bereich Mathematik arbeiten, und zwar in einem thematisch vorgegebenen Rahmen, mit dem »Gemeinsamen Gegenstand« (Feuser, 2013a; Stähling & Wenders, 2015, S. 100ff., 125; siehe auch Kapitel 4). Im Anschluss an die Arbeit im mathematischen erfolgt jene im sprachlichen Bereich.

Der *Fokus* ist wichtig, um konzentriert und nachhaltig arbeiten zu können – das kennen wir alle. Was ist, wenn der Fokus auf meinen Primärbedürfnissen (Hunger und Durst und zu wenig Schlaf) liegt, auf dem nächtlichen Alptraum, der Sorge, dass zum Beispiel Mama mich heute nicht abholen kann? Oder alle Sinne darauf gerichtet sind, dass der Freund nicht mehr interessiert ist, meine Freundin nicht mehr meine Freundin sein will, ich mir so sehr ein Spiel oder eine andere Sache wünsche, die aber sündhaft teuer sind, oder darauf, dass ich eine unbestimmte Angst habe, oder dass ich es nicht aushalte, Fehler zu machen? Was passiert, wenn ich immer an etwas anderes denken oder ich unbedingt mit einem Freund sprechen und erzählen muss oder ich einfach keine Lust habe?

In der Klasse legen wir Wert darauf, dass Schüler*innen schon frühzeitig unterscheiden lernen zwischen dem »So-tun-als-ob-Lernen« und

---

6 Die Beschreibung der Freien Arbeit folgt der Darstellung in Stähling & Wenders (2012b, S. 23ff.) sowie Stähling & Wenders (2018c, S. 64ff.).

dem vertieften, verstehenden Lernen. Wenn ich lieber »quatschen« möchte oder kurzfristig ein Problem lösen muss, kann ich gleichzeitig nicht zielgerichtet innerhalb der Mathematik lernen. Eine Lösung, mit der wir gute Erfahrungen haben, ist die morgendliche individuelle Begrüßung (siehe Kapitel 2.1). »Wie geht es dir?« – diese Frage, die auch in einer anderen Sprache gestellt werden kann, ist für manche Kinder ein Türöffner. Sie sagen, dass sie müde sind, dass sie kaum geschlafen, oder dass sie noch nicht gefrühstückt haben.

Auch die räumlichen Rahmenbedingungen sind für die Umsetzung unserer pädagogischen Konzeption wesentlich. In der PRIMUS-Schule hat jede Klasse zwei Räume.

2.3.1 Begrüßungsraum

Der Begrüßungsraum ist ein Raum des Ankommens, des Bereitmachens für das konzentrierte schulische Lernen. Ich als Lehrerin Barbara Wenders trage zusammen mit meinem Team die Verantwortung dafür, dass ein Kind immer weiter kommt im Erlernen der Kulturtechniken, einschließlich fremder Sprachen. Das bedeutet, dass ich gemeinsam mit dem Kind versuche, dass dieses seine Lernzeit effektiv nutzt. Der Kopf wird frei, Ballast, der häufig die Konzentration hemmt, wird abgeschüttelt. Sie entspannen und machen sich bereit für die inhaltliche Übung in Mathematik, mit der jeder Morgen anschließend beginnt (siehe Stähling & Wenders, 2012b, S. 23ff. und Kapitel 2.1.1).

Einige Kinder kommen an den Begrüßungstisch und können alles erzählen, was ihnen auf der Seele brennt, ihnen wichtig ist, loszuwerden. Niemand wird gezwungen, zu erzählen, Kinder können einfach nur zuhören, was andere zu erzählen haben. Manchmal lösen sich dadurch die eigenen dunklen Gedanken auf, weil ein anderes Kind etwas erzählt, was man selbst auch so erlebt hat, und schon dadurch findet eine kleine Tröstung statt. Kinder, die morgens viel zu erzählen haben, können dies tun. Nicht selten sind dadurch schon Lerngespräche entstanden, weil Kinder interessante Gedanken mitgebracht hatten. Das ist spannend, und wir versuchen, dies zu kanalisieren: Lernen ist toll, wir verstehen etwas, wir können etwas. Und wie können wir uns *die Welt erobern*? Wir brauchen *Handwerkszeug*: Lesen (und Verstehen), Schreiben (und Texte verfassen), Rechnen (und entdecken, dass Vieles um uns herum mit Mathematik zu tun hat), eine fremde Sprache sprechen und mit ihr kommunizieren können. Jeden Morgen wird im Begrüßungsraum die Frage gestellt: »Bist Du arbeitsfähig …?« Es ist unsere Erfahrung, dass bereits Kinder des ersten Jahrganges sagen können: »Nein, ich möchte noch schaukeln, bauen oder spielen« oder »Ja, ich geh jetzt rüber zum Arbeiten (an meinen Pflichtaufgaben).« In der Jahrgangsmischung ist zu beobachten, wie einige ältere Kinder nur noch kurz am Begrüßungstisch verweilen und anschließend direkt in den Arbeitsraum wechseln. Jüngere Kinder und auch immer wieder einige der Jugendlichen brauchen morgens eine längere Ankommenszeit, bevor es für sie möglich und damit erst lernpsychologisch sinnvoll ist, in den Arbeitsraum zu wechseln.

In vielen Jahren konnten wir beobachten, dass zum Beispiel ein Schüler oder eine Schülerin ein vormals für die Gruppe oder sich selbst störendes Verhalten ablegen konnte – durch Lernerfolge! Nicht eine separierte, sonderpädagogische Einzelmaßnahme brachte die Veränderung, es waren die persönlichen, konkreten Lernerfolge, die wir ihnen ermöglichten.

In einer bestimmten Entwicklungsstufe liegt der Fokus Jugendlicher sehr häufig auf den Peers. Oft haben wir bei den älteren beobachten können, dass sie sich auf dem Flur oder auf der Treppe schnell etwas zugeflüstert haben – zum Beispiel: »Komm mal, ich muss Dir was sagen.«

»Echt? Das hat der gesagt?«

»Ich schwöre, wallah.«

So oder ähnlich sind Jugendliche damit beschäftigt, an ihren sozialen Netzwerken schon früh morgens in der Schule zu arbeiten. Anschließend konnten wir in der Freien Arbeit häufig erkennen, dass ausgetauschte Informationen über einen anderen Jugendlichen oder eine andere Jugendliche weiter in den Köpfen arbeiteten. Um die wertvolle Lernzeit nicht zu vergeuden oder um keine Disziplinschwierigkeiten zu provozieren, sind eine Ankommens- und Begrüßungszeit für viele ältere Schüler*innen gut investierte Zeit. Je mehr ich fokussiert arbeiten kann, umso erfolgreicher bin ich.

Ein Beispiel: Es gab eine Schülerin, deren Lebenshintergrund dermaßen belastet war, dass sie sehr häufig Fehlzeiten hatte. Die Mutter war weg, dem Vater wurde das Sorgerecht für alle sechs Kinder entzogen, die Oma bekam das Sorgerecht und war damit überfordert. Schließlich bekam das Mädchen einen Vormund, der dafür sorgte, dass der Schulbesuch wieder stattfand. Trotzdem kam das Mädchen jeden Tag eine halbe Stunde zu spät in die Freie Arbeit hinein. Was tun? Wir entschieden uns, statt die Verspätung zu bemängeln, das Mädchen jeden Morgen freundlich zu begrüßen:

»Schön, dass Du da bist.« Auch die gesamte Lerngruppe wurde in diesen Prozess miteinbezogen. Niemand machte sich lustig oder bemängelte, dass das aber ungerecht sei, dass diese Mitschülerin jeden Tag zu spät kommen konnte. Wie ein Schatten huschte das Mädchen täglich in den mittlerweile leeren Begrüßungsraum hinein und setzte sich sofort an einen Tisch, um genau dort weiter zu lernen, wo es gestern aufgehört hatte. Nach mehreren Wochen konnte es, nachdem es angekommen war, sofort in den Arbeitsraum wechseln. Es wusste, wo es weiterging, und niemand machte beschämende Bemerkungen. Eine Freundin gab ihr mit einem aufmunternden Blick zu verstehen, dass sie sich freute, später in der Pause mit ihr zu reden.

Bei größten sozialen Belastungen kann das vertiefte Lernen an passgenauen Aufgaben auch eine fast therapeutische Wirkung entfalten. Indem das Mädchen spürte, »Ich kann mir doch etwas merken und morgen geht es genau an dieser Stelle weiter, die Erwachsenen und anderen Kinder sind nicht meine Feinde«, veränderte sich sein Selbstwertgefühl. Es huschte nicht mehr, sondern trat ein, nahm teil und spürte: Ich gehöre dazu.

Die effektive Lernzeit war zwar verkürzt, aber die verbliebene wurde umso intensiver genutzt – indem wir nicht gemäkelt, nicht geschont und es wirklich ernst mit ihm gemeint haben.

Kann es sein, dass Sonderpädagog*innen zu oft in eine sogenannte »Schonraumfalle« tappen? Nach dem Motto: Diese*r Schüler*in hat so viele Probleme am Hals, er*sie kann nicht lernen. Er*sie braucht etwas anderes. Was hat er*sie jetzt von Mathe oder Deutsch? Außerdem kapiert er*sie es sowieso nicht. Langjährige Erfahrungen mancher Sonderpädagog*innen in Sonderschulen fürs Lernen zeigen, dass aus der Schonraumhaltung leider oft eine Mitleidshaltung wird, »die können es ja auch nicht können …«. Manche jungen Menschen haben zum Beispiel nicht Lesen gelernt, weil man es ihnen erst gar nicht zugetraut und sie geschont hat. Wir brauchen unter anderem verlässliche und gleichzeitig passende Lernanforderungen in einer solidarischen Lerngemeinschaft statt »gut gemeinte« Schonräume, um die vermeintlich nicht-vorhandenen Stärken der Schüler*innen sichtbar zu machen.

2.3.2 Arbeitsraum

»Was hast Du gestern in Mathe gelernt? Wo geht es heute weiter? Welche Schwierigkeiten hattest Du noch? Was sollten wir wiederholen? Welches Ziel hast Du, haben wir?« Die einzelnen Schüler*innen haben im Arbeitsraum ihre eigenen Plätze (meist neben Freund*innen) und kommen je nach individuellem Bedarf mindestens einmal zur jeweils anwesenden Lehrperson, die an einem zentralen Ort innerhalb der Klasse sitzt und die Lerngruppe im Blick hat. Ist nun ein Schüler oder eine Schülerin beim Erwachsenen, dann ergibt sich in der Regel ein fachliches Gespräch über das gemeinsame Thema (zum Beispiel »Teilen«), und daraus ergeben sich neue Aufgabenstellungen.

Paulo Freire nannte die gemeinsamen Themen, die den realen Problemen der Menschen am nächsten sind und daher im Dialog Erkenntnisse hervorbringen können, »generativ« (1977). Wenn wir zum Beispiel eine Weltkarte entwerfen, stoßen wir immer auf das Problem, wie wir mit einer zweidimensionalen Karte einen dreidimensionalen Globus darstellen können. Hinter einer scheinbar neutralen mathematischen Beschreibung durch eine zweidimensionale Karte verbirgt sich eine politische Dimension (Akhoundi, 2021, S. 293). In einer *kritischen* Mathematik nach Freire entsteht die Spannung gerade darin, dass sich die Lernenden ausgehend von ihren eigenen Sichtweisen in Gesprächen verständigen (siehe auch Boban & Hinz, 2021a, S. 304).

Hier wächst ein Interesse etwa an der Mathematik auch aus reinem Spaß am gemeinschaftlichen Tun. Wie oft konnten wir eine konkurrenzlose gemeinsame Freude darüber beobachten, dass ein Mitschüler, eine Mitschülerin, eine schwierige Knobelaufgabe verstanden hatte. Grundsätzlich gab es keine Fehler, sondern es handelte sich immer um den interessanten Lösungsweg eines Kindes. Daraus entwickelten sich in der Regel motivierende und weiterführende Lerngespräche, angeregt durch die Lehrperson zusammen mit mehreren anderen Kindern. Die anderen Kinder oder Jugendlichen sind entscheidend für ein erfolgreiches Lernen. Sie interessieren sich schon deshalb dafür, weil sie wissen, dass sie bei Fehlern nicht blamiert werden und ihre vertrauten Mitschüler*innen nicht lachen, wenn etwas nicht gelingt. Falls ein neu hinzukommendes Kind trotzdem jemanden wegen eines Fehlers auslacht, ist dies ein wichtiges Thema im Klassenrat. Wir Pädagog*innen können uns über solche Probleme freuen; denn sie bieten uns einen Anlass, erneut und in Ruhe die verletzlichen Gefühle und Kränkungen bewusst zu machen. Respektvolle und entspannte, solidarische Beziehungen innerhalb der Klassengemeinschaft sind in diesem Fall bei der Freien Arbeit das Fundament für die eigene Entwicklung.

Diese Art kann man als »Dialogisches Lernen« (Ruf & Gallin, 2005) bezeichnen, wo das *Vorwissen der Kinder am Ausgangspunkt* steht und sehr wertgeschätzt wird.

Wenn zum Beispiel in der altersgemischten Klasse die älteren Kinder Flächen zeichnen und deren Inhalte berechnen, so ist dies für Jüngere bereits faszinierend. Sie wollen dann auch mit Lineal, Buntstiften und Bleistift Flächen zeichnen und farbig ausgestalten. Dabei interessiert eine*n Schulanfänger*in möglicherweise genauso wie eine ältere Schülerin, auf welche Weise 24 Kästchen im Matheheft dargestellt werden können: 2 x 12 oder 4 x 6 oder 8 x 3? Wobei den Älteren plötzlich aufgeht, dass sie durch das Ausschneiden der Flächen neue Multiplikationsaufgaben finden: Durch Verdoppelung des Faktors 4 und Halbierung des Faktors 6 wird aus der 4 x 6 etwa die Aufgabe 8 x 3 bei gleichem Flächeninhalt.

Dabei interessiert die Schulanfänger*innen, die diese Tüfteleien der älteren Mitschüler*innen genau beobachten, ob es ihnen auch gelingt, die Fläche mit 24 Kästchen in 4er-Streifen auszuschneiden. Kooperative Lernsituationen in der freien Arbeitsphase erwachsen aus jahrelangen Erfahrungen.

Hier helfen Aufgabenformate, die aus der Sache selbst heraus eine »natürliche Differenzierung« (Krauthausen & Scherer, 2014) anbieten. Solche *offenen Aufgaben* sind komplex und werden allen Kindern der Gruppe bei uns in der täglichen freien Arbeitsphase gemeinsam angeboten. Die Schüler*innen arbeiten auf dem für sie passenden Niveau und suchen sich individuell unterschiedliche Medien und Wege, mit denen sie die Problemstellung bearbeiten. Sie tauschen sich über verschiedene Lösungswege aus. Auf diese Weise arbeiten alle am ähnlichen Thema.

Wenn die Kinder gemeinsam Probleme und offene Aufgaben bearbeiten, interessieren sie sich nach unserer Erfahrung für ihre individuellen Fragen und fokussieren sich auf den Teil der offenen Problemstellung, der *auf ihrem Verstehensniveau* lösbar erscheint. Das Kind arbeitet *so lange an einer Fragestellung, bis es sie verstanden hat.* Der Lernprozess wird nicht abgebrochen, »wenn graduelle Ausprägungen einer Kompetenz erreicht sind« (Schlömerkemper, 2017, S. 198), sondern *lernpsychologisch sinnvoll zu Ende geführt.* »Kompetenzraster« scheinen hier nicht geeignet, Kindern Spaß und Erfolgszuversicht zu geben, falls diese Raster nur dazu dienen würden, die erreichten Niveaustufen in Punkten abzubilden und kein Weiterlernen folgt. Die festgestellten Defizite wären dann nicht behoben, sondern in die nächste aufbauende Lerneinheit »mitgeschleppt« (ebd., S. 197).

Ein anderes Schulanfänger-Kind in unserem Beispiel sucht die Sicherheit bei der Teamkollegin und will Kästchen ausmalen, weil es das bei anderen gesehen hat und davon fasziniert ist. Nun beginnt es mit Farbstiften regelmäßige Muster zu malen: 4 rote Kästchen, 4 blaue Kästchen, dann wieder

4 rote und so weiter. In der nächsten Reihe beginnt es zuerst mit den blauen. Eine auffällig sorgfältig gestaltete Fläche mit Rot und Blau entsteht. In der nächsten Reihe verschiebt sich plötzlich wegen einer Unaufmerksamkeit das Bild etwas: Es sind nur 3 blaue. Dann wird mit 4 roten fortgesetzt. Das verzerrte Muster bekommt Spannung: Ein fantastisches Bild entsteht. Es war kein »Fehler«, sondern eine spannende Entdeckung. Wir arbeiten weiter daran.

Das Herangehen der anderen Kinder an ähnliche Aufgabenstellungen eröffnet neue Perspektiven (zum mehrperspektivischen Lernen siehe Stähling & Wenders, 2015, S. 121ff.). Im Gespräch mit der Lehrerin äußert das Kind den Wunsch, nach einer selbstgewählten Pause weiter Bilder zu malen – so »wie die anderen auch«. Das Kind hat hier vom ersten Schultag an die Freiheit, selbst zu bestimmen, wann es eine Pause braucht. Bei so viel Konzentration und Vertiefung will es nun – wiederum am liebsten mit einer Freundin – zusammen auf dem Bauteppich spielen.

Freie Arbeit wird effektiv durch folgende Faktoren:

➤ Eine verlässliche räumliche Position der zuständigen Lehrperson, die die freie Arbeitsphase leitet. Sie sitzt am festen Platz.

➤ Ein gezielter Einsatz und eine gute Koordination der zusätzlich anwesenden Erwachsenen (der Teammitglieder, zum Beispiel: sonderpädagogische Kraft, Praktikant*innen, Schulbegleiter*innen und so weiter).

➤ Kontinuierliche zentrale Lerngespräche und Kontrolle der individuellen Arbeiten der Kinder durch regelmäßiges, vertrautes »Vorzeigen« der Arbeitsergebnisse bei der Lehrperson.

➤ Regelmäßige, individuelle Lerngespräche und Erklärungen durch die leitende Lehrperson am zentralen Platz. Dabei hören einige andere Kinder zu und lernen »nebenbei« mit.

➤ Ein konstruktives Lernklima, das den Fehler grundsätzlich als Lernchance begrüßt und nutzt.

Eine solche freie Arbeitsform, die auch in »Demokratischen Schulen« zu finden ist, hat Yaacov Hecht (2017) in einer Kreisdarstellung (siehe Abbildung 2) veranschaulicht (International Democratic Education Conference [IDEC], 2017): Der*die Lehrer*in wird hier symbolisch in der Mitte als großer Kreis positioniert und fungiert als »Mentor*in«. Bei ihm*ihr laufen alle »Fäden« zusammen. Die Schüler*innen (kleine Kreise) nehmen sowohl zu ihm als auch zu den anderen Lernenden Kontakt auf. Die Kinder interessieren sich für eine sachbezogene Auseinandersetzung in

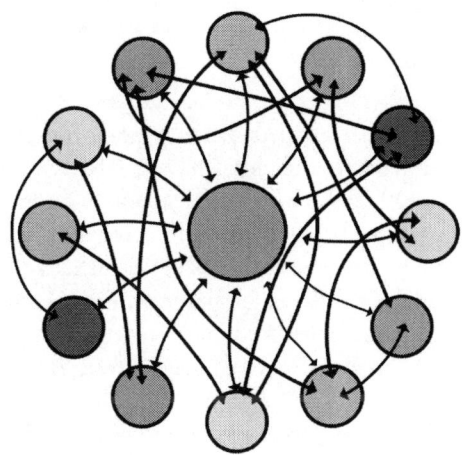

Abbildung 2: Freie Arbeit nach Yaacov Hecht (2017)[7]

einem sozial sicheren Umfeld mit ihren Mitschüler*innen. Hier wird nicht eine illusorische Vorstellung von »freier Arbeit« transportiert, wo sich die Kinder beliebig ohne Bindung an die Lehrperson beschäftigen. Vielmehr drückt die Grafik aus, dass die Kinder und Erwachsenen am Gemeinsamen Gegenstand vertieft arbeiten. Sie begeben sich in Dialoge. Die Kinder sprechen miteinander und helfen sich untereinander. Jedes einzelne Kind bekommt von der Lehrperson regelmäßige Rückmeldungen.

Fast 40 Jahre Praxiserfahrung machen uns deutlich, dass für die freien Arbeitsphasen ein inhaltlicher Rahmen sehr notwendig ist (siehe ausführlich dazu Stähling & Wenders, 2015, S. 108ff.).

Kinder müssen erleben, dass sie bei der Bewältigung von *stofflichen Hürden* im richtigen Moment Unterstützung durch Freunde und Lehrpersonen (»adaptive learning experts«, Hattie, 2013, S. 290f., 2009, S. 246) erhalten und Lernerfolge besonders von ihren Mitschüler*innen gewürdigt werden. All das entspricht jahrzehntelanger Erfahrung aus reformpädagogischen Schulen, wie zum Beispiel Freinet (1981) zeigt (siehe auch Laun, 1982). Auch die Sichtweisen der Schüler und Schülerinnen des Chemnitzer Schulversuchs von 1921 bis 1933 (siehe Kapitel 2.1 und 2.2) dokumentieren sehr nachvollziehbar, wie die vielfältigen Möglichkeiten des Freien

---

7 Die Abbildung von Hecht folgt der Darstellung in Stähling & Wenders (2018, S. 71).

111

Arbeitens die Kinder und Jugendlichen in der altersgemischten Gruppe stärken und selbstbewusst werden lassen (siehe Pehnke, 2002a).

Allerdings sind freie Arbeitsformen, in denen nicht der soziale Aspekt, sondern der *inhaltliche Aspekt gemeinsamen Lernens (kooperativen Lernens)*, also die »(andauernden) inhaltlichen ko-konstruktiven Prozesse« (Korff, 2016, S. 79ff., 229ff.; Scheidt, 2017, S. 21ff.) im Zentrum stehen, in der (inklusions-)pädagogischen Literatur selten zu finden. In unseren Beispielen treiben immer beide Aspekte, der soziale Zusammenhalt mit Vertrauten sowie die inhaltliche und soziale Verlässlichkeit, einen »Stoff« mit dem oder der Einzelnen so zu besprechen, dass bei ihm oder ihr eine Zuversicht entsteht, ihn zu »be-greifen«.

Die Befürchtung von Korff (2016), dass »freie Arbeitsphasen« teilweise nicht optimal genutzt würden, um über die Sachverhalte zu kommunizieren, ist nicht unberechtigt. Schüler*innen lernen bei manchen Lehrer*innen teilweise individuell an verschiedenen Aufgaben, die *keinen inhaltlichen Zusammenhang* erkennen lassen (»ganz viel Nebeneinander«, ebd., S. 188ff.): Einige bearbeiten Mathematikaufgaben, während ihre Freunde sich mit Rechtschreibübungen beschäftigen und wieder andere sich einzeln zum Lesen zurückziehen. All dies kann im Schulalltag einen pädagogischen Wert haben, wenn die Aktivitäten im größeren Zusammenhang stehen und anschließend ausgewertet werden.

Wir haben erkannt und erfahren, dass die Schüler*innen mehr Chancen haben, den jeweiligen Dingen in Mathematik und Sprache auf den Grund zu gehen und sie zu verstehen, wenn sie häufiger in freien Arbeitsphasen *am selben* »Gemeinsamen Gegenstand« arbeiten und üben, kooperativ voneinander lernen und sich intensiv einer Sache in gemeinsamen Gesprächen widmen.

Wenn Kinder selbst frei mitgestalten, wollen die meisten ohnehin nicht so gerne zum Beispiel an Rechtschreibaufgaben arbeiten, wenn gerade etwas anderes bei ihren Freunden »dran« ist. Falko Peschel (2002) berichtet: »Merkwürdigerweise tauchen auch abstrakte Fragestellungen, wie zum Beispiel spezielle Inhalte aus der Mathematik, fast immer von selbst in der Klasse auf. Zahlen werden immer größer, Begriffe wie ›Malnehmen‹ oder ›Minus‹ ziehen genauso die Runde wie ›Wurzelziehen‹ oder ›Bruchrechnung‹« (S. 248). Die Fähigkeiten der Kinder entfalten sich »in Korrespondenz mit den Entwicklungen der anderen Kinder in diesem Bereich« (ebd., S. 247f.). Die Kinder wollen sich gemeinsam damit beschäftigen, was sie interessiert und suchen nach Partner*innen.

Unter strukturierten Rahmenbedingungen freier Arbeitsphasen sehen wir zuweilen Kinder, die sich *automatisch und freiwillig* mit einem » Gemeinsamen « Lerngegenstand *unter Freunden* beschäftigen. Das bedeutet nicht, dass zum Beispiel die gesamte altersgemischte Klasse an derselben Matheaufgabe arbeitet, sondern es ergeben sich *Teilgruppen mit ähnlichen Aufgaben,* aber unterschiedlichen Zugangsweisen (Scheidt, 2017, S. 51ff.). In anderen Phasen der freien Arbeitszeit üben Kinder dann wieder für sich und gerne zur selben Zeit zum Beispiel an einer Rechtschreibkartei, die den Lerngegenstand in kleine Einheiten aufgeteilt. An ihr arbeiten die Schüler*innen in der individuell nötigen Zeit selbstständig Schritt für Schritt – ähnlich dem sehr effektiven Mastery-Learning (Hattie, 2013, S. 202ff.).

In solchen freien Arbeitsphasen sprechen Schüler*innen über die Lerninhalte und tauschen ihre Meinungen aus. Unter solchen kooperativen, *rückmeldereichen* Strukturen haben Freundschaften unter Schüler*innen einen sehr starken positiven Einfluss auf die Leistung. Gerade Kinder aus Armutsgebieten profitieren hier von ihren familiären Erfahrungen des Zusammenhalts und der Konflikte mit vielen Geschwistern. Peers erklären ihren Freunden den Lerngegenstand und unterstützen sie (ebd., S. 253). Diese Potenziale von gegenseitiger Rückmeldung nicht zu nutzen und stattdessen vereinzelt jedes Kind alleine ein Pflichtprogramm unabhängig von den Freunden durcharbeiten zu lassen, verschenkt wichtige *kooperative Anregungs- und Rückmelde-Potenziale des Lernens.*

Weil Kinder und Jugendliche meist gerne mit Freund*innen gemeinsam *an der gleichen Thematik oder am gleichen Lerngegenstand* ihre Fähigkeiten erproben möchten, kann es auch sinnvoll sein, bestimmte Themen in dafür vorab festgelegten kleinen Ateliers, Lernbüros, Forscherwerkstätten (zum Beispiel in Nebenräumen für Mathe, Sprache, Sachunterricht) anzubieten.

Die Grundprinzipien des *Kooperativen Lernens* (KL) sind » denken – austauschen – vorstellen « (Brüning & Saum, 2009). Die Lerneffekte gelten als empirisch gut belegt. In *themengebundener* Freier Arbeit werden diese Prinzipien verfolgt: Die Schüler*innen arbeiten zunächst meist an ihren *individuellen Aufgaben, die sie vom Vortag noch kennen.* Während der Arbeit zeigen sie ihre Zwischenergebnisse vor oder fragen bei Problemen nach. Als Ansprechpersonen stehen die Lehrperson und andere Schüler*innen zur Verfügung. Sie tauschen sich meist mit anderen zusammen über Schwierigkeiten bei der Lösungsfindung aus. Sie wenden sich an die Lehrperson und erwarten dort eine Rückmeldung. Zusammen mit den für sie wichtigen anderen Kindern wird die Arbeit zunächst gewürdigt. In dieser individuellen und teils zufällig entstehenden Phase des Austausches über den Lerngegenstand tauchen immer wieder neue Aspekte des Themas auf. Neue anschließende Aufgaben leiten sich ab und erweitern den Horizont.

Bereits früh hat Astrid Kaiser auf die *Gefahr der Atomisierung* der Freien Arbeit hingewiesen und gemeinsame Planungen und Auswertungen im Sitzkreis gefordert (1992). Die für den Lernerfolg wirksamsten Einflussfaktoren sind nach internationalen Studien (Hattie, 2013):

➤ den Lernstand rückmelden, Lernmöglichkeiten besprechen;
➤ die Klasse mit klaren Regeln und Strukturen führen;
➤ zum Lernen aktivieren durch kooperatives, problemlösendes Lernen; Schüler*innen als Lehrpersonen begreifen, Lernreflexion (wie Lern-Klassenrat, Lerntagebuch).

2.3.3 Lern-Klassenrat

In der PRIMUS-Schule Berg Fidel-Geist gibt es eine nachträgliche Reflexion über das Lernen in der Freien Arbeit: Als fast tägliches Ritual findet es in Form eines »Lern-Klassenrats« oder »Lern-Coachings« statt (Stähling & Wenders, 2012b, S. 41ff., S. 85; siehe auch Kapitel 2.1). Wenn Kinder und Jugendliche ihre *Lernergebnisse vorstellen* können, schließen sich besonders vertiefende Gespräche an, weil alle am selben Lerngegenstand arbeiten. Die anderen befassen sich bereits mit dem Thema und arbeiten an ähnlichen Fragestellungen auf unterschiedlichem Niveau.

Im Lern-Klassenrat versuchen wir die Kinder dahin zu bringen, dass sie genau benennen können, mit welchen Aufgaben sie sich während der freien Arbeitsphase auseinandergesetzt haben, was sie Neues dabei gelernt, entdeckt, verstanden, was sie geübt, wiederholt, geschafft haben. Alle interessiert, wie sie zum Beispiel mit anderen Kindern zusammen etwas bearbeitet, jemandem geholfen oder selbst Hilfe bekommen haben. Was war für den Einzelnen, die Einzelne schwer, was leicht? Indem ein Kind im Nachhinein genau benennt, mit welchem Inhalt es sich auseinandergesetzt hat, eine Beispielaufgabe nennt, kommt es im Gespräch dem Verstehen oder Festigen des Inhalts näher: Was genau war schwer beim Teilen? Was waren die inhaltlichen Hürden? Wodurch kamst Du weiter? Wer oder was hat geholfen?

Die Gruppe interessiert sich für den Lernprozess jedes Kindes. Das Lernen ist immer ein Vorgang, der im einzelnen *Subjekt* stattfindet; aber es vollzieht sich am besten in einer ermutigenden und solidarischen *Gruppe*. Die Gruppe weiß, wie wichtig es ist, dass jedes Kind an seinem Thema, an seiner Problematik weiterkommt. Der Lernfortschritt entsteht ohne Angst vor Versagen und Vergleich. Wenn hier »Brennpunkt-Schüler*innen« gut »intrinsisch« lernen, liegt vielleicht das Erfolgsgeheimnis jedes einzelnen Kindes gerade in der Solidarität der anderen, »worin unsere Stärke besteht«. Gerade diese anderen, die sich »neidlos« freuen können, wenn ein Kind etwas verstanden hat, das vorher noch im Dunkeln lag, sind hier der Motor des Lernens. Denn sie selbst lernen immer mit, wenn ein anderes Kind »be-greift«.

Heute liegen bereits Schere, Kästchenpapier und fertig ausgeschnittene 100er-Flächen auf dem Tisch in der Mitte des Sitzkreises. Wir fordern die Kinder heraus. Sie zeigen am Kästchenpapier und erzählen, wie sie entdeckt haben, was 25 Prozent bedeuten.

Ein Mädchen berichtet, dass sie heute endlich in der Rechtschreibkartei den Gebrauch der Redezeichen verstanden hat – und sie erklärt es nochmal für alle.

Die Spannung besteht darin, dass neben wichtigen Wiederholungen für einige Kinder auch Themen mit höheren Ansprüchen angesprochen werden. Dann erfahren auch schon jüngere Kinder etwas über Prozente und Redezeichen. Sie begreifen, was es bedeutet, der*die eigene »Lernchef*in« zu sein.

Durch den Lern-Klassenrat spüren alle Lernenden, dass wir alle gemeinsam mit dem Voranschreiten, dem Lernen und Entdecken beschäftigt sind. Sie erleben, dass es vorkommt, dass man an einem Tag nicht so viel geschafft hat, dass es normal ist, dass alle etwas anderes zur gleichen Thematik gleichzeitig tun und dabei ein Ziel haben: Die Freude darüber, etwas geschafft, etwas verstanden zu haben und dies zu teilen. Sie sind stolz, etwas zu können, das dabei hilft, ihr Leben zu meistern.

Wir sprechen mit den Kindern auch über die Wirkung einer Pause: Jan stellt deutlich klar, wie wichtig für ihn die Pause während der Freien Arbeit ist. Viele Kinder sagen uns, dass sie nach einer Pause viel besser vorangekommen sind oder sich besser konzentrieren konnten. Kindern wird durch das Gespräch über Pausen oft zum ersten Mal klar, dass es einen Unterschied gibt zwischen Pause und Arbeiten. Manche haben zuweilen so getan, als ob sie arbeiteten, haben in Wirklichkeit aber innerlich eine Pause gemacht, indem sie sich unterhalten haben. Jetzt lernen sie: Wenn ich reden möchte, kann ich nicht gleichzeitig arbeiten. Ich muss mich entscheiden: Pause oder Arbeit.

Für den Lern-Klassenrat wählen wir an manchen Tagen die mündliche Form im Sitzkreis, an anderen Tagen die schriftliche Form im Lerntagebuch oder auch den Navigator. Ein Mädchen schreibt seit einiger Zeit seitenlange Texte darüber, wie ihr das Lernen gefällt und was sie gerechnet hat. Sätze wie »Mathe ist cool« oder »Ich habe heute gelernt, Wörter zu verlängern« erfreuen uns. Ein Mädchen aus einer anderen Schule schreibt ganz viel von ihrem Lernen und Arbeiten. Dabei kam sie mit dem Selbstbild zu uns, gar nichts zu können. Sie sagte zu Beginn ständig »Kann ich nicht!« oder »Wie geht das?« Jetzt schreibt sie fast eine ganze Seite darüber, was sie alles verstanden hat.

Unsere Erfahrung ist: Je mehr Zeit wir den Lernenden geben, sich vertieft mit einem Inhalt auseinanderzusetzen, umso größer ist das Verstehen, das tatsächliche Durchdringen. Dann entsteht ein Lernfluss, der nie aufzuhören scheint. Es kommt auf den Erfolg an, und unser Motor und unsere Arbeitsfreude bestehen darin, *allen* Kindern Erfolge zu ermöglichen.

2.4 Klassenrat[8]

2.4.1 Klassenrat zur Problemlösung in der Gemeinschaft

Ein Eintrag im »Klassenratsbuch« schilderte folgenden Konflikt: *Sandro hat mich geschlagen. 6.12., von Maksut.*

Um zu lernen, dass wir Konflikte nicht mit Gewalt lösen, müssen wir *erleben* und erproben, dass es auch anders geht. Die Blickwinkel der anderen ist entscheidend. Wir nutzen die für unsere Lerngruppen typische Vielfalt, um den Blick für die andere Perspektive zu schärfen und vor allem zu verstehen.

Einmal in der Woche ist die Klassenratsstunde in jeder Klasse. Hier können Schüler*innen zusammen mit der gesamten Klasse Probleme aus verschiedenen Perspektiven besprechen, um besser miteinander auszukommen.

Der Klassenrat ist in der PRIMUS-Schule verbindlich für alle bis einschließlich Jahrgang 10. Es gibt einen Gesamtplan aller Klassenräte, damit Schüler*innen, die ein Problem mit einer Schülerin oder einem Schüler aus einer anderen Klasse haben, wissen, wann sie dort hingehen können, um ihr Anliegen vorzutragen. Wer ein Problem mit einem Kind aus einer anderen Klasse hat, geht – nach Wunsch begleitet von einem oder einer Vertrauten – in den fremden Klassenrat und trägt das Problem, welches er zuvor ins Klassenratsbuch eingetragen hat, dort vor.

Wenn ich ungelöste Konflikte, Ärger, Trauer oder Wut mit mir herum-

---

8 Die Beschreibungen zum Klassenrat folgen den Darstellungen in Stähling (2003, 2007c, 2011a, S. 75ff.) und Stähling & Wenders (2015, S. 201ff.).

trage, kann ich nicht vertieft und erfolgreich lernen. Daher gehört zu jeder Klassenratsitzung, dass zu Beginn alle ihre eigene aktuelle Befindlichkeit ausdrücken. Dazu benutzen wir zum Beispiel Karten mit Gesichtsausdrücken, die verschiedene Gefühlslagen zeigen (Wenders, 2020). Schule muss Kindern und Jugendlichen in regelmäßigen und ruhigen Gesprächen Zeit geben, sich mit ihren Gefühlen auseinanderzusetzen und ihre Probleme zu lösen.

In den Abschlussreden unserer ersten drei Abschlussklassen im Sommer 2020 brachten die Klassensprecher*innen zum Ausdruck, wie wichtig die Klassengemeinschaft für sie war, dass es nicht immer einfach war, weil sie sich nicht immer verstanden hatten: »Aber im Klassenrat kamen wir zu Lösungen, die uns geholfen haben. Und jetzt haben wir es alle geschafft.«

Was gehört zur Organisation eines Klassenrates? Bei uns gibt es in jeder Klasse einen Sitzkreis. Wir bevorzugen ein Quadrat aus Holzbänken. Eine Kladde, auf der »Klassenrat« steht, liegt ebenfalls in jedem Klassenraum. Alle können jederzeit ihr Anliegen in das Klassenratsbuch schreiben, selbst oder mit Assistenz. Sie können, statt zu schreiben, ihre Sorgen auch malen. Dieser Akt ist bereits eine momentane Entlastung. Wichtig sind der Name der Person, die etwas eingetragen hat, und das Datum. Beim nächsten Klassenrat wird das Problem besprochen (in der Regel nicht eher).

Bei fremdgefährdenden Zwischenfällen müssen wir sofort handeln und mit allem pädagogischen Handwerkszeug eingreifen, was wir uns im Laufe vieler Jahre erarbeitet haben.

Beim Klassenrat werden die Probleme der Reihe nach durchgearbeitet. Das Gespräch leitet die Klassenlehrerin oder der Klassenlehrer, und zunehmend auch ältere Kinder selbst. Gespräche haben Regeln:

➤ Es spricht zuerst der- oder diejenige, der beziehungsweise die ein Problem ins Klassenratsbuch geschrieben oder gemalt hat.

➤ Er oder sie spricht, solange er oder sie will, und wird dabei von niemandem unterbrochen.

➤ Dann spricht der »Gegenspieler«, die »Gegenspielerin«. Auch er beziehungsweise sie wird von niemandem unterbrochen.

➤ Erst wenn die beiden Parteien zu Ende geredet haben, ist Zeit für Fragen aus dem Kreis.

➤ Gemeinsam wird am Ende nach Lösungen gesucht.

Beim Beispiel mit Sandro, der Maksut geschlagen hatte, kam Folgendes heraus: Maksut hatte mit Joana (einem Mädchen aus einer anderen Klasse)

117

Streit. Er hat sie mit einem Stock bedroht. Ein Junge aus Joanas Klasse hat dies gesehen und es seinem Klassenkameraden Sandro erzählt. Daraufhin hat Sandro Maksut geschlagen.

Der Klassenrat fand in der Lerngruppe von Maksut statt, weil diese Gruppe den sogenannten »Täter« am besten kennt und dadurch konstruktive Lösungsvorschläge machen kann.

Maksut brachte zunächst deutlich zum Ausdruck, dass er sich mit Joana wieder vertragen habe. Joana hatte nichts in ihr Klassenratsbuch eingetragen. Er habe Angst vor Sandro und findet es ungerecht. Er wünscht sich, nicht geschlagen zu werden.

Sandro sagt, dass er Maksut nicht mag: »Ich kenne den nicht, ich mag den nicht, weil er Roma ist.«

Wir haben besprochen, dass »Roma« »Menschen« heißt und wir alle gleich viel wert sind. Einige Kinder erzählten von Freundschaften zwischen Roma und Nicht-Roma. Sandro schien nach wie vor misstrauisch zu bleiben gegenüber Maksut.

Mithilfe der anderen Kinder versuchten wir akribisch die Fakten zu ergründen: Was war genau passiert? Warum hatte Maksut Streit mit Joana?

Dann erinnern sich viele Kinder an die Regeln: Eine Drohung mit dem Stock ist verboten. Was hat Sandro mit diesem Streit zu tun? Schlagen ist verboten. Er hat sich einfach eingemischt, weil ein anderer Junge ihm von der Drohszene erzählt hat. Sandro hat nicht gesehen, was passiert ist und geschlagen.

Ein scheinbar unendliches Lernfeld tat sich auf: Warum hat der Junge, der die Szene beobachtet hat, nicht selbst etwas unternommen? Muss ich alle Kinder mögen? Was sind Vorurteile? Dieses Lernfeld war groß, und es waren – wie so oft – mehrere Kinder beteiligt. Andere hatten den Konflikt angestachelt, sich heimlich gefreut, dass es nun Schläge gab.

Der Klassenrat beschloss, dass Maksut und Sandro jeweils Pausenverbot für ein oder zwei Tage bekommen sollten. Das Ziel: Wir wollen hier alle friedlich auf dem Schulhof spielen und keinem die Pause kaputt machen. Die Kinder rieten den beiden, sich zunächst überall aus dem Weg zu gehen.

Es wurde kein Haken an das Problem gemacht, sondern ein Kringel. Das bedeutete, es sollte beobachtet werden. Beim nächsten Klassenrat wurde erneut nachgefragt, ob sich etwas verbessert hatte.

Der moralische Zeigefinger ist tabu in einem Klassenrat. Wir wollen alles verstehen. Wer jemandem Gewalt angetan hat, bekommt eine Chance, sich zu erklären (wie in einem Rechtsstaat auch). Wenn es ihm leidtut, kann er sich entschuldigen – und es wieder gutmachen.

Kinder und Jugendliche haben gute Ideen, wie man sich wieder »verträgt« und haben ein gutes Gespür dafür, ob eine Entschuldigung ernst gemeint ist. Sie erspüren fast jede Ungerechtigkeit und haben die erstaunliche Fähigkeit, sich neutral und kritisch zugleich zu äußern, wenn es sich zum Beispiel um die Freundin handelt. Einem Freund, einer Freundin, zu helfen, bedeutet eben auch, deutlich zu sagen, was nicht in Ordnung ist, und gleichzeitig zu signalisieren, dass man befreundet bleiben möchte. Die Tat wird abgelehnt, nicht die Freundin oder der Freund.

Im obigen Beispiel wurde immer wieder im nächsten Klassenrat nachgefragt, ob es weitere Konflikte zwischen Maksut und Sandro gab, bis wir einen Haken machen konnten.

Übertragen auf andere Beispiele gilt:

➤ Die Kinder geben dem*der »Täter*in« noch eine Chance. Wird jedoch diese Chance nicht genutzt, dann folgt eine Konsequenz, die bereits vorher festgelegt wird. Schlägt eine*r in der Pause andere Kinder, so bekommt er*sie im Wiederholungsfall – konsequenterweise – keine weitere Gelegenheit, andere zu schlagen. Er hat Pausenverbot. Dies ist vorher mit ihm im Klassenrat vereinbart worden. Die Pädagog*innen in den Klassenteams tragen dies mit und achten auf die Umsetzung. Hier ist eine wasserdichte Absprache im Team notwendig, damit alle Kinder Gerechtigkeit erfahren und sich nicht einzelne durch Täuschung eines Erwachsenen Vorteile verschaffen können.

➤ Die ganze Klassengemeinschaft lernt bei jedem Klassenrat. Die sozialen Werte des Zusammenlebens wachsen und tradieren sich weiter. Dafür ist auch die Altersmischung hilfreich. Kinder und Jugendliche lernen voneinander. Sie nehmen die Kritik der Mitschüler*innen an und hören ermutigende Vorschläge für Änderungen. Die Regelmäßigkeit des Klassenrates wirkt wie eine durchgehende Erinnerung an alle, ihre Probleme friedlich ohne Gewalt zu bewältigen. Der »Gemeinsinn« (Kant) für diese Fragen des Alltags wächst von Tag zu Tag mehr. Je länger eine Schule den Klassenrat regelmäßig und erfolgreich macht, umso mehr werden die Schüler*innen ihre Probleme selbstständig lösen lernen. Wenn es Probleme gibt, wissen alle, dass sie es in das Klassenratsbuch schreiben können und es dort gründlich besprochen wird.

Bei der aufsuchenden Arbeit erleben wir immer wieder, dass in Familien oft schon lange kein Gespräch mehr stattgefunden hat. Die Kinder mit guten Erfahrungen im Klassenrat sind offener für Konfliktlösungen. Sie wissen, dass dies helfen kann. Ein Sozialarbeiter berichtet über seine Besuche in Familien, in denen keine Gespräche mehr liefen:

>Deshalb ist es oft meine erste Aufgabe, ein gemeinsames Gespräch zu moderieren, bei dem beide Seiten einander zuhören, ausreden lassen und sich nicht ins Wort fallen. Ganz häufig bekomme ich die Rückmeldung, dass alle Beteiligten erleichtert über dieses gemeinsame Gespräch sind, bei dem niemand ausgerastet oder abgehauen ist. [...] Die Gespräche in der Vergangenheit waren geprägt durch gegenseitige Verletzungen, Beschimpfungen und Vorwürfe< (Sonnenburg & Winkelmann, 2010, S. 162).

2.4.2 Der Klassenrat aus historischer Perspektive

Die Vorläufer des Klassenrats sind unter anderem in reformpädagogischen Schulen zu finden. Bei Janusz Korczak gab es im Waisenhaus in den 1920er Jahren ein »Gericht« der Kinder:

>Wenn jemand etwas Böses getan hat, ist es am besten ihm zu verzeihen. [...] Das Gericht aber muss die Stillen schützen, damit ihnen die Aggressiven und Aufdringlichen kein Unrecht zufügen; das Gericht muss die Schwachen schützen, damit die Starken sie nicht quälen; [...] das Gericht muss für Ordnung sorgen, denn Unordnung belastet die guten, stillen und gewissenhaften Kinder am meisten< (1999, S. 274).

Wenn bei Korczak von einem »Gericht« die Rede ist, darf dies nicht mit einem Tribunal verwechselt werden. Es geht nicht darum, moralisch zu verurteilen, sondern die jeweiligen Gefühle der Opfer und Täter*innen ernst zu nehmen, sie zu verstehen und vor allem für eine eindeutige Konsequenz, Wiedergutmachung und Versöhnung mithilfe der Gesamtgruppe, »des Rates«, zu sorgen.

In den 1920er Jahren entwickelten einige Versuchsschulen das Leitbild einer Schulklasse, die junge Menschen »in der Gemeinschaft für die Gemeinschaft durch die Gemeinschaft« (Rülcker, 2013, S. 549) erzog und bildete. Die »Aussprachegemeinschaft« (Spiel, 1947) löste die anstehenden Probleme. Im Gegensatz zur traditionellen Schule im Stil einer vormilitärischen Disziplin zog nach dem Ersten Weltkrieg verstärkt ein demokratischer Geist in die Schulen ein. Nach der Novemberrevolution 1918 veränderten sich die strukturellen Rahmenbedingungen für eine Reform der Schule und des Unterrichts in Deutschland. Die konservativen Verteidiger des gegliederten Schulsystems mussten mit den demokratischen und sozialistischen politischen Mehrheiten den »Weimarer Schulkompromiss« eingehen. So entstand die obligatorische vierjährige Grundschule als die Schule, in der Kinder verschiedener Schichten zusammenkamen.

Reformorientierte Pädagog*innen konnten nun Unterstützung durch staatliche Schulträger erwarten. Besonders in Preußen (bis 1932), in Sachsen und Thüringen (bis 1923) und in Hamburg (bis 1933) ermöglichten die sozialdemokratisch mitgetragenen Regierungen viele Schul- und Unterrichtsreformen. Im deutschen Schulwesen existierten um 1932 mindestens 200 reformpädagogische Versuchsschulen und mehr als 1.000 Versuchsklassen, deren Erfahrungen Einfluss auf die Reformen des Schulsystems hatten (Keim & Schwerdt, 2013, S. 730).

Einflussreiche Reformpädagog*innen haben in der Zeit der Weimarer Republik in *staatlichen* Schulen den Unterricht grundlegend »vom Kinde aus« reformieren können. Sie gaben den Kindern eine Stimme und ließen sie mitbestimmen. Zum »Schulleben« gehörten nicht nur Lehrer*innen und Schüler*innen, sondern auch alle Mitarbeiter*innen, auch Praktikant*innen und Freiwillige. Das gesamte Umfeld der Schule, besonders die aktiven Eltern, war beteiligt. Auch unabhängig von der Zugehörigkeit zu politischen Lagern stand der Gemeinschaftsbegriff in reformpädagogischen Schulen im Zentrum.

Viele Schulversuche orientierten sich in ihrer Unterrichtsgestaltung am Konzept des *Gesamtunterrichts* von Berthold Otto (1859–1933): Schüler*innen wählten ihre Themen selbst und besprachen sie miteinander (ebd., S. 958ff.).

Die sozialistischen Reformpädagog*innen Leonard Nelson (1882–1927), Minna Specht (1879–1961) und Gustav Heckmann (1898–1996) führten unter anderem im Landerziehungsheim Walkemühle mit Schüler*innen Gruppengespräche, die nach der *sokratischen Methode* (»Hebammenkunst«) den Lernenden ermöglichte, die *Perspektiven der anderen* zu nutzen, um den Lerngegenstand tiefgreifend verstehen zu können (Birnbacher & Krohn, 2002). Ihr damaliger Einfluss auf die Reformbewegung darf nicht unterschätzt werden (Ullrich, 2013, S. 526ff.).

Allerdings war ein gemeinsamer Unterricht mit behinderten Kindern in sehr stark heterogenen Klassen damals kein zentrales Thema. Das Weimarer Schulgesetz schloss die Integration von Behinderten sogar ausdrücklich aus (Wocken, 2020, S. 238). Der politische Wechsel von 1918/1919 bedeutete für die heilpädagogischen Institutionen keinen Bruch. Die Zahl der Hilfsschüler*innen wuchs sogar noch an: von 43.000 vor dem Ersten Weltkrieg auf

71.000 im Jahr 1928. Allerdings verringerte sich die Zahl der Taubstummen-Anstalten (Keim & Schwerdt, 2013, S. 817f.).

Wohl aber sind einzelne Versuchsschulen bekannt, die sich als Schulen der Arbeiterschaft verstanden und mit Kindern aus Armutsgebieten arbeiteten. Diese interessieren uns hier besonders. Die Röderbergschule Frankfurt wurde zum Beispiel hauptsächlich von Kindern organisierter Proletarier*innen und von Kindern der aufgeschlossenen sozialdemokratisch gesinnten Mittelschicht besucht. Ein regelmäßiges »Kinderparlament« oder die »Schulgemeinde« ermöglichte den Schüler*innen mitzubestimmen. In der Röderbergschule waren auch »Hilfsschullehrer« beschäftigt (Frieß, 2007, S. 85ff.). Das Konzept einer erfolgreichen »Reform- und Rehabilitationsklasse« mit »Hilfsschullehrer« Johann Wagner sollte auf die gesamte Schule ausgeweitet werden. 1931 aber wurde dieser engagierte Pädagoge an eine Hilfsschule versetzt (ebd., S. 231f.).

Die Versuchsschule auf dem Chemnitzer Sonnenberg arbeitete mit Kindern aus sozial benachteiligten Familien. Über diesen Schulversuch liegen vom Klassenlehrer Fritz Müller viele Dokumente vor. Sie belegen, dass die Schule vom vielfältigen Engagement einer proletarischen Elternschaft getragen wurde. 80 Prozent waren Arbeiterkinder, etwa 25 bis 40 Prozent von ihnen lebten in solchen Verhältnissen, dass sie als Kinder durch ihre Erwerbstätigkeit unter schlimmsten Arbeitsbedingungen die Familie unterstützen mussten. Die nötigen Daten wurden von Lehrer*innen und Schüler*innen selbst erhoben und in der Schülerzeitung veröffentlicht (Pehnke, 2002a, S. 24ff., 35ff.). Das engagierte Lehrerkollegium richtete angesichts der hungernden und frierenden Kinder mit der Unterstützung der Internationalen Arbeiterhilfe Schulspeisungen, Kleiderkammern, schulärztliche Betreuungen und Schulgärten ein. Schule trat hier als solidarische »Wohlfahrtseinrichtung« in den Vordergrund (ebd., S. 26f.). In der Schule wurden mit den Schüler*innen alle aktuellen gesellschaftlichen Themen (wie zum Beispiel Arbeitslosigkeit) besprochen – so hieß etwa das Sammelthema in der Schülerzeitung von 1932 »Unsere Hoffnung für einen neuen Staat« (ebd., S. 25).

Die Mitbestimmungsmöglichkeiten der Kinder in dieser Versuchsschule vor etwa 100 Jahren waren groß. Wenn wir die damaligen Begriffe (wie zum Beispiel »Führer« und »Selbstzucht«) historisch einordnen, können wir die Berichte in unsere Sprache übertragen und vom Gehalt der Erfahrungsberichte profitieren. In einem solchen historischen Bericht über das erste Versuchsschuljahr 1924/1925 wird die »Verwaltung« der »Gruppe

Müller« beschrieben, einer altersgemischten Klasse der Jahrgänge 1 bis 8 mit 33 Schüler*innen. Der Klassenlehrer war Fritz Müller, der Klassenrat hieß dort »Klassenversammlung«:

>»Nach eigener Wahl der Kinder gliedert sich die Gruppe in fünf Tischgemeinschaften mit je einem Führer. Dem von der Gruppe gewählten Vorstand steht ein ebenfalls von der gesamten Gruppe gewählter Ausschuss zur Seite (sieben Kinder verschiedener Altersstufen). Die oberste Instanz in allen wichtigen Entscheidungen und strittigen Fragen ist die Klassenversammlung. [...] Die Klassenversammlung berät über alle gemeinsamen Angelegenheiten: Stundenplan, Stoffauswahl, Stoffreihenfolge, Feste und ihre Ausgestaltung; sie spricht sich aus über alles gemeinsam Erlebte: Wanderungen, Vorträge, Vorführungen, Feste« (ebd., S. 44).

Nach einem Jahr wird diese altersgemischte Klasse zu einer Klasse mit den Jahrgängen 1 bis 9. Über die Arbeit mit 23 Jungen und elf Mädchen mit dem Klassenlehrer Fritz Müller steht im Bericht:

>»In erzieherischer Hinsicht haben auch die zahlreichen Klassenämter ihre große Bedeutung gehabt, vor allem für das gegenseitige Verständnis. Die Erledigung der gesamten Zimmerreinigung erzog zu Ordnung und Sauberkeit, die Mitarbeit der Großen an den Kleinen zu Selbstzucht und Nachsicht. Da von der gewissenhaften Pflichterfüllung jedes einzelnen und vom rücksichtsvollen Benehmen jedes einzelnen das Wohlbefinden aller abhing, wurde überall da eingegriffen, wo Vernachlässigung, hässliche Charakterzüge und unschönes Benehmen die Gemeinschaft störten. [...] In zahlreichen Gesamt- und Einzelaussprachen (zwischen Lehrern und Kindern, aber auch zwischen Kindern) über unliebsame Vorkommnisse wurde viel erzieherische Kleinarbeit geleistet. Der Klassenlehrer wurde wirkungsvoll unterstützt durch die an der Klassenverwaltung mitbeteiligten Kinder« (ebd., S. 109).

Besonders interessiert uns heute auch, wie die Klasse vor 100 Jahren erfolgreich mit Verhaltensauffälligkeiten umging. Im Bericht des Versuchsjahres 1925/1926 finden wir Hinweise, welche Regelungen präventiv entlastend wirkten, um mit den vielen Kindern aus benachteiligten Lagen befriedigende und in der Zeit vertretbare und akzeptable Lösungen zu finden:

»Zu den erzieherischen Erfolgen muss auch das veränderte Verhalten der Klasse allen Störungen und Störenfrieden gegenüber gerechnet werden. Während früher die Mehrheit der Klasse meist Störungen willkommen hieß, oft sogar daran teilnahm und sich gern von der Arbeit ablenken ließ, ist jetzt das Verhalten der Gruppe erfreulicherweise entgegengesetzt: Die große Mehrzahl der Kinder wendet sich gegen jede Störung und jeden Störenfried, sucht ihn zu beruhigen oder zu entfernen. Mit der Beteiligung der Kinder an der Verwaltung der Klasse und der damit verbundenen Verantwortlichkeit ist dieses Verhalten von selbst gewachsen und bewahrt die Gruppe von manchen unliebsamen Szenen (Schimpfereien, Schlägereien etc.). Mit fünf Kindern hat die Gruppe viele Mühe gehabt. Es handelte sich um körperliche Unsauberkeit, Klatschsucht, Trotz, Lüge und Diebstahl; außerdem waren diese Kinder ihren Klassenkameraden und zuweilen auch dem Lehrer gegenüber rücksichtslos, jähzornig, liederlich in der Führung der Helfe und nachlässig in der Erfüllung ihrer Klassenämter. Da bei drei Kindern wiederholtes Bitten, Raten, Warnen nichts half, verhängte die Klassenversammlung als Strafmaßnahmen: Ausschluss von bestimmten Stunden und Veranstaltungen, Ausschluss von gemeinsamen Arbeiten, von Klassenämtern, Benachrichtigung an die Eltern. Leider fehlte einigen Eltern das rechte Verständnis für diese Strafmaßnahmen: Sie verurteilten die Anordnungen der Klasse, waren beleidigt und nahmen ihre Kinder in Schutz. Einige Abmeldungen aus der Gruppe sind damit in Zusammenhang zu bringen (ebd., S. 110).

In der Individualpsychologie Alfred Adlers wurden »Strafen« damals kritisch gesehen beziehungsweise durch andere Eingriffe ersetzt (Spiel, 1947, S. 218). Diese in den Praxisberichten beschriebenen »Strafen« bewerteten die damaligen Schüler*innen als hilfreich. So schreibt ein 13-jähiger Junge:

»Mit Stolz konnten wir im Vorjahr behaupten, dass kein Diebstahl im ganzen Jahr vorgekommen ist. Diesen Stolz brach im neuen Jahr ein 6. Schuljahr. Er verlegte sich ganz unauffällig derart aufs Mausern, dass er eine Gefahr für die Klasse zu werden drohte. Wie später sich herausstelle, hat er auch 12 Mark leichtsinnig vernascht. Doch seine Untaten leugnete er, bis er keinen Ausweg mehr wusste. Eine gerechte, aber harte Strafe brachte ihn nach fast halbjähriger Überlegung wieder ins Gleis« (Pehnke, 2002a, S. 147).

Wie beim einflussreichen französischen Reformpädagogen Célestin Freinet war ein Gesprächskreis, vergleichbar dem Klassenrat, selbstverständlicher Kernbestandteil der Arbeit mit der Klassengemeinschaft.

Klassenrat in der individualpsychologischen Versuchsschule Wien

Das sozialdemokratisch geprägte Wien der 1920er Jahre verbesserte die Lebensbedingungen und die Gesundheitsversorgung der Kinder aus benachteiligten Bevölkerungsgruppen. Wie auch in den deutschen Reformzentren hatte dabei allerdings die Neuausrichtung der Heilpädagogik keine Priorität (Keim & Schwerdt, 2013, S. 824). Eine herausragende Ausnahme bildete die individualpsychologische Versuchsschule, die historisch als eine der frühen integrativen Schulen gelten kann.

Von 1931 bis 1934 wurde diese öffentliche Versuchsschule ermöglicht und gefördert durch die Individualpsychologen Curt Furtmüller und Ernst Papanek aus der Schulbehörde der sozialdemokratischen Regierung Wiens (ebd., besonders S. 824ff.).

Geprägt war sie durch Alfred Adlers (1870–1937) Individualpsychologie nach einem *integrativen* Konzept von Ferdinand Birnbaum, Franz Scharmer und Oskar Spiel (1892–1961). Man beobachtete, dass viele in Armut aufwachsenden Kinder sich minderwertig fühlten. Die Annahme war, dass schwierige Lebensverhältnisse die Kinder dazu führten, kein ausreichendes Gemeinschaftsgefühl zu entwickeln. Im Sinne Adlers zielte die Erziehung folglich darauf ab, das Gefühl der Unzulänglichkeit gerade bei Kindern aus Armutsgebieten auf die »Nützlichkeitsseite« zu lenken. Sie sollten lernen, als gleichwertige Partner und Partnerinnen zu kooperieren (Kluge, 2016, S. 250ff.). Aus Adlers Sicht hing der Erfolg von den Fähigkeiten des »Erziehers« ab, nicht von denen der Kinder (ebd., S. 252). Die Grundannahme der Versuchsschule war, dass eine enge *Wechselbeziehung von Persönlichkeits- und Lernentwicklung* besteht. Die Schulklasse galt als Gemeinschaft. Diese Hauptschule war für 10- bis 14-jährige Jungen aus dem Sprengel und schwer erziehbare Schüler*innen vorgesehen. Der Schwerpunkt der heilpädagogischen Arbeit lag auf dem tiefenpsychologisch fundierten Umgang mit verhaltensauffälligen Kindern. Die Einbeziehung weiterer Gruppen von behinderten Schüler*innen wurde ausdrücklich befürwortet (Keim & Schwerdt, 2013, S. 826).

Durch neue und positive Erfahrungen in der *Klassengemeinschaft* konnten die Schüler ihr Verhalten im Laufe der Zeit ändern. Die »Klasse als Aussprachegemeinschaft« (Spiel, 1947, S. 100ff.) vereinbarte Regeln, besprach organisatorische Fragen und verteilte Aufgaben und Ämter. Der *Klassenrat* oder die »Klassenbesprechung« (ebd.) diente der Lösung von Konflikten und der Besprechung individueller Lern- und Verhaltensprobleme. Dies waren gruppentherapeutische Unternehmungen, die teilweise mitprotokolliert und veröffentlicht worden sind (ebd.). Im Sinne von Alfred Adler fand der Klassenrat Verbreitung unter anderem in den USA durch den Wiener Psychiater Rudolf Dreikurs (1897–1972). Ada Fuest hat dazu ihre beeindruckende individualpsychologische Arbeitsweise in einer Brennpunktschule in Münster beschrieben (2014b, S. 369–390, 2017).

Regelmäßige Gespräche mit erziehungsschwierigen Schüler*innen waren in der Wiener Versuchsschule gekennzeichnet durch

➤ den Aufbau einer vertrauensvollen Beziehung zwischen Lehrer*innen und Schüler*innen;

➤ die Entlastung durch den Verzicht auf moralische Bewertungen des Verhaltens von Schüler*innen;

➤ die Zuversicht im Hinblick auf positive Entwicklungsmöglichkeiten;

➤ die Bewusstmachung und Korrektur problematischer »Lebenspläne«;

➤ die aktive Auseinandersetzung mit sozialen und intellektuellen *Herausforderungen in der Gemeinschaft*, der Stärkung des Selbstbewusstseins;

➤ die Ablösung von der Hilfestellung durch die Lehrperson.

Die Gespräche in der »Klassenbesprechung« wurden nicht im Geiste der »alten Lernschule«, sondern im Sinne der »modernen Problemschule« als »Selbsterarbeitung« (Spiel, 1947, S. 103) praktiziert. Die Klassengemeinschaft lernte mit dem Lehrer, der Lehrerin, zusammen. Die Gespräche fanden so »auf Augenhöhe« statt. Paulo Freire hat es so ausgedrückt, dass »der Lehrende-Lernende und der Lernende-Lehrende solidarisch in die gleiche Problematik einbezogen sind« (Freire, 2007, S. 81).

Der Beginn einer Klassenbesprechung in der individualpsychologischen Versuchsschule soll hier in verkürzter Form dargestellt werden. Dabei wird ein Problem in einer Klasse mit 11-Jährigen, wie es auch heute in unserer Schule passiert, zum Thema (Spiel, 1947, S. 102ff.):

»Ein Schüler, der als Ordner arbeitet, hat Schüler R. vor einigen Tagen aufgefordert, seine Orangenschalen aufzuheben. Schüler R. hatte geantwortet, dass er sie selbst aufheben solle.

Daraufhin hatte der Ordner sie aufgehoben. Nun trägt er es in der Klassenbesprechung vor.

Nachdem das Problem vorgetragen wurde, sagt ein anderer Schüler:

D: Das ist nicht schön von dir, R.! Der Ordner muss es dir doch sagen. Dazu ist er doch bestimmt worden.

J: Neulich war der Herr Direktor da und hat gesagt, dass bei uns viel Mist ist.

Lehrer: Das ist schon lange her. Jetzt seid ihr viel größer und trefft es sehr gut.

J: Ja, aber R. soll es auch machen!

Lehrer: Und wenn er ein paar Orangenschalen auf den Boden wirft, so ist das auch kein Unglück.

S: O ja! Da kann man ausrutschen und sich den Fuß brechen. In unserem Haus ist eine alte Frau, der M. kennt sie auch, die ist auch ausgerutscht und jetzt geht sie mit dem Stock!

Lehrer: Ihr habt recht. Daran hat R. sicher nicht gedacht. Wie?

R: Nein.

Lehrer: Um das Aufheben ist es ihm gar nicht gegangen. Ich weiß schon, warum er es nicht getan hat!

K: Weil es ihm der Ordner angeschafft hat!

Lehrer: Natürlich! Das ist sein Irrtum, dass er meint, der Ordner könne befehlen!

N: Er darf nur ersuchen, wenn einer nicht daran denkt!«

Der Individualpsychologe Oskar Spiel betont, dass das zentrale Anliegen der Klassenbesprechung darin besteht, dass die Gruppe die *soziale* Seite des Themas erarbeitet:

»Es gilt die Diskussion unbemerkt und zwanglos zu führen, dass der Einzelne seinen Ort im Bezugssystem der Gemeinschaft findet, dass sein Gemeinschaftsgefühl in ein klares Gemeinschaftsbewusstsein übergeleitet wird. Es ist sicher manchmal nicht leicht, die Diskussion dahin zu lenken, dass das Allgemeingültige des Einzelfalles von den Kindern selbst erarbeitet, von ihnen erkannt wird« (ebd., S. 102f.).

Ein wichtiger Faktor für den Erfolg dieses Vorgehens ist die Entlastung in einer solidarischen Klassengemeinschaft:

»Dieses Erleben gleichen Schicksales – >Ich bin mit meinen Schwierigkeiten nicht allein!< – bedeutet Befreiung. Entlastung von einem dumpf drückenden Minderwertigkeitsgefühl. Die von Vertrauen getragene, von Druck freie und von Ermutigung erfüllte Atmosphäre einerseits, die gegenseitige Hilfeleistung, unterstützt durch die von Erfolgen geführte Regie des Lehrers andererseits, ergeben die Möglichkeit eines intensiven Trainings auf der Nützlichkeitsseite für alle Kinder« (ebd., S. 106).

Der individualpsychologische Weg, wie Kinder mit Verhaltensauffälligkeiten in der Gemeinschaft lernen können, geht von der grundlegenden Beobachtung aus, dass »Fehlhaltungen eines Kollektives immer die Integration von Fehlhaltungen einzelner sind« (ebd.). Umgekehrt können wir auch in unserer Praxis sehen, dass die Fehlhaltungen Einzelner immer – meist insgeheim und unauffällig – von einem Teil der Klasse mit gedeckt oder »heimlich angeheizt« werden. Daher ist es wichtig, alle Probleme im Klassenrat zu besprechen, damit diese Form der »Hinterbühne« aufgedeckt und gestoppt werden kann.

> »Gerade die in jedem Kollektiv vorhandenen positiven, gemeinschaftsfördernden Kräfte sind es, die aus ihrem wirkenden Gemeinschaftsgefühl heraus unter kluger Anleitung des Erziehers die Motive der Fehlhaltungen feststellen und, wieder aus ihrer Gemeinschaftsverbundenheit heraus, zu Helfersdiensten bereit sind. Die Enthüllung der hinter Fehlhaltungen stehenden Motive kann so – wenigstens zum großen Teil – durch Kinder selbst geschehen« (ebd., S. 107).

Der individualpsychologische Gemeinschaftsbegriff ist getragen vom Grundsatz, dass eine Gemeinschaft erziehend wirken kann, wenn sie eine »Aussprachegemeinschaft« ist. Ohne Klassenbesprechung im Sinne einer *Entlastung* und einer *Befreiung des Einzelnen* kann eine »Gemeinschaftserziehung« leicht abgleiten in inhumane Aussonderungsmethoden. Kritisch setzt sich Oskar Spiel (1947) von den aussondernden Praktiken eines bekannten deutschen Landerziehungsheimes ab, wo der- oder diejenige, der beziehungsweise die sich den Forderungen der »Gemeinschaft« nicht fügt, entweder selbst die Gruppe verlässt oder von ihr per Abstimmung ausgeschlossen wird (ebd., S. 107).

Im Gegensatz dazu fordert Spiel, dass eine Aussprachegemeinschaft von »schwererziehbaren Kindern« nicht nur fordert, sondern:

➤ auf die einzelne Person eingeht, sie und ihr »Versagen« versteht;
➤ auf die einzelne Person eingeht und ihre »unbewussten Lebensziele« enthüllt;

➤ die einzelne Person ermutigt, ihre »Irrtümer zu korrigieren«;
➤ der einzelnen Person hilft, zum Erfolg zu kommen (ebd.).

Kurz: Die Klassengemeinschaft ist hier immer getragen von dem Ziel, jeden Mitschüler, jede Mitschülerin, in der Gemeinschaft mitwirken zu lassen und sich mit ihm beziehungsweise ihr zu verständigen. Aussonderung ist dabei ausgeschlossen. Hier haben wir aus der Geschichte zu lernen, wie wir den Missbrauch des Gemeinschaftsgedankens verhindern. Gemeinschaft ist nicht von selbst wirksam, und wir können mit Recht zweifeln, ob die Gemeinschaft den Einzelnen, die Einzelne, »erziehen« kann. Die Gemeinschaft darf sich nicht selbst überlassen bleiben, sie braucht als Klasse und »Aussprachegemeinschaft« eine Leitung, um den Kindern gerecht werden zu können.

In einer solchen solidarischen Atmosphäre der Klassengemeinschaft gibt es folgerichtig auch keine »Strafen«, aber auch keine anderen traditionellen Maßnahmen wie »Belohnen«, »Drohen« und »Mahnen« (ebd., S. 40ff.). Vielmehr geht es hier darum, eine »Stützungsgemeinschaft« oder »Hilfeleistungsgemeinschaft« mit wechselseitiger Ermutigung aufzubauen (ebd., S. 46ff.). Adler kann so als einer der frühen Begründer der inklusiven und ethischen Pädagogik (Prengel, 2020) gelten.

2.4.3 Gewissensbildung im Klassenrat

Wieder zurück im heutigen Schulleben: Alija hatte wiederholt andere Kinder auf dem Schulhof getreten. Was sollte geschehen, wenn Alija die Regeln, die gemeinsam erarbeitet wurden, nicht eingehalten hatte? Auf diese Frage konnten Kinder im Klassenrat antworten. Sie fanden heraus, auf welche logischen Konsequenzen Alija regierte und anfing, sein Verhalten zu ändern. Es wurde vorgeschlagen, Stopp-Zeichen zu verwenden, um ihn zu erinnern, was die Klasse besprochen hatte. Freunde, die für Alija einstehen wollten, meldeten sich und versprachen der Klasse, dass sie dafür sorgen würden, dass Alija von nun an die Regeln verstand und einhielte. Sie erklärten sich mit ihm solidarisch, traten für ihn ein. Andere Kinder schlugen vor, dass Alija Pausenverbot für eine Pause bekommen sollte, wenn Alija noch einmal treten würde – völlig klar und nicht falsch zu verstehen, was die Klasse nun von Alija forderte. Und Alija merkte, dass es ernst gemeint war – eine unnachgiebige Forderung, dass hier nicht getreten werden sollte, denn es tat weh und das wollte ganz sicher niemand erleben, eine neue Erfahrung, die er zu Hause selten machen konnte. Alija selbst hatte es in der Hand, wie es weiterging. Dabei war es hilfreich, dass die älteren Schüler*innen schon länger dabei waren und gelernt hatten, wie man ohne Gewalt einen Streit bearbeiten kann.

Eine solche eng verbundene Klassengemeinschaft stand füreinander ein. Dazu erarbeitete sie sich im Laufe der Zeit verbindliche Werte, damit das Ganze funktionierte und jeder lernte, sich für die gesamte Gruppe verantwortlich zu fühlen. Diese Werte wurden in der altersgemischten Klasse immer an die Neuen und die Jüngeren weitergegeben.

Auch die professionellen Pädagog*innen lernten ständig mit den Schüler*innen mit, die Gespräche von Kindern und Erwachsenen fanden dabei auf Augenhöhe statt. So entstand im Laufe von vielen Jahren eine »ethische Pädagogik« (Prengel, 2020), die Acht darauf gab, dass Lehrer*innen Kinder nicht verletzten oder beschämten. In allen Bereichen des Lehrerberufes entwickelten sich die pädagogischen Beziehungen in solidarischer Weise. Prengel (2013) hebt hier mehrere Aspekte hervor:

➤   »Solidarität mit Fremden« (ebd., S. 61),
➤   »solidarisches Engagement bei Erziehungsschwierigkeiten« (ebd., S. 65),
➤   »Solidarität in pädagogischen Beziehungen und Peerbeziehungen« (ebd., S. 71) und
➤   »Solidarität in der didaktischen Triangulierung« (ebd., S. 75).

Die Situation der gesellschaftlichen Benachteiligung vieler Kinder, die in Armut leben, war in vielen Brennpunktschulen immer ein Thema. Die soziale Ausgangslage, die Sprachprobleme, die schlaflosen Nächte, weil das Geschwisterkind im selben Raum immer schrie, der große Bruder, der sofort zuschlug und auch alles wegnahm – das alles gehörte dazu, wenn es darum ging, einem Kind zu helfen, die Werte der Klassengemeinschaft zu erleben und sich selbst Ziele zu setzen. Hier lag immer schon die Stärke einer Klassengemeinschaft. Sie war in der Lage, jedem Kind das Gefühl der Zugehörigkeit zu geben: »Du gehörst zu uns!« (Stähling, 2006)

In einem weiteren Beispiel zeigen wir, wie auch innerhalb eines Kollegiums Vorstellungen auseinandergehen konnten: »Welche Maßnahme war richtig?«, so war das Thema einer Supervision überschrieben, die nach einem Vorfall stattfand, bei dem ein Kind durch den Wurf einer Eichel verletzt wurde:

Große Pause. Unter den Eichen liegen haufenweise Eicheln. Sie laden ein zum Werfen. Vladi, zwölf Jahre alt, gehört zur altersgemischten Klasse 4 bis 6 und ist selbst in Jahrgang 6. Er kam vor einem Jahr zu uns in Jahrgang 5, vorher war er vier Jahre lang an einer anderen Grundschule.

Vladi ist das älteste von drei Kindern. Seine Eltern sind beide berufstätig. Vladi hat sich soweit gut eingefunden, Grenzen testet er aus.

Zurück zur Pause: Der Sportlehrer kommt im Laufschritt zur Klassenlehrerin von Vladi: »Vladi hat extra hart mit Eicheln geworfen und Laurens an der Schläfe getroffen. Vladi muss sofort nach Hause, ruf die Eltern an, so geht das hier nicht.«

Die Klassenlehrerin setzt den Kaffeebecher ab. »Und Laurens? Wie geht es ihm? Wichtig ist, dass ich mich um ihn kümmere. Und wo ist Vladi überhaupt?« Ihr Impuls ist: »Ich möchte Vladi nicht nach Hause schicken, er ist gerade auf einem so guten Weg. Mist, was soll ich jetzt machen, damit auch der Kollege es versteht?«

Nach kurzer Konzernierung besinnt sie sich auf die anderen Kinder: Sie werden jetzt helfen müssen. Sie werden mitberaten, was für Vladi das Beste ist.

Vladi hat sich in den Büschen versteckt und ist unauffindbar. Offenbar fühlt er sich schuldig, er wollte Laurens vermutlich gar nicht am Kopf treffen.

Die Klassenlehrerin beruft einen Klassenrat ein und bespricht alles mit der Klassengemeinschaft im Sitzkreis.

Ein Kind leitet zusammen mit der Klassenlehrerin den Klassenrat. Ergebnis: Zunächst wird Vladi gesucht. Ein Mitschüler findet ihn und er kommt mit in den Sitzkreis. Laurens berichtet aus seiner Sicht und sagt, wie er sich fühlt und was er sich wünscht. Vladi kann zugeben, dass er absichtlich geworfen hat und auch treffen wollte, aber nicht am Kopf. Aber eigentlich, fügt er hinzu, habe er ihm nicht wehtun wollen. Laurens sagt, dass er nicht möchte, dass er wirft, und dass ihn an Vladi stört, dass er es immer weiter versucht hat, obwohl Laurens schon »Stop!« gesagt hat.

Vladi sagt, dass es ihn stört, wenn Laurens ihn immer auslacht, weil er im Sport verloren hat. Vladi kann sagen, dass es ihm leidtut. Er wollte es ja wirklich nicht. Er entschuldigt sich.

Laurens kann die Entschuldigung annehmen.

Die Klasse findet es richtig, dass Vladi nicht nach Hause geschickt wird. Sie möchte, dass er es schafft, niemandem wehzutun.

Vladi soll heute in der nächsten Pause und am nächsten Tag in der Pause nicht auf den Schulhof gehen (Pausenverbot), damit er sich daran erinnert. Beim nächsten Klassenrat (in einer Woche) wird nachgefragt, ob Vladi es geschafft hat, niemandem wehzutun. Es ist der Anfang eines Lernprozesses.

Und wie sich in der Supervision zeigte, gab es hier einen Anlass, ausführlich darüber zu sprechen, wie wir unsere Regeln verstehen und anwenden. Der Sportlehrer fühlte sich nicht ernst genommen, weil die Kollegin nicht so reagierte, wie er es aus seiner Sicht und seinem Regelverständnis für notwendig hielt. Die Klassenlehrerin wiederum hatte ein schlechtes Gewissen, dass sie einfach die auch ihr bekannte Vorgehensweise außer Kraft setzte und anders im Sinne einer Lösung umsetzte. Ethische Pädagogik entsteht aus der Supervision und lässt sich nicht mit einmaligen Vorgaben erreichen. Es ist ein ständiger Prozess.

Hannah Arendt (2007) hat 1965 in ihrer New Yorker Vorlesung zur Ethik gezeigt, dass die moralische Urteilskraft aus dem »Gemeinsinn« (Kant) erwächst: »Wenn der Gemeinsinn – jener Sinn, durch den wir zu Mitgliedern einer Gemeinschaft werden – die Mutter der Urteilskraft ist, dann kann nicht einmal ein Bild oder ein Gedicht, geschweige denn eine moralische Frage beurteilt werden, ohne im Stillen die Urteile anderer heranzuziehen und abzuwägen [...]« (S. 143).

Der Klassenrat ist das wöchentliche Gespräch der Klassengemeinschaft. Hier gewinnen Kinder und Jugendliche ihren Gemeinsinn. Sie entwickeln Schritt für Schritt an konkreten Problemen des Zusammenlebens die Fähigkeit, die Probleme des Zusammenlebens beurteilen zu können. Hier ist auch der Ort, an dem sich jeder und jede wieder von Neuem rückversichern kann, dass es sich lohnt, solidarisch mit anderen zu sein.

Finden Kinder in der eigenen Familie keinen sicheren Rahmen, betrachten sie andere Menschen und deren Ansichten häufig misstrauisch. Der *Wert anderer Perspektiven* ist damit infrage gestellt, und die eigene verunsicherte Perspektive sucht verzweifelt nach einer Orientierung. Besonders diese Kinder brauchen eine haltgebende Gemeinschaft, in der sie selbst und alle anderen sich angenommen fühlen. Diese muss ersatzweise die Kernaufgabe übernehmen, das Kind erfahren zu lassen, dass andere Perspektiven helfen können, das eigene Denken zu entwickeln. Die innere Stimme und das Gewissen bauen sich dann langsam auf. Im Innern werden die wertvollen Ansichten der Mitschüler*innen zu einer Art inneren Stimme im stummen Zwiegespräch.

Dieser Lernprozess ist ausführlich bei Hannah Arendt unter dem Begriff »stummes Zwiegespräch« beschrieben worden (Stähling & Wenders, 2015, S. 125ff.). Es geht um die Bildung des Gewissens: Arendt suchte nach Erklärungen dafür, wie es passieren konnte, dass so viele Deutsche *aller* Schichten angesichts der faschistischen Todesfabriken geschwiegen und kollaboriert haben. Wie konnte das Denken, das »stumme Zwiegespräch«, bei so vielen Menschen massenhaft aussetzen? Wie konnte das Urteilsvermögen versagen, dass die inneren Stimmen des Widerspruchs, die Zweifel, nicht mehr gehört wurden? Wie konnte das Gewissen bei den vielen an der massenhaften Vernichtung beteiligten Menschen ausgeschaltet werden?

Nach Arendts Erörterungen zu diesen Kernfragen der Ethik stellt sich für die Schule eine Aufgabe: Das Denken und der damit verbundene *innere Dialog muss Kerngeschäft des Unterrichtens sein*, wenn man ernst nimmt, was Adorno betonte: »Die Forderung, dass Auschwitz nicht noch einmal sei, ist die allererste an Erziehung« (Adorno, 1971b, S. 88). In der deutschen Gesellschaft heute ist ohne eine genaue Auseinandersetzung mit der faschistischen Vergangenheit eine politische Mitwirkung schwer denkbar.

In der Schule tauchen täglich Fragen des Zusammenlebens auf. Kinder und Jugendliche beklagen sich über Ungerechtigkeiten und fordern vehement Gerechtigkeit ein. Sie wünschen sich Verlässlichkeit und Sicherheit. Wir erahnen, wie wichtig es für das Lernen ist, dass es nicht isoliert, sondern in kommunikativen Bezügen einer vertrauten Gemeinschaft erfolgen kann.

Ein Beispiel für die Auseinandersetzung über ethische Fragen: Es gab in einer Klasse ein Mädchen, dessen Vater islamisch und dessen Mutter christlichen Glaubens war. So trug es einmal ein Kettchen mit Kreuz, und am anderen Tag aß es beim Mittagessen kein Schweinefleisch.

Die Mitschüler*innen gaben Kommentare dazu ab: »Was bist du denn jetzt eigentlich?«, »Ja, ja, nur weil dir das Essen nicht schmeckt, isst du jetzt kein Schweinefleisch.«

Dies waren für uns Lernfelder, die auch uns Erwachsene weitergebildet und aufgeklärt haben. Die ehrliche und aufrichtige Auseinandersetzung mit den Widersprüchen führt zu einer tolerierenden Haltung und zum Verstehen.

Ein anderes Mädchen sagte: »Meine Oma sagt, dass ich nicht mit Christen spielen darf.« Es hatte aus diesem Grund zahlreiche Auseinandersetzungen auf dem Schulhof. Wir griffen dieses Problem auf und setzten uns *in zusätzlichen, übergreifenden Klassenräten* zusammen und sprachen lange miteinander. Die Kinder hielten fest, dass das Verbot durch die Oma nicht in Ordnung war, und das betroffene Mädchen sprach mit ihrer Oma darüber. So hatte der Klassenrat Einfluss auf das häusliche Umfeld, und es stellte sich heraus, dass die Oma nicht so dogmatisch war, wie das Mädchen es geschildert hatte. Die Oma kam und sagte: »Nein, nein, alle Kinder besser zusammenspielen, besser.«

Wir möchten erreichen, dass sich *kein Kind ausgeschlossen fühlt von der Klassengemeinschaft.* Jede*r behält seine*ihre kulturelle Identität, baut sie sogar weiter aus und bietet damit den anderen Mitschüler*innen einen Spiegel, an dem sie ihre eigene Identität prüfen und herausbilden können. Gerade in Klassen mit vielen Problemfeldern besteht die Möglichkeit, das Denken, das Gewissen und eine solidarische Haltung auf natürliche Weise zu lernen, weil die verschiedenen Blickwinkel anwesend sind – mehr als in Klassen mit relativ homogener, bürgerlich geprägter Schülerschaft.

In einer Philosophiestunde während unserer Religionsprojektwochen spannten Kinder den Bogen von ihrem vertrauten Klassenrat zum Europarat und kreierten den Namen neu: »Kleuroparat« (aus »Klassenrat« und »Europarat«). Sie sagten, dass überall ein solcher Klassenrat stattfinden müsste, damit es keine Kriege gibt. Und von Anfang an müssen wir Kindern das Denken mit dem inneren Dialog und eine solidarische Haltung »beibringen«.

Im Klassenrat streifen und vertiefen wir die Lernfelder der Philosophie, der Ethik und verschiedener Religionen. Unser übergeordnetes Ziel dabei ist es, eine anspruchsvolle Denkschule in Richtung des Friedens regelmäßig zu üben und zu trainieren.

2.5 Freies Schreiben[9]

2.5.1 Sprachliche Barrieren durch »Bildungssprache«

Wir versuchen uns als Pädagog*innen in die Gedankenwelt eines Kindes mit Fluchterfahrung hineinzudenken, seine Gefühle zu erahnen und seine möglichen Gedanken aufzuschreiben, in Ich-Form aus seiner Perspektive:

---

9 Die Beschreibungen dieses Kapitels folgen den Darstellungen in Stähling & Wenders (2018, S. 153ff.).

Ich bin Kind einer Familie, die sich in Booten über das Meer gerettet hat, auf der Flucht vor den Menschen, die unser Haus kaputt gemacht und meinen Vater bedroht haben. Ich kann den Wahnsinn dieses Krieges nicht verstehen. Aber ich habe Freunde gefunden, die mir zuhören. Ich kann nicht davon sprechen ohne zu weinen. Unsere Oma und unser Opa sind noch im Land geblieben. In der Schule lerne ich *auf meine eigene Weise*. Dabei bin ich in der Sprache so, wie wir sie zuhause sprechen, am sichersten. Die Sprache, die ich im Unterricht höre, ist nicht selten eine andere als meine Alltagssprache, die wir in kurzen alltäglichen Situationen wie auf dem Pausenhof sprechen. Als ich nach Deutschland kam, habe ich mich mit einfachen Begriffen verständigt. Das ging sehr bald ganz gut. Aber im Unterricht musste ich oft eine künstliche Sprache erleben, die nicht einfach zu entschlüsseln war. Diese Sprache wird »Bildungssprache« (H. H. Reich, 2013, S.63) genannt. Sie ist für mich als Kind eine große Herausforderung, weil ich sie nicht aus alltagssprachlichen Fähigkeiten einfach ableiten kann.

Diese für mich besonders fremde Sprache muss ich oft üben und mit Freunden ausprobieren, bis ich sie selbst beim Denken als Hilfsmittel nutzen kann. Sie ist für mich, weil ich neu bin, zuerst noch kein *Handwerkszeug* zum Verstehen. Wenn ich als Schüler*in selbst etwas erforsche, stoße ich oft auf besondere Begriffe. Weil wir in meiner Klasse viele Sprachen sprechen, finden wir es alle gut, wenn mir meine Freundin mit derselben Sprache hilft. Wir können dann die Dinge besser verstehen. Wir Migrantenkinder schätzen es, wenn unsere Kultur in unserer Klasse eine Rolle spielt. Manchmal können wir Klänge, Bedeutungen oder sprachliche Strukturen vergleichen. Ich nutze mehrsprachige Wörterbücher, auch mit bildlichen Darstellungen, weil sie mir helfen, die noch fremde Sprache zu entdecken. Im Klassenrat finde ich langsam die Worte, weil mir die anderen Kinder immer ganz geduldig zuhören und meine Freundin beim Übersetzen hilft. Im »Herkunftssprachenunterricht« (Fürstenau, 2016; Gogolin, 2016) möchte ich weiter in meiner eigenen Sprache über viele Probleme reden können.

Für ausländische Schülerinnen oder Schüler gibt es immer sprachliche Herausforderungen, die sich in ihrer Gedankenwelt – ausgedrückt mit unseren Worten – vielleicht so anhören:

Wenn ich im Unterricht Probleme habe, spielt der Wortschatz eine geringere Rolle. Ich scheitere öfter an den *komplizierten bildungssprachlichen Strukturen* und abstrakten Formen. Sätze wie zum Beispiel »Die Anlage wird in Betrieb genommen« oder »Die Erklärung des Verhaltens durch die Untersuchung der Mechanismen des Nervensystems [...]« sind für mich als Migrant*in schwer zu verstehen. Solche Abstraktionen wie zum Beispiel »das Verfahren findet vielfach Anwendung« sagen mir und auch den deutschsprachigen Kindern nicht, wer hier was genau tut.

»Bildungssprache« verwendet häufiger als die Alltagssprache abstrakte Nomen mit Attribuierungen und das Passiv (Riebling, 2013, S. 146ff.).

Am besten kann ich als Schüler*in zum Beispiel einen Apparat beurteilen und Texte dazu verstehen (oder lesen), wenn ich ihn selbst ausprobiert habe und dadurch erfahre, was er kann und soll. Dieser Gegenstand ist für mich und uns von Nutzen. Folglich lerne ich in einer Klasse, wo ältere und jüngere oder langsam und schneller lernende Schüler*innen bei einer gemeinsamen Aufgabe zusammen sind, weil die Kinder sich immer wieder gegenseitig fragen und helfen können. Dann brauche ich auch zusätzlich noch eine bildhafte Darstellung oder eine Anschauung aus erster Hand, damit ich mir den Bezug zu einem sinnvollen Projekt ableiten kann. Ohne die Hilfen muss ich die lexikalischen »Worthülsen« auswendig lernen, ohne wirklich zu »be-greifen«, was gemeint sein kann. Wenn wir zum Beispiel unter Smog in den Großstädten leiden, interessiert mich woher diese schlechte Luft kommt. Grammatische Wendungen wie das Adjektivattribut »das sauerstoffreiche Gasgemisch« (ebd., S. 146f.) sind für mich nur zu verstehen, wenn wir damit experimentiert haben und wenn ich weiß, wofür das wichtig ist. Barrieren lassen sich also leichter reduzieren, wenn unsere Lehrer*innen uns »dort abholen, wo wir mit unseren Fragen und Problemen stehen«.
  Wenn ich mithilfe eines Diagramms erklären will, wie die Smog-Belastung sich im Vergleich zu früher entwickelt hat, muss ich rechnen und Zahlen in Maßeinheiten umsetzen. Das sind »Sachaufgaben«, die mich interessieren können. Wenn ich aber als Schüler*in

> nur passiv bin und diese Aufgabe vorgesetzt bekomme, habe ich
> große Probleme. Schon die Sprache der Aufgabe ist zu schwer für
> mich. Dann will ich das alles auch gar nicht mehr wissen.

Gogolin (2016) verdeutlicht am Beispiel von mathematischen Textauf-
gaben: »Schülerinnen und Schüler benötigen Begleitung auf ihrem Weg,
sich bildungssprachliche Fähigkeiten anzueignen – und zwar über weite
Strecken ihrer Bildungsbiografie« (S. 9). Dabei spielt die Migrationsvorgeschichte eine Rolle. Aber auch deutschsprachige Kinder, besonders aus
benachteiligten Familien, müssen *bildungssprachliche* Fähigkeiten erwerben (Gogolin, 2016; Titz et al., 2020).

Aus der Perspektive der Schüler*innen zeigt sich dies vielleicht so:

> Um aber die Begriffe überhaupt zu verstehen und die sprachlichen
> Strukturen zu entschlüsseln, reicht es mir nicht, dass ich als Schüler*in
> in einem »Deutschunterricht« diese Art von Texten zu lesen übe. Statt-
> dessen wäre es viel sinnvoller, dass ich selbst eine meiner Fragen an die
> Welt bearbeite. Ich erlebe mich als Schüler*in dann aktiv und suche nach
> Wegen, wie ich es angehen könnte.
>
> Wir als Schüler*innen können Fachbegriffe kennenlernen und ver-
> wenden und fachspezifische Textsorten verstehen lernen und verfassen.
> Aber dies geschieht nicht als »Trockenübung«, sondern bei der aktiven
> Arbeit am Projekt, zusammen mit anderen oder auch alleine. Bei münd-
> lichen Vorträgen und Fachgesprächen können wir diese *bildungssprachli-
> chen und domänenspezifischen Besonderheiten* (Riebling, 2013, S. 125ff.)
> nutzen, um uns leichter miteinander über das Thema zu verständigen.

Schüler*innen mit Migrationsvorgeschichte leisten hier besonders viel.
Kinder lernen, von der Alltagssemantik in Richtung zunehmender sprachlicher Abstraktion fortzuschreiten.

Der schulische Übergang vom Primar- in den Sekundarbereich stellt für
viele Schüler*innen, besonders aus Armutsgebieten, in unserem Schulsystem
eine Barriere dar. Die Zusammenarbeit über Schulformen hinweg gelingt
trotz der Kooperationsverpflichtung zwischen Primar- und Sekundarstufe
im Schulsystem nicht gut. Damit die Lehrpersonen in der Sekundarstufe
nicht »wieder von vorne anfangen«, sind im PRIMUS-Schulmodell gerade

die Jahrgänge 4 bis 6 gemischt und somit stufenübergreifend organisiert. Kinder können nahtlos weiterlernen. So gilt nicht pauschal die verallgemeinernde These, dass »schriftlichkeitsnahe Darstellungen« in der Sekundarstufe ein größeres Gewicht bekämen als in der Primarstufe (ebd., S. 126). Angesichts der erheblichen Ungleichheiten im Bildungserfolg von Schüler*innen mit und ohne Migrationsvorgeschichte (Peter, 2018; Reiss et al., 2019, S. 129ff.) sollten wir Lehrer*innen darauf vertrauen, dass die zunehmenden sprachlichen Abstrahierungen der »Bildungssprache« bei Kindern und Jugendlichen in dem Maße gelingen, wie sie an ernsthaften Projekten arbeiten. Es wäre daher kontraproduktiv, in der Primarstufe und der Sekundarstufe I von allen gleichermaßen solche sprachlichen Entwicklungen zu verlangen.

Besonders geeignet für sprachliche Lernprozesse ist die altersgemischte Klasse; sie ist so vielfältig, dass die abstrakten sprachlichen Formulierungen immer wieder auf die Ebene der konkreten Erfahrungen eines konkreten Projektes zurückgeholt werden. Eine »Bildungssprache« als ausschließliche frontal genutzte »Unterrichtssprache« kann eine *Ursache* dafür werden, dass Schüler*innen an den Ansprüchen scheitern (Gogolin et al., 2013; Gogolin, 2016).

Es ist also zu fragen, ob eine solche Sprache zur Selektion genutzt wird. Ist es sinnvoll, sie durch »Üben« zu erarbeiten, wie es schon in der Grundschule teilweise versucht wird? So geht Kucharz (2020) für die Grundschule davon aus, dass die Kinder über die Bildungssprache »das Fachliche verstehen und sich erschließen können« (S. 9). In der bundesweiten Forschungsinitiative »Bildung durch Sprache und Schrift« (Titz et al., 2020) wird untersucht, wie Kinder sich über komplexe, abstrakte Gegenstände, die nicht direkt »greifbar« und vor Augen sind, mündlich und schriftlich verständigen. Dabei ist zu fragen, wie Kinder logische Schlüsse ziehen, zeitliche Abläufe erkennen sowie Ursachen und Wirkungen auseinanderhalten.

Für unsere Betrachtungen über benachteiligte Kinder ist darauf zu achten, inwieweit die »offizielle Sprache« (Bourdieu, 2017 [1975], S. 7ff.) als »herrschende« Sprache dazu genutzt wird, diejenigen auszuschließen, die aufgrund ihrer Migrationsvorgeschichte oder sozialen Vorgeschichte aus Armutshintergründen diese Sprache nicht beherrschen. Bourdieu (ebd.) spricht in diesem Zusammenhang in seinen Studien von 1975 von »symbolischer Herrschaft« der gesellschaftlichen Gruppen, die eine führende Position innehaben. Wer herrscht, bestimmt die offizielle Landessprache und gebraucht sie auch als Instrument seiner Herrschaft.

Die Wirkung dieser »symbolischen Herrschaft« über die Sprache ist am besten an historischen Beispielen zu beobachten, wo bislang kolonialisierte Länder ihre Unabhängigkeit erlangen. Nach der Unabhängigkeit wird eine vorher »unterdrückte« Sprache zu einer politisch und kulturell legitimen Sprache:

> »Der Aufstieg einer bis dahin beherrschten Sprache zum Status der *offiziellen Sprache* [...], die als autorisiertes Ausdrucksmittel von Autorität mit einer Art sprachimmanenten Autorität ausgestattet ist, hat natürlich den Effekt [...], die Aneignung der Machtpositionen und der damit einhergehenden materiellen Gratifikationen durch die Besitzer der Sprache zu legitimieren (und also diejenigen, die ihre herrschende Position anderen Sprachkompetenzen verdanken, von ihnen auszuschließen)« (ebd., S. 31).

Wir müssen in einer Brennpunktschule entsprechend damit rechnen, dass die in der deutschen Gesellschaft ausgegrenzten Familien (wie zum Beispiel jene Roma, die vom Balkan geflohen sind), besonders auch über die Sprache ausgegrenzt werden. Es ist ein Unterschied, ob Franzosen und Französinnen in Deutschland wegen der schwierigen Grammatik auf Sprachbarrieren treffen oder eben Roma. Im Falle der Roma dient die Sprachbarriere zusätzlich dazu, diese Menschen aus dem kulturellen Leben auszuschließen.

An dieser Stelle ist ein Satz aus den Empfehlungen der Kultusministerkonferenz von 2006 aufschlussreich: »Für die Entscheidung über die Aufnahme eines Kindes in eine weiterführende Schule sind die für eine erfolgreiche Bildungsarbeit unentbehrlichen Kenntnisse und Fertigkeiten festzustellen; es sind aber auch Eignung, Neigung und Wille des Kindes zu geistiger Arbeit insgesamt zu werten« (El-Mafaalani, 2020a, S. 165). El-Mafaalani kommentiert diesen Satz folgendermaßen: »Da steht nicht ›beschäftigt euch pädagogisch mit Herkunft und Habitus‹, sondern ›bewertet Herkunft und Habitus‹« (ebd.). Der Autor vermutet dahinter eher ein Desinteresse an Kinderarmut oder Ahnungslosigkeit, als dass böser Wille dahinterstecken könnte. Aber er bemerkt auch, dass gut gemeinte Ausgrenzung immer die schlimmste sei (ebd.).

Mit Bourdieu (2017 [1975]) wird deutlich, dass Sprache nicht nur dazu gemacht ist, zu kommunizieren. Aus soziologischer Sicht ist die sprachliche Kompetenz vielmehr »ein *symbolisches Kapital*, das sich von der Position des Sprechers in der sozialen Struktur nicht trennen lässt« (ebd., S. 74). Wenn wir davon ausgehen, dass die ganze soziale Person spricht, geht es bei der »Bildungssprache« in der Schule, wie oben erläutert, gar nicht nur um das fachliche Verstehen eines Sachverhaltes. Es geht um den Erwerb der Fähigkeit, in

> »adäquater Weise unendlich viele Sätze in unendlich vielen Situationen zu produzieren. [...] Und auch nur durch eine Abstraktion lässt sich zwischen Kompetenz und Situation unterscheiden, also zwischen Kompetenz und Kompetenz der Situation. Die praktische Kompetenz wird *in der Situation* erworben, in der Praxis: Was erworben wird, ist – voneinander untrennbar – die praktische Beherrschung der Sprache und die praktische Beherrschung der Situationen, die es erlauben, in einer bestimmten Situation angemessen zu sprechen« (ebd., S. 75).

Ist es für Kinder und Jugendliche aus Armutsgebieten überhaupt angebracht, diese Fähigkeiten zu erlernen? Brauchen sie nicht vielmehr eine sprachliche Aneignung ihrer eigenen Lage? Sollte ihr sprachlicher Lernprozess nicht (zumindest zuerst einmal) daran ansetzen, die eigene Herkunfts- oder Muttersprache zum Werkzeug des Verstehens ihrer eigenen Situation zu erlernen? Wir antizipieren in unseren Worten wieder mögliche Gedanken von Schüler*innen:

Wenn ich als Jugendliche*r aus einer Flüchtlingsfamilie mit Duldungsstatus die Lebenssituation als ständig bedrohlich erlebe und somit – im Sinne von Bourdieu – die Situation nicht »beherrsche«, ist es für mich besonders schwierig, die Sprache zu »beherrschen«. Da mein Leben als Jugendliche*r durch den Duldungsstatus keine Sicherheit und Verlässlichkeit verspricht, *verspreche* ich mir auch nicht viel davon, wenn ich die für mich fremde Sprache lerne. Meine Lebenssituation ist so, dass sie mich am Erlernen der Sprache hindert. Folglich gibt es nur eine Chance, die Sprache zu lernen, wenn ich im meiner Schule Freund*innen finde, die mir wichtig sind und mir – im Gegensatz zu meiner objektiven Lebenssituation als Geflüchtete*r – genau das *versprechen*, was ich brauche: *Verlässlichkeit, Sicherheit und Solidarität* in der Beziehung zu anderen Menschen. Erst in dieser Situation kann ich die fremde Sprache lernen. Und erst dann bin ich offen, die Sprache als Instrument für Erkenntnisse und inhaltliche Auseinandersetzung über Sachverhalte zu nutzen. Dabei ist allerdings der Inhalt nicht gleichgültig, sondern entscheidend. Mein Thema ist das soziale Miteinander, die Verlässlichkeit. Wenn es darum geht, werde ich schnell die Sprache lernen und dann auch angemessen kommunizieren können. Wenn es um Dinge geht, die mich nicht erreichen, bin ich zurückgeworfen auf meinen objektiven Status als Flüchtling im Duldungsstatus. Ich werde mich dann nicht darauf konzentrieren können, fachlich in einer fremden Sprache zu sprechen, wenn es nicht um meine Problemfelder geht.

2.5.2 »Die natürliche Erziehungsmethode« von Célestin Freinet und die Alphabetisierung von Paulo Freire: Lernen in solidarischen Gemeinschaften

Beim Hamburger Projekt »Family Literacy« berichten Familien über ihre Schicksale. Diese Familiengeschichten werden in 22 verschiedenen »Familien-Sprachen« in Büchern festgehalten (H. H. Reich, 2013, S. 67f.), Die Ereignisse im Leben dieser Familien bekommen dabei eine große Bedeutung. Interesse an diesen Berichten haben vor allem auch die anderen betroffenen Familien und diejenigen Deutschen, die sich für sie einsetzen. So lernen die Familien die deutsche Sprache, indem sie sich in der deutschen Umgebung zuerst einmal von anderen Menschen ernst genommen fühlen. Das Programm unterstützt außerdem Eltern dabei, den Schriftspracherwerb ihrer Kinder besser zu verstehen und zu Hause zu begleiten. Es basiert auf mehreren Säulen:

➤ Eltern kommen an einem bestimmten Wochentag in die Klasse, zum Beispiel in den ersten Unterrichtsstunden. Dort können sie in der offenen Eingangsphase ausliegende Bücher auswählen und mit ihren Kindern gemeinsam lesen und besprechen. Eltern leiten zudem in Kleingruppen mit zwei bis drei Kindern einzelne Lernprozesse an und unterstützen die Kinder.

➤ Im Anschluss an diese Mitarbeit im Unterricht gehen die Eltern mit einem*einer Pädagog*in in einen Raum, um Fragen zum gerade erlebten Unterricht zu besprechen. Dabei geht es auch um pädagogische Haltungen oder Besonderheiten im Schulsystem. Die Eltern tauschen sich auch über ihre besonderen Probleme, wie zum Beispiel auch Erziehungsprobleme, aus.

➤ Eltern planen gemeinsam mit der Schule vielfältige Eltern-Kind-Aktivitäten wie verschiedene Ausflüge, den Besuch von Bibliotheken, des Wochenmarktes oder eines Museums. Gemeinsame Feste sind Höhepunkte.

Die Erfolge dieses Programms sind nachgewiesen (Pietsch & Heckt, 2016, S. 193ff.): Weil das Lernklima in diesen Projekten unterstützend wirkt, steigt die Qualität des Unterrichts. Eltern fühlen sich deutlich besser informiert und besser einbezogen als an Vergleichsschulen.

Hilfreich sind die zudem Lernprinzipien von Paulo Freire (1981) und Célestin Freinet (1981), die beim Erlernen der Sprache an die Probleme der Menschen anknüpfen, indem sie deren Wörter, Schlüsselbegriffe (generative Worte) als Ausgangspunkt nehmen. Eine »durchgängige Sprachbildung« (Gogolin, 2016) begreift die Sprache nicht mehr als »Unterrichtsgegenstand«, sondern »als Medium des Lernens (und in weiterer Perspektive: als Medium des *Handelns*) in einer sprachenteiligen Gesellschaft« (H. H. Reich, 2013, S. 59). Dies schließt ein Reflektieren über die eigene Sprache nicht aus. Aber es geht darum, Kindern und Familien Mut zu machen, ihre Belange selbst in die Hand zu nehmen, sich für ihre Zukunft einzusetzen. In diesem Sinne haben die Vereinten Nationen auch die Schulen aller Länder dazu aufgefordert, die vor uns liegenden Risiken und Chancen des Globus anzugehen. Die 2015 auf dem UNO-Nachhaltigkeitsgipfel festlegten 17 »Substainable Development Goals« schließen den Bildungsbereich in den Kampf um eine friedliche und lebenswerte Welt im »Weltaktionsprogramm Bildung für nachhaltige Entwicklung« ausdrücklich mit ein. Die 193 aktuellen Mitgliedsstaaten verabschiedeten einstimmig die 17 Ziele, nach denen bis 2030 unter anderem Armut und Hunger weltweit verschwunden sein sollen. 2017 wurde dieses Programm als Nationaler Aktionsplan auf Deutschland übertragen und von der Kultusministerkonferenz verabschiedet.[10] Das bedeutet auch, dass die »Schulfächer«, zu denen der Spracherwerb gehört, den Zielen dienen müssen, die Lebensgrundlagen der Erde zu erhalten. Insofern kann es nicht um sprachliche Übungen an beliebig austauschbaren Themen gehen, sondern die Schulen konzentrieren sich darauf, die Kinder und Jugendlichen »zukunftsfähig« zu machen. Sprachunterricht wird also nicht abzukoppeln sein von diesen Zielen, sondern im Sinne von Paulo Freires »Pädagogik der Befreiung« am großen Projekt »Zukunft« teilnehmen. Dazu ist anzusetzen an den Interessen, Problemlagen und Ausgangssituationen jedes und jeder Einzelnen immer in Bezug zur Menschheit als Gemeinschaft. Das Curriculum darf nicht Selbstzweck sein, sondern dient der Lösung von Problemen und unbeantworteten Fragen.

---

10 Siehe www.wmbf.de (04.07.2021).

Wie können wir junge Menschen dazu befähigen, Sprache – auch eine fremde – zu ihrem Handlungswerkzeug für ihr Leben zu machen? Ebenso wie bei Schulanfänger*innen gilt es, bei den älteren Schüler*innen daran anzuknüpfen, was sie verstehen können und welche Interessen sie haben. Das Ergebnis von 10 oder 13 Jahren »Schulbildung« ist erbärmlich, wenn viele Erwachsene sagen, sie hätten sich früher mit Stoffen im Fach Deutsch gequält. Manch einer von ihnen hat seit seiner Schulzeit kein Theater mehr besucht oder einen Roman gelesen. Hier hat die Schule offensichtlich versagt. Oft waren es fremde Ansprüche, Unter- oder Überforderungen, die Schüler*innen zum Beispiel die *Lust auf das Schreiben* verdarben. Dabei haben sie nie erfahren und selbst ausprobieren können, dass das Schreiben selbst ganz ähnlich ist wie das Malen oder das Spielen einer Rolle, oder dass es nach Hannah Arendt auch dem inneren Dialog dient (Arendt, 2007).

Am Anfang des Schreibens steht eben nicht eine Aufgabe, sondern ein beliebiger *Ver-Such*, etwas auszudrücken. Und das Besondere daran ist, dass die Schreibenden, Spielenden oder Malenden gar nicht genau wissen, was sie da abbilden. Sie machen einen Entwurf, eine vorübergehende Fingerübung, die nichts Bewusstes will. Und dann plötzlich ist in dem Gekritzel, in den hingeworfenen Worten und in den angefangenen Gesten etwas vorhanden, was den suchenden Menschen an etwas erinnert, was er schon mal gerne machen wollten – ein Auto malen, eine Tänzerin imitieren, ein Gefühl loswerden in Worten. Die Suche geht weiter.

Wenn wir wüssten, wie Schriftsteller*innen schreiben, dann wären wir als Lehrpersonen noch vorsichtiger, den Kindern einen Text abzuverlangen. Dann würden wir in der Schule viel schreiben und mit den Kindern von Autor*innen reden, wie auf einer Autorenlesung – mit Respekt und Hochachtung vor dem Ausdruck des Kindes.

Auch das *Lesen* und Verstehen eines komplexen Textes ist ein Suchprozess. Er kann erfolgreich sein, wenn man sich den Erfahrungen ausgesetzt hat, die der Text anspricht. Die sprachlichen Hürden lassen sich leichter überwinden, wenn die im Text erwähnten Inhalte selbst erfahren wurden. Kinder, die noch nie im Wald waren – was heute nicht selten der Fall ist – können mit Mühe einen Text entschlüsseln, der von Rinden und Baumkronen handelt. Die Lesefertigkeit entwickelt sich mit der Lebenserfahrung. Und nicht selten bemerken die Leser*innen dann, dass der einzelne Text möglicherweise nicht weiterhilft, sondern irreführt und einige Blickwinkel vernebelt.

Paulo Freire hat in Slums und Landarbeitersiedlungen den dort lebenden Menschen Lesen und Schreiben beigebracht. Er stellte fest, dass ein

»rein mechanisches Alphabetisierungsprogramm« (1977, S. 48) den Menschen nicht helfen konnte. Sie lebten oft in einer scheinbar passiven Haltung, in Fatalismus und *Apathie*. Ihre Probleme konnten sie oft nicht in einen kausalen Zusammenhang bringen. Dagegen setzt Freire ein Programm, in dem der Mensch »die Ungeduld und die Lebhaftigkeit entwickeln konnte, die ein Zeichen des Forschungswillens und der Erfindungskraft sind« (ebd.). So begannen Freire und seine Mitarbeiter*innen, solidarisch und empathisch auf die Menschen zuzugehen und ihnen ihr Selbstbewusstsein zurückzugeben.

> »Schule bedeutete unserer Ansicht nach traditionellerweise etwas Passives. An Stelle des Lehrers hatten wir einen Koordinator, an Stelle von Lektionen Dialoge, an Stelle von Schülern Gruppenteilnehmer, an Stelle von entfremdeten Unterrichtsplänen Kontaktprogramme, die in Lerneinheiten aufgeteilt und kodiert waren. In den Kulturzirkeln versuchten wir durch Gruppendiskussionen Situationen zu verdeutlichen oder, davon ausgehend, nach Aktionsmöglichkeiten zu suchen. Die Themen dieser Debatten wurden von den Gruppen selbst geliefert [...]. Diese Themen und auch andere wurden [...] schematisiert und den Gruppen mit visuellen Hilfsmitteln in der Form von Dialogen vorgelegt. Das Resultat versetzte uns immer wieder in Erstaunen« (ebd., S. 47).

Die Menschen merkten, dass sie etwas bewirken können.

> »Während dieser Diskussionen behaupteten viele Teilnehmer glücklich und voller Selbstvertrauen, dass man ihnen ›nichts Neues gezeigt habe, sondern dass sie sich nur erinnerten‹. ›Ich mache Schuhe‹, sagte einer von ihnen, ›aber jetzt sehe ich, dass ich genauso viel wert bin wie ein Doktor, der Bücher schreibt‹« (ebd., S. 52).

Im Sinne von Freire (1981) ist der Lehrer hier im Slum oder in den Landarbeitersiedlungen »Politiker und Künstler«. Auch im sozialen Brennpunkt in Deutschland sollte die »Lehrkraft« nicht eine Person sein, die eine »kulturelle Invasion« (Freire, 1970) vollzieht und von oben nach unten »unter-richtet« (Sack, 2018, S. 358). Vielmehr ist der Dialog auf Augenhöhe (Freire, 1970, 2007) das Grundprinzip.

Bertolt Brecht hat in seinem eindringlichen Stück »Die Mutter« (1974) eine aufschlussreiche Unterrichtsstunde der Alphabetisierung in

Russland um 1905 skizziert, in der ein bürgerlicher Lehrer – etwas unwillig – einer Gruppe von Arbeitern das Lesen beibringt. Das Gespräch in der Küche der Mutter Pelagea Wlassowa verläuft angestrengt, weil der Lehrer zunächst den Arbeitern die gewünschten Wörter »Arbeiter« und »Klassenkampf« nicht beibringen möchte, sondern vielmehr die Begriffe »Ast«, »Nest« und »Fisch«. Die Mutter sagt zu ihm (ebd., S. 52f.):

> »Lesen ist Klassenkampf, damit meinte ich: wenn die Soldaten in Twer unsere Transparente hätten lesen können, hätten sie vielleicht gar nicht auf uns geschossen. Es waren lauter Bauernsöhne.«

Der Lehrer antwortet in Richtung Gruppe:

> »Seht ihr, ich selber bin Lehrer, und ich lehre Lesen und Schreiben seit achtzehn Jahren, aber ich will euch mal was sagen: im Innersten weiß ich, es ist alles Unsinn. Davon wird der Mensch immer nur schlechter. Ein einfacher Bauer ist schon einfach ein besserer Mensch, weil er nicht durch die Zivilisation verdorben ist.
> [...]
> Wissen hilft ja nicht. Güte hilft«.

Die Mutter reagiert:

> »Gib es nur her, dein Wissen, wenn du es nicht brauchst«. (ebd., S. 53).

Barrieren werden aufgebaut, wenn bürgerlich sozialisierte Lehrkräfte »einfache« Menschen mit ihren eigenen Perspektiven auf die Welt ausstatten wollen. Wie ein Bankier (Freire, 1971, S. 60f.) füllt der Lehrer den Kopf der Schüler*innen mit Wissen: »Je vollständiger er die Behälter füllt, ein desto besserer Lehrer ist er. Je williger die Behälter es zulassen, dass sie gefüllt werden, umso bessere Schüler sind sie« (ebd., S. 57).

Wir stellen häufig fest, dass die gewählten Themen und die benutzte Sprache in der Schule nicht aus der Lebenswelt der Kinder aus Armutsgebieten stammen. So berichtet Jörg Ramseger (2018) über Kinder in ehemaligen französischen Kolonien, die mit Lehrwerken für Pariser Kinder alphabetisiert wurden, dass sie die französische Sprache gleich zu Beginn lernten, obgleich sie diese Fremdsprache gar nicht sprachen.

Auch in Deutschland finden wir an vielen Schulen für benachteiligte Kinder und Migrant*innen keine passenden Lernmöglichkeiten, sondern eine monokulturelle und häufig mittelschichtsorientierte Ausrichtung der Lernangebote.

Der französische Landschullehrer Célestin Freinet entdeckte für seine Schüler*innen die »Technik« der *Freien Texte*. Sie konnten schreiben, nur wenn sie Lust hatten, freiwillig, wann, worüber und mit wem zusammen sie wollten. Dabei gab es nicht jeden Tag besondere Ereignisse im Leben eines Landkindes nach dem Ersten Weltkrieg. Aber Freinet ging von dem aus, was die in sehr einfachen Verhältnissen lebenden Kinder selbst interessierte. Diese Kinder taten sich zusammen und forschten aus freien Stücken über selbst gewählte Themen (siehe Kapitel 2.2) im Alltag. Aus einem *natürlichen* Spaß an gemeinsamen Unternehmungen entdeckten sie in ihrer Gegend viel, was einen Wert hatte, es anderen zu erzählen. Was sie gemeinsam entdeckten, konnten sie in der Schule aufschreiben. Dazu lernten sie zusammen das Handwerk des Druckens, zumal es regelmäßige Korrespondenzen mit anderen weit entfernten Schulen gab, die über ihre ganz andere Welt in Briefen und eigenen Zeitungen erzählen konnten. Ähnlich wie bei Paulo Freire ging es darum, erst einmal zu entdecken, dass es sich lohnt, für die Verbesserung des eigenen Lebens und Lebensbereichs zu kämpfen. Dieses eigene Leben und die darin auftauchenden Probleme interessierten andere Schüler*innen aus anderen Schulen, weil sie merkten, dass sie vielleicht gemeinsam etwas bewirken konnten. Es hatte somit einen Sinn, darüber mit solidarischen Partner*innen zu reden und ihnen von den eigenen Erfolgen zu schreiben. Die alltäglichen Probleme machten die Kinder auch zum Thema im Klassenrat. Den Freund*innen aus anderen Schulen wollten die Kinder die Vorfälle aus ihrem »Milieu« erzählen. Die »Natürliche Erziehungsmethode« (Freinet, 1981, S. 32ff., 112ff.) entsteht nicht aus dem Programm der Lehrer*innen, sondern folgt den konkreten Landkindern und ihrem Gemeinschaftsleben. Ihre Stärke, sich in Kooperation miteinander einen Lerngegenstand anzueignen, nennen wir daher »natürliche Solidarität« (siehe Einleitung). Die Kinder aus der Klasse von Freinet sind es selbst, die auf »natürliche« Weise ihr Leben mit ihren Bedürfnissen zum Thema der Schularbeit machen. Sie selbst bestimmen das Leben in der Klasse, sie sind es, die »dieses Leben vorgeben, es diktieren und verpflichtend auferlegen« (ebd., S. 35). Dieser bemerkenswerte Satz wird leicht übersehen oder missverstanden als eine idealistische Zielformulierung, wo »Kinder an der Macht« sein könnten. Aus Erfahrungen in der Praxis wissen wir, dass uns die Kinder »verpflichtend auferlegen« und uns ohnehin »diktieren«, dass wir Pädagog*innen uns mit ihnen »natürlicherweise« auf Augenhöhe absprechen, wie es Freire beschreibt. Wenn wir erfolgreich am Gemeinsamen Gegenstand mit den Kindern zusammen kooperieren wollen, werden wir ihre solidarischen Stärken nutzen. Freinet bezeichnet diese Arbeit der Kinder und mit den Kindern zusammen als ein »Studium«:

> »Auf die Dauer geben wir uns einem wirklichen Milieustudium hin, einem lebendigen Studium ohne jeglichen Dogmatismus, nämlich dem Leben selbst. Um unseren Untersuchungen Genüge zu leisten, um unseren Freunden zu antworten, wird der Schüler bei uns sorgfältig alles um sich herum aufmerksam beobachten, die Eltern befragen, die alten Leute des Dorfes und des Stadtteils, sich über die Gegebenheiten des wirtschaftlichen Milieus erkundigen, alte Steine prüfen, Gebräuche wieder aufleben lassen, die Gebirge, Flüsse und Kulturen besser kennenlernen, die Insekten und Tiere beobachten etc. Sobald dieser Bereich angeschnitten ist, eröffnen sich unserer Neugierde und Tatkraft eine Unzahl von Möglichkeiten; Themen für Texte sind auf allen Gebieten reichlich vorhanden [...] Und eines Tages schließt man die Augen und hört den Geräuschen des ganz nahen Waldes zu, dem Gesang der Vögel, dem Zirpen der Zikade und dem Schreien der Eule. Man versucht den mehr oder weniger bewusst vorbeiziehenden Fluss der Ideen und Gefühle in den Griff zu bekommen, uns so entsteht ein Gedicht. Es ist die Veräußerung dessen, was im Kind ist, was das Gefühl bewegt, es lachen oder weinen lässt, seine Träume erfüllt [...]« (ebd., S. 54).

Wir haben heute viele Möglichkeiten, die verschiedenen Bedingungen und Kulturen der Welt, unter denen und in denen Kinder aufwachsen, kennenzulernen. Im Film *NICHT OHNE UNS* von Sigrid Klausmann (nach einer Idee von Walter Sittler) gibt die Autorin 16 Kindern aus 15 Ländern und fünf Kontinenten eine Stimme, die genau das sagt: *Not without us!* Bei allen Unterschieden bezüglich der Lebensumfelder der Kinder und ihrer Persönlichkeiten ähneln sich ihre Ängste, Hoffnungen und Träume, in einer in jeder Hinsicht »gesunden Um-Welt« leben zu können. Es geht um die Zukunft unseres Planeten, die von unseren Kindern mitgestaltet werden wird.

Aber zurück zu Freinet: Er beobachtete die Kinder in seiner Klasse empathisch, wie sie ihre Sinnesempfindungen erleben und aufschreiben. Dieses Schreiben der Texte verschafft jedem Kind Empfindungen, die »das sind, was es in sich umso kostbarer und unersetzbarer fühlt. In dieser Tiefe ist der freie Text zugleich Bekenntnis, Entfaltung, Explosion und Therapie. [...] Normalerweise werden Sie jeden Tag sieben bis 12 freie Texte in Ihrer Klasse zur Verfügung haben« (ebd., S. 54f.).

Schule und Umwelt waren eng verbunden: Die Kinder erlebten, dass ihre »einfachen« und alltäglichen Dinge und die damit verbundenen Gefühle einen Wert hatten; sie waren es wert, gehört, gelesen und verbreitet zu werden:

> »Die Kinder sind es, die unermüdlich bei den Tätigkeiten einer Klasse, wo jeder in aller Freiheit er selbst bleiben kann, diese Leben vorgeben, es diktieren und verpflichtend auferlegen. Josef ist es zum Beispiel, der auf dem Tisch alle seine Schätze, von denen seine Hosentaschen übervoll sind, ausbreitet; es ist Paul, der sich große Mühe geben musste, um seine Katze, die ihn bis in die Schule verfolgte, wieder zum Heimgehen zu bewegen. [...] Es sind die Erlebnisse der Familie, auf den Feldern, in der Fabrik und all dieses unformulierbare Leben, das unsere Kleinen bewegt und das sich in ihren Gesten, ihrem Schreien, ihren Zeichnungen sowie ihren Ängsten [...] ausdrückt. Ein vielseitiges Leben von unendlicher Vielfalt, das wir von nun an zu berühren, zur Entfaltung zu bringen, zu erklären und auszuwerten die Möglichkeit haben« (ebd., S. 35).

Paulo Freires Vorgehensweise bei Erwachsenen war in ihrer wertschätzenden Grundhaltung im Prinzip ähnlich wie die von Célestin Freinet. Beide hatten erkannt, dass die Menschen selbst eigene Interessen verfolgen, die sich in ihrem Alltag zeigen. Sie wollen sich versorgen, sicher und zuversichtlich in ihren Familien leben können. Sie organisieren selbst ihr Zusammenleben und brauchen dabei zuweilen unterstützende Personen. Dazu gehören die Lehrer*innen. Sie haben eine der Bevölkerung *dienende Rolle*. Und sie verfolgen »den Weg der Befreiung« (ebd., S. 136) von der Schule, die »nichts mehr mit ihrer Welt zu tun hat« (ebd., S. 13). Dazu benutzen sie »*natürliche* Methoden«, die eine »begeisternde Lebendigkeit« (ebd., S. 137) ermöglichen, die ohnehin bei den Menschen vorhanden ist. Diese zu nutzen, ist dabei die pädagogische Kunst.

Von Paulo Freires Vorgehen und von seiner respektvollen professionellen Haltung können wir lernen. Seit Jahren gibt es große Bemühungen, die aus verschiedenen Gründen nicht vorhandenen deutschen Sprachkenntnisse vieler Kinder durch verschiedenste Programme in den Griff zu bekommen. Gerade in der Praxis bereitet es oftmals Probleme, das Sprachwissen explizit als Regelwissen weiterzugeben. Noch immer ist es ein Rätsel, wie Menschen die Sprache und Schrift erwerben. Interessanterweise stoßen wir häufig auf einen blinden Fleck, wenn man erörtert, wie eine Sprache erworben wird. Viele haben die Vorstellung eines »Unterrichts«, zum Beispiel in Form von »Deutsch als Zweitsprache«: Dabei stehen die konkreten Lernenden, die Gruppe, die Interessen, die Freundschaften und die Beziehungen untereinander nicht im Fokus, sondern die Methoden des Erlernens der Sprache. Letzteres findet aber »weitgehend inzidentell statt, d. h. beiläufig, also als Nebenaspekt von Interaktion, in denen es ja um Verständigung über Inhalte geht« (Brinkmann & Brügelmann, 2018, S. 223). Der blinde Fleck beim Thema der »Vermittlung« von Sprache besteht darin, dass hier zwar ein *beiläufiges Lernen ohne Lehren* festgestellt wird, aber daraus Schlüsse abgeleitet werden, die nicht auf die Kommunikation und Beziehung der Lernenden zielen. Erfahrene Lehrer*innen spüren, dass die Lernenden höchst lebendig miteinander kommunizieren und dass es ihnen wichtig ist, ob ihre Freund*innen und Unterstützer*innen bei ihren Vorhaben dabei sind. Die Sprache ist nur *ein* bedeutsamer Verständigungsweg zwischen ihnen; es gibt auch andere, wie den Tonfall und nonverbale Formen wie Gestik und Mimik. Wenn soziale Konflikte, Bedürfnisse oder Interessen entstehen, brauchen die Menschen die Sprache unmittelbar. In der Klassengemeinschaft ist das täglich der Fall. Dort entstehen bei den Auseinandersetzungen sprachliche Erfahrungen. Diese werden aber nicht bewusst verarbeitet, sondern »unbewusst [...] geordnet, in Form von impliziten Regeln« (ebd., S. 226). Wenn wir also überlegen, wie die Lernenden mit uns die Sprache lernen können, dann sollten wir nicht mit dem Buch anfangen, sondern mit der konkreten Beziehung und dem Zusammenleben der Schüler*innen. Dies ist der Kern, der selbst Praktiker*innen nicht immer bewusst ist. Viel zu oft lassen sie sich aus einer verkürzten Sachanalyse und fachlichen Didaktik treiben, statt die soziale Aufgabe der Sprache *in der ganz konkreten Gruppe* zu erspüren und zu nutzen.

Wenn die Schüler*innen auf eine *natürliche solidarische* Weise zusammenhalten und es um ihre Interessen geht, gelingt der Lernprozess am besten. Die *eigene* Sprache mit ihrem eigenen Dialekt oder ihren besonderen Wendungen wird zum Werkzeug im Erkenntnisprozess, nicht die bürgerlich geprägte »Schulsprache« oder die für benachteiligte Schüler*innen künstlich wirkende »Bildungssprache«, die wie eine »Invasion« wirken kann. Sie ist dann fremdbestimmt.

Pestalozzi (1953 [1799a]) arbeitete mit verwaisten und verwahrlosten Kindern im Heim in dieser eindeutigen Weise: »Mein wesentlicher Gesichtspunkt ging jetzt allererst darauf, die Kinder durch die ersten Gefühle ihres Beisammenseins und bei der ersten Entwicklung ihrer Kräfte zu Geschwistern zu machen [...]« (ebd., S. 199). Dies ist der wichtigste Ausgangspunkt des Lernens. Die Schüler*innen sind ja bereits in Beziehung zueinander getreten, unabhängig vom organisierten »Unterricht«. Hier lebt ein Interesse füreinander und an wichtigen Themen.

Freire und seine Gruppe begannen nicht mit einem Lehrprogramm oder einem Schulbuch. Auch Freinet lehnte das Schulbuch in seiner Schulklasse ab und setzte auf eigene Produktion, zum Beispiel mit der Druckerei. Bei Freire startete die erste Phase der Alphabetisierung damit, im Kontakt mit der einheimischen Bevölkerung *ihre Sprache wertzuschätzen* und diesen Reichtum als kulturellen Schatz zu würdigen. Dabei bieten die Pädagog*innen nur Unterstützung an. Sie brauchen dazu »Techniken« oder »Methoden« (Freinet) oder Materialien, die etwas aus den Menschen hervorbringen. Freire suchte als Einstieg nach Wörtern, die von den Menschen stammten und über die sich Gespräche über Probleme anbahnen ließen. Er nannte sie »generative« (»hervorbringende«) Wörter:

> »›Ich möchte lesen und schreiben lernen‹, sagte ein Analphabet aus Recife, ›damit ich aufhöre, der Schatten von anderen Leuten zu sein‹ [...] Solche Aussagen verdienen die Interpretation von Fachleuten, um ein wirkungsvolles Instrument für die Arbeit des Erziehers zu werden. Die generativen Wörter, die in den Programmen benutzt werden sollen, sollten aus dem Feld dieser Wortuntersuchungen genommen werden, nicht aber auf der persönlichen Inspiration des einzelnen Erziehers beruhen [...]« (1977, S. 54f.).

In einer zweiten Phase wurden etwa 15 »generative« Wörter untersucht und für die weitere Arbeit mit den Analphabet*innen ausgewählt. In der nächsten Phase suchte man nach bekannten lokalen herausfordernden Situationen. Diese wurden von den Menschen in Bildern (Fotos, Filmen und/ oder Plakaten) festgehalten, an denen exemplarisch vorhandene Probleme besprochen und bearbeitet wurden. Die generativen Wörter wurden dazu genutzt, diese Problemsituationen oder Aspekte davon zu bezeichnen. Erst nachdem die Gruppe der Analphabet*innen in Zusammenarbeit mit den Koordinator*innen die herausfordernden Situationen ausführlich analysiert hatten, kam das generative Wort ins Spiel. Die Teilnehmer*innen prägten es sich als Bild ein. Die phonemische Struktur des Wortes wurde in Silben festgehalten, nachdem der Inhalt ausführlich geklärt war (ebd., S. 54ff.).

Freire hat Bildung »als mehr denn ein mechanisches Problem behandelt« und »in der Erziehung eine Anstrengung zur Befreiung des Menschen gesehen und nicht ein weiteres Instrument seiner Unterdrückung« (ebd., S. 62). Deshalb wurde er politisch verfolgt und musste sein Land verlassen.

Im Sinne von Paulo Freire trägt eine solche pädagogische Arbeit mit der Sprache der Kinder und Jugendlichen immer auch dazu bei, ihr Selbstvertrauen zu stärken. Sie erkennen den Wert ihrer Kultur, ihrer Sprache, ihrer Gedanken, für die wir uns ernsthaft interessieren. Die Klassengemeinschaft ist Teil dieser »Befreiung« aus dem Gefühl heraus, einer vermeintlich »minderwertigen« Kultur der Armut oder der Fremdheit anzugehören.

Für den argentinischen Philosophen der Befreiung Enrique Dussel (1989) gilt es, die »fundamentalen Themen der Epoche zu wählen, in der wir leben« (S. 190). Dabei geht es um die »Praxis der Befreiung und alles, was sie behindert und befördert« (ebd., S. 191).

>Es muss ein reales Thema sein, und unter den realen eines von den wesentlichen, und unter den wesentlichen eines von den drängendsten, und unter den drängendsten eines der Themen mit Transzendenz, und unter diesen eines, was sich auf die Völker bezieht, auf die Masse der Menschen, die Unterdrückten, die am Rande des Todes, des Hungertodes, der Verzweiflung leben« (ebd., S. 190).

An den historischen Beispielen etwa von Freire und Freinet sehen wir, wie die freien Texte und das freie Forschen als Mittel zur »Befreiung« galten. Heute können wir dies verstehen, wenn wir uns klar machen, welche Dynamik diese Arbeit entfalten kann. Es ist weit mehr als eine gute Methode des Deutschunterrichts, wenn Kinder, Jugendliche und Erwachsene spüren, dass sie von uns Pädagog*innen vollkommen ernst genommen werden und ihre Themen unsere sind. Ihre Probleme in schweren Lebenslagen, ihre alltäglichen Vorkommnisse, ihre Freude und Trauer – all das sucht nach Ausdrücken. Die sehr vielfältigen Kulturen »der Unterdrückten«, der »Ausgebeuteten« und der »Benachteiligten« bieten aus jahrzehntelangen Erfahrungen viele unterschiedliche Antworten. Indem wir als Pädagog*innen sie ernst nehmen und die Menschen dabei begleiten, ihren vielfältigen Gefühlen aktiv einen Ausdruck zu verleihen, helfen wir dabei, dass die Betroffenen *für das dahinterstehende Unrecht Begriffe finden*. Mit diesen Be-Griffen können wir zusammen »be-greifen« und anfangen, das Unrecht zu entdecken und zu entzaubern. Die gefühlte Ohnmacht schwindet, je mehr sie ihre Perspektiven und Erlebensweisen teilen. Wenn sie dann *aus* *der passiven Rolle heraustreten* und zu handeln beginnen, können sie erleben, »worin ihre Stärke besteht«, nämlich in ihrem solidarischen Zusammenwirken. Hier sind Lehrer*innen, Eltern und Schüler*innen gemeinsam in einem Boot. Sie sind gemeinsam den gesellschaftlichen Mächten ausgesetzt, die sie beeinflussen.

Die »schöpferische Arbeit, frei gewählt und übernommen von der Gruppe« (Laun, 1982, S. 33) bezeichnet in diesem Sinne auch die Freinet-Bewegung in ihrer »Charta der École Moderne« (1968) als »eigentliche Grundlage der Volkserziehung«. Hinter diesen Worten stehen die Erfahrungen, die viele Lehrer*innen mit ihren Kindern machen. Dass diese Bewegung solidarischer Schulen einflussreich werden kann, hat Freinet beweisen können: Bereits in den 1920er Jahren gründete er eine »Lehrer-Kooperative« und »Produktionsgenossenschaft«. 1928 hatte diese Genossenschaft 100 Gesellschafter, 1933 bereits 1.500. Sie treten bis heute ein

> »für die Verbesserung und Humanisierung unserer Arbeitsbedingungen, der Arbeits- und Lebensbedingungen unserer Kinder, der mutigen Aktion gegen eine weitere Schädigung, Entstellung oder Zerstörung der Blüten, die wir versuchen, zur Entfaltung zu bringen, weil sie die Samen unseres kostbarsten Guts in sich tragen: den des Kindes« (Freinet, 1950, zit. n. Laun, 1982, S. 35).

2.5.3 »Kunst als Erfahrung« (Dewey)

Wie lernen die Kinder die kulturellen Ausdrucksformen kennen, die ihnen helfen können bei der gemeinsamen Suche nach Lösungen, nach Wegen aus ihrer gefühlten Minderwertigkeit? Erwachsene, die den Wert ihrer eigenen Leistungen als Kreative erleben durften, gehen *freiwillig* ins Theater und genießen zu Hause in einer stillen Stunde einen Roman. Sie machen *freiwillig* eine Fantasiereise in eine Welt, die in ihnen der Roman entstehen lässt. Sie spielen in Gedanken und Gefühlen Konflikte durch, die sie noch nicht erlebt haben. Andere identifizieren sich mit einzelnen Figuren aus ihrer Lektüre, weil sie dabei sich in Ruhe und im Schonraum einmal mit ihren inneren Gefühlen auseinandersetzen können. In ihrem Leben sind ähnliche tragische Schicksalsschläge passiert, die sie in den künstlerischen Darstellungen wiederfinden. Sie genießen die Zeit mit sich und dem Buch, dem Bild im Museum, der Musik im Konzertsaal und dem Theater.

Wie kann ich als Kind mich für literarische Kunstformen interessieren, wenn ich sie nicht genießen kann? Ich kann als Kind diese Genüsse erleben, indem ich selbst zu Papier und Stift greife, selbst spiele, singe und tanze und nach einem Ausdruck suche – Breakdance, Punk, Rap, Street-Art und so weiter stellen sich hier als Assoziationen unserer Zeit ein.

Was sind diese Kunstformen ihres Wesens nach? Sie dienen der *Unterhaltung*, vielfach sind sie auch Ausdrucksformen des Protestes, der Gefühlslagen, der Provokation und der Selbstvergewisserung. Hier kann ich mich als Schüler*in auszudrücken versuchen, mich mit meinem Problem auseinandersetzen und nach Lösungen suchen. Das Suchen ist der Kern des Kreativen.

Wenn ein Theaterstück im Unterricht allerdings als bloßer Text – oft nur ausschnittsweise oder als Inhaltsangabe – »besprochen« wird, statt mit viel Zeit zu proben, zu spielen oder zu inszenieren, dann würde man dem Lerngegenstand »Theater« vom *Wesen her* nicht gerecht. Die Schüler*innen würden das Theater als Form nicht kennenlernen, sondern sich nur totes Wissen über etwas aneignen, was sie nicht kennen. Denn das Theater ist auf die Bühne und das Publikum angewiesen, ohne diese nicht zu verstehen. Es bedeutet auch ästhetisches Erlebnis und Erproben in Kommunikation mit anderen. Ohne die »Bühne« ist Theater kein Theater. Der fremde Blick der anderen von außen, die distanzierte Perspektive ist per definitionem Voraussetzung für das Theater, er ist zugleich notwendig für die Produktion des Theaterstücks. Shakespeares Stücke entstanden sogar überwiegend auf der Bühne – und nicht in der »Schreibstube«.

Wenn kleine Kinder »einfach drauflos« malen oder spielen, dann kann man diesen schöpferischen Prozess erleben. Es entsteht ein Werk, ungehemmt, solange keine Instanz einen Auftrag erteilt, der einengt und vorgibt, was und wie das Produkt entstehen soll. Der Abstand zum eigenen Pinselstrich ist Bestandteil des Malens. Immer wieder arbeitet das Auge mit und prüft, was bisher entstanden ist – nicht mit der Frage, was entstehen sollte, sondern in der Absicht, zu suchen, was entstehen könnte. Ebenso brauchen wir beim Malen diesen suchenden Abstand, um etwas »sehen« zu können.

John Dewey hat in seiner 1934 publizierten Studie zur *Kunst als Erfahrung* betont, dass die Erfahrungen oft unvollständig bleiben:

>»Man erfährt die Dinge, fügt sie aber nicht zu *einer* Erfahrung zusammen. [...] Was wir beobachten, was wir denken, was wir ersehnen und was wir erlangen, steht nicht miteinander im Einklang. [...] Im Gegensatz zu sol-

cher Art der Erfahrung machen wir *eine* Erfahrung, wenn das Material, das erfahren worden ist, eine Entwicklung bis hin zur Vollendung durchläuft. Dann, und nur dann, ist es in den Gesamtstrom der Erfahrungen eingegliedert und darin gleichzeitig von anderen Erfahrungen abgegrenzt« (1988 [1934], S. 47).

Wichtig ist hier, dass eine Erfahrung *zu einem Abschluss* gebracht wird: »Wenn man zu einem Schluss gelangt, so ist es die Folge einer Bewegung von Vorwegnahme und Anhäufung, ein Schluss, der endlich seine Verwirklichung gefunden hat. Ein Schluss ist nichts Einzelnes oder Bezugsloses. Es ist der Höhepunkt einer Bewegung« (ebd., S. 50).

Der hier beschriebene Abschluss einer Erfahrung ist wie der Abschluss einer *Suche*. Nicht vorher steht fest, was, wie und wo gefunden werden sollte. Im Gegenteil: Kinder und Jugendliche suchen nach etwas, was sie vorab noch nicht klar definieren können. Diese Beobachtungen können wir nutzen, indem wir den Schüler*innen bezogen auf Lehrpläne einige »unverzweckte Freiräume« anbieten, in denen sie selbst entscheiden, was sie machen.

»Lernen« ist ein aktiver, handelnder Vorgang und dem Wort »Leisten« und »List« verwandt. Es bedeutet wörtlich »einer Spur nachgehen, nachspüren«. Lernen ist eine aktive Tätigkeit. Das Ergebnis des Lernens, die »List«, bezeichnete ursprünglich das Wissen und die Fähigkeiten, die bei der Jagd, beim Kampf und beim Handwerk erforderlich sind.

Nach Hattie (2013, S. 34ff.) ist Lernen eine Reise von der oberflächlichen »Vorstellung« eines Lerngegenstandes hin zum tiefen »Verstehen«, zum »Konstruieren«. Wenn eine Gruppe des Freien Forscher Clubs oder Schüler*innen nach einer »Herausforderung« den Mitschüler*innen, Eltern und Lehrer*innen die eigenen Erlebnisse und Erkenntnisse darstellen, bekommt die Textproduktion einen direkten (Lern-)*Sinn für die Schulgemeinschaft*.

Jedes Kind hat viele Möglichkeiten, sich und seine Arbeit zu präsentieren. Dabei ist die Form offen und in seiner eigenen Hand. So kann eine Gruppe sich mit einem Sachverhalt oder einer eigenen Erfahrung auseinandersetzen, indem sie eine entsprechende *Ausstellung* kunstvoll präsentiert, Bezüge zu anderen Fachgebieten wie Geschichte oder Geografie aufzeigt und anschaulich verdeutlicht. Die Schüler*innen können den Text *mit Musik in eine Hörfassung* bringen oder in *Videoform* gemeinsam spielerisch oder *tänzerisch* vortragen. Sie können den Text auch als Schreibanlass für andere *im Internet präsentieren* und zur Fortsetzung oder Kommentierung auffordern. Oder sie *übersetzen ihre Bilduntertitelung in Blindenschrift*. Sie können auch ein Gedicht *zu einem Song vertonen* oder mit Rockmusik zum Tanzstück erweitern, ohne dass sie dabei das Gefühl bekommen, einen »Leistungsnachweis zu erbringen«. Oder es wird eine *Zaubershow* veranstaltet, die sich Schüler*innen selbst im Rahmen einer chemischen Erforschung erarbeitet haben. Am Ende können die Zuschauer*innen aktiv und bewegt einbezogen werden.

»Schlechte Schulleistungen« lassen sich dann kaum finden, wenn die Schüler »Erfahrungen zum Abschluss bringen« (Dewey, 1988 [1934], S. 51). Selbst wenn der Beitrag eines Kindes im Vergleich zu seinen bisherigen Leistungen relativ klein ist, bedeutet dies nicht, dass es sich nicht herausgefordert hat. Unterstützung und Anregungen für die kreative und sprachliche Gestaltung werden dann gerne angenommen, wenn sie passend sind – also die Freiheit geben zu einer für das Kind selbst stimmigen Darstellungsform.

Hier gibt es viele Anlässe zu guten Leistungen von Schüler*innen, dass kaum vorstellbar ist, dass die Lehrer*innen in einer *produktionsorientierten* Lernorganisation das Schulversagen einzelner überhaupt einkalkulieren würden.

2.5.4 Freies Schreiben – Die Schriftstellerstunde

Der Jingle ertönt und zwei Lernende verteilen die Schriftstellerhefte. Jede Woche zur selben Zeit findet die fest im Stundenplan verankerte Schriftstellerstunde statt. Die Schüler*innen legen teilweise ihren Kopf auf den Tisch und schließen die Augen. Manche fangen sofort an zu schreiben oder malen. Sie wissen, jetzt darf »alles raus« und zu Papier gebracht werden, was in ihren Köpfen ruht, arbeitet, rumort. Alles ist richtig, es gehört mir. Es sind meine Gedanken, meine Gefühle und meine Bilder.

In der freien »Schriftstellerstunde« schreiben die Kinder so frei erfundene Geschichten, Fortsetzungsgeschichten, Geschichten, die sich auf Filme, Serien oder Bilder aus den Medien beziehen, Traumbilder oder Tagebücher.

Viktor ist seit einem Jahr in der Schule. Ihm fällt in dieser Schriftstellerstunde meist anfangs nichts ein, worüber er schreiben könnte. Wenn er etwas erlebt hat, findet er es wirklich nicht wert, dass darüber geschrieben wird. Im Gegenteil: Das riecht nach Leistung, die er sich nicht zutraut. Er glaubt nicht daran, dass er etwas Nennenswertes produzieren kann. Sein Anspruch ist groß. Auch sitzt in ihm fest, was in seiner familiären religiösen Erziehung gilt: »Du sollst nicht lügen!« Und sich Geschichten auszudenken ist so ähnlich, wie Lügen erfinden. Ihm fällt nichts ein, worüber er schreiben könnte. Der Lehrer fragt ihn, ob er ihm helfen könne, zu einer Geschichte zu finden. Viktor willigt ein. Er hat beim letzten Mal schon erlebt, dass die anderen aus der Klasse seine Idee gut fanden. Der Lehrer bittet ihn, die Augen zu schließen.

»Was siehst Du da?«

»Nichts.«

»Was genau? Welche Farbe?«

»Schwarz, dunkel, es ist nichts.«

»Was könnte das sein, so etwas Schwarzes, Dunkles?«

Viktor hat plötzlich ein Bild vor Augen. Das Schwarze könnte ja die dunkle Nacht sein. Seine Fantasie beginnt zu erwachen.

»Was siehst Du noch?«

»Einen Punkt, hell, ein Licht. Eine Lampe. Da ist irgendwas? Eine Taschenlampe leuchtet.«

»Super!« Der Lehrer kann ihn nun selbst entscheiden lassen: »Möchtest Du es schreiben oder lieber malen?«

Viktor will malen. Der Lehrer öffnet die Seite im Schriftstellerheft und fragt, welche Farbe er sich aussuchen möchte. Viktor nimmt den dicken schwarzen Wachsmalstift. Auch jetzt blockiert ihn eine innere Stimme, die verlangt, dass er aber schöne Bilder malen solle. Der Lehrer spürt seine Hemmung, einfach mal drauflos malen zu können. Er fordert ihn auf, mit dem Stift nun die schwarze Nacht zu malen. »Die ganze Seite ist dafür da!« Plötzlich beginnt Viktor, mit seinem Stift wild drauflos zu kritzeln. Sein Schwarz füllt in kurzer Zeit die ganze Seite. Der Lehrer braucht nur dabei zu sein und ihm zu verstehen geben, dass dies genau richtig ist. Viktors schwarze Nacht hat weiße Lücken darin. Dies können Lichter sein ... Er hat sein Bild gefunden.

Nachdem er fertig ist, geht er wie einige andere Kinder in den Sitzkreis. Dort wartet der Lehrer schon und möchte nun die entstandenen Geschichten präsentieren. Jeder wird gefragt, ob er wohl seine Geschichte vorgestellt haben möchte. Viktor will.

»Viktor hat etwas ganz Spannendes gemacht. Wer von euch kann sich vorstellen, was er hier für eine Geschichte erzählt?«

Die Kinder sehen Viktors schwarzes Bild. Spontan melden sich mehrere Kinder und geben ihre Ideen preis: »Das Licht ist ausgefallen, zu Hause.« – »Ein Mädchen und ein Junge haben sich im Wald verlaufen.« – »Er träumt von etwas Schrecklichem, was ich nicht sagen will!« – »Ein Mädchen wacht in der Nacht auf und weiß nicht mehr, wo es ist. Die Mutter hatte das Licht ausgemacht.«

Der Lehrer sieht Viktors zufriedenes Gesicht. »Welche Geschichte passt?« Viktor hat längst eine Idee und will sie nicht verraten. Er setzt sich hin und fängt an zu schreiben.

In der Schriftstellerstunde und in der anschließenden Runde fühlt sich Viktor angenommen. Nun kann er sich auch darauf einlassen, wo er sich mit seinen Gedanken befindet. In seiner Geschichte kommt dann auch eine gruselige Hexe vor, die das Licht ausmacht und ihm Angst einjagt. Er sperrt sie mit einer ausgefallenen List in einen Schrank ein und schiebt diesen Schrank zur Kellertreppe, wo er den Schrank polternd herabstürzen lässt. Die Hexe ist tot und ist für alle Zeiten verschwunden aus seinem Haus.

Viktor findet hier eine Position gegen die angsterzeugende und kreativitätstötende »Hexe« und seine innere Stimme. Diese Stimme erlaubte ihm weder, eigene Fantasien zu haben, noch diese in Bildern auszudrücken. Sie erlaubte ihm außerdem nicht, auf seine ihm eigene Art und Weise den Stift zu führen. Wie befreiend muss das wirken, wenn er merkt, dass die Freund*innen mit seinem schwarzen Bild etwas anzufangen wissen? Ja, sie können es sogar verstehen. Und die »starken Jungs« erzählen dann auch noch, dass sie auch einmal Angst in der Nacht gehabt haben ...

Ada Fuest (2017) hat den Kindern ihrer Klasse in einem sozialen Brennpunkt in ähnlicher Weise den Weg »vom Schweigen zum Schreiben zum Sprechen« (S. 46ff.) gewiesen und sie in der wichtigen Phase begleitet, wenn sie sich öffnen konnten.

Unter dem Titel »Spaß beim Schreiben oder Aufsatzerziehung« beschrieb Schulrat Gerhard Sennlaub (1980) in einem noch heute maßgeblichen Werk, wie Kinder frei schreiben können. Die »gebundenen Aufsätze« in ihren einzelnen Textformen wurden entzaubert als »Missachtung von Kinderinteressen« (ebd., S. 51). Sennlaub zeigt am »Aufsatzunterricht«, wie Kinder in der Schule scheitern, und fordert ein *freies Schreiben* in der Tradition von Schulreformern und Volksschullehrern wie Heinrich Scharrelmann (1871–1940) und Fritz Ganzberg (1871–1950). Célestin Freinet steht zentral für diesen Ansatz und führt ihn konsequent in eine Bewegung der Schuldrucker. »Aufsatzreform ist Unterrichtsreform«, formuliert Sennlaub und stößt damit 1980 eine Bewegung in den Grundschulen an, die sich immer weiter verbreitet (ebd., S. 155).

In »Schriftstellerstunden« schreiben die Kinder an eigenen Themen und Interessen (Spitta, 1992, 1998, 2018). In *Schreibkonferenzen* geben sich die Schüler*innen anschließend gegenseitig Rückmeldungen zu ihren freien Texten: »Wie meinst Du das? Das habe ich nicht verstanden«, »Wie heißt das Wort in Deiner Sprache?«, »Der Satz klingt so schön«, »Du schreibst immer den gleichen Anfang«, »Da ist alles durcheinander, Du könntest es ordnen«, »Das kann ich mir jetzt gut vorstellen«, »Das klingt gruselig«, »Gut zu verstehen«, »Finde ich schön«, »Lustig«. Dies sind Rückmeldungen, die die Leistung würdigen. Zum Verstehen und zu sprachlichen Vertiefungen führen sie ganz nebenbei.

Selbst produzieren heißt hier, dass sich die Kinder mit eigenen Themen auseinandersetzen können. Das Schreiben kann den Kindern helfen, sich mit sich selbst in Ruhe zu beschäftigen und auch eigene, traumatische Erlebnisse zu verarbeiten (Fuest, 2017, S. 32ff.). Die Kinder schreiben über sich und erfahren im Gespräch über ihre Texte auch, dass andere Schüler*innen ähnliche Erlebnisse haben. Das ermutigt und befreit. Die Kinder gewinnen Selbstvertrauen. Einige wollen ihre fertigen Produkte anderen zeigen. Wenn sich Kinder und Jugendliche dazu entscheiden, dass einige Texte auch anderen zur Verfügung gestellt oder vorgetragen werden sollen, dann folgt die Überarbeitungsphase. Wenn Schüler*innen im Sitzkreis gemeinsam über den Text sprechen, finden sie gute Ideen und machen Vorschläge, wie der Text zum Beispiel in der Schülerzeitung veröffentlicht wird und was daran verändert werden soll. Die Überarbeitungen können in der Klassengemeinschaft eine erste Resonanz finden, bevor sie in die Endform gebracht werden. Sie sind ein Produkt der gemeinsamen Arbeit.

2.5.5 Vom Freien Schreiben zur Rechtschreibung und »Lesen durch Schreiben«

Beim Freien Schreiben spielt die richtige Schreibung eine Rolle, weil die eigenen Gedanken ja an andere so transportiert werden sollen, sodass diese sie leicht entschlüsseln können. Für die Kinder ist so eine gemeinsame Rechtsschreibnorm im täglichen Gebrauch sinnvoll und nachvollziehbar. Wenn Schulanfänger*innen eigene Gedanken aufschreiben, bekommen sie von uns Lehrer*innen eine Anlauttabelle, mit der sie nach kurzer Einführung selbstständig die einfachen Wörter wie »Oma«, »Mama«, »Opa« und so weiter schreiben können. Konsequent führt so von Anfang an das Freie Schreiben zur Rechtschreibung. Die »Vorteile eines lautorientierten

Verschriftens« sind für den Einstieg in den Rechtschreibentwicklung gut belegt (Brinkmann, 2020). Wie dies in der Praxis bei uns funktioniert, erläutern wir auf einem Elternabend.

Dort fragt eine Mutter, ob denn die Kinder die »Rechtschreibung« und das Lesen lernten, wenn sie »nach Gehör« schrieben. Die »Methode Lesen durch Schreiben« wurde in diesem Zusammenhang mehrfach in Massenmedien und durch kritische Kommentare von Politiker*innen und Behörden in Zweifel gezogen (Hecker, 2020, S. 88ff.). Ich erkläre kurz die Anlauttabelle und zeige, dass ein einfaches Wort wie »Mama« für Lernanfänger*innen sofort zu begreifen ist, wenn wir es nach Gehör schreiben: Das »M wie Maus« als Laut steht am Anfang des Wortes. Die Lehrerin spricht den Laut vor und wiederholt ihn überdeutlich im Wort »Mama«. Die Lehrerin und das Kind begeben sich gemeinsam auf die Suche nach dem »Laut M«. Das Kind identifiziert dieses »M« am Anfang des Wortes und freut sich, dass der Erwachsene es bestätigt. Die Kommunikation ist sehr lebendig und macht Freude. Würde dort aber das »M«, gesprochen wie »em« stehen, hätte das Kind erst später eine Chance zu begreifen, dass das »M« ein Zeichen für einen Laut darstellt, der »m« gesprochen wird; hier wird also nicht »em-a-em-a« gelesen. Dies wäre eine *stoffliche Hürde* auf dem langen Weg, die Geheimnisse der Schriftsprache zu entdecken. Hier kann man tatsächlich von *entdeckendem* Lernen sprechen, wenn ein Kind erste eigene Wörter »nach Gehör« aufschreibt.

Das wechselseitige Übersetzen von Graphemen (»M«) und Phonemen (»m«, nicht »em«) lernen Kinder beim *Freien Schreiben* »eigener« Wörter oder Texte am besten (Spitta, 2018; Brinkmann, 2020). Dazu hilft die Anlauttabelle. Kinder lernen, aus den gesprochenen Wörtern die »Laute herauszuhören«. Dazu konzentrieren sie sich beim »Abhören« der Wörter auf die Laute. Insofern lernen wir *zuerst das Schreiben*, bevor wir den umgekehrten Vorgang, das Rückübersetzen der Buchstabenzeichen in Laute, also das Lesen, beginnen. Diesen Aspekt des Schriftspracherwerbs demonstriert der Schweizer Lehrer Jürgen Reichen (1939–2009) seit den 1980er Jahren. So lernen viele Kinder, dass sie abhören und die Begriffe überhaupt kennen müssen. Kurz: Erst das Lautieren und die dazu behilfliche Anlauttabelle ermöglichen dem Kind das Schreiben »eigener« Wörter (Brügelmann, 2013; Brinkmann, 2020). 70 bis 80 Prozent unserer Wörter sind »lauttreu«:

»Für den Lese- und Schreiblernprozess stellt die eigenaktive Entdeckung und Verinnerlichung der basalen Lauttreue unseres Schriftsystems das Fundament dar, auf dem die Kinder alle weiteren Erkenntnisse als innere Regeln aufbauen können. Erst wenn die Kinder – mit Schrift experimentierend – das Grundprinzip der Lautorientierung für sich als innere Basisregel ›erobert‹ und neuronal verankert haben, können sie weitere Strukturaspekte entdecken und integrieren. Es ist wie beim Hausbau: Wer die Basis nicht fest erbaut, kann nicht weiter drauf aufbauen!« (Spitta, 2018, S. 36)

Schritt für Schritt erkennen dann die Kinder, dass die Wörter nicht immer lautorientiert geschrieben werden:

Beispiel: Das Wort »Fahrrad«

Dieser Begriff enthält gleich mehrere für die deutsche Rechtschreibung typische Regeln: Zunächst schreiben Lernanfänger*innen – wenn sie schon sehr gut abhören können – das Wort mit den Großbuchstaben-Zeichen: »F A R A T« – sie haben es korrekt abgehört. Eine »stoffliche Hürde« oder Barriere würden wir als Eltern oder Lehrer*innen nun aufbauen, wenn wir sagten, das wäre »falsch«. Es ist ja für einen stolzen sechsjährigen Radfahrer oder eine Radfahrerin im Schriftspracherwerb kein Kinderspiel, sich dieses Wort selbst zu erarbeiten, in dem er oder sie die Laute aus dem gesprochenen Wort heraushört.

Im Laufe der Zeit kommen einige ganz einfache Regeln hinzu, die die Schreibung des Wortes »Fahrrad« nicht zum Abenteuer, sondern verständlich machen. Zunächst wird es *groß*geschrieben – man kann es ja anfassen. Dann kommen zwei »R« vor, denn das Wort besteht ja aus zwei Wortstämmen und Silben: »Fahr« und »Rad« – für jedes Kind verständlich und sogar bei gutem Sprachvorbild per Klatschen zu erfassen. Aber das Klatschen wird häufig überschätzt, weil die Kinder auch so ein Wort falsch klatschen würden: »Fahrad«. Das Stammmorphem »fahr« wird dabei vergessen – ein Problem beim Silbenkonzept (Bartnitzky, 2013, S. 7). Dann folgt das Dehnungs-h – als alte Wortstamm-Überlieferung: So wird manches Wort geschrieben, weil es aus alter Tradition so immer war. Und am Ende des Wortes finden wir das »d« und nicht das gehörte »t«. Die alt hergebrachte Regel heißt: »Wenn ich nicht weiß, wie ich schreibe ein Wort, dann verlängere ich es sofort«, »Fahrräder« – und das Kind hört spielend das »d«.

Rechtschreibung ist also doch kein Geheimnis. Es müssen einige »stoffliche Hürden« genommen werden, damit für Kinder das

Schreiben *barrierefrei* werden kann und sich keine Leserechtschreib-schwäche entwickelt.

Es ist wichtig, dass an genau diesem »Elternabend« auch studentische Mitarbeiter*innen des Teams anwesend sind und sich klarmachen, wie sie Kinder auf dem Weg zum selbstständigen Schreiben unterstützen können. In der freien Arbeitsphase, in der »Schriftstellerstunde«, beim Freien Forscher Club oder in Lesestunden – überall nutzen sie dieses methodische Handwerkszeug mit einzelnen Kindern.

Für uns im sozialen Brennpunkt gilt besonders: Schule darf keine Analphabet*innen erzeugen, die es in Deutschland in zu großer Zahl gibt. Nach Schätzungen einer Studie der Uni Hamburg von 2011 gibt es in Deutschland 2,3 Millionen Analphabet*innen (im engeren Sinne) zwischen 18 und 64 Jahren, und 7,5 Millionen Menschen sind funktionale Analphabet*innen, die nicht fließend lesen und schreiben können (Grotlüschen & Riekmann, 2011). Hier hat Schule versagt.

Ein möglichst regelmäßiges und eigenständiges Training mit Wörtern ist nötig und stellt ein *verbindliches Übungssystem* zur Sicherung eines Grundwortschatzes dar. So ist es nach unserer Erfahrung zentral, das »lautorientierte Verschriften« der Anfangsphase im ersten Schuljahr Schritt für Schritt durch eine Rechtschreibübungskartei zu ergänzen. Diese Kartei setzt etwa im zweiten Schuljahr ein und wird in der Sekundarstufe fortgesetzt. So konnten die Kinder mit der Rechtschreibkartei von Manfred Pollert und Gerhard Sennlaub *aufbauend* trainieren. Jedes Kind sollte im eigenen Tempo in der Kartei voranschreiten können. Auch wenn eine solche Kartei sich an durchschnittlichen Schüler*innen orientiert, ist sie dennoch für die meisten ein großer Gewinn, weil sie in ihrem ganz eigenen Tempo entweder selbstständig oder auch bei Bedarf mit individueller Unterstützung daran arbeiten können. Das herausragende Kennzeichen daran ist, dass die Texte hohe literarische Qualitäten haben und teils von Kinderbuchautor*innen stammen. Daher ist der Spaß an den Texten bei den Kindern sehr groß und die regelmäßigen Übungsfortschritte erleben die Kinder deutlich als Lernerfolge. Rechtschriftliche und grammatikalische Lerninhalte werden anhand der Texte auf den Karteikarten neu eingeführt, dann in kurzen Abständen wiederholt und durch zunehmend größer werdende Wiederholungsabstände gesichert. Aus *lernpsychologischen* Gründen ist ein solcher Wiederholungsrhythmus erforderlich und jedem unsystematischen Bearbeiten von Rechtschreibproblemen überlegen.

Geradezu kontraindiziert ist ein Vorgehen, das Rechtschreibphänomene vergleichend darstellt, wie zum Beispiel Auflistungen von Wörtern mit verschiedenen Schreibungen von s-Lauten: »ss«, »ß«, »s«, »z«, »tz« und so weiter. Hier werden nicht nur die unsicheren Schüler*innen wegen der Ähnlichkeit der Phänomene verwirrt und können anschließend kaum sicher schreiben. Lernpsychologische Gesetzmäßigkeiten sollten immer vorrangig beachtet werden. Jedes Kind erarbeitet sich Schritt für Schritt die Rechtschreibsicherheit.

Eine lernpsychologisch aufgebaute Übungskartei vermittelt den Schüler*innen einen Grundwortschatz und eine grundlegende Kompetenz mit Blick auf Rechtschreibregeln, wie sie im Folgenden am Beispiel eines Kindes gezeigt wird.

Achmet ist im dritten Schuljahr. Er ist noch ganz mit dem Abhören der Laute im Wort beschäftigt. Er kann zwar schon lautgetreu schreiben, aber noch achtet er nicht auf *Groß- oder Kleinschreibung*. Andere Kinder jedoch, auch Zweitklässler*innen, haben diese Regel schon erlernt. Achmet nicht – und wenn wir ihm dies nicht beibringen, kann es sein, dass er noch im 5. Schuljahr Unsicherheiten in diesem Bereich hat.

Achmet, wie auch andere Kinder, die an dieser »kritischen Stelle« arbeiten, bekommen in dieser Entwicklungsphase in der altersgemischten Klasse ein regelmäßiges und vor allem passendes »Wort-Diktattraining«, bei dem immer wieder Wort für Wort geprüft wird, ob ein »lautgetreues« Wort groß oder klein geschrieben wird: »malen«, »Hose«, »Hase«, »laufen«, »kaufen«, »Oma«, »grün«, »leise«, »Tisch«, »böse« und so weiter.

Die wiederholte Erklärung der Regel, dass ein Nomen großgeschrieben wird, kann Achmet alleine nicht behilflich sein. Er muss das Phänomen »Nomen« erst richtig begreifen. »Alles, was ich anfassen kann ...«, ist *eines von mehreren* Prüfkriterien. Fast immer kann ich auch eine Probe mit dem Nomen machen: »ein Haus« – »viele Häuser«, »eine Lampe« – »viele Lampen«.

Wichtig ist hier auch, dass die Übungen für den Rechtschreibbereich an Texten erfolgen, die für die jeweilige Altersgruppe *anspruchsvoll und lebensnah* sind. Am besten sind literarische Texte oder Sachtexte, die auch fächerverbindend verzahnt sind und dennoch einer *fachdidaktischen* Rechtschreibsystematik folgen (wie in der alten Rechtschreibkartei von Sennlaub & Pollert oder als Kopiervorlagen in Sennlaub [o.J.] zu finden).

Die *stofflichen Hürden* (Meyerhöfer, 2011) liegen sowohl im Verstehen als auch in dem Phänomen des Schreibens selbst: *Erst prüfen, dann schreiben*. Dies zu automatisieren, geht nicht ohne Training. Achmet lernt nun, vor dem Schreiben des Wortes darauf zu achten und sich auf die Prüf-frage (»Anfassen oder nicht?«) zu konzentrieren.

Dabei müssen Wörter in ihrer Bedeutung geklärt werden, die ein Mi-grantenkind noch nicht kennt. Wie soll Achmet prüfen können, ob das Wort »Lampe« großgeschrieben wird, wenn er die Bedeutung dieser Vo-kabel bisher noch nicht kannte. Er muss eine Vorstellung von dem Wort bekommen. Ohne eine Lampe je gezielt in ihrer Funktion als Lichtquelle erfahren und einen Schalter der Lampe betätigt zu haben, kann ein Kind diesen Begriff nicht »be-greifen«. Es fehlt dann das innere Bild davon, und somit fehlt die Voraussetzung, die Rechtschreibregel anwenden zu können. Schritt für Schritt automatisiert sich die Probe des Wortes bei Achmet immer mehr. Dieses Prüfen eines jeden Wortes vor der Schreibung (»Wortinhalt klar?«, »Kann ich es anfassen?«) scheint banal zu sein, aber wird zuweilen vernachlässigt und führt zu Rechtschreibproblemen, die sich zu einer großen Unsicherheit im Jugendalter auswachsen können. Dies gilt besonders bei Migrant*innen, deren Sprachkompetenz sich zunächst nur als Werkzeug für den *alltäglichen* Gebrauch eignet und sich noch nicht für die inneren Denkprozesse (»Zwiegespräche«) entwickelt hat. Unter Mig-rant*innen ist die Angst vor der Schule stärker verbreitet als bei Deutschen (Peter, 2018). Sie haben ein Recht auf bessere Startbedingungen.

2.5.6 Klassengemeinschaft als Produktionsgemeinschaft

Die schuleigene Rockband, der Chor, die Herausforderungen, der Schul-zirkus, die Schülerzeitung sind Beispiele für Angebote, in denen Schüler*in-nen etwas angstfrei ausprobieren oder vertiefen können. Es muss ihnen der Freiraum eingeräumt werden, »eine Erfahrung zu einem Abschluss zu bringen« (Dewey, 1988 [1934], S. 51). Das Ergebnis ist dann die »Folge eines Prozesses« (ebd.). Gemeint ist hier, dass man nicht an der Oberfläche bleibt, sondern Widerstand als »Anregung zum Nachdenken« betrachtet, statt als »Hindernis, das aus dem Weg geschafft werden muss« (ebd., S. 58).

Am Beispiel des Freien Schreibens wird deutlich, wie Kinder im obigen Sinne ermutigt werden können.

Die Herstellung einer Schülerzeitung (auch als online-Ausgabe) kann ein Abschluss einer intensiven Suche und Auseinandersetzung sein. Die in der Schülerzeitung erfolgreich veröffentlichte Arbeit ist zugleich ein »Leistungsnachweis«. Schüler*innen sind selbst *aktiv* daran beteiligt, ihre

»Leistung« zu präsentieren, und überwinden die passive Rolle, die sie in einer unter Zeitdruck stehenden »Klausur«, »Klassenarbeit« oder »Testung« ansonsten hätten. Sie bestimmen dabei selbst den Zeitpunkt ihrer »Leistungserbringung«. Zudem profitieren andere Schüler*innen davon, welche Arbeit die anderen veröffentlichen. Das Endprodukt hat durch die gemeinsame Überarbeitung und Verbesserung ohnehin eine vorbildliche Funktion für andere. Es reizt zudem, etwas Ähnliches zu versuchen.

Grundsätzlich gilt es, die *Klassengemeinschaft als Orientierungspunkt* im Auge zu haben und dort die eigenen Fähigkeiten zu entwickeln, Erfahrungen zu machen und besondere Begabungen einzubringen. In Kapitel 3 berichten wir dazu aus der Schulpraxis unter Corona-Bedingungen und rücken ebenfalls die Klassengemeinschaft in der Notlage ins Zentrum.

Zum speziellen Training sind gesonderte *Neigungsgruppen, Werkstätten* oder *Wahlkurse* möglich. Auch außerschulische Institutionen (Musikschule, Theater, Sportverein, Zirkus und andere) und Künstlerinnen und Künstler unterstützen Lernorganisationen. Möglichst oft bildet die Klassen- und die Schulgemeinschaft eine Klammer. Jeder kann sich einbringen und seine Bezugspersonen finden, die ihn in seinen besonderen Fähigkeiten und Interessen unterstützen und ermutigen, seinen eigenen Weg weiterzugehen und nicht an der Oberfläche zu bleiben. Dazu sind die Mitschüler*innen in der Klasse wichtig. Nur in der Auseinandersetzung mit anderen Perspektiven erfahren Kinder und Jugendliche ihre eigene Position und ihre Interessen. Eine Trennung der Aktivitäten kann also ohne den Bezug zur Gemeinschaft kaum sinnvoll sein.

2.6 Entlastung der Pädagog*innen in der Brennpunktschule

Das Bild von einer altersgemischten Gruppe im Erziehungsheim mit verwaisten und verwahrlosten Kindern (Abbildung 3) stellt für unsere solidarische Pädagogik im Brennpunkt ein starkes Modell dar. Johann Heinrich Pestalozzi gibt die Antwort auf die Frage, wie Pädagog*innen mit ihrer großen Verantwortung umgehen können: Man muss sie »zu Geschwistern machen«. Altersmischung wird damit zu einem Entlastungskonzept und zugleich zu einem solidarischen Prinzip für Pädagog*innen.

Um die Belastung für die Pädagog*innen im Brennpunkt so gering wie möglich zu halten und dies nicht auf Kosten der Integration aller Schüler*in-

Abbildung 3: »Die Menge und Ungleichheit der Kinder erleichterten meinen Gang. So wie das ältere und fähigere Geschwister unter dem Auge der Mutter den kleinern Geschwister leicht alles zeigt, was es kann, und sich froh und gross fühlt, wenn es also die Mutterstelle vertritt, so freuten sich die Kinder, das, was die konnten, die andern zu lehren. Ihr Ehrgefühl erwachte, und sie lernten selber gedoppelt, indem sie das, was sie wiederholten, andere nachsprechen machten. So hatte ich schnell unter meinen Kindern selbst Gehülfen und Mitarbeiter [...], die in den Fertigkeiten, die Schwächern das, so diese noch nicht konnten zu lehren, mit Anstalt immer vorgerückt, und für die Augenblickbedürfnisse der Anstalt ohne Zweydeutigkeit brauchbarer und vielseitig brauchbarer geworden wären, als angestellte Lehrer« (Pestalozzi, 1982 [1799b])

nen des Schulumfeldes geschehen zu lassen, stellen wir hier ein Verfahren vor. Es geht in diesem Fall darum, dass die anspruchsvolle Arbeit möglichst gerecht auf die Klassenlehrer*innen und ihre Teams verteilt werden.

Ideal im Sinne der gerechten Verteilung und damit auch für die Entlastung der pädagogischen Arbeit ist die Struktur in altersgemischten Klassen: 50 Schulanfänger*innen werden nicht wie üblich in zwei erste Klassen mit jeweils 25 Kindern verteilt, denn dann würden etwa die zehn Kinder mit besonders auffälligem Unterstützungsbedarf nur auf zwei Gruppen verteilt werden. Wenn wir dagegen zum Beispiel in sieben altersgemischten Klassen der Jahrgänge 1 bis 3 einschulen, können wir die Kinder so verteilen, dass in jeder Klasse ähnliche Zusammensetzungen zu finden sind.

Dies hat den Vorteil, dass »schwer zu führende« Kinder nicht mit anderen »auffälligen« Kindern in einer Klasse zusammenkommen müssen.

Als wir in der Brennpunktschule Berg Fidel bis 2002 noch reine Jahrgangsklassen hatten, waren die Lehrpersonen im ersten Drittel des Schuljahres überwiegend damit beschäftigt, immer wieder die Regeln des Zusammenlebens aufzubauen. Eine reine 1. Klasse mit Schulanfänger*innen müsste zunächst einmal Regelstrukturen schaffen, in denen das Zusammenleben gelingt.

Seitdem wir 2002 die altersgemischten Klassen der Jahrgänge 1 bis 4 oder später ab 2014 dann die Klassen der Jahrgänge 1 bis 3 hatten, lief der Schulanfang für die »Neuen« immer unbemerkter und weniger spektakulär. Die Teams der Pädagog*innen übergaben einen Teil der Aufgabe der Integration neu hinzugekommener Kinder den Schüler*innen; Patenschaften stützten die verunsicherten »Neuen«. Deutlich setzte erst die Entlastung ein, als die Altersmischung in jeder Klasse aufgebaut war. Die Kolleg*innen waren sehr viel entspannter. Die Neuen wurden auf sieben Klassen verteilt, sodass in jeder Klasse nur etwa 6 bis 8 Kinder neu integriert wurden. Es gab früher Jahrgänge, die knapp 60 Schüler*innen integrierten, sodass zwei Klassen mit 30 Kindern gebildet werden mussten – im darauffolgenden Jahr waren es dann aber drei Klassen mit nur 22 Kindern, weil mehr Anmeldungen vorhanden waren. Diese Ungleichheit der Klassengrößen blieb für die gesamte Grundschulzeit bestehen.

Dieses Phänomen gibt es bei der altersgemischten Klasse nicht mehr: Hier werden die besonders starken Jahrgänge sich kaum auf die einzelnen Klassen auswirken, weil sie auf alle sieben Klassen verteilt sind.

Zusätzlich zu dieser strukturellen Verbesserung der Rahmenbedingungen setzten wir unsere bewährte Praxis fort, die zukünftigen Erstklässler*innen in den Kindertagesstätten vorher kennenzulernen und zu besuchen. Der Übergang vom Kindergarten zur Schule gelang auf diese Weise bereits leichter. Wir richteten im Mai einen *Schulbesuchstag* ein, an dem die neuen Kinder in ihre zukünftige Klassengemeinschaft eingeladen wurden. An dem Tag waren die Ältesten der jeweiligen Klassen zu Besuch in ihren zukünftigen Klassen (Jahrgang 4 bis 6 seit 2014). So erlebten die Neuen ihre zukünftige Klasse bereits an einem »ersten Schultag«, bevor das Schuljahr überhaupt im August angefangen hatte.

Weitere Kontakte und Besuche erfolgten. So vereinbarte ein Pädagoge, eine Pädagogin, der Klassen 1 bis 4 beziehungsweise 1 bis 3 einen Hausbesuch bei den Eltern, um die Kontakte schon vor Schulbeginn mit einer freundlichen Geste beginnen zu lassen. Der Kultur des Willkommen-Hei-ßens begegneten dann die Eltern auch oft mit freundlichen Einladungen zum landesüblichen Kaffee oder Tee. Das neue Schulkind konnte erleben, wie wichtig es ist und wie sehr es im Mittelpunkt des Interesses steht. Eltern und Schule bauten schon vor Schulbeginn eine Brücke, die es nachher leichter machte, mit den Familien auf solidarische Weise zu arbeiten. Oft trug diese gute Beziehung zu den Eltern über Jahre.

Sehr entscheidend dafür war auch immer die sensible Verteilung der Schüler*innen. Die ersten Kontakte zu Kind und Familie ergaben sich immer bei der Anmeldung: Hier war entscheidend, dass die Kinder und Eltern von Beginn an spürten, dass sie auf jeden Fall willkommen sind – egal, welche Sorgen sie mitbringen, ob das Kind eine besondere Unter-stützung braucht oder ob es ein Verhalten zeigt, das nicht sozial verträg-lich ist.

Bei der Anmeldung wird von jedem Kind ein Foto gemacht und jedes Kind wird gebeten, ein Bild zu malen. Es wird nach seinen Geschwistern gefragt und ernst genommen, wenn besondere Wünsche bezüglich der Schule bestehen. Aus diesem ersten halbstündigen Kontakt ergeben sich Informationen, die in die Entscheidung mit einfließen, in welche Klasse das Kind kommen soll. Eltern äußern oft auch Wünsche, mit welchen befreun-deten Kindern sie das Kind gerne in der Klasse sehen würden.

Eine Sozialpädagogin der Schule besucht das Kind zusätzlich im Kinder-garten und nimmt dort auch Kontakt zu den Erzieherinnen auf und lädt auch Eltern zu einem Gespräch ein, falls es besondere Bedarfe gibt.

Bei Kindern mit sonderpädagogischem Unterstützungsbedarf müssen bereits die geeigneten Vorkehrungen vorbereitet werden, damit der Über-gang in die Schule möglichst reibungslos gelingen kann. So können zum Beispiel Kinder mit einer Behinderung in ihrem sozialen Umfeld des Kindergartens beobachtet werden. Wir können auf diese Weise Schlüsse ziehen, mit welchen Kindern das neue Kind am besten aufgehoben ist und wo sich das Klassenteam unterstützend darauf einstellen kann. Kinder, die mit einer Schulbegleitung in die Schule kommen, entlasten dann zukünftig auch ein Klassenteam. Daher muss genau geschaut werden, welche heraus-fordernden Aufgaben in jedem klasseneigenen Team von Pädagog*innen zu bewältigen sind (zum Teammodell siehe ausführlich Stähling & Wen-ders, 2015).

Wenn sich auf diese Weise bereits eine gute Vertrauensbasis zwischen Schule und Familie des neuen Kindes gebildet hat, können wir vor dem ersten

Schulbesuchstag zu einer Entscheidung kommen, welches Kind in welche Klasse kommt.

Wichtig dabei sind unter anderem die Fragen,

➤ ob Geschwister zusammen in eine Klasse sollen;

➤ ob bestimmte Freund*innen zusammenkommen sollen;

➤ ob schon ein Kind in der Klasse ist, welches das neue Kind bereits kennt;

➤ ob und wie viele Schulbegleiter*innen im kommenden Schuljahr in der Klasse arbeiten;

➤ ob die Eltern schon zu Pädagog*innen eines Teams Bezüge aufgebaut haben;

➤ ob das neue Kind zum Beispiel besondere Pflege oder barrierefreien Zugang braucht und dies räumlich und personell gesichert ist;

➤ ob in einem Klassenteam stabile Verhältnisse herrschen oder ob es zu voraussehbaren Personalwechseln kommen wird;

Anhand der genannten Punkte wird in vielen mehrstündigen Sitzungen entschieden, welches Kind in welche Klasse kommen kann. Zusammenfassend lässt sich aus der Erfahrung sagen: Wenn der Übergang in eine Klasse gut vorbereitet und geplant ist, entlastet es alle Beteiligten und so kann auch trotz schwieriger Rahmenbedingungen ein erfolgreiches Lernen beginnen. Die Pädagog*innen sind entlastet, weil die gute Planung ihnen eine Menge an Arbeit abnimmt, die sie andernfalls als ständige Überlastung empfinden könnten.

Diese differenzierte Planung bedeutet Entlastung und ermöglicht Inklusion. Wenn gleichzeitig durch die Schulleitung die Haltung gelebt wird, dass kein einziges Kind der Schule verwiesen oder in Sondereinrichtungen überwiesen werden kann und zugleich Unterstützung für die Teams signalisiert wird, sind das hilfreiche Bedingungen für eine Brennpunktschule.

Weitere Beispiele für Entlastung

Das Beispiel des Schulanfangs, der gut strukturiert eine Arbeitsentlastung schafft, ist nur ein Modell für viele Formen der strukturellen Erleichterung der Inklusion, damit es für die Kolleg*innen nicht zu schwer wird.

Es lässt sich übertragen auf:

➤ die Bildung von multiprofessionellen Teams und wöchentlichen Teamsitzungen für jede Klasse (Stähling & Wenders, 2015);

➤ die regelmäßige Teamsupervision in jedem Team (ebd.);

➤ den Einsatz von Langzeit-Praktikant*innen, Lehramtsanwärter*innen und Schulbegleiter*innen für bestimmte Kinder in jedem Klassenteam (ebd.);

➤ die Vertretungsregelung in eigenständiger Absprache in den Klassenteams (ebd.);

➤ die Freie Arbeit jeden Morgen in jeder Klasse (siehe Kapitel 2.3);

➤ den wöchentlichen Klassenrat in jeder Klasse (siehe Kapitel 2.4);

➤ den gebundenen Ganztag in jeder Klasse als Erweiterung der Pädagogik der Schule unter anderem mit der Abschaffung des 45-Minuten-Taktes (Stähling, 2011a);

➤ die Nutzung der Mehrzweckräume für den Ganztagsbetrieb, sodass jede Klasse zwei Räume erhält und teilweise in der eigenen Klasse essen kann (ebd.);

➤ die fächerübergreifende Zusammenarbeit in den Klassenteams (Stähling & Wenders, 2015);

➤ die fächerübergreifenden Projekte in der Hand des klasseneigenen Teams (Stähling & Wenders, 2018; Kapitel 3);

➤ den Einsatz als Klassenlehrer*in mit möglichst vielen Stunden in der eigenen Klasse (ebd.);

➤ den Einsatz als Fachlehrer*in mit möglichst vielen Stunden in möglichst wenig Klassen (Stähling & Wenders, 2018);

➤ die Leistungsbeschreibungen auf dem Zeugnis (Stähling & Wenders, 2013b);

➤ die individuellen Entwicklungspläne für einzelne Kinder mit der Möglichkeit, deren Schulzeit vorübergehend zu kürzen, um ihnen die Möglichkeit zu verschaffen, dass ihnen die Schule gelingt und sie wieder Freude haben, dort zu lernen (ebd.).

Wenn Pädagog*innen mit Unterstützung durch die Schulleitung all diese Maßnahmen anwenden, kann man von »Ungehorsam im Schuldienst« sprechen, weil all dies in der Regel nicht selbstverständlich ist und bekämpft wird. Viele erfahrene Schulleiter*innen können davon berichten (ebd.). Unter Umgehung der vermeintlichen Vorschriften ist oft eine »kreative« Lösung möglich, die auch von weitsichtigen Schulaufsichten toleriert wird.

3 Corona – aus der Krise eine Chance machen!

Die »feinen Unterschiede« werden sichtbar

Kurz gefasst: In diesem Kapitel berichten wir aus der Praxis, wie wir als Brennpunktschule, die stärker als andere Schulen von Corona-Infektionen 2020/2021 bedroht ist und war, mit der gesundheitlichen Gefährdung umgehen. Dabei wird deutlich, wie Familien in engen Wohnverhältnissen besonders von der Pandemie betroffen sind. Als Schule reagieren wir, indem wir auf klassenübergreifende Angebote verzichten, die auch vor der Corona-Zeit Nachteile boten. Vielmehr konzentrieren wir uns auf den Klassenverband, die klasseneigene Projektarbeit und die Stärkung der klasseneigenen Teamarbeit der Pädagog*innen sowie auf intensive Kontakte zu den Familien. Die jahrzehntelang gewachsenen Erfahrungen im Brennpunkt hatten sinnvolle Strukturen der Schule geprägt. So hielten wir bereits ein passendes Konzept für die Krise bereit, das auch bürgerliche Eltern überzeugen konnte.

3.1 Königswasser zeigt, was wirklich Gold ist

»Schule während der Corona-Krise: Wenn nur noch WhatsApp weiterhilft
    Eine Schule im sozialen Brennpunkt versucht, ihren Schüler*innen mit Fernunterricht weiter nah zu bleiben. Das ist gar nicht so leicht.
    Diese Woche bekam die Grundschullehrerin Ilka Pelke aus Münster eine Nachricht von einem ihrer Schüler. ›Der Junge hatte mich über WhatsApp angeschrieben, er wollte weitere Aufgaben von mir‹, erzählt Pelke am Telefon. Kein Problem, die Schule benutzt schließlich schon seit einiger Zeit eine Lernplattform, alle Schüler und alle Lehrer haben eine schuleigene E-Mail-Adresse. Pelke schickte dem Zehnjährigen die Aufgaben. So richtig klappte das aber nicht. Der Schüler: Er erhalte immer die Fehlermeldung ›Kein Drucker gefunden‹. Die Lehrerin: ›Habt ihr einen neuen Drucker?‹ Der Schüler: ›Ich glaube, wir haben gar keinen‹.

171

>Bis wir an dem Punkt waren, haben wir garantiert schon 15 Minuten hin und her gechattet<, erzählt Pelke und lacht. >Dann haben wir ähnliche Aufgaben besprochen, die er mit dem Material bearbeiten konnte, das wir am letzten Schultag mitgegeben hatten<« (Lehmann, 2020).

Corona-Krise im März 2020: Die Schule ist geschlossen. Ziel ist es, die Ausbreitung des Virus einzudämmen. Die Intensivstationen sollen nicht überfüllt werden, damit niemand sterben muss, weil keine Beatmung möglich ist. In unserer Schule leben und lernen 550 Schüler*innen. Wir bemühen uns, mit allen in Kontakt zu kommen – per E-Mail, Telefon, SMS oder anders geht es bei den meisten. Viele haben sich ein Paket mit Schulaufgaben aus der Schule abgeholt. Nach zwei Wochen Schulschließung sind etwa 40 Kinder noch nicht in Kontakt mit uns. Nach der ersten Woche waren es noch etwa 80 Kinder, die noch keinen Kontakt zu uns hatten. Sie waren nicht zu erreichen. Einige Tage später schaffen es die Lehrpersonen der Schule, die Zahl der noch nicht erreichten Familien auf 18 zu senken. Die Kinder haben teilweise keine Laptops oder Drucker, die sie brauchen. Hier müsste man gegensteuern, indem man diesen Familien einen Laptop zur Verfügung stellt und den Zugang ins Internet beispielsweise nur für Lernprogramme freischaltet. Dies geschieht aber bis zum Herbst 2020 noch nicht, auch wenn politische Verlautbarungen anders klingen.

Diese Kinder sind auch im Schulalltag oft nur über direkte menschliche Beziehung gut zu erreichen – da das jedoch jetzt wegbricht, sind wir nun auf andere Wege angewiesen, maßgeblich über Telefonate. Die Kinder stammen aus benachteiligten Familien und leben in einfachen Wohnverhältnissen. Unsere Sonderpädagog*innen telefonieren mit den Familien und geben Pakete mit Lernmaterial in die Post. Wir bauen einen Blog auf, der allen Kindern der Schule ermöglicht, falls sie etwas schreiben möchten, sich zu äußern und ihre Meinung und Befindlichkeit in Corona-Zeiten loszuwerden.

In der Regel haben unsere Schüler*innen zu Hause Arbeitsaufgaben und stehen in Kontakt mit den Klassenlehrer*innen. Unsere Schüler*innen des Jahrgangs 10 arbeiten besonders fleißig – täglich teilweise mit Stundenplan, den die Lehrer*innen vorgeben und dann per Internet auch direkt mit den Schüler*innen kommunizieren. Die Lehrer*innen korrigieren die Arbeiten der Schüler*innen. Manche Schüler*innen sind dabei sehr erfolgreich und deshalb auch weniger verunsichert in Bezug auf ihre Abschlussprüfung.

Eine Klassenlehrerin aus Jahrgang 10 bereitet ihre Schüler*innen auf den Abschluss, die Zentralen Prüfungen, zum Beispiel in Deutsch vor. Sie macht sehr gute Erfahrungen mit dem Online-Unterricht in großen Gruppen (bis zu 28 Schüler*innen). Interessant ist, dass die Lernbereitschaft der meisten Schüler*innen recht hoch ist und die Eltern sehr dankbar sind für das Angebot. Unsere üblichen Eltern-Kind-Sprechtage finden in dieser Zeit online statt. Die Schüler*innen äußern große Zufriedenheit darüber, dass ihre Lehrerin sie auch per Internetkonferenzen auf die Prüfungen unter anderem in gemeinsamen Unterrichtsgesprächen vorbereitet. Aber immer sind etwa fünf Schüler*innen ihrer Lerngruppe nicht zu erreichen oder beteiligen sich nicht.

Eine andere Lehrerin ist Mathematikerin. Sie lernt mit ihren Schüler*innen aus den Jahrgängen 7 bis 9 regelmäßig und kommuniziert über Videokonferenzen. Auf dem iPad spielt sie konkrete Prüfungsaufgaben durch. Einzelne Schüler*innen, die zu Hause kaum digitale Medien haben, können dennoch an die Medien herangeführt werden. Sie zeigen Interesse. Aber es bleiben Schüler*innen übrig, die abgehängt sind. »Sie haben den Anschluss nicht gefunden«, hören wir von den Lehrer*innen.

Nach der Analyse der »feinen Unterschiede« auf Basis der soziologischen Analyse der (französischen) Schule kommt Pierre Bourdieu (2018a [1966]) zu dem Schluss, dass Schule nicht nur von der Gesellschaft geprägt wird, sondern »einer der wirksamsten Faktoren der Aufrechterhaltung der bestehenden Ordnung« (S. 7) ist. Das Schulsystem stabilisiert die soziale Ungleichheit in der Gesellschaft, indem es ihr »den Anschein von Legitimität« verleiht (ebd., S. 7), zum Beispiel durch eine sogenannte »gerechte Benotung« oder – wie in der Corona-Krise – durch die »für alle gleichen Chancen«, sich auch an der Videokonferenz der Klasse zur Vorbereitung der Abschlussprüfung zu beteiligen.

Benachteiligt in Corona-Zeiten sind Kinder, die in Familien aufwachsen, die sich keinen Computer und Internet-Anschluss leisten können. Eine Berufsschullehrerin aus dem Ruhrgebiet legt es in der *Süddeutschen Zeitung* offen:

»Das Virus, so glaubt Stefanie W., lege eigentlich längst bekannte Missstände offen: ›Corona wirkt wie Königswasser‹, also so wie jenes Säuregemisch, mit dem Chemiker erkennen, was wirklich Gold ist. Und was nicht. Beim Home-Schooling vor den Osterferien habe man manche Schüler aus sozial schwachen Familien ›einfach verloren‹, sagt sie, trotz Anrufen, Mails, Hausbesuchen. Ihre Schule hat noch immer kein Internet, derweil sei auf der Privatschule nebenan der Unterricht voll digital weitergegangen: ›Corona treibt die Unterschiede auf die Spitze‹« (Wernicke, 2020).

Eine Lehrerin, die versucht, mit äußerster Anstrengung zu benachteiligten Schüler*innen während der Schulschließung den Kontakt zu halten, mildert die Ungleichheit. Aber nun haben alle Leute »andere Sorgen«, als sich um die zu kümmern, die »es sowieso nicht schaffen würden, auch wenn es keine Schulschließung gäbe«. Wie leicht wird auch hier wieder eine Priorität getroffen, wer die derzeitige Zuwendung bekommen kann? Ist dies der Triage-Entscheidung im Gesundheitswesen ähnlich, wenn das Leben eines Menschen aufgegeben wird, weil eine rettende Maschine für einen anderen gebraucht wird, der »eher berechtigt ist«, das Unterstützungssystem zu nutzen?

Wie stehen diejenigen dazu, die – wie es Bourdieu (2018a [1966]) sagt – der »Ideologie von der ›befreienden Schule‹« (S. 7, 31) anhängen? Haben wir als Reformschule einen blinden Fleck, wenn wir an die *gesellschaftsbildende Kraft der Schule* glauben, wie Fritz Hoffmann (1898–1976) es formuliert hat? Hoffmann war Gründer und erster Schulleiter der reformorientieren Fritz-Karsen-Schule in Berlin-Neukölln, der ersten deutschen Gesamtschule nach dem Zweiten Weltkrieg.

Wie andere Schulen im Brennpunkt auch, bekommen wir zu wenig Ressourcen. Human und gerecht ist eine Schule, die sich mit den Familien aus Armutsverhältnissen in der eigenen Schulgemeinde solidarisiert und um die Kinder in ihren konkreten bedrohten Lebenslagen kümmert. Leicht können engagierte Schulen wie unsere ungewollt als Feigenblatt missbraucht werden, um zu zeigen: Die Gesellschaft macht ja was für die Benachteiligten in den Brennpunktschulen – auch in Corona-Zeiten.

Eine solche Denkweise wirkt auf die Betroffenen wie Hohn und Spott. Die Vernachlässigung der Schulgebäude in Brennpunkten und verarmten Vierteln führt zu Gesundheitsgefährdungen. Eine Gesamtschullehrerin aus dem Ruhrgebiet, Mitglied der Schulleitung einer Brennpunktschule, erläutert die Gefahr einer frühzeitigen Lockerung der Corona-Beschränkungen für ihre benachteiligten Schüler*innen und Familien und deren Lehrkräfte:

> »›Falls die Regierung nächste Woche die Schule öffnet, lasse ich meine Schüler und Kollegen ins Verderben laufen.‹ Dann würden Schulen wir ihre, also baulich marode Bildungsanstalten an Nordrhein-Westfalens sozialen Brennpunkten zu ›Corona-Verteilanstalten‹« (Wernicke, 2020).

Die Gefährdung der Gesundheit trifft hier wieder besonders die Brennpunkte. Die Lehrerin der Gesamtschule führt aus:

»Ihre Schule sei runtergekommen. Da könne sich das Virus frei tummeln. Etliche Klassenräume ließen sich nicht mal belüften. Die Fenster würden klemmen, aus Sicherheitsgründen seien bei Kipprahmen sogar die Griffe abgeschraubt worden. Oder die dunklen Rollläden würden runterhängen, weil die Ziehgurte verschlissen seien. Etliche Korridore seien nicht mal zwei Meter breit, vor dem Unterricht komme es da regelmäßig zu Rangeleien: ›Da müssen wir eigentlich dazwischen gehen.‹ Trotz Corona« (ebd.).

Gerade die notwenige Hygiene bei der Abwehr des Corona-Virus ist in solchen benachteiligten Schulen erschwert. Lehrer*innen berichten, »auf den Schultoiletten hingen seit Jahr und Tag keine Seifenspender. Und nirgendwo Halter für Papierhandtücher« (ebd.).

Benachteiligte Schüler*innen infizieren sich 3,5-mal häufiger mit Corona als andere, wie eine Wiener Studie im November 2020 feststellt und dabei außerdem erneut internationale Studienergebnisse bestätigt, dass Kinder genauso infektiös sind wie Erwachsene (Nimmervoll, 2020). Benachteiligte tragen auch die größeren Lasten der Einschränkungen durch Corona-Maßnahmen: Jörg Ramseger berichtet zum Beispiel über eine gerade nach Deutschland eingereiste Dortmunder Flüchtlingsfamilie, die in Quarantäne zu Hause festgesetzt wurde, die seit drei Tagen keine Lebensmittel und keine Babynahrung für das Kleinkind hatte: »Man hatte den Eltern eingeschärft, dass sie die Wohnung bei Strafe nicht verlassen dürften, ohne dass sich irgendjemand darum gekümmert hätte, für die Familie, die niemanden sonst in der Stadt kannte, Einkäufe sicher zu stellen« (2020b, S. 38).

Die Corona-Pandemie wirkt wie Königswasser und zeigt, was wirklich Gold ist. So wie das Säuregemisch Königswasser Gold von anderem Metall trennt, kann die Krise uns bei der Analyse helfen, wer in Schule und Gesellschaft begünstigt ist und wer am stärksten benachteiligt wird.

Die deutlichste Trennlinie liegt hier nicht zwischen Behinderten und Nicht-Behinderten, auch nicht zwischen psychisch Kranken und Gesunden, auch nicht zwischen Menschen mit Migrations- oder Fluchtvorgeschichte und Menschen mit deutschen Wurzeln, und auch nicht zwischen Angehörigen der christlichen Kirchen und Angehörigen islamischer Religionen und nicht zwischen Mädchen und Jungen. Diese Unterschiede lenken nur ab von den wesentlichen Ungleichheiten.

Die entscheidende Trennlinie liegt zwischen Arm und Reich: Wenn Familien, die in Armut leben, zusätzlich eine Migrations- oder Fluchtvorgeschichte haben und zum Beispiel ein Elternteil psychisch krank ist und ein Kind körperbehindert, dann finden wir bei ihnen häufig viel Elend und Benachteiligungen auf allen Ebenen des gesellschaftlichen Lebens. In der Schule ist dann nur selten ein Lernerfolg zu sehen. Wenn dagegen eine finanziell begünstigte, abiturnahe Familie aus dem Ausland stammt, dann aber zum Beispiel ein Elternteil psychisch krank ist und ein Kind körperbehindert, dann finden wir häufig ein geringeres Maß an Benachteiligung. Auch in der Schule sind dann Erfolge zu verzeichnen.

Ebenso können wir umgekehrt erkennen: Wenn wegen Arbeitslosigkeit in Armut abgerutschte Familien mit einem hohen kulturellen Kapital einige Kinder besondere Fähigkeiten haben, werden diese Kinder manchmal auch in der Schule zu Erfolgen kommen.

Die Abhängigkeit der Schulerfolge von dem Einkommen der Eltern ist in Deutschland besonders hoch geblieben. PISA-Studien zeigen dies fortwährend, die Ergebnisse haben sich kaum geändert (Reiss et al., 2019, S. 129ff.). Bourdieu (2018b [1982], S. 195ff., 2018c [1998], S. 18ff.) zeigt nach gründlichen Analysen und an vielen Beispielen, dass das »Gesamtkapital« einer Familie aus der Summe mehrerer Quellen bestehen kann, was in vereinfachter Form auf die Formel zu bringen ist: Das *ökonomische* Kapital (die Einkommensverhältnisse) plus das *kulturelle* Kapital (Schulsprache, Haltung, Schulabschluss und so weiter) ergeben das Gesamtkapital. Und dieses Gesamtkapital beeinflusst die schulischen Erfolge in unserer Gesellschaft (Bourdieu, 2018b [1982], S. 204ff.). Kinder mit niedrigerem Gesamtkapital sind benachteiligt gegenüber Kindern, die ein höheres Gesamtkapital haben. Der heute verwendete Begriff der »bildungsfernen« Familien ist diskriminierend und unterscheidet nicht zwischen diesen Kapitalsorten. Unser Buch geht bei all diesen Befunden der Frage nach, welche Schule diese Benachteiligten wirklich brauchen. Wer ein *geringes ökonomisches und kulturelles Kapital* mitbringt, wird nicht nur in Corona-Zeiten Schwierigkeiten in der »normalen« Schule haben.

Die Frage bleibt immer, ob denn die Schule überhaupt der Ort sein kann, an der die gesellschaftliche Notlage vieler Familien zu ändern ist. Reicht die solidarische Güte der engagierten Pädagog*innen und reformorientierten Schulgemeinschaften, die zum Beispiel in der Wald- und Freiluftschulbewegung (Ludwig, 1993, S. 211ff.) die gesundheitlich gefährdeten Schüler*innen seit Beginn des 20. Jahrhunderts unterstützte? Astrid Kaiser fordert in ihrem Buch *Menschenbildung in Katastrophenzeiten* (2007) Schulen dazu auf, angesichts von Katastrophen, Menschen zum Miteinander-Leben und Überleben zu befähigen. Wie aktuell diese

Forderung ist, zeigt sich nicht nur in der Pandemie, sondern auch im Sommer 2021 bei den Flutkatastrophen in Deutschland. Kaiser zeigt auf, dass gerade Kinder die Welt in ihren Schattierungen wahrnehmen können. Wenn sie reden, malen oder schreiben, wird deutlich, dass sie sich – meist mehr als ihre Eltern glauben – ernsthaft Sorgen um die Zukunft auf unserem Planeten machen und den Willen zur Veränderung zeigen (siehe auch Rasfeld & Breidenbach, 2019).

Die Schule kann dazu beitragen, die Welt vor Katastrophen zu schützen, indem sie Kinder und Jugendliche befähigt, Verantwortung für sich, die Gemeinschaft und den gemeinsamen Lebensraum zu übernehmen. Das Ziel einer »Caring Community« (Noddings, 2013; Prengel, 2020, S. 32ff.) ist damit umrissen: Kinder zu unterstützen, diesen Planeten sorgend in die eigene Hand zu nehmen und zur Vermeidung von Katastrophen beizutragen. Mit der Agenda 2030 will die »Weltgemeinschaft sich globalen Herausforderungen wie Hunger, Armut, Bildungsnot, Geschlechterungerechtigkeit, Wohnungsmangel, Klima- und Biodiversitätskrise stellen« (Carle, 2021, S. 36). In der Schule sollen die Kinder und Jugendlichen »lernen, die Welt zu verändern« (ebd., S. 38). Im von der OECD unter der Agenda 2030 ausgegebenen *Lernkompass 2030* werden folgende »Transformationskompetenzen« genannt, die Schüler*innen entwickeln sollen: Schaffung neuer Werte, Ausgleich von Spannungen und Dilemmata sowie Verantwortungsübernahme (OECD, 2020, S. 42). Kinder sind unsere Zukunft und Hoffnung, daher entwickeln sich Initiativen wie »Schulen im Aufbruch«, die jährlich etwa 30.000 Menschen erreichen. Daran beteiligen sich Schüler*innen aktiv (Rasfeld & Breidenbach, 2019, S. 151ff.): »Es fehlt in der Gesellschaft nicht an Wissen, sondern an Gemeinsinn. Wir-Gefühl und Verantwortung für das große Ganze« (ebd., S. 49). Ihre Persönlichkeit zu stärken, wird zur Hauptaufgabe der Schule.

Wie trägt die Schule dazu bei, dass Kinder aus Armutsgebieten sich aus ihrer schulischen Verunsicherung befreien und zum handelnden Subjekt werden? Konrad Wünsche (1979) betont, dass die Angst vor dem Neuen, dem Aktiv-Werden, nicht zu überwinden ist, wenn die Kinder in der Schule keinen tiefen emotionalen Prozess erleben:

> »Mir selbst meinen Platz anweisen, meinen Tisch dorthin stellen, wo ich will, damit geht es los. Die Klasse verändern, ihre Ordnung immer wieder neu bestimmen, das hält die [...] Phantasie wach. [...] So wird zwar nicht ›Kreativität‹ aber ein Arbeitsvorgang wirksam, der die Stellung des Schülers zu seiner

Welt verändert. Die Kinder der Schweigenden Mehrheit brauchen nicht zum >Schaffen< einer Welt angeleitet zu werden. Als die, die arbeiten, schaffen sie ohnehin die Welt. Sie müssen sich auf den Weg machen, zu lernen, wie die von ihnen schon geschaffene Welt zu durchschauen wäre« (S. 108f.).

Perspektive der Expertenkommission der Friedrich-Ebert-Stiftung vom 28.05.2020 angesichts der Pandemie

Welche Schlussfolgerungen zieht eine interdisziplinäre Expertenkommission, um »Schule in Zeiten der Pandemie« in Deutschland zu realisieren? Nach der Analyse der Situation stellt sie Empfehlungen zusammen für »Präsenz- und Fernunterricht«. Kern der pädagogischen Maßnahmen ist, dass die Schule *feste Klassengruppen* bildet und jedem Klassenverband ein möglichst festes Erwachsenen-Team zur Seite stellt, das zuständig ist. Damit schlägt die Kommission in Krisenzeiten das vor, was in jahrzehntelangen Erfahrungen in der gebundenen Ganztagsgrundschule entwickelt worden ist. Klassen mit festen Teams wurden lange schon realisiert – zum Beispiel in der Wartburg-Grundschule (Benner & Ramseger, 1981) und der Grundschule Berg Fidel (Stähling, 2006; Stähling & Wenders, 2015) sowie in Teamkleingruppenmodellen der Gesamtschulen und vielen anderen Reformschulen. Ausführlich geht die Kommission darauf ein, wie die »Reduzierung von Bildungsungleichheiten« zu verwirklichen ist: »Gerade sozial unsicher gebundene, in instabilen familiären Beziehungen oder in unsicheren, prekären Lebenslagen lebende Kinder und Jugendliche brauchen zunächst sozial-emotionale Stabilität, um sich mit kognitiv oft anspruchsvollen Themen auseinandersetzen zu können« (Maaz et al., 2020, S. 37). Zur Didaktik in Notfallzeiten wird eine Frage gestellt: »Welche Aspekte der Bildungsstandards sind für Schüler*innen aktuell bedeutsam und erreichbar. Um Misserfolgsketten zu vermeiden und Lernmotivation zu steigern, ist der Unterrichtsstoff zu modifizieren« (ebd., S. 39).

Viele Bedingungen für eine »Schule ohne Schulversagen« (Stähling & Wenders, 2018) findet man in den Experten-Empfehlungen für die Corona-Zeit wieder. Für den »Präsenzunterricht als Regelfall« sind im Folgenden die zusammengefassten Maßnahmen angeführt, die in allen Schulen in Zeiten von Corona zu empfehlen sind (Maaz et al., 2020, S. 41f.):

»Wenn bei geringer Infektionstätigkeit eine effektive Kontaktnachverfolgung möglich ist und ein – dadurch verlangsamtes – mögliches Ansteigen der Neuinfektionszahlen vertretbar erscheint, sollte auf eine Klassenteilung verzichtet werden. Voraussetzung hierfür ist die Bildung fester Lerngruppen. Dieses Vorgehen scheint in erster Linie für die Primarstufe geeignet. In den Sekundarstufen sollte es dann gelten, wenn weitestgehend feste Lerngruppen gebildet werden können. Konkret empfehlen wir folgende Maßnahmen:

➤ allgemeine Hygienemaßnahmen [...][;]

➤ Bildung fester Lerngruppen in regulärer Klassenstärke, kein Abstandsgebot innerhalb der festen Lerngruppe[;] Unterricht in einem dieser Lerngruppe fest zugeteilten Klassenraum. Für die Nutzung von Fachräumen können unter Einhaltung der allgemeinen Hygienevorschriften [...] Ausnahmen gelten[;]

➤ Bereitstellung eines festen Arbeitsplatzes für jede Schülerin bzw. jeden Schüler[;]

➤ Trennung der Lerngruppen möglichst auch in den Pausen sowie vor und nach dem Unterricht[;]

➤ Unterricht durch möglichst wenige Lehrer*innen pro Lerngruppe[;]

➤ möglichst Bildung von Lehrer*innengruppen, die festen Lerngruppen zugeordnet werden[;]

➤ Aktivitäten, wo immer möglich, sowohl während des Unterrichts als auch in den Pausen im Freien[;]

➤ bei Frontalunterricht und Schüler*innen-Vorträgen: Einhaltung eines Mindestabstands von 2 Metern zum Klassenverband[;]

➤ sofern gewünscht, Bereitstellung eines geeigneten Spuckschutzes für Lehrer*innen und vortragende Schüler*innen[;]

➤ Vermeidung von Situationen, in denen viele Schüler*innen aus unterschiedlichen Lerngruppen aufeinandertreffen, z. B. durch geeignete Zeit-, Raum- und Wegeplanung[;]

➤ Einhaltung des allgemein für die Bevölkerung geltenden Abstandgebots und der Regelungen zum Tragen einer MNB außerhalb der eigenen Lerngruppe, falls ein Zusammentreffen mit anderen Personen nicht vermieden werden kann – auch durch Erwachsene[;]

➤ Anleitung der Schüler*innen durch die Lehrkräfte zum Einhalten von zu dem Zeitpunkt für die Bevölkerung geltenden Abstandsregeln sowie von Regelungen für das Tragen einer MNB« (ebd., S. 41f.).

In der Zeit der Pandemie besinnt man sich also auf die Fundamente des Pädagogischen, die wir genauer darlegen werden. Zunächst ist festzuhalten, dass eine interdisziplinär zusammengesetzte Kommission aus Pädagogik,

Psychologie, Sozialforschung, Medizin und den Rechtswissenschaften angesichts einer Notlage zu den Ergebnissen kommt, die den Erfahrungen vieler Reformschulen entsprechen. Welchen Einfluss die Corona-Krise im Brennpunkt auf die pädagogische Konzeption der PRIMUS-Schule Berg Fidel-Geist hat, wird nun ausführlicher dargestellt.

3.2 »Weil wir sowieso nicht anders können« – Strategien einer Schule im Brennpunkt

Am Freitag, den 13. März 2020, erreicht die Schule mittags eine Schulmail des Ministeriums (Schulministerin Gebauer von der FDP). Wir erfahren völlig unerwartet, dass ab Montag, 16. März 2020, bis zu den Osterferien alle Schulen in NRW geschlossen werden – Notbetreuungen müssen eingerichtet werden.

Am Ende der Osterferien, am 16. April 2020 um 22.10 Uhr, erreicht uns ebenfalls unerwartet eine Schulmail des Ministeriums, die ankündigt, dass ab dem 23. April 2020 die Abschlussklassen wieder den Schulbetrieb aufnehmen. Am 18. April 2020 werden dann Ausnahmeregelungen für Risikogruppen benannt, also Schüler*innen oder Lehrpersonen, die wegen besonderer gesundheitlicher Risiken nicht zur Schule kommen.

Am 30. April 2020 kündigt das Ministerium plötzlich an, dass »unter dem Vorbehalt der noch ausstehenden Beratungen zwischen den Ministerpräsidentinnen und Ministerpräsidenten mit der Bundeskanzlerin am 6. Mai 2020« bereits am 07. Mai 2020 die Schule wieder für Viertklässler*innen geöffnet wird und ab 11. Mai 2020 alle Jahrgänge von 1 bis 10 in einem rollierenden System in Teilgruppen wieder zur Schule kommen: »Präsenzunterricht« wurde mit Einschränkung wieder möglich, weil sich die Zahl der Neuinfektionen reduziert hatte. Die Vorgabe des Abstandes von 1,5 Metern zwang zur Teilung von Klassen in zwei oder drei feste Gruppen, die an verschiedenen Wochentagen, etwa einmal wöchentlich zur Schule kamen. Mithilfe digitaler Medien unterstützten wir die Lernprozesse der Schüler*innen – andere Schulen gingen ähnliche Wege (siehe den Praxisbericht von Walitzek, 2020). Das Mittagessen setzten wir aus hygienischen Gründen aus und reduzierten die Schulzeit bis etwa 13 Uhr. Die Schüler*innen betraten zu verschiedenen Zeiten das Gelände, um eine Begegnung und mögliche Infizierung auszuschließen. Um dies zu gewährleisten, versetzten wir die Anfangs- und Endzeiten.

Am 26. Mai 2020 beschließen Bund und Länder, die Kontaktbeschränkungen mit Blick auf Gruppen bis zu 10 Personen zu öffnen. Es besteht Einigkeit, dass in Schulen und Kitas die Kontaktbeschränkungen und Abstandsregelungen gesondert zu betrachten seien: »Hier tritt die Notwendigkeit der Abstandswahrung zurück, sofern konstante (Lern-)gruppen gebildet werden und Infektionsprävention durch Vermeidung von Vermischung geleistet werden kann« (23. Schulmail NRW vom 05. Mai 2020). Am 05. Juni 2020 kommt (auch wieder völlig unerwartet) die nächste Anweisung aus dem Ministerium: Es wird verfügt, dass die Primarstufe am 15. Juni 2020 wieder mit dem Präsenzunterricht beginnt. Die letzten zehn Tage bis zu den Sommerferien soll mit dem täglichen Unterrichtsbetrieb wieder begonnen werden. Nach den Sommerferien 2020 erwartete man, dass alle Schulen wieder mit dem täglichen Präsenzunterricht starten.

Diese Phase der Corona-Pandemie mit all ihren besonderen Notmaßnahmen forderte jede Schule heraus, weil alles unerwartet geschah. Die Chronologie der politischen Entscheidungen und die Dynamiken des Machtkampfes zum Beispiel in Zeiten wahltaktischer Überlegungen im Vorfeld der Bundestagswahl und um den Wiedereinstieg in den Präsenzunterricht (Fickermann & Edelstein, 2021, S. 8ff.; 17ff.) zeigen, wie stark die einzelnen Schulleiter*innen belastet waren: Ihre Verantwortung für die Eindämmung der Infektionen in der eigenen Schülerschaft und unter den Mitarbeiter*innen stand in Konkurrenz zu gesellschaftlichen Ansprüchen. So war die Kinderbetreuung in vielen Familien ein Problem, weil extremer Aufwand geleistet werden musste, um arbeiten zu können. Trotz früher Erkenntnisse der Virolog*innen, dass Kinder ebenso ansteckend sind wie Erwachsene, diskutierte man während der gesamten Pandemie darüber, ob Kitas und Schule bei steigenden Inzidenzzahlen geschlossen werden müssten. Trotz der Empfehlung des Robert-Koch-Institutes im Herbst 2020, bei steigenden Inzidenzen Wechselunterricht mit halbierten Klassen zu machen, dauerte es Wochen, bis sich Kultusministerien danach richteten. Einzelne Schulleiter*innen oder Gemeinden, die entsprechend frühzeitig eigenverantwortlich entschieden, wurden von Landesbehörden zurechtgewiesen.

Auch wenn Kinder- und Jugendpsychiater*innen betonten, dass es durch die schulischen Veränderungen und Kontaktbeschränkungen keine sozial geschädigte Generation geben wird (Romanos, 2020), ließ sich diese Sorge der Eltern nicht so einfach beheben. Interessant ist nun, wie die Brennpunktschule auf diese Herausforderung reagierte. Keine Schule hatte Zeit, in Ruhe ein Konzept zu entwerfen. Die im September 2020 veröffentlichten ersten Ergebnisse einer Lehrkräfte-Befragung vom April 2020 ergab, dass jede Einzelschule eigene Wege suchte. Die Autor*innen werteten die Ergebnisse aus und zogen für die Zukunft folgende Konsequenz:

>»Die Verengung auf Aspekte von Digitalisierung greift für die Gestaltung von Schule in der Pandemie-Zeit allerdings zu kurz. Die Relevanz persönlicher Kontakte, die Erreichbarkeit sowie die Zusammenarbeit gewinnen in der Pandemie-Zeit nochmal an Bedeutung. Hier sollten Lehrkräfte, auch und vor allem durch Schulleitungen, dazu ermutigt werden, die Beziehungsebene zu pflegen und allen Kindern und Jugendlichen Orientierung, Halt und Unterstützung zu geben« (Eickelmann & Drossel, 2020, S. 234).

Es ist hilfreich zu betrachten, welche Schritte wir in der PRIMUS-Schule Berg Fidel-Geist unter den unerwarteten Gegebenheiten machten. Im Rückblick und auch bereits vor den Sommerferien 2020 wurde immer deutlicher, dass wir die Corona-Krise letztlich in eine Chance für unser Schulkonzept umwandeln konnten. Denn in der Krise waren wir gefordert, uns unmittelbar, ohne lange planen zu können, auf unsere Stärke zu besinnen: die *Klassengemeinschaft*. Diese Antwort auf die Notlage fanden jedoch nicht nur wir, sondern es war sogar das Schulministerium selbst, das die »konstante (Lern-)gruppe« fest vorgab und das Unterrichten »im Klassenverband« und das »Klassenlehrerprinzip« als Lösung verordnete (siehe 23. Schulmail NRW vom 05. Juni 2020). Hier stand der Schutz vor einer Infektion im Vordergrund. In dieser Notlage besann sich das bestehende Schulsystem also auf effiziente pädagogische Maßnahmen (Klassenverband und Klassenlehrerprinzip). Das Ministerium sah selbst die Probleme darin, dass in weiterführenden Schulen »Kurs- und Differenzierungssysteme sowie das Fachlehrerprinzip« ein solches Vorgehen erschweren würden (ebd.). Dies war eine interessante Lösung: In der Not griff man auf Strukturen zurück, die sich nun als effizient erwiesen, und die man vielfach bereits aufgegeben hatte.

Genau in diesem Zusammenhang untersuchen und bewerten wir neu, worin unsere Stärke besteht. Die gesamte Pädagogik unserer Schule in Berg Fidel ist in den 1970 und 1980er Jahren unter Bedingungen des sozialen Brennpunktes entstanden, die uns herausforderten. Immer wieder war die Kernfrage: Was brauchen unsere Kinder, was brauchen wir Pädagog*innen, damit die Schule nicht im Chaos versinkt? Angesichts von Kindern aus Familien in extrem belastenden Lebensverhältnissen schufen die Pädagog*innen vor Ort eine Schule, die die Klassengemeinschaft in den Mittelpunkt stellt und pflegt – zunächst aber nicht aus pädagogischem Pathos, sondern aus der Not: »Wir konnten gar nicht anders!«

Wir möchten zeigen, wie diese Krise die Schulleitung erneut dazu brachte, die *Klassengemeinschaft* ins Zentrum zu rücken. Im Rahmen der 2014 endlich erreichten Schulerweiterung bis zum Jahrgang 10 hatten sich viele äußere Differenzierungsangebote ergeben, die zunächst sehr attraktiv für die gesamte Schulgemeinschaft aussahen. Der Blick auf die eigenen Erfahrungen und verschiedene Konzepte veränderte sich nun in der Krise. Aus der Perspektive des Sekundarstufen-Systems (mit der historisch gewachsenen Fachorientierung und dem Fachlehrerprinzip) stand zum Beispiel das Klassenlehrerprinzip nie im Vordergrund und erwies sich bisweilen auch als ein Problem. Das Kollegium, die Elternschaft und vor allem die vielen Kooperationspartner*innen der Schule mussten nun *umlernen*.

3.2.1 Elternabend

Bei der Vorbereitung eines *Elternpflegschaftsabend* am 13. Mai 2020 mitten in der Corona-Pandemie war der Schulpflegschaftsvorsitzende bemüht, dass möglichst viel frühzeitig organisiert wird: zum Beispiel die Planung des nächsten Schuljahres, die Planung der Einschulung, der Aufbau eines Eltern-E-Mail-Verteilers, der Umgang mit entstandenen Lerndefiziten, die Fortsetzung des Konzeptes unter Corona-Bedingungen, die Frage der Bildungsgerechtigkeit bei sogenannten »bildungsfernen« Familien.

Ich antwortete als Schulleiter: Wir werden dazu nichts sagen können, weil wir die Entwicklung der Pandemie nicht voraussehen können. Das wäre alles Spekulation und würde wertvolle Zeit beanspruchen. Planungssicherheit, die wir sonst so sehr bevorzugen, ist nicht mehr möglich. Wir können jetzt allenfalls sagen, wie wir die Zeugnisausgabe – diesmal mit Telefonsprechstunden – im Juni 2020 planen.

Früher hatten wir zu diesem Zeitpunkt bereits Planungen für das komplette kommende Schuljahr (in diesem Fall: bis Sommer 2021) gemacht. Ein Kernelement ist der für alle Schüler*innen und deren Eltern wichtige Schulbesuchstag, der 2020 auch wegfallen musste. Wir werden uns an die Vorschriften halten, die vom Ministerium kommen – unsere Spielräume sind da aus Gründen des Gesundheitsschutzes gering. Das ist die Botschaft.

Die Pandemie forderte Anpassungen im PRIMUS-*Konzept*: Einige unserer Besonderheiten in der direkten Kommunikation zu den Eltern mussten wir – pandemiebedingt – einschränken beziehungsweise modifizieren:

➤ vier Eltern-Kind-Sprechtage finden nur noch telefonisch statt;
➤ Schulbesuchstage in allen Klassen fallen weg;
➤ Tag der offenen Tür ganztägig mit Hospitationen in allen Klassen wird reduziert auf die außerunterrichtliche Zeit;
➤ Info-Abende werden als Online-Konferenz umgesetzt;
➤ aufsuchende Elternarbeit mit Hausbesuchen geschieht per Telefon;
➤ Hausbesuche bei allen zukünftigen Erstklässler*innen finden per Telefon statt;
➤ Schulfest und wöchentliche Schulfeiern gibt es nur noch klassenintern;
➤ interreligiöse Feiern in der Kirche, Reisesegen für die Herausforderungswoche sind klassenintern möglich;
➤ Abschluss- oder Einschulungsfeiern finden klassenintern statt;
➤ Übergabefeiern der Zeugnisse können nur innerhalb der Klasse realisiert werden.

Diese genannten Elemente sind existenziell wichtig für unsere pädagogischen Überzeugungen. Eltern von Schulanfänger*innen und andere Interessierte erscheint das ihnen pädagogisch Neue oftmals fremd und daher sind sie verunsichert. Sie wollen sehen, dass ihre Kinder in dieser unbekannten Umgebung einer Reformschule im sozialen Brennpunkt nicht leiden. Wenn alle Kinder und Erwachsenen Masken aufsetzen müssen, zweifeln manche bürgerlichen Eltern daran, dass ihr Kind sich zurechtfindet. Gerade in den ersten Schultagen des Schuljahres 2020/2021 im August 2020 protestierten vor allem diese, dass sie aus Infektionsschutzgründen nicht mit ihrem Kind zusammen in das Schulgebäude durften. Sie wollten mithelfen, dass das Kind einen guten Start hat, aber sie fühlten sich hilflos, dies nicht zu können. Als auch noch durch die Post nicht allen Eltern ein Informationsbrief übermittelt werden konnte, weil sich die Adressetiketten bei der großen Hitze abgelöst hatten und zusätzlich unerwartet hitzefrei gegeben werden musste, brach die Kritik genau darüber durch, was wegen der Corona-Schutzmaßnahmen zu kurz gekommen war: Der für die Schulanfänger*innen wichtige Schulbesuchstag im Mai hatte nicht stattfinden können, an dem normalerweise alle Neuen bereits in den altersgemischten Klassen der Jahrgänge 1 bis 3 zum ersten Mal ihre zukünftige Schulklasse kennenlernen konnten. Zugleich fehlte im Mai 2020 wegen der Pandemie der Elternabend für die Eltern dieser »Erstklässler*innen«. Eine für uns so wichtige und vertraute Brücke zwischen Kindergarten, Elternhaus und Schule war leider versperrt. Gerade die bürgerlichen Eltern, die sich schwergetan hatten mit ihrer Schulwahlentscheidung für eine Brennpunktschule, brauchten eine solche Sicherheit aber in dieser Zeit besonders. Sie hatten sich im November des Vorjahres entschieden, ihr Kind anzumelden, nachdem sie zum Beispiel an einem Tag der offenen Tür sehr viel in den Klassen hospitiert hatten. Sie zweifelten, ob es für ihr Kind die richtige Schule sei. Diese Brennpunktschule mit so vielen Migrant*innen und Kindern aus Armutsverhältnissen war nicht die Umgebung, die sie sich für ihr Kind in Corona-Zeiten wünschten. Eine bürgerliche Mutter sagte einmal während des Hospitierens bei ihrem Kind in der Klasse – ganz unbekümmert – zur Klassenlehrerin: »Schauen Sie sich doch mal um: Hier gehören wir doch nicht hin. Seien wir doch mal ehrlich, das ist doch kein Umgang für uns!« Diese Mutter meldete ihr Kind dann auch nach zwei weiteren Jahren von unserer Schule ab, um auf ein Gymnasium zu wechseln. Solche bürgerlichen Eltern nehmen die Zeit der »Grundschuljahre« noch mit, weil sie ihnen aufgrund der sozialen Komponente wichtig erscheint. Ab dem »Sekundarschulalter« werden dann vermutlich Werte der Konkurrenzgesellschaft akzeptiert. Anders scheint es sich nicht zu erklären, warum die vormals so besorgten Eltern nun bereit sind, bei ihren nun älteren Kindern sämtliche »normalen«, aber unpädagogischen und beschämenden Formen der schulischen Bezüge hinzunehmen, wie zum Beispiel nur maximal fünf Minuten Zeit für ein Elterngespräch mit der Fachlehrerin oder dem Fachlehrer, Fünfen und Sechsen, wenn ein Kind etwas nicht versteht, die Empfehlung der »Abschulung« auf andere Schulen, wenn ein Kind irgendwelchen scheinbar durchschnittlichen Leistungsanforderungen nicht gewachsen sein sollte. Die Liste der Dinge, die Eltern bereit sind, in Kauf zu nehmen, ist sehr lang, wenn es darum geht, die »höhere« Schule zu besuchen. Dieselben Eltern, die zuvor in der Grundschule ihre Lehrerin kritisierten, weil ihr Kind angeblich von einer Freundin in der Pause ausgelacht worden war, scheinen jede Art von Degradierung im System einer »höheren Schule« zu tolerieren, diese als gegeben zu akzeptieren. Während sie in der Grundschule die Lehrerin öfter abends zu Hause anrufen konnten, um ihre Kritik loszuwerden und ihre Sorgen zu besprechen, nehmen sie es hin, dass eine »weiterführende Schule« dafür keine Zeit hat und nur eine einzelne wöchentliche »Sprechstunde« am Vormittag anbietet.

Diese Eltern fürchteten Gewalt und schlechte Einflüsse in einer Brennpunktschule, aber auch, dass ihr Kind nicht genug im Stoff vorankomme, weil die meisten Mitschüler*innen doch offensichtlich schwächer im Lernen seien (»anregungsarm«; siehe Kapitel 8). All diese Zweifel waren dagegen relativiert worden, als sie gesehen und erlebt hatten, wie in dieser Schule die Dinge verlässlich geregelt waren – der innere Widerstand gegen die vielen »Schmuddelkinder« aber blieb bestehen. Jetzt nach den Ferien brach er sich Bahn, als zum Beispiel ein bürgerliches Kind von einem anderen »verhaltensauffälligen« Migrantenkind auf dem Schulhof geschlagen worden war.

Eltern durften nicht in die Klasse, um zu hospitieren, und auch der niederschwellige Kontakt morgens beim Abgeben an der Schultür war zunächst unbefriedigend, weil die bürgerlichen Eltern sich nicht ausgiebig über Vorfälle dieser Art mit den Pädagog*innen unterhalten konnten. So erkannten wir, dass die Corona-Schutzmaßnahmen unsere Arbeit blockierten und wir auf andere Weise Kontakt zu den Eltern suchen mussten. Wir holten morgens die Kinder vor dem Gebäude ab und sprachen mit den Eltern auf dem Schulhof. Außerdem riefen wir die Eltern von uns aus an, um weitere Fragen zu klären oder Informationen so schnell wie möglich zu übermitteln.

Auch mussten wir uns als Pädagog*innen recht zügig darüber verständigen, wie unsere Reaktion aussah, wenn jemand die Maskenpflicht missachtete. Dies geschah gleich am ersten Schultag nach den Ferien, als ein Vater ohne Maske mit seinem Kind ins Gebäude stürmte, die Masken lautstark ablehnte und die Tragepflicht als unsinnige Aktion bezeichnete. Wir mussten drohen, dass wir die Polizei riefen, um ihn vom Schulgelände zu führen. Am nächsten Tag hatten wir die Polizei vor dem Schulhof stehen, um diese Situationen mit deutlicher Reaktion verhindern zu können.

Hier sahen wir plötzlich Schwächen in der Kommunikation miteinander, die uns bisher fremd waren. Jetzt wurde es wichtig, dass wir alle Eltern per Mail vernetzten. Dies war nicht möglich, weil teilweise 50 Prozent der Eltern einer Klasse keine Endgeräte hatten, um E-Mails abzurufen. Diese Lücke zu schließen, lag nicht in unserer Macht, also mussten wir telefonieren. Mündlich konnten wir mit den Eltern, die nur sehr schlecht Deutsch verstehen, erfolgreicher kommunizieren.

Ebenso wurden wir erneut daran erinnert, dass es galt, immer konsequent bei Regelverstößen mit Kindern umzugehen, und dies natürlich auch in Corona-Zeiten umzusetzen war. Wenn ein Kind ein anderes schlägt, muss dies strikt unterbunden werden. In Zeiten der Pandemie bedeutet dies aus Infektionsschutzgründen auch zusätzlich: Wer schlägt, muss nach Hause geschickt werden.

Wir erklärten auf Elternpflegschaftsabenden die gewachsenen Strukturen des Konzeptes der PRIMUS-Schule. Viele der Arbeitsweisen und Haltungen haben sich deshalb in der Schule in Berg Fidel entwickelt, weil »wir nicht anders konnten«, wie wir oft gesagt haben. Die Notlage zwang uns dazu. Personelle Unterversorgung, Raumknappheit und das herausfordernde Verhalten etlicher Kinder sowie viele sprachliche Verständigungsschwierigkeiten mit den Familien in Berg Fidel brachten uns dazu, Wege zu suchen, mit denen wir Kindern gerecht werden und die für Eltern nachvollziehbar sind. Sie haben sich bewährt. Jetzt in der Corona-Krise erscheinen vielen Kolleg*innen diese wesentlichen, selbst aufgebauten Strukturen als überraschend frisch. Sie werden nun in ihrem ursprünglichen Sinn auch »wiederentdeckt«; denn sie sind nicht da, weil »nun mal das Konzept so ist«, sondern weil sie eine Notwendigkeit waren und sind. Zugleich entdecken wir, dass wir die pädagogischen Wege von Zeit zu Zeit in der Praxis neu überprüfen müssen, um sie lebendig zu halten. Besonders in der jetzigen Krise erwiesen sich die vorhandenen Abläufe und pädagogischen Festlegungen als besonders vorteilhaft. Weil wir immer schon mit schwierigen Verhältnissen arbeiten mussten, haben wir Strukturen aufgebaut, die sich auch nun als krisenfest bewähren. Das Improvisieren zum Beispiel war für unsere Arbeit im Brennpunkt immer hilfreich. Dabei haben etliche Schüler*innen gelernt, selbstständig zu handeln. Selbst dann, wenn uns das Personal fehlt – wie jetzt in der Sozialarbeit, der Sonderpädagogik und wegen der vielen Lehrpersonen, die zurzeit nicht einsetzbar sind –, gelingt uns die Arbeit in der Krise. Es käme jedoch einer zynischen Kindeswohlgefährdung gleich, wenn man daraus folgern würde, Schulen in Nöten zu lassen, weil sie dann lernten, besser zurechtzukommen.

3.2.2 Fern- oder »Distanzunterricht«

Die Corona-Krise mit reduziertem Unterricht führte zu Distanz-Lernen oder *Fernunterricht*, also zum Lernen zu Hause in Form der Videokonferenz. Im Sinne des NRW-Schulministeriums reservieren wir hier den Begriff »Distanzunterricht« nur für einen Unterricht, der »bei einem durch SARS-CoV-2 verursachten Infektionsgeschehen in Betracht kommt. Ist die Unterrichtsversorgung aus anderen Gründen angespannt, ist nicht auf Distanzunterricht, sondern die üblichen Instrumente zur Sicherstellung der Unterrichtsversorgung zurückzugreifen. [...] Über die Einrichtung von Distanzunterricht entscheidet die Schulleitung« (Schulmail vom 08. Oktober 2020). Nur wenn Schüler*innen wegen einer Quarantäne-Maßnahme oder einer Schul- oder Klassenschließung nicht am Präsenzunterricht teilnehmen können, greift der »Distanzunterricht«, der dann zur Pflicht wird. Wie geht Distanzunterricht? Unsere ersten Versuche in der Anfangszeit der Pandemie führten zu folgender Regelung.

Grundsätze für das Distanzlernen an unserer Schule (Stand: 12. Mai 2020)

1 Grundlegende Überlegung

Wir haben das Ziel, individuelles und beziehungsorientiertes Lernen auf die neue herausfordernde Situation des »Lernens auf Distanz« zu übertragen. Lösungen für das Lernen zu Hause werden in einem Wechsel aus Unterrichtsphasen in der Schule, mit den bestehenden Möglichkeiten der Digitalisierung und individuell passendem Material (in Form von Heften, Büchern und Aufgaben) gefunden.

2 Kontakt und Lernberatung

Lehrkräfte und sozialpädagogische Fachkräfte halten neben dem Unterricht in der Schule mindestens einmal pro Woche Kontakt mit den Eltern und vor allem mit den Kindern und gewährleisten damit weiterhin ein beziehungsreiches Lernen.

Reguläre Lerngespräche mit einzelnen Kindern und mit Kleingruppen zur Lernberatung erfolgen im Distanzlernen telefonisch, per Videoanruf, per Messenger oder via Mail. Dabei verfestigen sich das Vertrauen und die Beziehung aller Beteiligten (der Lehrkräfte, Eltern, Schüler*innen) auch über die bekannte Lernzeit innerhalb der Schule hinaus. Da nicht alle Kinder über die notwendigen digitalen Endgeräte verfügen, werden individuelle Wege genutzt, wie die Kinder arbeiten können. Zum Teil werden den Kindern Aufgaben nach Hause gebracht.

3 Lernaufgaben und Schwerpunktsetzung

Wir führen das selbstständige Lernen der Kinder fort und lassen sie an der Auswahl der Aufgaben für die Zeit zu Hause, wie zum Beispiel in der Freiarbeit üblich, mitentscheiden. Die Lehrkräfte nehmen allen Beteiligten den Leistungsdruck und bieten passende Lernangebote an. Auf die häuslichen

Rahmenbedingungen wird Rücksicht genommen. Wir besprechen individuell, welche Aufgaben Kinder und Jugendlichen zu Hause erledigen sollen. Jede*r Schüler*in erhält die Aufgaben für einen überschaubaren Zeitraum von einigen Tagen in dem Umfang und auf dem Niveau, wie er*sie es schafft, diese auch ohne direkte Unterstützung zu bewältigen.

Inhalte aus Deutsch, Mathematik, Englisch und zum Teil auch Französisch, Naturwissenschaften und Gesellschaftslehre stehen im Mittelpunkt des Distanzlernens. Sie können durch weitere Inhalte ergänzt werden. Neue Inhalte werden in der Regel in der Schule eingeführt. Die Kolleginnen und Kollegen sprechen sich ab, damit der Umfang der häuslichen Aufgaben zu bewältigen ist. Die Aufgaben werden in Lernplänen zusammengefasst oder individuell besprochen.

4 Kontrolle und Reflexion über Arbeits- und Lernergebnisse

Die Lehrkräfte stehen zu üblichen Arbeitszeiten für Unterstützung und Beratung auf verschiedenen Wegen (telefonisch, per Mail, Messenger und so weiter) zur Verfügung.

Arbeitsergebnisse werden abfotografiert, hochgeladen oder mit zum Unterricht gebracht. Alle Kolleginnen und Kollegen, die im Distanzlernen eingesetzt sind, kontrollieren die Ergebnisse und geben Hinweise für die Weiterarbeit. Die zu Hause erbrachten Leistungen werden wertgeschätzt. Vorrangig geht es darum, dass die Kinder und Jugendlichen auch im Distanzlernen regelmäßig lernen, Lernzuwächse erzielen und Gelerntes festigen. Eltern sollen nach ihren Möglichkeiten ihren Kindern die Rahmenbedingungen schaffen, dass das Lernen zu Hause erfolgreich ist. Eine Leistungsbewertung der häuslichen Arbeit ist nicht vorgesehen. Häusliche Lernchecks werden nicht geschrieben.

Neben der Reflexion der Arbeitsergebnisse legen die Lehrkräfte Wert auf eine Rückmeldung zum Arbeitsverhalten des Kindes und zur Befindlichkeit der Kinder und Jugendlichen im Hinblick auf den Umgang mit den Aufgaben und den Umfang.

Täglicher Präsenzunterricht

Am 09. Juni 2020 entstand dann in langen Beratungen unser erweitertes Konzept. Es kam nicht von außen, sondern war wiederum aus der Not geboren. Der Präsenzunterricht sollte ab dem 15. Mai 2020 wieder zur Regel werden. Auch hier war wieder zu fragen, worin unsere Stärke besteht. Die Klassengemeinschaft war wieder einmal die Lösung in der Not. Dass die Klassengemeinschaft allerdings in vielen »weiterführenden Schule« wegen deren Kurssystemen (zum Beispiel in Gesamtschulen und Gymnasien) keine Lösung in der Corona-Krise darstellte, wurde schnell deutlich: Das Ministerium in NRW ließ vor den Sommerferien zunächst nur in Grundschulen den Unterricht in der Klassenverband wieder zu. Als nach den Sommerferien entsprechend der NRW-Verfügung vom 03. August 2020 schließlich »Unterricht nach Stundentafel stattfindet«, wurde wegen der Rückverfolgbarkeit bei Infektionen zwar die »konstante Gruppenzusammensetzung« vorgeschrieben, aber zugleich die Möglichkeit eröffnet, klassenübergreifende Gruppen zu bilden. Als Grund wurde aufgeführt, dass »Unterricht gemäß den Vorgaben der Ausbildungs- und Prüfungsordnung organisiert werden kann« (Ministerium für Schule und Bildung des Landes Nordrhein-Westfalen, 2020, S. 3). Etliche weiterführende Schulen sahen darin die Legitimation, Unterricht nicht im Klassenverband zu organisieren, sondern »Kurse in äußerer Differenzierung« als Normalfall weiterzuführen.

Bereits nach einigen Wochen Schulbetrieb kam es in mehreren Schulen zu Infektionen, und wegen der Kursregelungen mussten viele Schüler*innen und ganze Kurse in Quarantäne geschickt werden. Wäre der Unterricht nur im Klassenverband durchgeführt worden, hätte man nur die betroffene Klasse in Quarantäne geschickt. Die Organisation von Unterricht wurde dabei nicht infrage gestellt, sondern als selbstverständlich und unveränderlich (»in äußerer Differenzierung«) betrachtet.

Auch in unserer Schule ließen sich in der Verunsicherung einige Lehrkräfte und Eltern vom allgemeinen Trend leiten, die »Normalität des Schulbetriebs« im Sinne der tradierten Formen so schnell wie möglich herzustellen. Deutlich wurde dabei erneut, dass wir andere Wege gehen.

Ermutigende Anregungen zu unserem Vorgehen kamen am 28. Mai 2020 aus Berlin von der Expertenkommission der Friedrich-Ebert-Stiftung. Unter dem Titel »Schule in Zeiten der Pandemie. Empfehlungen für die Gestaltung des Schuljahres 2020/21« wurde bereits vorgeschlagen, Unterricht auf Distanz sinnvoll mit dem Präsenzunterricht zu verknüpfen. Hier das Konzept vor den Sommerferien, das erkennbar die Stärke des Klassenverbandes durchscheinen lässt:

Hygiene-Konzept und Unterrichtskonzept ab dem 15. Juni 2020:

Ziel aller Bestrebungen und Maßnahmen ist es, die Ausbreitung des Virus einzudämmen. Da ein*e mit Corona Infizierte*r unüberschaubar viele andere anstecken könnte, wenn er*sie in vielen Gruppen Kontakten hat, reduzieren wir dieses Risiko auf nur die eigene Klasse.

Falls in der eigenen Klasse jemand positiv getestet wird, ist die Ansteckungsausbreitung begrenzt und die Nachverfolgung einfacher. Eine 14-tägige Quarantäne kommt dann für Kontaktpersonen seiner Klasse infrage. Daher werden keine gruppenübergreifenden Kontakte in der Schule ermöglicht. Dies gilt für Schüler*innen. Bei Pädagog*innen soll der Einsatz in möglichst wenigen Schülergruppen erfolgen.

Diese Vorgaben führen auf der Basis der 23. NRW-Schulmail (vom 05. Juni 2020) zu einem Vorgehen, das Präsenzunterricht als Regelfall vorsieht und zugleich eine Mischung aus Präsenz- und Fernunterricht ermöglicht. Reiner Distanzunterricht auf der Basis eines Stundenplanes soll im Quarantänefall greifen.

Folgende Regelungen gelten ab Montag, den 15. Juni 2020, in unserer Schule:

1. Zwei Räume pro Klasse, feste Gruppen ist oberstes Prinzip;
2. feste Lehrerzuordnung, feste Teamzuordnung;
3. Trennung von allen anderen Klassen, auch in den Randzeiten und Pausen, feste Pausenzeiten pro Gruppe unter eigener Aufsicht, auf getrennten Höfen, individuelle Pausen mit Aufsicht in festgelegten Außenbereichen, versetzter Unterrichtsbeginn;
4. Unterricht vorwiegend draußen – Regelbetrieb nicht im Klassenraum, viel auch außerhalb des Schulgeländes, zum Beispiel im Wald und an anderen Orten, wie Park, Sportplatz und so weiter;
5. Lüftung jede Stunde mit komplettem Luftaustausch;
6. Abstand beim Sitzen in der Klasse, Abstandsregelungen im Prinzip beibehalten, ;
7. Masken für alle möglichst häufig, Masken auch außerhalb der Klasse nutzen, wenn es im Flur oder Pause zu Begegnungen kommen kann;
8. Mittagessen nach Bedarf für Betreuungskinder, auch Lunchpakete möglich;
9. keine Angebote mit gemischten Gruppen;
10. Gespräche mit der Klasse über die Regelungen unter Corona-Bedingungen und die Folgen bei Infektion, zum Beispiel Quarantäne;
11. Betreuung für Schüler*innen über die vorgeschriebenen Unterrichtszeiten hinaus ist in Absprache möglich.

3.2.3 Neue pädagogische Ausrichtung: Stärkung der klasseneigenen Teams und Nutzung von Angeboten für Klassen

Das vor der Krise unter Kolleg*innen als entlastend empfundene Angebot der Arbeit im »Kiosk« für Schüler*innen mit schweren Verhaltensauffälligkeiten aus verschiedenen Klassen musste erneut überprüft werden. Es wurde aufgegeben. Bei uns hatte das Angebot – Arbeit im Schulkiosk – die Eigendynamik eines Schonraums entwickelt. Die Rückführung in die Klassengemeinschaft war allmählich nicht mehr das Ziel, und die Jugendlichen verloren immer mehr den Bezug zu ihren Mitschüler*innen und Klassenlehrer*innen. Der »Schonraum Kiosk« bot ihnen zwar Halt, aber außerhalb dieses Schonraums zeigten sie immer wieder dieselben problematischen Verhaltensstrategien. Und so verweigerten sie systematisch das Betreten ihrer Klasse. Kinder und Jugendliche mit schweren Verhaltensproblemen brauchen erfahrungsgemäß *übergangsweise* Halt gebende Settings und Beziehungen *außerhalb* der Klassengemeinschaft, aber *immer mit Bezug* auf diese Gemeinschaft und die dort anwesenden Peers. Prengel verweist in diesem Zusammenhang auf das von Ulrike Becker konzipierte »Projekt Übergang« (Prengel, 2013, S. 76).

Wenn alle pädagogischen Kräfte in der Klasse und ihrem Team gebündelt sind, gibt es mehr Stunden, die doppelt besetzt sind. Dann ist es leichter, mit Kindern umzugehen, die sich kaum an die Regeln der Gemeinschaft halten können (siehe zur Primus-Schule Lehmann & Widmer-Rockstroh, 2020, S. 29f.; Stähling & Wenders, 2015). Sie in die Klassengemeinschaft zu integrieren, ist wichtig. Viele verschiedene Bezugspersonen in wechselnden Gruppen können weder Verlässlichkeit noch das Gefühl der Zugehörigkeit für manche »verlorene« Kinder und Jugendliche bieten.

Der Zwang zur Infektionsprävention ist ein Anlass, sich zu fragen, wohin die Schule sich bewegen soll. Die Abstandsregelungen von 1,5 Metern im Klassenraum waren letztlich eine Sackgasse, weil in absehbarer Zeit die Schulräume nicht vergrößert werden – im Gegenteil besteht ein Sanierungstau, der seit langer Zeit von den Schulträgern bisher nicht abgebaut wurde (Zenke, 2020, S. 339f.). Auf den Tag zu warten, an dem die Bedingungen besser sind, ist also unrealistisch und führt nicht aus der Krise. Also mussten wir eine Lösung finden, die einerseits die Sicherheit durch angemessenen Abstand gewähren kann, andererseits alle Schüler*innen wieder täglich in die Schule bringt.

Das Infektionsrisiko ist zu minimieren, indem die Kontakte *nur auf die eigene Klasse* beschränkt sind. Im Falle einer Infektion können damit die Gesundheitsämter die Nachverfolgung bewältigen. Die Ausbreitung kann durch eine Quarantäne nur dieser einen Klasse eingegrenzt werden, während andere Klassen weiterhin ohne größeres Risiko zur Schule gehen können. Wir erreichen dadurch, dass wir letztlich viel mehr »Präsenzunterricht« durchführen können als andere Schulen, die sich nicht von den gemischten Gruppen (unter anderem in Kursen) verabschieden und im Fall einer Infektion eines einzelnen Schülers, einer einzelnen Schülerin, nicht nur einen Klassenverband, sondern wegen der vielen Kontakte ganze Jahrgangsstufen oder sogar die gesamte Schule in Quarantäne schicken müssen. Gleichzeitig werden im Falle einer Infektion weniger Menschen infiziert. Auf diese Weise wird die Zahl derer, denen das Gesundheitsamt eine Quarantäne verordnen muss, geringer sein als in Schulen mit Kurssystemen. Eine zusätzliche Verbreitung des Virus wird so vermieden. Wir übernehmen in einer schwierigen Zeit mit unserem Konzept in diesem Sinne Verantwortung sowohl für die Gesundheit als auch für die Bildung: Wir machen es während der Corona-Pandemie möglich, dass viele Schüler*innen über lange Zeiträume intensiv in ihrer vertrauten Gruppe mit den vertrauten Pädagog*innen lernen.

Pädagogisch gesprochen, heißt das: die Klassengemeinschaft mit einem eigenen Team koppeln und sie weitgehend ohne direkte Kontakte zu anderen Klassenverbänden eigenständig arbeiten lassen – und das über die Fächergrenzen hinweg, in Projekten, wie wir es ohnehin wollten und bereits teilweise praktizierten.

Bisher allerdings war die Not nicht da, es so zu machen. Vielmehr strebten manche Vertreter*innen einzelner Fächer an, die Fächer aus Projekten zu isolieren, um sie im Stundenplanunterricht zu »behandeln«. Das Argument dafür lautete: »Die Unterrichtsstunden sind so am besten zähl- und überprüfbar. Im Klassenbuch tauchen sie auf. Eltern können sich nicht beschweren, dass etwas ausgefallen ist. Wenn das Kind nicht lernt, steht dies auf einem anderen Papier. Das können wir nicht immer beeinflussen.« Ob die Schüler*innen, die auf diese Weise »beschult werden«, gut lernen können, erscheint hier nicht als das Problem der Lehrkräfte.

Wenn Lehrpersonen den Schüler*innen in ihrer Klasse nicht gerecht werden können, vergessen sie zuweilen die Frage, wie man das klasseneigene Team stärken könnte. Einige fordern dann ein Konzept, wie man den Schüler*innen durch Verhaltensregeln abverlangt, sich innerhalb der Klasse anzupassen. Bei Regelverstößen von auffälligen Schüler*innen rufen einige Kolleg*innen nach schulgesetzlich legitimierten Ausschlussverfahren.

Das System der Klassengemeinschaft hatte sich auch an unserer Schule dadurch geschwächt, dass das Personal in vielen »Angeboten« außerhalb der Klassengemeinschaft immer wieder in kleine Untergruppen eingeteilt wurde. Das Personal fehlte allerdings in den Klassen – doppelbesetze Stunden wurden dadurch weniger.

Ein *erster Teufelskreis* begann schon vor der Pandemie: Mehr *Personal* in klassenübergreifenden Angeboten führt logischerweise zu weniger Personal pro Klasse und auf Dauer zu immer schwächeren *klasseneigenen* multiprofessionellen Teams. Die Pädagog*innen, die eigentlich die Arbeit in der Klassengemeinschaft stützen müssten, standen dadurch nicht mehr zur Verfügung. Die Folge: *Schwierig zu führende Schüler*innen* wurden immer mehr zum Problem innerhalb der Klasse. Sie wurden zunehmend aus der Klasse genommen und außerhalb in Nebenräumen betreut – meist von Kräften, die als Assistent*innen oder Praktikant*innen in den Klassen mitwirkten, aber keine verlässliche Beziehungsebenen zur Klassengemeinschaft aufbauten.

Damit ergab sich der *zweite Teufelskreis*: Die Methode des zeitweisen Ausschlusses aus der Klasse erforderte *Räume*, kleine »Differenzierungs-Räume«, über die die Lehrkräfte »schwierigen« Schüler*innen eine Rückzugsmöglichkeit boten. So wurden kleine Räume, die bei der Gebäudeplanung ursprünglich als Abstell- oder Putzräume gedacht waren, umfunktioniert zu Rückzugsräumen oder Kleingruppen-Förderräumen. Teilweise in kleinsten Gruppen mit zwei oder drei Schüler*innen waren die ausgeschlossenen Schüler*innen dann zumindest nicht störend für die anderen in der Klasse. Aufgearbeitet wurde aber wegen der fehlenden Besprechungszeiten kaum noch, was diesen Schüler*innen fehlte. Die klasseneigenen Pädagogenteams waren immer weniger involviert. Die Klassengemeinschaft beteiligte sich daran weniger als zuvor und der Klassenrat packte die echten strukturell bedingten Probleme nicht mehr an. Kurz: *Es fehlte strukturell an der Priorität der Klassengemeinschaft.*

Ein weiterer problematischer Faktor war, dass die Schule ihre *Zusatzangebote* immer mehr positiv »verkaufte« und diese Angebote so unentbehrlicher erschienen, der gemischte Chor, die Rockgruppe, der Kiosk, die Schülerzeitung, die Sporttourniere, Ergotherapie, die Themenkurse für besonders begabte Kinder – all das war schon länger ein besonderes Markenzeichen der Schule, meist aber nicht vernetzt mit Klassen, sondern in anderen Räumen isoliert von ihnen. Hier fehlte die Anbindung der Klasse, klasseneigene Teams waren nicht beteiligt. Diese Angebote waren für manche Kinder angenehm, für die Abläufe im Rhythmus eines Schultages eher störend, weil sie die Einzelnen aus ihrer Lerngruppe in andere Räume kurzfristig herauszogen.

Dahinter verbirgt sich eine eigentümliche »Sekundarstufen-Logik«, die sich oft auf Fächer und nicht auf Projekte in der Klasse bezieht: Mit dem

Baum-Modell verdeutlicht Feuser (2011a, S. 95), dass die einzelnen Teilvorhaben – wie unterschiedlich sie auch sind – einer Lerngemeinschaft mit ihren zentralen Vorhaben entspringen, ähnlich wie die Äste demselben Stamm. Sie sind niemals isoliert von der »Stammgruppe« oder Klasse. In den Teilgruppen können die Schüler*innen sie dann differenziert ausarbeiten. In Bezug auf die Teilgruppe muss nicht jede*r Schüler*in an allem beteiligt sein – und doch am Ganzen erkennend partizipieren.

Die klassenübergreifenden Angebote sind auch nach der Corona-Krise nicht weniger wichtig für die Schule, aber es wird neu zu überlegen sein, wann sie am wenigsten die Klassengemeinschaft stören und wie sie die Klassengemeinschaft mehr einbinden können. Dabei sind Zeiten außerhalb der Kernzeit des Unterrichts zu erwägen, oder die Aktivitäten werden *epochenweise* nur klassenweise angeboten.

Dazu sind bereits neue Pläne erarbeitet worden, die auch in Corona-Zeiten ermöglichen, dass die Angebote und fachlichen Inputs epochenweise in *Projekten* jeder Klasse der Reihe nach zur Verfügung gestellt werden. Eine wichtige Rolle dabei spielt die Absprache der Fachlehrer*innen mit den klasseneigenen Teams. In den Teamsitzungen vor den Projektphasen sind Absprache-Zeiten einzuplanen, wo Projekt-Lehrkräfte, die nicht zum klasseneigenen Team gehören, in der Teamsitzung sich die notwenigen Informationen holen können. Die koordinierenden Gespräche zwischen klasseneigenem Team und Fach- beziehungsweise Projekt-Lehrer*innen werden oft vernachlässigt, sind aber wesentlicher Baustein für die Verzahnung der Lernaktivitäten.

Wir müssen uns entscheiden, ob wir – zugespitzt gesagt – eine Schule des bunt gemischten Angebots für Kinder aus bürgerlichen Familien sind, oder ob wir den benachteiligten Kindern eine Heimat bieten. Wir können bei knappen Ressourcen von Personal und Raum nicht alles zugleich sein. Wenn wir jeder Klasse ein festes klasseneigenes Team von Pädagog*innen bieten wollen, das sich um die Klassengemeinschaft kümmert, aus dem niemand rausfliegt, können wir nicht zugleich das Personal für viele »Angebote« nutzen. Wenn wir jeder Klasse zwei Räume fest zuordnen wollen, können wir nicht so viele Mehrzweckräume haben. Hier wird deutlich, dass die Nutzung der Schulräume sich nach der pädagogischen Konzeption und der alltäglichen Praxis richtet. Architektonische Schulbauideen sind nicht automatisch wirksam (Zenke, 2020), sondern die Nutzer*innen gestalten die Lernräume für ihre Zwecke. Sowohl bei der Planung von Schulneubauten als auch beim Lernen in alten Schulgebäuden können wir vielfältige Beispiele finden, wie die pädagogische Arbeit nicht von

Räumen dominiert werden muss, sondern ihre eigenen Ziele durchsetzen kann (K. Reich, 2014, S. 288ff., 2017). Es ist nicht nur eine Frage der Räume, sondern bedeutender ist hier, wie die innere Differenzierung auch an anderen Orten realisierbar ist. So können wir ausgehend von der Klasse in Fluren arbeiten – solange es auch dort abgetrennte Bereiche gibt. Zusätzliche Container während der Corona-Zeit wären hier sinnvoll.

Aber vor allem können wir draußen lernen und das regelmäßige Lernen im natürlichen und geschaffenen Umfeld kultivieren (siehe auch Kapitel 2.1 und 2.2). Grundsätzlich ist hier die Gelegenheit, sich intensiver mit Waldwanderungen, »Outdoor Life Acitivities« oder wie im Norwegischen »Friluftsliv«, dem Leben und Lernen in der Natur auseinanderzusetzen (Hofmann et. al., 2015). Wandertouren in der Natur können die Schüler*innen bei den Herausforderungswochen (siehe Kapitel 2.2.3) selbst gemeinsam planen und durchführen.

Praktische Konsequenzen

Weil nach den Sommerferien 2020 der »Präsenzunterricht« zum Regelfall erklärt wurde, ergaben sich für uns auch ständig die Fragen, wie wir reagieren, wenn wegen der Pandemie plötzlich wieder Klassen oder Schulen geschlossen werden müssen.

Die Personalsituation nach den Sommerferien stellt sich so dar, dass etwa 15 Prozent unserer Pädagog*innen zur Risikogruppe gehörten, die aufgrund eines Attests nicht am Kind arbeiten durften, weil eine Corona-Infektion zu einer unübersehbaren Komplikation führen könnte.

Wir entschieden uns für mehrere Maßnahmen:

➤ Ganztagsbetreuung in der Klassengemeinschaft nach Bedarf statt gebundener Ganztag: Die Nachfrage zeigte, das nur etwa fünf bis acht Schüler*innen jeder Klasse der Jahrgänge 1 bis 10 überhaupt einen Betreuungsplatz in der Klasse beanspruchten;

➤ Mittagessen nach Bedarf statt für alle, flexible Lösungen für jede Familie;

➤ Einsatz der Lehrkräfte der Risikogruppe nach Bedarf online, am Nachmittag oder in der individuellen Unterstützung;

➤ Umstellung der Projektwochen-Arbeit auf klassenbezogene Projekte;

➤ Unterstützung des Wahlpflichtbereichs, teils durch selbstständiges, digitales Lernen an außerschulischen Orten;

➤ individuelles Gestalten des digitalen Lernens von Schüler*innen je nach technischen und individuellen Möglichkeiten: Beschaffung von Ausleihgeräten für Schüler*innen, Einarbeitung in Lernprogramme und Internetnutzung sowie in Schreibprogramme;

➤ Fortbildung der Lehrer*innen über didaktische Möglichkeiten des digitalen Lernens, kollegiale Hilfen, Unterstützung in technischen und fachlichen Fragen. Wir stellen viele Materialien zur Verfügung (Ministerium für Schule und Bildung des Landes Nordrhein-Westfalen, 2020) und tauschten Erfahrungen aus.

Um sich auf den Ernstfall einer Schließung der Klassen oder der gesamten Schule vorzubereiten, erschien es uns wichtig, dass wir mit allen beteiligten Schüler*innen und Pädagog*innen, aber auch Eltern, das Lernen mit digitaler Unterstützung auch zu Hause von Beginn an erproben. Dies sollten möglichst keine Trockenübungen sein, vielmehr integrierten wir dies für einen Teil der Schüler*innen, die der Jahrgänge 7 bis 10, mit einigen Stunden pro Woche so in den Stundenplan, dass sie zu Hause am digitalen Endgerät in Kontakt standen mit ihren Lehrer*innen. Auch bei den jüngeren Schüler*innen und deren Lehrer*innen entwickelten wir ständig neue Ansätze, wie sie Schritt für Schritt im Ernstfall lernen können, digitale Kompetenzen zu erlangen.

Projekte

Seit dem Schuljahr 2020/2021 haben wir ein Projektband im Stundenplan verankert. Fachunterricht und Projekte werden im eigenen Klassenverband durchgeführt. Projekte verstehen sich also von da an als Projekte im *Klassenverband*. Dies entspricht dem Projektgedanken, der an den Anfang immer die Interessenlage der Lerngruppe setzt. In der Klassengemeinschaft kann das Team der Pädagog*innen also zusammen mit allen Schüler*innen und auch gegebenenfalls Fachlehrer*innen festlegen, womit sich die Klasse intensiv acht bis zehn Stunden pro Woche über zwei oder mehr Wochen beschäftigt, und welches Produkt, welche Präsentation oder Aktion am Ende stehen soll. Es lassen sich Projektphasen von drei beziehungsweise zwei Wochen mit unterschiedlichen Schwerpunkten im Schuljahr unterbringen. Dies ist als ein guter Einstieg in die Projektarbeit zu verstehen.

Besonderheit: In den Religions-Projektwochen unterrichtet das feste Team, bestehend aus islamischer Religionslehrerin, christlicher Religionslehrerin und Philosophielehrer. In den Lernbereichen Naturwissenschaft,

197

Technik, Hauswirtschaft, Kunst und Musik stehen einer Klasse an jedem Tag neben den Klassenräumen auch die Fachräume zur Verfügung. Zwei UNESCO-Projektwochen für die ganze Schule, und zwei Herausforderungswochen für die Jahrgänge 7 bis 9 finden statt.

Da die Projekte teilweise auf Fachräume angewiesen sind, werden diese Projektphasen im Jahresplan für die Klassen festgelegt (Technikraum, Küche, Naturwissenschaftliche Fachräume, Musikraum). Alle anderen Projektphasen werden vom klasseneigenen Pädagogenteam mit der Klassengemeinschaft festgelegt und gestaltet.

Da in den verschiedenen Klassen jeweils die Fachlehrer*innen und Expert*innen gebraucht werden, müssen die Projekt-Zeitbänder versetzt stattfinden. Die Stundentafel wird erfüllt, Schüler*innen lernen teilweise zusätzlich selbstständig und online oder telefonisch angeleitet zu Hause. Wenn wir die Stundenpläne *vor* Corona (Stähling & Wenders, 2018, S. 192, 2012, S. 85ff.) mit denen vergleichen, die wir wegen Corona eingeführt haben, lässt sich feststellen, dass wir auf den verpflichtenden gebundenen Ganztag verzichten und den Ganztag als Betreuungsangebot für diejenigen vorhalten, die auf Betreuung angewiesen sind. Aber vor allem ist hier die Krise als Chance verstanden worden: Wir haben nun die Projektformen verbessert und der Klassengemeinschaft neue Kraft verliehen.

3.2.4 Situation des digitalen Lernens

Für das digitale Lernen zu Hause wurden folgende Regeln eingeführt:
➤ Zeiten sind festgelegt und verbindlich für alle;
➤ individuelle Absprachen sind zum Beispiel bei besonderen Bedarfen möglich;
➤ es ist pünktlich zu erscheinen und das nötige Programm aufzurufen;
➤ alle Arbeitsmaterialen sind vorhanden;
➤ auf eine grundsätzliche Arbeitshaltung wird Wert gelegt;
➤ alle sind telefonisch erreichbar in der festgelegten Zeit.

Zur Erreichbarkeit alle Schüler*innen: Beim digitalen Lernen zu Hause im Wahlpflichtbereiches ergaben sich in den ersten Wochen des neuen Schuljahres 2020/2021 folgende Anwesenheiten und Problemlagen: Die Teilnahme der Schüler*innen nach drei Wochen Schule stellte sich so da, dass etwa ein

Drittel nicht in der Lage waren, teilzunehmen: Bei diesem Drittel (53 Schüler) ergaben sich Schwierigkeiten, die sich folgendermaßen erklären ließen:
Die Problemlagen lassen sich gliedern in

➤ technische Probleme mit der Verbindung seitens der Schule (27 Prozent);

➤ individuelle Lernprobleme, zum Beispiel Umgang mit dem Programm, Arbeitsruhe (23 Prozent);

➤ individuelle Verhaltensprobleme, zum Beispiel Verweigerung, Unselbstständigkeit (20 Prozent);

➤ technische Probleme bei Schüler*innen, zum Beispiel durch fehlendes Endgerät (18 Prozent);

➤ technische Probleme bei Schüler*innen, zum Beispiel durch fehlendes Internet zu Hause (8 Prozent);

➤ kurzeitige technische Probleme bei Schüler*innen, zum Beispiel hinsichtlich der Verbindung zum Gerät (4 Prozent)

➤ technische Probleme bei Lehrer*innen (0 Prozent).

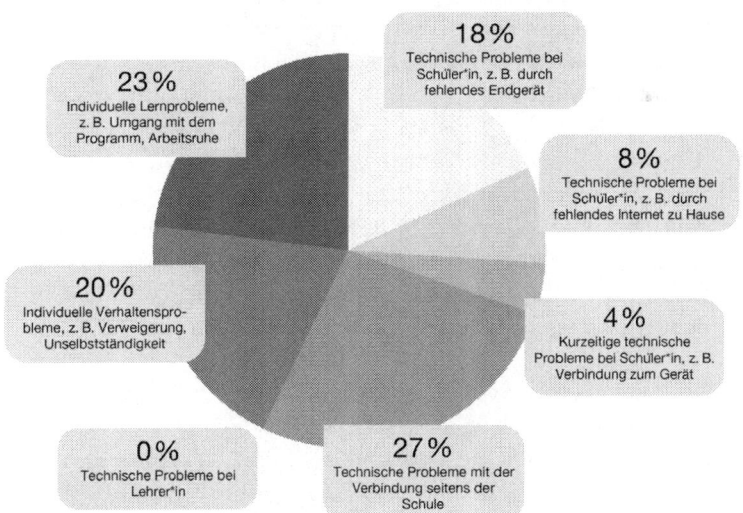

Abbildung 4: Teilnahmeschwierigkeiten beim digitalen Lernen zu Hause

Hier sind intensive Unterstützungen notwendig:

1. Die technischen Probleme mit der Verbindung durch den Schulserver sind mit 27 Prozent nach drei Wochen Schule recht hoch und machen deutlich, wie viel vorab zu tun ist, um die geeigneten Voraussetzungen zu schaffen, damit alle lernen können;

2. Die technischen Probleme aufseiten der Schüler*innen mit 30 Prozent nach drei Wochen Schule lassen sich teilweise nicht so schnell lösen. Ein Lehrer für Informatik macht Hausbesuche und erkundigt sich nach der Problemlage. Mit Hilfe einer Sozialarbeiterin wird versucht, die Voraussetzungen für das digitale Lernen am außerschulischen Lernort zu schaffen. So werden gegebenenfalls Anträge zu einer Internetverbindung gestellt. Ein Endgerät wird von der Schule beschafft, eingerichtet und vor Ort zur Verfügung gestellt;

3. Wenn die Anwesenheit nicht gewährleistet ist, müssen die Sozialarbeiter*innen mit der Familie in Kontakt treten und nach Lösungen suchen;

4. Wenn sich Schüler*innen verweigern, am digitalen Lernen zu Hause teilzunehmen, dann wird mit Unterstützung von Sozial- und Sonderpädagog*innen nach einer individuellen Vorgehensweise gesucht. Kurzzeitige Kontrollen und individuelle Unterstützung im Kontakt mit einer vertrauten Person werden eingerichtet, zum Beispiel hilft ein Integrationshelfer, eine BUT (Bildung und Teilhabe)-Förderkraft oder ein Student und bietet regelmäßigen Kontakt an;

5. Wenn es individuelle Lernprobleme gibt, die darin begründet sind, dass ein Kind mit dem Gerät nicht arbeiten kann, wird dies in der Schule an den Geräten geübt. Schüler*innen lernen dann den Umgang mit den Programmen unter Anleitung und mit kurzzeitigen weiteren Kontrollen. Wenn es zu Hause keinen ruhigen Arbeitsplatz gibt, werden in Gesprächen mit der Familie Lösungen gesucht. So könnte das Kind in der Schule am Nachmittag unter Anleitung arbeiten. Digitale Medien können dazu beitragen, die für das einzelne Kind bestmögliche Lernumgebung herzustellen (Besser, 2020).

Hier lernt das gesamte System zusammen mit dem Schüler und der Schülerin. Die Arbeitshaltung ist nicht selbstverständlich vorauszusetzen, wenn die Gegebenheiten nicht geeignet sind, zum Beispiel kein ruhiger Arbeitsplatz besteht. Auch die Lehrer*innen erleben ihre Verantwortung dafür, dass die Schule geeignete Vorkehrungen zu treffen hat, um die Schüler*innen zum Arbeiten zu bringen.

Zum Schluss: Die Erprobung des Ernstfalls und das digitale Lernen

Damit die vielfältigen Anregungen für den Ernstfall der Schulschließung überhaupt erprobt werden können, entwickelten wir in kleinen Schritten eine Annäherung an das digitale Lernen. Wir stellen fest, dass dies alles auf der Basis unserer bewährten Arbeitsformen wie Freie Forscher Clubs, Projekte, Freie Arbeitszeit und Klassenrat geschehen kann. Keine unserer bisherigen Erfahrungen mit dem selbstständigen und kooperativen Lernen am Gemeinsamen Gegenstand (Feuser, siehe Kapitel 4) ist in Zeiten der Corona-Pandemie durch die notwendige digitale Form veraltet oder überflüssig. Im Gegenteil: Mit diesen Formen können die Schüler*innen gut lernen, und das »digitale Lernen« ist insofern gegenüber dem »Präsenz-Lernen« verändert, als ein neues Medium genutzt wird. Aber dieses muss – wie bei allen neuen Methoden – ausgiebig erprobt werden. Daher sind bei uns bestimmte Zeiten als zum Lernen zu Hause eingeplant. Die Handreichungen zur »lernförderlichen Verknüpfung von Präsenz- und Distanzlernen« (Ministerium für Schule und Bildung des Landes Nordrhein-Westfalen, 2020) basieren auf den Erkenntnissen, die auch wir in unserer bisherigen pädagogischen Arbeit gewonnen haben:

»Bei einem planbaren Wechsel von Präsenz- und Distanzphasen, der sich z. B. bei einer zeitlich begrenzten Schulschließung oder einem Wechsel anwesender Lerngruppen in der Schule ergibt, kann Blended Learning zum Einsatz kommen. Blended Learning verknüpft Präsenzunterricht mit Distanzphasen. [...] Das Konzept ist in idealer Weise für die adaptive Planung des Unterrichts geeignet, denn es lässt sich sowohl mit reinem Präsenzunterricht als auch mit reinem Distanzunterricht vereinbaren. [...] Schülerinnen und Schüler können sich z. B. in einem Selbstlernzentrum auf die nächste Präsenzphase vorbereiten. Andersherum können im ggf. notwendigen Distanzunterricht die Lerneinheiten, die ursprünglich als Präsenzphasen angelegt sind, z. B. in Form von Videokonferenzen durchgeführt werden. Eine bekannte Form des Blended Learnings wird als Flipped Classroom bezeichnet. Der Begriff bezeichnet im Kern ein Unterrichtsmodell, in dem eine prototypische Phasierung des Unterrichts umgedreht wird: Der fachliche Input, der üblicherweise in einer Präsenzphase erfolgt, findet außerhalb des Klassenraums statt. Schülerinnen und Schüler eignen sich neue Inhalte selbstständig und in eigenem Tempo an, indem sie zum Beispiel mit fachbezogenen Erklärvideos arbeiten. Die Präsenzphase wird dann zum Üben, Anwenden, Vertiefen etc. genutzt. Flipped Classroom wird häufig auf das Lernen mit Videos reduziert. Das ist jedoch unzutreffend. Denn das Herzstück des Konzepts ist nicht die – didaktisch durchaus kritisch zu sehende – Phase der Instruktion, sondern die neu gestaltete Präsenzphase: Hier steht wesentlich mehr Zeit für individuelle Beratung, binnendifferenziertes und personalisiertes Arbeiten, Kommunikation und Kooperation zur Verfügung als früher. Wenn die entscheidende Präsenzphase nicht mehr vor Ort im Klassenraum stattfinden kann, müssen angemessene Alternativen gefunden werden [...] Beratungsgespräche können individuell per Telefon und mit kleinen Gruppen per Videokonferenz geführt werden, Fragen lassen sich in einem Forum oder Chat asynchron und synchron diskutieren, kollaboratives Arbeiten ist in Wikis und Etherpads möglich, Übungsformate, die zum Teil automatische Rückmeldungen generieren [...] sind online verfügbar [...]« (ebd., S. 21ff.).

Was hier Lehrer*innen mit digitaler Technik neuartig im Alltag erproben, ist insofern im Sinne der bisherigen Arbeit zu verstehen, als sie alle bekannten Arbeitsformen nun auch durch digitale Medien unterstützen. In all unseren Formen (siehe Kapitel 2), wie Freiem Forschen, Freiem Arbeiten, Freiem Schreiben oder dem Klassenrat, können wir die Lernprozesse digital ergänzen oder sogar – im Falle einer Schulschließung – teilweise digital eine Zeit lang ersetzen.

Festzuhalten ist, dass aus der Krise einer Schulschließung sich insofern positive Chancen entwickeln konnten, als sich die unterstützenden digitalen Zusätze bei vielen Lehrer*innen im Schulalltag jetzt etablierten. Sie zu erproben, ist für alle neu und einem ständigen Wandel unterworfen. Wichtig bleibt bei allem die pädagogische Grundausrichtung auf eine solidarische Klassengemeinschaft, die durch den Einsatz digitaler Medien nicht behindert wird.

3.3 Gesundheit hat Priorität – Ungehorsam im Schuldienst

Ende Oktober 2020 steigen die Infektionszahlen in ganz Deutschland so stark, dass die Corona-Schutzmaßnahmen auf einem Gipfel von Ministerpräsident*innen und Kanzlerin verschärft werden: Beschränkungen betreffen die Kontakte. Es dürfen sich nur noch wenige Menschen treffen, so werden etwa Restaurants und Kultureinrichtungen geschlossen. Schulen und Kitas bleiben in ganz Deutschland aber geöffnet – unter anderem mit der Begründung, dass die sozial schwachen Kinder im Distanzunterricht benachteiligt seien. Bei einer 7-Tage-Inzidenzzahl von über 100 Infizierten auf 100.000 Einwohnern entsteht Anfang November 2020 bei uns in der Brennpunktschule eine schwierige Situation: In den Herbstferien haben sich Ende Oktober einzelne Flüchtlingsfamilien aus dem Kosovo, oft aus der Volksgruppe der Roma, mit anderen Familien getroffen, und das Virus hat sich ausgebreitet. Die Wohnverhältnisse dieser Familien sind, wie beschrieben, so beengt, dass eine Ansteckung leicht übertragbar ist. Die Mutter einer Roma-Familie ist beispielsweise positiv getestet worden. Sie hat drei Kinder, die als Kontaktpersonen ebenfalls in Quarantäne geschickt werden, jedoch zuvor in die Schule kommen, weil sie noch nicht getestet wurden. Als zwei dieser Kinder aufgrund von Überlastungen der Gesundheitsbehörden schließlich ebenfalls als positiv getestet gelten, wird für die Kontaktpersonen in der Schule eine Quarantäne verhängt. Nach Absprache mit dem Gesundheitsamt werden die Sitznachbar*innen und solche Schüler*innen als Kontaktpersonen in Quarantäne geschickt, die über 15 Minuten hinaus weniger als 1,5 Meter Abstand gehalten haben. Die zuerst infizierten Kinder allerdings halten sich nicht an die Quarantäne und treffen sich in der Freizeit mit den Freund*innen. Es sind Schüler*innen des 8. und 9. Schuljahres, die sich nicht an die Regeln halten, die überall gelten. Sie wollen sich treffen und werden auch von ihren Eltern nicht so eingeschränkt, dass die Quarantäne gelingt. Das Ordnungsamt kontrolliert diese Familie, und eine Mitarbeiterin aus dem Gesundheitsamt wird zuständig für deren Beratung. Schwierige Auseinandersetzungen folgen, weil die Familie nicht einsieht, dass die Vorschriften einzuhalten sind. Nach einigen Gesprächen mit der Klassengemeinschaft über diese Vorfälle melden sich auch andere Jugendliche, die zugeben, dass sie sich getroffen und mit den infizierten Jugendlichen zusammen gegen die Abstandvorgaben verstoßen haben. Zum Schutz gegen die Weiterverbreitung des Virus wird auch für diese Schüler*innen eine 14-tägige Quarantäne verfügt. Zwei Wochen nach den Ferien sind aus mehreren Klassen drei Schüler*innen positiv getestet und weitere 35 gelten als Kontaktpersonen, die sich in Quarantäne befinden. Da nun viele Familien in verschiedenen Klassen betroffen sind, folgt die Überlegung, dass eventuell auch einige Klassen geschlossen in Quarantäne gesetzt werden könnten. Denn die Situation wird unüberschaubar und die Infektionsketten können aus Überlastungsgründen nicht mehr nachvollzogen werden.

Wir entscheiden uns mit dem Gesundheitsamt für einen anderen Weg:

Wir verfolgen intensiv die Kontakte nach und das Gesundheitsamt verfügt die Quarantäne in jedem individuellen Fall. Durch die 35 gezielt gesetzten Quarantänen erzielen wir mehrere wichtige Wirkungen:

➤ den Schutz der anderen Schüler*innen vor Infektion, weil weniger Infizierte in jeder Klasse sind;

➤ Pflicht- und regeltreue Schüler*innen und Familien werden nicht »mitbestraft«, wenn andere die Regeln brechen;

➤ Eltern der betroffenen Jugendlichen erinnern sich gegenseitig daran, die eigenen Kinder in ihrem Verhalten zu kontrollieren. Die Quarantäne ist eine Warnung für die Betroffenen, die man vermeiden will.

➤ Die Jugendlichen selbst erleben eine logische Konsequenz ihres Verhaltens, indem sie 14 Tage streng zu Hause bleiben müssen, um andere vor einer möglichen Infektion zu schützen.

Diese Wirkungen sind erzieherisch und erzeugen eine größere Einsicht, als wenn alle eine »Kollektivstrafe« erhalten würden und für 14 Tage darunter zu leiden hätten, wenn nur ein Teil von ihnen die Regeln offensichtlich missachtet hat.

Ein wichtiger Erfolgsfaktor dieses Vorgehens ist die warnende Wirkung, die sich an alle richtet. Der Kontinent Afrika hat aus seinen Erfahrungen mit Pandemien gelernt und daraus den Schluss gezogen, dass die frühen, warnenden und harten Maßnahmen eine katastrophale Ausbreitung verhindern konnten. Der Direktor der Afrikanischen Public-Health-Behörde John Nkengasong (2020) macht deutlich, dass es auf die Geschwindigkeit und Konsequenz der frühen Maßnahmen ankommt: »Am 14. Februar wurde der erste Fall in Afrika berichtet – in Ägypten. Am 22. Februar kamen alle Gesundheitsminister des Kontinents zusammen, um eine gemeinsame Strategie zu erarbeiten.« Afrikanische Länder verhängten Lockdowns, »als sie praktisch noch keine dokumentierten Fälle hatten. Simbabwe beispielsweise erklärte den Notstand, als es noch gar keinen Fall registriert hatte. [...] Diese führe Intervention war ein wichtiger Faktor für die Eindämmung der Pandemie. Vor allem, weil sie ein Alarmsignal für den Kontinent war« (ebd.). Die Quarantäne hat eine alarmierende Funktion und ist damit auch geeignet, in der Schule früh alle beteiligten Schüler*innen und Eltern aufzurütteln. Ebenso sind Mitarbeiter*innen dadurch achtsamer.

Unser kleinschrittiger, pädagogischer Weg der individuell verhängten Quarantäne lässt sich so lange durchhalten, wie die Nachverfolgbarkeit noch möglich erscheint. Wird aus Überlastungsgründen nicht mehr ganz so vollständig nachverfolgt, bleibt ein weiterer Zwischenweg vor einer kompletten Schulschließung: Um das ansteigende Infektionsgeschehen einzudämmen, empfahl das Robert-Koch-Institut, dass die Schulen ihre Klassengröße halbieren, wenn der 7-Tage-Inzidenzwert über 50 liegt. Die Bundesländer hielten sich allerdings nicht an diesen Weg, sondern setzten nach wie vor auch noch im November 2020 darauf, die gesamten Klassen im »Präsenzunterricht« in Vollzeit zu beschulen. Auch als der Inzidenzwert bereits über 100 im Bundesdurchschnitt lag, wurden in der Regel keine Kleingruppen gebildet.

Einen sehr bemerkenswerten Vorstoß unternahm die Stadt Solingen, die für alle Schulen einen Unterricht mit der halben Klasse im wöchentlichen Wechsel plante, als der Inzidenzwert bei über 280 lag (Tempel, 2020). Dies wurde vom NRW-Schulministerium nicht genehmigt mit der Begründung, dass diese Maßnahme dazu führe, dass die Kinder aus sozial schwachen Familien dadurch benachteiligt würden. Andreas Tempel, Schulleiter der Alexander-Coppel-Gesamtschule in Solingen, sieht es gerade im Sinne der Bildungsgerechtigkeit als nötig an, dass bei solchen Inzidenzzahlen die Schule sich gegen Infektionen schützt und dennoch in reduzierter und verantwortbarer Form fortgesetzt werden kann: »Unterricht in kleinen Gruppen ist gerechter, als wenn wir mit 30 Schülern in einem Raum sitzen und uns gegenseitig anstecken. An meiner Schule sind schon 36 von 120 Lehrern in Quarantäne. Wenn das so weitergeht, fällt immer mehr Unterricht aus. [...] Schule wird ungerecht, wenn das Virus entscheiden darf, wer Zugang zu Bildung hat« (ebd.).

Für Tempel besteht die Gefahr darin, dass Schulen zu Hotspots werden, wenn nicht früh genug gegengesteuert wird. Die Weisung des Ministeriums, den Unterricht dennoch in vollem Betrieb durchzuführen, missachtete Tempel (ebd.) mit der Begründung:

> »Ich habe bei meiner Verbeamtung ja nicht mein Recht auf bürgerlichen Ungehorsam an der Garderobe des Schulministeriums abgegeben. Und ich spiele hier nicht den Dickkopf, ich gehorche einer Fürsorgepflicht für meine Schüler und für meine Kollegen. Hier ist Gefahr im Verzug.«

Der soziale Brennpunkt steht oft vor dieser Frage, wo die Priorität liegt. Der »Ungehorsam im Schuldienst« (Stähling & Wenders, 2013b) ist der notwendige Weg für die Rechte der Schüler*innen. Andreas Tempel (2020) antwortet klar und deutlich:

»Leib und Leben zu schützen muss Vorrang haben – auch vor Bildung. Was nützt es, wenn demnächst alle im Distanzunterricht hocken? Dann haben alle verloren.«

Eine Abmahnung aus dem Ministerium hänge er sich als Schulleiter in Gold gerahmt an die Wand.

»Einige Schülerinnen haben mir gerade eine nette Belobigung in einem goldenen Bilderrahmen überreicht. [...]. Die Schüler anerkennen, dass ich mich für sie einsetze und um ihre Gesundheit sorge.«

4 Lernen in der solidarischen Klassengemeinschaft

Theorie für die Praxis

Kurz gefasst: In diesem Kapitel gehen wir der Frage nach, wie Kinder und Jugendliche optimal lernen können. Dabei reflektieren wir die eigenen Erfahrungen mit realen Lernprozessen von Schüler*innen genau und stellen sie in einen Zusammenhang mit den Theorien von Holzkamp, Feuser, Vygotskij und einer »Pädagogik der Unterdrückten« nach Freire. Wir zeigen, auf welche Weise benachteiligte Kinder durch ihre Solidarität ihren eigenen Lernprozess in der Kooperation entwickeln.

Betrachten wir die Entwicklungen seit den 1970er Jahren, so stellen wir fest, dass Schulen in sozialen Brennpunkten sich um mindestens fünf Gruppen zu kümmern haben, die unter *benachteiligten* Bedingungen lernen:

1. Schüler*innen, deren Familien durch prekäre oder entfremdete Arbeitsverhältnisse gezeichnet sind;
2. Schüler*innen, die von Armut betroffen sind;
3. Schüler*innen, die von Migration betroffen sind;
4. Schüler*innen, die aus Familien stammen, die kaum sozialen Halt geben;
5. Schüler*innen, die wegen ihrer Beeinträchtigungen behindert werden.

Was brauchen diese Kinder in den sozialen Brennpunkten am meisten? In diesem Kapitel wollen wir dieser Frage anhand von Beispielen nachgehen und eine brauchbare theoretische Basis für das Lernen suchen. Wie nötig dies ist, wird deutlich, wenn selbst Pädagog*innen und Soziolog*innen wie Aladin El-Mafaalani (2020a) behaupten, dass die Schule bisher keine entsprechenden Konzepte gefunden hat, die Bildungsungleichheit zu verringern:

»Eine fundierte ungleichheitssensible Schulpädagogik und Didaktik ist zurzeit nicht gegeben. Im Lehramtsstudium werden die Themenfelder soziale Ungleichheit, Migration und Mehrsprachigkeit nicht systematisch und kaum praxis- oder lösungsorientiert gelehrt, weil man kaum etwas darüber weiß, wie sich im Unterricht sozial ungleiche Chancen ausgleichen lassen. Jede Forderung, angehende Lehrkräfte im Hinblick auf die Bekämpfung von Bildungsungleichheit besser auszubilden und [...] mit entsprechendem methodischen Rüstzeug auszustatten, läuft ins Leere. [...] Hier sollte sich in Forschung und Lehre an Universitäten einiges tun« (S. 234f.).

Als Schulpraktiker*innen und Lehrer*innen versuchen wir, uns dieser Lücke ansatzweise zu nähern. In diesem Kapitel geht es um theoretische Ansätze, die uns für Schule im sozialen Brennpunkt Impulse geben. Sie basieren auf einer *École Moderne* »für die unteren Schichten des Volkes« (Freinet; siehe dazu Laun, 1982), einer entwicklungspsychologischen und kulturhistorischen Forschung (Vygotskij), einer kritischen lernpsychologischen Grundlagenforschung (Holzkamp [1927–1995]), einer »Pädagogik der Unterdrückten« (Freire), einer Caring-Pädagogik der Vielfalt (Prengel), einer allgemeinen Pädagogik (Klafki [1927–2016]) und einer Behindertenpädagogik (Feuser). Diese parteiischen Ansätze sind jeweils in der Praxis verwurzelt. Sie haben Bezüge zum brasilianischen »Theater der Unterdrückten« (Boal [1931–2009]) oder zur lateinamerikanischen Befreiungstheologie (Gutiérrez [geb. 1928]), Romero [1917–1980], Camara [1909–1999]), die sich als »Stimme der Armen« versteht, und ebenso zur *Critical Pedagogy* (McLaren, 2000, 2015; Giroux, 2020).

Wir zeigen in diesem Kapitel konkret an Beispielen, was genau notwendig ist, um *jedes* Kind in der Schulklasse voranzubringen. Dabei werden wir feststellen, dass die von Georg Feuser entwickelte Theorie der »Kommunikationsbasierten Kooperation am Gemeinsamen Gegenstand« den Weg aufzeigt, auf dem wir weiterforschen sollten. In neueren Arbeiten spezifiziert Feuser die Kooperation: »Kommunikationsbasiert« ist sie deshalb, weil jede arbeitsteilige Kooperation Absprachen verlangt und sich in der Kommunikation die Qualität der Beziehung abbildet. Die Beziehung unter Schulkindern aus Schicksalsgemeinschaften (zum Beispiel aus geflüchteten Familien) erleben wir als auf eine *natürliche* Weise solidarisch. Für sie ist der »Lerngegenstand« dann am fruchtbarsten, wenn er ein »gemeinsamer« ist, an dem sie mit ihren Freund*innen zusammen aus eigenem Interesse arbeiten möchten.

Dabei sind auch die entwicklungstheoretischen Arbeiten von Lew Vygotskij hilfreich, um eine bildliche Vorstellung davon zu entwerfen, wie gemeinsames solidarisches Lernen wirkt. Klaus Holzkamps grundlegende Forschungen zum Lernprozess können die Basis bilden. Wir werden diese Theorien immer im Hinblick darauf zu prüfen haben, ob sie den Lehrpersonen vor Ort eine Hilfe bieten können, besonders die in der Gesellschaft benachteiligten Schüler*innen stark zu machen. Stark werden sie durch die Freund*innen, die sich für sie einsetzen.

Blicken wir auf die professionelle pädagogische Beziehung, so geht es hier um eine professionelle Solidarität mit den Schüler*innen. Prengel (2013) beschreibt mehrere Felder der notwendigen Solidarität in der schulischen Praxis (S. 61ff.):

➤ mit Fremden,
➤ bei Erziehungsschwierigkeiten,
➤ in pädagogischen Beziehungen und Peerbeziehungen und
➤ in der didaktischen Triangulierung.

Die vielfältigen Verletzungen in pädagogischen Beziehungen gelten bei Prengel (ebd., S. 77ff.) als *Mangel an Solidarität*. »Der pädagogische Verzicht auf solidarische Anerkennung, [...] kommt einem professionellen Kunstfehler mit gravierenden langfristigen Folgen gleich« (ebd., S. 79).

4.1 Expansiv-weltaufschließendes Lernen

Klaus Holzkamp (1995) untersucht das Lernen aus der Perspektive der Lernenden. Folglich ist es für ihn wichtig, »lernen« und »lehren« nicht zu vermischen, wie es häufig geschieht. Viele denken: Wenn Unterricht stattfindet, wenn also Lehrer*innen unterrichten, dann lernen auch die Schüler*innen. Das ist nicht selbstverständlich, sondern nur eine Möglichkeit. Umgekehrt bemerkt Lothar Sack (2018, S. 358): »Wenn Lehrer nicht anwesend sind, wird der Unterrichts-Ausfall beklagt und zum Skandal erhoben. Dabei ist der eigentliche Skandal der Lern-Ausfall, übrigens auch der mit Anwesenheit von Lehrpersonen.« Das alte Bild vom Nürnberger Trichter, bei dem Schüler*innen passiv Wissen empfangen, be-lehrt werden und die Lehrer*innen die Aktiven sind, geistert noch immer in unseren Köpfen herum und spiegelt die Realitäten in manchen Schulen immer noch wider. Dazu passt, dass durch Lehrpläne eine Vorannahme vertreten wird, auf welcher Entwicklungsstufe ein Kind in welchem Alter steht und was es deshalb lernen solle. In traditionellen entwicklungspsychologischen Lerntheorien wird das Lernen dementsprechend als »Wechselwirkung von kindlichem Lernen und Unterstützung durch die Erwachsenen« (Holzkamp, 1995, S. 180) beschrieben.

Holzkamp dagegen untersucht die Lernsubjekte je für sich. Die Lernenden sind für ihn das Subjekt. So betrachten wir, wie zum Beispiel ein Jugendlicher aus einer geflüchteten Familie ein schwieriges schulisches Problem bewältigt. Er will sich die Welt aneignen, indem er sich auseinandersetzt mit herausfordernden Aufgaben. Dabei spürt er, dass er nicht weiterkommt. Er zieht sich zurück zum Nachdenken, macht alleine Notizen, spricht mit anderen ihm vertrauten Personen und sucht nach weiteren Hilfsmitteln. Holzkamp (ebd.) beschreibt in subjektwissenschaftlicher Weise den Prozess, den wir bei Kindern, Jugendlichen und Erwachsenen beobachten können, wenn sie sich selbstständig und gemeinsam ein Erkundungsziel suchen und individuelle und gemeinschaftliche Lernwege beschreiten:

> »Ich halte – da ich bei der Problembewältigung auf direktem Wege nicht weitergekommen bin – quasi erst einmal inne, versuche Übersicht und Distanz zu gewinnen, um herausfinden zu können, wodurch die Schwierigkeiten entstanden sind [...] Dies bedeutet auch, dass ich hier meine eigenen Schwächen o.ä. in anderem Licht sehe als im Kontext der direkten Problembewältigung, nämlich nicht lediglich als Hindernisse bei der Zielannäherung o.ä., sondern als selbstständige Hinweise darauf, wie meine Schwierigkeiten zum Zwecke ihrer lernenden Überwindung präzise zu fassen sind« (ebd., S. 184).

Wenn Lernen erfolgreich gelingt, schließen sich die Lernenden den Gegenstand der Untersuchung selbst auf. »Der Unterricht verläuft folglich nicht in klassischer Weise vom Stoff zu den Schülern, sondern in der Spanne der Zone der aktuellen Entwicklung zur Zone der nächsten Entwicklung und vom Lernenden zum Stoff« (Feuser, 2019b, S. 4). Erst *durch* die Kooperation am »Gemeinsamen Gegenstand« entsteht *deren* »Zone der nächsten Entwicklung«, wie Feuser (ebd.) betont. Wie auch Holzkamp grenzt sich Feuser damit deutlich von entwicklungspsychologischen Ansätzen ab, die von »ontogenetischen Stufen der Lernentwicklung« ausgehen: »Die ›Zone der nächsten Entwicklung‹ ist also selbst Produkt angemessener kommunikationsbasierter Kooperationen und mithin nichts, das im Individuum präformiert vorhanden wäre« (ebd.).

Damit wird klar, wie grundsätzlich und existenziell bedeutsam es für das Lernen jedes und jeder Einzelnen ist, dass die Lernenden in der Gruppe am »Gemeinsamen Gegenstand« kooperieren.

Lernen ist nach Holzkamp (1995) der »Zugang des Lernsubjekts zur sachlich-sozialen Welt« (S. 181). Ein solch expansives Lernen wird in der Schule oft behindert, indem die Schule dem Kind oder Jugendlichen die folgenden notwendigen Bedingungen versagt:

➤ Die Schüler*innen bekommen die für sie selbst notwendige Zeit für die eigenen Klärungsbemühungen (*mentale* Modalität), und die Lernprozesse werden nicht durch Schulstundenschluss nach 45 Minuten beendet.

➤ Die Schüler*innen arbeiten in kleiner Gruppe (idealerweise mit Freund*innen) zusammen und helfen sich gegenseitig bei der Bewältigung der selbst gesetzten Aufgabe (*kommunikative* Modalität). Die notwendig auftretenden Fragen werden nicht als Störfaktoren gewertet, sondern sind willkommen.

➤ Die Schüler*innen entscheiden selbst, welche Informationsmöglichkeiten und Quellen, die sie zur »Weltaufschließung« brauchen, nutzen und wie sie die erforderlichen Erkundungsprozesse gemeinsam organisieren möchten (*objektivierende* Modalität). Sie werden nicht von Beziehungen und Mitteln isoliert.

➤ Im schulischen Lernalltag fast aller Schulen finden wir jedoch häufig nicht diese für das erfolgreiche Lernen und Behalten notwendigen Kernelemente. Vielmehr wäre gerade für die benachteiligten Schüler*innen die nötige zeitliche Freiheit

   ➤ für das *eigenen Nachdenken* (mentale Modalität) und
   ➤ für das *Gespräch mit anderen* (kommunikative Modalität) sowie
   ➤ für das *eigenständige Erkunden* von Quellen (objektivierende Modalität)

unabdingbar nötig. Diese Freiheiten – eingebettet in eine Klassengemeinschaft, aus der kein Kind entlassen wird – sind so nötig wie die Luft zum Leben.

Dass solche wichtigen Lernprozesse behindert werden, erleben wir im Schulalltag immer wieder.

Holzkamp erzählt aus der Sicht von einem*einer Schüler*in, wie der 45-Minuten-Takt einer Schulstunde im Widerspruch zum expansiven Lernen stehen kann:

»[...] dann wird der Unterricht schlagartig abgebrochen [...], Unruhe kommt auf und meine initialen Klärungsbemühungen sind, bevor sich sie bewahren konnte, zerstört; falls ich in der Pause noch etwas an meinem Platz bleiben und nachdenken (mir vielleicht ein paar Notizen machen) will, werde ich vom aufsichtführenden Lehrer pflichtgemäß auf den Schulhof geschickt – und in der nächsten Stunde ist etwas total anderes dran. Viel gravierender ist es aber, dass ich im Zuge der Verfolgung meiner Lernproblematik, da ich ja nun innerlich damit zugange bin, unausweichlich meine Zuwendung zum weiterlaufenden Unterricht reduzieren muss« (ebd., S. 477).

Einige Lehrkräfte werden hier einwenden, dass es diese so interessierten Schüler*innen nicht gäbe. Gut kooperierende Schüler*innen haben meist eine tragfähige Beziehung auf der Basis einer Schicksalsgemeinschaft und einer Lebenslage, in der sich solidarisches Handeln auf natürliche Weise anbietet. Wir wollen, angelehnt an Holzkamp, dieses expansive Lernen aus Sicht des Kindes beschreiben. »Hier fliegt keiner raus, der etwas nicht verstanden hat!« – das ist das Gegenteil von unsolidarischen Schulen, in denen die Schüler*innen fürchten müssen, dass es sie »erwischt, wenn sie es nicht kapieren«.

»Nehmen wir an, ein vom Lehrer im Unterricht dargestelltes Problem hat mich (als Schülerin/Schüler) so nachhaltig betroffen und interessiert, dass ich es als *meine* Lernproblematik übernommen habe: Ich werde also [...] herauszufinden suchen, wo dabei meine Schwierigkeiten liegen (Herausarbeitung der Lerndiskrepanz und der relevanten Dimensionen der Gegenstandsannäherung), zu reaktualisieren, was ich schon darüber weiß und mir überlegen, in welchen allgemeinen Zusammenhang das Problem gehört (Aufdeckung tieferer Strukturebenen des Lerngegenstands) o.ä., dies alles in Erwägung bestimmter und Verwerfung anderer Möglichkeiten hin und her überlegend (inneres Sprechen, Gewinnung von Schlüsselfragen an mich selbst), um so die spannende Problematik wenigstens so weit für mich aufzuschließen, dass sie mir nicht wieder wegrutscht und ich mich später weiter darum kümmern kann etc. Dies heißt aber, dass ich mich damit schrittweise aus dem *schuloffiziell vorgegebenen Unterrichtsarrangement hinausbewege* und so *Störungen und/oder Sanktionen* von der Schul-/Lehrerseite provoziere« (ebd., S. 477ff.).

Manch ein*e Beobachter*in wird oben beschriebene Vorgänge in dem Kind gar nicht wahrnehmen können. Er oder sie wird möglicherweise anzweifeln, dass es sich bei der Beschreibung um ein Kind handelt. Vielmehr wird er oder sie wegen der theoretischen Begriffe der Beschreibung vermuten, dass sich ein studierter Erwachsener hier freiwillig auf ein Phänomen einlässt. So beobachtet Holzkamp selbst seinen eigenen Lernprozess, wenn er sich der »Zwölftonmusik« von Schönberg annähert (ebd., S. 197ff.).

Ist also das obige Beispiel des Lernsubjektes aus der Schulklasse ein frei erfundenes, das nur der Verdeutlichung der Theorie Holzkamps dient? Gibt es diese Schüler*innen überhaupt? Trifft es auf »lernschwache« und »lernbehinderte« Kinder zu? Lernen also solche Menschen anders, als es Holzkamp beschreibt, wenn sie aus Elternhäusern stammen, die angeblich »wenige Anregungen« bieten und gemeinhin als »bildungsfern« diffamiert werden?

Lassen sich denn Kinder nicht leicht ablenken und schnell von einem Lerngegenstand abbringen, wenn es einen neuen Reiz gibt? Wollen sie sich denn überhaupt vertieft einer Sache widmen? Gibt es etwas, was sie so sehr interessiert, dass sie so reagieren würden, wie Holzkamp es beschreibt?

In der *Dialektik der Aufklärung* stellen Max Horkheimer und Theodor W. Adorno (1988/1969) grundlegende Überlegungen dazu an: »Das geistige Leben ist in den Anfängen unendlich zart« (S. 274). Werden die Kinder in ihren Möglichkeiten unterdrückt, so können sie »dumm« werden. Horkheimer und Adorno kommen zu dem Schluss: »Dummheit ist ein Wundmal« (ebd.). Wenn ein Mensch in seinen tastenden Ver-Suchen und Such-Bewegungen auf Widerstand stößt, entstehen unauffällige Verletzungen:

> »Jede partielle Dummheit eines Menschen bezeichnet eine Stelle, wo das Spiel der Muskeln beim Erwachen gehemmt, statt gefördert wurde. Mit der Hemmung setzte ursprünglich die vergebliche Wiederholung der unorganisierten und täppischen Versuche ein. Die endlosen Fragen des Kindes sind je schon Zeichen eines geheimen Schmerzes, einer ersten Frage, auf die es keine Antwort fand und die es nicht in rechter Form zu stellen weiß. [...] Sind die Wiederholungen beim Kind erlahmt, oder war die Hemmung zu brutal, so kann die Aufmerksamkeit nach einer anderen Richtung gehen [...], doch leicht bleibt an der Stelle, an der die Lust getroffen wurde, eine unmerkliche Narbe zurück, eine kleine Verhärtung [...]. Solche Narben bilden Deformationen. Sie können Charaktere machen, hart und tüchtig, sie können dumm machen. [...]. Und nicht bloß die verbotene Frage, auch die verpönte Nachahmung, das verbotene Weinen, das verbotene waghalsige Spiel, können zu solchen Narben führen« (ebd., S. 274f.).

Die Aufforderung des Solidaritätsliedes heißt: »Nicht vergessen, worin unsere Stärke besteht ...!« Sich suchend einer Frage zu nähern und die dabei auftretenden Schwierigkeiten zu bewältigen, gelingt nicht immer alleine so einfach. Besser geht dies in einer Gemeinschaft, wenn alle daran beteiligt sind. In der Schule bedeutet dies zunächst, dass ich als Schüler*in sicher sein kann, dass ich nicht wegen meiner »lästigen« Probleme »rausfliege«. »Ich habe immer eine Chance!« – diese Sicherheit entsteht aus dem solidarischen Miteinander »mit meinen Freund*innen«. Wir wollen dieses solidarische Lernen in der Klassengemeinschaft angelehnt an Holzkamps subjektwissenschaftliche Schreibweise aus der Sicht eines Kindes darstellen, um Licht in die Fragestellung zu werfen.

Meine Freundin Leonora hat sich darüber beklagt, dass ich nur dann mit ihr spiele, wenn meine andere Freundin Fatima nicht da ist. An anderen Tagen würde ich nur mit Fatima spielen und sie ausschließen. Sie wäre dann immer traurig und alleine. Nun verlaufen meine Gedanken und Gefühle in mehreren Schritten: Ich werde zuerst alleine herauszufinden suchen, wo dabei meine Schwierigkeiten liegen [Herausarbeitung der Lerndiskrepanz und der relevanten Dimensionen der Gegenstandsannäherung]: Ich habe gar nicht gewusst, dass sich meine Freundin Leonora traurig fühlt und alleine ist. Das tut mir sofort leid. Aber ich erinnere mich, dass mir Fatima gedroht hatte, dass sie nicht mehr meine Freundin wäre, wenn ich mit Leonora spielen würde. Da habe ich Angst bekommen und nicht mehr mit Leonora gespielt, sondern nur noch mit Fatima. Auch werde ich zu reaktualisieren versuchen, was ich schon darüber weiß und mir überlegen, in welchen allgemeinen Zusammenhang das Problem gehört [Aufdeckung tieferer Strukturebenen des Lerngegenstands]: Ich weiß, dass wir alle zusammen spielen möchten und dass wir kein Kind ausschließen. Denn das tut dem Kind weh. Das hatten wir schon in anderen Runden im Klassenrat besprochen und an vielen Beispielen gesehen. Ich überlege anschließend hin und her, ob es auch andere Möglichleiten gibt, wie das gekommen ist [inneres Sprechen, Gewinnung von Schlüsselfragen an mich selbst], zum Beispiel weil mich Leonora auch immer so oft geärgert und mit Worten beleidigt hatte, wollte ich auch nicht mehr mit ihr spielen und lieber mit Fatima. Fatima hatte mich also vielleicht schützen wollen vor diesen Beleidigungen. Ich erwäge dies alles laut vor allen oder leise für mich, um so die spannende Problematik wenigstens soweit für mich aufzuschließen, dass sie mir nicht wieder verlorengeht und ich mich später weiter darum kümmern kann. Im Klassenrat teile ich allen mit, dass mich das jetzt beschäftigt und es mir leidtut. Ich werde unmittelbar in der nächsten Situation schauen, ob ich es anders machen kann und vielleicht mit beiden Freudinnen spiele. Ich frage schon die anderen beiden Mädchen im Klassenrat, ob wir zusammen in der Pause spielen können. Für mich überraschend schließen sich zwei andere Kinder an, die ein Spiel vorschlagen, das wir zusammen nun zu fünft spielen könnten. In diesem Fall bewege ich mich *nicht* aus dem *schuloffiziell vorgegebenen Unterrichtsarrangement hinaus*, denn der Klassenrat hat ja gerade die Aufgabe, diese Gedanken im Schutzraum der Gemeinschaft ohne großes Risiko äußern zu können. Die Äußerungen von mir werden nicht zu Störungen, sondern können durch die Institution des regelmäßigen wöchentlichen Klassenrates – er besteht in jeder Klasse zu einer festgelegten Zeit – der Klassengemeinschaft nützen. Alle anderen können davon lernen, was ich einbringe. Und unsere Gemeinschaft kommt voran, wie auch jeder einzelne davon etwas hat, weil er partizipiert. Meine Gedanken klären sich dabei.

Dieses Alltagsbeispiel aus dem Klassenrat macht deutlich, wie auch bei jüngeren Kindern das von Holzkamp beschriebene expansive Lernen in allen seinen Dimensionen und Modalitäten stattfinden kann. Dafür sollte die Schule einen Schutzraum und ausreichend Zeit gewähren. Im Sinne von Horkheimer & Adorno (1988/1969) muss es unser pädagogisches Ziel sein, das »zarte« geistige Leben von Verletzungen und Vernarbungen zu schützen. Dies wäre durch eine solidarische Pädagogik zu verhindern, wie wir zu zeigen versuchen.

Nehmen wir an, ein in der Freien Arbeit (siehe Kapitel 2.3) entstandenes Problem mit einer Aufgabenstellung in Mathematik hat mich, Ali, als langsam lernenden Sechstklässler, so berührt, dass ich es zu meiner Lernproblematik gemacht habe (Holzkamp, 1995, S. 477):

Ich, Ali, merke momentan, dass ich in der gerade kennengelernten Dezimalschreibweise eines Bruches noch unsicher bin. Ich weiß nicht, wie ich hier weiterkomme. Ich entscheide mich dafür, während der Freien Arbeit nach einer kleinen Bewegungspause erneut mit Unterstützung durch einen befreundeten Mitschüler daran zu gehen. Mit frischem Kopf geht es bei mir leichter, wie ich es öfter erlebt habe. Meine Lernblockaden lösen sich manchmal wie von selbst nach einer Bewegungspause mit meinen Freunden auf. In der freien Arbeitszeit wähle ich selbst den Zeitpunkt meiner Pause aus und frage kurz den Lehrer, ob er damit einverstanden ist, dass ich nun eine kleine Pause auf dem Schulhof mache. Am Ende der freien Arbeitsphase habe ich heute dennoch nicht alles sicher verstanden. Dafür wird mir die Sicherheit gegeben, morgen wieder zur selben Zeit in der Freien Arbeit daran weiterzuarbeiten. Der Lehrer spricht dies bereits heute vor der großen Hofpause kurz mit mir und meinen Freunden ab, damit wir morgen nicht vergessen haben, was jetzt das Lernproblem ist. Ich gehe mit Zuversicht und gestärkt daran, weil ich weiß, dass ich in einer nächsten Arbeitsphase weiterkommen werde. Ich kann es für heute beiseitelegen.

Gewiss ist diese Gedankenwelt von Ali nicht sicher nachzuweisen, aber wir können davon ausgehen, dass die Struktur des Freien Arbeitens ein lernförderliches, inneres Gefühl bei Ali auslöst.

Die Zuversicht bei Ali wächst. Er ist nicht isoliert, sondern in Beziehung zu seinen Freunden arbeitsfähig. Hier verläuft der Lernprozess in einer aktiven Weise, teils unterstützt durch den Lehrer, der dem Schüler eine Pause ermöglicht und sein Lernen strukturiert. Damit solch expansives Lernen als natürliches Bedürfnis der Schüler*innen betrachtet und akzeptiert wird, sind immer wieder Gespräche im Lernklassenrat nötig (siehe Kapitel 2.3.3). Wichtig ist hier, dass aus den offenen Gesprächen zum Beispiel über eigene Minderwertigkeitsgefühle eine solidarische Haltung der befreundeten Mitschüler*innen wächst.

Dies steht ganz im Gegensatz zum *defensiven* Lernen (Holzkamp, 1995, ebd., S. 477f.). Ali denkt und spürt (angelehnt an Holzkamps Verschriftlichung), dass er nicht gut lernen kann:

Dort muss ich im folgenden Unterricht (die nächste Stunde ist Englisch), wie es üblich ist, meine Aufmerksamkeit reduzieren, weil ich noch mit der vorherigen Lernproblematik (Dezimalschreibweise) beschäftigt bin. Mich ärgert, dass ich immer wieder nicht begreife, wie die Dinge in Mathematik funktionieren. Statt nun dem folgenden Englisch-Unterricht des anderen Fachlehrers zu folgen, passe ich nicht richtig beim Englischlernen auf. Der Lehrer bemerkt dies und nimmt mich dran. Da ich nicht aufmerksam war, kann ich nicht antworten. Der Lehrer ermahnt mich und macht sich eine Notiz. Nun kommt hinzu, dass ich deprimiert und unmotiviert dem weiteren Englisch-Unterricht folge und immer wieder unterschwellig damit beschäftigt bin, was ich alles nicht schaffe. Niemand ist jetzt da, mich anzuspornen, es weiter zu versuchen. Für mich ist das eine entmutigende Situation.

Schule wirkt hier nicht als Lernstätte, sondern als unsolidarische »Stätte schulischer Lernbehinderung« (ebd., S. 476).

Alis Lerninteresse lässt sich entsprechend mit Holzkamp beschreiben:

Expansive Lernaktivitäten zeigen sich daran, dass ich als lernender Schüler in einer solidarischen Klassengemeinschaft eine Sache verstehen, mich dabei dem Gegenstand annähern will, und mich nicht dabei durch Lehrer stören und behindern lassen möchte. Wenn meine Freunde mit mir zusammen eine Sache angehen wollen, bin ich interessiert dabei. Wir sind es gewohnt, dass wir einander unterstützen. Meine Schwierigkeit, eine Sache zu verstehen, gehe ich dadurch an, dass ich mir überlege, was ich schon darüber weiß und »in welchen allgemeineren Zusammenhang das Problem gehört [...]« (ebd., S. 477). Ich überlege hin und her, indem ich mit mir selber spreche, ich verwerfe andere Ideen und stoße vor zu Schlüsselfragen. Diese mentale Art und Weise des Denkens durch einen inneren Dialog reicht oft nicht aus. Ich werde meine Lernaktivitäten erweitern, indem »ich mir dabei das *Wissen oder die Kenntnisse konkreter anderer Personen* durch – mündliche oder schriftliche – *Nachfrage, Appelle* etc. nutzbar mache oder durch Fragen/Appelle an andere die *Wahrnehmungspräsenz* einer zu behaltenden/erinnernden Gegebenheit herzustellen suche‹« (ebd., S. 301).

Diese *kommunikativen* Arten und Weisen des Lernens stellen wir in den Mathematik-Beispielen aus der freien Arbeitszeit ausführlich dar. Sie sind im Grunde ein lernpsychologischer Aspekt der »Kooperationsbasierten Kooperation am Gemeinsamen Gegenstand« (Feuser).

Ein Schüler erläutert (in der Darstellung Holzkamps) sein Dilemma:

> »Falls ich etwa an einer bestimmten Stelle festsitze, aber vermuten kann, dass ein anderer darüber etwas weiß und mir weiterhelfen würde, so ist hier aus der Sachlogik des Lernprozesses heraus eine verbale Kontaktaufnahme kontinuierlicher Bestandteil weiterer Gegenstandannäherung« (ebd., S. 478).

Wenn ich als Schüler dann im Frontalunterricht leise mit meinem Nachbarn die mir wichtige Frage bespreche, so störe ich aus Sicht des Lehrers den Unterricht und ›schwätze‹. Es wird mir als unaufmerksames Verhalten quittiert (ebd., S. 478).

Wie sinnvolle Lernprozesse durch frontalen Unterricht ständig behindert werden, wird besonders deutlich an der Problematik, wie nach Holzkamp der wissbegierige Schüler eine Frage an den Lehrer stellen kann:

> »Selbst wenn ich mich dazu ordnungsgemäß melden und warten würde, bis ich aufgerufen werde, kann der Lehrer normalerweise eine solche Frage nicht zulassen und beantworten – dies auch dann nicht, wenn er daraus gemerkt hätte, dass ich was kapiert habe, und er mir eigentlich gerne weiterhelfen würde: Wenn er sich in dieser Weise auf die expansiven Lerninteressen seiner Schülerinnen/Schüler einließe (was dem einen recht ist, ist dem anderen billig), verlöre er die Klasse unweigerlich aus dem Griff, so dass die schuldisziplinär vorgesehenen (fiktiven) Lernprozesse und Bewertungen nicht mehr möglich wären« (ebd.).

In einer solchen Unterrichtsform gerate ich als Lehrperson also immer auch in ein Dilemma: Wenn ich mich von diesen frontalen Formen nicht lösen kann, ist expansives Lernen in solchem Unterricht unmöglich. Um also den Schüler*innen gerecht werden zu können, sind offene Lernsituationen in freien Arbeitsformen und Projekte notwendig. Dies muss eingebettet sein in eine solidarische Klassengemeinschaft, aus der niemand ausgeschlossen wird. In unseren Praxisdarstellungen lassen sich die Kernelemente des Lernens in einer solidarischen Klassengemeinschaft, die unter anderem in den Theorien von Feuser, Vygotskij und Holzkamp dargestellt sind, wiederfinden.

Die dritte Art und Weise des Weltzugangs bezeichnet Holzkamp als

»objektivierende«: Mit Notizzetteln, Aufzeichnungen und vor allem dem Zugang zu Informationen, der Aufschließung von Quellen und Kommunikationsmöglichkeiten machen wir uns unsere Erkenntnisse und Zwischenergebnisse für die Zukunft verfügbar. Mit diesen Hilfsmitteln tauschen wir uns aus, verweisen auf Quellenwissen und schreiten fort in den Erkenntnissen. In Kapitel 2.2 haben wir in Bezug auf den »Freien Forscher Club« und die »Herausforderungen« beschrieben, wie dies in der Schulpraxis aussehen kann. Immer sind auch die Mitschüler*innen eingebunden und wirken wesentlich mit. Dieses Vorgehen steht oft im Gegensatz zu schulischen Strukturen, bei denen »über die zu verwendenden Mittel, Quellen und Medien normalerweise der *Lehrer* vorentscheidet« (ebd., S. 479). Holzkamp fasst seine Schulkritik aus lernpsychologischer Sicht so zusammen:

> »Die ›schuldisziplinäre Ignoranz gegenüber den immanenten Verlaufsformen expansiv-weltaufschließenden Lernens‹ entspricht einer ›Verwahrlosung schulischer Lernkultur‹« (ebd., S. 476).

4.2 Befreiung von verletzenden Lernorganisationen – und die »natürliche Solidarität« der Kinder benachteiligter Familien

In der bisherigen Darstellung ist klar geworden, dass Kinder nicht effizient lernen, wenn sie mit »erhobenem Zeigefinger« »be-lehrt« und »unterrichtet« werden. Und dennoch erscheint Lernen im alltäglichen Verständnis bei vielen als etwas, »das man günstigenfalls hinter sich hat, aber in jedem Fall schnell hinter sich bringen will« (ebd., S. 11). Wir denken dabei zurück in die Geschichte der Schule, einer gesellschaftlichen Instanz mit teilweise verheerender Wirkung. Ein Lernverständnis vom »Belehrt-Werden« gegenüber einem Lernen aus eigenem Antrieb ist nach Holzkamp entstanden, weil das eigene Lernen verflochten ist mit der gesellschaftlichen Macht, und die »herrschenden Instanzen von je her ein besonderes Interesse daran [hatten], das Lernen zu okkupieren und der Bevölkerung zuzuteilen« (ebd., S. 12). Die Institutionen wie Universitäten, Schulen und Kindertagesstätten und so weiter, die für das »Belehrt-Werden« zuständig zeichneten, strebten Kontrolle über die Lernenden an. In den Worten von Paulo Freire (1971) diente dies

»den Interessen der Unterdrücker, denen es darum geht, dass die Welt weder erkannt, noch verwandelt wird. [...] Darum reagieren sie fast instinktiv gegen jedes Experiment in der Erziehung, das die kritischen Gaben anregt und sich nicht zufrieden gibt mit einer Teilschau der Wirklichkeit, sondern stets nach den Zusammenhängen Ausschau hält, die einen Punkt mit dem anderen und ein Problem mit dem anderen verbinden« (S. 76).

Denn durch das Lernen entstanden »nicht nur Fähigkeiten, sondern auch Haltungen, Lebensgewohnheiten, Handlungsbereitschaften, Urteilskompetenzen der Individuen« (Holzkamp, 1995, S. 12), die nach Bourdieus Analyse gesellschaftliche Ungleichheiten stabilisierten (siehe Kapitel 6). So betrachtet, ist ein passives »Belehrt-werden« ein Machtinstrument, das in Deutschland eine lange Tradition hat. Schule hat bis heute viele Menschen so verletzt, dass sie ihr Leben lang darunter gelitten haben. Dabei wird von fortwährender Missachtung der eigenen Bedürfnisse und der Würde des Kindes berichtet (Singer, 1998; Prengel, 2013).

Menschen wollen ernst genommen werden. Wenn sie produktiv sind, machen sie natürlicherweise Fehler. Sie gehören dazu, wenn jemand lernt. Wenn Lehrpersonen ihre Schüler*innen demütigen, beschämen und blamieren, weil sie Fehler gemacht haben, dann trifft das den Kern des Lernprozesses. Er wird dadurch behindert und die Person eingeschüchtert. Nur aufgrund ihres Status als Schüler*innen wurden viele Menschen in ihrer Würde verletzt. Diese Diskriminierung ist vergleichbar mit der Benachteiligung aufgrund der Hautfarbe, der Herkunft und des Einkommens. Daher können wir hier einen Bezug herstellen zu geschichtlichen Erfahrungen: So stellt der südafrikanische Pädagoge Neville Alexander (2001) einen Zusammenhang her zwischen der Aufarbeitung der Apartheid und der des deutschen Faschismus. Die südafrikanische Wahrheits- und Versöhnungskommission hatte die Aufgabe, unbequeme Fragen öffentlich zu stellen. Alexander (ebd.) sieht das Ziel der Kommission nicht darin, »die Tür zur Vergangenheit zu schließen« (S. 156), vielmehr soll sie »vieles von dem zutage fördern, was vor der südafrikanischen Öffentlichkeit verborgen werden sollte. Damit wird sie einen wesentlichen Beitrag dazu leisten, Südafrika als offene Gesellschaft zu erhalten« (ebd., S. 156). Interessanterweise betont Alexander, dass die Hauptimpulse für Versöhnung aus dem ökonomischen Sektor und aus dem Erziehungswesen kommen:

»Neben der Umverteilung der materiellen Ressourcen und der Erziehung und Bildung der schwarzen Jugend liegt unsere dringlichste Aufgabe sicherlich darin, die Mehrheit der weißen Südafrikaner davon zu überzeugen, dass die schwarzen Bürger dieses Landes ihresgleichen und keine Halb- oder Untermenschen sind. Das tiefe Leiden, das der Kolonialismus und der Rassismus über unsere Bevölkerung gebracht haben, macht es uns unmöglich, diese große Herausforderung abzuweisen« (ebd., S. 159).

Aus der Beschäftigung mit den Umwandlungsprozessen in Afrika, Südamerika und anderen ehemaligen Kolonien erwachsen wichtige Erkenntnisse für eine »Pädagogik der Unterdrückten«, die auf unser Land übertragbar sind. Alleine schon wegen unserer faschistischen und menschenverachtenden Vergangenheit und der langen autoritären Erziehungstradition im Erziehungswesen, die bis heute in ihrer Struktur der Selektion nachwirkt, sind wir gefordert, die Verletzungen ganzer Generationen von diskriminierten Schüler*innen aufzuarbeiten. Die entsprechenden Schlussfolgerungen daraus zu ziehen, ist überfällig.

Wenn wir den benachteiligten Schüler*innen gerecht werden wollen, müssen wir in der Schule dieses passive »Belehren« beenden und zu der Dimension von Lernen fortschreiten, die Holzkamp (1995) treffend so charakterisiert: Lernen ist »keine *Beeinträchtigung*, sondern im Gegenteil eine Form der *Realisierung* meiner Selbstständigkeit […] und deshalb in meinem genuinen Lebensinteresse« (S. 11). Lernen ist die »Voraussetzung des Erkennens und der Realisierung eigener Lebensinteressen« (ebd., S. 12f.) – und nicht Fremdbestimmung, Zwang, Reglementierung, Abhängigkeit und Unselbstständigkeit durch »Schulbank-Drücken« (ebd., S. 12f.).

Daher muss die »Pädagogik der Befreiung« (Freire, 2007, S. 117ff.) aus dieser Abhängigkeit »einsetzen bei der Lösung des Lehrer-Schüler-Widerspruchs, bei der Versöhnung der Pole des Widerspruchs, so dass beide gleichzeitig Lehrer und Schüler werden« (Freire, 1971, S. 75). Hier liegt der Schlüssel zum Verständnis dessen, was wir seit Langem als eine solidarische Pädagogik im Brennpunkt erproben (Stähling, 2011a, S. 66ff.).

Vorläufer zu einer solidarischen Pädagogik finden wir sowohl in der Arbeit mit auf der Straße lebenden Kindern in Brasilien als auch in der Partnerschaft mit First Nations in Kanada, wo indigene Menschen »Decolonialize Schools« fordern. In einer in Kanada beschriebenen indigenen Ethik heißt es, dass einem Kind nicht gesagt wird, was es zu tun hat. Außerdem wird es nicht eher dazu gebracht, etwas zu machen, bevor ihm Zeit gegeben wurde, sich zu entscheiden und diese Wahl persönlich anzunehmen. Besonders im Umgang zwischen älteren zu jüngeren Menschen gilt hier, dass man sich nicht einmischt und sich in Geduld übt, bis der richtige Zeitpunkt gekommen ist (Boban & Hinz, 2019, S. 146ff.).

In der brasilianischen Arbeit nach Paulo Freire hat der Psychologe John McGee 2000 den Begriff des *gentle teaching* geprägt, der beschreibt, wie eine liebevolle Beziehung den Menschen Sicherheit verschafft, um ihr eigenes Lernen zu erweitern. Bedingungslose Akzeptanz wird gelebt, indem die Pädagog*innen sich den Straßenkindern liebevoll zuwenden und ihre Gefühle bejahen (ebd., S. 148). In dieser Arbeit nach Freire geht es nicht um Programme, erfolgversprechende Ergebnisse, Kontrolle, Diagnostik, Ermahnungen oder Strafen. Im Gegensatz dazu gelingt der Kontakt, wenn jemand ein weinendes Kind tröstet, sich mit einem einsamen Jugendlichen anfreundet, sich neben einen verwirrten Menschen setzt, rund um einen Wohnungslosen einen Freundeskreis aufbaut und das Leiden eines Geflüchteten sieht, statt im anderen Menschen eine Nummer zu sehen (ebd., S. 149). Bei einem solchen anderen Lernverständnis ist zentral, dass wir die in all diesen Ansätzen von zum Beispiel Freinet, Vygotskij, Freire, Holzkamp, Feuser und Prengel beschriebene *Beziehung zwischen den Pädagog*innen und den Schüler*innen* als *solidarisch* wahrnehmen. Dazu gehört auch, dass wir erkennen, worin zum Beispiel die Straßenkinder ihre Stärke finden. Zwar brauchen sie die zuwendende Haltung des Erwachsenen, aber entscheidend ist, dass die Kinder sich aufeinander verlassen, sich unterstützen und *auf natürliche Weise solidarisieren*, weil sie in einer Schicksalsgemeinschaft verbunden sind: »Anerkennende pädagogische Beziehungen brauchen eine solidarische Motivation seitens der Lehrenden. Die Heranwachsenden brauchen auch außerhalb der Familie Erwachsene, die zu ihnen halten« (Prengel, 2013, S. 62). Diese Solidarität

> »ist nicht mit verwöhnender, überbordender Anerkennung zu verwechseln, die auf verleugneter Verantwortung und Macht, unerfüllten Verschmelzungswünschen oder verdeckter Bequemlichkeit erwachsener Personen beruht. Gerade entwicklungsförderliche Abgrenzungen und Zumutungen [...] gehören zur solidarischen Anerkennung, weil sie das Kind in seinen Kompetenzen, Potenzialen und in seiner zunehmenden Unabhängigkeit anerkennen« (ebd., S. 62f.).

Solidarische Zuwendung *unter den Kindern selbst*, wie sie unter anderem in der Schule Berg Fidel ausführlich beschrieben wurde (Stähling, 2013a, S. 252ff.,

260ff.; Prengel, 2013, S. 71ff.), entsteht in einem fürsorglichen Schulklima. In der Gruppe muss man sie zuerst einmal »zu Geschwistern machen« (Pestalozzi, 1953 [1799a], S. 199). Sie bringen aus ihrer bedrohlichen Lebenssituation *auf natürliche Weise eine solidarische Haltung* ein. Ein solches Klima wird unter anderem unterstützt durch vielfältige kleine Elemente (wie den *Klassenrat*, siehe Kapitel 2.3) und strukturelle Maßnahmen einer Schule (wie *altersgemischte Klassen* oder den *gebundenen Ganztag*). All diese einzelnen Elemente haben einen theoretischen Unterbau, der nicht zufällig mit einer »Pädagogik der Unterdrückten« (Freire, 1971) Verbindungen eingeht.

Erfahrungsgeschichte

Ein Vater steht mit seinen vier Kindern und der Mutter, die einen Säugling in einem Tuch trägt, vor dem Sekretariat. Eine syrische Begleiterin unterstützt und fragt, ob man hier die Kinder zur Schule anmelden könne. Sie seien hierhergeschickt worden, und die syrische Familie wolle ihre Kinder hier zur Schule bringen. Sie erläutert, dass die Familie in Berg Fidel, also in dem Stadtteil wohne, in der sich die PRIMUS-Schule befindet. Ich komme als Schulleiter hinzu und begrüße die Familie, zunächst die Begleiterin, die etwas Deutsch kann, die Mutter, die mir die Hand gibt, und den Vater, der mich sehr freundlich ansieht, schließlich die Kinder. Und ich frage sofort die »großen« Kinder: »Und ihr kommt jetzt in die Schule – zu uns?« Die Begleiterin übersetzt und die etwa sechs und 13 Jahre alten Jungen und das etwa zehn Jahre alte Mädchen nicken.

»Und wie heißt ihr?« Etwas verschüchtert sagen sie ihre Namen. Andere Schulkinder gehen durch den Flur und schauen interessiert, wer neu kommt.

Der Vater sagt etwas und lacht; die Begleiterin übersetzt, dass das Baby noch nicht kommt. Wir lachen, und ich schaue und frage, ob es denn ein Junge sei. Nein, es ist ein Mädchen, und ich sage: »Aber sie kommt später!«

Und dann spreche ich das etwa dreijährige Mädchen an, das die Hand der zehnjährigen Schwester Fatima festhält und frage nach ihrem Namen: »Und du? Wie heißt du?« Sie antwortet, als habe sie selbst die Frage schon verstanden. »Kommst du jetzt in den Kindergarten?«

»Wunderbar! Nehmen Sie Platz! Ihre Kinder kommen hier in die Schule«. Erleichtert dankt der Vater, und die Anmeldeformalitäten beginnen. Sie ahnen vielleicht, dass es ihnen hier gut gehen könnte.

Was also brauchen diese Kinder? Zuerst einmal Sicherheit und Hoffnung und eine verlässliche Zusage, dass wir etwas für sie tun werden. Die Kinder werden Freund*innen in den Klassen finden. Und diese Freund*innen werden sie auf natürliche Weise *wie Geschwister* (Pestalozzi) aufnehmen und unterstützen. Darauf bauen sie. Sie rechnen mit der »natürlichen« solidarischen Unterstützung, auch wenn sie aus Erfahrung mit ihren eigenen Geschwisterkonflikten wissen, dass dies nicht selbstverständlich eintritt. Die neuen Freund*innen sind ihnen zurecht das Wichtigste. Wir haben noch nie ein Kind gesehen, dass nicht lernen wollte. Das erste, was es will, ist, dass es sich mit den anderen verständigen kann: also einige Worte in der deutschen Sprache lernen. Die lernt es so nebenbei im Spiel, dazu braucht es keinen von der Klassengemeinschaft getrennten »Deutsch-als-Zweitsprache-Kurs«. Im Gegenteil wäre dieser hinderlich, wenn die neue Freundin zum Beispiel nicht dabei sein könnte.

Klar ist, was die zehnjährige Fatima auch nicht gebrauchen kann: dass sie in eine Schule kommt, die nach Jahrgang 4 die Kinder aufteilt, und sie am Ende des Schuljahres die Schule schon wieder verlassen müsste, um eine sogenannte »weiterführende« Schule zu besuchen. Fatima würde es schaden, wenn sie sich von ihren neu gewonnenen Gefährt*innen wieder trennen müsste. Sie braucht eine Schule, wo sie zusammen mit ihren Freund*innen die gesamte Pflichtschulzeit bis zum Schulabschluss zusammenbleiben kann.

Diese Familie kann auch den 13-jährigen Jungen in dieselbe Schule einschulen – und Fatima braucht sich auch als ältere Schwester keine Sorgen zu machen: Sie bringt morgens ihren kleinen sechsjährigen Bruder in dieselbe Schule, in der auch der größere Bruder lernt.

Mit einer Schule, die sich vom ersten Schuljahr bis zum Schulabschluss in einem Haus befindet und außerdem Hilfe anbietet, sind alle Kinder und Eltern einverstanden. Diese solidarischen Werte und Strukturen einer Schule sind ganz besonders nötig für diejenigen, die aus der Not zu uns kommen.

Schulen werden zu *caring communities*, in denen Kinder »fürsorgliche Achtsamkeit durch die Erwachsenen erfahren« (Prengel, 2020, S. 55). Hiermit ist nicht eine idyllische, heile Welt gemeint, in der die Kinder ihre real existierenden Nöte aus ihren Lebenslagen nicht ins Spiel brächten:

> »Eine fürsorgliche Pädagogik der Anerkennung nimmt Aggression und Hassgefühle ernst [...]. Besonders bei Kindern und Jugendlichen, die aufgrund einer krisenhaften traumatisierenden Sozialisation ohne gute Bindung

die Fähigkeit zu genügend guter Kontrolle aggressiver Empfindungen nicht ausreichend entwickeln konnten, kommt Pädagogik nicht umhin, sich mit Aversivität auseinanderzusetzen« (ebd., S. 56).

In der schulischen Praxis gehen die Lehrer*innen eine verlässliche, aber auch fordernde pädagogische Beziehung ein. Jede Person wird grundsätzlich wertgeschätzt. Ihr Beitrag für die Klassengemeinschaft wird nicht infrage gestellt. Dafür sorgen bereits die anderen Kinder. Darin besteht ihre Stärke, die durch keinen professionellen Erwachsenen ersetzt werden kann.

In der Arbeit mit behinderten Menschen rückt aufgrund ihrer Abhängigkeit »das care-ethische Element des Respekts vor der Autonomie noch stärker in den Vordergrund der Reflexion« (ebd., S. 57). Ein mitleidiger Defizitblick stört. Wir versuchen die Menschen stattdessen in all ihren Besonderheiten *ernst zu nehmen, und auch die anderen Kinder werden ihnen solidarisch zur Seite zu stehen. Gentle teaching* oder *caring* bedeutet gerade nicht, dass Kinder und Jugendliche »geschont« und in »Watte gepackt« werden.

Wenn sie Probleme bewältigen, kann die Gemeinschaft helfen, indem alle über ihre Schwierigkeiten reden und sich austauschen. Hier ist wieder ihre Stärke zu finden. Sie ist da, auch dann, falls in der Schule kein Erwachsener sich kümmert. Auch die Trauer über die eigene Begrenztheit kann die Gemeinschaft teilen. *Caring* schließt nicht aus, dass ein Kind bei gemeinschaftsschädigendem Verhalten seine Grenzen deutlich gezeigt bekommt und ihm dabei geholfen wird, sein Verhalten zu ändern beziehungsweise zu beenden. Dabei kommt es jedoch darauf an, dass eine *natürliche solidarische Haltung* von den Freund*innen aus der Klasse zum Ausdruck kommt. Sie verdeutlichen, dass sie zu ihm stehen, auch wenn es mal einen »Fehltritt« macht. Dabei ist es *natürlich* und für Kinder selbstverständlich, dass die Person wertgeschätzt wird. Sie wollen es nicht anders. Würden jemand andere ausschließen wollen, würde dies stören und bedrohlich wirken, denn dann müsste ja auch ein anderer damit rechnen. Der *natürliche solidarische Zusammenhalt* der Freund*innen wäre dann gestört. Sobald es ginge, wäre dies ein Thema im Klassenrat. Diese *caring community* versteht sich als Gemeinschaft, die hilfsbedürftige Mitschüler*innen nicht bemitleidet, sondern im Gegenteil sucht sie nach guten Bedingungen für alle. Sie geht grundsätzlich von einer Verletzlichkeit aller aus und wertschätzt hilfreiche Gespräche im Klassenrat. Alle müssen vor Kränkungen und Aussonderungen geschützt werden.

Die Care-Theorie wurde 1982 durch das Buch *In a Different Voice* von Carol Gillian bekannt und im feministischen Diskurs kontrovers aufgenommen. Gillian wurde bezichtigt, der weiblichen Unterordnung Vorschub zu leisten. Damit aber war eine weibliche Moral des *Caring* gemeint, die »maßgeblich berücksichtigt, dass wir immer, aber besonders während wir aufwachsen und während wir altern, auf andere angewiesen sind« (Prengel, 2013, S. 32). Die Gefühle der Liebe und der Fürsorglichkeit sind zentral: »Keine Gesellschaft kann es sich leisten, diese Gefühle nicht zu kultivieren. Gewiss bedarf eine Gesellschaft, die sich bemüht, ein Erbe schlimmer Ungerechtigkeit zu überwinden, aller Liebe und Sympathie, die sie aufbringen kann« (Nussbaum, 2002, S. 12).

>»Dahinter steht die Erfahrung, dass *jeder* Mensch etwas zur Gemeinschaft beizutragen hat, jeder Mensch inspirierend wirken kann – auch solche Personen, deren Beiträge entwertet werden, weil sie zu diskriminierten Gruppen gehören oder weil sie im Zustand starker Abhängigkeit leben. Eine bedeutende, universelle Quelle der Selbstachtung und Anerkennung der Anderen wird erschlossen, wenn zunächst oft verborgenen persönlichen Potentialen erlaubt wird, zum Ausdruck zu kommen, sichtbar zu werden und Anerkennung zu erfahren. Damit ist eine bedeutende Perspektive der Bildungsgerechtigkeit angesprochen« (ebd., S. 34f.).

Auf welchen pädagogischen Grunderkenntnissen und praktischen Erfahrungen basiert eine solidarische und haltgebende Pädagogik, ein solches »Caring-Curriculum« (Villa & Thousand, 2000; Kaiser, 2004; Prengel, 2013, 2015, 2020)? Welche pädagogischen Ansätze für Brennpunkte sind zu finden, die die Anforderungen erfüllen, wirklich jedes Kind in der Schule ernst zu nehmen und ihm gerecht zu werden?

Benachteiligte Kinder brauchen Sicherheit und »authentische, zuverlässige, angstfreie Beziehungen« (Feuser, 2019a, S. 20). Feusers Erkenntnis stammt unter anderem aus seinen Erfahrungen mit schwer mehrfach behinderten Menschen. Wir meinen hier eine Klassengemeinschaft als schulische Lern- und Lebensgemeinschaft, in der die feste Lerngruppe »in gemeinsamer Kooperation« auch schwierigste Probleme und Aufgaben des komplizierten schulischen Alltagslebens im solidarischen Geist bewältigt. Dabei unterscheiden wir zwischen der *natürlichen Solidarität* der Kinder aus den unteren Schichten und der *professionellen Solidarität* der Pädagog*innen (siehe Einleitung). Dies gilt für alle, selbstverständlich auch für die Kinder und Jugendlichen mit mehrfachen Behinderungen, die bisher isoliert in Sonderschulen oder anderen Einrichtungen »geparkt« wurden. Georg Feuser berichtet eindrucksvoll von eigenen Erfahrungen im Zuge der Arbeit mit Menschen, die von schwerwiegenden mehrfachen Behinderungen betroffen sind. Im »normalen« Schulsystem sind Schüler*innen, die zum Beispiel aufgrund einer Spastik oder einer geistigen Behinderung nicht oder (angeblich) gar nicht auf üblichem Weg kommunizieren können, die hauptsächlich liegen oder sitzen, keinen Blickkontakt aufnehmen und so weiter, nicht zu finden. Sie sind isoliert, weggesperrt von »normalen« Kontakten. Georg Feuser hat deshalb eine Methode entwickelt, die er »Substituierend Dialogisch-Kooperative Handlungstherapie«(SDKHT) nennt, mit der er und seine Forschergruppe nachweislich Reaktionen bei den Betroffenen hervorrufen konnten, mit denen sie selbst zuvor nicht gerechnet hatten. Grundsätzlich geht Feuser dabei davon aus, dass jeder Mensch potenziell lernfähig ist (siehe dazu Feuser, 2021a). Erst wenn wir auch diese Gruppe von Menschen mitdenken, stimmt das Wörtchen »alle«. Und darin liegt eine wunderbare Entdeckung.

Kinder brauchen ein Lernangebot, bei dem sie merken, dass man an sie und an ihre *Möglichkeiten* glaubt und sie zum Erfolg führt. Feuser (2019a) betont, dass wir uns »auf das potentielle Mögliche orientieren, das allerdings nicht exakt bestimmbar und auch nicht zu ertesten ist« (S. 20). Denn unter Testbedingungen in der Einzelsituation kann zum Beispiel ein langsam lernendes Kind aus benachteiligten Lebenslagen nach unseren Erfahrungen weniger leisten, als wenn es gemeinsam mit einem Freund, mit einer Freundin, denselben Test macht. In Erwartung der Unterstützung baut dieses zu testende Kind eine emotionale Sicherheit auf. Es erweitert seinen Möglichkeitsraum (diese Erkenntnisse haben Konsequenzen und stellen das Paradigma eines »anregungsarmen« Lernmilieus in einer Brennpunktschule infrage, siehe Kapitel 8).

Als Lehrperson suche ich mit den Kindern gemeinsam einen Bildungsinhalt aus, der »stellvertretend für viele Kulturinhalte steht; immer soll ein Bildungsinhalt Grundprobleme, Grundverhältnisse, Grundmöglichkeiten, allgemeine Prinzipien, Gesetze, Werte, Methoden sichtbar machen« (Klafki, 1962, S. 14). Ich bin als Lehrer*in bei der Suche nach einem geeigneten Bildungsinhalt nicht nur auf die Bildungsplanvorgaben angewiesen, sondern primär auf die Schüler*innen, die freundschaftlich miteinander verbunden sind. Sie selbst suchen mit ihren vertrauten Mitschüler*innen zusammen aus, was ihnen gemeinsam zusagt. Sie bestimmen so in Projekten oder in freien Forschertätigkeiten und planen selbst in herausfordernden Aktivitäten, welche »epochaltypische Schlüsselprobleme« (Klafki, 1996, S. 56) sie angehen (Kapitel 2.2). Ihre Aktivitäten lassen sich unter diese Schlüsselprobleme fassen, wie wir erleben konnten, als die Kinder selbst die ihnen wichtigen Themenfelder bestimmten. In solidarischem Mitgefühl für die schwierigen Lebenslagen anderer und der eigenen Freunde in der Schule stoße ich als Kind selbst im Alltag oft auf Schlüsselprobleme wie Frieden, Umwelt, Eine Welt, gerechte Verteilung, Demokratisierung oder Technikfolgen (Stähling & Wenders, 2012b, S. 51ff., 2018c, S. 147f.), denn diese Themen werden sozusagen »von selbst« sichtbar, besonders wenn Kinder aus benachteiligten Lebenslagen ihre Probleme ansprechen. Sie sprechen sie an, weil sie sich davon viel versprechen, etwa dass die anderen ihre Fragen teilen. Eine weitere Erkenntnis für uns ist, dass besonders diese Kinder sowieso wissen, dass es ihnen besser geht, wenn sie ihre Schwierigkeiten ansprechen. Sie erwarten voneinander eine solidarische Haltung. Sie wehren sich energisch, wenn ihnen Unrecht geschieht.

Als Kind von benachteiligten Eltern, von geflüchteten Familien, von ausgegrenzten Volksgruppen kenne ich die *natürliche*, gemeinschaftliche, solidarische Stärke der Gruppe. Wertschätzung und Anerkennung meiner Klassengemeinschaft öffnen mich auch für die Schule, in der *auch* die pädagogische Beziehung zu meinen Lehrer*innen (Prengel, 2013) Mut macht. Wir als Pädagog*innen arbeiten mit dieser *natürlichen Fähigkeit der Kinder aus benachteiligten Lebenslagen, sich zu solidarisieren.* Sie brauchen gemeinsame Aufgaben, an denen sie wachsen und beweisen, dass sie Schwierigkeiten überwinden. Die Schulstrukur der Langformschule ist wichtig, damit jedes Mitglied der Gemeinschaft garantiert und verlässlich über alle Schuljahre hinweg Teil der Klassengemeinschaft sein kann und unter keinen Umständen ausgeschlossen wird.

Die bisherige »allgemeine Pädagogik« ist daher keine allgemeine, weil sie selektierend und ausschließend ist – deshalb wird sie in Anlehnung an Feuser hier klein geschrieben (»allgemeine«); die von Feuser entwickelte Pädagogik ist eine »*A*llgemeine« Pädagogik, da sie inklusiv ist und alle Entwicklungsgrade einbindet – also keine Selektion vornimmt. Dies ist Kern und Hauptziel der Feuser'schen *Allgemeinen Pädagogik*, die die Behindertenpädagogik einschließt und die allgemeine Pädagogik Klafkis weiterführt.

4.3 Kommunikationsbasiertes Kooperatives Lernen am Gemeinsamen Gegenstand (Feuser)

Aus den bisherigen Erörterungen des *natürlichen solidarischen Bestrebens* der Kinder von benachteiligten Familien lässt sich nun eine Schlussfolgerung für das Handeln der Lehrer*innen ziehen: Die Erwachsenen sollten daran anknüpfen, was die Kinder mitbringen. Da die Kinder wegen ihrer Lebenslage viele Nachteile in Kauf nehmen müssen, sind sie es gewohnt, sich gegenseitig zu unterstützen. Sie bringen »natürliche« Kooperationsbereitschaften und -fähigkeiten mit. Eine Brennpunktpädagogik und eine »Pädagogik der Unterdrückten« muss also – wenn sie effektiv sein will – diese »natürliche« Kooperation der Kinder nutzen. Gemeinsam an einem Problem zu arbeiten, ist nicht fremd – im Gegenteil: Es ist ein natürliches Bedürfnis. Wir werden dies nun ausführlich daran beschreiben, wie Kinder sich der Mathematik und ihren Problemen damit stellen.

Wenn wir Lehrer*innen unsere eigenen Vorstellungen über den »Matheunterricht« prüfen, dann stellen sich bei uns häufig Bilder ein, wie man Lektion für Lektion vorgeht. Mathematische Phänomene scheinen aufeinander aufzubauen und miteinander verbunden zu sein. Stoffliche Hürden, wie zum Beispiel die Zahlraumerweiterung, können wir nicht überspringen. Wir brauchen anschauliches Material dafür. Aus Erfahrung wissen wir Lehrer*innen, dass einzelne Schüler*innen den »Stoff« nicht verstehen und so nur oberflächlich Kenntnisse erwerben, die ihnen bei den höheren Anforderungen nicht mehr helfen können. Diese Kinder scheinen aus der Sicht mancher Lehrer*innen »verloren« zu sein. Mit traurigen, teils verzweifelten Blicken teilen uns Kinder mit, dass sie alleingelassen sind mit der Mathematik. Sie haben Sorgen und bauen Ängste auf. Wer steht ihnen bei? Auch hier ist wieder an die Mitschüler*innen zu denken. Welche Möglichkeiten haben wir Lehrer*innen, diese Kraftquelle zu nutzen?

Dass alle Kinder die für ihr Lernniveau individuell passenden Aufgaben bekommen, scheint uns im Alltag sehr schwer umsetzbar zu sein. Wir berichten hier vorwiegend aus einer Stammgruppe, in der Kinder aus den Jahrgängen 2 bis 6 gemeinsam in der Freien Arbeit am »gemeinsamen Kerninhalt« (Häsel-Heide & Nührenbörger, 2017, S. 12ff.; Stähling & Wenders, 2015, S. 108ff.) lernen.

Wir stellen mathematische Lernprozesse in der morgendlichen freien Arbeitszeit dar (siehe auch Kapitel 2.3) und erläutern Hintergründe dieses Ansatzes, den wir in unserer Schule nicht nur in der Primarstufe praktizieren, sondern auch auf die Sekundarstufe übertragen. Ich, Reinhard Stähling, erzähle zunächst aus meiner Sicht als Lehrer, der jeden Morgen in der freien Arbeitszeit mit den Kindern im Bereich der Mathematik arbeitet.

4.3.1 Die »natürliche Solidarität« der Lernenden und die professionelle Solidarität der Pädagog*innen[1]

Freie Arbeit direkt nach den Sommerferien in der Stammgruppe »Sonnenblumen«: Ibrahim, ein großer schlaksiger Junge aus dem 5. Jahrgang kann die Aufgabe 100 = 2 mal x nicht spontan lösen. Er stockt etwas – ist noch unkonzentriert – noch gar nicht auf das neue Schuljahr eingestellt, fast noch mit einem Fuß in den Ferien. Das sind die fruchtbaren Momente, die uns geschenkt werden: unvorbereitet in die Krise – Brett vor dem Kopf – Blackout.

Haben das alle? Auch wir finden nach den Ferien nicht immer direkt in die Gedankenwelt der Schule zurück. Von Ibrahim wird hier Abstraktion verlangt. Ein Mädchen aus dem 2. Jahrgang stellt sich an den Tisch, wo ich, Reinhard Stähling, als Lehrer morgens sitze und Platz für mindestens sechs Kinder ist. Ibrahim guckt noch immer, als sei die Aufgabe zu schwierig für den Anfang. Die jüngere Mitschülerin soll in dieser Situation nun zur Hilfe werden. Ich frage sie, ob sie weiß, wie 100 Kästchen aussehen. Sie kennt die Antwort noch nicht sofort. Ich fordere sie auf, 100 Kästchen auf einem kartonierten gelben Karopapier auszuschneiden – eine schwierige Aufgabe.

Ibrahim: »Ach ja, ich weiß!« Das kleine Mädchen geht zu seinem Platz, sucht eine Schere und schneidet an dem Papier. Eine Freundin aus Jahrgang 3 steht inzwischen neben ihm und sagt stolz:
»Ich weiß es.«
»Wie denn?«, frage ich.
»Ja, 10 mal die 10, ein Viereck.«
»Ein Quadrat«, ergänze ich.
»Und Ibrahim, welche Zahl nehme ich zweimal, damit ich 100 bekomme?«
»Ah, jetzt weiß ich: 50.«

---

1 Die Beschreibungen der Kooperation, der Individualiserung und der Mehrperspektivität folgen den Darstellungen in Stähling & Wenders (2012b, 2015 und 2018c).

»Und wie kommst Du darauf?«

»Die 100er-Fläche in der Mitte durch«, ruft jemand aus Jahrgang 6 dazwischen.

»Gut, jetzt teile einmal die 100 in 4 gleiche Teile. Nimm Dir auch ein Karopapier und schneide es.«

Ein Mädchen aus Jahrgang 6 sagt direkt: »25.«

»Bitte mach es mal! Und danach teile das Blatt in 8 gleiche Teile.«

Ein Mädchen aus Jahrgang 3 hat zugehört – interessiert. Der Lehrer erklärt ihr, dass sie es gerecht verteilen müsse. »Es sind da: Mama, Papa, Du und deine drei Geschwister und noch Tante und Onkel.«

Sie zählt: »Also 8.«

»Gerecht bitte!«

»In 8 Teile? Oh, wie soll das gehen?«

Sie beginnt schnell, die 100er-Fläche auszuschneiden, und teilt sie in 4 Teile, ohne Mühe – die entstandene Fläche von 5 mal 5 Kästchen will sie nun nicht in der Mitte zerschneiden. Sie teilt 20 ab und zeichnet mit Bleistift eine Halbierungslinie ein. Es wird konkret: Sie gibt der Schwester in Gedanken von den verbliebenen fünf Stücken 2 Stücke und sich selbst auch 2 Stücke – der Rest ist ein Stück, das man noch teilen kann.

Sie erinnert sich: »Ein »halbes« für jeden, also zusammen »12 und ein Halbes«.

Ein Junge aus Jahrgang 4 macht es anders: Er schneidet die 25er-Fläche mitten durch. Es entsteht eine Fläche von 5 mal 2,5. Er zählt vor: »Bis zur 10«, und erklärt: »Es sind 10 und hier 2 halbe, das sind 1 und da zwei Halbe, das sind also 2 und noch ein halbes, 10 + 1 + 1 + 1/2.«

Die Schülerin aus Jahrgang 6 hat es gerade schon gemacht und kommt zum Ergebnis von 12,5.

Ibrahim ist wieder aktiviert und weiß in diesem Moment das Ergebnis von 100 = 2 mal x und von 100 = 4 mal x. Und nun schneidet er die 25 aus.

Ich nehme ein quadratisches Papier ohne Kästchen und zeige es einem Mädchen aus Jahrgang 5. Eine Freundin aus Jahrgang 4 ist gekommen und schaut zu. Sie mögen es bitte einmal in 4 gleich große Teile falten. Wenn das Ganze 100 ist, was ist dann das Viertel?

Das gleiche mit einem Kreispapier: Schnell ist es in ein Viertel gefaltet. An die runde Wanduhr gehalten sieht jeder, der gerade ein Auge dafür hat: Es ist wie eine Viertelstunde. Und das sind 15 Minuten.

Jetzt stellt Ibrahim vorsichtig eine Frage: »Hä? Wieso 15 und nicht 25?«

– Wie gut, dass er sich traut, diese Frage zu stellen. Es herrscht etwas Verblüffung über Ibrahims Frage. Die vorgeblichen Sicherheiten sind dahin ... Es wird überlegt. Einige Mädchen suchen eine Erklärung: »Wie viele Minuten sind denn eine ganze Stunde?«

»60.«

»Also eine Viertelstunde ist nicht 25, sondern 60 geteilt durch 4.« Überlegungspause: »Ah, 15!«

»Aber wenn eine Stunde 100 Minuten hätte, dann wäre eine Viertelstunde: Wie viele Minuten?« Jetzt leuchten die Augen: »25.«

»Gut!«

Es geht so weiter in den nächsten Tagen.

Die Schüler*innen aus Jahrgang 2 schneiden täglich erneut 100er-Felder aus, zerteilen sie in unterschiedlich viele gleich große Teile. Es scheint leicht zu werden. Und plötzlich wird es wieder verblüffend schwer. Ich frage: Ein Junge hat 4 Geschwister und jedes der 5 Kinder soll gleich viel bekommen. Es erscheint als eine ziemlich unerwartete Aufgabe, weil die vorherige Strategie des Halbierens zwar ermöglicht, die 100 durch 4, durch 8 und auch durch 16, sogar durch 32 zu teilen und aus dem Bild das Ergebnis zu ermitteln, aber durch 5 zu teilen macht diese Strategie zunächst unbrauchbar. Die Kinder versuchen es und experimentieren. Dann plötzlich ist es klar: »20!«

Diese 20 von 100 sind anders gesagt 20 *per Cent*, also 20 Prozent – eine neue Bezeichnung für alle, aber so wichtig, weil sie fast alle diesen Begriff »Prozent« schon kannten. Jetzt erscheint es leicht, auch durch 10 zu teilen. Die Zahlenraumerweiterung kann jetzt fruchten: »Schneide 200 aus und teile sie durch 4, gerecht. Ebenso 240 durch 4 und 360 durch 4.« Eine Schülerin aus Jahrgang 3 macht einen wunderbaren Fehler: »240 durch 4?«

Sie überlegt im Kopf und kommt zum Ergebnis 110. Was hat sie getan? Ich freue mich immer über Fehler, weil wir alle dann knobeln müssen, was da der Gedanke ist, der dahintersteckt. Ich habe als Lehrer nämlich noch nie einen Fehler gesehen, der nicht irgendeinen logischen Ursprungsgedanken als Basis hatte. Die Kinder kennen das von mir: Wir knobeln gemeinsam: »Es stimmt nicht. 240 durch 4 ist nicht 110. Aber wieso kam sie darauf?« Und siehe da, ein älterer Junge hat eine Idee: »Sie hat also zuerst 40 durch 4 geteilt und 10 rausgehabt. Dann wollte sie diese 10 dem Ergebnis von 200 durch 4 hinzufügen – aber sie hat gedacht, dass es 440 waren, die zu teilen sind, und nicht 240. Also muss sie nur 200 durch 4 = 50 rechnen. Zu den 50 nimmt sie die 10 hinzu!« »Ach ja!«, wir alle strahlen –

nun auch verstehend, was sie übersehen hatte. Das Mädchen hat es selbst gemerkt und freut sich mit uns zusammen über diesen Fehler, an dem sie und andere gleich gemerkt hatten, dass wir beim »halbschriftlichen Rechnen« jeden einzelnen Teil der Zahl (hier 200 und 40) durch 4 teilen. Das Distributivgesetz ist entdeckt; aber es wird oft simpel als »halbschriftliches Rechnen« bezeichnet.

Ich schlage ihr vor, diese Operation nun auch mit dem Kästchenpapier durchzuführen. Sie ist sichtlich zufrieden, und die neugierige Freundin schnappt eine Menge auf davon. Es geht voran.

Zuversicht versetzt Berge – es ist ein Wunder, wie Kinder lernen! Eigentlich ganz einfach: am besten in der anschaulichen Weise, ohne abstrakte Verallgemeinerungen. Die Rechengesetze, wie zum Beispiel das Distributivgesetz $(a + b) : c = a : c + b : c$ sind ja nur zusammenfassende Konsequenzen aus den Erfahrungen mit dem Zerschneiden und dem Teilen, und niemals stehen sie am Anfang eines Lernprozesses. Sie werden plötzlich und unerwartet entdeckt – in der Klassengemeinschaft. Jedes Kind braucht für sich alleine diesen Entdeckungsprozess. Das Lernen in der Freien Arbeit kann also eine gemeinsame Entdeckungsreise werden.

Wir entdecken auch mathematische Gesetzmäßigkeiten, wenn verschiedene Aufgaben gleiche Ergebnisse haben. Algebraische Gleichheitsbeziehungen laden zu Erkundungen ein (Nührenbörger & Unteregge, 2017).

Die »natürliche« Solidarität der Kinder

Wichtig ist, dass wir aus der Perspektive des Faches und auch des Kindes gesehen *offen* sind für tiefgründige Entdeckungen und die Wahl von Lösungswegen, Hilfsmitteln und Ergebnisdarstellungen am Gemeinsamen Gegenstand (Benölken, Berlinger & Veber, 2018). Auf den ersten Blick gehen diese *natürlichen Differenzierungen* in der Mathematik-Didaktik von der offenen Aufgabe aus, aber wir erleben, dass sie – bei genauer Betrachtung, wie in einem spannenden Spiel – *vom Kind ausgehen*. Dabei ist der Motor der Erkenntnisse nicht so sehr die Sache, sondern die gegenseitige Unterstützung: Kein Kind möchte, dass sein Freund oder seine Freundin nicht klarkommt. Aus didaktischer Sicht hört sich das anders an, ist aber im Kern ähnlich:

> »Dahinter steckt die aus inklusionspädagogischer Perspektive wichtige ›Nullschwelle‹ für didaktische Arrangements: Wirklich *allen* Lernenden

soll der Zugang zu einem Lernangebot geebnet werden. Jedoch verbirgt sich hinter dieser Nullschwelle gerade das Anspruchsvolle, nämlich ein tatsächliches Lernen an einem gemeinsamen Gegenstand, bei dem auch tiefgründige Entdeckungen möglich sind« (Benölken et al., 2017, S. 24).

Erstaunen kann mich als Lehrer, dass es hier *aus einer mathematikdidaktischen Sicht* nützlich und notwendig erscheint, dass *alle* an diesem Lernprozess beteiligt werden. Und warum? Weil es dann erst spannend und substanziell wird für das *unterstützende Miteinander in der Gemeinschaft.* Und für das mathematische Lernen? Was hier in der Theorie als »Nullschwelle« bezeichnet wird, meint eigentlich ja den fruchtbaren Moment in der »Kommunikationsbasierten Kooperation am Gemeinsamen Gegenstand« (Feuser). In diesem Sinne fordert der Mathematikdidaktiker Nührenbörger (2020) einen Unterricht,

> »der Kindern die verständliche Kommunikation über die Sache erlaubt und nicht Kinder an das Erkunden von Mustern und Strukturen in Einzelarbeit entlässt [...]. In diesem Sinne sind mathematische Muster und Strukturen stets mit sozialen inhaltsbezogenen Aushandlungsprozessen der Kinder untereinander verknüpft« (S. 129f.).

In der Praxis erleben wir, dass Kindern nicht immer klar ist, was sie sehen. Ein Gespräch ist – wie wir im Beispiel gezeigt haben – notwendig. Die »natürliche Differenzierung« orientiert sich »am individuellen Lernen im komplexen Alltag« (Bartnitzky, 2020, S. 308): Die Lerngruppe arbeitet am gleichen komplexen Inhalt. Die Schüler*innen bewältigen den Inhalt auf unterschiedlichen Niveaus. Sie lernen mit- und voneinander (ebd.). Sie helfen sich solidarisch.

Der hier verwendete Begriff »natürliche Differenzierung« meint also die Kooperation der Kinder. Bei genauerer Betrachtung in der Praxis sehen wir, dass meist nur die Kinder konstruktiv miteinander kooperieren können, die eine gute emotionale Beziehung zueinander haben. Dies wird von den Autor*innen möglicherweise vorausgesetzt.

Hier sind weitere Fragen offen geblieben:

➤ Inwiefern gehen die Aufgaben in der »natürlichen Differenzierung« tatsächlich von den Schüler*innen selbst aus?

➤ Entsprechen sie ihren Interessen?

➤ Stammen sie aus ihren Denkwelten?

➤ Setzen sie dort an, wo die Kinder stehen?

> Wie arbeiten die Kinder zusammen?
> Welches Kind arbeitet mit wem besonders effektiv?

Die professionelle Solidarität der Pädagog*innen

Bevor wir die gemeinsamen Lernprozesse am Mathematik-Beispiel aus der freien Arbeitszeit weiter beschreiben möchten, weiten wir den Blick darauf, wie Erkenntnisse zustandekommen. Dabei ist entscheidend, wie wir Kinder sehen. Sind sie für uns nur passive Objekte, in die wir Wissen übertragen können, oder sind es aktive, nach Erkenntnis suchende Menschen? Wenn sie diese aktiven Lerner*innen sind, dann erleben wir sie doch oft in Kommunikation mit anderen. Mit wem gelingen diese Prozesse zusammen am besten? Zugleich müssen wir uns als Lehrer*innen fragen, ob wir uns als Besitzer*innen des Wissens sehen oder ob wir uns mit den Schüler*innen solidarisch und wahrhaft gemeinsam daran machen, Erkenntnisse zu gewinnen.

Paulo Freire definiert »Bildung« als permanente, gemeinsame und wahrhafte »Erkenntnissituation« (Freire, 2007). Lehrer*innen und Schüler*innen lernen in diesem Sinne *beide* als erkennende Subjekte, gemeinsam im Dialog, sich unterstützend. Wenn ich als Lehrer*in mein Wissen nur weitergäbe an eine*n passive*n Schüler*in, käme das einer »kulturellen Invasion« (ebd., S. 47ff.) gleich; dann übertrüge ich manipulativ und ohne Dialog meine Perspektive auf einen anderen Menschen. Diese kritische Sicht von Freire basiert auf seinen Erfahrungen mit der Alphabetisierung von Erwachsenen und lässt sich übertragen. Guten Unterricht beschreibt er als »eine Begegnung, in der Erkenntnis gesucht und nicht übertragen wird« (ebd., S. 73). Nach Freire wiederhole ich als Lehrer*in bei jeder Frage des*der Schüler*in den gesamten vorausgegangenen Erkenntnisakt:

> »Dies bedeutet aber nicht, ihn genau zu wiederholen, sondern ihn noch einmal, in einer anderen Situation zu unternehmen, in der neue, vorher nicht geklärte Aspekte sich dann als klar erweisen können oder in der sich neue Zugangswege zum Objekt eröffnen« (ebd.).

Diese neue Situation ist für die Kinder immer auch eine neue soziale Situation, in der sie jedes Mal wieder anders gefordert sind, sich gegenseitig zu stützen. Auf diese Weise bin ich als Lehrperson froh über die Fragen der Kinder, auch gerade über Fehler, weil sie uns gemeinsam herausfordern, dass wir im Dialog zum Beispiel die wahren Hintergründe der Mathematik erfassen. So entsteht in der Begegnung und bei der »Kooperation am Gemeinsamen Gegenstand« die Situation, dass wir aus mehreren Perspektiven Fragen stellen. Ich beziehe mich als Lehrer*in selbst ein in den Erkenntnisprozess. Der*die Lehrer*in, der*die

> »selbst darin einbezogen ist, ›erschaut von neuem‹ das problematisierte Objekt dadurch, dass die Schüler es ›er-schauen‹. Deshalb hört der Lehrer niemals auf zu lernen; je bescheidener er sich im Akt des ›Wieder-er-schauens‹ durch das ›Er-schauen‹ seitens der Schüler zeigt, desto mehr lernt er« (ebd., S. 76).

Zur professionellen solidarischen Haltung führt Prengel (2013) aus, dass sich die »didaktisch relevante Solidarität der Lehrenden mit den Lernenden« (S. 76) darin zeigt, dass Lehrer*innen »feinfühlig erspüren, an welchen Themen und mit welchen Methoden eine Gruppe oder ein einzelnes Kind oder ein einzelner Jugendlicher gut lernen kann« (ebd.). Dafür ist eine »außerordentlich empathische Wahrnehmung durch Lehrer*innen oder Erzieher*innen erforderlich« (ebd.).

4.3.2 Mehrperspektivität

Paulo Freire beschreibt Bildung als dialogische Erkenntnissituation auf Augenhöhe. Eingebunden ist dieses Vorankommen immer in ein solidarisches Miteinander der Menschen, die lernen. Die verschiedenen Perspektiven der einzelnen stoßen dabei aufeinander. Bevor wir diese Lernprozesse der Schüler*innen erörtern, betrachten wir die Mehrperspektivität zunächst auch aus der professionellen Lehrerperspektive. Dies lässt sich an vielfältigen Beispielen verdeutlichen. Immer müssen wir uns als Lehrer*innen vor Augen halten, dass wir selbst Lernende sind. Wir lernen über die Gegenstände in der Mathematik mehr, wenn wir uns auf Augenhöhe mit den Schüler*innen die Problemfelder ansehen.

Ebenso gilt dies im sozialen Lernfeld: »Schwache«, »unauffällige« und »schüchterne« oder »weniger soziale« Kinder und Jugendliche können zum Beispiel im Klassenrat (siehe Kapitel 2.4) erfahren, dass ihre Perspektiven auf die Welt einen Wert haben, der aus den Erfahrungen mit den Lebensumständen ihrer frühen Kindheit für andere nachvollziehbar ist. Wenn diese individuellen Perspektiven in der Gruppe und bei den vertrauten Bezugspersonen in der Schule, im Klassenrat, bei der künstlerischen Arbeit, bei der Textproduktion und so weiter einen Wert darstellen, kann das Kind erleben, dass es anerkannt wird mit all seinen Besonderheiten und Ängsten. So erfuhren zum Beispiel viele Kinder beim Freien Schreiben, dass ihre ersten vorsichtigen Textversuche für andere wertvoll sind (siehe Kapitel 2.5).

Diese Erfahrung ist möglicherweise für das einzelne Kind völlig neu und erstmalig: Andere sehen meine Situation mit meinen Augen und folgen meinen Gedanken. Wenn ich als Lehrer*in »in den Schuhen des anderen ginge«, dann würde ich es möglicherweise auch genauso machen. Dies hat eine therapeutische Wirkung und kann dazu führen, dass sich das betroffene Kind für die Sichtweisen anderer erstmalig öffnen kann (Fuest, 2017).

Hier können wir in der Klassengemeinschaft ein vorher noch als »unsozial« etikettiertes Verhalten überraschenderweise verstehen, und so öffnet sich das Kind einer Veränderung zu einem *gemeinschaftsförderlichen Verhalten*:

> »Manchmal kann vorheriges Wissen dem Lernen von etwas Neuem im Weg stehen und daher müssen wir lernen, wie interne Widersprüche geklärt und bestehende Konzeptionen, wenn nötig, rekonstruiert werden können« (Hattie, 2013, S. 290).

Alles *Fehlverhalten* oder alle *Fehler*, aus denen jemand lernt, durchlaufen diesen Prozess: Das neue Verhalten oder das neue Wissen *widersprechen* dem alten, dem irrtümlichen Verhalten oder Wissen; die Lernenden wechseln nur die Perspektive. »Irrtümer« sind *sich widersprechende Sichtweisen auf den Lerngegenstand*. Wird die »falsche« Perspektive oder die irrtümliche Annahme mit Geduld und großem Interesse von uns Pädagog*innen und Mitschüler*innen wahr- und *angenommen*, dann ergibt sich ein ermutigendes Klima des Gedankenspielens oder des Ausprobierens. Auch hier wird wieder deutlich, dass dieses Lernen in einer solidarischen Gemeinschaft geschieht, die sich aufeinander bezieht, die sich für die Fehler der anderen interessiert und sie unterstützend aufgreift.

»Lernen braucht somit ein beträchtliches Maß an Zeit« (S. 290), betont Hattie (2013). Dabei ist eine sichere solidarische, dialogische Beziehung zwischen Lehrer*in und Schüler*in und zwischen den Schüler*innen fundamental. Die lernenden Schüler*innen und Pädagog*innen fragen sich gemeinsam, wenn sie zum Beispiel kreative Experimente machen oder sich aus alten Verhaltensmusterns versuchen zu lösen: »Könnten wir es uns auch einmal anders vorstellen? Wie wäre es, wenn wir uns auf diese widersprechende Sicht einmal experimentell einließen?« – Und indem alle Lernenden, einschließlich die Pädagog*innen, dann überrascht sind von der neuen Perspektive, kommt nicht selten das »Aha!«. Wir nennen es »verstehen«, aber man könnte auch sagen, dass wir begreifen, was wir *zuvor* anders – und aus neuer Sicht »falsch« – gesehen hatten.

Also erkennen wir als lernende Pädagog*innen und Schüler*innen das Neue, *indem* wir das Alte oder »Falsche« überhaupt erst einmal verstehen und vom Neuen *unterscheiden*. Wir vergleichen letztlich das Alte mit dem Neuen, stellen den Widerspruch fest und entscheiden uns für das »Richtige«, das uns nun »im neuen Lichte« als das bessere der beiden erscheint. Wie sich zeigt, heißt dies allerdings nicht, dass das »Neue« auch ewig und unter allen Umständen gültig bleibt.

Das sogenannte »kindliche« Ausprobieren, zum Beispiel beim Klettern, im Rollenspiel, im freien Malen, beim Trommeln, dient dazu, die Welt und die eigenen Möglichkeiten darin zu erkunden. Es sind die Grundlagen des Denkens im »stummen Zwiegespräch« (Arendt, 2007), im Dialog mit sich selbst. Die Suche nach der Wahrheit in der Wissenschaft entspricht hier dem Versuch, einer Sache auf den Grund zu gehen, sie zu verstehen. Dazu schaffen wir uns wie Maler*innen zwischendurch einen Abstand, der einen Perspektivwechsel möglich macht.

Mehrperspektivische Denkprozesse im Dialog sind gemeinsame Erkenntnissituationen, die Paulo Freire (2007) als »wahre Bildung« bezeichnet. Sie sind eingebettet in solidarische Aktionen, in das gegenseitige Unterstützen bei Problemlagen. Bertolt Brecht (1898–1956) beschreibt Denkvorgänge als *Verfremdung*: Durch Verfremdung nehmen wir einen ungewohnten Blickwinkel, eine andere *Perspektive* ein. Wir verlieren kurzfristig die Sicherheit, die Sache sei »selbst-verständlich« so und nicht anders. Erst diese Unsicherheit (zum Beispiel durch eine ganz neue Perspektive) provoziert, dass der Gegenstand uns neu – auf einer höheren Ebene – begreiflich wird.

Mit Brecht könnte man diesen Verstehensprozess als ein Fremdmachen von etwas, was man zuvor zu kennen glaubte, beschreiben. Indem wir vielfältige Perspektiven auf die Sache zulassen, ja geradezu suchen, lassen wir das *Wesen der Gegenstände, das Veränderbare an den Gegenständen sichtbar werden*. Ziel dieser Verfremdung ist es, dass die Vorgänge dem Menschen veränderbar und damit handhabbar erscheinen. Mehrere Perspektiven sind »not-wendig«, um Veränderungen zu erzeugen. Ohne sie könnten viele Vorgänge nicht verstanden werden. Mehrperspektivität gehört wesensmäßig zur Erkenntnis und zur Veränderung. Daher ist auch im pädagogischen Prozess ein »Fehler« in diesem Sinne ein Weg zur Erkenntnis.

Das Be-greifen ist zudem ein aktiver Vorgang. Es ist immer verbunden mit vielen Perspektiven. Mit Picasso können wir sagen, dass Bildung dann eintritt, wenn man den Gegenstand der Erforschung verändert und damit sein »Erscheinen zer-stört«, nämlich das gewohnte Bild von etwas, was einem vorher völlig *selbstverständlich* »erschien«. Erkennen gelingt durch Verändern, durch Zer-»stören« des Blickwinkels auf einen Gegenstand und die Abbildung dessen. Auch hier deutet sich ein sozialer Vorgang an, denn das »Zerstören« altherkömmlicher, gewohnter Ideen erzeugt zunächst immer »irritierte« Reaktionen und Gegenwehr. Über die verschiedenen Blickwinkel sich auszutauschen und sich dabei mit Geduld zu begegnen, ist eine solidarische Geste. Sie gehört zum Fortschritt der Wissenschaft und ist immer not-wendig, um voranzukommen. Picasso erschließt sich zum Beispiel einen Stier, den er zunächst naturalistisch, fotoähnlich zeichnet. Die »Erscheinungs«-Ebene zeigt dabei: Der Stier erscheint uns so wie auf dem Foto, aber seine wesentlichen Züge sind damit noch nicht abgebildet. Dann dringt der Künstler immer mehr zum »Wesentlichen« des Stiers vor, indem er Elemente der Stierzeichnung verändert, entfernt, zer-»stört« und den Stier durch seine *ästhetische Zugangsweise* auf das Zentrale reduziert. Auch ist dies eine volkstümliche Art, ein Witz, die Natur so verfremdet darzustellen. Gerade in der Vereinfachung in einer Zeichnung liegt zugleich die Nähe zum Kind, zum volkstümlichen Einfachen und darin dann wieder zur Größe. Daraus wächst eine Ermutigung, das Einfache zu schätzen und damit auch die Kraft von denen zu schätzen, die »nur« einfache Leute sind.

Picassos und Brechts intensive Bemühungen um Erkenntnisse durch die Aktivitäten der Künste wie Malerei, Literatur, Musik und Theater lassen sich zusammenführen. Ihnen gemeinsam ist, dass Erkenntnisse gewonnen und errungen werden, indem man gemeinsam den Blick auf das Gewohnte verändert, das Übliche *verfremdet*. Dazu dienen ihnen ihre Künste, die die vorhandenen Gegenstände als »fremde« darstellen in Form von Bildern, Skulpturen, Dichtung, Musik, Film und Theater. Sie helfen, den inneren Dialog, die *Gedanken zu vergegenständlichen* und den Dialog mit den »einfachen Leuten« zu suchen (Freire). Die Arbeiten sind Produkte von Erkenntnisprozessen durch Dialoge (im Sinne von Freire, 2007), insofern auch von Bildungsprozessen der Künstler selbst.

Zurück zum Mathematik-Beispiel aus der Freien Arbeit: In den nächsten Tagen legen die Kinder gemeinsam die Viertel und Achtel in die Kreisfläche und erkennen ganz nebenbei, dass zwei Achtel ein Viertel sind. Somit lässt sich leicht ermitteln, wie viel ein Viertel plus ein Achtel sind: drei Achtel – eine anschauliche leicht verständliche Art, mit Brüchen zu rechnen. Und so wird plötzlich klar, dass drei Achtel so viel wie 37,5 Prozent sind: nämlich 25 Prozent plus 12,5 Prozent. Hier entfalten Schüler*innen in unterstützenden Dialogen mit anderen ihr »eigenes einzigartiges Profil«, und die jeweiligen passenden Entwicklungsschritte können erfolgreich abgeschlossen werden, statt voranzuschreiten, *ohne* verstanden zu haben (Schlömerkemper, 2017, S. 193f.).

In den folgenden Stunden untersuchen sie gemeinsam mit mir durch Falten die Symmetrie und spiegeln mit einem kleinen Spiegel. Siebenjährige und Zwölfjährige lernen zusammen, und manchmal ist da noch eine 15-jährige Praktikantin aus unserer Schule dabei – für sie eine wunderbare Wiederholung und Festigung der Kenntnisse. Ich konnte sogar Studierende erleben, die ins Staunen gerieten, wenn sie denn auf die kleinen Fehler der Kinder stießen und nicht so einfach verstanden, welche Logik sich hinter dem Fehler verbirgt. Immer sind es ganz logische Gedanken, die einen Fehler erzeugen. Und dabei lernen Erwachsene von den Kindern – Lehrerbildung in freien Arbeitsphasen, und ein Lernen in Solidarität mit denen, die »nun mal Schwierigkeiten in Mathe« haben.

Es gibt auch Aufgabenformate, bei denen die Kinder auf verschiedenen Niveaustufen forschen können. So können »Zahlenmauern« die Kinder zum Staunen bringen. Ihr Staunen kann ähnlich sein, wie wenn sie lachend einem Zaubertrick beiwohnen und dann unbedingt wissen wollen, wie das denn passieren kann. Wenn ich den mittleren Stein im untersten Stockwerk der Zahlenmauer um 1 addiere, wieso ist die Spitze der Zahlenmauer dann um mehr als 1 größer geworden? Um wie viel größer? Gilt das immer bei jeder Mauer? Wie hängt das Pascal'sche Dreieck mit den Zahlenmauern zusammen? (Benölken et al., 2017). Verwirrungen sind den lachenden Kindern ins Gesicht geschrieben. Sie können es nicht so recht begreifen, was dahintersteckt. Und ich als Lehrer bin auch nicht immer schlauer. Dies motiviert ungemein, wenn die Sache im Zentrum steht. Rund um die Sache dreht sich die pädagogische Beziehung zwischen Lehrperson und Lernendem oder Lernender (Prengel, 2013). Aber nicht zu vergessen ist, dass die Kinder und Jugendlichen untereinander oft wegen der anderen mitmachen. Sie leben in täglichen Beziehungen mit ihnen und sehen sich bestimmten Fragen ausgesetzt, die sie selbstverständlich gemeinsam angehen – Knobeln macht Spaß.

Wir können uns häufig nicht erklären, wieso irgendwann der »Groschen gefallen ist«, ein Kind »kapiert« hat, es schließlich nachvollziehen kann – als wäre es gereift. Spielt da vielleicht das natürliche Miteinander der Gruppe eine Rolle? Das Kind hat vielleicht die »Zone der nächsten Entwicklung« (Vygotskij, 2003b [1987], S. 300ff.) betreten. An Ibrahim sehen wir den Lernprozess deutlich: Er hat es durch Handeln, Anschauen und Erproben be-*greifen* können – immer in ermutigender Kommunikation mit seinen Freund*innen oder mit dem professionellen Pädagogen. Dieser Prozess war immer ohne Druck und Angst, obwohl er am Morgen »ein Brett vor dem Kopf hatte« und er sich zu Beginn auf diese Thematik nicht einzustellen schien. Er konnte es aus individuellen Gründen zunächst nicht verstehen. Nach einiger Zeit aber baute er in Dialogen zu dem bisher gelerntem Stoff Vernetzungen auf und war dann plötzlich nach kurzer Zeit unerwartet lernbereit. Wenn ich als Lehrer*in dieses Nicht-sofort-Begreifen als »Defizit« abwerte, erleben Kinder Versagenserfahrungen, sie fühlen sich beschämt. Es als Chance zu sehen, gelingt in einer solidarischen Gemeinschaft, in der Lehrer*innen und Schüler*innen sich untereinander gegenseitig »aufhelfen«.

Was steckt also hinter Ibrahims Aha-Erlebnis in der Mathematik? Aus unserer jahrelangen Beobachtung und eigenen Erfahrung können wir zwei Gründe nennen:

1. die Freiheit der Lehrperson; ihr *professionelles solidarisches Mitlernen* ermöglichen diese Prozesse. Sind Lehrer*innen jedoch verängstigt und missverstehen die Lehrpläne als »Unterrichtsvorgaben«, dann wird dieses Lernwunder nicht eintreten;

2. die *natürliche solidarische* Unterstützung der Kinder aus benachteiligten Familien untereinander.

Manches Lernen ist für uns unerklärbar, aber immer wieder zum Staunen geeignet. Es macht Spaß, diese Entdeckungen »auf Augenhöhe« zusammen mit den Schüler*innen zu machen. Wir kooperieren mit ihnen am Gemeinsamen Gegenstand.

4.3.3 »Individualisierung« und »Kooperation am Gemeinsamen Gegenstand«

Das Fach Mathematik können wir im Sinne von Peter Gates und Tony Booth verstehen als einen *gatekeeper to social progress*, also einem dienenden

Zugang, der die Aspekte soziale Gerechtigkeit sowie Fairness unter Einbeziehung der Schülergruppe kritisch untersucht, der also zur Lösung der Schlüsselprobleme in der Welt beiträgt (Braunsteiner, Hinz & Jerg, 2017, S. 152ff.; Kaiser, 2011; Stähling & Wenders, 2012b, S. 120ff.; Booth & Ainscow, 2017, S. 48ff.). So verstanden, wird Mathematik nicht zum blutleeren »Fach«, sondern zu einer Hilfsdisziplin bei der Bearbeitung unserer Probleme, wie es Paulo Freire (1977) mit Blick auf die Alphabetisierung verstanden hat. Immer ausgehend von den Erfahrungen der Gruppe benutzte Freire sogenannte »generative Wörter« (ebd., S. 86ff.), also Wörter, die etwas *hervorbringen* (»generieren«) können. Es sind vor allem Schlüsselbegriffe aus dem Leben der Menschen (zum Beispiel »Slum«), an denen »die Gruppe Wohnungs-, Nahrungs-, Kleidungs-, Gesundheits- und Erziehungsprobleme in einem Slum diskutierte und in der die Gruppe den Slum als eine Problemsituation begreift« (ebd., S. 86), und anschließend genau dieses Wort zum Beispiel in Silben gliedert und zum Schriftspracherwerb nutzt.

So kann auch das fächerübergreifende, »generative« Themengebiet »Teilen« und »gerechte Verteilung« *(Dividieren)* von Gegenständen verbunden werden mit vielen mathematischen Lernfeldern (Daten, Messen, Tabellen, Flächendarstellungen oder anderen). Ähnlich lebensnah und exemplarisch können Kinder an der Frage nach »Unterschieden« *(Differenzen)* »generativ« arbeiten (Rollenspiele, Geldwechseln, Vergleich von Messwerten, Statistiken, Diagrammen, Armut, Hautfarbe, Geschlecht und vieles mehr). Wir organisieren die Lernprozesse der Schüler*innen besonders auch während der freien Arbeitsphasen auf der Grundlage zweier theoretischer Grundformen:
1. der auf das Entwicklungsniveau bezogenen Individualisierung und
2. der Kommunikationsbasierten Kooperation am Gemeinsamen Gegenstand.

Vor diesem theoretischen Hintergrund begleiten und unterstützen wir im nächsten Abschnitt die neunjährige Djamila in ihren Lernprozessen in der Freien Arbeit (siehe Kapitel 2.3). Djamila ist mit ihren Eltern aus großer Not aus Syrien geflohen. Sie kann kaum ein Wort in deutscher Sprache. Sie scheint ein leistungswilliges Mädchen zu sein, die mit Eifer lernt. In Anbetracht ihrer bedrohlichen Fluchterfahrungen sehnt sich Djamila nach Verlässlichkeit. Sie nimmt Lernangebote an. In ihrer altersgemischten Stammgruppe kann sie sich schnell orientieren und findet Freundinnen, mit denen sie am liebsten immer zusammen wäre. Ein solches neunjähriges

Kind hat allerdings in einem Schulsystem mit nur vier Jahren Grundschule große Probleme und wenig Chancen., denn Djamila müsste ja schon bald auf eine »weiterführende Schule« wechseln, obwohl sie die Stabilität, die Solidarität einer Klassengemeinschaft oder Stammgruppe viel dringender braucht. Das kontinuierliche Lernen des Kindes könnte durch einen Schulwechsel nach Klasse 4 massiv unterbrochen und dadurch behindert werden. Unser hochselektives Bildungswesen sieht dazu immer noch Jahrgangsklassen, Fächerunterricht und schulstufenspezifische Curricula vor (Feuser, 2013a, S. 291). In einer Schule mit den Jahrgängen 1 bis 10 gibt es diesen Bruch nach Jahrgang 4 nicht, und so kann Djamila ihre Lernentwicklung ohne zusätzliche Hürden fortsetzen. Deshalb ist es auch wichtig, dass die Stammgruppe altersgemischt ist: Kinder der Jahrgänge 4 bis 6 lernen zusammen voneinander und miteinander.

Entwicklungsniveaubezogene Individualisierung

Der individuelle Lernweg von Djamila bestimmt von Anfang an das Lerntempo. Erst wenn der »Vorgänger-Stoff« von ihr verstanden ist, schreiten wir zum nächsten, darauf aufbauenden »Stoff« fort. Bei uns lernen die Kinder zum Beispiel das »Teilen« von Beginn an. Wir beginnen bei den jüngeren Kindern – mit dem Legen von Flächen, dem Ausmalen und Ausschneiden von Kästchenpapier und dem Bestimmen von Flächeninhalten, zum Beispiel einer Fläche mit den Seitenlängen 3 und 8. Diese 24 Kästchen oder Platten lassen sich auch anders legen, zum Beispiel in 6er-Reihen. Daraus erwachsen – in einem individuellen, entwicklungslogischen Spiralcurriculum – normalerweise im 2. und 3. Jahrgang die 1-mal-1-Reihen, die die Kinder bei Flächenberechnungen anschaulich erproben. Djamila ist an all diesen Aufgaben beteiligt, auch wenn sie schon neun Jahre alt ist. Die Kinder finden das gut, weil sie untereinander solidarisch empfinden. Sie wollen dem neuen Mädchen sofort behilflich sein und zeigen, dass sie sie unterstützen können. Die altersgemischte Klasse macht es besonders leicht, die »natürliche« Art der geschwisterlichen Unterstützung pädagogisch zu nutzen. Die Kinder sprechen darauf wie selbstverständlich an. Sie brauchen nicht einmal gefragt zu werden, sie helfen automatisch.

Wie viele Reihen brauchen wir, um 24 Platten in 6er-Reihen zu legen? Die Division ist von Beginn an Thema, sie ist auch für die gerechte Verteilung von Gegenständen unter Kindern bedeutsam: Wenn 10 Stücke Schokolade an 4 Kinder gerecht verteilt werden sollen, sind auch halbe Stücke von großem Interesse. Wenn Djamila ein Quadrat aus 100 Kästchen entwirft und 8 mal 3 dieser Quadrate legt, wird sie 2.400 kleine Kästchen entdecken. Die schriftlichen Rechenverfahren lernt sie auf der Basis solcher Vorerfahrungen mit Flächenberechnungen. »Reste« bei der Division lassen sich als Brüche oder in Dezimalschreibweise darstellen. Für alle älteren Schüler*innen sind die *Rückbezüge* auf die elementaren mathematischen Grunderfahrungen wichtig. Das gemeinsame Lernen aller in altersgemischten Stammgruppen bietet natürliche und unauffällig gesteuerte Lerngelegenheiten, weil entsprechende Repräsentant*innen der verschiedenen Erfahrungsstufen des mathematischen Lernens immer in der eigenen Stammgruppe vertreten sind. Der Lernprozess ist nicht beendet. Am Ende einer Lernphase (sowohl einer Stunde als auch einer wochenlangen Epoche) teilen wir (Lehrer und andere Kinder) Djamila mit, welche Bausteine sie bereits erreicht hat und welche sie noch bearbeiten wird. Sie entfaltet ihr *eigenes Profil*. Dieses Vorgehen kann als »Kompetenz-Aufbau-Modell« (Schlömerkemper, 2017, S. 197ff.) verglichen werden mit dem stufenartigen Erwerb der Schwimmkompetenzen: Nach definierten Prüfkriterien steigt Djamila vom Niveau des »Seepferchen«-Abzeichens über Bronze bis zu Gold auf. »Bestanden« ist ein definiertes Kriterium, das die Freundinnen wichtig finden und begeistert rückmelden.

Wir verzichten bis zum 8. Jahrgang auf Zensuren. Es spielt für Djamilas Kompetenzerwerb keine Rolle, welche Leistungsnote erzielt würde. Sie schreitet im Aufbau ihrer Kompetenz erst fort, wenn sie das darunterliegende Niveau sicher beherrscht. Konkurrenz und ein daraus folgender Ausschluss aus der Klassengemeinschaft würden das Lernen behindern. Es wäre für die Kinder völlig unnatürlich und unsolidarisch, ein Mitglied der Klassengemeinschaft »hängen zu lassen«. In einer »Klassenarbeit« oder einem »Lerncheck« stellt Djamila ihre Fähigkeiten unter Beweis. Sie hat damit – wie beim Schwimmabzeichen – ein Plateau erreicht, auf dem wir gemeinsam mit ihr in einer späteren Lernepoche aufbauen. Die Lehrperson gibt hier ein sachbezogenes Feedback (zur Bedeutung der Feedback-Kultur siehe K. Reich, 2014, S. 280ff.). Die Mitschüler*innen interessieren sich dafür und erleben dies als selbstverständlichen Weg, den jedes Kind passend zu seinem eigenen Profil geht. Für uns als Lehrpersonen ist es wichtig, »nicht nur *nach* Lernschritten angemessene Rückmeldung zu geben, sondern *zuvor* möglichst zu erkennen, was die aktuellen Lernstände sind, was darauf aufbauend die *nächsten* fachlichen Lernschritte sein könnten und welche fachdidaktischen Angebote dafür jetzt gebraucht werden« (Prengel, Tellisch & Wohne, 2016). *Anerkennung* im *fachlichen* Lernprozess erfolgt nach Prengel, Tellisch und Wohne (ebd.) in folgenden drei Schritten:

1. Ich finde als Lehrperson anerkennend heraus und bespreche mit Djamila, was sie schon begriffen hat und was sie nun noch wissen will. Dabei begleitet sie immer mindestens eine Freundin, die ganz deutlich zeigt, dass es ihr gefällt, ihr zu helfen.

2. Ich biete passende Aufgaben an, an denen Djamila mit Erfolg fachlich lernen kann. Auf diese Weise spürt Djamila meine Anerkennung ganz indirekt. Die Freundinnen verfolgen dies und machen deutlich, dass sie helfen können, sobald ein Problem auftritt.

3. Ich bespreche mit Djamila den vorangehenden Lernprozess und das dabei erreichte Lernergebnis, indem wir die Fachsprache verwenden. Djamila erfährt Anerkennung. Das Gespräch darüber, was Djamila nun erreicht hat, geht bruchlos spiralförmig über in die Frage, was sie nun als nächstes lernen will (siehe Punkt 1). Dabei ist selbstverständlich klar, dass mindestens eine Freundin das Gleiche lernen will, dies vielleicht wiederholt oder einfach solidarisch zur Seite steht und die Unterstützung anbietet.

Ich, Reinhard Stähling, habe als Lehrer den Lernstand von Djamila ständig im Auge und berücksichtige ihn bei der Aufgabenstellung – dies ist nicht so schwer, denn sie ist einmalig in der Klasse. Für mich als Lehrer ist es einfach, mir diesen Lernstand des einzelnen Kindes zu merken. Das Ziel ist, Djamila zu Erfolgen zu verhelfen. Die spiralförmig aufgebaute, fachdidaktische Lernperspektive ist somit automatisch mit einer *Anerkennung* für das Kind verbunden. Djamila kann Kompetenzen thematisch *aufbauend in Stufen entfalten* und, passend zu ihrem Entwicklungsniveau, ohne Brüche lernen. Besonders bemerkenswert ist, dass sie in der natürlichen Situation mit ihren schon gefundenen Freundinnen eine beständige Solidarität spürt. Sie erweitert ihren »Möglichkeitsraum« auf diese Weise und ist somit weiter als in einer Testsituation, in der sie sich einzeln ohne Unterstützung verloren fühlt und dann weniger Leistung abliefern kann. Sie befindet sich inzwischen in der »Zone der nächsten Entwicklung«, wie sie Vygotskij beschreibt, weil sie bei der solidarischen Unterstützung der Freundinnen große Schritte nach vorne machen kann.

Wir lösen uns also von den *schulstufenspezifischen Organisationsstrukturen, die das Lernen behindern.* Auch ältere Schüler*innen – sowohl leistungsstärkere als auch lernschwächere – beteiligen sich am Lernen mit den jüngeren oder neu einsteigenden Lernern als Helfer*innen, »Lehrassistent*innen« oder Pat*innen. Sie tun es aber nicht, weil sie dazu aufgefordert werden, sondern weil es ihrer »natürlichen solidarischen« Persönlichkeit entspricht, anderen in der schwierigen Anfangssituation zu helfen und sich als Freund*innen anzubieten. Unsere Lehrassistent*innen der älteren Jahrgänge durchdringen und begreifen selbst die mathematischen Zusammenhänge gründlicher, indem sie diese mit den jüngeren oder neu einsteigenden zusammen wiederholen, erschließen und ergründen oder ihnen die Sachverhalte vermitteln (Stähling & Wenders, 2015, S. 115ff.).

Kommunikationsbasierte Kooperation am Gemeinsamen Gegenstand

Die »Kommunikationsbasierte Kooperation am Gemeinsamen Gegenstand« nach Feuser (2013b) stellt neben der eben dargestellten entwicklungsniveaubezogenen Individualisierung (nach individuellem Tempo im *Kompetenz-Aufbau-Modell*) die zweite theoretische Grundform zur Organisation der Lernprozesse dar. Wir bleiben beim Beispiel aus der Mathematik: In freien Arbeitsphasen (bei uns zwei Stunden täglich) wird über etwa vier bis sechs Wochen ein gemeinsames Themengebiet (wie zum Beispiel »Teilen«) in der altersgemischten Stammgruppe mit den Jahrgängen 1 bis 3 oder 4 bis 6 bearbeitet. Wenn Djamila nach eigenem Tempo entsprechend ihrem Entwicklungsniveau arbeitet, findet dies nicht isoliert von den anderen statt, da sich alle in der Stammgruppe mit dem gleichen Lerngegenstand auf verschiedenen Niveaustufen auseinandersetzen. Djamila kommuniziert über das Thema und löst die Probleme und Fragen mit Lernpartnern und Lernpartnerinnen gemeinsam. Alle Kinder der Stammgruppe beschäftigen sich also gleichzeitig auf ihrem eigenen Lernniveau mit einem mathematischen Thema, zum Beispiel der Division. Dabei arbeitet Djamila an dem für sie (gemäß ihrem Entwicklungsniveau) geeigneten Baustein mit dem Ziel, das Phänomen auf einer bestimmten Kompetenzstufe zu verstehen.

Um Synergieeffekte des Lernens zu erreichen und damit sich alle gegenseitig helfen und anregen können, haben wir die Freie Arbeit folgendermaßen strukturiert: Alle beginnen morgens mit Mathematik, in der zweiten Phase folgen Übungsfelder in Deutsch und Englisch. Den täglichen freien Arbeitsphasen folgt in den dritten Stunden in der Regel die Reflexion über das eigene Lernen, zum Beispiel in Form eines Lernklassenrates im Sitzkreis. Hier spricht Djamila über ihre Lernerfahrungen, und die Kinder tauschen sich über Lernprozesse aus. Dabei entsteht eine ermutigende Atmosphäre, in der jedes Kind die solidarische Unterstützung der anderen Kinder und der Pädagog*innen erlebt. Es ergeben sich Gelegenheiten, die jeweilige stoffliche Hürde durch Veranschaulichungen zu verdeutlichen. So wiederholen und vertiefen die Kinder etwa durch eine Kreisdiagramm-Darstellung (zum Beispiel in Form eines Kuchens) die Bruch- und Prozentrechnung.

Die Frage der gerechten Verteilung von Dingen in der Schule oder in der Gemeinde kann Ausgangspunkt eines Gespräches sein. Djamila mit ihrem biografisch bedingten Entwicklungsniveau erlebt und erkennt den »Gemeinsamen Gegenstand« (ebd., S. 285), indem sie sich in der Gemeinschaft mit den anderen über die gerechte Verteilung einer Sache auseinandersetzt und ihre Argumente durch mathematische Beweisführung belegt. Djamila erlebt die unterschiedlichen Perspektiven, aus denen die anderen Schüler*innen auf das Problem schauen. Diese Mehrperspektivität regt eine höhere Erkenntnis an. Jüngere, langsam lernende oder später eingestiegene Schüler*innen sehen, welche Lernwege und Stufen von Kompetenzen noch vor ihnen liegen. In der »Zone der aktuellen Entwicklung« (Vygotskij, 2003b [1987], S. 300ff.) wird Djamila bereits auf Sachverhalte aufmerksam, an denen sie erst später weiter lernen wird: in einer fruchtbaren Zeit, in der sie »die Zone der nächsten Entwicklung« betritt. Djamilas Freundinnen solidarisieren sich auf natürliche Weise mit ihr, die aus einem ähnlichen Kulturkreis kommt und noch nicht gut Deutsch spricht. Diese solidarische Perspektive gilt Djamila. Auch andere Kinder haben »natürlich« ihre Freund*innen und Unterstützer*innen. Sie alle finden es selbstverständlich, dass sie mit den »neuen« oder »langsameren« oder »jüngeren« Freunden eine verstehbare, aber genaue Sprache sprechen. Alle lernen, wie Fehler zustande gekommen sein könnten und welche Logiken oder Missverständnisse hinter einer »Fehlannahme« stecken. Eine tolerante solidarische Fehlerkultur, in der alle gemeinsam daran lernen, *Hypothesen zu bilden und zu prüfen*, ist eine Oase des gemeinsamen Lernens und Erkennens, ähnlich dem sokratischen Gespräch (Stähling & Wenders, 2015, S. 122ff.).

Bei einem wie oben beschriebenen Mathematik-Lernen sind frontale Einführungsphasen mit der gesamten Stammgruppe unangebracht – sie würden die einen über-, die anderen unterfordern, also das Lernen behindern. Vielmehr ist es wichtig, die *Lernprozesse der einzelnen Kinder miteinander zu vernetzen*, ihnen bewusst zu machen, dass zum Beispiel Djamilas Frage bei einer mathematischen Aufgabenstellung *alle unmit-*

telbar betrifft. Auf natürliche Weise steigen Djamilas Freundinnen besonders tief und unterstützend ins Gespräch ein. Die Lerngemeinschaft sorgt dafür, dass alle vorankommen. Niemand wird zurückgelassen – und indem man den jüngeren oder langsamer lernenden Mitschüler*innen hilft, hilft man sich selbst: Man wiederholt den »Stoff«, festigt ihn und betrachtet ihn aus einer anderen Perspektive. »Lernen durch Lehren« ist vielfach untersucht worden und gilt als eine der effektivsten Lernformen (ebd., S. 115ff.). Vielen erfahrenen Lehrer*innen ist dabei klar, dass nicht jedes Kind mit einem anderen arbeiten möchte. Es entsteht nur eine konstruktive Partnerarbeit, falls sich die Kinder auf »natürliche Weise« miteinander anfreunden und dann solidarisch für den oder die andere einsetzen. Das Geheimnis des Erfolgs, »worin unsere Stärke besteht«, ist das nicht-erzwungene, *freiwillige solidarische Gefühl* der Kinder mit ihren Freund*innen, für die sie eintreten, ohne irgendwelche Nachteile zu befürchten.

4.4   Die »Zone der nächsten Entwicklung« (Vygotskij)

Schulbuchverlage produzieren Lehrwerke, die nicht schulstufenübergreifend sind. Ein Kind, das offiziell im 5. Jahrgang ist, bekommt in Mathematik das Buch für das 5. »Schuljahr«. Dies entspricht zumindest der Logik vieler Sekundarstufenkolleg*innen. Wenn das Kind aber die »stofflichen Hürden« aus Jahrgang 3 oder 4 noch nicht bewältigt hat, ist ein Schulversagen mit sich anschließendem Aussondern vorprogrammiert. Kolleg*innen verwenden oftmals viel Energie darauf, Schüler*innen einzustufen. Auch die entmutigende Frage »Gehört sie oder er überhaupt an diese Schulform?« steht im Mittelpunkt.

Viele Lehrpersonen stellen sich vor, dass ein*e »schwache*r Schüler*in« eben auf einer bestimmten Stufe stehen würde und seine*ihre »Fähigkeiten begrenzt« wären: »Egal, wie viel Du investierst, Du wirst aus einem Ackergaul kein Rennpferd machen!« Gestützt wird solch ein – im Sinne eines *Caring*-Ansatzes – unsolidarisches Denken, das die Aussonderung der Kinder vorbereitet, auch dadurch, dass zum Beispiel standardisierte Tests die Intelligenz messen und so Vergleiche zu anderen Kindern nahelegen. Erfahrene Pädagog*innen haben allerdings immer wieder »Wunder« erleben können. Dann haben die »Lernfortschritte« plötzlich und sprunghaft ausgesehen und die Lehrkräfte überrascht. Wie können wir aber diese

Sprünge erklären? Was hat gewirkt? Das Kind kann in den Ferien zur Oma gefahren sein und dort über Wochen bedingungslosen Zuspruch und eine ermutigende Lernatmosphäre erlebt haben – eine solidarische Umgebung, in der das Kind immer wieder erfahren konnte, dass die Oma ihm seine Fragen ohne Hektik und Verunsicherung beantworten konnte. Das Kind nahm immer mehr sein Lernen selbst in die Hand. Es entwickelte sich zum Subjekt des Lernens und war nicht mehr »unterrichtet«. Die Passivität – das Aushalten des immer wiederkehrenden Vortragens (Nürnberger Trichter) im 45-Minuten-Rhythmus – all das verschwand langsam.

Abbildung 5: Treppe

Wir betrachten eine alte Vorstellung von Lernentwicklung aus Sicht eines Kindes

Ich bin ein Kind aus einer Migranten-Familie. Wir haben nicht viel Geld. Ich werde unterrichtet. Dies geschieht in kleinen Portionen, damit es mir nicht zu viel wird. Ich stehe jetzt auf einer bestimmten Stufe einer Treppe, bekomme Kapitel 13 vorgetragen und werde danach Kapitel 14 schlucken müssen. Kein Kind wird in der Klasse bleiben können, das diese Vorgänge nicht ertragen kann. Das weiß ich als Kind einer benachteiligten Familie und muss fürchten, dass ich den Anschluss verliere. Wer unter diesen Bedingungen »nicht zu unterrichten« ist, muss die Klasse wiederholen oder die Schule verlassen. Meinem Bruder ist das bereits passiert: Er ist isoliert. Er fühlt sich nicht mehr getragen von einer Gemeinschaft.

Ein passiver Schüler, eine passive Schülerin, wird »unter-richtet« – dazu passt dieses Bild von der Treppe. Wenn wir aber aktives, expansives Lernen (Holzkamp, 1995) beschreiben wollen, müssen wir uns von dem statischen Bild einer Treppe lösen. Vielmehr hilft hier zur Veranschaulichung, dass sich das lernende Kind in einem imaginären Lernraum bewegt. Es hat bestimmte Materialien und beschäftigt sich damit auf *seinem aktuellen* Stand. In diesem Raum, der »Zone der aktuellen Entwicklung« (Vygotskij), bewegt sich das Kind sicher und geübt. Wir verfolgen nun die Perspektive des lernenden Kindes in einer Gemeinschaft und versetzen uns in seine Rolle, wenn das Lernen gelingt. Am Beispiel eines Zirkus-Projektes verdeutlichen wir, wie ein erfolgreicher Lernprozess nach Vygotskij zu erklären ist.

Abbildung 6: Zirkus Training – Zone der aktuellen Entwicklung und zugleich Zone der nächsten Entwicklung

Ich bin Mitglied in einem Kinder- und Jugendzirkus beim wöchentlichen Training. Wir versuchen gemeinsam, eine Aufführung vorzubereiten. Mein Freund ist immer dabei. Er hält zu mir und hilft mir, dass ich die schwierigen neuen Kunststücke schaffe. Ich übernehme auch Dienste. Wenn mich andere Kinder fragen, zeige ich ihnen genau, wie es geht und wie ich es mache. Wir halten hier alle zusammen.

Für die neuen Kinder liegt dieser Raum symbolisch in der »Zone der nächsten Entwicklung«. Sie trauen sich noch nicht so sicher an die Gegenstände, sind vorsichtig und ungeübt. Sie entscheiden sich irgendwann dazu, eine für sie neue und ungeübte Aufgabe erstmalig anzugehen. Die Geübten machen ihnen Mut. Denn sie wollen ja gemeinsam den Zirkus zum Erfolg bringen – und dafür brauchen sie jeden und jede. Dadurch entstehen Freundschaften. Manche Kinder finden sich unkompliziert zusammen. Dieser gedachte Raum beherbergt also immer sowohl ältere als auch jüngere Kinder, aber auch mehr oder weniger geübte Zirkus-Akrobat*innen. Sowohl Kinder, die sich zurzeit in der Zone der »aktuellen« Entwicklung, als auch Kinder, die sich gerade in der Zone der »nächsten« Entwicklung befinden, sind hier zusammen. Begegnungen finden hier mehr oder weniger ungezwungen statt. Alle können am »Gemeinsamen Gegenstand« kooperieren, indem sie miteinander kommunizieren.

Abbildung 7: Zone der aktuellen Entwicklung

Um zu veranschaulichen, wie Kinder sich entwickeln, zeigen wir in Abbildung 7 ein Kind in der »Zone der aktuellen Entwicklung« beim Spiel mit Bauklötzen in einem ersten Raum. Dort wollen sie in der Gruppe einen hohen Turm bauen. Wie kommt ein Kind nun zur »Zone der nächsten Entwicklung«?

Ich verlasse als Kind den Raum mit den Bauklötzen, weil ich mal sehen will, was meine große Schwester schon kann. Sie balanciert. Ich habe es ja schon öfter bestaunt und auch öfter mal probiert, aber ich kann noch nicht balancieren. Sie kann es mir noch mal zeigen. Sie feuert mich immer an. Jetzt entscheide ich mich. Ich gehe vorsichtig dahin und finde im neuen Raum eine Bank vor. Ich bin als Kind interessiert daran und sehe, dass in dem für mich noch etwas unbekannten Raum auch andere Kinder sich mit den Dingen dort beschäftigen. Sie balancieren auf der Bank. Ich gehe auf sie zu und taste mich langsam ran, weil mir das alles erscheint. Ich frage die anderen, sehe mir ihre Tätigkeiten genau an und ahme sie nach, versuche etwas Neues, entdecke begierig die bisher noch unbekannten Sachen. Meine Schwester reagiert erst jetzt und gibt mir die Hand, geleitet mich und stützt mich auf der Bank. Einige Kinder machen mir vor, wie sie es schaffen und langsam werde ich sicherer in meinem Tun. Ich mache alles Mögliche, was mir spannend vorkommt. Mir gelingt schon einiges.

Diesen erdachten und damit fiktiven »Lernraum«, in dem ich als Kind diese wichtigen Prozesse erlebe, nennen wir nach dem russischen Psychologen Lew Vygotskij »Zone der nächsten Entwicklung«. Vygotskij definiert 1934: »Das Gebiet der noch nicht ausgereiften, jedoch reifenden Prozesse ist die Zone der nächsten Entwicklung« (zit. n. Chaiklin, 2010, S. 84). Diese Zone entsteht durch die Kooperation mit »solidarischen« Freunden, die wie Geschwister unterstützen und ermutigen.

Abbildung 8: Zone der nächsten Entwicklung

Dabei kann es durchaus Probleme geben. Auch Lehrpersonen oder ältere Schüler*innen als Trainer*innen oder Tutor*innen, die in ihrer Entwicklung schon weiter sind, unterstützen, falls ich als Kind diese Menschen als Helfer*innen annehmen kann. Es müssen nicht die Lehrpersonen sein; der Vorteil der altersgemischten Lerngemeinschaften ist, dass die weiterentwickelten oder diejenigen mit bestimmten Fähigkeiten theoretisch als Unterstützer*innen infrage kommen.

In der *Praxis* aber erleben wir, dass es wichtig ist, dass die beiden Seiten *zusammenpassen*, um überhaupt effektiv lernen zu können. Gibt es emotionale Vorbehalte gegeneinander, dann entsteht keine solidarische Unterstützung. Kinder bewegen sich in dieser Zone und finden hier viele Lerngelegenheiten und Partner*innen, die passend sind. Wenn wir an die »Natürlichkeit« der solidarischen Peer-Beziehung denken, dann fallen uns für ein Kind aus benachteiligten Lebenslagen zunächst folgende Partner*innen ein: Geschwister und verwandte Kinder, Mitglieder derselben Ethnie mit derselben Sprache, Nachbarskinder, Kinder aus derselben Schicksalsgemeinschaft und aus der unteren sozialen Schicht.

Es wird dennoch nicht ständig gelingen, dass in der Zone der nächsten Entwicklung diese Beziehungsebene unterstützend wirkt:

> Wenn ich auf diese Weise vorsichtig die Welt erkunde, kann ich nicht immer sicher sein, dass mir geholfen wird. So wäre es möglich, dass mich größere Kinder wegdrängen, mich auslachen, mir den »Spaß verderben«. Auch kann es vorkommen, dass mich die Mutter überfordert mit einer Aufgabe, die sie mir abverlangen will. Dann verliere ich das Interesse und ziehe mich wieder zurück.

Die Zone der nächsten Entwicklung entsteht immer aus Kooperationen – das hier angeführte Beispielproblem ist pädagogisch zu bearbeiten und wieder in Richtung einer konstruktiven Lernsituation aufzulösen.

Wenn ich aber auf solidarische Unterstützung stoße, schafft dieser Raum für mich Möglichkeiten, mich zu entwickeln. Ich kann bestimmte Fähigkeiten noch nicht so wie die anderen Kinder, aber ich habe hier die Möglichkeit, mir die Dinge mit anderen Kindern zusammen anzueignen.

Wenn das Kind die Fähigkeiten beherrscht, ist die Zone der nächsten Entwicklung dann als stabil anzusehen, sie ist zur neuen Zone der aktuellen Entwicklung geworden. Dieser Prozess zieht sich schon über längere Zeit hin. Das Beispiel eines kleinen Bruders mag dies in unseren Worten verdeutlichen:

Ich habe eine ältere Schwester, die sich öfter um mich kümmert und die ich sehr mag. Wenn sie jetzt mit großem Geschick auf der Bank balanciert, will ich das auch können. Ich als dreijähriger kleiner Bruder erlebe immer, dass ich diese Fähigkeiten meiner Schwester zwar noch nicht beherrsche, aber mit Hilfe schon ein wenig nachahmen kann. Nach einigen Jahren bin ich ganz sicher so weit, wie sie jetzt ist, und balanciere ebenso geschickt.

Übertragen wir dies in die Schulklasse, so wird in dem Beispiel deutlich, wie sehr eine altersgemischte Gruppe alleine dadurch auf die Entwicklung aller Kinder einen langfristigen Einfluss hat, weil die Anregungen lange andauern.

Vygotskij erforschte die Entwicklung von Kindern und deren Persönlichkeit. Das Kind bleibt nach seiner Theorie in relativ langen, teils mehrjährigen Phasen stabil in seiner Altersstufe (in etwa: »Säugling«, »Kleinkind«, »Vorschule«, »Schule«, »Pubertät«) und wechselt die Stufen in relativ kurzen krisenhaften Übergängen (grob gekennzeichnet als »neugeboren«, »einjährig«, »dreijährig«, »siebenjährig«, »dreizehnjährig«, »siebzehnjährig«). Unser Balancier-Beispiel des Dreijährigen und seiner älteren Schwester zeigt dies deutlich. Die Persönlichkeit des Kindes verändert sich *als Ganzes*:

> »In jeder Altersepoche geht die Entwicklung nicht so vonstatten, dass sich erst einzelne Seiten der Persönlichkeit des Kindes verändern und im Ergebnis dessen eine Umstrukturierung der Persönlichkeit insgesamt stattfindet, sondern gerade das Gegenteil ist der Fall: Die Persönlichkeit des Kindes verändert sich als Ganzes in ihrem inneren Aufbau, und von den Gesetzen, nach denen die Veränderung dieses Ganzen vor sich gehen, wird die Bewegung jedes seiner Teile bestimmt« (ebd., S. 81).

Diese Altersstufen sind aber nicht biologisch notwendig festgelegt, sondern die Neubildungen sind »Folge von Aufgaben und Interaktionen mit Anderen« (ebd.). Die Entwicklung hängt also damit zusammen, wie gut und solidarisch sich die Beziehungen zu den nächsten Menschen gestalten. Am Beispiel des Dreijährigen ist nachzuvollziehen, wie dies geschehen kann. Die Entwicklung wird von historischen Rahmenbedingungen und Anforderungen, in denen die Kinder aufwachsen bestimmt. Aus der Perspektive des Bruders stellt sich dies folgendermaßen dar:

Ich als dreijähriger Bruder habe jahrelang das Vorbild meiner Schwester vor Augen. Sie hat viele Fähigkeiten, die sie mir vormachen kann.

Oder im Bild gesprochen:

Ich habe immer schon mal einen Blick in den neuen Raum geworfen, wo ich reizvolle Dinge sehe. Jahre später entscheide ich mich dazu, etwas Neues zu probieren. Ich bin soweit und will versuchen, den Raum zu wechseln.

»Die soziale Entwicklungssituation beruht auf einem Grundwiderspruch zwischen den aktuellen Fähigkeiten des Kindes [...] und den Zielen und Aufgaben, die das Kind leisten will (oder zu denen es angehalten und ermutigt wird). Das Kind ist kein passiver Rezipient einer objektiven Umgebung, sondern entscheidet selbst, was wahrgenommen wird und interessant ist, jeweils entsprechend seiner Bedürfnisse und Interessen sowie in Beziehung zu den Anforderungen und Möglichkeiten, die vorhanden sind. In dem Versuch, den inneren Widerspruch einer Altersstufe zu überwinden, engagiert sich das Kind in unterschiedlichen konkreten Aufgaben und spezifischen Interaktionen, in Abhängigkeit von seinen und begrenzt durch seine bestehenden und sich entwickelnden psychischen Strukturen« (Chaiklin, 2010, S. 82).

Kurz: Ein Kind entwickelt sich aktiv und in der Kommunikation und Kooperation mit anderen. Es entscheidet selbst, was es als interessant wahrnimmt und dann angeht. Das Balancier-Beispiel macht es deutlich: Das Kind schafft, was vorher noch nicht möglich war. Das Balancieren befand sich daher auch außerhalb seines eigenen inneren Horizonts. Ganz gezielte Unterstützung durch die ältere Schwester aus einem Gefühl der Solidarität ist dabei sinnvoll. Weil das Kind jetzt neu und *aktiv* auf die passenden Herausforderungen (hier das Balancieren) zugehen kann, findet es einen individuell passenden *Möglichkeitsraum*. Der Horizont seines Möglichkeitsraumes trifft auf die Möglichkeitsräume anderer Kinder und hier auch auf den der älteren Schwester. Sie hat hier bereits mehr Sicherheit erworben und versucht nun, das Tempo des Balancierens zu erhöhen. Sie kann bereits rückwärts auf der Bank gehen, ist dabei aber so vorsichtig wie der Bruder, wenn er vorwärts geht.

255

Der »Gemeinsame Gegenstand«, hier die »Lebenswelt Zirkus«, ist nicht als »Sache« zu bezeichnen, sondern er ist das, was die Kinder gemeinsam (zum Beispiel in einem Klassen-Projekt) herausfinden, erkennen, erfassen, kapieren wollen. Dies ist getragen von Gefühlen der Gemeinschaft. Feuser verdeutlicht dies in einem Baummodell (2011a): Der Gemeinsame Gegenstand ist der Baumstamm, in unserem Beispiel die Lebenswelt Zirkus. Was wir über den Zirkus wissen, stellen im Modell die Wurzeln dar. Um diese Lebenswelt Zirkus zu erkennen, zu begreifen, sich anzueignen, sind viele Wege möglich. Im Baummodell sind das die Äste. Auf denen haben wir es dann mit der konkreten »gegenständlichen Tätigkeit«, wie zum Beispiel dem Balancieren zu tun. Dieser Ast des »Balancierens« geht von einem Projektast ab, der sich zum Beispiel mit der Schwerkraft und dem Gleichgewicht befasst.

Die Äste sind also nicht die Schulfächer oder Fachgebiete. Das fachliche Wissen tritt nur als Hilfsmittel in Erscheinung, wenn aufgeworfene Fragen zu bearbeiten sind: Wenn ich etwas mitteilen oder nicht vergessen will, schreibe ich es auf, das muss so geschehen, dass es jemand anders lesen kann, also grammatikalisch so kodiert, dass es entschlüsselt werden kann. Die Kulturtechniken kommen so also ins Spiel, wenn die Kinder etwas sichern, einfacher berechnen wollen und so weiter.

Für einige Lehrer*innen besteht hier eine große Schwierigkeit: Sie können sich schwer vorstellen, dass der »Unterricht« vom Erkenntnisinteresse der Schüler*innen ausgeht und zu dem auch die Wege gefunden werden müssen, wie man dies bearbeiten kann. In diesem Sinne sind Vygotskijs Worte zu verstehen: »Nur der Unterricht ist gut, der der Entwicklung vorauseilt« (Feuser, 2011a, S. 97).

Die Äste sind also »Wege der Erkenntnis«, und zwar einer Erkenntnis, die *nur in Kooperation* entsteht. Das bedeutet auch, dass die einzelnen Schüler*innen umso besser lernen, je tragender und verlässlicher die Gruppe zusammenwirken kann.

Vygotskij hat in seinen Forschungen das bemerkenswerte Phänomen beschrieben, dass die Leistungen bei einigen höher liegen als durch Einzeltestung zu erwarten, *falls sie durch Kooperation* bei der Aufgabenstellung *unterstützt* werden (Vygotskij, 2003b [1987], S. 83ff.). Daraus leitet Vygotskij für seine Forschungen zur »Zone der nächsten Entwicklung« ab, dass »die soziale Umwelt die Quelle« ist, auf die es bei der Entwicklung ankommt (ebd., S. 85).

Dies deckt sich auch mit Praxisbeobachtungen, dass benachteiligte

Kinder in ihrer Entwicklung vorankommen, wenn sie solidarische Unterstützung spüren. Dagegen sind sie anderen möglicherweise unterlegen, wenn sie alleine arbeiten müssen.

Die beschriebenen Lernprozesse, zum Beispiel der Balancierversuche des kleinen Bruders, geschehen in Kooperation mit anderen Kindern, zum Beispiel mit der großen Schwester. Die individuellen Möglichkeitsräume stoßen aufeinander und bilden ein übergeordnetes Ganzes, das Balancieren. Dieses Gemeinsame stellt eine *neue Qualität* dar, weil es einen »überindividuellen Möglichkeitsraum« (Feuser, 2013a, S. 289) schafft, in dem das Kind am besten lernen kann. Dies ist mit Prozessen der Synergetik zu vergleichen, die zu neuen Möglichkeiten emergieren, die kein Kind beziehungsweise kein*e Lehrer*in nur für sich erreichen könnte (Feuser, 2013a).

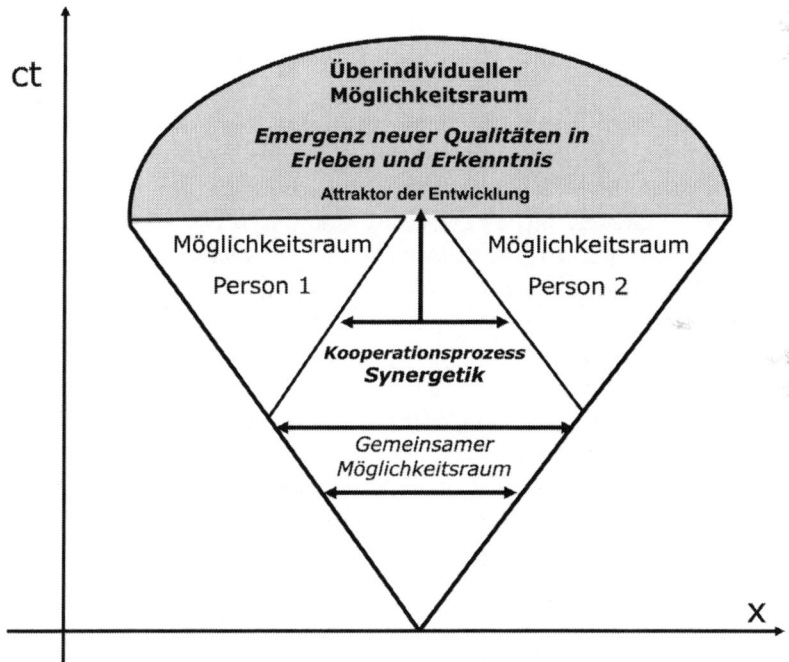

Abbildung 9: Möglichkeitsraum (nach Feuser, 2013a, S. 289)

Dieser Raum, der für den kleinen Bruder als »Zone der nächsten Entwicklung« wirkt, eröffnet für ihn durch das Kooperieren am »Gemeinsamen

Gegenstand« einen wirklichen Lernprozess. Er ist grundsätzlich auf eine *solidarische Gemeinschaft und Kommunikation* mit der Schwester angewiesen. Durch ihre gezielte und liebevolle Anleitung, aber auch ihr Vorbild und ihre ermutigenden und präzisen Korrekturen seiner »Fehlversuche« gewinnt er allmählich ein Gefühl für die neue Fähigkeit, auf die er durch Beobachtung bereit vor Jahren aufmerksam wurde. Mental war er bereits eingestellt auf das Balancieren, weil seine Schwester, die er dafür bewunderte, es ihm immer »überragend« vormachte. Sie als Schwester sicherte dabei immer wieder ihre Fähigkeiten und gewann durch seinen indirekten Zuspruch mehr Mut, ihre »Meisterschaft« auszubauen und zu sichern.

Die Möglichkeitsräume seiner Schwester oder der anderen Kinder treffen auf seinen Möglichkeitsraum. Erst dadurch kann er ermutigt zur nächsten Entwicklung voranschreiten. In unserem Beispiel ist es sein fester Wunsch und Entschluss, das Balancieren von seiner Schwester zu lernen. Er sieht bereits mutig darauf: das Balancieren ist »das Mögliche, das im Wirklichen (noch) nicht sichtbar ist« (Feuser, 2017). Aber er ist »kurz davor, es zu schaffen«.

Stören würde hier, wenn er mit seiner Schwester »im Gleichschritt voranschreiten« sollte, weil es zum Beispiel der Ehrgeiz des Vaters so wollte. Damit würden die individuellen Möglichkeitsräume von ihm und seiner Schwester eingeschränkt. Es entstünde eine unproduktive Konkurrenz, ein Vergleichen von zwei Kindern, die nicht zu vergleichen sind. Jedes einzelne Kind würde durch solches Unterrichten in eine passive Rolle gedrängt. Die Horizonte der Möglichkeitsräume verkleinerten sich dann zu isolierten Einheiten oder verschlössen sich ganz. In dieser Isolation verlöre er den Mut, sich in die »Zone der nächsten Entwicklung« zu begeben. Er verbliebe dann auf dem derzeitigen Niveau und in seinem bekannten und vertrauten Raum, der »Zone der aktuellen Entwicklung«, wo er sich auskennt, den er beherrscht. Den konkurrierenden Vergleich würde er angesichts drohender Bloßstellungen seiner »Schwächen« zu meiden wissen.

Viele Eltern haben die Erfahrung gemacht, dass ihr Kind nach einer Infektionskrankheit nicht selten von selbst einen »Entwicklungsschub« bekommen hat. Das Kind schein gereift zu sein. Es kann scheinbar »aus dem Nichts plötzlich« zum Beispiel in ganzen Sätzen sprechen, was es vor der Krankheit nicht konnte. Dieses Phänomen können wir nun versuchen, mit der Hilfe der beschriebenen Theorien einzuordnen. Um im Bild zu bleiben: Das Kind war vor der Krankheit in der »Zone der aktuellen Entwicklung«, hatte aber bereits mehrfach den Versuch unternommen, sich in den Raum zu wagen, wo die nächste Entwicklung stattfinden könnte. Beim Versuch, den neuen Raum – symbolisch gesehen – zu betreten, war es immer wieder verunsichert worden. Am Beispiel eines anderen Geschwisterpaares lässt sich verdeutlichen, wie sich andernfalls der kleine Bruder entwickelt hätte: Der dreijährige Bruder hatte zwar balancieren wollen, es bestand die Möglichkeit dazu, aber durch ungünstige Umstände wurde er daran gehindert, fortzuschreiten. Sein Vater wollte, dass er das Balancieren lernte und war ungeduldig, weil er Angst entwickelte. Eine Kinderkrankheit kam nun »zur rechten Zeit«. Der Junge musste ins Bett und die Balancier-Übungen mit Vater oder Schwester wurden beendet. In der Phase der Krankheit erprobte er mental immer wieder den vorsichtigen Gang beim Balancieren. Er ahmte mental seine Schwester nach, wenn sie balancierte und stellte sich vor, dass sie ihn an der Hand nahm und die ersten Schritte auf der Bank ermöglichte. Seine innere Sicherheit wuchs scheinbar automatisch »im Schlaf«, während er krank war. Als er wieder gesundete, setzte er seine Versuche fort. Seine Schwester durfte nun auch mit ihm zusammenspielen, und sie half, dass er auf der Bank balancieren konnte. Als die Eltern nach einiger Zeit entdeckten, dass er schon balancieren konnte, sagten sie erfreut: »Er hat einen Entwicklungssprung gemacht!«

Die Krankheitsphase war wie eine »Zone der nächsten Entwicklung«, ein Bestandteil des Lernprozesses. In dieser Zeit verschwand der Druck des Vaters, der schon erzwingen wollte, dass der Junge endlich balancieren kann. Dieser Zwang behinderte das Lernen, und als er weg war, konnte sich das Kind der Aufgabe stellen und das Balancieren überraschend schnell erlernen.

Ausblick: Exemplarisches und solidarisches Lernen

Wir Lehrer*innen sollten uns darüber bewusst werden, dass Bildung immer nur vom »Subjekt« ausgehen kann und es lernpsychologisch unmöglich ist, dass Bildung sich fremdbestimmt und defensiv über Lehrpläne von selbst einstellt. Nicht die Lehrpläne machen das Lernen, die Lernenden bearbeiten nur *die* Fragen und erwerben nur *die* Kompetenzen effizient, die ihnen nahegehen und Erfolgserlebnisse verschaffen. Dann erst lernen sie weiter, expandieren und gehen immer tiefer. Sie selbst suchen aus, wo es weitergeht. An dem gewählten »Lernstoff« erleben sie exemplarisch das Wesentliche. Der Stoff wird nicht für sie von der Lehrkraft reduziert. Die lernenden Kinder und Jugendlichen konzentrieren sich selbst auf den Bereich und die Problemstellung, die für sie passt. Dies geschieht hier eben nicht, indem die Lehrkraft eigenmächtig die Stofffülle reduziert und dann den wenigen Stoff »durchnimmt«. Defensives Lernen ist auch für Lehrkräfte defensiv und anstrengend. Vielmehr folgt die Lehrperson der Expansion. Dabei verringert sie den eigenen Stress und den der Schüler*innen.

Wir können anhand vieler Erfahrungen bestätigen, dass die Schüler*innen sich immer aufeinander beziehen und ihre Beziehungen sich entscheidend als Motor der Arbeit entpuppen. Dabei können wir uns besonders auf die Kinder verlassen, die ihre Stärke in der solidarischen Haltung haben und somit bereit sind, sich mit den anderen zu verbinden.

Wenn die Lehrkraft der Suchbewegung der Lernenden folgen kann und nicht gestört wird durch externe Ansprüche (»das reicht nicht« usw.), dann macht sie sich frei von lernbehindernden Eingriffen. Auf diese Weise werden die Beanspruchungen im Lehrerberuf gesenkt. Die Angst, den Stoff nicht zur fremdbestimmten Zeit »durchgenommen zu bekommen«, reduziert sich. Immer sind wir uns bewusst, dass dies im Schulalltag wegen der Aufgabenfülle und der fremdbestimmten Ansprüche kaum ganz gelingt. Indem wir uns klar machen, wo Lern-Behinderungen von der Schule selbst geschaffen werden, können wir uns zu einem expansiven Lernen entschließen, denn es »kommt mehr dabei heraus«, wie etliche Lehrer*innen erfahren konnten.

Oskar Negt schreibt aus den Erfahrungen der von ihm wissenschaftlich begleiteten Glocksee-Schule:

> »Es geht heute in den Schulen nicht nur um das altbekannte Problem der Stoffreduktion, sondern um die Frage, nach welchen Prinzipien überhaupt Lehrstoff zusammengefügt und reduziert werden soll. Und nicht nur das: Zunehmende Arbeitsteilungen in bestimmten Bereichen haben dazu geführt, dass die produktive Intelligenz im Umgang mit der Realität und dem verfügbaren Wissensstoff verlorengeht« (1997, S. 156).

Didaktische Konzepte wie etwa die Projektarbeit (Dewey) heben die Arbeitsteilung auf und organisieren den Lehrstoff neu. Expansiv eignen sich die Lernenden gemeinsam mit anderen den Gegenstand an. Das systematische Lernen (zum Beispiel in der freien Arbeitszeit, siehe Kapitel 2.3) dient dann der Präzisierung, Weiterführung und Vertiefung des Lerngegenstandes. Er geht vom Horizont und Erkenntnisinteresse der Schüler*innen aus (Negt, 1997, S. 157).

In diesem Sinne plädiert Oskar Negt für ein exemplarisches Lernen auch in der Erwachsenenbildung. 1971 hat er als Soziologe ein Konzept vorgelegt, das der der Politisierung in der Arbeiterbildung zum Beispiel in Gewerkschaften dienen sollte: »Hauptzweck der exemplarisch organisierten Erziehung [...] bestand zunächst darin, den durch die Einzelwissenschaften angehäuften und ständig größer werdenden Lehrstoff zu reduzieren« (Negt, 1981 [1971], S. 25). In subjektiven Interessen und Konflikten werden die bedeutsamen Inhalte sichtbar. Die Lehrfächer und »der direkten Erfahrung entzogene Ereignisse und Zusammenhänge« (ebd., S. 97) sollen innerhalb der Arbeiterbildung rückbezogen werden auf die individuellen Interessen (ebd., S. 96ff.). So schlägt Negt zum Beispiel vor, Politik und Recht nicht »als von Interessen abgetrennte Sonderbereiche zu behandeln« (ebd., S. 97), sondern auf ihre eigenen unmittelbaren Interessen zu beziehen. Ein solches Vorgehen entspricht dem von Paulo Freire, der sich im Rahmen seiner Alphabetisierungskampagnen gegen eine »kulturelle Invasion« wehrt und von den Interessen der Menschen selbst ausgeht (Freire, 2007, S. 47ff.).

In Kapitel 9 greifen wir die bisherigen Impulse aus der Schulpraxis und der Wissenschaft auf, um sie zu einem Bild einer solidarisch arbeitenden Brennpunktschule zusammenzufügen. Eine solche Schule grenzt sich ab von unsolidarischen Tendenzen und »kulturellen Invasionen«. In den Kapiteln 5 bis 8 werden solche Tendenzen näher untersucht, die allen lernpsychologischen Erkenntnissen zum Trotz in vielen Schulen zu finden sind.

Teil II
Fakten und Antworten des Schulsystems zu Fragen des sozialen Brennpunktes

5 »Die im Dunkeln sieht man nicht!«[1]

Das System der Nicht-Solidarität für den sozialen Brennpunkt heute

Kurz gefasst: Im folgenden Kapitel befassen wir uns mit der sozialen Lage der benachteiligten Kinder in Deutschland und ihren begrenzten Zugangsmöglichkeiten zu Bildung. Wir erläutern außerdem, wie Schüler*innen weiterhin in großer Zahl auf Sonderschulen überwiesen und Brennpunktschulen mit zu wenig Personal ausgestattet werden.

5.1 Fakten zu sozialer Herkunft und zur »Lähmung des Bildungswillens«

Schon lange vor der PISA-Forschung mussten Praktiker*innen eingestehen, dass die Kinder einkommensschwacher Familien weniger Chancen haben, höhere Schulabschlüsse zu erreichen. Die »höhere Schule« diente der Reproduktion der privilegierten Schichten, die »niedere« Abteilung des Unterrichtssystems der Unterschichten; die Durchlässigkeit des Schulwesens zeigte sich in der deutschen Geschichte immer schon als begrenzt (Rückriem, Wiese & Zeuch, 1981, S. 117). Der Anteil der Arbeiterkinder, die heute an den Universitäten studieren, ist zwar seit dem Ende des Zweiten Weltkriegs gewachsen, unter den Studienabbrecher*innen aber befinden sich deutlich überproportional viele von ihnen (Autorengruppe Bildungsberichterstattung, 2020, S. 190ff.). In keinem der anderen 80 Länder, die sich an PISA beteiligt haben, wird der Bildungswillen Heranwachsender so stark gelähmt wie in Deutschland. Hier erwartet nur ein Drittel der 15-Jährigen einen Hochschulabschluss. Selbst vom privilegierten Viertel rechnen nur 60 Prozent mit einem solchen Abschluss (Lohmann, 2020, S. 19).

---

1 Zeile aus Brechts *Dreigroschenoper* von 1928.

»Völlig niederschmetternd ist die Frustration des sozial benachteiligten Viertels. Gerade einmal jeder 7. erhofft für sich eine akademische Karriere [...]. In keinem [...] der PISA-Staaten ist die Demotivation der sozial Schwächsten so extrem wie in Deutschland. Stattdessen gibt es Länder, in denen selbst die sozial Schwächsten zu 80 Prozent einen akademischen Abschluss anstreben« (ebd., S. 19f.).

Zu diesen Ländern gehören die Türkei, Südkorea sowie die USA. Über 60 Prozent der 15 -Jährigen aus sozial schwachen Familien etwa in Mexiko und Frankreich wollen studieren, über 50 Prozent sind es zum Beispiel in Griechenland oder Schweden. In Deutschland aber liegt dieser Anteil bei nur 14 Prozent. Lohmann bezeichnet diesen Zustand zurecht als »Bildungslähmung«, den wir in Deutschland schon »normal« zu finden scheinen. Viele Menschen aus der Mittelschicht würden sich dieses Phänomen zum Beispiel erklären durch mangelnden Fleiß oder Intelligenz – über die Schulstruktur als entscheidenden Faktor wird geschwiegen (Lohmann, 2020).

Im Ländervergleich ist zu erkennen, dass die Schulstruktur »erheblich zur Lähmung des Bildungswillens in Deutschland« (ebd., S. 21) beiträgt. 20 Prozent der Unterschiede bei den demotivierten Schüler*innen gehen auf den Faktor der frühen Separierung der Schüler*innen (mit zehn Jahren) in Richtung verschiedener Schulformen zurück: »Je früher Schülerinnen und Schüler separiert werden, umso seltener streben die sozial schwächeren 15-Jährigen einen Hochschulabschluss an« (ebd.). Und weiter wird festgestellt, dass die Abhängigkeit der Leistung von der sozialen Herkunft in den Ländern sehr unterschiedlich ist: Zu 37 Prozent spielt dabei das Alter beim Übergang mit Blick auf separierte Schulformen eine Rolle: Je früher Schüler*innen getrennt werden, desto stärker ist die Schülerleistung vom Sozialstatus abhängig (ebd., S. 17ff.).

Wie kommt es, dass Lehrer*innen trotz größter Mühen und pädagogischer Reformen die sogenannten »benachteiligten« Kinder nicht aus ihrem so bezeichneten »kulturellen Tief« herausbringen? Liegt es nun an den Kindern selbst und ihren Lebensverhältnissen, dass sie keine Schulerfolge haben, oder sorgen die Schulen durch ihren unpassenden Unterricht dafür, dass diese Schüler*innen ohne Erfolge bleiben?

Wenn Sie als Leser*in die folgenden Fakten über unsere Kinder lesen, könnten Sie resigniert sagen, dass dies schon immer so war und sich daran nichts mehr ändert. Wir empfehlen hier aber eine alternative Lesehaltung: Sehen Sie sich diese Zahlen an und fragen Sie sich selbst dabei, um welche

Kinder es sich hier handelt. Machen Sie sich ein konkretes Bild von einem Kind und fragen Sie sich dann, was dieses Kind brauchen könnte, um aus seinem Teufelskreis herauszukommen.

5.1.1 Risikolage in Familien

Wir wissen, dass sich Kinder in ihrer Familie entwickeln. Für ihren Schulerfolg sind folgende Faktoren bedeutsam:
➤ der formale Bildungsstand der Eltern,
➤ die elterliche Erwerbsbeteiligung,
➤ der sozioökonomische Status der Familie.

Nach dem Bildungsbericht 2020 befinden sich Menschen unter 18 Jahren in Bezug auf ihren Schulerfolg in folgenden drei Risikolagen:
1. 12 Prozent wachsen in einer Familie auf, in der alle Elternteile einen niedrigen formalen Bildungsstand vorweisen. Sie haben weder einen Hochschulabschluss noch eine Berufsausbildung. Sie können ihre Kinder in schulischen Belangen nicht unterstützen. Unter Migrantenfamilien sind dies 24 Prozent der Kinder, unter Familien ohne Migrationsvorgeschichte sind es nur knapp fünf Prozent (Autorengruppe Bildungsberichterstattung, 2020, S. 42). Wir fragen uns: Was brauchen diese Kinder konkret?
2. 10 Prozent wachsen in einer Familie auf, in der kein Elternteil erwerbstätig ist.

»In diesen Fällen liegt die soziale Risikolage vor. Eine typische Folge kann der den Kindern fehlende Zugang zu gesellschaftlichen Ressourcen sein. Dies sind insbesondere Netzwerke, die auf der Erwerbstätigkeit der Eltern basieren und den Kindern einen erleichterten Zugang zu Hilfen, Anerkennung und Kontakten bis hin zu ganz praktischen Effekten wie dem Finden von Praktikums, Ausbildungs und Arbeitsplätzen bieten können. Auch ist davon auszugehen, dass die Erwerbstätigkeit der Eltern eine Vorbildfunktion für die Kinder hat« (ebd., S. 41).

Auch hier fragen wir: Was brauchen diese Kinder wiederum konkret?
3. 20 Prozent wachsen in Familien auf, in der das Haushaltseinkommen unterhalb der Armutsgefährdungsgrenze liegt: »Kinder in Ein

und Zweikindfamilien sind zu 16 Prozent, Kinder in Familien mit drei und mehr Kindern zu 35 Prozent von der finanziellen Risikolage betroffen« (ebd.). Unter den Familien mit Migrationsvorgeschichte sind es 33 Prozent der Kinder, unter den Familien ohne Migrationsvorgeschichte sind es dagegen nur zwölf Prozent (ebd., S. 42). Und wieder fragen wir uns: Was brauchen diese Kinder konkret?

Fast ein Drittel der Menschen unter 18 Jahren ist von einer dieser drei Risikolagen betroffen. Unter den Alleinerziehenden trifft dies auf 59 Prozent und bei den Paaren auf 23 Prozent der Kinder zu. Die Frage lautet erneut: Was brauchen diese Kinder für den Schulerfolg?

Bei den Migrantenfamilien leben 47 Prozent der Kinder mit einer der drei Risikolagen, in Familien ohne Migrationsvorgeschichte sind es nur 17 Prozent. Auch hier fragen wir uns: Was macht das Lernen in der Schule für diese Kinder so schwer?

Bei 4 Prozent findet man alle drei Risikolagen zusammen vor: Auch hier sind wieder die Kinder der Alleinerziehenden deutlich stärker betroffen: 11 Prozent gegenüber 3 Prozent, die in Paarfamilien leben. Bei den Migrantenfamilien leben 8 Prozent der Kinder mit allen drei Risikolagen, in Familien ohne Migrationsvorgeschichte sind es nur 2 Prozent (ebd., S. 40ff.).

Zusammenfassend lässt sich feststellen, dass die Kinder Alleinerziehender und aus Familien mit Migrationsvorgeschichte am stärksten von Risikolagen betroffen sind. Die hier dargestellten Risikolagen wollen wir nun auf ihre gesellschaftlichen Hintergründe hin untersuchen. Hier sind die Auslöser von den Ursachen der Kinderarmut zu unterscheiden:

> »Auslöser einer Armutsentwicklung in Familien [...] sind häufig der Tod des Alleinernährers, die Erwerbslosigkeit von Eltern(teilen) und deren Trennung bzw. Scheidung. Die eigentlichen Ursachen für eine Prekarisierung der familiären Lebensbedingungen gründen aber tiefer: in gesellschaftlichen Wandlungsprozessen« (Butterwegge, 2013, S. 35).

Entsprechend der Markterfordernisse werden alle Gesellschaftsbereiche umstrukturiert. Dies führt zu Verarmung, sozialer Polarisierung und Entsolidarisierung (ebd.). Drei gesellschaftliche Wurzeln können für vermehrte Kinderarmut verantwortlich gemacht werden (ebd.):

1. Die »Normalarbeitsverhältnisse« werden durch eine steigende Zahl von prekären, befristeten Leih- und (zwangs-)Teilzeitarbeitsverhältnissen in ihrer Bedeutung relativiert.
2. Die »Normalfamilie« mit ihrer materiellen Absicherung verliert an Bedeutung und wird durch Lebensformen (wie Ein-Elternteil-Familien, Patchwork-Familien) ergänzt, die für Kinder weniger materielle Sicherheit gewährleisten.
3. Der Umbau des Wohlfahrtsstaates führt zu einem Abbau von Sicherheitselementen für weniger Leistungsfähige.

Diese Wurzeln der Kinderarmut sind nicht durch die Schule zu verändern. Seit den 1990er Jahren jedoch ist in der öffentlichen Debatte über dieses Thema ein Trend der »Pädagogisierung« des Problems festzustellen. So wird ein individueller Mangel an Bildungskompetenzen (unterste Stufe im PISA-Test) und an fehlenden Zertifikaten als »Bildungsarmut« (Allmendinger, 1999) beschrieben. Maßnahmen gegen die Bildungsarmut werden dann häufig auf dem Gebiet der Pädagogik gesucht (frühkindliche Förderung, Ganztagsschulen oder schulische Programme), »als könne eine gute Schulbildung oder Berufsausbildung verhindern, dass Jugendliche ohne Arbeitsplatz bleiben« (Butterwegge, 2013, S. 41). Die eigentlichen gesellschaftlichen Ursachen bleiben so im Dunkeln. Das Problem wird damit oft verdrängt, verharmlost und »ideologisch entsorgt« (ebd., S. 36ff.).

Damit geht einher, dass zwar die strukturelle Diskriminierung von Kindern der Alleinerziehenden sowie aus Familien mit Migrationsvorgeschichte festgestellt wird, aber der notwendige Umbau des Bildungswesens tabuisiert bleibt (Lohmann, 2020). Die Behörden und Bildungspolitiker*innen lenken stattdessen die Aktivitäten darauf, »schwache« Schüler*innen in Schulen des »gemeinsamen Lernens« unterzubringen und von diesen Schulen zugleich eine »gute Mischung der Schülerschaft« zu fordern (siehe Kapitel 7). Mit solchen Vorschlägen wird verschleiert, dass der als »Rest« bezeichnete Teil der Schülerschaft mit extremem »intensivpädagogischem« Unterstützungsbedarf in den Schulen mit der »guten Mischung« oft gar nicht beschult wird. Stattdessen bleiben die Sonderschulen und andere »Restschulen« bestehen. Dazu passt die Argumentation von Behörden und Bildungspolitiker*innen, die Hauptschulen wegen ihres »anregungsarmen« Milieus aufzulösen und in anderen Schulen eine sogenannte »heterogene Schülerschaft« herzustellen (siehe Kapitel 8). Dass mit Blick auf die vielen »Schwachen« das Bildungswesen längst umgebaut werden müsste, wird hierdurch ebenfalls verschleiert.

Wir werden nach der Übersicht über die Faktenlage in diesem Kapitel auf die Ideologien der »guten Mischung« und des »anregungsreichen Milieus« genauer eingehen (in den Kapiteln 7 und 8).

5.1.2 Schulabschluss

In Deutschland erfüllen je nach Bundesland zwischen zwölf und 41 Prozent der Jugendlichen in Jahrgang 9 in Mathematik nicht die Mindeststandards für den mittleren Abschluss. In diese Zahl sind nicht die Schülergruppen eingerechnet, die sonderpädagogischen Unterstützungsbedarf im Bereich Lernen und geistige Entwicklung haben (Autorengruppe Bildungsberichterstattung, 2020, S. 138). Also fragen wir auch hier, wie es kommen kann, dass Kinder nach zehn Jahren Schule einfache Aufgaben in Mathematik nicht lösen können.

Die sozialen Ungleichheiten spiegeln sich unter anderem in der Schulwahl wider: Laut Bildungsbericht (ebd., S. 143ff.) besucht nur ein Prozent der Schüler*innen aus Familien mit hohem sozioökonomischem Status eine Hauptschule, 79 Prozent dagegen ein Gymnasium. Umgekehrt gehen 17 Prozent der Schüler aus Familien mit niedrigem Status auf eine Hauptschule, und nur 27 Prozent von ihnen auf ein Gymnasium. Aussagekräftig sind solche Daten erst, wenn wir auch die Schulabschlüsse betrachten.

Seit 2013 stieg die Zahl der Schüler*innen ohne Hauptschulabschluss von pro Jahr knapp 47.000 (5,7 Prozent) auf knapp 54.000 (6,8 Prozent des Jahrgangs) an – 44 Prozent von ihnen waren auf einer Sonderschule. Dieser Anstieg ohne Abschluss gilt sowohl für Schüler*innen mit deutscher als auch mit ausländischer Staatsangehörigkeit.

In der OECD ist Deutschland zusammen mit Tschechien Schlusslicht beim Bildungsaufstieg: Weniger als 20 Prozent der 25- bis 34-Jährigen haben einen höheren Bildungsabschluss erreicht als ihre Eltern. Im Vergleich dazu sind es in Italien mehr als 45 Prozent, in Südkorea 60 Prozent (Lohmann, 2020, S. 4f.).

Die PISA-Forschungsergebnisse von 2018 zeigen erneut, dass in Deutschland der Zusammenhang zwischen sozialer Herkunft und Lesekompetenz signifikant überdurchschnittlich stark ausgeprägt ist. Der Anteil der besonders leseschwachen 15-jährigen Schüler*innen, die selbst und deren Eltern im Ausland geboren wurden, hat seit 2009 von 34 auf 55 Prozent sogar noch zugenommen. Sieben Prozent dieser Jugendlichen können lediglich einfache Wörter und syntaktische Strukturen bearbeiten. Sie können nur kurze Sätze für einen eindeutigen Zweck lesen. Diese Jugendlichen, die noch keine 15 Jahre in Deutschland sind, müssen sehr verunsichert durch die Schule sein. Wir fragen uns: Woher werden sie ihre Kraft nehmen, um sich auf ein Berufsleben vorzubereiten? Was ist all die Jahre geschehen im Unterricht?

Auf den untersten Kompetenzstufen befinden sich auch 27,6 Prozent der Jugendlichen, die in Deutschland geboren wurden und deren Eltern im Ausland geboren sind (Reiss et al., 2019, S. 53ff., S. 129ff.). Nach mindestens acht Schuljahren in einer deutschen Schule können mehr als ein Viertel der in Deutschland geborenen Jugendlichen aus Migrantenfamilien nur höchstens kurze und einfache Sätze oder Abschnitte lesen. Wer aus armen Verhältnissen stammt, hat laut Bildungsbericht 2020 als Migrant*in die geringsten Chancen:

> »In weiterführenden Analysen zeigt sich dabei, dass ein verhältnismäßig großer Anteil dieser anhaltenden Unterschiede in der Leseleistung mit der sozialen Herkunft, d. h. dem sozioökonomischen Status der Eltern, dem Besitz von Wohlstandsgütern und der Bildungsdauer der Eltern erklärt werden kann. Die soziale Herkunft hat 2018 sogar einen größeren Einfluss auf migrationsspezifische Unterschiede in der Lesekompetenz der Jugendlichen als noch 2009« (Autorengruppe Bildungsberichterstattung, 2020, S. 139).

Wenn immer wieder festgestellt wird, dass diese Eltern offenbar ihren Kindern nicht helfen und sie nicht genügend in den Lernprozessen stützen, was ist dann die Aufgabe des Staates, der das Recht der Kinder auf Bildung zu gewährleisten hat?

5.1.3 Berufsbildung

»Seit 20 Jahren bleiben etwa 15 Prozent eines Altersjahrgangs der nachwachsenden Generation ohne eine Ausbildung in einem anerkannten Ausbildungsberuf. Dies ist der niedrigste Wert in der Geschichte des beruflichen Bildungswesens in Deutschland« (Rademacker, 2011). Laut Bildungsbericht (Autorengruppe Bildungsberichterstattung, 2020, S. 165ff.) sind 30 Prozent eines Jahrganges zwei Jahre nach Verlassen der Schule weder in einer Berufsausbildung noch in einer weiterführenden Schule angekommen.

Auch hier fragen wir uns, wie es kommen kann, dass ein Jugendlicher oder eine Jugendliche ohne Abschluss und Ausbildung bleiben, und wer dafür verantwortlich gemacht werden kann. Welche Verantwortung übernimmt der Staat? Ist er einfach hilflos und kann angesichts dieser alarmierenden Fakten nur den Mangel verwalten?

5.1.4 Schulische Reaktionen

Im Bereich der »Sprach- und Leseförderung« wurden zu wenige und ineffiziente Ansätze verfolgt (Reiss et al., 2019, S. 111ff.). Die PISA-Forscher*innen müssen 2019 feststellen, dass es trotz starker Belege über den Zusammenhang zwischen sozioökonomischem Status und schulischen Kompetenzen noch nicht hinreichend erforscht ist, wie dieses Phänomen erklärt werden kann. Hinweise liegen dafür vor, dass Wirksamkeit und Qualität von Lehrpersonen und Schule neben den Einflüssen von Familie und Nachbarschaft eine bedeutende Rolle spielen (ebd., S. 158).

Hier fällt auf, dass diese Gruppe der PISA-Forschung offenbar nicht danach fragt, welchen Einfluss das aussondernde Schulsystem hat (Lohmann, 2020). Das historisch gewachsene selektive Schulsystem in Deutschland sorgt dafür, dass Schüler*innen die Schule wechseln müssen, wenn sie den Anforderungen nicht gewachsen sind, oder dass benachteiligte Schüler*innen durch repräsentative Aufnahmeverfahren gar nicht erst in integrierte Systeme aufgenommen werden (Scholle, 2020).

Im Vergleich zu anderen OECD-Ländern befindet sich »ein beachtlicher Teil der leistungsstärksten und ein erheblicher Teil der leistungsschwächsten 15-Jährigen [...] weitgehend in separierten Schulen. Nur in drei der 27 OECD-Staaten sind die leistungsschwächeren Jugendlichen stärker separiert als in Deutschland« (Lohmann, 2020, S. 9). Auch die Leistungsstreuung zwischen den Schulen ist in Deutschland extrem hoch und liegt an dritter Stelle (ebd., S. 9f.). Das Menschenrecht auf Bildung wird in Deutschland nicht realisiert, was seit Jahren beklagt wird (Singer, 1998; Siggelkow & Büscher, 2012). Die stark vernachlässigten Schulen, in denen viele benachteiligte Kinder lernen, müssen dringend gestärkt werden, um den Kindern gerecht zu werden. Dies fordern Praktiker*innen seit Jahrzehnten (zum Beispiel Jochimsen, 1971; Wünsche, 1979; Ramseger, 1975; Stähling, 2006; Feuser, 2018b; Lohmann, 2020).

Die Schulpraktiker*innen sehen ihre Verantwortung und suchen Lösungen für dieses Problem der Benachteiligten dort, wo die *Schule* einen Beitrag leisten könnte. Die Schule muss ihre Verantwortung anerkennen und übernehmen, denn der »Einfluss der sozialen Herkunft« (Bourdieu, 2018b [1982]) auf die Aneignung des kulturellen Erbes schlägt maßgeblich durch:

> »Selbst noch bis in den Bereich des Schulischen hinein favorisiert die herrschende Definition der legitimen Aneignung von Kultur und Kunst diejenigen, die frühzeitig, im Schoß einer kultivierten Familie und außerhalb der Schule und deren fachgebundenem Lernen zur legitimen Kultur kommen« (ebd., S. 18f.).

Gerade die Problematik des unterschiedlich verteilten Zugangs zu Bildung wird noch verstärkt, wenn zum Beispiel bei reduziertem Präsenzunterricht in Zeiten von Corona die Schüler*innen auf einen eigenen Internetzugang angewiesen sind. Der digitale »Distanzunterricht« macht es notwendig, dass zu Hause ein Computer vorhanden ist. Während alle einkommensstarken Familien über Internetzugänge verfügen, trifft dies bei einkommensschwächsten Familien nur zu 80 Prozent zu (Autorengruppe Bildungsberichterstattung, 2020, S. 239). Durchschnittlich 28 Prozent der Zwölfjährigen besitzen einen eigenen Rechner, bei den Schüler*innen dieses Alters aus den Hartz-IV-Haushalten sind es nur knapp 15 Prozent. Bei den 14-Jährigen sind es durchschnittlich 42 Prozent, in Hartz-IV-Haushalten nur 27 Prozent. Auch die Eltern besitzen oft keine Geräte. Die bisherigen Erfahrungen mit dem Distanzunterricht zeigen, dass sich sehr viele der Lehrkräfte (37 Prozent) mit weniger als 50 Prozent ihrer Schüler*innen im regelmäßigen Austausch befinden. 50 Prozent der Lehrkräfte hatten keine digitalen Präsenzzeiten mit Schüler*innen vereinbart (Möller, 2020, S. 206f.). Etwa drei Prozent der Schüler waren im November 2020 durch Quarantäne vom Präsenzunterricht ausgeschlossen. Dass »bedürftige« Familien ein Endgerät für den pandemiebedingten Distanzunterricht vom Staat ausgeliehen bekommen, ist ein erster Schritt. Aber etliche Familien konnten die vertraglich festgelegten Leihbedingungen für ein Endgerät nicht unterschreiben, weil sie die Kosten nicht übernehmen könnten, falls das Gerät beschädigt würde. Sie konnten nicht sicher gewährleisten, dass das Gerät in ihren engen Wohnverhältnissen nicht von Geschwisterkindern zerstört werden könnte. Auch durch die digitale Ausstattung der Schulen für den Präsenzunterricht können die Lerndefizite nicht ausgeglichen werden:

»Im Bereich allgemeinbildender Schulen des Sekundarbereichs I besucht weniger als die Hälfte der Schülerinnen und Schüler Einrichtungen, die über Lernmanagementsysteme (45 Prozent), WLAN (26 Prozent) oder internetbasierte Anwendungen für gemeinschaftliches Arbeiten (17 Prozent) verfügen. Im internationalen Vergleich sind deutsche Schulen damit nicht anschlussfähig. In anderen Staaten, wie z. B. Dänemark, stehen in Schulen nicht nur mehr digitale Geräte zum Lernen zur Verfügung, sondern die vorgehaltene ITAusstattung wird auch häufiger durch schülereigene Geräte ergänzt« (Autorengruppe Bildungsberichterstattung, 2020, S. 15).

Pädagog*innen in sozialen Brennpunkten müssen auch im Digitalen einen größeren Aufwand betreiben, um die Lernrückstände zu kompensieren.

5.2 Ein Verschiebebahnhof für Schüler*innen mit sonderpädagogischem Bedarf

Zu wenig gelang und gelingt es den deutschen Schulen, den von Armut und Migration betroffenen Schüler*innen gerecht zu werden. Sie wurden oft mit den üblichen schulischen Lernanforderungen zum Beispiel an Gymnasien oder Realschulen überfordert. Dann kam es zu Überweisungen in Hauptschulen oder Sonderschulen. Bis in die 1990er Jahre hinein galt zudem die Integration von Behinderten in der Regelschule in Deutschland ohnehin schon als Sonderfall. Die größte Zahl der Schüler*innen mit sonderpädagogischem Unterstützungsbedarf wurde in Sonderschulen überwiesen.

Kinder mit sonderpädagogischem Unterstützungsbedarf in den Bereichen Lernen, Sprache und soziale und emotionale Entwicklung kommen nach wie vor vorwiegend aus denselben Wohnbezirken. Es sind benachteiligte Kinder, deren Familien von Armut und Migration geprägt sind. Während diese Kinder früher auf wohnortferne Sonderschulen verwiesen wurden, gehen sie nun – und das ist die Neuigkeit – häufiger *wohnortnah* mit ihren Nachbar*innen in die entsprechenden Schulen ihres Bezirkes. Sie kommen nicht selten aus sozialen Brennpunkten und fahren nun vermehrt nicht zu Sonderschulen, sondern besuchen die wohnortnahe Brennpunktschule. Für diese wohnortnahe Schule stellen sich somit zusätzliche Aufgaben, die sie in dem Maße vorher nicht hatten – sie sonderten zumindest die »schwierigsten Fälle« aus ihrer bisherigen »Restschule« aus.

Es wäre also zu erwarten, dass diese wohnortnahen Brennpunktschulen

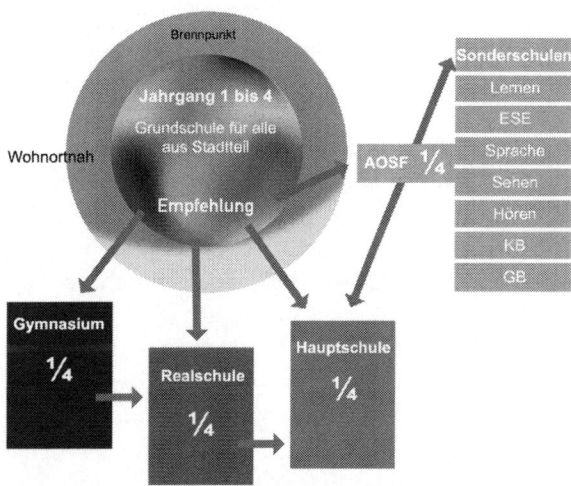

Abbildung 10: Grundschule Berg Fidel früher

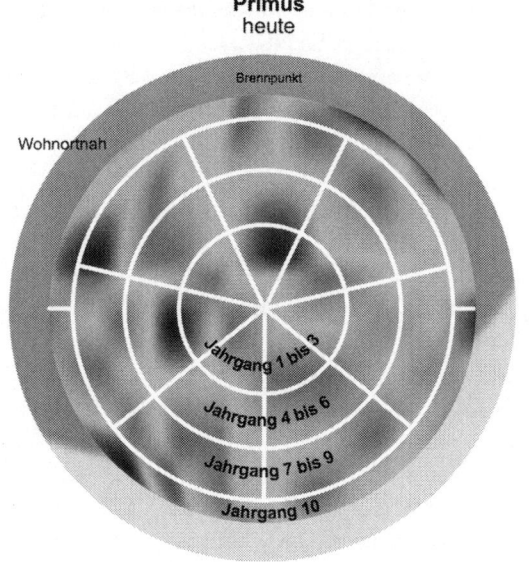

Abbildung 11: PRIMUS-Schule Berg Fidel-Geist heute

mit mehr Personal ausgestattet werden, um den zusätzlichen Aufgaben ge-wachsen zu sein. Es müsste somit eine Umverteilung des Personals für diese Kinder aus den Sonderschulen in die Regelschulen stattfinden. Diese Ent-wicklung ist aber nicht zu beobachten. Die Abbildungen 10 und 11 zeigen die notwendigen Veränderungen und Anpassungen an die Entwicklung des Schulwesens.

Das Personal wird nach wir vor an die Sonderschule gebunden, weil sich die Exklusionsquote nicht wesentlich verändert hat (Kemper & Goldan, 2019, S. 247). 2008 und 2009 wurden 4,8 Prozent aller Schüler*innen in Sonderschulen beschult, zehn Jahre später waren es immer noch 4,2 Pro-zent, in einigen Bundesländern sind die Exklusionsquoten sogar noch an-gestiegen. In Deutschland werden also 26.000 Kinder und Jugendliche auf Sonderschulen exkludiert, was der Verpflichtung der UN-Behinderten-rechtskonvention widerspricht, kein Kind vom Besuch der allgemeinen Schule auszuschließen (Hollenbach-Biele & Klemm, 2021, S. 9ff). Das Personal wird also in den Sonderschulen verbleiben, obwohl in den Integra-tionsschulen im Brennpunkt mehr Bedarf besteht. Wurden 2008 und 2009 deutschlandweit nur 18,8 Prozent der Schüler*innen mit einem verfügten sonderpädagogischen Unterstützungsbedarf in allgemeinen Schulen be-schult (also 81,2 Prozent von ihnen in Sonderschulen), so stieg dieser Anteil in allgemeinen Schulen in 2018 und 2019 auf 43,1 Prozent an (ebd., S. 9).

Da die notwendigen Neueinstellungen von Sonderpädagog*innen nicht ausreichend erfolgen, fehlt das Personal real in den Integrationsschulen. Besonders betroffen sind hier die Brennpunkte, weil dort wohnortnah die meisten Kinder mit Unterstützungsbedarf eingeschult werden. Damit werden strukturelle Benachteiligungen der Brennpunktschulen durch die jahrelange Unterversorgung von Fachpersonal vergrößert. Der verpflich-tende Abbau der Sonderschulen (auf der Grundlage der UN-Behinderten-rechtskonvention) wird in Deutschland verzögert und verursacht somit auch einen auffälligen Personalmangel an Brennpunktschulen.

Die Brennpunktschulen, die mit ihrem erfahrenen Personal die meiste Arbeit zu bewältigen haben, werden dabei unterversorgt, weil man ihnen zugutehält, dass sie am besten mit den Herausforderungen umgehen können. An den Schulen aus bürgerlichen Vierteln werden nur wenige be-hinderte Schüler*innen wohnortnah angemeldet. Sie bekommen aber den-noch, gemessen an den geringen Zuwächsen an herausfordernden Schü-ler*innen, relativ viel Personal – auch weil der Einfluss der privilegierten Eltern auf die Schulpolitik und Verwaltung größer ist als im Brennpunkt.

5.3 Ungerechte Verteilung des Personals

Wenn sich die wohnortnahe Integration als vorteilhaft herausstellen soll, dann kann dies am besten geschehen, indem mithilfe eines Sozialindexes die Ressourcen gerecht verteilt werden. Die Brennpunktschulen werden dann so stark mit Personal und Räumen nachgebessert, dass sie für bürgerliche Familien interessanter werden. Eine Schule, die trotz schlechter Rahmenbedingungen im Brennpunkt mit großem Einsatz sowohl Personal und pädagogische Angebote als auch Ausstattungen sichtbar steigert, kann attraktiv werden.

In Bremen wird ein Sozialindex verwendet, »der kleinräumige Daten zum Wohnumfeld und (neuerdings) Daten der Schülerindividualstatistik auf Ebene der Schulen verknüpft und hiermit die soziale ›Ausgangslage‹ der Schulen beschreibt. Ist die Ausgangslage vergleichsweise herausfordernd, werden diesen Schulen zusätzliche Ressourcen zum Abbau sozialer Disparitäten zugewiesen« (Makles, Schneider & Terlinden, 2018, S. 193). Insbesondere Grundschulen in sozialen Brennpunkten geraten jedoch in personelle Notlagen, weil sie kaum qualifiziertes Personal finden und häufig auf nicht-ausgebildete Quereinsteiger*innen zurückgreifen müssen (ebd., S. 179).

In Hamburg führt man mit dem KESS-Index eine eigene Erhebung durch, in der unter anderem Bildung, Beruf, Einkommen und kulturelle Güter der Elternschaft erfragt werden. Die so berechnete soziale Zusammensetzung einer Schule wird zur Grundlage genommen, zusätzliche Lehrerstellen für sozial benachteiligte Schulen bereitzustellen beziehungsweise die Klassengröße zu reduzieren (Helbig & Nikolai, 2015). Schulen, die einen hohen Anteil sozial Benachteiligter und/oder Schüler*innen mit Migrationshintergrund aufweisen, bekommen auch im Saarland und Berlin datengestützt zusätzliche Mittel. Aktuelle Studien zeigen allerdings auch, dass in Bezirken mit besonderen Herausforderungen die Schulen häufig nicht ausreichend mit personellen Ressourcen ausgestattet werden (Helbig & Nikolai, 2018). Helbig und Nikolai (ebd.) weisen für Berliner Schulen im Zeitraum von 2010 bis 2016 folgende Zusammenhänge nach: Je höher der Anteil der Schüler*innen mit Lehrmittelbefreiung (Armut) ist, umso geringer ist die Unterrichtsabdeckung. Die eigentlich zu erwartende deutliche *Mehrausstattung* für Brennpunktschulen ist nicht zu finden. Schüler*innen aus nicht-privilegierten Familien erleben wegen des Krankenstands der Lehrerschaft in den Brennpunktschulen einen höheren

Unterrichtsausfall und mehr Vertretungsstunden. Eine Kompensation der Bildungsbenachteiligung wird offenbar nicht spürbar. Zudem ist der Anteil an nicht-ausgebildeten Quereinsteiger*innen in Grundschulen besonders hoch. Nach Einschätzung von Helbig und Nikolai (ebd.) deutet einiges darauf hin, dass sich diese Ergebnisse auf das gesamte Bundesgebiet übertragen lassen.

»Erfahrungen aus Nordrhein-Westfalen mit einer sozialindexgesteuerten Ressourcenausstattung zeigen bislang geringe Umverteilungseffekte. Die Stellenzuweisungen erfolgen häufig nicht transparent und datenbasiert und nicht immer erhalten in Nordrhein-Westfalen die Regionen eine höhere Zuweisung, die schwierige sozialräumliche Lagen aufweisen und die zudem eine überdurchschnittlich hohe Anzahl von Kindern unterrichten, die eine besondere individuelle Förderung benötigen« (Weishaupt & Kemper, 2016).

Wenn ein Sozialindex nicht auf Schulebene (wie in Hamburg), sondern auf Kreis- und Stadtebene (wie in NRW) und nur nach Beantragung für einzelne Ressourcen zum Tragen kommt (Gröschner, 2020, S. 460ff.), kann die Mittelvergabe dem Bedarf nicht automatisch gerecht werden. Der in NRW angewendete Kreissozialindex wird ab 2021 ersetzt durch einen schulscharfen Sozialindex zur bedarfsgerechten Steuerung von Ressourcen. So soll die Kinder- und Jugendarmut, sowie der Anteil an Schüler*innen aus Armutsverhältnissen mit sonderpädagogischem Unterstützungsbedarf in den Bereichen Lernen, Sprache und emotionale und soziale Entwicklung, der eigene Zuzug aus dem Ausland und der Anteil der Schüler*innen mit nicht-deutscher Verkehrssprache berücksichtigt werden. Dennoch bleibt unklar, wie dieser Index-Wert sich auf die Ausstattung der Schulen auswirkt und welche Schule ab welchem Wert als belastet und unterstützungsbedürftig gilt (Dahlhaus, 2021).

Häufig wissen Schulleitungen wenig über die Zuweisungsrichtlinien: In manchen Schulen können die häufig notwendigen größeren Vertretungsbedarfe (durch zum Beispiel Krankheit, Mutterschutz und Elternzeiten) am besten aufgefangen werden, indem Schulleitungen auf die personellen Mittelzuweisungen aus dem Sozialindex zurückgreifen. Auf diese Weise wird eine unzureichende Grundausstattung nur kompensiert (Gröschner, 2020, S. 465). Neben einer besseren räumlichen, sachbezogenen und personellen Mittelvergabe ist es jedoch unverzichtbar, dass Brennpunktschulen ein pädagogisches Konzept entwickeln. Wie wir aus Erfahrungen am

Beispiel der PRIMUS-Schule Berg Fidel-Geist gelernt haben, geht es dabei um schuleigene Strukturveränderungen wie etwa die entwicklungslogische Didaktik, die Kooperation am Gemeinsamen Gegenstand, altersgemischte Klassen der Jahrgänge 1 bis 3, 4 bis 6, 7 bis 9 und so weiter, keine äußere Leistungsdifferenzierung, freie Arbeitsformen, der Klassenrat, die gebundene Ganztagsschule für alle Schüler*innen, zwei feste Räume pro Klasse, klasseneigene multiprofessionelle Teams von Pädagog*innen mit wöchentlichen Teamsitzungen (siehe Kapitel 2 und 4).

Die Lehrkräfteversorgung erfolgt in vielen Bundesländern nach dem Gießkannenprinzip. Auch die Verteilung von zusätzlichem Personal im Bereich der Sonderpädagogik geschieht auf diese Weise (Helbig & Nikolai, 2018, S. 4).

Kinder aus sozial benachteiligten Familien zeigen häufiger als andere einen sonderpädagogischen Unterstützungsbedarf (Weiß, 2016). Nach den Studien von Weiß sind »Entwicklungsgefährdungen bis hin zu Behinderungen [...] eine Folge von Armut und soziokultureller Deprivation« (ebd., S. 420).

> »Dennoch werden Mittel zur Umsetzung inklusiver Beschulung (Lehrpersonal, Bauinvestitionen etc.) oftmals in gleicher Weise auf Schulen in sozial deprivierten Plattenbauvierteln zugeteilt wie in akademisch geprägten Villenvierteln« (Helbig & Nikolai, 2018, S. 4).

Ein Ausgleich über den Sozialindex, wie er in Bremen praktiziert wird, erfolgt in etlichen anderen Städten und Ballungsgebieten nicht. Dort nehmen Schulen in sozialen Brennpunkten mit einem hohen Anteil an hilfebedürftigen Kindern (wie in Berg Fidel) »schwierige Extremfälle« auf, ohne dass Schulträger und Schulbehörden die zusätzlich notwenigen personellen und räumlichen Ressourcen in vollem Umfang zur Verfügung stellen.

Etliche Brennpunktschulen können (eigentlich) keine weiteren Kinder mit Förderbedarf mehr aufnehmen, weil sie sonst an ihrer Arbeit selbst zu scheitern drohen. Sie sind nicht selten gegen ihre Absicht gezwungen, Kinder auf Sonderschulen zu verweisen. So geraten engagierte und an der Bevölkerung orientierte Schulen teilweise in Not und müssen einigen Kindern aus wohnortnahen Familien die Unterstützung verwehren und sie auf Sonderschulen überweisen.

Brigitte Schumann (2018) beschreibt die historischen Wurzeln einer »Allianz für das Sonderschulsystem« und gegen die Inklusion. Sie zeigt auf, wie »Ungleichheit und Segregation im allgemeinen Schulwesen ungebrochen (re-)produziert werden« (ebd., S. 74ff.), trotz des Menschenrechts auf inklusive Bildung. So können wir feststellen, dass Mittelschichtschulen wie Gymnasien und eben nicht Brennpunktschulen als Gewinner aus dem Kampf um die knappen Ressourcen (der inklusiven Entwicklung) hervorgehen. Sie übernehmen »im Rahmen der Inklusion« die Stellen der Sonderpädagogik und andere personelle und räumliche Ressourcen, die eigentlich den Armen und Benachteiligten im Rahmen der UN-Behindertenrechtskonvention zukommen müssten (Stähling & Wenders, 2012b, S. 190ff.). Diese fehlen in Armutsgebieten und in Brennpunktschulen. Solche *Ressourcen* kommen »der Mittelschicht« etwa durch zeitweilige Doppelbesetzungen zur Aufbesserung ihrer Pädagogik und der Leistung der Kinder gelegen. Man »nimmt damit in Kauf«, dass zum Beispiel *ausgewählte* »lernbehinderte oder geistig behinderte Kinder«, *die nicht stören*, in ihre Schulen integriert werden. So bieten auch Gymnasien und Realschulen, die früher in der Regel nur ausnahmsweise und nur innerhalb ihres Schulleistungsniveaus (»zielgleiche«) Integration befürwortet hatten, ein sogenanntes »inklusives Profil« an: Sie nehmen Kinder mit den Förderschwerpunkten geistige Entwicklung oder Lernen auf und unterrichten sie teilweise in gesonderten Räumen durch gesondertes Personal mit gesonderten Programmen. Entgegen inklusionspädagogischer Empfehlungen werden zum Beispiel »Sonderklassen« für Behinderte in Regelschulen gebildet. Das sonderpädagogische Personal kommt diesen Schulen dabei jedoch auch für die »individuelle Förderung aller Schüler*innen« zugute. Schützenhilfe für solche Interessen einer mittelschichtorientierten Schulpolitik bietet die *Heterogenitäts-Idee* der »guten Mischung«. Den benachteiligten Kindern wird man damit häufig nicht gerecht, wenn in diesen Schulen der Erfahrungshintergrund und die Vorgeschichte der Kinder keine Rolle spielen und daran thematisch nicht angeknüpft wird.

Gesellschaftliche Verwerfungen wie Armut und Ungerechtigkeit müssen auf politischem Wege bekämpft werden. Sie können zwar nicht pädagogisch gelöst werden, die Schulen müssen aber vor Ort praktische und solidarische Lösungen entwickeln. Die Pädagog*innen müssen hier handlungsfähig bleiben und auf belastende Situationen immer wieder neue Antworten finden.

Als Schutz vor Überforderung entstehen an vielen Schulen schädliche Haltungen, die der Inklusion zuwiderlaufen. So werden Schüler*innen der Schule verwiesen, weil ein Kollegium mit ihnen nicht »fertig wird«. Sie werden auf anerkannten und mit Verwaltungen abgestimmten Wegen »abgeschult« oder auf Sondersysteme überwiesen. An inklusiven Schulen muss eine solche unsolidarische Haltung nicht entstehen: In der Brennpunktschule PRIMUS Berg Fidel-Geist werfen wir Kinder nicht raus, nur weil wir nicht passend ausgestattet sind – vielmehr begeben sich Kolleg*innen trotz der benachteiligenden Stellenzuweisungen an die Arbeit und beziehen die solidarische Stärke, die die Kinder selbst mitbringen, mit ein. Die Schulleitung regelt dies durch verschiedene Stellschrauben so, dass die Kolleg*innen entlastet werden. Als Beispiel sei hier die Verteilung der »Lasten« zu nennen: Welche Kinder kommen zu welchen Klassenlehrer*innen? Welche Ausstattung können wir zusätzlich über den Einsatz von ehrenamtlichen Helfer*innen und studentischen Unterstützer*innen gewinnen (siehe Kapitel 2.6)?

6 »Die feinen Unterschiede« (Bourdieu)

Soziale Ungleichheit und Schule

Kurz gefasst: Im folgenden Kapitel stellen wir unsere eigenen Erfahrungen in einer Schule im Brennpunkt in den Kontext der soziologischen Forschungen von Bourdieu. Mithilfe seiner Analysen gehen wir – immer die eigene Praxiserfahrung vor Augen – folgender Frage auf den Grund: Wie entsteht für Schüler*innen aus unteren sozialen Schichten durch die Anforderungen der Institution Schule ein Nachteil in Bezug auf ihre Bildung? Wir stoßen auf überfordernde schulische Anforderungen, die nicht den Interessen und Lebenslagen diese Schüler*innen entsprechen. Die Stärke dieser Kinder aus belasteten Lagen, der Zusammenhalt, wird missachtet und nicht genutzt.

6.1 Kinder aus benachteiligten Verhältnissen in der Schule – Beobachtungen

Die Ungleichheit der Lebens- und Wohnverhältnisse und des kulturellen Kapitals ist offensichtlich. Im öffentlichen und nicht-öffentlichen Sprachgebrauch taucht regelmäßig der Begriff »bildungsferne Elternhäuser« auf. Folgende Fragen sollen unseren Blick lenken:

➤ Wie wirken sich die unterschiedlichen Lebenswelten in den verschiedenen gesellschaftlichen Schichten (Eltern und Peers) darauf aus, was und wie Kinder lernen?

➤ Wie nahe fühlen sich zum Beispiel die Familien aus benachteiligten Lebenslagen bestimmten schulischen Bildungsnormen in der staatlichen Regelschule?

➤ Wird von bestimmten Schulen ein »passender« Habitus seitens der Schüler*innen (Kramer & Helsper, 2010, S. 107ff.) gefordert?

➤ Kompensiert die Schule Bildungsbenachteiligung?

**Eine Mutter mit Migrationsvorgeschichte erlebt
einen Elternabend ihrer Tochter an unserer Schule**

Dalia hat mir schon vor einer Woche gesagt, dass bald Elternabend ist. Der gelbe Zettel, ja, den hat Recep (ihr Mann) unterschrieben. Heute beim Nachhausekommen hat Dalia gesagt: »Mama, du musst heute Abend zur Schule, heute Abend müssen alle Eltern kommen, wegen der Klassenfahrt, hat die Lehrerin gesagt.« Wenn die Lehrerin »muss« sagt, dann muss ich da wohl hingehen. Recep ist immer zu müde, wenn er von der Arbeit kommt. Er sagt: »Frau, das ist deine Sache.« Nur bei Ärger geht er hin. Ist ja kein Ärger, außerdem habe ich Angst wegen der Klassenfahrt. Vielleicht kann ich fragen, ob Dalia überhaupt mit muss. Ich habe vor dem Elternabend aber auch Angst, Dalia soll mitkommen, dann kann sie für mich sprechen, wenn ich etwas nicht verstanden habe.

Ich bin nicht zu spät, und gut, dass da zwei Plätze direkt an der Tür sind. Dalia scheint keine Angst zu haben. Die anderen Eltern kenne ich vom Sehen. Jetzt soll ich mein Namensschild von einem Tisch holen und es vor mich hinstellen. Dalia macht das für mich, zum Glück. Außer Dalia ist noch ein anderes Kind dabei, ein Baby. Das beruhigt mich, eine gute Mutter, ich lächele sie an. Gleich können wir beginnen, sagt die Lehrerin. Mein Herz klopft etwas. »Ich lasse die Anwesenheitsliste herumgehen«, sagt die Lehrerin und legt die Liste direkt vor mich auf den Platz. Jetzt bin ich verzweifelt. Ich schaue Dalia an, sie möge es erklären, dass ich nicht schreiben kann. Da kommt die Erlösung. Die Lehrerin sagt leise zu mir: »Machen Sie Ihre drei Kreuze.« Erleichterung, sie hat es nicht laut gesagt und niemand hat gelacht. Meint sie es ernst, wenn sie sagt, dass Dalia mir das Schreiben meines Namens beibringen kann?

Wir werden uns mithilfe des französischen Soziologen Pierre Bourdieu (1930–2002) einer Analyse annähern und dabei zeigen, dass gängige Titulierungen wie »bildungsferne Familien« falsch und unzulässig sind. Uns sind so gut wie keine Eltern bekannt, denen der Bildungserfolg ihrer Kinder »fern« wäre. Sowohl bei armen als auch bei begünstigten Familien fand man in einer Studie die Einsicht vor, dass die Schule wichtig für den Lebensweg sei. 90 Prozent der Jugendlichen gaben an, von ihren

Eltern zum Lernen motiviert zu werden; bei den Jugendlichen aus Migrantenfamilien und Hartz-IV-Haushalten lag der Anteil noch höher (Möller, 2020, S. 206). Sorgt das Schulsystem dafür, dass – mit den Worten Bourdieus gesprochen – die »Kinder der Volksmassen« eine »systematische und allgemeine Akkulturation« erfahren (Bourdieu, 2018a [1966], S. 30)?

Bourdieu legt 1979 (deutsch 1982) seine grundlegende Studie *Die feinen Unterschiede* vor und erklärt die kulturellen Gewohnheiten und Verhaltensweisen der Menschen aus ihren historisch gewachsenen, ökonomischen und sozialen Entstehungsbedingungen und ihren sozialen Funktionen. Es wird deutlich, dass die soziale Herkunft entscheidenden Einfluss auf die Aneignung des kulturellen Erbes hat. Die Schule ist daran beteiligt, die Ungleichheit zu reproduzieren, zu verfestigen und zu verschleiern. Spätestens in Klasse 4 beginnt in Deutschland der gesellschaftliche Verteilungskampf um die besten Rangplätze: Wer schafft es, auf ein Gymnasium zu kommen? Die Chance eines Kindes, dessen Eltern kein Abitur haben, in der Koppelung mit einer Migrationsvorgeschichte oder mit Armut, ist deutlich niedriger als die eines Kindes, dessen Eltern Akademiker*innen sind (Maaz, Baumert & Trautwein, 2010).

Vom Gymnasium abgeschult – der Schüler Adil aus Syrien erzählt

Ich komme nach den Sommerferien in die neue Schule. Ich war auf dem Gymnasium und komme mit einem Zeugnis, auf dem fünf Fünfen stehen. Mein Vater sagt, es ging für mich alles zu schnell. Zuvor in der anderen Grundschule lief es ganz gut, dort hatte man mir zu Beginn des 4. Schuljahres eine gymnasiale Empfehlung ausgesprochen.

Nach dem Wechsel zum Gymnasium hatte ich am Ende des 5. Schuljahres eine Fünf in Deutsch, eine Fünf in Mathematik, eine Fünf in Englisch, eine Fünf in Biologie und eine Fünf in Musik.

Meine Eltern stammen aus Syrien und ich bin in Deutschland geboren. Mein Vater betreibt ein Restaurant.

Ich muss mich ständig bewegen und alles beobachten. Ich stehe innerhalb eines Jahres zum zweiten Mal vor der Aufgabe, mich in eine neue Lerngruppe einzufinden. Ich habe das Gefühl, nicht gut genug zu sein.

Ich kann gut Fußball spielen, wer das wohl weiß? Wer von den neuen Jungs ist auch Fußballer? Ich muss raus, Fußball spielen. Jetzt ist Englisch. Hoffentlich komme ich nicht dran. Ich habe Angst. Englisch kann ich einfach nicht. Jetzt fangen die an, und ich höre, dass das Lesen auf Englisch geübt werden soll. Oh je, das kann ich nicht. Jetzt am liebsten raus, Fußball spielen. Ich rutsche auf dem Stuhl hin und her. Toilette, das wäre eine Idee, jetzt höflich nachfragen, ob ich mal zur Toilette darf.

Auf dem Gymnasium haben sie beim Sprechtag gesagt: »In zu vielen Fächern hast Du eine Fünf. Du wirst es sehr schwer haben bei uns auf dem Gymnasium. Du spielst doch auch viel lieber Fußball, oder? Dir kann zu Hause niemand so richtig helfen. Es ist besser für Dich, wenn Du die Schule wechselst.«

Warum konnten sie mir nicht helfen? Meine Freunde waren doch auch da. Wollten die mich auch nicht mehr haben?

Ich fühle mich schlecht.

Jetzt soll ich hier auf der neuen Schule einen Sprachstandserhebungstest für Fünftklässler*innen machen. Eine Routine, sagt die Lehrerin. Seit zwei Wochen in der neuen Schule, in der neuen Klassengemeinschaft, und jetzt schon ein Test? Jetzt werde ich wieder getestet. Wenn ich das nicht schaffe, dann muss ich auch von hier wieder weg. Ich frage nervös, ob ich den Test mitmachen muss, ich will nicht schon wieder hören, was ich alles nicht kann. Ich muss auf jeden Fall gut sein, ich habe Angst, ich kann meinen Vater nicht wieder enttäuschen. Er hat schon genug Sorgen mit seinem Rücken, und das Restaurant schafft er wahrscheinlich auch nicht mehr, und meine Mutter sagt nichts, sie spricht nie Deutsch. Ich frage noch einmal nach, ob ich den Test mitschreiben muss und wenn ja, ob ich das Ergebnis sofort erfahre. Ich will sofort wissen, ob ich es geschafft habe.

Warum geraten Schüler*innen aus »unteren« sozialen Schichten der Gesellschaft durch die Anforderungen der Institution Schule so unter Druck? In der folgenden kurzen Übersicht über entsprechende Typologien von Schüler*innen wird an Beispielen deutlich, welche Passungen von Elternhaus und Schule für die Schulerfolge ausschlaggebend sein können (Kramer & Helsper, 2010, S. 115ff.):

➤ In Studien der Arbeitsgruppe um Matthias Grundmann aus den Jahren 2003 bis 2005 konnte bestätigt werden, dass etwa Kinder der akademischen Oberklasse-Milieus wegen ihres überlegenen Hintergrundwissens zwanglos familiale und schulische Bildungsstrategien verbinden können. Bei einigen Schülertypen dieses Milieus finden Kramer und Helsper (ebd., S. 117) unter anderem einen Habitus der *Bildungsexzellenz*, der über den Horizont der Schule hinausweist. Sie setzen sich teilweise von anderen ab, die diese Bildungsorientierung nicht so selbstverständlich ausgeprägt vorweisen können.

➤ Ein weiterer Typus wird charakterisiert über einen Habitus des *Bildungsstrebens*. Mit starkem Bemühen streben diese Schülertypen gymnasiale Bildungsorte und -abschlüsse an, die ihnen und ihren Familien tendenziell fremd sind. Eine selbstverständliche Leichtigkeit fehlt. Die Leistungsbereitschaft fokussiert sich auf die Schule, nicht unbedingt darüber hinaus (ebd., S. 118f.).

➤ Ein anderer Typus von Schüler*innen aus den Milieus der gesellschaftlichen Mitte zeichnet sich durch unauffällige Schulkarrieren und schulisches Pflichtbewusstsein aus. Diese Schülertypen entwickeln einen Habitus der *Bildungskonformität*. Angestrebt wird ein mittlerer Schulabschluss. Diese Kinder profitieren davon, dass sich Bildungsprozesse in Familie und Schule überlagern und man mit der Schule konform geht (ebd., S. 107, 118f.).

➤ Demgegenüber erweisen sich die üblichen schulischen Anforderungen für die Lebenswelten der Kinder aus »unteren Klassenmilieus« als wenig passend. Sie wirken wie aus einer fremden Kultur stammend und erweisen sich für benachteiligte junge Menschen eher als »Disziplinar- und Kolonialisierungsmaßnahme« (ebd., S. 107). So entsteht ein Habitus der *Bildungsfremdheit*. Die Schüler*innen dieses Typus stehen den schulischen Leistungs- und Verhaltensanforderungen fremd gegenüber. Offene, außerschulische Angebote und die Bezüge zu Peers sind für sie in der Schule bedeutsamer (ebd., S. 119f.). Die herkömmliche Schule nimmt die »Bildungs- und Wissensformen, die in diesen Milieus besonders tradiert und wertgeschätzt werden« (ebd., S. 107), nicht wahr und erkennt sie nicht an. Daher sind diese Schüler*innen von einem steten Scheitern bedroht und erleben, dass ihre Kompetenzen und Orientierungen in den Augen der Institution nichts wert sind (ebd., S. 119). Die sich hier zeigenden Verletzungen der Kinder und Jugendlichen innerhalb der professionellen pädagogischen Beziehung führen zu weiteren Rückzügen aus dem schulischen Lernen (Prengel, 2013, 2020). Kramer und Helsper (2010) konnten drei Unterformen der hier angesprochenen (und teils in der schulischen Institution verletzten) Typologien bestimmen:

➤ den *Habitus der Spannung zwischen schulischer Bildungskonformität und -fremdheit*: Der Sinn der Schule wird nicht klar, aber dennoch passen sich diese Schüler*innen an. Wichtiges Anliegen ist für sie die Integration bei den Peers;

➤ den *Habitus der schulischen Bildungsferne und angedeuteter Opposition*: Diese Schüler*innen sehen vor allem die Schule als Begegnung mit Peers. Auch beim Übergang zur weiterführenden Schule ist dies ausschlaggebend. Falls diese Schüler*innen sich überwiegend von schuloppositionellen Peers angezogen fühlen, kann dies den Schulerfolg gefährden. Diese Kontakte können sie allerdings auch stabilisieren und kompensatorische Aufwertungsräume bieten;

➤ den *Habitus der schulischen Bildungsferne und -hilflosigkeit*: Diese Schüler*innen fühlen sich den Vorgaben der Schule passiv-fatalistisch unterworfen. Sie entwickeln passive Vermeidungsstrategien. Zusätzlich fehlt ihnen das Kompensationspotenzial der Peers.

An diesen Beobachtungen der soziologischen Forscher*innen fällt auf, dass für die benachteiligten und teilweise durch die schulischen Vorgänge beschämten Kinder und Jugendlichen die *Peers, mit denen sie gerne zusammen sind*, eine große Rolle spielen. Man könnte diese Forschungsergebnisse so missverstehen, dass sie besagen, dass sich die Schüler*innen aus den unteren Schichten beim Lernen von den Peers ablenken lassen

Zusammenfassend lässt sich zunächst grob verallgemeinernd sagen, dass Schüler*innen, die aus unteren Schichten stammen,

➤ sich nicht so sehr für die ihnen präsentierten schulischen Anforderungen interessieren;

➤ mehr am Zusammentreffen mit Peers interessiert sind.

Damit stellen sich uns zwei entsprechende Fragen:

1. Wieso sind diese schulischen Anforderungen, denen sich die Schüler*innen aus den unteren Schichten nicht intensiv stellen, offenbar so gestaltet, dass sie diese Kinder nicht erreichen?

2. Wieso basiert die schulische Arbeit nicht auf dem Zusammentreffen der Kinder und Jugendlichen und der Gestaltung des Zusammenlebens in der Klassengemeinschaft?

Kinder und Jugendliche, die in belasteten Verhältnissen leben, interessieren sich offensichtlich nicht so sehr für die herkömmlichen schulischen Anforderungen, falls sie sich vereinzelt ohne die ihnen Halt gebende Peergroup wiederfinden. Diese Peers könnten ihnen unmittelbar helfen, ein durchaus vorhandenes Interesse an eigenen Lernaktivitäten zu entwickeln. Solche Interessen würden entstehen, wenn Lehrer*innen an den Themen der Schüler*innen anknüpften und auch die reale Lernausgangslage berücksichtigten. Das würde bedeuten, dass Lehrkräfte überfordernde Lehrplananforderungen für diese Schüler*innen außer Kraft setzten und durch individuelle Unterstützungsprogramme und passende Aufgaben ersetzten. Diese Aufgaben müssten dann gemeinsam mit ihnen – einzeln oder in der Gruppe – abgesprochen und vereinbart werden.

Wenn Pädagog*inenn die psychologischen Lerngesetze ernstnehmen (siehe Kapitel 4) und die Kinder und Jugendlichen aus Armutsgebieten regelmäßig und gemeinsam an ihren Interessen arbeiten lassen, wachsen die Lernerfolge (siehe Kapitel 2 und 9). Schulische Anforderungen, die für die Kinder der Brennpunkte wegen ihrer Erfahrungshintergründe nicht passen, stören und be-hindern das Lernen dieser Kinder. Sie fühlen sich nicht selten beschämt, weil sie die schulischen Aufgabenstellungen als überfordernd und fremd erleben. Bourdieu zeigt durch entlarvende, soziologische Analysen, wieso die Bedingungen zum Lernen bei Kindern, die in Armut leben, über Jahrzehnte hinweg so schlecht geblieben sind.

Gemeinschaft ist für Kinder und Jugendliche wichtig. Dies scheint im besonderen Maße für benachteiligte Schüler*innen zu gelten. Sie spüren den Unterschied zwischen der Schulkultur und der eigenen familialen Sozialisation, können ihn aber oft nicht bewusst benennen. Sie suchen auf jeden Fall die Gemeinschaft und wären zufrieden, wenn sich ihre schulischen Aufgaben mit den gemeinschaftlichen Bedürfnissen verbinden ließen.

Ein Jugendlicher denkt nach

Wenn es hier in der Schule für meinen Freund nicht so einfach ist, zum schulischen Erfolg zu kommen, ist er dennoch mein Freund und bleibt es auch. Wenn er durch Lehrer oder Mitschüler in seiner Ehre verletzt wird, werde ich ihm zur Seite stehen. Wenn jemand in diesem System zu scheitern droht, fangen wir das in der Gemeinschaft unter Freunden auf. Darin besteht unsere Stärke. Wir leisten solidarische Unterstützung, wenn hier jemand von uns verletzt, beschämt, erniedrigt oder fallengelassen wird. Wir halten zusammen. Solidarität entsteht dadurch, dass wir von Kindsbeinen an lernen, miteinander auszukommen.

Das Gemeinschaftsbedürfnis in einer Schulklasse aufzugreifen, ist ein praktischer pädagogischer Weg aus der Sackgasse der Bildungsungerechtigkeiten. Dieses Bedürfnis nach Zugehörigkeit darf nicht unterschätzt werden.

Wir denken uns mit unseren Worten in die Gefühlswelt einer Schülerin ein

Ich möchte am liebsten in einer Klasse sein, in der ich in allen schwierigen Situationen solidarische Unterstützung erfahren kann. Ich lege Wert darauf, dass mich niemand auslacht, wenn ich etwas nicht verstehe. Stattdessen wäre es mir lieb, wenn ich mit den anderen Mädchen zusammen an Projekten arbeiten kann, die mich wirklich interessieren und die für mich einen Sinn ergeben.

Die Schüler*innen der unteren Schichten, die oft durch die Institution beschämt werden, können wir im Spiegel der schulischen Versäumnisse, Verletzungen und Behinderungen besser verstehen. Wir erkennen, dass die »normale« Regelschule mit den diesen Kindern fremd erscheinenden Anforderungen nicht gerecht wird.

Im Sinne der Kinderrechte (Prengel, 2020) ist eine ethische *Bringschuld* der jeweiligen Schule vor Ort und des Schulsystems allgemein zu fordern. Barrieren in Form von institutionellen Diskriminierungen (wie Aufnahmeverfahren, Zuweisungspraktiken zu Sonderschulen, Personalverteilung, und so weiter) können wir deuten als Be-Hinderungen der Kinder aus Armutsverhältnissen. Sie missachten deren Stärke, den Zusammenhalt, indem sie die Kinder vereinzeln und von ihren Freunden trennen.

Ein 13-jähriges Mädchen aus einer Flüchtlingsfamilie erzählt

Mein Leben ist sinnlos, ich weiß nicht, warum ich geboren bin. Mich versteht sowieso keiner. Mein Cousin soll mich nicht immer verfolgen, er kontrolliert mich. Mein Vater hat kein Geld, er hat Schulden. Wir brauchen Geld. Ich habe eine Anzeige bekommen, mein Vater kann sowieso nicht lesen.

Heute war mein Bett wieder nass. Das wird trocknen bis heute Abend.

Herr Krass sagt bestimmt wieder, ich würde riechen. Ist mir egal, ich rieche das nicht. Jetzt in der Schule ist es endlich warm. Ich weiß, was ich tun kann. Die jüngeren Kinder sind wie mein kleiner Bruder, auf den ich aufpassen muss. Die älteren Kinder sind ganz okay, die sollen mich in Ruhe lassen. Ich fange sofort mit Mathe an. Da sitzt der Lehrer und rechnet mit mir. Jeden Tag fragt er mich: »Wo hast Du gestern aufgehört, da machen wir heute weiter?« Ich habe keine Angst. Ich verstehe, was der Lehrer sagt, und wenn nicht, dann kann ich fragen. Ich werde gelobt. Das ist gut. Ich verstehe, wie das geht mit dem Multiplizieren.

6.2 »Die feinen Unterschiede« und die Schule: Soziologische Bestandsaufnahme

Eine Lehrerin denkt über ihre kulturelle Bildung nach

Wenn ich in eine Kunstausstellung gehe oder wenn ich ein Musikstück höre, kann ich erleben, dass ich nicht alles ganz verstehe, was »damit gemeint ist«. Mir fehlt das Vorwissen. Meine Kenntnisse über eine spezielle Musik, eine Kunstrichtung sind häufig begrenzt oder sogar gar nicht vorhanden. Dann schwindet mein Interesse daran, wenn ich nicht Freunde habe, die mit mir zusammen dieses Interesse entwickeln. Vielleicht bedient eines der Werke sogar mein Vorurteil, dass so etwas ohnehin nicht zu verstehen sei. Ein solches Befremden könnte dazu führen, dass sich eine Abwehr gegen bestimmte Kunst- und Musikrichtungen verfestigt. Wenn ich in einem fremden Land zu Gast wäre, könnte es mir passieren, dass mir Menschen mit einer anderen Vorgeschichte (aus der fremden Kultur) als fremd und bedrohlich erschienen. Ich würde mich aus Unsicherheit von ihnen absetzen, keinen Kontakt suchen und sie als »nicht zu uns gehörig« bezeichnen. Vielleicht würde ich mich selbst von Veranstaltungen fernhalten. Es könnte so weit kommen, dass dieses kulturelle Unverständnis als Grund angeführt würde, dass ich meinerseits keinen Zugang zu bestimmten Einrichtungen bekäme.

Wir können diese Erfahrungen übertragen und versuchen zu verstehen, wie es Menschen geht, denen unser kulturelles Leben völlig fremd ist. Im

Grunde ist jeder Gast aus einer anderen Kultur in einer Schwierigkeit: Er kann die gesehenen oder gehörten Signale der anderen Kultur noch nicht in die eigene Sprache übersetzen. Es fehlen die Koordinaten, an denen die neuen Eindrücke aus der anderen Kultur festzumachen wären. Schnell versuchen wir, die Zeichen zu deuten. Dabei greifen wir auf das zurück, was wir in unserer eigenen Kultur kennen oder was wir bereits über die fremde Kultur in unserem Denken verankert hatten. Finden wir – auch gemeinsam mit Vertrauten – dabei keine Verknüpfung, verliert der ungewohnte Gegenstand oder der fremde Mensch an Bedeutung.

Kulturelle Bildung ist erforderlich, um ein Musikstück oder ein Kunstwerk einordnen zu können und es eventuell sogar zu verstehen – allerdings nicht, um es zu mögen. Menschen verschiedener Herkunft verstehen die Dinge verschieden, haben demnach andere Vorlieben oder Abneigungen.

> »Die Fähigkeit des Sehens bemisst sich am Wissen [...]. Von Bedeutung und Interesse ist Kunst einzig für den, der die kulturelle Kompetenz, d. h. den angemessenen Code besitzt. Die bewusste oder unbewusste Anwendung des Systems der mehr oder weniger expliziten Wahrnehmungs- und Bewertungsschemata, [...] bildet die verborgene Voraussetzung [...] von Erkenntnis: dem Wieder-Erkennen der eine Epoche [...] prägenden Stile, und allgemeiner der Vertrautheit mit der immanenten Logik der Werke, die der künstlerische Genuss erheischt. Wem der entsprechende Code fehlt, der fühlt sich angesichts dieses scheinbaren Chaos an Tönen und Rhythmen, Farben und Zeilen ohne Vers und Verstand nur mehr überwältigt und ›verschlungen‹. Unfähig, da nie gelernt, sich die geforderte Einstellung zu eigen zu machen, hält er sich an die [...] ›sichtbaren Formen‹ [...]« (Bourdieu, 2018b [1982], S. 19).

Menschen mit verschiedenen Migrationsvorgeschichten haben vermutlich mit der für sie fremden Kultur dann Schwierigkeiten, wenn sie dem Bedürfnis folgen, sich an die bestehende Kultur *anzupassen*. Sie sehen die Ereignisse mit ihren, von ihrer Kultur geprägten Augen. Ihr Blick ist gesellschaftlich geprägt. Daher betont Bourdieu: »Das ›Auge‹ ist ein durch Erziehung reproduziertes Produkt der Geschichte« (ebd., S. 20f.) und »Der ›reine‹ Blick ist eine geschichtliche Erfindung« (ebd., S. 21). Bourdieus Kritik der gesellschaftlichen Urteilskraft kommt zu dem Ergebnis, dass sich Kunst und Kunstkonsum »ganz unabhängig vom Willen und Wissen der Beteiligten – so glänzend eignen zur Erfüllung einer gesellschaftlichen Funktion der Legitimierung sozialer Unterschiede« (ebd., S. 27). Die Ungleichheiten zwischen Kindern aus benachteiligten Elternhäusern, und denen aus begünstigten, finden sich in allen Bereichen der Schule wieder.

Bereits 1966 legt Bourdieu eine Studie vor, die in der Übersetzung den Titel »Wie die Kultur zum Bauern kommt« (2018a [1966], S. 7–38) trägt. Wir folgen Bourdieus Gedanken, stellen sie sehr knapp dar und übertragen sie auf die heutigen schulischen Verhältnisse in Deutschland. Dabei gehen wir von heutigen Erfahrungen im schulischen Alltag aus und heben einige hervor. Um Problemfelder exemplarisch anzuschneiden und an ihnen typische Barrieren deutlich zu machen, wählen wir nur einige Aspekte aus – Vollständigkeit ist nicht angestrebt. Wir untermauern die Schlaglichter durch subjektive Äußerungen aus der Perspektive von Schüler*innen und Lehrkräften. Ein halbes Jahrhundert nach der Studie fragen wir, ob die beschriebenen Ungerechtigkeiten im Bildungswesen heute teilweise beseitigt wurden.

6.2.1 Ungleiche Unterstützung der Schüler*innen

Ungleichheit in der Schule ist überall festzustellen (siehe Kapitel 5). Das ist allgemein bekannt und verwundert niemanden: Kulturelle Privilegien drücken sich aus in Nachhilfeunterricht, Unterstützung bei den Hausaufgaben, Informiertheit über das Bildungswesen und Berufsmöglichkeiten, aber auch in Beziehungen und Empfehlungen (Bourdieu, 2018a [1966], S. 8). Die Zugänge zu Bildungsmöglichkeiten sind ungleich verteilt.

50 Jahre nach dieser Studie von Bourdieu (ebd.) hat sich daran nicht viel geändert: Teilweise werden Nachhilfe und Teilnahme an Sportveranstaltungen für benachteiligte Familien inzwischen über das Programm »Bildung und Teilhabe« (BUT) vom Staat bezahlt. Auch die Übernahme der Kosten für das schulische Mittagessen können bedürftige Familien beantragen. Wenn dies versäumt wird, bleibt das Kind ohne Essen in der Schule, wie wir es häufig erlebt haben. Der Staat entzieht sich hier in einigen Fällen seiner Verantwortung, indem er das Schulessen trotz Ganztagsschule nicht kostenlos ausgibt, sondern von der Antragstellung abhängig macht. Um die Anträge dazu auszufüllen, werden Sozialarbeiter*innen eingestellt. Diese Stellen müssten eigentlich nach einem sozial begründeten Verteilungsschlüssel gerecht auf die entsprechenden sozialen Brennpunkte verteilt werden. Wo viele Anspruchsberechtigte leben (in Brennpunkten sind es mehr als 50 Prozent), ergeben sich entsprechend zahlreiche Anträge. Auf-

suchende Elternarbeit ist zur Bearbeitung vieler Anträge notwendig. Viele Kommunen verteilen paradoxerweise die Stellen für die Sozialarbeit unabhängig von der sozialen Lage der Schüler*innen nach einem Gießkannenprinzip an alle Schulen. So erhalten auch Schulen zusätzliche Ressourcen, deren Schüler*innen aus wenig belasteten Familien stammen. Viele bedürftige Familien entscheiden sich dafür, keine Anträge zu stellen, um ihre Nebeneinkünfte nicht offenlegen zu müssen. Sie befürchten Nachteile und Stigmatisierung. Etliche Menschen lehnen es ab, »vom Staat zu leben«, sie wollen sich ihren Lebensunterhalt selbst verdienen und nehmen keine »Almosen« an. Ihnen ist es wichtig, nicht als »Schmarotzer« abgestempelt zu werden.

Mittlerweile gibt es Informationsbroschüren über das Schulsystem in mehreren Sprachen. Viele Flüchtlingsfamilien zum Beispiel können die angebotenen Informationen über das Schulsystem aber nicht verstehen. Ihnen fehlen die Voraussetzungen, um einschätzen zu können, welche Hilfsangebote sie nutzen sollten, um für Lebensunterhalt, Wohnung, Ernährung und Kinderbetreuung Anträge zu stellen. Sie brauchen Kulturvermittler*innen oder Übersetzer*innen, die aus der eigenen Kultur stammen, sich aber gut in der fremden Umgebung auskennen. Dies sind häufig Verwandte, die schon länger in Deutschland leben. Der solidarische Zusammenhalt vermittelt Sicherheit. Darauf können die meisten bauen. Wenn daran angeknüpft werden kann, fühlen sich diese Familien erfahrungsgemäß wohl, und ihre Kinder lernen leichter in der Schule.

Grundsätzlich hängt die Unterstützung von benachteiligten Kindern in der Schule von den Stellenzuweisungen ab. Diese reichen in der Praxis in vielen Schulen in Brennpunkten nicht aus. Ein sozialer Index für die Verteilung des Personals wurde seit Jahrzehnten nicht angewendet (siehe Kapitel 5.3). Dies hat zur Folge, dass sich Familien überfordert fühlen. Alle bauen darauf, dass sich Familien selbst gegenseitig helfen. Zu den Lehrkräften finden Bedürftige dann wenig Zugang, wenn es an Zeit und Personal fehlt.

Nach dem Wechsel aus Klasse 4 erlebte sich ein Junge mit Migrationsvorgeschichte so

In meiner Familie sind wir dick. Ich selbst bin auch dick, viel zu dick. Mich hat das nie gestört, bis ich ins 5. Schuljahr kam und da auf einmal schicke Mädchen waren. Sie trugen alle kein Kopftuch. Es waren auch muslimische darunter. Also ich ging ganz gerne ins 5. Schuljahr und hatte das Gefühl, dass ich jetzt schon ziemlich groß war. Groß war ich ja auch, größer, aber auch dicker als alle anderen Jungs. Mittags haute ich dann immer ab vom Schulhof und holte mir im Supermarkt Cola und Kuchen. Ein Kumpel machte immer mit. Wir klauten uns dann auch manchmal was.

Ich wollte cool sein, auch im Lernen. Ich wollte mitkommen. Die Lehrer waren alle jung. Ich dachte, dass sie mich alle verstehen würden und genau wüssten, wo ich Schwierigkeiten hatte. So war ich das gewohnt. »Das üben wir noch mal, du wirst es dann bestimmt verstehen, da fehlt nicht viel«, hatte meine Lehrerin in der Grundschule öfter zu mir gesagt. So war das – und ich hatte Erfolge beim Lernen. Nun, in der 5. Klasse, war es anders. Ich verstand nicht immer genau, was die Erwachsenen meinten und ich hatte das Gefühl, dass man am besten nicht nachfragt.

Schließlich waren da die neuen Mädchen und andere Kumpel, die ich noch nicht so richtig einschätzen konnte, ob sie Brüder waren. Ich tat so, als wenn ich alles verstehen würde und schaute, was die anderen machten. Damit kam ich irgendwie durch. Nur beim Sport, da war es furchtbar für mich. Ich wollte auf jeden Fall vermeiden, mich umzuziehen. Niemand sollte meinen Schlabberbauch sehen. Also vergaß ich regelmäßig mein Sportzeug. Der Lehrer aber kam eines Tages mit einem großen Pappkarton mit Leihsportzeug. Es war für mich ekeliges, ungewaschenes Sportzeug von irgendwelchen anderen Typen. Ich war wütend und weigerte mich, auch nur ein Teil davon anzufassen. Der Lehrer wurde auch wütend und brüllte mich fast an. Er sagte, dass ich ab sofort auf keinen Fall ohne Sportzeug in die Turnhalle dürfte. Außerdem sollte ich mir nicht einbilden, dass er nicht wüsste, dass ich mit meinen Turnschuhen auch draußen rumlaufen würde, es also keine richtigen Sporthallenschuhe seien, die müsste ich mir auch zulegen, wollte ich beim Sport mitmachen. Zwei Paar Turnschuhe, was für ein Luxus. Jedenfalls hatte ich mein Ziel erreicht. Ohne Sportzeug keine Turnhalle. Ich brauchte mich nicht vor den anderen umziehen, und die Mädchen konnten sich nicht darüber lustig machen, dass an mir beim Rennen alles wabbelt und ich sofort schwitze und dann anfange zu stinken.

Von da an, änderte sich einiges. Ich fing jetzt sogar an, die Schule zu schwänzen. Nämlich immer dann, wenn wir Sport hatten. Es war verrückt. Eigentlich wollte ich in Deutsch und Mathe weiterkommen. Englisch hatte mir schon in der Grundschule immer Spaß bereitet, das konnte ich nämlich gut verstehen. Jetzt verpasste ich an manchen Tagen sehr viel von allem. Zum Glück hatte ich Kumpel, mit denen ich mich in meiner Muttersprache unterhalten konnte. Ich war hin- und hergerissen. Ich wollte gut sein in der Schule, musste aber den Obercoolen spielen, nur wegen der Nummer im Sport und wegen der Mädchen. Entschuldigungen bekam ich von meiner großen Schwester, der sagte ich, dass ich umgeknickt wäre und keinen Sport machen könnte. Sie schrieb ein paar Sätze hin. Meine Eltern merkten lange Zeit nichts. Briefe der Lehrer zur Unterschrift legte ich meinem Vater vor. Der war meistens zu müde, um mit mir darüber zu sprechen, was da im Brief stand. So ging das eine Weile. Meine Fehlzeiten wurden immer mehr, ich hatte mich schon daran gewöhnt. Immer gab es irgendeine Entschuldigung für mich.

Wenn man etwas Schlechtes tut, muss man sich selbst beruhigen, dass man doch eigentlich im Recht sei und Schuld nur die anderen haben. Dann bekamen wir einen anderen Sportlehrer, der nicht so viel Druck machte. Er ging viel mit uns nach draußen und sagte, egal ob ihr Sportzeug anhabt, Hauptsache, ihr bewegt euch. Das ist mir das Wichtigste. Das fand ich cool. Von da an machte ich mit, ich behielt mein Straßenzeug einfach an. Der Lehrer war korrekt, er hat mich nicht blamiert.

Aber in den anderen Fächern sah es nicht gut aus. Ich war auch da empfindlich geworden. Es reichte schon, wenn ein Fachlehrer extra betonte, dass ich ausnahmsweise anwesend war. Da wurde ich wütend und konnte mich nicht mehr konzentrieren.

Es gab andere Erwachsene, die waren ganz nett, es schien jedenfalls, dass sie mir helfen wollten. So kam einmal während des Unterrichts eine zweite Erwachsene zu mir und fragte ganz einfach, ob ich Hilfe bräuchte, dafür wäre sie da. So persönlich hatte ich das lange nicht gehört. Die kannte mich noch von der Grundschulzeit. Ja, da fühlte sich alles auf einmal wieder viel vertrauter an. Ich ließ mir die Aufgabe erklären und dachte, wow, geht doch. So jemanden hätte ich eigentlich ständig gebrauchen können. Der nix von mir erwartet und ständig stöhnt, was ich eigentlich alles schon längst können müsste. Aber das ging wohl nicht. Jedenfalls hatte ich das Gefühl, dass ich alleine klarkommen müsste, was ja auch cooler ist, aber ich hatte auf einmal auch Angst. Das war neu. Ich hatte Angst vor den »Leistungschecks«, wie sie das nannten. Ich hatte Angst, etwas nicht zu können, so wie beim Sport. Ich wollte mich nicht blamieren. Also musste ich wieder schwänzen.

Wieder endlos viele Briefe, Telefonate mit meinen Eltern, die aber schlecht Deutsch können, Eltern-Kind-Sprechtage, immer wieder neue Lehrer, keiner mehr, der mich von früher kannte. Ja, und jetzt haben sie gesagt, dass ich keinen Schulabschluss bekäme, weil ich so viele Fünfen habe. Dabei weiß ich doch, dass ich eigentlich ganz gut sein kann. Ich will mich nur nicht blamieren.

6.2.2 Ungleiche Zugänge zur Sprache und Kultur

Jede Familie vermittelt ihren Kindern auf *indirektem* Wege ein »kulturelles Kapital« und ein »Ethos, ein System impliziter und tief verinnerlichter Werte« (Bourdieu, 2018a [1966], S. 8). Dies prägt die Einstellung zur Schule. Dieses kulturelle Kapital, wie Kenntnisse, Neigungen, Know-how oder Geschmack, wird den Kindern »auf osmotische Weise übertragen, ohne jedes methodische Bemühen und jede manifeste Einwirkung« (ebd., S. 14). Es wird auf emotionalen und sozialen Wegen in Familien vermittelt.

Das kulturelle Privileg kann jeder daran erkennen, wie vertraut bestimmten Kindern kulturelle Werke zum Beispiel durch Theater, Museum und Konzert sind. Die »Schulsprache« (ebd., S. 26f.) orientiert sich an den sprachlichen Ursprungsmilieus, in denen privilegierte Kinder aufwachsen (siehe auch Bourdieu, 2017 [1975] sowie Kapitel 2.5). Dies hat sich in den letzten 50 Jahren nicht grundlegend verändert, obwohl viele ausländische Familien nach Deutschland kamen und sich hier niederließen. Deren Kinder wurden in verschiedenen Formen wie »Vorbereitungsklassen« nicht selten von der Regelklasse getrennt unterrichtet. Irreführenderweise werden sie heute auch als »Willkommensklassen« bezeichnet (»Ich bin zwar willkommen, werde aber schon direkt wieder separiert«) – nicht das gemeinsame Interesse einer gut funktionierenden Stammgruppe oder gemischten Schulklasse steht im Mittelpunkt.

Die Schulen haben für Kinder mit Migrationsvorgeschichte inzwischen »Deutsch als Zweitsprache«-Angebote (DaZ). Das zusätzliche Personal wird dafür qualifiziert, aber es werden in den betroffenen Schulen (zum

Beispiel in Brennpunkten) viel zu wenig Stellen geschaffen. Deutsch als Zweitsprache findet immer noch zu häufig in abgetrennten Kursen statt. Diese Struktur verlangsamt die Integration und Teilhabe der Kinder (Panagiotopoulou & Putjata, 2020, S. 223). Durch die Abtrennung von der sozialen Eingebundenheit in Klasse baut die Schule oft nicht auf die Kraft von Freundschaftsbeziehungen. Hier werden Chancen vergeben, die neuen Freunde als Lernpat*innen in den Sprachlernprozess einzubinden.

In einigen Schulen integriert man jedoch die Kinder ohne deutsche Sprachekenntnisse direkt in die Regelklassen, was – auch nach unseren eigenen Erfahrungen – zu besseren Erfolgen führt. Hier lernen die Kinder voneinander und spüren einen Zusammenhalt, der gerade für Kinder aus benachteiligten Lagen selbstverständlich ist.

Wegen der »Schulsprache« sind Kinder mit Migrationsvorgeschichte auch nach vielen Jahren den Kindern der privilegierten Elternhäuser unterlegen. Das gleiche gilt für Kinder aus Familien, die in Armut aufwachsen. Sie sind benachteiligt. Nicht selten fühlen sie sich nicht mitgenommen, wenn die Klassengemeinschaft ihnen die sprachlichen Barrieren nicht beseitigt. Falls eine Schulklasse es gewohnt ist, unklare sprachliche Wendungen nicht immer wieder für alle deutlich zu erklären, werden die Kinder aus Armutsgebieten entmutigt. Dagegen könnten diese Kinder in einem unterstützenden Klassenklima mit einer ermutigenden Fehlerkultur lernen, die Schulsprache zu verstehen. Alle würden davon profitieren, wie unsere Praxisberichte (siehe Kapitel 2) zeigen. Dies erfordert gerade in sozialen Brennpunkten gut ausgebildetes Personal, das sich dieser sozialen Aufgabe verpflichtet fühlt.

Die Stellenverteilung orientiert sich in vielen Fällen nicht an einem gerechten sozialen Index, nach dem die nötigen kompensatorischen Maßnahmen den entsprechenden Schulen zukommen würden. Das Prinzip der »formalen Gleichheit« (Bourdieu) bestimmt die Verteilung des Personals und führt auf diese Weise dazu, dass die eigentlich bedürftigen Kinder nicht das Personal erhalten, das sie brauchen.

Oskar Negt verweist 1997 auf die Notwendigkeit einer Reform des Schulwesens, denn: »Was wir an der einen Stelle einsparen, scheint das Gemeinwesen mit immer größeren Kosten zu belasten. Jeder spart auf Kosten der anderen« (S. 34). Mit Blick auf die »Ökonomie des ganzen Hauses« betont er, »dass die einfachste und kostengünstigste Anlage einer Gesellschaft in der konsequenten Durchführung von Reformen liegt. [...] Nichts ist teurer, als überholte Verhältnisse am Leben zu halten, nichts kostspieliger und verschwenderischer als die Verweigerung von Gesellschaftsreformen« (ebd.).

6.2.3 Ungleichheit im Schulsystem

Mangels des beschriebenen »kulturellen Kapitals« (Bourdieu) haben benachteiligte Kinder geringere Chancen auf einen qualifizierten *Schulerfolg* (siehe Kapitel 5.1). Diese Kinder müssen besonders erfolgreich sein, um überhaupt eine sogenannte »weiterführende« Schule besuchen zu können.

Dies hat sich im letzten halben Jahrhundert seit der Studie von Bourdieu nicht geändert, auch wenn in Deutschland das damalige deutsche Volksschulsystem aufgelöst wurde. Nun mussten nicht nur die begünstigten Kinder die damalige »Volksschule« verlassen, um die weiterführende Schule (Realschule oder Gymnasium) zu besuchen. Die durch Zusammenhalt und solidarische Unterstützung geprägten Kinder, die in Armut leben, verloren ihren schulischen Halt. Das war eine der schwersten Be-Hinderungen für ein benachteiligtes Kind. Wenn wir verstehen, was für die Menschen aus Armutsgebieten jene Solidarität bedeutet, können wir ermessen, welcher Rückschlag für diese Kinder ein früher Wechsel der Schule bewirken konnte.

Für die Benachteiligten zeigen sich aber speziell die Schulen verantwortlich, die die Bevölkerung zunehmend nicht mehr für ihr Kind wünschen: Haupt- und Sonderschulen. Die Kinder der Familien, die in Armut leben, schämen sich nicht selten für die ihnen zugewiesene Schulform. Bei Nachfragen, auf welche Schule sie gehen, versuchen einige zu vertuschen, dass sie auf eine Schule der »Verlierer« dieser Gesellschaft gehen. In vielen Bundesländern gibt es inzwischen keine Hauptschulen mehr. An ihre Stelle sind Sekundarschulen, Gemeinschaftsschulen oder Gesamtschulen mit verschiedenen Namen getreten. Erfreulich ist die Entwicklung in Berlin: Dort wurde das Schulgesetz geändert, und es gibt mittlerweile Gemeinschaftsschulen als Langformschulen. Trotzdem findet man die Tendenz, dass abiturnahe Eltern ihre Kinder schon nach Klasse 4 auf das grundständige Gymnasium schicken, obgleich die Grundschulzeit dort normalerweise sechs Jahre dauert.

Sonderschulen werden trotz der Behindertenrechtskonvention seit 2009 in Deutschland nur selten geschlossen, es werden sogar Neubauten genehmigt. Sie werden als »Restschulen« für besonders schwierig »zu beschulende« Schüler*innen zur Entlastung des Regelschulwesens weiterhin am Leben gehalten. Die dort beschulten Kinder sind nicht selten aus ihren sozialen Verbindungen in ihren Stadtteilen gerissen worden. Die Vereinzelung trifft sie tief und der soziale Zusammenhalt bröckelt in ihrem Umfeld.

Insgesamt lässt sich sagen, dass viele Pädagog*innen, die mit Schüler*innen aus benachteiligten Elternhäusern Erfahrungen gesammelt hatten, inzwischen in Schulen des gemeinsamen Lernens versetzt wurden. Sie waren diejenigen, die den benachteiligten Schüler*innen Halt gegeben haben. Neue Schulformen für diese Kinder sind Gesamt- oder Sekundarschulen, die jeweils eine größere Heterogenität in der Schülerschaft zeigen. Sie müssen auch Schüler*innen mit gymnasialen Ansprüchen entsprechende Angebote bereithalten. So müssen sich neu zu gründende Schulen der Konkurrenz der etablierten Schulen des gegliederten Schulsystems stellen. Trotz unverantwortlicher Startbedingungen haben integrierte Schulen teilweise über jede Belastungsgrenze hinaus den Aufbau selbst zu schultern. So brachte zum Beispiel der Aufbau der PRIMUS-Schule Münster zu Beginn, in den Jahren 2014 bis 2016 während der »Flüchtlingswelle«, zwangsläufig Qualitätseinbußen mit sich:

➤ Es fehlten Räume, da die Schule im Aufbau sich ein Gebäude mit der auslaufenden Hauptschule teilte, die noch ständig neue Flüchtlinge aufnahm. In der Aufbauphase gab es zum Beispiel kein eigenes Lehrerzimmer.

➤ Verlässliche sonderpädagogische Ressourcen fehlten.

➤ Der Aufbau der Altersmischung bedeutete jedes Jahr, dass die Lerngruppen neu zusammengesetzt wurden.

➤ Es fehlten zu Beginn die Routinen, weil das Kollegium neu zusammengesetzt wurde. Ständig mussten neue Lehrer*innen eingestellt werden, die sowohl die Arbeit im sozialen Brennpunkt nicht kannten, als auch keine Erfahrungen mit reformorientierten Methoden mitbrachten.

Unter diesen belastenden Bedingungen lernen benachteiligte Schüler*innen auch in manchen neu gegründeten Schulen. Wie in vielen schweren Lebenslagen, die sie gewohnt sind, kämpfen sie sich durch. Auch hier zählt wieder nur ihre Stärke, der Zusammenhalt und die Solidarität zueinander.

6.2.4 Verschleierung und Stabilisierung der Ungleichheit durch formale Gleichheit

Die Art, wie wir die Dinge und Menschen wahrnehmen, wie wir denken und handeln, ist durch unsere Sozialisation geprägt. Es gelingt etlichen Pädagog*innen zumindest in Ansätzen, sich

»aus den Vorgaben des Denkens der beherrschenden Obrigkeiten, das Bourdieu (1930–2002) als ›Staatsgeist‹ bezeichnet (vgl. Bourdieu 1998) und im institutionalisierten Erziehungs- Bildungs- und Unterrichtssystem (EBU) zum herrschenden Denken geworden ist, [...] zu befreien« (Feuser 2019b, S. 1).

Bourdieu kommt nach seiner soziologischen Analyse auf die *Verantwortung* der Schule in diesem ungerechten System zu sprechen: »All dies wird man gerne, vielleicht zu gerne zugeben. Es aber dabei bewenden zu lassen, das hieße, sich der Frage nach der Verantwortung der Schule für das Fortbestehen der sozialen Ungleichheit zu entziehen« (Bourdieu, 2018a [1966], S. 22f.).

Indem den Schüler*innen bei unterschiedlicher Ausgangslage der Lernfähigkeit dennoch gleiche Aufgaben gestellt werden, handeln Schulen ungerecht (ebd., S. 23). Inzwischen gibt es den sogenannten »Nachteilsausgleich« für Schüler*innen, die eine anerkannte Behinderung beim Lernen nachweisen können. So werden in Prüfungen von den Behörden zusätzliche Minuten zur Bearbeitung gewährt; im Wesentlichen aber hat sich wenig verändert, wenn wir von der Normalverteilung in der Zensierung ausgehen. Der Unterricht wird noch heute vielfach so aufgebaut, dass die Lektionen fortgesetzt werden, selbst wenn nicht alle Schüler*innen den »Stoff« verstanden haben (Stähling & Wenders, 2018, S. 47ff.). In vielen Schulen versucht man über Maßnahmen der inneren Differenzierung den Lernenden stärker gerecht zu werden. Aber die »Schere« zwischen den Niveaustufen ist so groß, dass ein Fortschreiten im »Gleichschritt« die Lernmotivation der nicht-begünstigten Schüler*innen einschränkt. Der Lernerfolg bleibt dann bei ihnen aus, Lernfortschritte geraten ins Stocken.

In einigen reformorientierten Schulen können die Schüler*innen nach ihrem individuellen Tempo adaptiv lernen. Aber auch dort diskutieren Lehrpersonen, Eltern und Schüler*innen über ihre Sorge, dass sie den lehrplanmäßigen Vorgaben nicht gerecht werden könnten, falls sie sich vom Gleichschritt entfernen. Man spricht von »Grenzen der Integration« – das wesentliche Problem der Ungerechtigkeit im Schulsystem, das Bourdieu beschreibt, bleibt trotz vereinzelter Reformen erhalten (siehe auch Kapitel 9).

Gerade diese »formale Gleichheit« (Bourdieu), dass etwa alle nach den gleichen Anforderungen behandelt werden, verhindert, dass betroffene Kinder und Familien selbst die Ungleichheit zur Kenntnis nehmen. Diese formale Gleichheit dient dazu, zu verschleiern und zu rechtfertigen, dass

Kinder im Unterricht nicht die gleichen Chancen haben. Die traditionelle Pädagogik wendet sich »im untadeligen Gewandt der Gleichheit und Universalität« nur an die Schüler*innen, die »ein den kulturellen Anforderungen der Schule entsprechendes kulturelles Erbe« (Bourdieu, 2018a [1966], S. 24) besitzen. Ungleiches wird auch heute bei uns in der Regel nicht ungleich behandelt. Aber genau das wäre die Voraussetzung dafür, dass langsam lernende Kinder Mut finden und ihre Hemmungen überwinden.

Ein langsam lernendes Roma-Mädchen beschreibt den Unterschied zu ihrer jüngeren Schwester

Ich gehe gerne in die Schule. Da habe ich keine Angst. Die anderen Kinder lachen manchmal über meine Antworten, manchmal sagen sie auch, ich soll mich nicht dumm stellen. Manchmal weiß ich nicht, warum die lachen, dann lach ich einfach mit. Die Erwachsenen haben gesagt, wenn ich lesen kann, übernachten wir alle in der Schule. Das finden die anderen gut. Manchmal weiß ich nicht, ob ich etwas kann. Meine Schwester ist viel besser als ich, obwohl sie ein Jahr jünger ist.

Meine Mama sagt immer, nachts kämen Geister in mein Schlafzimmer. Davor habe ich Angst. Dann lacht Mama über mich. Oder sie sagt: »Deine Lehrerin sieht alles.« Das macht meinen Kopf verrückt. Ich helfe Mama immer beim Spülen. Da bin ich gut.

Meine Schwester sagt oft, ich sei behindert. Sie spricht fast immer für mich – auch in der Schule. Die Erwachsenen in meiner Klasse sagen, dass ich das alleine machen soll. Ich soll selber sprechen und bald könnte ich lesen. Ob das stimmt? Mama gibt immer meiner kleinen Schwester die Zettel für mich mit, die ich eigentlich selbst abgeben soll. Sie macht das einfach für mich. Ist ja vielleicht auch besser so. Ich weiß es nicht.

Manchmal fühlt sich alles für mich komisch an. Ob es Geister gibt?

Jedenfalls bin ich brav und tue, was die Erwachsenen sagen, oder die anderen Kinder. Der neue Erstklässler in unserer Klasse benimmt sich überhaupt nicht gut. Er ärgert immer die größeren Kinder. Dabei weiß er alles. Er kann alles erklären. Aber dass er sich heute die Hose vor allen runtergezogen hat, das sage ich seiner Mama, wenn sie ihn abholt.

Gut, dass ich nicht mehr bei meinem Opa übernachten muss. Sie sagen, dass er etwas Verbotenes getan hat. Ich habe ihn nicht verstanden, aber auch er hat über mich gelacht.

Ich finde die Bilder und das Schreiben mit dem Computerprogramm gut. Da weiß ich immer, wenn ich einen Fehler gemacht habe, und auch, wenn ich keine Fehler mehr gemacht habe. Ich kann schon viele Wörter auswendig.

Letztens hat mein kleiner Bruder wichtige Zettel von mir zerrissen. Mama hat darüber gelacht. In der Schule sagen sie, dass ich sie hochlegen solle. Ich muss an so vieles denken. Die anderen Kinder sagen, ich soll mich beeilen, damit wir endlich alle in der Schule übernachten können. Ich will das schaffen. Es geht mir richtig gut in der Schule. Alle mögen mich und die Erwachsenen erklären mir die Welt. Ich bin gut für die neuen Kleinen, denen kann ich helfen, wenn sie Angst haben. Dann tröste ich sie. Aber wenn sie sich nicht gut benehmen, dann sage ich das. Das müssen sie lernen. Ich bin die beste beim Aufräumen und in der Küche beim Brötchen backen. Die anderen wollen immer nicht so gerne aufräumen. Ich finde das gut. In der Küche bin ich auch gut. Das ist ganz schön schwer, wenn wir das Rezept lesen müssen oder ausrechnen müssen, wie viel Mehl da hineinkommt in den Teig. Kilogramm und so etwas. Aber die Frau sagt immer: »Du bist gut.« Dann habe ich keine Angst und ich traue mich schon zu schütten und das Mehl abzuwiegen. Beim ersten Mal habe ich wohl etwas Lustiges gesagt, jedenfalls haben alle gelacht. Jetzt kann ich es.

Ich habe gelernt. Lernen ist gut. In Mathe soll ich jetzt schon bis 100 rechnen. Das trauen die mir echt zu. Dann wird es ja wohl stimmen. Das finde ich gut, dass die denken, dass ich das kann. Das macht Spaß.

Beim Elternfest habe ich tatsächlich das Programm laut vorgelesen. Alle haben geklatscht. Und dann habe ich noch zusammen mit der Erstklässlerin unser Thema »Schmetterling« an unserem Stand vorgestellt. Das Plakat haben wir im Freien Forscher Club gemacht. Das war richtig gut. Ich finde es toll, dass Schmetterlinge so eine Art Strohhalm haben, mit denen sie Blütensaft trinken. Und die haben so empfindliche Flügel. So staubig. Für die Eltern haben wir uns Fragen überlegt. Zum Beispiel, welche Schmetterlingsarten gibt es? Leider waren Mama und Papa und meine Schwester nicht da. Dann hätten sie gestaunt.

Jetzt bin ich schon ziemlich lange in der Schule. Manchmal sagt meine Schwester, ich sei sitzen geblieben. Dann wird meine Lehrerin wütend, wenn ich ihr das erzähle. Sie sagt, Sitzenbleiben gibt es an unserer Schule nicht. Alle Kinder bekommen die Zeit zum Lernen, die sie brauchen. Meine kleine Schwester versteht das nicht, sie sagt, dass ich eben behindert sei.

6.2.5 Unterlassene Unterstützung der Benachteiligten durch ineffiziente Pädagogik

Bourdieu stellt fest, dass die traditionelle Pädagogik »die Frage außer Acht lässt, wie all das Wissen und Know-how am effektivsten zu vermitteln wäre, das sie von allen verlangt und das die verschiedenen Klassen nur in sehr ungleichem Maße vermitteln« (ebd.).

Die Frage nach der effektivsten Methode, wie einer stark heterogenen Lerngruppe in der Schule das nötige kulturelle Wissen und Know-how zu vermitteln ist, bleibt bis heute in vielen Schulen eine Herausforderung. Wir sprechen hier im Sinne von Wolfgang Klafki und Georg Feuser (Feuser, 2018b) von einer

»Bildung, die sich von den Bedürfnissen, Interessen und Erfahrungen der Lernenden her bestimmt und erlaubt, davon ausgehend das kulturelle Erbe aufzunehmen, es kritisch zu analysieren und eine eigene reflektierte Position dazu zu entwickeln. Sie ist auf Mündigkeit angelegt. [...] Ein curricular verordnetes, Schulbesuchsjahren, Schulformen und Schulstufen zugeordnetes Lernen vermag solche Bildung nicht generieren. [...] Bildung hat vom Subjekt auszugehen und ist auf die Entfaltung seiner Potentiale ausgerichtet« (ebd., S. 131).

Auch wenn ein Curriculum sicher kein Dogma ist und durchaus Spielräume enthält, gelingt es vielen Lehrer*innen kaum, das »Subjekt«, die Lernenden selbst, in den Mittelpunkt zu stellen. Davon sind besonders die Kinder betroffen, die in Armut aufwachsen. Überall fehlen effektive Lernformen und Lernstrukturen wie freie Arbeitsformen und fächerübergreifende Projekte, die von den »lernenden Subjekten« ausgehen. Welche Mechanismen wirken, wenn Lehrer*innen heute (wie vor 50 Jahren) davon sprechen, dass sie keine Zeit für freie Arbeitsformen und projektorientiertes Arbeiten finden, weil die Fach-Lehrpläne sie davon abhielten? Wie ist zu erklären, dass die Lehrformen, wie zum Beispiel Frontalunterricht, nach wie vor im Mittelpunkt stehen, durch die besonders die Kinder der unteren Schichten überfordert werden? Ihr Lernen wird auffällig häufig durch traditionelle Unterrichtsstrukturen be-hindert. Woran liegt das?

Der deutsche Soziologe Oskar Negt beantwortet diese Frage auch mit Blick auf die Lehrerschaft: »Aber die Widerstände gegen eine Mobilisierung pädagogischer Phantasie kommt nicht nur von oben, vom Verwaltungsapparat der Staatsschule, den Kulturbürokratien und jenen, die über die wirtschaftlichen Machtmittel verfügen. Sie kommt auch von unten [...]« (Negt, 1997, S. 39). Er verweist auf eine »unheilige Allianz von bürokratischer Staatsschule und einem Typus von Lehrer, der vorauseilenden Gehorsam übt gegenüber Regelsystemen, die er selbst im Innern verneint, aber aus mangelnden Alternativen immer wieder akzeptiert und in seinem Denken und Verhalten fortschleppt« (ebd., S. 40).

Ein Neuntklässler erzählt

Ich bekomme keinen Schulabschluss, hat man mir heute gesagt. Die Lehrer hatten gestern eine Prognosekonferenz. Eigentlich haben sie es mir schon immer irgendwie angedeutet, schon im letzten Schuljahr, wenn ich ehrlich sein soll. Meine Eltern werden es auch bald erfahren, auch sie haben schon ein paarmal mit den Lehrern gesprochen, aber meine Mutter hat immer gesagt, dass sie das alles anders sieht. Sie war im Irak auch Lehrerin. Mein Vater ist streng, vor dem habe ich Angst, meine Mutter schützt mich zum Glück. Ich weiß auch nicht, wie ich das sehen soll. Ist mir irgendwie egal geworden.

Als ich auf diese Schule kam, im 5. Schuljahr, fing es ganz gut an. Ich hatte, glaube ich, eine »Empfehlung für die Hauptschule«, wie das in Deutschland heißt. Unsere Lehrerin war freundlich, sie wollte immer, dass wir das machen, was sie sich vorgenommen hatte. Ich erinnere mich an Gruppenarbeiten in Deutsch. Wir wurden eingeteilt und mussten Texte bearbeiten. Ich war damals noch nicht so gut im Lesen auf Deutsch. Es wäre mir peinlich gewesen, dass das jemand merkt.

Also habe ich meistens mit einem Kumpel, mit dem ich mich gut verstand und der ähnliche Schwierigkeiten hatte mit dem Lesen, Quatsch gemacht. Wir haben gelacht und gealbert, und die Lehrerin war echt gut, sie hatte viel Geduld und auch Respekt, aber sie hat nicht gemerkt, dass wir nicht gut lesen konnten. Also hat sie uns ständig ermahnt.

In der nächsten Stunde ging das weiter mit Mathe. Da kam ein Lehrer rein, der war auch sehr freundlich, aber der sagte nichts, wenn es laut war. Es war so laut, das tat mir in den Ohren weh. Also habe ich mir die Ohren zugehalten und die anderen haben gelacht. Mein Kumpel lachte auch, und dann bekamen wir Arbeitsblätter mit vielen Aufgaben. Ich wusste überhaupt nicht, was ich machen sollte. Die anderen schienen es zu wissen, ich nicht. Jedenfalls hatte ich immer das Gefühl, es sowieso nicht zu können. Der Lehrer merkte das zum Glück nicht, und so ging Mathe irgendwie vorbei und dann kam der Musiklehrer. Der wollte auch immer sein Ding machen. Eine bestimmte Musik spielte er uns vor und dann haben wir gelernt, was das Besondere an der Musik war und wie der Komponist hieß. Eigentlich mag ich Musik, aber als einmal ein anderer Junge ganz laut zum Musiklehrer sagte, dass das überhaupt nicht sein Musikgeschmack wäre, was er da vorspiele, da war ich ihm echt dankbar für diese Bemerkung. Ja, es war auch nicht meine Musik und ich war immer furchtbar müde.

Stressig waren dann auch manchmal die Kunststunden. Unsere Lehrerin wollte immer, dass wir alle genau am Ende fertig wurden und unser Ergebnis im Kreis vorzeigten, bevor die Stunde beendet war. Ich habe mich so danach gesehnt, einmal ganz lange und ausdauernd malen oder zeichnen zu dürfen. Immer mussten wir fertig werden und im Kreis unser Ergebnis vorzeigen, und das wurde dann von den anderen bewertet. Da gab es einen richtigen Plan für. Wir durften uns nicht beleidigen, sondern wir sollten sagen, was gut war und was wir für Tipps hätten. Trotzdem hat mich das gestresst.

Ja, es ging irgendwie einigermaßen gut los im 5., dann aber kam ich in so eine Ärgerschiene hinein. Eigentlich wollte ich aufpassen, es gelang mir aber nicht, ich war albern und suchte immer meinen Kumpel. Das machte die Lehrer sauer und sie ermahnten mich, und nie gab es Zeit für Fragen oder Erklärungen. Das machte mich wiederum sauer und ich hatte plötzlich keinen Bock mehr. Meine Mutter fand auch, dass ich doch eigentlich ein ganz guter Lerner wäre. Mein Vater allerdings gab der Schule immer Recht und schimpfte mit mir, dass ich mich zusammenreißen solle. Schließlich wären wir in Deutschland, und das wäre alles nicht so einfach. Aber helfen konnten meine Eltern mir auch nicht. Meine Mutter ist zwar auch eine Lehrerin, aber sie musste selbst noch ein Zertifikat machen, um einen Job zu finden, und so gut war sie auch nicht in Deutsch.

Wenn ich einen Kumpel gehabt hätte, der mich ein bisschen zum Lernen gebracht hätte oder mit dem ich zusammen hätte lernen können, wer weiß. Jedenfalls wurde mir die Schule von Tag zu Tag egaler. Die Sprechtage waren komisch. Bei fast jedem Sprechtag waren wieder neue Lehrer da, die mit meinen Eltern über mich sprachen. Mindestens dreimal bekam ich nach meiner ersten Klassenlehrerin neue Lehrer. Ja, ich fand es sehr anstrengend, aber trotzdem sagten die immer, ich solle mich mehr anstrengen und nicht so albern sein.

Jetzt bin ich Neuntklässler. Und das bedeutet, dass ich in Deutsch und Mathe und Englisch eine Fünf bekomme, sagen sie. In den anderen Fächern würde ich auch immer nur Quatsch machen, da können sie mir keine ausgleichenden Noten geben. Ob mir das denn noch nie jemand früher gesagt hätte? Tja, es wurde mir schon gesagt, aber immer von anderen Lehrer*innen, und jedes Mal sagten die dann zu meiner Mutter, das kriegen wir schon hin.

Oskar Negt verweist auf die Notwendigkeit eines pädagogischen Optimismus:

> »Wer sich einer pessimistischen Anthropologie überantwortet, dem ist die Lernfähigkeit der Menschen als wichtigste kulturelle Errungenschaft verlorengegangen. Denn ohne pädagogischen Optimismus, ohne innere Überzeugung, die für andere spürbar wird, dass Lernprozesse sinnvoll und praktikabel sind, ist Arbeit in Erziehungs- und Lernzusammenhängen unmöglich« (ebd., S. 41).

»Wir können nun mal nicht mit der Schule die Welt verändern. Es ist nun mal so, dass die einen begabt sind, die anderen eben weniger mit Talenten gesegnet sind«, erklären seit mehr als einem Jahrhundert konservative Lehrer*innen. Sie unterschlagen damit, dass sie es in ihrem »Unterricht« – wegen pessimistischer Perspektive und vorauseilendem Gehorsam – nicht schaffen, den Kindern aus Armutsgebieten passende Aufgaben zu stellen, an denen diese wachsen können, weil sie Erfolgserlebnisse erhalten.

Damit die Kinder mit geringerem kulturellem Kapital passende Aufgaben bekommen, müssen die Lehrpersonen zusätzlich Zeit und Engagement investieren. Um ihren Lernrückstand effektiv auszugleichen, sind regelmäßige Übungen und Wiederholungen nötig. Die Zeit und das Personal, was dafür nötig wäre, die »Lernrückstände« der Kinder mit Migrationsvorgeschichte oder Lernbeeinträchtigungen auszugleichen, möchten die begünstigten Eltern lieber für ihre eigenen Kinder nutzen. Insofern begrüßen sie das »gemeinsame Lernen« zum Beispiel in freien Arbeitsformen und Projekten, wenn dadurch das zusätzliche Personal nicht zu sehr an die »behinderten« Kinder gebunden ist. Diese bürgerlichen Eltern fürchten die Kinder mit Lernbeeinträchtigungen als Störfaktoren in den Lernprozessen ihrer eigenen begünstigten Kinder.

Bourdieu kommt zu dem Schluss, dass das Schulwesen den Anschein der formalen Gleichheit weckt. Dabei leugnen Lehrkräfte nicht die Unterschiede zwischen den Schüler*innen, erklären sie aber häufig vorschnell über Begabungsunterschiede. Sie tragen damit zur Legitimierung und Fortsetzung der gesellschaftlich bedingten Ungleichheit bei. Die »Begabungsideologie« wird so zur Grundvoraussetzung des bestehenden Schul- und Gesellschaftssystems und lässt die »Angehörigen der benachteiligten Klassen, das Schicksal, das ihnen die Gesellschaft beschieden hat, als unentrinnbar erscheinen« (Bourdieu, 2018a [1966], S. 31).

Bourdieu beklagt: »Indem die Schule es unterlässt, durch eine methodische Unterweisung allen das zu vermitteln, was einige ihrem familialen Milieu verdanken, sanktioniert sie die Ungleichheit, die alleine sie verringern könnte« (ebd., S. 33f.). Das Gegenteil forderte bereits Comenius 1657: Die Schule hat die Aufgabe, allen alles zu lehren.

Auch ein halbes Jahrhundert nach Bourdieus Untersuchungen stellen wir fest, dass die Ungleichheit zum Beispiel der Schulanfänger*innen gerade auch durch die Schule in der Regel vergrößert wird: So sollen Eltern der Schulanfänger*innen zu Beginn zum Beispiel den Kindern einen Tornister oder Schulranzen kaufen, der gefüllt sein soll mit Schreibutensilien, Schere und Heften. Bereits hier unterscheiden sich die Startbedingungen für das Lernen: Während die begünstigte Familie dafür sorgt, dass in der Schultüte hochwertige und für die Hand des Kindes geeignete Bunt- und Bleistifte vorhanden sind, kann die Familie ohne dieses kulturelle Erbe auch beim besten Willen ihrem Kind eine solche Ausstattung nicht verschaffen. Es fehlt nicht selten sowohl an Kenntnissen, welche Materialien hochwertig sind, als auch an der Haltung, dafür viel

Geld auszugeben. Inzwischen hat der Staat den Familien das Geld für ein passendes Start-Paket zur Verfügung gestellt, überlässt es aber dem Zufall, was mit dem Geld gekauft wird. Zu Beginn jedes Schuljahres bieten alle Supermärkte Billigangebote, bei denen die Qualitäten zum Beispiel von Etuis so minderwertig sind, dass die Gegenstände nach kurzer Zeit nicht mehr zu gebrauchen sind.

Andere Schulen, die diese Ungerechtigkeiten nicht hinnehmen wollen, schaffen für alle Kinder in der Schule das nötige hochwertige Schreibzeug und die passenden Hefte mit der pädagogisch gewünschten Lineatur an, sammeln dafür von den Eltern das Geld ein und übernehmen damit die Funktion der öffentlichen Schule, die Ungleichheit zu verringern. Anstatt dass der Staat in seiner Verantwortung für das Lernen aller Kinder sich darum kümmert, dass die Gelder für dieses pädagogisch wertvolle Start-Paket der Schule von vornherein zur Verfügung gestellt wird, überlässt er es der*dem einzelnen Lehrer*in, hinter dem Geld für die Schreibutensilien und Hefte herzulaufen, das einige Eltern nicht zahlen. Fördervereine, Sondertöpfe für Bedürftige und viele(s) mehr müssen bemüht werden, um hier den betroffenen benachteiligten Kindern nicht das Gefühl zu geben, sie würden gleich zu Beginn der Schulzeit in ihrer Würde angetastet.

Eine Lehrerin berichtet über die feinen Unterschiede beim täglichen Schulbrot der Kinder einer Schulklasse

Ein Kind, das morgens Geld für den Bäcker bekommt, legt eine Brötchentüte mit einem überbackenen Fertig-Käsebrötchen auf den Tisch und daneben ein Fruchtsaftgetränk in einer Aluverpackung.

Ein anderes Kind hat zwei Brotdosen dabei, beide gefüllt jeweils mit einem dunkleren Brot, belegt mit Käse und Gurkenscheiben. Dazu gibt es verschiedene Obstsorten, diese sind sorgfältig zurechtgeschnitten, Wassertropfen weisen auf »gewaschen« hin, und vermutlich hat alles Bioqualität. Die eine Dose ist für die erste Pause, die zweite Dose vielleicht für den Nachmittag.

Ein Mädchen hat eine Dose mit geschnittenen Paprikastreifen, Fleischbällchen und Fladenbrot dabei – fast ein Mittagessen.

Ein Junge hat Weißbrotschnitten mit Schokocreme dabei.

Ein Kind hat nichts dabei.

Aus dem Blickwinkel der privilegierten Schichten der Gesellschaft stellt sich diese Ungleichheit der Bildungschancen als unauffällig dar. Ausgestattet mit einer Begabungsideologie verleiht das gegliederte Schulsystem der schulischen Auslese einen Anschein an Legitimität. Die Schüler*innen der begünstigten Schichten brauchen nur ihr kulturelles Erbe wie selbstverständlich in die Schule einbringen und sie erlangen Vorteile gegenüber den benachteiligten: »So vermag das Erziehungssystem durch die ihm eigene Logik der Perpetuierung der kulturellen Privilegien zu dienen, ohne dass die Privilegierten sich seiner bedienen müssten« (ebd., S. 31).

7 »Spiel nicht mit den Schmuddelkindern – sing nicht ihre Lieder«[1]

Die Idee der »guten Mischung«[2]

Kurz gefasst: Das folgende Kapitel setzt sich mit der Frage der Zusammensetzung der Schülerschaft im Brennpunkt auseinander. Schulen mit vielen Schüler*innen aus belasteten Familien werden häufig negativ als »Problemschulen« bezeichnet. Oft empfiehlt die Schuladministration daher als Lösung eine »gute Mischung«. In Brennpunkten hätte diese eine Umverteilung von »problematischen« Schüler*innen auf andere Schulen zur Folge. Wir betrachten die Idee der »guten und gesunden Mischung« in ihrer historischen Linie und zeigen, wie sie heute die Aussonderung von Schüler*innen aus ihrem Umfeld verschleiert.

Eine gute Schule zeichnet sich dadurch aus, dass sie wirklich alle Schüler*innen aufnimmt, die in ihrem Umfeld wohnen. Dabei spielt es keine Rolle, wie diese Schülerschaft zusammengesetzt ist. Die wohnortnahe Schule ist eine Schule für Kinder aller Heterogenitätsdimensionen. Im sozialen Brennpunkt werden Dimensionen wie Migrationsvorgeschichte, Arbeitslosigkeit der Eltern oder Armut überwiegen. Dieser Aspekt einer Schulreform in Richtung der solidarischen Schule des Stadtteils ist bisher zu kurz gekommen. Möglicherweise hat die weit verbreitete These von einer negativen Wirkung der »Problemschulen« auf das Lernen dazu beigetragen, dass so eine Reform nicht weiterverfolgt wurde. Über den Lernerfolg in Schulen im sozialen Brennpunkt gibt es wenig belegbare Aussagen; dennoch hält sich hartnäckig das Vorurteil, dass sie » anregungsarm« seien (siehe Kapitel 8).

---

1 Zeile aus dem Lied »Spiel nicht mit den Schmuddelkindern« von Franz Josef Degenhardt (1965).

2 Die Beschreibungen der Idee der guten Mischung folgen den Darstellungen in Stähling & Wenders (2012b, S. 174ff.) und führen sie fort.

Damit Schulen mit vielen problembeladenen Schüler*innen nicht in den Ruf kommen, dass sie »Restschulen« oder »Problemschulen« (Schleicher, 2013, S. 105) wären, gibt es Bestrebungen, zu einer »guten« oder »gesunden« Mischung, die es ermöglichen kann, dass ein Teil der problembeladenen Schüler*innen auf andere Schule verwiesen werden. Diese »gute« Mischung dient somit letztendlich der Aussonderung, reproduziert Ungleichheit und steht einer solidarischen Schule entgegen.

Zur Abgrenzung vom pädagogischen Alltagsbegriff wollen wir hier den Begriff »gute Mischung« nur für das Mischen von Gruppen reservieren, wenn eine »Mischung« mit Ausgrenzung zusammenhängt und sie legitimiert. Für die weiteren Betrachtungen definieren wir also die »gute Mischung« – auch gemäß der folgenden historischen Ableitungen – als eine ausgewählte Zusammenstellung der Schülerschaft, die darauf beruht, dass nach mehr oder weniger offengelegten Kriterien Schüler*innen (besonders des Umfeldes einer Schule) nicht aufgenommen oder aus der Schule ausgesondert werden. Das Ziel einer solchen selektierenden Auswahl ist es, eine Zusammenstellung der Schülerschaft herzustellen, die nach Ansicht der Pädagog*innen in Schulklassen und Lerngruppen mit dem vorhandenen Personal als führbar erscheint. Die nicht-aufgenommenen Schüler*innen stellen eine Gruppe dar, die aus Familien stammen, die gesellschaftlich benachteiligt sind und als auffällig gelten. Sie werden anderen Schulen oder Sondereinrichtungen zugewiesen.

Mit unserer Definition von »guter Mischung« ist zum Beispiel nicht gemeint, dass ein Lehrer oder eine Lehrerin aus einer Klasse eine gut gemischte Arbeitsgruppe zusammenstellt, die effektiv miteinander kooperieren kann. Auch ist mit unserem Begriff nicht gemeint, dass zum Beispiel ein Schulleiter, eine Schulleiterin, die angemeldeten Schüler*innen bei der Klassenbildung so sinnvoll verteilt, dass sie gut zusammenpassen und möglichst arbeitsfähig sind.

Gemeint ist mit dem Begriff vielmehr eine Legitimation für Aussonderung. Wir reservieren diesen Begriff auf der Basis einer historischen Analyse für Aussonderungsbegründungen. Mit der Begründung, eine »gute Mischung« als Arbeitsvoraussetzung haben zu müssen, werden Schüler*innen aus Schulen ausgesondert oder gar nicht erst aufgenommen. Auf diese Weise verschafft sich eine Reihe von Schulen einen »guten Ruf« bei der bürgerlichen Elternschaft, und diese werden daher für diese Eltern als Schule wählbar.

7.1 Historischer Rückblick auf die Legitimation schulischer Ausgrenzung und der »guten Mischung«

7.1.1 Deutschland und die »gute Mischung« in der Schule

Mit dem Begriff der »guten Mischung« meinen wir in Deutschland zwei historisch gewachsene Entwicklungslinien, die beide zur Aussonderung führen und kritisch zu betrachten sind:

1. Eine Schule oder Schulklasse ist vermeintlich »gut gemischt«, wenn dort nur die »Integrationsfähigen« integriert werden. Der »harte Kern« (Slavich, 1983) wird in Sondereinrichtungen betreut. Dazu rechnen wir sowohl Kinder und Jugendliche mit schwersten Mehrfachbehinderungen als auch Kinder und Jugendliche, deren Verhalten für die Klassengemeinschaft eine besondere Herausforderung darstellen würde. Mit dem Ausschluss des »harten Kerns« stabilisiert die integrative Schule ungewollt das Sonderschulsystem und das aussondernde Regelschulwesen – und reproduziert Ungleichheit.

2. Eine Schule oder Schulklasse wird als »gut gemischt« bezeichnet, wenn sich die Zusammensetzung der Schülerschaft in Bezug auf die Relation behinderter und nicht-behinderter Schüler*innen an der »Normalverteilung der Bevölkerung« orientiert (Jantzen, 2017, S. 250). Diese Forderung für schulische Bedingungen von Integration wurde in den Anfängen der schulischen Integration mit Rückgriff auf den Bremer Schulversuch (Feuser & Meyer, 1987) aufgestellt. Jedes Kind konnte den Kindergarten und die Schule seines Wohnbezirks besuchen. Diskutiert wurde, dass eine Relationszahl, die die Marke von 10 Prozent (etwa zwei bis drei Kinder mit Behinderungen pro Klasse) übersteigt, eine schulische Integration gesellschaftlich schwer durchsetzbar machen würde. Dies stand in Bremen auch im Widerspruch zum sogenannten »halbstationären Modell«, das zu Anfang der Integrationsentwicklung in den 1980er Jahren als Bedingung für deren Finanzierung fünf Kinder für eine Regelgruppe vorsah. Die Schaffung einer „Integrationssonderschule" war zu befürchten. Andererseits würde bei der 10 Prozent-Regelung ungewollt vorausgesetzt, dass die Zahl der Schüler*innen, die wohnortnah beschult werden, eine festgelegte Marke nicht überschreiten dürfte. Die überzähligen behinderten Kinder müssten dann zu anderen wohnortfernen Schulen gefahren werden – entweder zu Sonderschulen oder zu

integrativen Schulen. Dies wiederum widerspricht der Forderung der Integrationsbefürworter*innen nach der Aufnahme aller Schüler*innen aus dem Einzugsgebiet der Schule (Jantzen, 2017, S. 250) und führt in ein Dilemma (siehe Kapitel 7.3). Die Aussonderung bleibt selbst bei integrativen Schulen bestehen.

Beide Linien der »guten Mischung« erfordern von den Schulleitungen vor Ort, dass sie sich nach bestimmten Kriterien Schüler*innen aussuchen müssen, die nicht in die integrative Schule im Wohnumfeld gehen können. Diese Auswahl bei der Aufnahme von Schüler*innen ist zur selbstverständlichen Praxis geworden. In der Grundschule wurden bis zu den 2000er Jahren »auffällige« Kinder im Rahmen des Anmeldeverfahrens getestet und gegebenenfalls in Richtung der Sonderschulen oder Schulkindergärten verwiesen. Diese Aussonderungspraxis ist weiterhin zu finden. Auch beim Übergang zu den weiterführenden Schulen werden bis heute vielfach Auswahlverfahren nach bestimmten Kriterien durchgeführt.

In der öffentlichen Diskussion werden diese Auswahlverfahren bei der Schulanmeldung stillschweigend akzeptiert. Bei der Schulwahl achten vor allem viele bürgerliche Eltern darauf, dass ihr Kind nicht in eine Klasse kommt, in dem viele belastete Kinder sind. Hier tauchen dann Fragen auf wie: »Muss ich als Vater beispielsweise akzeptieren, dass mein Kind mit 20 Prozent Behinderten und 80 Prozent Ausländern in einer Klasse unterrichtet wird? Muss man da nicht besser mischen?«

Die »gute Mischung« spiegelt sich auch wider im Handeln der Schulverwaltungen in Ämtern, Schulaufsicht und Schulleitungen. Dort findet man erfahrungsgemäß immer wieder Angestellte und Beamt*innen, die bestimmte Eltern aus der Mittelschicht nicht vergraulen wollen und ihren Wünschen damit nachgeben. Einige möchten ebenso Lehrer*innen, die viel über Belastungen mit »auffälligen« Schüler*innen klagen, nicht überfordern. Manche Administrator*innen denken, dass sie »die Mächtigen auf ihrer Seite« haben, und wissen aus Erfahrung, dass sich die Eltern aus benachteiligten Lebenslagen gegen Aussonderung und Unrecht nicht erfolgreich wehren.

Historische Wurzeln einer Idee der »guten« und »gesunden Mischung« in Deutschland

Wo hat die Idee der »guten Mischung« bei uns in Deutschland ihre Wurzeln? Im Folgenden skizzenhaften historischen Rückblick auf die Legitimation der Aussonderung und ihre naturalistischen Dogmen (wie etwa eine *Bildungsunfähigkeit*, Feuser, 2009) finden wir einige Wurzeln der heutigen halbherzigen pädagogischen Diskussion um Integration.

Wer in den letzten Jahrzehnten einzelne Schulkinder mit Worten verletzte wie »Du gehörst doch nicht auf diese Schule« – wie zum Beispiel bei Sinti- und Roma-Kindern geschehen (Strauß, 2011, S. 11) –, meinte meist die »nicht integrationsfähigen Kinder« (Werning, 2011), mit denen die Lehrer*innen »vergeblich« arbeiten würden. Ihnen würde man in der Regelklasse nicht gerecht werden können, Lehrkräfte seien »überfordert und nicht dafür ausgebildet«.

Diese besonderen Kinder standen in den 1950er Jahren im Verdacht, als »Verseuchungsquelle« (Gruhle, 1950, zit. n. Werning & Lütje-Klose, 2006) andere Schüler*innen zu stören. Im sozialhygienischen Sinne müsse der*die normale Schüler*in vor den Einflüssen zu vieler Schüler*innen mit abweichenden Eigenschaften geschützt werden. Die Bemühungen und Hilfen für Schwache führten notwendigerweise dazu, dass der*die Durchschnittsschüler*in zu kurz komme. Diese ausgrenzenden Gedanken haben Tradition – beispielhaft sei hier die Argumentation von Stötzner aus dem Jahre 1864 zitiert:

»Die Volksschule hat andere Aufgaben zu lösen, als sich mit geistig Schwachen und Stumpfsinnigen herum zu mühen. Diese mindern und hemmen nur! Wieviel Höheres würde sie erreichen, wenn sie von der Sorge um diese befreit würde? Man nehme die Schwächsten aus der Volksschule heraus, und man wird letztlichere instand setzen, um so eher den Forderungen der Gegenwart nachzukommen« (Stötzner, 1963 [1864], S. 7, zit. n. Werning & Lütje-Klose, 2006).

Gute Lernbedingungen für die Regelschule beständen dann, wenn sie von den jeweils »Schwächsten« »befreit« würde – so die These. Anders gesagt: Wenn die Mischung in der Schule im (jeweils neu zu definierenden, quotierten) Normbereich bleibt, wenn die Schulklasse als »gut gemischt« eingestuft werden kann, dann sind mit dem vorhandenen (jeweils nach bestimmten Kriterien zugewiesenen) Personal die nötigen Lernerfolge bei den Schüler*innen zu erreichen. Dies erfordert konsequenterweise, die jeweils schwächsten Glieder der Gemeinschaft herauszunehmen und woanders hin zu verteilen. Geschwisterkinder könnten dann nicht mehr automatisch in dieselbe Schule. »Gute« Mischung ist in diesem Sinne mit Aussonderung und dem Zerreißen von Familienbanden verbunden.

In abgewandelter Form gilt bis heute das Argument, dass die personelle Situation in den Schulen unzureichend sei, um (damals »schwachsinnig« genannte) Schüler*innen integrieren zu können. Saarschmidt schreibt 1884:

> »In allen Volksschulen gibt es eine Anzahl solcher im leichten Grade schwachsinniger Kinder, welche die Kennzeichen des Idiotismus nicht so stark und gehäuft an sich tragen, dass sie besonderen Anstalten überwiesen werden müssen, deren Erkenntnis und Wille aber so unterentwickelt und gehemmt sind, dass sie für den Lehrer eine Quelle unendlicher fruchtloser Mühe, und damit für die Mitschüler ein Nachteil sind. Diese Kinder erreichen in der öffentlichen Schule entfernt nicht das, was sie in einer für ihre Befähigung allein berechneten Klasse erreichen könnten. Es ist irrig zu glauben, mit der Entfernung von dem Gesunden entgehe ihnen ein Mittel des Fortschrittes; im Gegenteil sind die Geringschätzung, der Spott ihrer unduldsamen Mitschüler und die Vergleiche, die sie selbst unbewusst zwischen ihren eigenen Leistungen und denen der Gesunden anstellen, für sie nur beständige Quellen lähmender Demütigung« (zit. n. Werning/Lütje-Klose, 2006).

Im Gegensatz zur frühen Argumentation von Stötzner aus dem Jahre 1864 fällt bei Saarschmidts Position 20 Jahre danach auf, dass der Maßstab für die in der Regelschule vermeintlich noch tolerierbare »Schwäche« sich verschoben hat: Während nach Stötzner die »geistig Schwachen« ausgesondert werden sollen, schlägt Saarschmidt vor, bereits diejenigen »von dem Gesunden« zu entfernen, die als »im leichten Grade schwachsinnig« gelten und bis dahin in keine gesonderten Anstalten überwiesen wurden. Der Maßstab, nach der ein*e Schüler*in noch tragbar erscheint, verschiebt sich – je nach gesellschaftlicher Situation. Die Mischung gilt bei Saarschmidt erst als »gesund«, wenn auch diese leichten Fälle, die den Lehrpersonen »Mühe« bereiten, nicht mehr dazugehören.

Praktische, schulorganisatorische, rechtliche und ökonomische Zwänge bewegen jedoch Anfang des 20. Jahrhunderts in manchen Bezirken die Schulaufsicht dazu, behinderte und nicht-behinderte Kinder in allgemeinen Schulen gemeinsam zu unterrichten. Besonders in ländlichen Gegenden blieb (wie auch heute) die sonderpädagogische Versorgung unzureichend. Dort wurde die Beschulung »schwachsinniger« Schüler*innen in der Regelschule von der Schulaufsicht angeordnet und musste toleriert werden – und wurde nicht zuletzt als bedauerliche Pflicht angesehen. Man machte »aus der Not eine Tugend«, indem man die Integration anordnete, die es normalerweise nicht gegeben hätte. Dies ist ein historisches Beispiel dafür, wie Schulpolitik und Schulaufsicht erfolgreich einen Anstoß zur Integrationspädagogik geben konnten. Die »Königliche Regierung – Abteilung für Kirchen- und Schulwesen« des Bezirks Arnsberg (Sauerland) schreibt in einer am 7. Juni 1913 herausgegebenen »Verfügung« an die Kreisschulinspektoren des Bezirks:

> »In einer nicht geringen Anzahl von größeren Orten unseres Bezirks sind dank der Opferwilligkeit der Gemeindeverwaltungen Hilfsschulen gegründet worden [...].
>
> Die meisten Orte jedoch, besonders in den ländlichen Kreisen, ermangeln solcher Einrichtungen [...].
>
> Es muss daher das Bestreben aller für die Pflege der Volksschule in Frage kommenden Personen und Gemeindeverwaltungen sein, die Förderung dieser bedauernswerten Kinder, die sonst in der normalen Volksschule verkümmern und oft eine Gefahr für die menschliche Gesellschaft werden, in zweckentsprechender Art in Angriff zu nehmen« (Schreff & Steinhaus, 1913).

Dies liest sich wie eine heutige dienstliche Anweisung einer Bezirksregierung, die unter der rechtlichen Vorgabe der UN-Behindertenrechtskonvention die zu teuer gewordene sonderpädagogische Betreuung in Sonderschulen aus finanziellen Gründen zurückfahren will und die Regelschulen nun zwingt, die »bedauernswerten« Kinder zu integrieren. Dazu erarbeiteten Schulrat Schreff und Stadt- und Hilfsschularzt Dr. Steinhaus 1913 für die Lehrer*innen pädagogische und verwaltungstechnische Anleitungen (ebd.). Diese Empfehlungen zeigen, dass es an praktischen pädagogischen Vorschlägen für »Individualisierung« (schon damals war dies ein *Fachbegriff*!) und den »Umgang mit Heterogenität« (wie man heute sagt) nicht gemangelt hat. Zugleich erkennen wir darin, dass sich dort, wo ein Wille formuliert wurde, auch ein Weg finden konnte. Bemerkenswert bleibt, dass diese dienstlichen Anweisungen als pädagogische Richtschnur bis heute nicht eingelöst wurden.

Das hier angedeutete Konzept gemeinsamen Unterrichts von 1913 wird zur Jahrhundertwende jedoch von anderen Pädagog*innen abgelehnt:

> »Der Unterschied zwischen Volks- und Hilfsschule besteht in der Organisation und dem Schülermaterial. Die Hilfsschulklassen sind klein; individua-

lisieren ist möglich. In den noch recht vollen Klassen der Volksschule ist es dem Lehrer auch beim besten Willen recht schwierig zu individualisieren. Glücklicherweise wird die Schwierigkeit seiner Aufgabe dadurch etwas erleichtert, dass er normale Kinder mit durchschnittlich gleichem Verstande vor sich hat. Diese Schüler ähneln einander in ihrem Verhalten gegenüber sittlichen Einflüssen. Eine Maßnahme, die auf A wirkt, wird in der Regel nicht verfehlen, ihre Spuren auch bei B und C zu hinterlassen, vorausgesetzt allerdings, dass die nichtnormalen Kinder aus der Klasse ausgemustert worden sind« (Bartsch, 1909, S. 40f., zit. n. Werning & Lütje-Klose, 2006).

Interessanterweise legt Bartsch 1909 hier das »Schülermaterial« der Volksschule als »normal« fest und begründet diese Auswahl mit den »noch recht vollen Klassen«, in denen die Lehrkraft schwer individualisieren könne. Durchgehend bleibt ungeklärt, nach welchen Kriterien Schüler*innen als »normal« gelten. Wichtig für den Unterricht scheint jedoch zu sein, dass es sich um »Kinder mit durchschnittlich gleichem Verstande« handelt, deren Verhalten sich ähnle. Eigenschaften der Schüler*innen, nämlich die Ähnlichkeit im Verhalten und Durchschnittlichkeit des Verstandes, werden zur Voraussetzung für den Volksschulunterricht erklärt. Die homogene, selbstähnliche Gruppe gilt als Erfolgsmodell. Die Verfügung der Bezirksregierung Arnsberg aus dem Jahr 1913, in der Volksschule mit heterogenen Gruppen zu arbeiten, wirkt vor diesem Hintergrund als Herausforderung für Lehrkräfte. Fraglich bleibt, ob der Umgang mit belasteten Kindern in der Regelschule angesichts des gegliederten Schulsystems und der »Ausmusterung nicht-normaler Kinder« ausgiebig erprobt wurde. Wenn die Schulen möglichst *leistungs- und verhaltenshomogene Klassen* (einige Gymnasiallehrer*innen werden sie bereits als »gut gemischt« bezeichnen) anstrebten, konnten Lehrkräfte in der Regelschule die notwendigen Erfahrungen mit »bedauernswerten Kindern« gar nicht erst machen.

Nach dem Ersten Weltkrieg zur Zeit der Gründung der vierjährigen Grundschule für alle forderte Raatz 1920 in der allgemeinen Schule einen »ungehemmten Aufstieg« *ohne Störungen* durch Behinderte:

»Die Einheitsschule nach dem Grundsatz ›freie Bahn dem Tüchtigen‹ ist auf dem Marsche. Die Hilfsschule für schwachsinnige Kinder wird eine notwendige Vorbedingung für sie sein; denn ihre Pflegebefohlenen sind von dem freien Wettlauf selbst durch die unterste Stufe der Einheitsschule ausgeschlossen. Ihr Verbleiben in der Grundschule würde den ungehemmten Aufstieg der Begabten beeinträchtigen« (Raatz, 1920, S. 51; zit. n. Werning & Lütje-Klose, 2006).

Sogar für eine »Einheitsschule« gilt 1920 noch: Unterricht funktioniert nur, wenn man die »Extremen« ausschließt. Am besten scheint man Schüler*innen gemeinsam unterrichten zu können, die »mit durchschnittlich gleichem Verstande« (so Bartsch im Jahr 1909) ausgestattet sind. Lehrkräfte scheinen um Arbeitsfähigkeit zu ringen, wenn ihre Schulklassen »zu heterogen« sind. Diese Sorge ist verbunden mit der Annahme, dass das gegliederte Schulwesen dem Unterricht am besten gerecht werden kann, wenn Schulformen so gegliedert sind, dass sie homogene, *selbstähnliche* Lerngruppen anstreben.

Auch unter medizinischen Gesichtspunkten war man bemüht, eine »gesunde Mischung« herzustellen und zu verhindern, dass sich Krankheiten und Behinderungen durch Vererbung verbreiteten. Eine erbliche Degeneration sollte durch öffentlich-medizinisch organisierte Auslese (Eugenik) verhindert werden (Labisch & Woelk, 2006). Durch die Fortschritte im Bereich der Hygiene konnte die Verbreitung vieler Krankheiten eingedämmt werden. Indes befürchteten Wissenschaftler nun, dies würde die »natürliche Auslese« hemmen, und eine »widernatürliche« Zunahme »lebensuntüchtiger Individuen« sei die Folge. Auch um sich nicht vermehren zu können und sich *nicht zu mischen,* sollten Menschen aus »sozial- und rassenhygienischen« Gründen in Sondereinrichtungen isoliert werden. Adornos *Studien zum autoritären Charakter* (1973 [1950]) belegen, wie anfällig mittelständische Familien der 20er Jahre des 20. Jahrhunderts für solche faschistoiden Denkmuster waren. Entsprechend kapitalistischer Marktgesetze, nach Regeln der Betriebswirtschaft und mit zunehmendem Verfall christlicher Werte erschienen Menschengruppen an der äußeren Peripherie der Gesellschaft als irrelevant, »überflüssig« und als »unwerte Schmarotzer«, die »dem Staat auf der Tasche liegen«. Diese »nutzlosen« Menschen erfüllten nicht die an sie gestellten Erwartungen dieser kapitalistischen Gesellschaft (Bauman, 2005).

Wie reagiert die heutige Gesellschaft auf diese am Rande stehenden »verhaltensauffälligen« Menschen? Mit »teilnahmsloser Vernunft« (Feuser, 2021b) – in einer langen Tradition stehend – sondert sie sie aus. Das angewendete Mittel dazu ist menschenrechtswidrig: Es geht in vielen Fällen nicht mehr darum, in eine Beziehung zu treten und dabei

»rehistorisierend« die Vorgeschichte ernst zu nehmen, sondern nur noch um die Verwaltung des nackten Lebens in der Exklusion (ebd.; Agamben 2002). Das heutige Leben ist »einer nie dagewesenen Gewalt ausgesetzt, die doch gerade in den banalsten und profansten Formen auftritt. Unser Zeitalter ist dasjenige, in dem ein Ausflugswochenende auf den europäischen Autobahnen mehr Tote produziert als eine Kriegsaktion« (Agamben, 2002, S. 124). Giorgio Agamben (2002) stellt weiter fest: »Dem nackten Leben kommt in der abendländischen Politik das einzigartige Privileg zu, das zu sein, auf dessen Ausschließung sich das Gemeinwesen der Menschen gründet« (ebd., S. 17).

Die wissenschaftlich legitimierte »Sozial«-, »Rassen«- oder »Fortpflanzungshygiene« war keinesfalls nur eine Erfindung des Hitlerfaschismus. So gab es 1920 ernsthafte geisteswissenschaftliche Erörterungen über die »Freigabe der Vernichtung lebensunwerten Lebens«. Ab 1940 wurde dann mit grundsätzlicher Systematik das Programm zur Vernichtung »wertlosen« Lebens vorangetrieben. Es galt, letztlich zu »entscheiden, welches Leben getötet werden kann, ohne dass ein Mord begangen wird« (ebd., S. 151). Ob »unrettbar Verlorene« und »unheilbar Blödsinnige« zu töten sind, war Gegenstand wissenschaftlicher Diskussionen (ebd., S. 147).

In den Jahren nach dem Zweiten Weltkrieg trennte die sonderpädagogische Theorie in sozialhygienischer Weise »normal Begabte« von anderen. Sie beschrieb in damals typischer Weise die Menschen als »charakterlich schwer Abartige, Wertsinnesgehemmte [...], stumpfe Gewissenslahme und blöde Uneinsichtige« (Lesemann, 1952, zit. n. Weisser, 2007, S. 5). Gemischt war dieses Denken mit »christlicher Liebesdienstauffassung« (Spieler, 1949, zit. n. Weisser, 2007, S. 5). Sowohl dem *Schutz der Kultur* als auch der Rettung des »Hilfsschulkindes« sollte die Sonderpädagogik dienen (Weisser, 2007, S. 6). Die für 1950 typische Konsequenz hieß:

> »Dann ist allerdings eine Ausschaltung mit Rücksicht auf andere Zöglinge notwendig, so leid uns das auch tut, weil eben sonst der Erziehungserfolg auch bei anderen in Frage gestellt wäre. [...] [W]ir sind gezwungen, alle Verseuchungsquellen aus den ›normalen‹ Anstalten zu entfernen« (Gruhle, 1950, zit. n. Weisser, 2007, S. 5).

Es entspricht dem Ziel einer »gesunden« Mischung, wenn – im medizinischen Vokabular bleibend – »Verseuchungsquellen« ausgeschaltet werden. Wie schon 1909 bei Bartsch sind es die Eigenschaften der Schüler*innen, nämlich die *Ähnlichkeit im Verhalten und Durchschnittlichkeit des Verstandes,* die den Unterricht in den »normalen Anstalten« erst möglich machen. Nach diesem Denkansatz ist die »Durchschnittlichkeit« der Schülerzusammensetzung die Voraussetzung zu einem »normalen Unterricht«. Die in diesem Sinne idealtypische Schulklasse wird also gedacht als eine künstlich hergestellte und gesellschaftlich beeinflusste Auswahl von selbstähnlichen Schüler*innen. Diese Auswahl ist selbst aber auch heterogen, dies jedoch nur in einem Maße, wie es »durchschnittlich vertretbar« erscheint. Heterogenitätsdimensionen wie eine prekäre ökonomische Lebenslage, ethnisch-kulturelle Herkünfte mit Migrationsvorgeschichte oder unterschiedliche Auffälligkeiten in puncto emotionaler, sozialer, kognitiver und körperlicher Entwicklungen sollen in diesem Sinne geringgehalten werden. Diese Art von »heterogener Gruppe«, die sich der landläufig als »verhaltensauffällig und lernunwillig« bezeichneten »Störer« und »Störerinnen« entledigt hat, ist insofern homogen, als sie auf der »Ähnlichkeit im Verhalten« und »Durchschnittlichkeit des Verstandes« basiert und den »normalen« Unterricht erst möglich macht. Man könnte diese heterogene Gruppe also als eine »gut gemischte« *homogene* und *selbstähnliche* Schulklasse bezeichnen. Diese »gute Mischung«, die mit Aussonderung der Störer gekoppelt ist, hat sich unter dem Begriff der »Heterogenität« zum pädagogischen Paradigma entwickelt. Diese Art von »Heterogenität« ist in Wirklichkeit insofern eine Homogenität, als sie sich frei macht von einer »Ballung« von »ganz extremen« Schüler*innen in einer Schulklasse. Das Paradigma besagt, dass es auf jeden Fall gut sei, wenn die Kinder aus schwierigen Lebenslagen nicht zusammen in eine Klasse oder Schule gehen. Durch die Verteilung dieser »benachteiligten« Kinder auf verschiedene Schulen scheint »die Last auf mehrere Schultern aufgeteilt« zu sein. Dieses Paradigma verspricht also vielen Schulen eine Lösung: Egal ob Gymnasium, Realschule, Hauptschule oder Gesamtschule – ihnen allen wird über dieses Paradigma ein Erklärungsmodell angeboten, wieso das eine oder andere Kind »hier nicht hingehört«, auf der »falschen Schule« ist und »woanders besser gefördert werden kann«. Ein solches Erklärungsmodell beruhigt gerade auch diejenigen Schulpolitiker*innen, die gegen das gegliederte Schulsystem sind, aber auf die Sonderschulen nicht zu verzichten wagen.

7.1.2 Perspektive aus anderen Ländern: Pädagogik zwischen Segregation, Zwangsmischung und Schulen für kulturelle und ethnische Minderheiten

Wer fordert, dass eine Mischung von »behinderten« und »nicht-behinderten«, von »schwierigen« und »normalen«, von »armen« und »begünstigten« Schüler*innen in jeder Schulklasse so zu gestalten sei, dass sie in einem bestimmten Zahlenverhältnis (von zum Beispiel 2 zu 18) stehen müsse, unterstützt die Aussonderung. Er oder sie spricht von einer »gut« gemischten Klasse, falls bestimmte Bedingungen erfüllt werden. Diese Bedingungen sind jedoch in einer Schule im sozialen Brennpunkt nicht vorhanden, weil dort zum Beispiel mehr als zwei Kinder »behindert«, »schwierig«, arm und mit Migrationsvorgeschichte in jeder Klasse sind. Um die Quote von zwei zu erreichen, müssten bestimmte Kinder in eine andere Schule gehen, also ausgesondert werden. In einem Brennpunktgebiet finden wir in der Regel Kinder und Jugendliche in Risikolagen. Sie werden in manchen Gemeinden ausgegrenzt und von der Regelschule verwiesen. Bei ihnen sind teilweise folgende (familiäre) Lebenshintergründe zu finden:

➤ Behinderungen aller Art,
➤ Alkohol- oder Drogenkonsum,
➤ schwere psychische Erkrankungen,
➤ Obdachlosigkeit,
➤ Missbrauchserfahrungen,
➤ Diskriminierungserfahrungen,
➤ frühe Schwangerschaft,
➤ Kriminalität,
➤ keine Verbindungen zur Herkunftsfamilie,
➤ keine Verbindungen zur Stammschule,
➤ keine Verbindungen zur Community.

Ein Blick über den Atlantik ist in diesem Zusammenhang notwendig, um unseren Horizont zu weiten. Schroeder (2019) zeigt nach mehrmonatigem Aufenthalt in Kanada exemplarisch Gruppen auf, die sozial aufgrund von Armut benachteiligt sind:

1. die als Ureinwohner *(aboriginals, First Nations)* Ausgegrenzten,
2. die durch Kolonialismus ins Land geschleppten Schwarzen *(Afro Canadians)*,
3. die asylsuchenden Geflüchteten.

Kommen alle diese Gruppen auf ihre Kosten, wenn sie zwangsweise in der *public school* in Schulklassen in kleiner Zahl »integriert werden« und auf diese Weise aus ihren ursprünglichen kulturellen Verwurzelungen herausgenommen werden?

In den 1970er Jahren bildeten sich in Kanada *American Indian Liberation Movements* heraus, die den vorherigen »kulturellen Genozid« in Internaten anprangerten und für *Indian Control of Indian Education* kämpften. Sie forderten, dass sie die Unterrichtsinhalte selbst bestimmen und die Schule selbst verwalten konnten (ebd., S. 83f.).

> »So gründete 1977 eine Gruppe von First Nations Eltern in Toronto eine ›native-controlled-school‹, weil sie nicht länger die rassistischen Haltungen akzeptieren wollten, mit denen ihre Kinder in der Public School konfrontiert waren. Außerdem vermissten sie im Schulcurriculum ihre Sprache, ihr kulturelles Erbe […] sowie ihre Perspektiven auf Geschichte und Gesellschaft« (ebd., S. 84).

Ebenso forderten die Familien der *Afro Canadians* für ihre Kinder eigene *Afrocentric schools*, in denen die Schüler*innen eine identitätsstärkende, selbstbewusste *blackness* entwickeln. In den weiß markierten *public schools* wurden die Schwarzen dagegen marginalisiert. 2009 startete eine erste *Africentric school*, in der einerseits afrikanische Werte vermittelt werden, die den Kolonialismus und die Globalisierung überdauert haben, und in der sich andererseits der Lehrplan an Vielfalt orientiert. Auch diese Minderheitengruppe kritisiert, dass in *public schools* die Schüler*innen ungleich behandelt werden, die eigene Kultur und Geschichte der Unterdrückung zu wenig thematisiert wird und keine schwarzen Lehrkräfte vorhanden seien (ebd., S. 85). In diesen Schulen wird ein *special needs program* für Behinderte zurückgewiesen, weil man einen biologischen »Rassismus der Intelligenz« (Bourdieu, 1993, S. 254f.) fürchtet, der das Vorurteil bedient, dass weiße Menschen intelligenter seien als schwarze und daher höhere Schulleistungen erbrächten.

Die UNESCO-Direktorin Marcia Alexandra Santacruz Palacios (2021) fordert aus afrokolumbianischer Perspektive Kinder und Jugendliche dazu anzuregen, »die eigene Identität und die gelebten *ethnisch*-kulturellen Werte zu stärken« (S. 126), und so die »Technologien der Vorfahren« im Sinne von Paulo Freire für die Lösung von Problemen zu nutzen. So ist in der kolumbianischen Verfassung eine multiethnische Nation seit 1991 festgeschrieben. Die daraus folgende *etnoeducación* basiert auf der Überwindung des zuvor gültigen Modells der »Integration« verschiedener Bevölkerungsgruppen, die die kulturelle Vielfalt in Kolumbien de facto zurückgedrängt hatte. In allen Schulen soll stattdessen vermittelt werden, dass afrokubanische, indigene und Roma-Kulturen als *Teil der Wurzeln* von Kolumbien angesehen werden. In diesem Sinne sollen sowohl Mehrsprachigkeit als auch kulturelle Identitäten und Interkulturalität gefördert werden (ebd., S. 120).

An diesen Beispielen können wir deutlich erkennen, dass »Inklusion« in einer Schule für alle nicht denkbar ist, wenn sie die Bedürfnisse der jeweiligen kulturellen oder sozial benachteiligten Eltern nicht ernstnimmt. Am Beispiel der Integration der Roma-Familien haben wir gezeigt, wie dies gelingen könnte (siehe Kapitel 1). Hinsichtlich der Rom-Völker haben sich in Teilen der Bevölkerung bestimmte Vorurteile über Jahrhunderte gehalten, wie Bogdal (2011) nachweisen kann: Hier wird das Bild des Zigeuners, des »verschlagenen Wilden, [...] des Seuchenträgers und der triebhaften Kreatur präsentiert« (ebd, S. 480). Man muss ständig auf der Hut sein, ein Zusammenleben mit ihnen scheint unmöglich zu sein. Sie gelten als lügenhaft, parasitär, rückständig, disziplinlos und nicht gesetzesloyal (ebd., S. 481). Rom-Völker werden »bis heute nicht als Teil der vielgestaltigen europäischen Völkergemeinschaft wahrgenommen« (ebd., S. 482). Menschenfeindliche Vorurteile gegenüber Sinti und Roma, Zugewanderten und Moslems sind seit vielen Jahren in der »Mitte der Gesellschaft« weit verbreitet, wie auch die »Mitte-Studie« zeigt (Zick, Küpper & Berghan, 2019).

In unserer modernen Zivilisation scheint somit ein Rassismus möglich, der sich gegen die eigene Gesellschaft richtet: »die Lizenz zur Ausgrenzung und zum Töten eines Teils ihrer selbst« (Bogdal, 2011). Diese rassistische Haltung setzt Empathie außer Kraft und zielt ab auf den »›sozialen Tod‹ der Unterworfenen« (Jantzen, 2009, S. 231). Wie stark in Deutschland unser Blick auf die Menschen von früher Kindheit an unter anderem zum Beispiel durch Kinderbücher, in der alltäglichen Sprache und in tief verwurzelten kolonialen Einstellungen rassistisch geprägt ist, bleibt vielen verborgen. Zahllose Erfahrungsberichte belegen, dass diese Auffassungen in der Mitte der »bio-deutschen« Gesellschaft zu finden sind (Ogette, 2017; Amjahid, 2017, 2021). In einem solchen undemokratischen Geiste wachsen auch die Abwehrhaltungen zum Beispiel gegen Migrant*innen – gleiche Rechte für einen beträchtlichen Teil der Bevölkerung werden in Frage gestellt. Eine inhumane Haltung, die in Seenot geratenen Flüchtenden eine Aufnahme in Europa verwert, spiegelt sich in Befürchtungen einer »Überfremdung« oder in Aussagen wie »Das Boot ist voll!« wider. Weit verbreitet – auch in liberalen und fortschrittlich denkenden Kreisen der Mehrheitsgesellschaft – erscheint dabei die Lösung zu sein, dass nur eine begrenzte Zahl in Not geratener Menschen aufgenommen werden dürfte, um eine »explosive Mischung« mit der einheimischen Bevölkerung zu vermeiden. In der »Mitte-Studie« (Zick, Küpper & Berghan, 2019) wurde die Kategorie einer »guten Mischung« bisher nicht abgefragt, was allerdings interessant wäre, da sich hinter ihr nicht selten eine Haltung der Aussonderung verbirgt.

Bei so viel Abweisung und Vorurteil können zum Beispiel Menschen aus Roma-Familien kaum vertrauensvoll auf die Schule zugehen. Sie werden nicht akzeptieren, wenn ihre Kinder in Sondereinrichtungen abgeschoben oder ihre Bedürfnisse nicht ernst genommen werden. Die Kinder wollen gerne zum Beispiel mit ihren Cousins und Cousinen in eine Klasse gehen, um sich sicherer zu fühlen. Reine Roma-Klassen wünschen aber die meisten Eltern nicht. Besonders hilfreich ist es zudem, wenn die Klassen altersgemischt sind und Große auf Kleine aufpassen können. Eine sogenannte »gute« Mischung« mit nur einem Roma-Kind würde hier eher dazu führen, das einzelne Roma-Kind zu verunsichern und auszugrenzen.

Ein weiteres interessantes Beispiel finden wir in den USA: Dort wurden zum Zweck der »guten Mischung« im Rahmen der Abschaffung der Rassentrennung an Schulen per Gesetz von 1954 schwarze Schüler*innen seit den 1970er Jahren mit Bussen zwangsweise in Schulen anderer Schulbezirke gebracht. Dieses *desegregation bussing* war auch von Teilen der schwarzen Bevölkerung akzeptiert, weil sie sich dadurch erhofften, dass sie bessere Rahmenbedingungen vorfanden, wenn ihre Kinder mit weißen Kindern zusammen in eine Schule gingen (Joffe-Walt, 2020, Episode 1). In Deutschland betrachtete die Soziologin und Journalistin Luc Jochimsen schon 1971 die überfüllten und im schlechten Zustand befindlichen Grundschulen als »Hinterhöfe der Nation« und forderte bereits, Schüler*innen aus dem Ghetto zu Ganztagsschulen täglich in besser versorgte Bezirke zu bringen und umgekehrt. Sie bezog sich dabei auf die Erfahrungen in den USA. Dieses aus ihrer Sicht notwendige Vorgehen gegen Diskriminierung sei angesichts der deutschen »Grundschulmisere« die Lösung, um das Ghetto zu »durchbrechen« (Jochimsen, 1971, S. 43ff). Die Erfahrungen mit dem *bussing* in den USA verliefen jedoch nicht wie erwartet und führten eher zu anderen Erkenntnissen. Die Rassentrennung und -diskriminierung hatte sich in den USA unter anderem daran gezeigt, dass öffentliche Schulen für Schwarze wesentlich schlechter ausgestattet waren als die Schule der weißen Bevölkerung. Nachdem ein Kind verunglückt war, organisierten die schwarzen Eltern 1964 in New York einen Schulstreik gegen die extrem schlecht ausgestatteten und gesundheitsgefährdenden Schulen. Der Widerstand gegen das Schulsystem führte am 3. Februar 1964 zu der größten *civil-rights*-Demonstration in der amerikanischen Geschichte mit 500.000 Schüler*innen, die nicht zur Schule gingen. Sie nannten den Schulboykott »Freedom Day«. In der Presse wurde diese Demonstration kaum erwähnt. Für viele Schwarze war die Integration in eine Schule mit Weißen zusammen somit ein Weg, für ihre Kinder gleichwertige Ausstattungen wie die Weißen zu bekommen: bessere Schulgebäude, größere Klassenräume, kleinere Gruppen, qualifizierte schwarze Lehrer*innen und eine ganztägige Erziehung: »Integration meens better schools for all« war ein Slogan einer farbigen Demonstrantin für die gemeinsame, nicht-getrennte Schule (Joffe-Walt, 2020, Episode 1). Ein Teil der weißen Eltern und der Schulverwaltung beklagte ebenfalls die Segregation der Menschen aufgrund ihrer Hautfarbe und bezeichnete diese als *racial imbalance* in den Wohnvierteln. Diese Personen befürworteten und unterstützten das *bussing*, die »Desegregation« und die gemeinsame Beschulung von farbigen und weißen Kindern aus »politisch korrekter« Einstellung oder eigenen Vorteilen heraus, waren aber in der Realität und in ihrer Einstellung häufiger abgeneigt. Somit suchten viele Weiße für ihre eigenen Kinder öfter die Privatschulen auf, in denen keine Schwarzen unterrichtet wurden. Sie fürchteten um das schulische Fortkommen ihrer Kinder, wenn sie mit Schwarzen zusammen lernten, weil sie annahmen, dass die Schwarzen »schlechtere« Schüler*innen seien. Sie fürchteten »chaotische und unruhige« Verhältnisse. Auch in gemischten Schulen wurden *gifted and talented classes*, Klassen für lernstarke weiße Schüler*innen eingerichtet, um diesen Ansprüchen genügen zu können. Solche Eltern werden in einem aktuellen Podcast der NY Times als *nice white parents* bezeichnet. Sie drückten ihre Rassenangst aus, die in Briefen und Interviews dokumentiert sind (ebd.; Delmont, 2016).

Von Beginn an (seit 1957) protestierten manche Weiße gegen Bustransporte von schwarzen Schüler*innen aus überfüllten schwarzen Schulen in weiße Schulen. Schüler*innen wurden angegriffen, Busse mussten mit Polizeischutz vorfahren, sodass der Druck auf die Gesetzgeber in den 1970er Jahren stieg, diese Praxis als zwangsweises *bussing* zu beenden. Das Erzwingen der Mischung führte zu rassistischen Protesten. In manchen Bezirken konnten durch *desegregated bussing* auf freiwilliger Basis viele Schüler*innen erfolgreich miteinander die Schule besuchen. In der öffentlichen Diskussion wurde dies jedoch nicht wahrgenommen, sondern schlechtgeredet. Die Segregation stieg wieder an. Bereits in den 1990er Jahren protestierten sowohl schwarze als auch weiße Familien dagegen, dass ihre Kinder aus ihrem Bezirk und sozialen Umfeld gerissen wurden und lediglich wegen des Zieles der Mischung teils stundenlange Busfahrten in Kauf nehmen sollten. Gemeinsame Aktivitäten der Schüler*innen in der Freizeit wurden wegen der teilweise großen Entfernungen der Wohnbezirke erschwert. Die Zwangsintegration von schwarzen Schüler*innen löste auch in der schwarzen Bevölkerung Proteste aus, weil die Kinder mit Blick auf ihre eigenen kulturellen Wurzeln entfremdet wurden. So teilten die Behörden zum Beispiel in Louisville die Schüler*innen so zu, dass der Anteil der Schwarzen zwischen 15 Prozent und 50 Prozent lag. Dies wurde dort bereits in den 1990er Jahren gesetzlich verboten (die *taz* berichtete darüber am 30. Juni 2007). Der oberste Gerichtshof verbot 2007, Schüler*innen aufgrund ihrer Hautfarbe bestimmten öffentlichen Schulen zuzuteilen. Das Kriterium »Rasse« für die Zuteilung von Schulen galt als verfassungswidrig. Obwohl viele Schulbehörden für Integration arbeiteten, blieb die Trennung bestehen. Inzwischen besuchen 80 Prozent der weißen Schüler in den USA öffentliche Schulen, in denen nur Weiße unterrichtet werden. Demgegenüber sind es nur etwa 44 Prozent bei den Schwarzen (Delmont, 2016).

Die Zwangszuteilung von Schüler*innen macht nicht sichtbar, in welcher Lage die unterdrückten und benachteiligten Schwarzen sich befanden. Bei einer erzwungenen Integration durch zum Beispiel das *bussing* wurde die Lebenssituation dieser Familien mit einer Sklaven- oder Migrationsvorgeschichte – ähnlich wie bei den Indigenen – ignoriert. Mit dem vorgegebenen Ziel einer Desegregation konnten solche Maßnahmen kaum helfen, den Menschen ihre Würde zurückzugeben. Im Gegenteil war zu befürchten, dass mit einer erzwungenen »guten Mischung« die eigene Identität auf der Strecke blieb. So ist zu erahnen, dass die gut gemeinte Mischung als Zwangsmaßnahme in einem ausgrenzenden Schulsystem die gesellschaftliche Ungleichheit stabilisierte und reproduzierte. Wenn die Menschen zum Beispiel in der Black-Power-Bewegung ihre Stärke fanden, so geschah dies gerade analog zum Vorgehen der Alphabetisierung von Paulo Freire, indem sie sich auf sich selbst, ihre Kultur und die Geschichte ihrer Unterdrückung bezogen. Sie mussten sich abgrenzen von den »weißen« Einflüssen ihrer einstmaligen und weiterhin agierenden Unterdrücker*innen. Erst wenn sie ihren eigenen Wert wiederfanden und selbstbewusst eigene Schulen mit eigenen schwarzen Lehrer*innen fordern konnten, konnte der nächste Schritt gelingen. Ähnlich wie Südafrikas »Wahrheits- und Versöhnungskommission« von 1996 bis 1998 *(Truth and Reconsiliation Commission)*, die die politischen Verbrechen während der Apartheid (1910–1994) unter der Leitung von Desmond Tutu beim Namen nannte, konnte anschließend ein Versöhnungsangebot folgen. Dieses kann auch seinen Ausdruck finden im Bemühen um gemischte Schulen, in denen die Menschen vor Ort in ihren Quartieren gemeinsam in eine Stadtteilschule gehen und sich nicht nach »Rassen« oder anderen Kriterien trennen lassen.

Wir könnten die Entwicklungslinie von der schulischen Segregation bis zur humanen und solidarischen Schule grob über vier Phasen skizzieren. Eine solche Phasenaufteilung soll hier helfen, uns bewusst zu machen, in welcher Situation wir uns befinden. Unsere These lautet, dass die Schulen sich auf langen Wegen weiterentwickeln. Diese Entwicklung verläuft nicht linear, sondern in Sprüngen über den Zwischenschritt der Identitätsfindung. Ohne eine »Pädagogik der Unterdrückten« von Paulo Freire, in der die eigene Kultur der Unterdrückten eine ihr zustehende Anerkennung erfährt, kann eine solidarische Schule kaum gelingen. Zu dieser These hier ein vereinfachtes Phasen-Modell, um sich eine Vorstellung davon zu machen, wie die Entwicklungen verlaufen könnten:

1. *Segregation und Separation:* Aussonderung von »schwierigen« oder »andersartigen« Schüler*innen in gesonderte Einrichtungen des gegliederten Schulsystems
2. *Desegregation oder Zwangsmischung:* noch immer Ausgrenzung der »schwierigen« und »andersartigen« »Rest«-Schüler*innen aus öffentlichen Schulen mit »guter Mischung« (zum Beispiel Gesamtschulen) in Sondereinrichtungen
3. *Black-Power-Bewegung und Identität:* »Pädagogik der Unterdrückten« in eigenen Schulen für die eigene Kultur zur Abgrenzung von der Vorherrschaft der herrschenden Kultur
4. *Versöhnung, Mitgefühl:* solidarische und internationale Schulen für alle in der Gemeinschaft

Besonders interessant ist, dass in der hier genannten zweite Phase die gemischten Schulen die »Restschüler*innen« aktiv aussondern. Wir werden uns nun genauer ansehen, wie bei uns in deutschen Schulen, wo von »guter Mischung« gesprochen wird, ein »harter Kern« ausgesondert wird. Die gesellschaftliche Funktion einer Auslese von Schüler*innen beschreibt Pierre Bourdieu (2018a [1966]):

> »Weil der traditionelle Unterricht sich *objektiv* an die wendet, die von ihrem Milieu her über das sprachliche und kulturelle Kapital verfügen, das er *objektiv* verlangt, kann er seine Anforderungen nicht explizit stellen und es sich zur Aufgabe machen, allen die Mittel zur Verfügung zu stellen, diesen Anforderungen zu genügen« (S. 28).

Nach Bourdieu funktioniert ein solches Bildungssystem nur so lange,

> »wie ihm die Rekrutierung und Auslese gelingt [...], wie es sich an Individuen wenden kann, die mit ebendem kulturellen Kapital (und der Fähigkeit, es gewinnbringend anzulegen) ausgestattet sind, das von ihm vorausgesetzt und sanktioniert wird, ohne explizit verlangt oder vermittelt zu werden. In die einzige spürbare Bedrängnis geriete es [...] nicht durch die Zahl, sondern durch die Qualität der Schüler« (ebd., S. 29).

Die Schule trägt »zur Perpetuierung wie zur Legitimierung der Ungleichheit bei« (ebd., S. 31). Dies gelingt ihr, indem sie »den Individuen nur deren Position in der sozialen Hierarchie genau entsprechenden Erwartungen an die Schule zugesteht und unter ihnen eine Auswahl trifft, die unter dem Anschein der formalen Gleichheit die existierenden Unterschiede sanktioniert und konsekriert« (ebd., S. 30f.).

So wird sichtbar, dass die Idee der »guten Mischung« sich als Lösungsvorschlag gegen die »Ballung« von »schwachen Schüler*innen« in Brennpunkten tarnt und damit die Funktion erfüllt, die Auslese zu rechtfertigen. Ähnlich wie die »Begabungsideologie, Grundvoraussetzung des Schul- und Gesellschaftssystems« (ebd., S. 31) trägt die Ideologie der »guten Mischung« dazu bei,

> »den Angehörigen der benachteiligten Klassen das Schicksal, das ihnen die Gesellschaft beschieden hat, als unentrinnbar erscheinen zu lassen. [...] Indem es den kulturellen Ungleichheiten eine formell mit den demokratischen Idealen übereinstimmende Sanktion erteilt, liefert es die beste Rechtfertigung für diese Ungleichheiten« (ebd., S. 31).

7.2 Die Idee der »guten Mischung« heute in Deutschland

Kaum eine Familie aus Armutsgebieten wollte oder will heute, dass ihre Kinder auf verschiedenen Schulen lernen. Etliche kinderreiche Familien wehren sich dagegen, weil sie wegen der verschiedenen Schulwege Nachteile haben. Die Stärke vieler Familien ist das außerschulisch funktionierende Familiengefüge, wo die ältesten Geschwister die jüngeren anleiten und zur Schule oder zum Kindergarten begleiten. Dass dies in der Regel öfter den Mädchen als den Jungen übertragen wird, können wir teilweise beobachten, und erfahren, dass darunter auch Mädchen leiden. Wir sehen aber auch andere Familien, in denen dies nicht so gehandhabt wird. Die Hilfe der älteren ist notwendig und wird gestört, wenn man die Kinder auf verschiedene Einrichtungen verstreut.

Ein Beispiel illustriert dies: Eine Roma-Familie hat fünf relativ junge Kinder. Das jüngste ist fünf Jahre alt, besucht einen Kindergarten und muss morgens vom 12-jährigen Bruder dort um sieben Uhr hingebracht werden. Der Bruder muss dann anschließend mit dem Bus zur weit entfernt gelegenen Integrativen Realschule fahren. Das jüngste Mädchen ist sechs Jahre alt und geht in die Regelgrundschule. Der siebenjährige Bruder besucht die Schule für Erziehungshilfe und wird morgens mit dem Taxi zu Hause abgeholt. Die elfjährige Schwester fährt jeden Morgen alleine mit dem Fahrrad zur Hauptschule. Aus Erfahrung wissen wir, dass die Kinder während ihrer Schulzeit zusätzlich nicht selten mehrmals die Schule wechseln müssen. Insofern bildete eine Elternschaft, die eine solidarische Familiengemeinschaft praktiziert, immer schon eine Gegenbewegung zur Idee der »guten Mischung«. Jedoch bleibt hier die stärkende und zusammenhaltende Kraft der Roma-Familie ungenutzt. Welche pädagogische Chance wird hier vertan, wenn hier nicht – wie in der Langformschule der Jahrgänge 1 bis 10 beziehungsweise 13 – Schule und Kindergarten unter einem Dach für alle Kinder dieser Familie eine Heimat bieten kann! Es ist längst überfällig, dass Finanzminister*innen die bisherigen getrennten Lösungen als zu teuer brandmarken und auf deren Ende drängen sollten.

Die Mehrheit der bürgerlichen Mittelschicht denkt vor dem Erfahrungshintergrund der eigenen Schulzeit: Dort war es häufig unvorstellbar, dass in einer frontal geführten Unterrichtssituation an der Tafel ein*e einzige*r Schüler*in am Unterricht teilnehmen konnte, der*die zum Beispiel die deutsche Sprache nicht beherrschte. Selbst eine Lernsituation mit differenziertem Unterricht haben die meisten älteren Deutschen nie erleben können.

Viele bürgerliche Eltern, deren Kinder trotzdem eine Brennpunkt-schule besuchen, können sich nicht vorstellen, dass ihre Kinder Freund-schaften mit ganz anderen Kindern als mit denen schließen, die ihren eigenen ähnlich sind. Sie wünschen dies häufig auch nicht. Diese Spal-tung der Gesellschaft führt dazu, dass etliche Eltern nur in der Grund-schule ein gemeinsames Lernen akzeptieren. Sie wollen den Bruch nach Klasse 4 – als realisierter Abbruch der Beziehungen zu den unteren Schichten oder problembeladenen Familien. Solidarisches Zusammen-sein gilt als unklug.

Der historische Exkurs zur sozialhygienischen Legitimation von Aus-sonderung zeigt auch, dass Lehrer*innen in der Regelschule in Deutsch-land bis in die 2000er Jahre hinein im Gegensatz zu vielen europäischen Ländern mit Gesamtschulen in Langform oft relativ wenig Erfahrungen im Umgang mit stark heterogenen Lerngruppen sammeln konnten. Viel-mehr strebten sie Klassen an, in denen sich die Schüler*innen sowohl im Verhalten als auch im Lernniveau ähnelten. Lehrkräfte wollten *selbstähn-liche Lerngruppen* und erreichten, dass immer mehr und früher ausgeson-dert wurde. Sogenannte »leistungsstarke« wurden schon frühzeitig wie in kaum einem anderen Land von »mittleren«, »mittlere« von »einfa-chen«, »einfache« von »schwachen« Schüler*innen getrennt. Auffällig waren die Schüler*innen, die nicht in der für sie passenden Schule unter-richtet wurden: Sie fielen in der Klasse als zu schwach beziehungsweise zu stark auf und »gehörten hier nicht hin«. Leicht geraten daher selbst hochengagierte Lehrer*innen in Fallen, die geprägt sind von der Grund-einstellung der »guten Mischung«. Martina Hehn-Oldiges (2021), Schulleiterin einer Sonderschule, hat diese Verhaltensfallen von Lehr-kräften beobachtet. Sie beschreibt, wie überforderte Lehrkräfte reagieren, wenn »schwierige« Schüler*innen sie herausfordern:

➤ Beispiele in Situationen mit »Leistungsüberforderungen«:
  ➤ »Was Du geleistet hast, ist nicht gut genug!« (ebd., S. 52)
  ➤ »Mehr anstrengen!« (ebd.)
  ➤ »Wir haben alles versucht, aber nichts hat geholfen« (ebd., S. 78).
  ➤ »Wir können uns doch nicht ständig nach ihr richten« (ebd., S. 87).
  ➤ »In diesem Alter muss er aber mit anderen zusammenarbeiten können« (ebd., S. 86).
  ➤ »Er versteht alles, er will nur nicht!« (ebd., S. 137)

- Beispiele in Situationen mit »Verhaltensauffälligkeiten«:
  - »Es gibt keinen Grund, sich so zu verhalten« (ebd., S. 23).
  - »Selbst schuld, wenn Du dich nicht an die Regel hältst« (ebd., S. 24).
  - »Das habe ich von Dir auch nicht anders erwartet!« (ebd., S. 64)
  - »Hör auf, so laut zu sein!«, »Du sollst die anderen nicht schubsen!« (ebd., S. 55)
  - »Du hattest es versprochen, aber nun tust Du es wieder!« (ebd., S. 66)
  - »Stell Dich nicht so an!« (ebd., S. 146)
  - »Das ist doch gar nicht schlimm!« (ebd., S. 50)
  - »Ich bin enttäuscht von Dir, Du machst mich traurig« (ebd., S. 65).
  - »Sie macht das extra!« (ebd., S. 24)
  - »Das ist eine Provokation!« (ebd., S. 75)
  - »Sie kann nicht einfach machen, was sie will!« (ebd., S. 151)
  - »Das muss sie jetzt aber mal aushalten!« (ebd., S. 150)
- Beispiele aus Gesprächen mit Kolleg*innen:
  - »Er ruft ständig rein«, »Der nervt die ganze Zeit« (ebd., S. 80).
  - »Eigentlich weiß er ganz genau, wie er sich zu benehmen hat« (S. 85).
  - »Er muss einfach mal lernen, abzuwarten« (ebd., S. 134).
  - »Der typische türkische Macho! Dort werden Frauen nicht als Autoritäten anerkannt« (ebd., S. 162).
  - »Bei mir macht er das nicht« (S. 32).
  - »Wenn ich ihn jetzt etwas Angenehmes machen lasse, belohne ich ihn und verstärke noch sein herausforderndes Verhalten« (ebd., S. 62).

Diese Sätze offenbaren »Verhaltensfallen« (Hehn-Oldiges, 2021), in die Lehrkräfte geraten können, wenn sie an fachliche und persönliche Grenzen kommen. Sie erschweren die pädagogische Beziehung und die professionelle Lösung der dahinterstehenden Probleme. Nicht selten führen sie zur Aussonderung. Sie sind geprägt von bürgerlichen Vorstellungen und wirken als pädagogische *Kunstfehler* entmutigend (Prengel, 2013). Sie verletzen vor allem diejenigen, die sich nicht in solidarischer Gemeinschaft wehren und den bürgerlichen Leistungsansprüchen an sie ausgeliefert sind. Besonders

Kinder aus Familien, die in Armut leben und aus anderen Kulturen stammen, bekommen so die »feinen Unterschiede« (Bourdieu, 2018b [1982]) zu spüren und erleben hier eine »kulturelle Invasion« (Freire, 1970).

Behinderte Kinder sind von dieser Entmutigung dann besonders betroffen, wenn sie nicht aus bürgerlichem Elternhaus stammen. Wenn jedoch zum Beispiel ein körperbehindertes oder sehbehindertes Mädchen kognitiv sehr begabt und überdies fleißig schien, konnte es durchaus auf manch einem »fortschrittlichen« Gymnasium aufgenommen werden, wenn die Eltern aus gehobenen Kreisen stammten und das Kind beim Lernen unterstützten. Ein sehr begabter Junge aus einer »bildungsfernen« und armen Migrantenfamilie war jedoch oft ohne Chancen in einem Gymnasium, wenn er den mittelschichtorientierten, »monolingualen Habitus« (Gogolin & Neumann, 1997) und dessen Schulsprache nicht beherrschte und seine Eltern ihm nicht bei den Hausaufgaben helfen konnten. Selbstverständlich bestätigen Ausnahmen in fortschrittlichen Gymnasien auch hier die Regel. In tiefster Überzeugung werden noch heute in Lehrerzimmern und Elternsprechtagen typische Sätze ausgesprochen, die von einer aussondernden Haltung getragen sind: »Dieser Junge gehört nicht auf ein Gymnasium!« Zudem spiegelt sich darin die Überzeugung, dass eine aussondernde Schulform eine besonders hohe pädagogische Qualität besitze. Nur in solchen homogenen, künstlich geschaffenen, aber – im Sinne von (häuslich unterstützter) Leistungsfähigkeit – »selbstähnlichen« Lerngruppen meinten Lehrer*innen gut unterrichten zu können. Das gesamte Schulwesen wurde so gegliedert, dass die angestrebten homogenen Lerngruppen geschaffen werden konnten. In Gesamtschulsystemen wurden Lerngruppen nach ähnlichem Leistungsniveau in Kursen zusammengestellt.

Andere, nicht ähnliche Kinder, die einer vorgegebenen Schulform kaum zuzuordnen waren oder aber der »nicht passenden« Schulform zugeordnet wurden, mussten auffallen, zum Beispiel sogenannte »LRS-Schüler*innen«, »Schüler*innen mit Rechenschwäche«, »hochbegabte Schüler*innen mit Verhaltensauffälligkeiten«, »Kinder mit autistischen Zügen«, »ADHS-Kinder«, »hörgeschädigte Schüler*innen mit Migrationshintergrund«, »Flüchtlingskinder«, »begabte Zirkuskinder«, »blinde, entwicklungsverzögerte Kinder«, »psychisch kranke Kinder mit Lernproblemen«, »Heimkinder«, »mehrfach behinderte Kinder«, »lernschwache Sprachbehinderte« und viele mehr. Diese Schüler*innen waren in keiner Schule so recht am Platz. Viele von ihnen wurden in den zugeordneten, aber nie passenden Schulformen nicht adäquat »gefördert«. Teilweise

333

machte man sie dort erst zu »Behinderten« und hinderte sie geradezu am Fortkommen. Nicht selten wechselten die Schüler*innen dann auch noch den »Förderort« und mussten auf eine andere Sonderschule.

In Deutschland sind »schwache« Lerner*innen in bedeutender Größenordnung in sogenannte Schulen mit dem »Förderschwerpunkt Lernen« ausgesondert worden, obwohl alle Studien schon lange zeigten, dass dort die Schüler*innen nicht so gut lernen wie in integrativen Klassen (Schnell, Sander & Federolf, 2011; Jürgens, 2020, S. 67ff.).

7.2.1 Eine unübersichtliche Schulstruktur verschleiert die Aussonderung

Wie sich die »gute Mischung« in den Schulen und im Schulsystem heute darstellt, bleibt für die Öffentlichkeit häufig im Dunkeln. Es fällt zunächst auf, dass Schulversagen nicht nur in einer Schulform zu finden ist, sondern in vielen. Das führt dazu, dass schwer auszumachen ist, wer »Schulversager« sind und in welchen Schulformen sie beschult werden. Dieses Schulsystem verschließt sich dem kritischen Blick der Öffentlichkeit. Es wird so verschleiert, welche Strukturen das Schulversagen verursachen.

Es gibt in Deutschland laut Bildungsbericht 2020 (Autorengruppe Bildungsberichterstattung, 2020, S. 107ff.) eine *Schullandschaft*, die zunächst sehr unübersichtlich erscheinen mag. Es scheint dabei nicht sinnvoll, von zwei Säulen zu sprechen, wenn man nach Schulen für Begünstigte und für Benachteiligte sucht. Es ist bundesweit kaum nachprüfbar, welche Schüler*innen mit welchem Anteil den »Rest« bilden. Die Begünstigten lernen im Gymnasium, teils auch in Realschulen oder Gesamtschulen, die benachteiligten Schüler*innen in anderen Schulformen wie Sonderschulen, Hauptschulen, aber auch Gesamtschulen beziehungsweise Schulen »mit zwei oder drei Bildungsgängen«. In einigen Bundesländern wie Hamburg gibt es nur noch die Schulformen »mit drei Bildungsgängen«, das Gymnasium und die Sonderschule. Hier gehen die »Benachteiligten« in Gesamtschulen und Sonderschulen. In anderen Bundesländern wie NRW gibt es dagegen viele Schulformen, in denen die »Benachteiligten« beschult werden können: neben den Sonderschulen in Hauptschulen, aber auch in Gesamtschulen. In allen Bundesländern sind Benachteiligte in mindestens sieben verschiedenen Arten von Sonderschulen zu finden.

Immer stehen hinter den strukturellen Antworten auch pädagogische

Überlegungen, die sich mit den »schulmüden«, »lernschwachen«, »schwierigen«, »verhaltensauffälligen« oder »schwer mehrfach behinderten« Schüler*innen auseinandersetzen und Lösungen für sie suchen. Diese Schülergruppen fallen überall auf und lassen die jeweiligen Schulen oder Schulträger zu unterschiedlichen strukturellen Angeboten kommen. Integrierende pädagogische Konzepte und Praktiken sind dabei in der Minderheit. Dies lässt sich an der großen Zahl von Schüler*innen ablesen, die in Schulen des gegliederten Schulsystems beschult werden: Es sind 68,5 Prozent aller Schüler*innen. Sie sind zum Teil der Gefahr ausgesetzt, ihre Schulen wegen Problemen wechseln zu müssen. Aber auch innerhalb der »integrierten« Schulformen mit mehreren Bildungsgängen lässt sich schwer erkennen, in welchem Maße und aus welchen Gründen die Schüler*innen die vertrauten Klassenverbände oder Kurse wechseln müssen.

>»Das vielfältigste Schulangebot halten Baden-Württemberg, Bayern, Hessen, Niedersachsen und Nordrhein-Westfalen vor (erweitert traditionelle Systeme): Die fortbestehenden Haupt- und Realschulen werden hier – mit Ausnahme von Bayern – in bemerkenswertem Umfang durch (teils neu eingeführte) Schularten mit mehreren Bildungsgängen ergänzt. Ob und ab wann die Bildungsgänge getrennt oder integriert angeboten werden, unterscheidet sich auch innerhalb der Ländergruppen. Die Ausgestaltung der Schularten mit mehreren Bildungsgängen bleibt aber sowohl zwischen den als auch innerhalb der Ländergruppen hoch differenziert. Unterschiede zeigen sich darin, dass die Bildungsgänge in getrennte Schulklassen (additiv), in leistungsdifferenzierte Lerngruppen (teilintegrativ) oder in gemeinsamen Unterricht mit kompetenz- und neigungsorientierten Differenzierungsangeboten (integrativ) gegliedert sein können. Zwar werden die Schülerinnen und Schüler in der Mehrzahl der Schularten ab Jahrgangsstufe 7 in abschlussbezogenen Klassen oder leistungsdifferenzierten Kursen unterrichtet [...]. Doch fällt die große Zahl an Schularten ins Auge, bei denen es den Schulträgern oder Einzelschulen überlassen bleibt, ob und wann sie die Bildungsgänge additiv oder (teil)integrativ organisieren« (ebd., S. 108).

Die Unübersichtlichkeit des deutschen Bildungssystems, das in den einzelnen Bundesländern unter ähnlichen Namen völlig unterschiedliche Schülergruppen beschult, behindert eine einheitliche Reform im Sinne der seit vielen Jahren immer wieder erwähnten Risikogruppen. So gehören in

NRW die Hauptschüler*innen in vielen Fällen zur Risikogruppe, während im anderen großen Bundesland Bayern, in dem es kaum Gesamtschulen, aber viele Realschulen gibt, die Zahl der Hauptschüler*innen so groß ist, sodass sich eine bayrische Hauptschule mit ihrer vielfältigeren Schülerschaft stark von einer Hauptschule in NRW unterscheidet.

Unabhängig von den Länderunterschieden lassen sich die Schülerzahlen der einzelnen Schulformen vergleichen: So ist erkennbar, dass Sonderschulen (mit 7,5 Prozent) und Hauptschulen (mit 8,5 Prozent) zusammen 16 Prozent an Schüler*innen versorgen. Darunter sind viele benachteiligte Jugendliche. Diese Benachteiligten finden sich aber auch in den Schulen mit zwei Bildungsgängen (mit zwölf Prozent der Schüler*innen) oder in denen mit drei Bildungsgängen wie Gesamtschulen (mit 34 Prozent der Schüler*innen). Daneben gibt es noch in wenigen Bundesländern die Realschule (mit noch 18,5 Prozent aller Schüler*innen). Die begünstigten Schüler*innen findet man in den Gymnasien (mit 34 Prozent der Schüler*innen). Sie werden aber auch in Schulen mit drei Bildungsgängen bevorzugt aufgenommen.

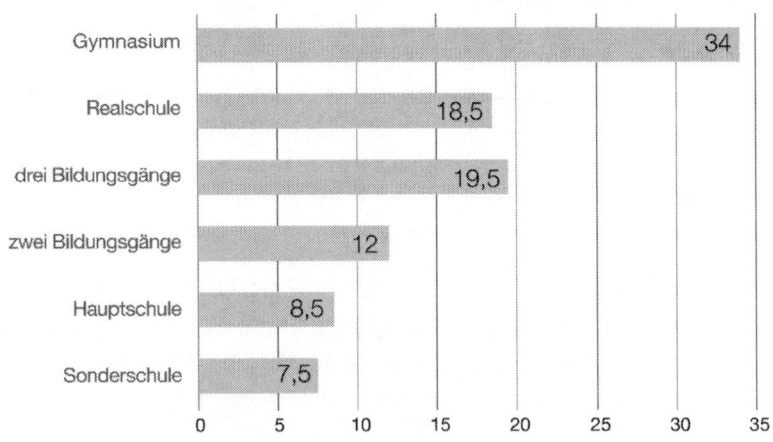

Abbildung 12: Schülerzahlen in Prozent der Schüler*innen (Autorengruppe Bildungsberichterstattung, 2020, S. 108, eigene Berechnungen)

Ein Anteil der Schüler*innen, die als »schwache oder schwierige Schüler*innen« etikettiert und ausgesondert werden, lässt sich aus diesen Zahlen nicht ableiten. Die Mobilität der Schüler*innen (Wechsel zwischen den Schularten) liegt bei etwa drei Prozent der Schülerschaft.

> »Legt man diese Systematik zugrunde, so kann mit insgesamt 81 Prozent die überwiegende Mehrheit der Schülerinnen und Schüler auf einen geradlinigen Verlauf des Sekundarbereichs I zurückblicken [...]. Dies schließt einen Schüleranteil von 9 Prozent ein, der die Schullaufbahn im direkten Anschluss an den Sekundarbereich I an einer höher qualifizierenden allgemeinbildenden Schule fortsetzt. Die übrigen 19 Prozent der Kinder und Jugendlichen haben bereits im Sekundarbereich I die Schulart und/oder den Bildungsgang gewechselt, zum Teil sogar 3mal und häufiger (2,5 Prozent aller Schülerinnen und Schüler ...)« (ebd., S. 114).

Unter den Schulformwechsler*innen fällt besonders die sogenannte »Abschulung« vom Gymnasium in eine Schule mit »niedrigerem« Abschlusslevel ins Gewicht:

> »Im Schuljahr 2016/17 ist im bundesdeutschen Durchschnitt nahezu die Hälfte aller Schulartwechsel (46 Prozent) auf Wechsel vom Gymnasium an eine sonstige weiterführende Schulart zurückzuführen. Der Anteil von Schülerinnen und Schülern, die die ursprüngliche Entscheidung für eine Gymnasiallaufbahn im Verlauf des Sekundarbereichs I revidieren, liegt damit deutlich über dem Anteil derer, die umgekehrt an ein Gymnasium wechseln (10 Prozent)« (ebd., S. 112).

Hier interessiert uns besonders, wie die Schüler*innen aus ärmeren Familien vom Wechsel betroffen sind.

> »Grundsätzlich festzuhalten ist zunächst, dass die Mobilität sowohl während als auch im Anschluss an den Sekundarbereich I umso größer ist, je niedriger der sozioökonomische Status der Schülerin oder des Schülers ausgeprägt ist. Bei Kindern aus eher schwachen sozialen Lebenslagen werden ursprüngliche Bildungsentscheidungen zum einen häufiger durch Wechsel revidiert und dies geschieht zum anderen überdurchschnittlich oft in Richtung höher qualifizierender Bildungsgänge. Gemessen an den ursprünglich besuchten Schularten oder Bildungsgängen verbessern also gerade diese

337

Kinder und Jugendlichen ihre Aussichten auf einen höher qualifizierenden Abschluss« (ebd., S. 115).

Zusammenfassend kann gesagt werden:

> »Die wenigen differenzierten Analysen zu Laufbahnwechseln in Deutschland deuteten bislang überwiegend darauf hin, dass durch Korrekturen die soziale Selektivität im Schulbesuch nicht reduziert, sondern eher vergrößert wird« (ebd., S. 116).

Hier ist zu erkennen, dass die frühe Selektion in verschiedene Schulformen besonders den im 4. Schuljahr leistungsschwächeren Schüler*innen einen späteren Wechsel auf ein höheres Niveau zumutet.

7.2.2 Aussonderungen in Gesamtschulsystemen

Dass es möglich sein könnte, die Schulstruktur in Richtung auf eine wohnortnahe Schule für alle zu verändern, bezweifeln viele Schulverwaltungsbeamte. Sie und etliche Schulpolitiker*innen vor Ort haben teilweise den Glauben an die Umgestaltungsmöglichkeit des selektiven Schulsystems aufgegeben. So formuliert ein ehemaliger Gesamtschuldezernent nach einem historischen Rückblick auf die Schulreformbemühungen: »Es geht nicht darum, die selektive Aufgabe eines Bildungssystems zu leugnen oder abzulehnen, es geht um die Voraussetzungen, die Regelungen und die Ziele, unter denen die diesbezüglichen Prozesse und Entscheidungen organisiert werden« (Scholle, 2020, S. 42).

Eine Aussonderung der Restschüler*innen liegt in der Schulstruktur begründet, die aber dann – trotz dieser Feststellungen – nicht geändert wird. Das bedeutet, man nimmt in Kauf, dass es diese »Restschüler*innen« gibt. Selektion wird nach wie vor als gesellschaftliche Funktion der Schule beschrieben und offen legitimiert. Sie abzumildern, damit der einzelne Schüler, die einzelne Schülerin, nicht »unter die Räder komme«, scheint der in der herrschenden Gesellschaft akzeptierte Weg:

> »Dass die Bundesrepublik Deutschland ein auf Selektion aufbauendes Schulsystem hat, ist nicht die Problemstellung, die Problemstellung liegt in

der Organisation und Funktionsweise dieser grundsätzlichen gesellschaftlichen Aufgabe von Schule« (ebd.).

Zur Erklärung wird beispielsweise hervorgehoben, dass selbst integrierte Gesamtschulen benachteiligte Schüler*innen bei der Anmeldung mit dem Mittel eines repräsentativen Aufnahmeschlüssels abweisen:

> »Selektion verläuft in Deutschland nicht in einem kontinuierlichen, auch immer wieder korrigierbaren Prozess, sondern hat vor allem institutionalisierte Schnittstellen, an denen über die Passung zwischen Schülerin und Schüler und Schulform entschieden wird. Selbst integrierte Gesamtschulen geraten in die Zwickmühle der gegliederten, selektiven Logik, wie zumindest die Erfahrung in NRW lehrt: Es gibt Gesamtschulen mit beträchtlichen Anmeldeüberhängen, die ihre Schülerschaft nach Leistungskriterien heterogen zusammensetzen können. Die abgewiesenen Schülerinnen und Schüler gehören in der Regel mehrheitlich der leistungsschwächeren Gruppe an. Diese Schulen sehen sich häufig mit dem Vorwurf konfrontiert, sie seien ja gar keine Gesamtschulen, weil sie nicht alle Schülerinnen und Schüler ohne Rücksicht auf Leistungskriterien aufnähmen, sondern genauso wie das gegliederte System auswählten. Tun Gesamtschulen dies nicht oder sind sie gar nicht in der Situation es zu können, lautet der Vorwurf ebenso häufig, diese Gesamtschule sei ja nicht mehr als Hauptschulersatz und wie diese auf dem Weg zur Restschule« (ebd.).

Etliche Gesamtschulen denken bei der Schulanmeldung wie Gymnasien: Sie nehmen (bei begrenzter Aufnahmekapazität) nur die leistungsstärkeren und »besseren« Schüler*innen auf. »Gute Mischung« hat dabei die Funktion, die »Schwachen« aus der Schule herauszuhalten. Eine Aufnahmequote nach Zensuren des Jahrgangs 4 soll zuweilen die bevölkerungsrepräsentative Schülerschaft herstellen. Ein kleiner Teil der Schüler*innen entstammt dann der Gruppe der benachteiligten Kinder. Hier wird die »gute Mischung« oder eine sogenannte »Heterogenität« hergestellt. Dass aber die Idee der »guten Mischung« der Aussonderung einer bestimmten »Schülerklientel« zu Hilfe kommt, wird dabei verschleiert:

> »Der durchaus gesellschaftlich integrierend wirkenden Bildungsexpansion steht die Tatsache gegenüber, dass eine Gruppe von mehr als einem Fünftel aller Kinder und Jugendlichen, eingestuft als ›Risikogruppe‹, immer stärker den Anschluss verliert und ausgegrenzt zu werden droht.

Diese Gruppe findet keinen Zugang zur Schulform Gymnasium, der in allen Bundesländern nach leistungsbezogenen Kriterien unter Einfluss sozialer Faktoren gesteuert wird. Diese Gruppe bleibt in ihren testbaren Schulleistungen immer weiter hinter den Anforderungen zurück. Die Schulformen, die mit dieser Schülerklientel arbeiten, arbeiten müssen, geraten in der gesellschaftlichen Anerkennung leicht an das Ende der Fahnenstange, einst unverdientes Schicksal der Hauptschule. Anerkennung, Anerkennung vor allem in Form von Übergangsquoten erhält die Schulform, die sich der Beschulung dieser Schülergruppe durch Übergangsbeschränkungen und Abschulungsregelungen weitgehend entziehen kann: das Gymnasium. Die Folge für die anderen Schulformen ist bundesweit der zunehmende Verlust der Heterogenität ihrer Schülerschaft im mittleren und oberen Leistungsbereich, und das wieder mit der Konsequenz, dass sich die Spirale kompensatorischer Aufwendungen immer weiterdreht« (ebd., S. 43).

Die Lösung des geschilderten Problems ergibt sich für Interessenvertreter*innen der Gesamtschulen, des Verbandes der Schulen des gemeinsamen Lernens (GGG) und Dietrich Scholle (2020) in der Perspektive, dass alle Schulformen eine Oberstufe anbieten müssten, um attraktiv zu sein für bürgerliche Eltern. Zugleich solle jede Schulform grundsätzlich alle Schüler *innen »behalten« und nicht »abschulen«. Selbst das gegliederte Schulsystem soll also – entgegen seines eigenen Auftrages – so reformiert werden, dass es die »gute Mischung« oder eine »Heterogenität« herstellt.

Argumente für die Mischung in »Regional- und Gemeinschaftsschulen« in Schleswig-Holstein liefert Hermann Rademacker (2013): Er fordert den Strukturwandel im Schulwesen hin zu Schulen, in denen mehrere Bildungsgänge angeboten werden. Seine Argumente entsprechen denen der Hypothese der »guten Mischung«: Die »breitere Streuung der Elternschaft« und die »erweiterte Schülerschaft in den neuen Schulformen« führen dazu,

»dass von Seiten der Eltern sehr viel deutlichere Ansprüche an Schule artikuliert werden und damit Schule in einem Maße gefordert wird, wie man es aus Zeiten der Hauptschule kaum kannte. Auch dies kann dazu führen, dass frühere ›Hauptschuleltern‹ ermutigt werden, ihre Kinder in ihren Bildungsambitionen zu stärken und eine entsprechende Unterstützung von Seiten der Schule einfordern« (ebd., S. 104).

Der Glaube an diese Lösung der »guten Mischung« dominiert jede dieser Konzeptionen und übersieht, dass die Schüler *innen auch ohne »gute Mischung« wie in jedem sozialen Brennpunkt wohnortnah zusammen zur Schule gehen wollen. Die Familien legen Wert darauf, dass sie ihre Kinder in einer Schule bis zum Abschluss beschulen können. Aber sie wollen sich nicht dem bildungsbürgerlichen Vergleich aussetzen, bei dem sie in der Regel ohnehin – schon aus sprachlichen Gründen – zu Verlierer*innen werden. Ein Selbstvertrauen in die eigenen Stärken gewinnen die Kinder aus den Brennpunkten dagegen eher in ihrem kulturellen Umfeld. Freires »Pädagogik der Unterdrückten« zeigt, dass der Weg, »eine breitere Streuung der Elternschaft« (Rademacker, 2013) aufzubauen, keine Lösung des Problems der Bildungsungleichheit ist und daher in die Irre führt.

Zudem muss festgestellt werden, dass die Umsetzung einer kleinen wohnortnahen Schule mit mehreren Bildungsgängen häufig unter anderem daran scheitert, dass ein größeres System wie eine Gesamtschule für Eltern attraktiver erscheint. Außerdem ist das Gesamtschulsystem wegen der Unterrichtsversorgung mit Fachlehrer*innen kostengünstiger zu betreiben, wenn es viele Züge hat. So ist zum Beispiel eine zwei- oder dreizügige Gesamtschule im Amtsdeutsch in der Regel »nicht genehmigungsfähig«.

Die Argumentation, dass eine heute existierende Schulform sich damit beschäftigen solle, allen den Abitur-Abschluss offenzuhalten, führt entweder zu sehr kleinen Oberstufen, die extra für jede Schule zu genehmigen wären. Es ist aber zu befürchten, dass genau diese Lösung zu viel kostet und daher (auch wegen der Menge der spezifischen Kursangebote) auf große Gesamtschulen zurückgegriffen werden soll. Damit wäre aber die wohnortnahe Schule ab dem Schulanfang für einen Brennpunkt derzeit ausgeschlossen, denn die nächste große Gesamtschule läge nicht unbedingt in der Nähe des Wohnumfeldes. Außerdem müsste das Schulgesetz dahingehend geändert werden, dass die Gesamtschule bereits mit Jahrgang 1 beginnen würde und bis zum höchsten Schulabschluss führt. Dies wäre zum Beispiel in NRW derzeit nur unter einem Schulversuch PRIMUS mit einer Mindestzügigkeit »genehmigungsfähig« – oder es müsste dann auch für eine Brennpunkt-Schule eine kleine gymnasiale oder berufliche Oberstufe genehmigt und unterstützt werden, was nicht absehbar ist. Hier sind lösbare Probleme benannt. Sie anzugehen, erfordert eine starke einheitliche politische Kraft in der Kommune und im Landtag. Wir kehren hier erneut zu der Frage zurück, ob die gesellschaftlichen Kräfte überhaupt eine »Schule für alle« wollen. Diese Perspektive wäre denkbar, falls sie eine Aussonderung von benachteiligten Schülergruppen von Beginn an ausschließen könnte.

7.2.3 Wie arbeiten Lehrpersonen mit stark heterogenen Klassen?

Die Unterrichtsrealitäten zeigen: Viele Lehrer*innen nutzen nicht automatisch die Anregungspotenziale einer heterogen zusammengesetzten Gruppe »als Chance«. Mindestens müssten sie die Unterrichtsmethoden des offenen und individualisierenden Unterrichts beherrschen, um mit vielfältigen Schüler*innen gewinnbringend umzugehen. Sie müssten Unterrichtserfahrungen sammeln und in Austausch treten mit anderen Lehrer*innen und Schulen, die ähnliche Wege gehen.

Durch offene Unterrichtsformen können wichtige Kompetenzen wie Selbststeuerung, Selbstdisziplin, Eigeninitiative, Kooperationsbereitschaft sowie positive Einstellungen gegenüber dem Lernen unterstützt werden (Riekmann, 2014, S. 102; Lähnemann, 2009, S. 40). Trotz der empirisch gesicherten pädagogischen Bedeutung offener Lernsettings und der Verankerung derselben in den Bildungsplänen aller Schulformen und Bundesländer nehmen diese einen vergleichsweise geringen Anteil der Lernzeit ein (Rengstorf & Schumacher, 2010, S. 30). Obwohl Kindergärten, reformpädagogische Schulen und Schulen im Ausland kooperative Lernformen erfolgreich nutzen, sind sie bei uns in den Regelschulen nicht verbreitet. So zeigt Brügelmann (2000), dass nur 10 bis 30 Prozent der Grundschullehrer*innen täglich eine an den Kindern orientierte methodische Vielfalt praktizierten. Die nachfolgenden IGLU-Studien konnten bestätigen, dass »in der Grundschule zu weiten Teilen immer noch ein eher traditioneller Unterricht stattfindet, in dem die Lehrkraft die Schülerinnen und Schüler primär über herkömmliche didaktische Materialien (Schulbücher und Arbeitsblätter) anleitet und unterweist« (Bos et al., 2006, S. 335). Grundschullehrer*innen ließen nach Brügelmann (2011) die Kinder selten die Ziele und Inhalte des Unterrichts mitbestimmen – allenfalls konnten die Schüler*innen ihr Arbeitstempo festlegen. Es bestand zudem eine starke Diskrepanz zwischen dem Anspruch, einen offenen Unterricht machen zu wollen, und seiner Umsetzung (ebd.). »Eher selten erleben die Schülerinnen und Schüler einen Rechtschreibunterricht, der sich durch Partnerarbeit, Arbeit mit einer Lernkartei oder einem Wochenplan charakterisieren lässt und ihnen Eigenaktivität und Selbstständigkeit zugesteht« (Bos et al.,

2003, S. 258). Der differenzierende Umgang mit Heterogenität schien bei Grundschullehrkräften trotz intensiver Reformbemühungen ungeübt zu sein. Lehrkräfte der Sekundarstufe waren erfahrungsgemäß noch ungeübter im Bereich der inneren Differenzierung. Ebenso übereinstimmend sind die Befunde, die besagen, dass diese negative Tendenz der Grundschule in der Sekundarstufe zunimmt (Miller, 2011). Für deutsche Schulen muss festgestellt werden, dass etliche Lehrkräfte sogar in sogenannten »Integrationsklassen« solche Schüler*innen aussondern, die ihnen »am schwierigsten« erscheinen. Trotz steigender Zahlen im gemeinsamen Unterricht nimmt die Zahl der Kinder in den Sonderschulen nicht ab (siehe Kapitel 5.2).

Grundschullehrer*innen gehen mit Heterogenität unterschiedlich um. Weitzel (2004) unterscheidet in einer Studie zwei Gruppen:

➤ *Typ A:* Lehrer*innen, die am Normalitätskonstrukt festhalten und die sie störenden Kinder aussondern. Diese Lehrpersonen beklagen die für die Integration schlechten Rahmenbedingungen und fordern: »Das muss eine Grenze haben!«

➤ *Typ B:* Lehrer*innen, die möglichst alle Kinder akzeptieren möchten und ihren Unterricht differenziert gestalten. Sie fühlen sich häufig durch die anspruchsvolle Aufgabe überfordert und beklagen ebenfalls die schlechten Rahmenbedingungen.

Die geringe Verbreitung der offenen Unterrichtsformen lässt darauf schließen, dass Gruppe B möglicherweise schwächer vertreten ist.

Gemeinsames Lernen in heterogenen Klassen scheint auch vielen Sonderpädagog*innen nicht zuzusagen (Wocken, 2011, S. 209f.). Der Berufsverband der Sonderpädagog*innen VDS fordert eine Bestandsgarantie für Sonderschulen, verneint damit eine inklusive Bildung *aller* Kinder und »konserviert das unselige Konstrukt der ›Integrationsunfähigkeit‹ einer ›Restgruppe‹ von behinderten Kindern« (ebd., S. 210). Am Beispiel des Umgangs mit Behinderungen in der Schule werden wir im folgenden Abschnitt die Konzeption der »guten Mischung« kritisch beleuchten. Auch hier wird sich zeigen, dass Pädagog*innen, Eltern und Behörden immer wieder davon ausgehen, dass eine zu große Zahl von »Schwierigen« nicht erfolgreich zusammen lernen kann. Diese Annahme ist weit verbreitet, obwohl sie durch diverse Forschungsarbeiten nicht gestützt ist: Konsens besteht darüber, dass sich die Zusammensetzung der Klasse nicht direkt auf die schulischen Lern- und Entwicklungsmöglichkeiten auswirken, sondern über andere Aspekte vermittelt werden. Mögliche Erklärungen sind Bezugsgruppeneffekte, die Anpassung des Unterrichts auf die Schülerschaft oder die Erwartungshaltung und Unterstützung der Eltern und Lehrkräfte (Bühlmann, 2020, S. 59). So wirkt sich beispielsweise die Zusammensetzung einer Klasse im sozialen Brennpunkt mit vielen belasteten Kindern nicht negativ aus, wenn folgende Faktoren Einfluss haben:

➤ *Die Bezugsgruppe:* Der Vergleich mit anderen »besseren« Schüler*innen aus der Klasse kann »Schwächere« entmutigen, wenn der Vergleich (zum Beispiel nach bürgerlichen Normen) das Lernklima bestimmt. Wird dagegen der Lernprozess zum Thema gemacht (zum Beispiel im Lernklassenrat), so lernen die Schüler*innen in vertrauensvoller Atmosphäre und öffnen sich für die Arbeit an den »Fehlern«.

➤ *Die Passung des Unterrichts:* Wenn die Aufgaben nicht für alle Schüler*innen passend sind, sondern die »schwächeren« überfordern, entsteht ein entmutigendes Lernklima. Die Unterrichtsqualität hat den größten Einfluss auf den Lernzuwachs (ebd., S. 61ff.).

➤ *Erwartungshaltung und Unterstützung der Eltern und Lehrer*innen:* Wenn Lehrkräfte und Eltern das Lernen in den Mittelpunkt stellen und den Kindern gute Lernzuwächse zutrauen, entsteht ein Lernklima, das von Geduld und Interesse getragen ist.

Ein Teil der Forscher*innen geht davon aus, dass Schulen in Brennpunkten in der Regel ein anregungsarmes Lernmilieu und eine niedrigere Unterrichtsqualität (als zum Beispiel Gymnasien) haben (ebd., S. 52ff.; kritisch dazu siehe Kapitel 8). Einige bezeichnen solche Schulen als *failing schools.* »Erwartungswidrig« gelten gemäß dieses Paradigmas (»anregungsarm«) dagegen solche Brennpunktschulen, die trotz einer belasteten Schülerschaft sehr deutliche Lernzuwächse vorweisen können:

> »Erwartungswidrig erfolgreiche Schulen zeichnen sich also dadurch aus, dass das Lehren und Lernen im Mittelpunkt der Schule steht. Der Kern der Arbeit ist, dieses täglich zu verbessern. Gemeinsame Orientierungen, Ziele, Werte und Normen sind dabei sehr wichtig. Eine partizipative Schulleitung und hohe Leistungserwartungen sowohl bei Mitarbeitenden und Schüler*innen als auch der Einbezug der Eltern sind ebenfalls Elemente, welche effektive Schulen charakterisieren. Weitere Aspekte können von vorhandenen Stärken und Schwächen sowie von der Phase der Entwicklung der Schule abhängen. Wichtig ist dabei vor allem die Passung der eingesetzten Strategien hinsicht-

lich der spezifischen situationellen Faktoren (bspw. Zusammensetzung der Schüler*innen, Entwicklungsbedarf)« (Bühlmann, 2020, S. 58).

Eine Fallstudie über Schulen mit vielen belasteten Schüler*innen zeigt, dass die Haltungen und Einstellungen der dortigen Pädagog*innen sich gemessen an der Gentrifizierung im Stadtteil unterscheiden. Dort, wo die ansässige Bevölkerung durch wohlhabendere Schichten schrittweise verdrängt wird, orientieren sich Pädagog*innen eher an der Mittelschicht und bringen bürgerliche Vergleichsmaßstäbe ein. Das bedeutet, dass in Schulen, an denen Mittelschichtsfamilien ihre Kinder in belasteten Schulen anmelden, die Lehrkräfte die »heterogene« Schülerschaft eher als störend empfinden. In Schule mit einer stabilen Elternschaft aus belasteten Familien ohne stärkere Einflüsse einer Gentrifizierung empfinden die Lehrkräfte die Zusammenstellung der Schülerschaft als weniger störend und haben eine höhere Bildungserwartung an sie. Diese Erwartungen sind für die Entwicklung der Schüler*innen bedeutsam (ebd., S. 247ff.).

Wieso hält sich die Annahme, dass die Zusammensetzung der Klasse sich negativ auf das Lernen auswirken kann, trotz vielfältiger gegenteiliger Erfahrungen und wissenschaftlicher Forschungsergebnisse? Entspringt sie der alltäglichen Belastung von Lehrpersonen? Dient sie also möglicherweise dazu, sich als Lehrer*in gegen Überbeanspruchungen zu wehren? Oder setzt diese Annahme irrtümlicherweise voraus, dass manche Schüler*innen von Anfang an (sozusagen von Natur aus) schwierig sind? Vergisst sie die Tatsache, dass Kinder und Jugendliche auffallen, weil die Schule mit ihren Strukturen und ihrer Unterfinanzierung im Primar- und Sekundar-I-Bereich nicht auf sie eingestellt ist? Bestätigen die Verantwortlichen immer wieder von Neuem das Scheitern, indem man nicht die notwendigen Bedingungen für das Gelingen schafft? Setzt man Bedingungen voraus, die für einige Schüler*innen nicht ausreichen? Kalkuliert die Schule ein, dass Schüler*innen scheitern? Scheitert die Schule an ihrer gesetzlich vorgegebenen Aufgabe? Müssen wir uns wundern, dass das Schulsystem nicht ernsthafte Bedingungen des Gelingens vorhält?

7.2.4 Die »gute Mischung« als vermeintliche Lösung

Neben negativen bis skeptisch wirkenden Äußerungen aus der Sonderpädagogik gibt es aus der Allgemeinpädagogik wie auch aus der Bildungspolitik

Stimmen, die für eine *gemäßigte* Integration sprechen, und zwar unter der Bedingung, dass in den jeweiligen Schulen eine »gute Mischung« hergestellt wird. Dies soll durch eine prozentuale »Obergrenze« von zum Beispiel zehn Prozent erreicht werden (Jantzen, 2017, S. 250). Besonders schwierige Schüler*innen werden bei Überschreitung selbst in Integrationsschulen nicht mehr genommen beziehungsweise auf Sonderschulen überwiesen. Wie solche »Störer« und »Störerinnen« in früheren Zeiten als »Verseuchungsquellen« bezeichnet werden konnten, zeigte der Blick in die Geschichte.

Besonders Schüler*innen mit Verhaltensauffälligkeiten und psychischen Störungen scheinen dann, wenn ein vermeintlicher »Grenzwert« erreicht ist, den Lehrkräften »unzumutbar«. Sie sind häufig Fehl- und Überdiagnosen ausgesetzt und werden eher als andere in Sondereinrichtungen beschult (Wüllenweber, 2011).

Die Position der Obergrenze wird selbst in der inklusionspädagogischen Diskussion noch vertreten:

> »Auch in Wohnbezirken mit einem hohen Anteil an Migranten und Sozialhilfeempfängern sollte die Förderbedarfsquote die 20-Prozent-Marke grundsätzlich nicht übersteigen. Wenn die Problembelastung einer inklusiven Lerngruppe überhandnimmt und einen kritischen Grenzwert überschreitet, dann droht die Heterogenität umzukippen in ein ungünstiges Entwicklungsmilieu [...]. Heterogenität kann pädagogisch nur dann anregend und förderlich sein, wenn die Normalität deutlich die Oberhand behält [...]« (Wocken, 2011, S. 145).

Diese Position führt Wocken später mit folgenden Worten weiter: »Schulen mit einer sozial entmischten Schülerschaft sind ein Entwicklungsrisiko. [...] Je stärker die Schülerschaft einer Schule negativ vom repräsentativen Querschnitt der Gesamtschülerschaft abweicht, desto schwieriger ist die pädagogische Arbeit an diesen Schulen« (Wocken, 2020, S. 245). Dabei wird übersehen, dass die Entwicklung der Schülerleistung nicht davon abhängt, mit welchen Schüler*innen eine Klassengemeinschaft gebildet wird. Schon bei den Hamburger Schulversuchen der 1980er Jahre konnte Wocken selbst zeigen, dass eine Unterforderung nicht-behinderter Schüler in Integrationsklassen nicht auftritt (Wocken & Antor, 1987). Auch Klemm und Preuss-Lausitz (2011) setzen eine Obergrenze und empfehlen pro Klasse »höchstens vier mit *dauerhaftem* Förderbedarf« (S. 54). Solche Grenzziehungen finden in Schulämtern viele Befürworter*innen.

Nach ungeprüften Kriterien werden bereits seit Jahren manche Integrationsschulen von »zu vielen« schwierigen Kindern verschont, indem eine *begrenzte Zahl* an »Integrationsplätzen« von Ämtern und Schulleitungen vorgegeben wird.

Wer dagegen Rechtsmittel einlegte, hatte in der Regel Erfolg, da solche Obergrenzen kaum pädagogisch begründbar waren. Nationale und internationale Erfahrungen im gemeinsamen Unterricht zeigen, dass Schüler mit *allen* Behinderungen erfolgreich integriert werden können (ebd., S. 43ff.). Eine Grenzziehung zwischen »integrationsfähig« und »nicht-integrationsfähig« wird dementsprechend wissenschaftlich abgelehnt. Für die sogenannte »Grenzfallgruppe« der extrem verhaltensauffälligen Schüler*innen gibt es in Berlin, Bremen und Hamburg keine gesonderte »Schule für Erziehungshilfe« mehr; diese Schüler*innen werden mithilfe von Beratungs- und Unterstützungszentren in die Regelschulen integriert. In der Pubertät wird in der inklusiven Schule zu beachten sein, dass die körperliche Attraktivität für Freundschaften bedeutsamer wird und daher den Schülern mit Hör- und Sehbeeinträchtigungen, körperlichen und geistigen Behinderungen zusätzlich besondere Aufmerksamkeit zukommen sollte (ebd., S. 44f.).

Die UN-Behindertenrechtskonvention zwang die Ämter seit 2009 zu schulstrukturell sichtbaren Maßnahmen, die belegten, dass man sich auf dem Weg zu einer inklusiven Beschulung befand. Bei der großen Zahl der Schüler*innen von Sonderschulen, die künftig in Regelschulen zu unterrichten seien, suchen Schulträger und die Schulaufsicht nach Verfahren, die den befürchteten Ansturm von Schüler*innen mit Förderbedarf regulieren können. So gelten zum Beispiel sogenannte »inklusive Schwerpunktschulen« als Problemlösung der Ämter. Diesen selektiven Ansätzen widerspricht Kersten Reich (2019), indem er für die »inklusive Universitätsschule« in Köln fordert, »tatsächlich heterogene Lerngruppen« herzustellen, die repräsentativ für die Bevölkerung der Stadt Köln« sind (ebd., S. 69). Hier wird aus der Position der Inklusionsbefürworter*innen die »gute Mischung« als Lösung vorgeschlagen. Kersten Reich sieht ein Problem für die »inklusive Universitätsschule«, wenn sie »überproportional Lernende mit Förderbedarf versorgen muss, so dass die Chancen der Heterogenität einer guten Mischung von Schüler*innen sich in Risiken einer Belastung durch zu viele Schüler*innen mit Förderbedarfen verwandeln« (ebd., S. 75). Auf einem solchen – wie wir aufzeigen – *selektiven* Konzept beruht dann die allgemeine Forderung von Reich (ebd.): »Eine inklusive Schule [...] muss eine heterogene Regelschule für alle sein, wenn sie überhaupt erfolgreich sein soll.« Der Umkehrschluss würde hier bedeuten, dass eine Brennpunktschule, die ohnehin »überproportional Lernende mit Förderbedarf« beschult, also keine »inklusive Schule« wäre und nicht erfolgreich sein könnte. Eine wohnortnahe Konzeption im Brennpunkt ohne eine so beschriebene Heterogenität mit einer Schülerauswahl nach repräsentativen Kriterien bedeutete nach Reich also einen entsprechenden Misserfolg. Diese Einstellung verweist auf das pädagogische Paradigma, dass durch keine »gute Mischung« und die »Ballung« von »Problemfällen« von vornherein guten Schulleitungen nicht möglich sind. Das Vorurteil eines »anregungsarmen« Lernmilieus (siehe Kapitel 8) in Brennpunktschulen vervollständigt diese Anschauung. Der geringe Anteil an Preisverleihungen, zum Beispiel des Deutschen Schulpreises an Brennpunktschulen, folgt diesem Paradigma.

Um eine gute, repräsentative Mischung zu erreichen, ist es nötig, Zugangsregelungen zu treffen. Dabei sind Aufnahmebeschränkungen und Verteilungsverfahren nach einem fiktiven Grenzwert für einzelne Schulen beziehungsweise Schulformen denkbar. Diese beabsichtigte »gute Mischung«, die sich gegenüber den rückständigen homogenen Klassenzusammensetzungen (zum Beispiel eines Gymnasiums) als fortschrittliche »Heterogenität« präsentiert, lässt sich aus Beiträgen der Erziehungswissenschaft scheinbar legitimieren. Zwei irrtümliche Annahmen liefern der Idee der »guten Mischung« Argumente:

1.   Die Heterogenität einer Schulklasse wird als gute Voraussetzung für hochwertigen Unterricht angesehen. Es ist aber kein Qualitätsmerkmal von Unterricht, wenn eine Schulklasse heterogen ist. »Heterogenität als Chance« ist der verbreitete Ruf. Dabei wird stillschweigend von einer »guten, ausgewogenen Mischung« ausgegangen. Die ungeprüfte Hypothese, dass Pädagog*innen die Heterogenität als Chance tatsächlich in der Praxis des Unterrichts nutzen, wurde oben bereits widerlegt. Bestenfalls 30 Prozent der Grundschullehrer*innen sind derzeitig in der Lage, mit heterogenen Gruppen konstruktiv umzugehen. Angesichts dessen scheint man zunächst die »schwierigen« Schüler*innen ausschließen zu wollen, was sich dann als »gute Mischung« oder mit einer »Obergrenze« legitimiert.

2.   Des Weiteren werden Modellrechnungen zur Verteilung der Schüler*innen vorgetragen. Sie haben das idealtypische Ziel, durch Gleichverteilung der behinderten Schüler*innen und des zugehörigen Personals auf alle allgemeinen Schulen heterogene Klassen mit »guten

Mischungen« der Schülerschaft herzustellen. Diese Verteilungsmaß-nahmen seien nur eine wenig einschneidende Veränderung in jeder Schule, die von den betroffenen behinderten und nicht-behinderten Menschen mitgetragen würden. Diese ungeprüfte »Verteilungshypo-these« wird nun erörtert.

Zur Verteilungshypothese

Viele Schulämter streben – wie selbstverständlich – eine »gesunde« Mischung der Schülerschaft an. »Inklusiv« soll nach einem solchen Ver-ständnis eine Schule genannt werden, in der theoretisch alle Gruppen der Gesellschaft zu gleichen Teilen oder sogar *repräsentativ* abgebildet wären (Wocken, 2011, S. 145). Bei der Neugründung von Gesamtschulen zum Beispiel schafft man teilweise Aufnahmebeschränkungen nach solchen *re-präsentativen* Kriterien, um eine »Überlastung« durch »schwache« Schü-ler*innen zu verhindern und »in Konkurrenz zu Gymnasien bestehen zu können«. Mit dem Mittel der Quote wird an dieser Stelle ausgesondert. Hier wird die »gute Mischung« mit erfolgreicher »Inklusion« gleichge-setzt. Eine Schule mit einer »sozial entmischten Schülerschaft«, die mit ihren belasteten Kindern vom repräsentativen Querschnitt abweicht, stoße nach Wocken (2020) an ihre Grenzen. Gelingen könne Inklusion nur, wenn die Schule nicht zu viele Behinderte oder Kinder aus sozial schwa-chem Milieu aufnähme. Dies will man über Aufnahmequoten erreichen. Eltern sind teilweise beunruhigt, denn sie suchen für ihre Kinder nicht Schulen, wo es ein Glücksfall ist, aufgenommen zu werden.

Bei den Gesamtschulgründungen wird die sogenannte »gemäßigte In-klusion« mit »guter Mischung« als Qualitätsmerkmal einer Schule für die Werbung der Schule genutzt. Man müsse nicht befürchten, dass die Schulklasse wegen der Behinderten überfordert werde. Bei einer festgeleg-ten *repräsentativen* Aufnahmequote könnte dementsprechend eine Haupt-schule oder eine Brennpunktschule nicht erfolgreich »inklusiv« sein, da sie die Gruppen der Gesellschaft nicht repräsentativ in ihrer Schüler-schaft abbildeten und daher zur »Restschule« werde. Tatsächlich haben sich diese Schulen nach der vorherrschenden Meinung zu »Restschulen« entwickelt, weil sie keine »gute Mischung« hätten. »Restschulen« könn-ten – nach diesem Verständnis – nicht erfolgreich mit der Schülerschaft inklusiv arbeiten, selbst dann nicht, wenn sie – wie zur Inklusion gehörig – *wirklich alle Schüler*innen* ihres »schwierigen« Umfeldes integrierten.

Erst wenn sie eine Obergrenze festlegten, könnten sie – gemäß dieser verbreiteten Unlogik – gut »inklusiv« arbeiten.

Inklusionsforscher*innen wie Andreas Hinz, Andrea Platte, Hans Wocken und andere stellten immer wieder die Unterschiede von Segregation, Integration und Inklusion in Mengenbildern dar. Bei diesen skizzenhaften Darstellungen fällt auf, dass die Schüler*innen mit Förderbedarf, die in traditionellen Regelschulen in Richtung der Sonderschule ausgesondert werden, eine *Minderheit* im Mengenbild darstellen. So wecken die Autor*innen in den mengenbildartigen Gegenüberstellungen die Illusion, dass in integrativen oder inklusiven Schulen »Förderkinder« in der Minderheit seien. Viele forderten es damals ausdrücklich so (Wocken, 2011, S. 145).

In der Realität der Brennpunktschulen und in Armutsgebieten stellt sich jedoch die Heterogenität der Schüler*innen anders dar. Dies wird in den genannten mengenartigen Schaubildern vernachlässigt, *obwohl* ein großer Teil der Schüler*innen mit sogenanntem »Förderschwerpunkt Lernen« aus Armutsgebieten stammt. So entstand bei den Rezipient*innen dieser theoretischen Mengenbilder eine theoretische Vorstellung von Inklusion, die folgende Kennzeichen hat:

➤ Die Schüler*innen mit Förderbedarf bilden eine kleine Minderheit in einer inklusiven Schule. Wocken (ebd.) forderte damals zum Beispiel durchschnittlich zehn bis maximal 20 Prozent. Dies entsprach der in den 1980er Jahren entworfenen Konzeption schulischer Integration behinderter Kinder, wo man von zehn Prozent ausging (Jantzen, 2017, S. 250).

➤ Das Problem der Stellenzuweisung erscheint lösbar, weil in diesem Modell eine Schule nur mit einem verschwindend kleinen Anteil förderbedürftiger Kinder berücksichtigt wird.

➤ Die Kompetenzen der Lehrkräfte für die sonderpädagogische Arbeit mit diesen Schüler*innen seien annäherungsweise ähnlich, egal ob das offiziell etikettierte Kind mit sonderpädagogischem Förderbedarf ein verhaltensauffälliges Mittelschichtkind aus bildungsbeflissenem Elternhaus oder ein Migrantenkind aus Armutsverhältnissen ist.

Die als »Behinderte« etikettierten Schüler*innen sind jedoch nur *eine* Gruppe von Kindern, die eine Brennpunktschule herausfordern. Brennpunktschulen, in denen ein großer Teil der bedürftigen Kinder mit sonderpädagogischem Unterstützungsbedarf beschult wird und insofern den größten Teil des entsprechenden Personals bekommen müsste, werden aber bei den Schulentwicklungsplanungen zur Inklusion nicht zentral berücksichtigt. Vielmehr soll die »inklusive« Beschulung in der Breite ansetzen. Dazu eine Beispielgeschichte aus einer Stadt im Jahr 2010 in NRW: Im ersten Jahr nach der Ratifizierung der UN-Behindertenrechtskonvention machte sich eine kleine Gruppe unerschrockener Lehrpersonen einer Hauptschule daran, dafür zu sorgen, dass Kinder mit Behinderungen aufgenommen werden können. Einige Kolleg*innen der Hauptschule – motiviert und gewohnt, mit Schüler*innen vieler Nationen und mit vielen Schulqualifikationen zu arbeiten – hospitierten im Unterricht einer Grundschule, die altersgemischt und integrativ arbeitete. Sie sahen, wie die Kolleg*innen im offenen Unterricht alle Kinder achteten, ihnen verlässliche Strukturen gaben und sie bei ihren Entwicklungsprozessen begleiteten. Einige Hauptschullehrer*innen waren nach der Hospitation entschlossen, sich auf den Weg zu einer integrativen Schule zu machen, zumal sie bereits seit Jahren etliche »Grenzfälle ohne offizielle sonderpädagogische Etikettierung« in »stiller Integration« mit Erfolg zu Schulabschlüssen geführt hatten. Die Gremien der Hauptschule stimmten mehrheitlich dafür, und die ersten drei »behinderten Förderkinder«, deren Familien aus dem Kosovo vor dem Bürgerkrieg geflüchtet waren, wurden angemeldet. Sie wohnten in Schulnähe. Jedoch lehnten die zuständige Schulaufsicht und die Verwaltung des Schulträgers die Zuweisung des sonderpädagogischen Personals ab und rieten der Schulleiterin, die angemeldeten Roma-Kinder nicht aufzunehmen. Die Stadt hätte aufgrund der UN-Behindertenrechtskonvention beschlossen, dass zunächst in einer Realschule und einem Gymnasium eine »integrative Lerngruppe« mit entsprechender Personalausstattung eingerichtet werden müsse. Da aber im ersten Jahr nach der Behindertenrechtskonvention nur eine einzige Hauptschule in einem weit entfernt liegenden Stadtteil Behinderte aufnahm und sich seit Jahren trotz vielfachem Bemühen keine andere Schule fand, das Gleiche zu tun, wäre nun – so die Beamt*innen der Schulaufsicht – abzuwarten, bis sich eine Realschule und ein Gymnasium fänden, die Kinder mit sonderpädagogischem Förderbedarf aufnehmen wollten. Einer Hauptschule, die ohnehin viele »Restschüler*innen« unterrichte, fehle grundsätzlich die »gesunde Mischung«, wenn zusätzlich zu den vielen »Schulversager*innen« auch noch Behinderte aufgenommen würden. Die »Förderkinder« sollten besser auf andere Schulen verteilt werden, damit die »Last« nicht an einer

Hauptschule hängen bliebe. Im Schuljahr 2010/2011 wurden in diesem Zusammenhang 62 Prozent aller integrativen Schüler*innen der Sekundarstufe 1 in NRW in Hauptschulen unterrichtet, obgleich im 5. Jahrgang der Hauptschulen nur noch 13 Prozent der Schüler*innen aufgenommen wurden (Klemm & Preuss-Lausitz, 2011, S. 65f.). Die Schlussfolgerung der Schulaufsicht war: Eine »gute Mischung« (!) wäre *Kennzeichen* der Integration. Deshalb könnte man der Hauptschule keine Personalstunden bewilligen, die für eine integrativ arbeitende Schule vorgesehen seien: pro Kind eine 0,1-Lehrerstelle und die vorgesehene Unterstützung durch Sozialpädagogen-Stunden. Wenn die Schulleiterin trotzdem die drei Roma-Kinder mit sonderpädagogischem Förderbedarf aufnähme – was sie laut Schulgesetz zwar dürfe, man aber davon abriete –, dann stünden ihr nur insgesamt acht Wochenstunden einer abgeordneten Sonderschullehrerin zu, eine »Einzelintegrationsmaßnahme«. Ein Jahr später, falls andere Schulformen nachgezogen hätten, würden die Karten neu gemischt und die Hauptschule könnte die notwendige Stellenzuweisung bekommen. Dies gelte aber nur dann, wenn überhaupt Bedarf für »integrative Lerngruppen« mit mindestens fünf Kindern bestehe und insgesamt genug Hauptschüler*innen angemeldet würden. Die Schulleiterin der Hauptschule nahm die drei Roma-Kinder – gegen den Rat der Schulaufsicht – auf und bildete altersgemischte Klassen der Jahrgänge 5 und 6. Einige Hauptschulkolleg*innen entwickelten differenzierte und offene Unterrichtsformen. Sie arbeiteten in der Hoffnung, die Stellenzuweisung werde im Folgejahr ausgeweitet, wenn weitere »Förderschüler*innen« kämen. Die Grundschule begleitete den Übergang und gab personelle Hilfen »auf eigene Faust«. Die Schulleitungen beider Schulen gingen in Zeiten der UN-Behindertenrechtskonvention davon aus, dass im nächsten Schuljahr weitere Kinder aus dem näheren Umfeld dazukämen. Um mehr sonderpädagogisches Personal zu bekommen, was eine effektive Teamarbeit ermöglichen würde, wäre es ohnehin wichtig, mehr behinderte Kinder aufzunehmen.

Als die Schulanmeldungen des nächsten Schuljahres näher rückten, war noch nicht entschieden, ob sich eine Realschule und ein Gymnasium finden würden, um behinderte Kinder aufzunehmen. Die Realschulen und Gymnasien hatten sich seit Jahrzehnten dagegen gewehrt, behinderte Schüler*innen aufzunehmen. Ihre Begründung war, dass sie dafür nicht ausgebildet seien und die Kinder im Unterricht mit den anderen Schüler*innen zusammen nicht angemessen gefördert werden könnten. Sie blieben bei ihrer ablehnenden Position. Die Grundschulen mit Viertklässler*innen, die sonderpädagogischen Förderbedarf hatten, konnten die Eltern also nicht zu einer wohnortnahen integrativen Schule schicken, da deren Stellen noch längst nicht gesichert waren. Blieb also nur eine Sonderschule? Als der Beschluss kam, dass nun nach intensivem Druck in jeder Schulform eine Schule mit »integrativen Plätzen« gefunden werden musste, fand man zwar eine Realschule und ein Gymnasium, aber nicht genug »behinderte« Kinder dafür. Viele waren ja bereits auf Anraten der Grundschulen auf Sonderschulen angemeldet, anderen war der Schulweg zu weit. Einzelne verstreute Kinder aus Brennpunkten, die nicht angemeldet worden waren, wurden nun nachträglich gefunden, um sie als »Kinder mit sonderpädagogischem Förderbedarf« dem Gymnasium und der Realschule zuzuweisen. Einige Eltern lehnten dies ab, weil sie sich nicht auf solch ein pädagogisches Abenteuer mit ihren Kindern einlassen wollten. Sie fürchteten eine Stigmatisierung ihrer Kinder in einem Gymnasium und einer Realschule. Jedoch sollte die bereits integrativ arbeitende Hauptschule auch in diesem Jahr kein behindertes Kind aufnehmen, weil – wie die Schulaufsicht schrieb – kein Bedarf mehr bestehe. Dies galt auch, obwohl in der Nähe der Schule behinderte Kinder wohnten, die nun einen weiten Schulweg in Kauf nehmen müssten. Eltern mit behinderten Kindern, die ihr Kind *wohnortnah* beschulen wollten, hatten auch im darauffolgenden Schuljahr noch keine Planungssicherheit. Denn auch für die zukünftigen Jahre wisse die Schulaufsicht nicht, wie groß der Bedarf in der Sekundarstufe sei. »Wohnortnah« – das sei definitionsabhängig: Wenn in einer Stadt ein Platz frei sei, müssten die Eltern abwägen, was ihnen lieber sei, eine nahe gelegene Sonderschule, eine entfernte »integrative Realschule« oder ein »integratives Gymnasium«, wo zum Beispiel das lernbehinderte Kind allerdings mit dem Bus selbstständig hinfahren müsse. Fahrtkosten für Taxen könnten nur für die Schuljahre 1 und 2 übernommen werden, und dann auch nur für die der Wohnadresse nächstgelegene Schule.

Welches Verständnis von Inklusion hat die Schulverwaltung, wenn sie plant, eine »gute Mischung« in Gymnasien und Realschulen herzustellen? Sie scheint nicht zu erkennen, dass die Lehrpersonen nur erfolgreich mit heterogenen Gruppen arbeiten können, wenn sie unterrichtliche Erfahrungen und Fähigkeiten sowie Einstellungen und Haltungen (»sozialen Kredit«, Stähling & Wenders, 2012b, S. 95ff.) mitbringen. Dies war an der Hauptschule ansatzweise gegeben, nicht aber an Gymnasium und Realschule. In diesen weiterführenden Schulen baute man aus dem Nichts ein künstliches System auf, das wie ein Fremdkörper im eigenen

Haus wirkte. Kaum zehn Jahre später wurde dann gemäß den Vorgaben der Landesregierung »inklusive Schüler*innen« in Gymnasien nur noch »beschult«, falls es eine Sonderregelung dafür gab. In der Hauptschule dagegen konnte man auf vielfältige präventive Erfahrungen setzen, die die Lehrkräfte mitbrachten. Allerdings waren dann bereits mehrere Hauptschulen wegen geringer Nachfrage »auslaufend gestellt worden«. Die Schulaufsicht verpasste hier eine Chance der Prävention: Mit der Einstellung von sonderpädagogischem Unterstützungspersonal in der Hauptschule hätte man dafür sorgen können, dass bei problematischen Entwicklungen (etwa im Zusammenhang mit Schulabbrecher*innen, Schüler*innen ohne Schulabschluss, fehlenden minimalen Fähigkeiten im Lesen) frühzeitig und präventiv mit multiprofessioneller Teamarbeit gegengesteuert werden konnte.

Auf welchen Verteilungsrechnungen basieren solche Entscheidungen?

Wie viele Förderschüler*innen bekäme durchschnittlich jede Schulklasse, wenn alle Förderschulen geschlossen würden? Hans Wocken (2010) stellt eine solche theoretische Musterrechnung auf, in der er die Zahl der Schüler*innen mit Förderbedarf auf alle allgemeinen Schulen verteilt. Er setzt solche Durchschnittswerte in einem Planspiel um. Die ermittelten Durchschnittszahlen berücksichtigen jedoch nicht, dass zum Beispiel in Brennpunktschulen keine Mischung nach einer theoretischen Berechnung existiert. Dort lernen die Kinder des Umfelds, des »sozialen Brennpunkts«. Hans Wocken verfolgt die Absicht, Inklusionsskeptiker*innen zu zeigen, dass es – entgegen aller Befürchtungen – keine Flut, sondern eine überschaubare Anzahl von Kindern mit Behinderungen in inklusiven Schulen geben würde. Wockens Beruhigung basiert auf einer falschen Musterrechnung, die den Brennpunkt übersieht. Das Planspiel von Wocken basiert auf Durchschnittszahlen, die sich daraus ergeben, dass sowohl extrem höhere als auch extrem niedrigere Werte in der Realität vorkommen. Diese Spitzenwerte nicht einzubeziehen, macht es unmöglich, aus den Berechnungen Schlussfolgerungen für Schulentwicklungsprozesse zu ziehen.

Eine Durchschnittslehrerin sähe nach Wocken (2010) in ihrer Klasse nur etwa zwei bis drei »Sorgenkinder« (zehn Prozent). Dies ist ein Durchschnittswert, der auch die Lehrerin im Armutsgebiet miteinbezieht, die besonders viele Förderkinder hat, aber nach Wocken (2011, S. 145) *nicht haben sollte*.

Wocken (2010) unterscheidet für eine theoretisch gedachte inklusive Modellschule (unabhängig vom Sozialraum) zwei Systeme:
> Das »Regelsystem«, das für die Kinder mit den *relativ häufig auftretenden sonderpädagogischen Förderschwerpunkten* Lernen, Sprache und emotionale und soziale Entwicklung gelte.
> Das »Unterstützungssystem«, wenn Kinder mit den *relativ seltenen sonderpädagogischen Förderschwerpunkten* Hören, Sehen, körperliche und geistige Entwicklung in eine Schulklasse integriert werden. So ist nur zum Beispiel jedes 1000. Kind schwerhörig.

Im ersten, dem »inklusiven Regelsystem« gelte danach für diese *theoretische*, inklusive Modellschule:[3]
> drei bis sechs Kinder mit Unterstützungsbedarf (Lernen, Sprache, emotionale und soziale Entwicklung) und 19 Kinder ohne Unterstützungsbedarf
> Personalzuweisung: eine Stunde pro Tag und pro Klasse, ein Sonderpädagoge für vier Klassen

Neben diesem Modell des »inklusiven Regelsystems« entwirft Wocken ein weiteres System: Für dieses »inklusive Unterstützungssystem« bei Kindern mit den speziellen Förderschwerpunkten Hören, Sehen, körperliche Entwicklung und geistige Entwicklung rechnet Wocken (2010) folgendermaßen vor:[4]
> ein bis drei Kinder mit speziellem Unterstützungsbedarf (Hören, Sehen, körperliche und geistige Entwicklung), drei bis sechs Kinder mit Unterstützungsbedarf (Lernen, Sprache, emotionale und soziale Entwicklung) und 16 Kinder ohne Unterstützungsbedarf.
> Personalzuweisung von zwei bis drei Stunden pro Woche zusätzlich zum Regelsystem; das entspricht einer Sonderpädagogenstelle für zehn Kinder.

---

3 Kritische Anmerkung: Nach allen uns vorliegenden Erfahrungen lassen sich jedoch die Kooperationen eines Sonderpädagogen oder einer Sonderpädagogin mit vier festen Teams schon aus stundenplantechnischen Gründen nicht verwirklichen. Die intensive Teamarbeit in einem festen Team, die nötig ist (siehe zur Grundschule Berg Fidel Stähling & Wenders, 2015), wird durch solche Stundenverteilungen behindert.

4 Kritische Anmerkung: Dieses theoretische Modell mit mehr Förderkindern stößt in der Praxis noch mehr als das sogenannte »inklusive Regelsystem« auf Probleme. Besonders schwierig ist es, wenn manche Kinder einen Erwachsenen stark binden.

Solche Modellrechnungen übersehen die Realitäten in Brennpunkt-schulen: Die PRIMUS-Schule Berg Fidel-Geist bietet zurzeit Halt für 550 Schüler*innen, vorwiegend aus dem Stadtteil, von denen etwa 100 sonderpädagogischen Unterstützungsbedarf haben – dies sind 20 Prozent, pro Klasse also etwa 5 Schüler*innen. Dies ist also mehr als die Obergrenze, die Wocken (2011) sowie Klemm und Preuss-Lausitz (2011, S. 54) definiert haben. Nach Wocken (2011, S. 145) müsste dort ein »ungünstiges Entwicklungsmilieu« herrschen. Diese Schule würde nach dem aktuellen Maßstab von Wocken (2020) ein »Entwicklungsrisiko« darstellen (ebd., S. 245). Die Veröffentlichungen von Schnell (2010) sowie Becker und Prengel (2010) zur Grundschule Berg Fidel besagen jedoch das Gegenteil: Aufgrund von bestimmten Schülerquoten entsteht hier nicht ein »ungünstiges Lernklima« (siehe Kapitel 8).

7.3   Wohnortnähe oder »gute Mischung«?

Wenn also die meisten belasteten Schüler*innen nicht gleich verteilt in allen Wohnbezirken anzutreffen sind, sondern sich in Brennpunkten ballen, könnte man die Frage stellen, ob es denn sinnvoll sei, dass die Schüler*innen überhaupt in der Schule ihres näheren Umfeldes beschult werden sollten. Wäre es dann nicht besser, die belasteten Schüler*innen aus den Brennpunkten »rauszufahren« und mit weniger belasteten zu mischen?

Die Zusammensetzung der Schülerschaft in der Primarstufe ist derzeit in Deutschland abhängig davon, ob es feste Schulbezirke gibt und welche Schule die Eltern für ihr Kind wählen. Dabei werden kurze Wege bevorzugt. Am Beispiel der relativ armen Kommune Mülheim an der Ruhr stellen Groos & Kersting (2019) eine zunehmend soziale und ethnische Segregation fest, die auf die freie Schulwahl zurückzuführen ist:

>»Grundschulen mit vielen Migrant*innen und vielen sozial benachteiligten Kindern sind davon besonders stark betroffen. Ihre Schulen werden durch die selektive Nichtwahl von Eltern privilegierter Schichten und von Nichtmigrant*innen gemieden. Dies führt zu einem deutlichen Schülerschwund sowie zu einer Konzentration von Armen und Migrant*innen an eben diesen Schulen in oftmals benachteiligten Quartieren« (S. 67).

In einem Forschungsüberblick zeigen Makles, Schneider und Terlinden (2018) am Beispiel von Bremen auf, in welchem Ausmaß die Kinder eines Wohnbezirkes voneinander getrennt verschiedene Schulen besuchen. Die Segregation bestimmt die Zusammensetzung von Schulen. Die meisten etablierten Eltern melden ihr Kind nicht in einer Brennpunktschule an, selbst wenn sie näher liegt als eine bürgerlich geprägte Schule. Sie kennen zwar die konkrete Arbeit nicht, wissen auch nichts über die Erfolge der engagierten Teams, sehen auch nicht, welche Fortschritte die Kinder machen, aber sie befürchten, dass für ihr eigenes Kind keine Zeit wäre. Die »schwierigen« Kinder »verschlingen« die Kräfte der Pädagog*innen, wie sie meinen. Diese Eltern erkennen nicht, dass ihr eigenes Kind mit anderen Kindern aus verschiedenen Kulturen mehr Anregungen erfahren könnte als in einer beliebigen monokulturell geprägten Schule. Die in jeder stark heterogenen Lerngruppe vorherrschende Mehrperspektivität nehmen sie nicht wahr.

Eltern mit diesen Positionen können sich auf Klemm (2019) und Schleicher (2013) berufen, indem sie das Bild von einem »anregungsarmen« Lernmilieu verbreiten (siehe Kapitel 8). Sie übersehen, welche Bedeutung die pädagogische Arbeit hat. Sie sind noch in der gleichen alten Logik verfangen, die zum Beispiel gegen die »Koedukation« argumentierte, dass die Jungen nicht gut lernen könnten, weil sie von den Mädchen abgelenkt würden. Diese Schülerschaft aus vielen Kulturen und mit sehr verschiedenen Lebensgeschichten im sozialen Brennpunkt bietet vielfältige Anregungen für alle Kinder. Sie hören andere Sprachen, feiern für sie bisher unbekannte Feste miteinander und probieren fremde Speisen, sie spielen zusammen mit Kindern, die andere Religionen ausüben, sie lösen Konflikte und versetzen sich in andere Menschen hinein, deren Denken sie erst kennenlernen. Sie erklären anderen Kindern ohne sprachliche Mittel den Weg zur Turnhalle, sie spielen mit Kindern im Rollstuhl, sie trösten, sie erklären Mitschüler*innen die mathematischen Lösungswege und so weiter.

Dieses Umfeld wird von einigen Wissenschaftler*innen als »anregungsarmes Entwicklungsmilieu« diskreditiert. Mit öffentlichen Stellungnahmen werden Entscheidungen legitimiert. So beziehen sich zum Beispiel Politiker auf ein Gutachten von Klaus Klemm (2019), in dem gegen eine Hauptschule im Brennpunkt argumentiert wird. Dabei wird durch Bezug auf die PISA-Studie von 2000 (Deutsches PISA-Konsortium, 2003, S. 287) davon ausgegangen, dass das Lernen in einer Hauptschule grundsätzlich dadurch gebremst wird, dass die Schülerschaft ein »anregungsarmes Entwicklungsmilieu« darstellt. Dagegen sei der Lernzuwachs in Gymnasien darauf zurückzuführen, dass das »Entwicklungs-milieu« angeblich »anregungsreicher« sei.

Die Klemm-Studie (2019) mit ihrer These von einem »anregungsar-mem« Milieu in einer Hauptschule wurde zudem noch generalisierend übertragen auf eine Sekundarschule, die ebenfalls eine Schülerschaft aufwies, die stark von Armut und Migration geprägt ist. Unter ande-rem führte diese Verallgemeinerung innerhalb von wenigen Monaten zu einem Ratsentscheid zur Schließung dieser Sekundarschule, die zuvor selbst bereits ihre eigene Auflösung vorgeschlagen hatte. Die SPD er-klärte ihren entsprechenden Ratsantrag zum Auflösungsbeschluss in 2018 damit, dass trotz des beeindruckenden Engagements des Kolle-giums und eines herausragenden individualisierenden Konzeptes die *Heterogenität (!) nicht hergestellt werden konnte.* Hier wird die Hypo-these vertreten, dass eine fehlende »heterogene Schülerschaft« dazu führe, dass *abiturnahe* Eltern ihre Kinder dort nicht mehr ausreichend anmeldeten. Freie Plätze wurden mit Flüchtlingskindern belegt, sodass die Diskussion über die »Belastungen« der Schulen mit Geflüchteten in vollem Maße abschrecken konnte.

Angesichts der Lage empfiehlt Klemm (ebd.) der Stadt zu Recht, zur Förderung der Schüler*innen eines sozialen Brennpunktes, den er untersucht hat, eine PRIMUS-Schule (mit den Jahrgängen 1 bis 10) ein-zurichten. Als zweite Option wird von ihm eine weitere Gesamtschule vorgeschlagen.

Wozu führen aber öffentliche Diskreditierungen von Schüler*innen, die wegen Armut und Migration angeblich sich nicht gegenseitig anzu-regen in der Lage wären? Ein Teufelskreis entsteht, indem diejenigen, die »es sich leisten können, den Brennpunkt zu verlassen«, der Schule den Rücken kehren. Auch manche bürgerlichen Eltern mit behinderten Kin-dern, die zwar das »Recht auf wohnortnahe Beschulung« (Kemper & Goldan, 2019, S. 235) in Anspruch nehmen könnten, verzichten freiwil-lig auf eine wohnortnahe Schule. Teilweise bevorzugen sie angesichts der mangelnden personellen Ausstattung der integrativen Regelschulen sogar die noch besser ausgestatteten Förderschulen. Andere bürgerliche Eltern suchen lieber nach Schulen, die sich als »Treibhäuser der Zukunft« dar-stellen, die das Bild von einer »guten Mischung« repräsentieren – also Schulen, die einen großen Anteil an leistungsstarken Schüler*innen aus der sogenannten »deutschen Mittelschicht« haben. Sobald Eltern jedoch be-greifen, dass eine Schule im Brennpunkt pädagogisch umfassender arbeitet und mehr Erfahrungen aufweisen kann, um Probleme zu lösen, stehen manche Eltern einer Einschulung positiv gegenüber. Zudem setzen die Pädagog*innen dort notwendigerweise häufiger an dem Erfahrungshorizont der Kinder an und nutzen die Stärke der Klassengemeinschaft. Dadurch gelingt es leichter, dass jedes Kind einen Lernzuwachs erreicht und dadurch expansiv lernt. In manchen Schulen des gemeinsamen Lernens gibt es durchgehende Doppelbesetzungen mit einer pädagogischen Zweitkraft, wie es Wocken (2017b, S. 273) fordert. Dies finden alle Eltern gut.

Die gesellschaftlichen Fakten zeigen jedoch, dass die Brennpunkte in vielen Fällen personell unterversorgt werden. Der Sozialindex wird häufig nicht entsprechend berücksichtigt, obwohl klare Daten vorliegen (siehe Kapitel 5.3; Klemm, 2019). Wie kann nun eine Brennpunktschule reagieren angesichts dieser Realitäten? Viele Schulen mit gemeinsamem Unterricht sind aufgrund der hohen Nachfrage an der Grenze der Aufnahmemöglichkeit für Kinder mit sonderpädagogischem Unterstützungsbedarf. Es müssten wohnortnahe Schulen darauf vorbereitet werden, die Arbeit zu übernehmen. Zum Zwecke der »guten Mischung« wird jedoch eine Verteilung auf wohnortfremde Schulen zentral von der Schulverwaltung vorgenommen. Diese künstliche Steuerung ist seit Jahren in der Praxis üblich und verhindert de facto wohnortnahe Beschulungen. Besonders gravierend wirkt sich aus, dass die Schulen ohne Erfahrung mit benachteiligten Kindern häufig nicht auf die Lernausgangslage der Kinder eingehen. In sogenannten »Restschulen« kommt es zu einer »Ansammlung« von Kindern, die in anderen Schulen angeblich nicht zu fördern sind und daher nicht gerne aufgenommen werden. Da es einen deutlichen Mangel an ausgebildeten Sonderpädagog*innen gibt, neigen die Behörden dazu, das sonderpädagogische Personal auf die Schulen gleichmäßig zu verteilen. Der Mangel wird verwaltet, wie viele Schulleitungen sagen.

Um die realen Probleme im Schulalltag heute lösen zu können, ergibt sich die Frage, ob es *angesichts begrenzter Ressourcen* besser sei,

1. eine Schule zu betreiben, die in erster Linie durch Aufnahmequoten eine *»gute Mischung« der Schülerschaft* künstlich erzeugen solle, oder ob
2. sich eine inklusive Schule parteiisch zeigen und sich für eine *wohnortnahe soziale Integration aller Kinder* des Wohnviertels in die dort vorhandene Schule einsetzen möge, ohne die Aufnahme zu begrenzen.

Viele Beobachter*innen gehen davon aus, dass eine Schule nur eine bestimmte Zahl an Schüler*innen aufnehmen kann. Dies erweist sich häufig als eine unhinterfragte Behauptung, die dazu dient, mehr Ressourcen zu fordern. Aber dennoch gilt, dass die Räume und das Personal in der Hand der Schule flexibel einsetzbar sind. Viele Brennpunktschulen können ihre Arbeit ohnehin nur schaffen, wenn sie aus anderen Quellen die Ressourcen erhöhen, weil sie personell und räumlich unterversorgt sind. So nutzen sie zum Beispiel freiwilliges Personal oder Praktikant*innen sowie Raumangebote im Stadtteil oder ähnliches und beschäftigen sich humorvoll in der Not mit »kreativen Lösungen«. Wir definieren folglich in diesem Fall die »Aufnahmekapazität« einer solchen wohnortnahen Brennpunktschule nicht als begrenzt und gehen davon aus, dass sie ohnehin bereits weit mehr leistet, als die offiziellen Ressourcen ermöglichen würden. Diese Tatsache zu beklagen, hieße, zu warten, bis die Schulträger und Parlamente sich entscheiden, einer Schule im Brennpunkt mehr zu geben als anderen Schulen. Da dies gesellschaftlich wenig begrüßt wird, sondern eher auf »gute Mischung« gesetzt wird, müssen Reformer*innen vor Ort sehr realistisch vorgehen und sich keiner Illusion hingeben.

Auf der Suche nach einer Lösung für das Ressourcenproblem stoßen wir auf ein ungelöstes Problem in der Praxis. Wir nennen es »Wohnortnähe-Heterogenitäts-Dilemma« (Stähling & Wenders, 2018, S. 240): Die Position einer Wohnortnähe (Katzenbach & Schroeder, 2007) steht der einer »guten Mischung« (Sander, 2008) gegenüber. Diese beiden entgegengesetzten inklusionspädagogischen Standpunkte enthalten antagonistische Perspektiven. Sie weisen auf zentrale Kernprobleme der Machbarkeit von Inklusion hin. Die beiden Positionen werden hier pointiert voneinander abgegrenzt, um die Interessen verschiedener Institutionen deutlich werden zu lassen, die die Gelder für hilfsbedürftige und behinderte Kinder beanspruchen.

Beide Perspektiven einer »inklusiven Schule« sind hier extrem pointiert dargestellt. Sie eint das gemeinsame inklusionspädagogische Ziel, Schulversagen zu verhindern und auf Sonderschulen zu verzichten. Schulpolitische Auseinandersetzungen der letzten Jahre zeigen einerseits, dass die Position der *wohnortfernen* Integration im Sinne einer sogenannten »guten Mischung« zwar von der Mittelschicht befürwortet wird, aber in der Realität von einigen betroffenen Eltern (zum Beispiel aus sozialen Brennpunkten) abgelehnt wurde. Auch viele Schulen haben damit Probleme: Das Konzept »gute Mischung« hat nämlich in der Vergangenheit *wegen fehlendem Personal* (zum Beispiel fehlende sonderpädagogische Expert*innen und fehlende pädagogische Zweitkräfte in den Klassen, Wocken, 2017c,

Tabelle 2: Gegenpositionen »gute Mischung« versus Wohnortnähe

Wohnortferne Integration: Schule der »guten Mischung« (zum Beispiel eine Gesamtschule für eine ganze Stadt)	**Wohnortnahe Integration:** Schule der Benachteiligten (zum Beispiel PRIMUS-Schule, Jahrgang 1 bis 10 [13] vor Ort)
Schule legt die Kinder bewusst nicht auf ihre Lebenslagen fest, sondern orientiert sich an der individuellen Entwicklung (Sander, 2008)	Schule orientiert sich an den Lebenslagen der Bevölkerung des Schulumfeldes (zum Beispiel Brennpunkt) (Katzenbach & Schroeder, 2007)
Aufhebung der starren Schulstrukturen zugunsten einer »Schule für alle«, zu der wegen *begrenzter Aufnahmekapazität* nicht alle aus dem Wohnumfeld der Schule gehen können. Dies kann den sozialen Frieden innerhalb eines Stadtteiles gefährden.	Unterstützung der Benachteiligten *mithilfe einer Schule vor Ort* ohne Aussonderung. Keine Aufnahmekapazitäten begrenzen, sondern kreative Lösungen erarbeiten.
In sozialer Mischung sind die Leistungen besser als in Klassen mit großen sozialen Belastungen (Preuss-Lausitz, 2018 [2010]).	Bei angemessener Personalausstattung (durchgehende Präsenz einer pädagogischen Zweitkraft) und bei einem Teamkonzept sind die Leistungen besser. Solidarische Pädagogik ermöglicht passende Angebote für jeden (siehe die Befreiungspädagogik Freire und Kapitel 9).
Pauschale Stellenzuweisung nach Zügen der Schule, teilweise ohne Berücksichtigung des Sozialindexes.	*Stellenzuweisung nach Zahl und Art des offiziell festgestellten sonderpädagogischen Unterstützungsbedarfs*, entsprechend der Berechnungen in den Sonderschulen. Ermittlung des Stellenbedarfes unter Beachtung des *Sozialindexes*.
Mögliche Gleichverteilung der behinderten Kinder *auf alle Schulformen und Schulorte* mit dem Ziel, die Integration überall einzuführen und Sonderschulen abzulösen.	Grundsätzliche, ausnahmslose Verteilung der Kinder auf *wohnortnahe* Schulen anstelle von Sonderschulen. Wohnortnähe ist Qualitätskriterium.
Aufnahmequoten nach Bevölkerungsrepräsentanz (zum Beispiel etwa 15 Prozent Hauptschüler*innen, 35 Prozent Realschüler*innen, 50 Prozent gymnasiale Schüler*innen). Auswahl der Kinder mit der Begründung, in einer leistungs-heterogenen, »gut« gemischten« Schülerschaft lernten die Kinder erfolgreicher als in einer stärker heterogenen.	*Aufnahme aller Kinder des Umfeldes* der Schule. Damit ist eine Schule im Brennpunkt eine Schule in erster Linie für stark heterogene Gruppe der Brennpunktkinder. Begründung: Die soziale Zugehörigkeit zum Wohnviertel stabilisiert die Kinder und die Schule schafft einen Hort der Sicherheit und Solidarität. Damit können sie besser lernen.
Sackgasse und Irrweg: Einzelne Kinder mit Lernschwierigkeiten und schwer belastete Kinder würden wegen einer begrenzten Aufnahmekapazität *aus dem Stadtteil transportiert*, um sie in einer gut ausgestatteten integrativen Schule außerhalb des Wohnbezirkes zu integrieren, an dem Ziel, eine heterogene Lerngruppe zu bilden. Das Vorgehen des Abtransportierens einzelner Behinderter mit Taxen zu Sonderschulen ist weit verbreitet. Es führt in vielen Fällen zu Unfrieden innerhalb des Stadtteils und Beschämung der betroffenen Familien.	*Sackgasse und Irrweg:* Bürgerliche Eltern verlassen die Schule im Brennpunkt und transportieren ihre Kinder zu Schulen außerhalb des Wohnbezirkes, um sie dort zu integrieren. Es besteht die Gefahr, dass die Brennpunktschule immer mehr zur Restschule würde. Sie verlöre dann wegen sinkender Schülerzahlen zunehmend Personal. Investitionen in die Schule würden sinken. Damit wäre die Schule noch weniger attraktiv und ein Teufelskreis entstünde durch Abwanderung leistungsstärkerer Kinder.

S. 273) in etlichen Schulen zu Überforderung geführt. Zahlreiche Schulen wussten mit diesen »schwierigen« Kindern (zum Beispiel Geflüchteten) nicht recht umzugehen. Sie scheiterten daran, den Schüler*innen gerecht zu werden. Häufig setzten sie nicht an den teils traumatischen Erfahrungen der Kinder an, sondern boten ihre üblichen lehrplanmäßigen Lehrprogramme und Lehrwerke, die nicht zu den Kindern und ihren Erfahrungswelten passen konnten. Die flächendeckende Beschulung in der *wohnortfernen* Regelschule (Hauptschule, Sekundarschule, Realschule, Gesamtschule und so weiter) von »Kindern mit sonderpädagogischem Unterstützungsbedarf« und mit anderen schwerwiegenden Bedarfen im sozio-emotionalen Bereich bereitet Schwierigkeiten. Entsprechende Aufnahmequoten verhindern teilweise die Aufnahme dieser Kinder. Die Gegenposition einer *wohnortnahen* »Schwerpunkt«-Schule für Benachteiligte im Brennpunkt wird zwar teilweise in der wissenschaftlichen Diskussion und auch von aufstrebenden Eltern abgelehnt, weil sie »Brennpunktschulen« vermeiden wollen. Die betroffenen benachteiligten Eltern vor Ort in den Brennpunkten aber begrüßen eine starke Bündelung der pädagogischen Kräfte zum Wohle ihrer Kinder – besonders dann, wenn die Schule sich den Problemen und der Erfahrungswelt der teils in Armut lebenden, höchst vielfältigen Bevölkerung widmet. Um das zu verwirklichen, muss jedoch die finanzielle Ausstattung gerecht, also am Sozialindex orientiert, erhöht werden (siehe Kapitel 5.3). Ungleiches muss ungleich behandelt werden. Besonders ablehnend reagieren Eltern auf Gewalt in der Schule ihrer Kinder, wenn sie den Eindruck haben, die Lehrerschaft und Schulleitung würde nicht konsequent dafür sorgen, dass diese Gefahren umgehend beseitigt werden.

Es ist ein Dilemma der Inklusion – und beide Modelle führen aus diesem nicht heraus, weil weder die geografische Komponente noch die Klassenlage (bürgerlich oder prekär) die Lebenswirklichkeit abbildet. Zu Beginn der Integrationsentwicklung, als die behinderten Kinder quer durch die Städte zu einer Integrationsschule gefahren wurden, zerfiel der soziale Kontext außerhalb der Schule – sie trafen sich nur in der Schule und hatten ansonsten nichts miteinander zu tun, weder die Kinder noch ihre Familien. Wenn man noch den Kindergarten in die Überlegungen einbezieht, ist es eindeutig, dass ein wohnortnaher Schulbesuch zu priorisieren ist, weil nur er ins Gemeinwesen hineinwirken kann und Inklusion sich fortzusetzen vermag. Dort setzt dann auch die Forderung an, die Grundschule bis zum 10. Schuljahr (beziehungsweise zur Oberstufe für alle) fortzusetzen. Eine entsprechende Ausstattung der jeweiligen Schule ist unverzichtbar. Eine solche Schule im Stadtteil entsteht »von unten« und kann alle Institutionen wie Kindertagesstätte, Jugendzentrum, Altenwohnsitze, Gesundheitsversorgung, Beratungsstellen, Kultur- und Sporteinrichtungen einbeziehen. Sie ist als *community school* (Göhlich, 1997) eine Anlaufstelle für alle Bewohner des Wohnviertels. Im niederländischen Groningen wird diese Art von wohnortnaher Schule *Vensterschool* genannt:

> »Fensterschulen öffnen ihre Fenster, lassen frische Luft des Stadtteils herein, sehen sich als Lernzentrum nicht nur für die ihnen anvertrauten Schüler, sondern auch für die Familien. Hier wird ›Schule‹ neu definiert, sie wird zu einem ›Mehrgenerationenhaus des Lernens‹ auf einem eigenen Campus mitten in der Stadt. Ein solches wohnungsnahes und damit niederschwelliges Bildungs- und Beratungsangebot scheint zukunftsweisend zu sein – insbesondere für Stadtteile mit besonderem Erneuerungsbedarf« (Gathen, 2013, S. 127).

7.4 Fazit

Lehrer*innen müssen den Umgang mit »heterogenen Klassen« lernen. Um jedoch das Schulsystem zu einem inklusiven umzubauen, sollten zuerst die in dem Feld »heterogene Klasse« altbewährten Lehrpersonen (zurzeit vermutlich maximal 30 Prozent) zum Einsatz kommen. Dabei wird man zunächst auch Brennpunktschulen nutzen, um von deren Erfahrungen mit förderbedürftigen Kindern im Regelunterricht zu profitieren. Dort müsste die Bildung des Lehrernachwuchses angekoppelt werden, damit sie in der Praxis lernen, erproben und erfahren, wie sie mit stark heterogenen Lerngruppen erfolgreich und mit einer solidarischen Haltung arbeiten können. Im zweiten Schritt wird man die Erfahrungen auf andere *bereitwillige* Schulen, zum Beispiel Gesamtschulen, ausdehnen. Erst zuletzt werden Schulen zur Integration verpflichtet, deren Erfahrungshorizont sich bisher meist auf leistungshomogene, »selbstähnliche« Klassen bezog. Die Unterstützung beim Umbau des Unterrichtswesens können vorwiegend die Unterrichts-Pionier*innen aus integrativen Brennpunktschulen leisten.

Gordon Porter hat für Kanada die Implementierung der Integration bereits in den 1980er Jahren erfolgreich vorangebracht: Er sagt zum Schulentwicklungsprozess, dass zunächst die *erfahrenen und willigen Pionier*innen* die integrative Arbeit machten, um danach die Erkenntnisse auf andere

Schulen ausweiten zu können (Stähling & Wenders, 2013b). Die kanadischen Erfahrungen sind ausführlich dokumentiert worden (Hinz, 2007; Arbeitsgruppe Internationale Vergleichsstudie, 2007; Porter & Richler, 1991; Wenders, 2009; Jahr & Kruschel, 2019). In Deutschland könnte auf ihnen basierend ein geeignetes Umstellungs-Modell der kleinen Schritte entwickelt werden, das vom Konzept der Gleichverteilung sonderpädagogischer Kräfte abweicht. Parallel dazu sollte das Schulsystem die Möglichkeiten zum Schulwechsel überflüssig machen. Im Mittelpunkt sollte die wohnortnahe Beschulung aller Schüler*innen stehen.

8 »Hier gehören wir doch nicht hin!«

Die Idee des »anregungsarmen« Milieus

Kurz gefasst: Das folgende Kapitel setzt sich mit dem Paradigma auseinander, dass die Schule im Brennpunkt anregungsarm sei. Dies ist tief verwurzelt in bürgerlichen Teilen der Bevölkerung und wird von etlichen Forscher*innen gestützt. Wir zeigen die negativen Folgen des Paradigmas für die Kinder, Eltern und Pädagog*innen in Brennpunktschulen. Wir widerlegen die These vom anregungsarmen Lernmilieu. Wir zeigen auf, dass der pädagogische Umgang mit den Schüler*innen und die Strukturierung der Lernprozesse im Unterricht entscheidend sind für den Lernzuwachs – und nicht die Schulform oder die Herkunft der Schüler*innen aus belasteten Familien. Wir setzen uns kritisch auseinander mit dem kolonialen Blick, der sich hinter solchen Paradigmen verbirgt.

8.1 Das Paradigma (Schulleistungen entwickeln sich in Abhängigkeit von der Schulform) und seine Folgen für Menschen und Schule im Brennpunkt

In einer Studie zur Situation der Kinder in einem sozialen Brennpunkt in Münster-Coerde untersuchte Klaus Klemm (2019) die schulischen Möglichkeiten in einem Ballungsgebiet. In seinen Schlussfolgerungen sind wertvolle Hinweise zu finden: So werden zum Beispiel eine PRIMUS-Schule mit den Jahrgängen 1 bis 10 und der gebundene Ganztag vorgeschlagen. Häufig begegnen uns jedoch Eltern, Bildungspolitiker*innen und Wissenschaftler*innen, die annehmen, dass in einer Brennpunktschule nicht gut gelernt wird. Sie begründen dies damit, dass es hier eine »Ballung« an »Risiko-Schüler*innen« in »Ghetto-Schulen« ohne Perspektiven gäbe. Diese Schulen gelten als »Restschulen«, deren Schüler*innen in allen Lernbereichen nur Defizite aufwiesen und wie »Steine im Sack«

hoffnungslos verloren seien. Ohne eine »Mischung« mit »besseren« Schüler*innen seien solche »schlechten« Schulen ohne Nachfrage und niemand wolle dorthin. Dazu werden PISA-Ergebnisse zitiert, um diese Jugendlichen als Teil einer »verlorenen Generation« zu stigmatisieren.

Interessant sind die Vorannahmen, die Klaus Klemm in einem auf PISA gestützten Gutachten in ähnlicher Weise übernimmt. Bestimmte Vorstellungen von »guter Lernumgebung« und »anregungsreichem« Milieu werden auf konkrete Schulformen angewendet: Kurzformeln wie »Hauptschule = anregungsarm« und »Gymnasium = anregungsreich« sind Beispiele dafür. Dieses Paradigma hat eine lange Vorgeschichte: Für Hauptschulen wurde bereits in der PISA-Studie 2003 (PISA-Konsortium, 2004, S. 305ff.) festgestellt, dass es dort mehr als in anderen Schulformen zu »gravierenden Störungen des Unterrichtsverlaufs« (S. 306) komme. Dagegen wurde das Lernklima in Gymnasien von Schüler*innen und Lehrer*innen als besonders gut beurteilt. Hier wird behauptet, dass die »Schulform« und das ihr zugeordnete Lernklima (ebd., S. 305ff.) selbst Lerneffekte erzeugten. Die PISA-Studien (PISA-Konsortium, 2004; Reiss et al., 2019) stellen für Deutschland fest, dass in Gymnasien stets – wie zu erwarten – die im Mittel leistungsstärkeren Schüler*innen in Mathematik, Lesen und Naturwissenschaften zu finden sind.

Mit Blick auf die PISA-Studie 2018 wird bei der vertiefenden nationalen Analyse in Deutschland analog zu früheren PISA-Studien zwischen Gymnasien und nicht-gymnasialen Schulformen (Hauptschule, Schule mit mehreren Bildungsgängen, integrierte Gesamtschule und Realschule) unterschieden (Reiss et al., 2019, S. 18). Berufliche sowie Sonder- und Förderschulen wurden wegen der geringen Stichprobengröße nicht gesondert betrachtet. Die PISA-Studien von 2003 und 2018 weisen auf die Besonderheit des deutschen gegliederten Bildungssystems hin. Klemm führt in seinem Gutachten über den Brennpunkt-Stadtteil Coerde in Anlehnung an PISA-Studien aus:

> »Bei allem Respekt vor der pädagogischen Arbeit der Hauptschule Coerde kann nicht übersehen werden, dass das differenzielle Lernmilieu den Anstrengungen dieser Schule enge Grenzen setzt. Das anregungsärmere Entwicklungsmilieu in Hauptschulen bremst, das anregungsreichere in mittleren und höheren Schulen sowie in Gesamtschulen befördert im Vergleich dazu deutlich. Den Wirkungen dieser so differenziellen Lernmilieus unterschiedlicher Schulformen sind Baumert u. a. nachgegangen. Sie zeigen, dass

sich die Mathematikleistungen von Jugendlichen, die zu Beginn der siebten Klasse im Bereich der Mathematik gleich ›stark‹ waren, die über die gleichen kognitiven Grundfähigkeiten verfügten und deren Sozialschichtzugehörigkeit vergleichbar war, bis zum Ende der zehnten Klasse in Abhängigkeit von der besuchten Schulform auseinander entwickeln: In den Hauptschulen ist der Leistungsanstieg im Verlauf dieser vier Schuljahrgänge am geringsten, im Gymnasium dagegen am höchsten (Baumert u. a. 2003, S. 287). Vor dem Hintergrund dieses empirisch gesicherten Hinweises auf die Entwicklungsperspektiven, die eine Hauptschule ihren Schülerinnen und Schülern – bei allem Engagement ihrer Lehrkräfte – nur bieten kann und mit Blick auf die überaus herausfordernde Zusammensetzung der aus den Grundschulen Coerdes abgehenden Schülerschaft muss über die Zukunft des Angebots weiterführender Schulen für Schülerinnen und Schüler aus Coerde grundsätzlich nachgedacht werden« (Klemm, 2019, S. 10).

Aus Klemms Hinweisen lässt sich ableiten, dass die Hauptschule als Problemschule im sozialen Brennpunkt als kein gutes Lernfeld gesehen wird. Die Ausführungen sind auch als Warnung an bürgerliche Eltern zu lesen, das eigene Kind nicht auf eine solche Schule zu geben.

In ähnlicher Weise äußert sich Andreas Schleicher (2013):

»Es lässt sich sagen, dass ein Schüler, dessen Eltern über ein mittleres Einkommen und einen mittleren Bildungsgrad verfügen, der in eine Problemschule geschickt wird, in Deutschland extrem schlechte Karten hat – an einer Hauptschule oder überhaupt an einer Problemschule. Besucht derselbe Schüler, dieselbe Schülerin eine Schule mit einem guten sozialen Umfeld, hat dieser Schüler, diese Schülerin in Deutschland extrem gute Chancen« (S. 105).

Stern-Redakteur Walter Wüllenweber schreibt 2007,

»wie Mittelschichtangehörige etwa aus Neukölln oder Kreuzberg wegziehen, weil sie den dortigen Dreck, Müllberge, Drogenexzesse und Gewalt direkt vor der Haustür nicht mehr ertragen könnten. Schuld sei nicht die Armut, sondern die Erkenntnis ›intakter Familien‹ mit und ohne Migrationshintergrund, dass man den eigenen Kindern die schlechten Schulen der genannten Berliner Stadtteile nicht zumuten dürfe« (zit. n. Butterwegge, 2013, S. 44).

Diese sogenannten »schlechten Schulen« in Brennpunkten scheinen aus einer solchen Perspektive die Spaltung der Großstädte in Luxusquartiere und »Stadtteile mit besonderem Entwicklungsbedarf« zu verstärken. Der Schule im Brennpunkt wird – wie selbstverständlich und mit einer kolonialen Perspektive – zugeschrieben, dass sie »schlecht« sei. Hier wird nicht eine mögliche mangelnde personelle und räumliche Ausstattung oder eine eventuell schwache pädagogische Struktur und mangelnde solidarische Stärke der Schule als Grund für Problemlagen angenommen, sondern einfach in diskriminierender Weise bewertet, dass diese Schulen »schlecht« sind. In Brennpunktschulen kann man in vielen Fällen feststellen, dass dort Personalmangel herrscht und daher die notwendigen sozialpädagogischen und didaktischen Problemfelder nicht schnell genug und nachhaltig angegangen werden. Die Verantwortung für solche Missstände tragen vielfach die Bildungspolitiker*innen und die Gesellschaft, die eine ungerechte und damit unsolidarische Verteilung der vorhandenen Steuergelder vornehmen beziehungsweise billigen. Nicht selten wird den Schulleitungen als Begründung für die ungerechte Verteilung von Ressourcen erläutert, dass alle Schulen vom Schulträger gleich zu behandeln seien. Dagegen kämpfen auf allen Ebenen Eltern und Schulvertreter*innen. Sie erreichen oft nur mit List, Tricks und auf originellen Wegen, die fehlenden Unterstützungen an die einzelne Schule zu holen. Schulleitungen versuchen ihnen Strukturen zu geben, in denen sie produktiv werden können. Solche Wege, wie zum Beispiel im Brennpunkt Tenever in Bremen, zeigen die solidarische Widerstandskraft der internationalen Bevölkerung und deren Würde (Barloschky, 2011).

Dagegen verbreiten entgegengesetzte Äußerungen über »schlechte Schulen im Brennpunkt« ein Menschenbild des abhängigen Armen, dessen »Bildungsferne« bei denen erwiesen zu sein scheint, die sich in einem sozialen Brennpunkt nicht auskennen. Dies bringt »einen unleugbaren Mangel an Glauben in den einfachen Mann zum Ausdruck« (Freire, 1974, S. 55), wie es bereits Paulo Freire in seiner *Pädagogik der Solidarität* ausführlich analysiert hat.

Für den Brennpunkt in Deutschland wird angenommen, dass die Schulleistung deshalb so stark durch die soziale Herkunft bestimmt wird, weil die Brennpunktschulen, oder sogar Schulformen (hier besonders Hauptschulen) an sich, diesen Effekt verstärken. Zugleich wird festgestellt, dass der aktuelle Forschungsstand über *failing schools* und Schulen in sogenannten »herausfordernden Lagen« erhebliche Lücken aufweist: »Bisher scheint allenfalls eine Deskription unterschiedlicher Problemkonstellationen von Schulen geleistet zu sein« (Hotappels & Brücher, 2021, S. 132). In einem aktuellen Forschungsprojekt mit einer nicht-repräsentativen Stichprobe von »Schulen in herausfordernden Lagen« in der Region Ruhr verstricken sich Wissenschaftler*innen – ohne ihre Aussagen hinlänglich belegen zu können – in »Defizitzuschreibungen« (Drucks & Bremm, 2021, S. 247) über schwache Lernentwicklungen in Schulen in sozialen Brennpunkten. So wird in diesem Ruhr-Forschungsprojekt folgende These als plausibel vorausgesetzt:

> »Die Förderung in problematischen Lernmilieus stößt schon deshalb an Grenzen, da sich die mit Lernproblemen behafteten Schüler*innen in solchen insgesamt schwachen Lerngruppen weniger gegenseitig produktiv anregen können [...]. So entstehen in segregierten Schulstandorten mit hoher Problemkonzentration (z. B. an Hauptschulen in benachteiligten Stadtteilen) doppelte Benachteiligung für die dort Lernenden – durch niedrige schulbezogene Fördermöglichkeiten im Elternhaus und das weniger förderliche Lernmilieu in der Schule« (Holtappels & Brücher, 2021, S. 138).

Damit bekommt der nicht erst seit PISA 2000 festgestellte Zusammenhang zwischen der Schulleistung und der Herkunft eine ergänzende Erklärung: die *Schulform*. Als strukturelle Erklärung verweist sie auf das selektive Schulsystem: »Es ist in Deutschland die Schule, die den Einfluss des sozialen Hintergrundes auf die Bildungsleistung im Wesentlichen mitbestimmt« (Schleicher, 2013, S. 105).

Welche Folgen hat das Paradigma vom »anregungsarmen« Lernmilieu für die Menschen und die Schule im Brennpunkt?

In mehreren Jahrzehnten haben wir erfahren, was es für Schüler*innen, Eltern, Pädagog*innen und den Ruf der Schule bedeutet, wenn mit einem solchen Paradigma der Lernerfolg an der Brennpunktschule angezweifelt wird.

Wir wollen die Stimme einer heutigen Studentin hören, die als Schülerin in der Grundschule Berg Fidel gelernt hatte und anschließend auf ein Gymnasium wechselte
Ich bin vier Jahre in Berg Fidel in die Grundschule gegangen. Meine Mutter ist selbst Lehrerin an einer anderen Schule. Ich war schon in

369

Berg Fidel drei Jahre lang in den Kindergarten gegangen und fand es völlig normal, dass die Kinder so bunt gemischt aus vielen Ländern kommen, andere Hautfarben haben und nicht alle Deutsch sprechen können. Meine beste Freundin damals war ein blondes Mädchen und stammte auch aus der Mittelschicht. Mit der bin ich jeden Tag in den Kindergarten und dann auch in die Grundschule gegangen. Ich hatte mir im Kindergarten und in der Grundschule nie klargemacht, dass ich in einem sozialen Brennpunkt bin, wo sich andere nicht hineintrauen. Später erfuhr ich erst, dass es viele Leute gibt, die niemals in diesen Stadtteil gehen würden, weil sie sich dort vor angeblicher Gewalt fürchten. Auch habe ich mir nie klargemacht, dass die Lehrer in der Grundschule Berg Fidel Sachen machen, die andere Schulen nicht kennen: Freie Arbeit, Klassenrat, keine Hausaufgaben und so weiter. Als ich dann in der Gesamtschule nicht aufgenommen worden bin, war klar, dass ich auf ein Gymnasium gehe. Meine Freundin ging nicht mit mir dorthin, auch andere aus meiner Schulklasse nicht – ich war die einzige. Aber wir wohnten ja nicht in Berg Fidel, sondern im benachbarten Stadtteil, wo unsere Nachbarn ihre Kinder alle auf eine andere Grundschule schickten, weil sie nicht nach Berg Fidel wollten. Niemand wäre mit mir dorthin gegangen. Aber meine Eltern hatten gesagt, dass diese Grundschule in Berg Fidel die bessere ist und mich dort eingeschult. Mit vielen dieser Nachbarkinder spielte ich nach der Schule, und als es dann an den Schulwechsel zum Gymnasium ging, gingen die meisten meiner Nachbarkinder auch auf dieses Gymnasium. Wir kamen zum Glück in dieselbe Klasse 5. Ich spürte schon, dass es hier anders sein würde. Als ich dann erfuhr, dass wir jeden Tag Hausaufgaben machen sollten, fürchtete ich, dass ich das nicht schaffen würde. Meine Freund*innen von der Straße, die zuvor auf der anderen Grundschule immer Hausaufgaben hatten, waren völlig überrascht und sagten zu mir: »Was? Du hast nie Hausaufgaben gemacht? Wie hast du denn das alles gelernt? Das geht doch nicht.« Ich war sehr verunsichert. Ich fand es gar nicht so gut, dass wir jetzt im Gymnasium jede Stunde andere Lehrer*innen hatten. Ich konnte aber ganz gut lernen. Alles war sehr anders. Aber immer wieder wurde von allen Seiten gefragt, wie ich denn ohne Hausaufgaben und in freier Arbeit alles überhaupt gelernt haben konnte. »Ist sie denn gut genug auf die Arbeit im Gymnasium vorbereitet worden? Hat sie denn da in

Berg Fidel überhaupt genug lernen können, bei so vielen Schwachen und Ausländern?«, fragten Nachbarn. Als es in der Schule Streit gab, gleich in der ersten Woche, dachte ich, dass es einen Klassenrat dafür gäbe, um die Probleme zu lösen. Aber nichts davon. Ich traute mich gar nicht zu fragen, ob es denn hier Klassenrat gäbe. »So ein Quatsch gibt es hier nicht. Wir sind doch hier nicht mehr in der Grundschule. Außerdem gab es bei uns auch keinen Klassenrat in der Grundschule«, sagten die Nachbarkinder aus unserem Viertel. Nach zwei Wochen wollte ich nicht mehr zur Schule. Ich weinte. Meine Mutter brachte mich hin und sprach kurz mit dem Lehrer. Er war nett: »Ach, dass schaffen wir schon. Am Anfang ist das immer etwas schwer!« Von da an bemühte ich mich im Gymnasium »mitzukommen«, und wusste, dass es hier nicht nur keinen Klassenrat gab, sondern alles völlig anders war. Ich dachte jetzt, dass ich vielleicht wirklich nicht so viel gelernt hatte wie die anderen, denn bei uns waren ja so viele Ausländer*innen. Worauf es aber ankam im Gymnasium, wusste ich nicht. Ich habe dann ja doch das Abi geschafft. Aber ich fühlte mich zu Beginn nicht so, als wäre ich darauf gut vorbereitet gewesen – im Gegensatz zu meinen Freundinnen von der Straße.

Mit diesen Erlebnissen der Schülerin aus Berg Fidel beim Wechsel aus der Brennpunktschule auf ein Gymnasium wird deutlich, welche Hürden sie zu überwinden hatte. Hätten wir damals schon die Fortführung der Schule bis zum Schulabschluss gehabt, hätte sie weiter die Sicherheiten des Klassenrats, freier Arbeitsformen, der Textzeugnisse und so weiter erleben können. Mit der Abschaffung des Bruchs nach Jahrgang 4 im Jahr 2014 war also nicht nur die Trennung der Kinder aus der vertrauten Klassengemeinschaft beendet worden, hier wurden auch die vertrauten Arbeitsformen fortgesetzt bis zum Schulabschluss. Vielleicht war noch ein dritter, ganz entscheidender Faktor verändert worden: Früher war das Kind der Grundschule Berg Fidel nach dem Wechsel nach Jahrgang 4 einem diskriminierenden Vorurteil ausgesetzt; man unterstellte, es habe im Brennpunkt wegen der vielen Kinder mit Migrationsvorgeschichte angeblich nicht viel gelernt, um auf der »weiterführenden Schule« erfolgreich klarzukommen. Nachdem die Schule verlängert wurde, brauchten sich die Schüler*innen und Eltern der Schule von 1 bis 10 jetzt nicht mehr verunsichern lassen. Dennoch bleibt bis heute bei einigen Eltern die Verunsicherung bestehen, weil es angeblich ein »anregungsarmes« Milieu in Berg Fidel gäbe. Verunsicherte Eltern fragen immer wieder, ob denn die Kinder genug lernen bei »diesen Mitschülern«. Sie überlegen, ihr Kind nicht bis zum Schulabschluss (Jahrgang 10) in der Schule zu lassen. In Elterngesprächen sind auch die Lehrer*innen selbst unsicher. Sie wissen manchmal nicht, was sie den Eltern raten sollen, die überlegen, die Schule in Richtung eines Gymnasiums zu verlassen. Die Pädagog*innen haben erlebt, dass manche Kinder in ihrer Klasse außergewöhnlich starke Lernfortschritte gemacht haben. Sie wissen, wie viel Engagement sie für diese Kinder eingesetzt haben. Und nun beschleicht sie nach drei oder vier Jahren der Zweifel, ob diese Kinder dann auch auf einem Gymnasium »klarkämen«. Vielleicht hätte dieses Kind mit den »schwachen« Kindern aus benachteiligten Familien zusammen weniger Chancen, einen guten Schulabschluss in unserer Schule zu erreichen. Solche Kolleg*innen sind selbst geprägt vom überall verbreiteten Paradigma des »anregungsarmen« Lernmilieus in einer Brennpunktschule. Diese Lehrer*innen haben auch andere Kinder erlebt, die »unbedingt« auf dieser Schule bleiben müssten, weil sie anderswo »verloren« wären und dann schnell »abgeschult« würden. Aber bei diesen »Gymnasialen« sind sie sich unsicher. Unter der Vorannahme, dass diese potenziellen Abiturient*innen bei uns »zu kurz« kommen könnten, bezweifeln sie ihre eigenen effizienten Methoden.

Die Folge des Paradigmas des »anregungsarmen« Lernmilieus sind also gravierend für die betroffenen Kinder. Sie selbst werden verunsichert im Lernprozess, ihre Eltern und Lehrpersonen zweifeln an Lernerfolgen. Die Schule bekommt den Ruf, dass sie bei »solchen vielen ausländischen Schüler*innen« trotz engagierter Lehrerschaft nicht erfolgreich sein könne. Aus bürgerlichem Elternmunde hört sich das so an: »Hier gehören wir doch nicht hin! Beim besten Willen, kann dabei nicht viel für die guten Schüler herauskommen!« Für Eltern aus benachteiligten Lebenslagen könnten solche Hinweise ebenfalls verunsichernd wirken. Wenn die »erfolgreichen« Mittelschicht-Eltern vor der Schule warnen und sagen, dass ihre Kinder dort nicht genug lernen würden, erreicht das ebenfalls die Eltern, die in Armut leben. Einige ziehen die Konsequenzen und versuchen, die Schule zu wechseln. Die meisten von ihnen kehren einige Zeit später wieder zurück, nachdem sie selbst erfahren hatten, wie ein unsolidarisches Schulwesen mit unsicheren Kindern umzugehen in der Lage ist. Zusammenfassend muss festgestellt werden, dass das Paradigma vom »anregungsarmen« Milieu letztlich den Kindern schadet, die auf eine Brennpunktschule gehen. Trotz eines guten Konzeptes verunsichert dieses Paradigma alle beteiligten Menschen.

Warum wird dieses Paradigma verbreitet? Eltern, deren Kinder von der Brennpunktschule auf eine weiterführende Schule gewechselt waren, berichten immer wieder, dass die neuen Lehrkräfte mit den Leistungen der ehemaligen Berg Fideler zufrieden sind. Sie könnten gut lernen und vor allem auch selbstständig. Sie kämen alle gut mit den Hausaufgaben zurecht. Wieso also wird trotzdem der Ruf des »anregungsarmen« weitergetragen? Könnte es sein, dass die Vertreter*innen des tradierten Schulsystems sich in Konkurrenz befinden zu dem modernen Gesamtschulsystem in Langform? Soll hier verhindert werden, dass eine solche Schule einen zu starken Zulauf bekommt? Ist das tradierte System der Sonderschule und des aussondernden Schulwesens durch solche Schulmodelle wie PRIMUS auf Dauer grundlegend in Frage gestellt?

Die These, dass sich Schulleistungen in Abhängigkeit von der Schulform entwickeln, werden wir im folgenden Abschnitt kritisch beleuchten. In fünf Schritten widerlegen wir sie, um schließlich zu einer Klärung des beschriebenen Problems zu kommen. Das Paradigma des »anregungsarmen« Lernmilieus stellen wir grundsätzlich infrage. Unsere Praxisberichte in Kapitel 2 und 4 sind eher Belege dafür, dass es sich im Brennpunkt potentiell um ein sehr *anregungsreiches* Umfeld handelt. Die Schule kann sehr viel bewirken.

8.2 Kritik des Paradigmas vom »anregungsarmen« Milieu in Brennpunktschulen

8.2.1 Schüler*innen entwickeln sich dank ihrer Unterstützer*innen

Ein Faktor, der sich auf den Lernfortschritt der Schüler*innen auswirken kann, ist das soziale Umfeld in beengten Wohnverhältnissen und Armut. Übertragen wir unsere bisherigen Erörterungen auf den sozialen Brennpunkt von Coerde, wo – nach Klemms Annahme – ein »anregungsarmes Milieu« in der Hauptschule negative Effekte zeigt, so stellen wir eine Lücke in der Argumentation von Klemm (2019) fest: Die Annahme des »anregungsarmen Umfeldes« trennt nicht zwischen dem Umfeld der Schüler*innen (und ihrer Familien) und dem unterrichtsbezogenen Einfluss, den die Erwachsenen in der Hauptschule auf die Kinder haben. Diese beiden Einflussfaktoren verschwimmen in der Darstellung von Klemm.

Elternhaus und Unterricht sind in Coerde nach dieser Argumentation gleichermaßen negativ für die Entwicklung der Schüler*innen.

Mit Vygotskij (2003b [1987]) stellten wir fest, dass die Entwicklungen der einzelnen Schüler*innen mithilfe der Lehrer*innen *überall* positiv verlaufen können:

> »Ein wesentliches Merkmal des Unterrichts ist die Tatsache, dass er die Zone der nächsten Entwicklung schafft, das heißt, durch ihn werden beim Kind viele innere Entwicklungsprozesse ins Leben gerufen und in Bewegung gebracht, die das Kind zunächst nur in der Wechselwirkung mit der Umgebung, nur in der Zusammenarbeit meistern kann, die aber eine innere Entwicklung erfahren und dann zum inneren Besitz des Kindes werden« (S. 303).

Wenn wir also die pädagogische, kompensatorische Unterstützung der Schüler*innen durch ihre Lehrer*innen als Einflussgröße in Coerde nicht vernachlässigen, stellt sich die Frage, welche konkrete schulische Lernorganisation in der »Zone der nächsten Entwicklung« für die Coerder Kinder wichtig ist? Welche Schule braucht Coerde und wie sollte sie aufgebaut sein?

Der derzeitige Unterricht der Lehrer*innen im Stadtteil Coerde an zwei Grundschulen und einer Hauptschule ist nicht automatisch so wirkungslos, dass ein »anregungsarmes« Lernmilieu entsteht. Vielmehr wäre unterstützend und aus Solidarität mit den Betroffenen die Frage zu stellen, ob weitere, kompensatorische Hilfen gebraucht werden, damit die Kinder dort gut lesen, schreiben und rechnen lernen. Im angemessenen gemeinschaftlichen Lernsetting werden die Kinder im Brennpunkt diese nötigen Basisqualifikationen lernen können. Sie brauchen gute Sprach- und Verhaltensvorbilder bei den Erwachsenen und konsequente, geduldige und regelmäßige Arbeit in den sprachlichen und mathematischen Lernbereichen sowie in den verschiedenen Fachgebieten.

Danach erst wäre zu fragen, ob und in welchem Maße sich bei guten Lehrer*innen und guten pädagogischen Unterstützungsstrukturen das Umfeld der Kinder und der Familien in Coerde negativ auswirken kann. Und auch diese Frage kann nicht unabhängig davon beantwortet werden, welche Hilfen für die benachteiligten Familien neben der Schule zum Tragen kommen. Wie unterstützen Jugendhilfe, Kirche, Sozial- und Jugendamt, Ausländerbehörden, Arbeitsagenturen, Wohnungsgesellschaften und Schuldnerberatungen die Menschen in Not und welches Vertrauensverhältnis besteht zu ehrenamtlichen und amtlichen Helfer*innen und zur Polizei? Wenn überall integrierende Kräfte mitwirken und eine Kultur des Willkommenseins und der Solidarität herrscht, wird sich auch das auf die schulischen Erfolge auswirken: Um ein Kind zu erziehen, braucht es ein ganzes Dorf, wie ein altes afrikanisches Sprichwort sagt. Das reale Zusammenleben in einem Brennpunkt ist die Realität, die auf politischen Wegen geändert werden könnte. Dabei müsste vorausgesetzt werden, dass die gesellschaftlichen Kräfte die Menschen in Notlagen nicht aussondern und abschieben, sondern ihnen Arbeit und Aufgaben zur Mitwirkung in der Gemeinschaft übergeben. Eine solidarische Klassengemeinschaft in der Schule, in der Eltern und Pädagog*innen gut kooperieren und in der kein Kind rausgeworfen wird, ist ein wichtiger integrierender Faktor, der Änderungen anstoßen kann. Vor allem bietet er Sicherheit für alle – und darauf lässt sich aufbauen. Nicht die Schulform selbst stellt a priori ein »anregungsarmes Milieu« dar, vielmehr kann ein Unterstützungssystem im Brennpunkt Voraussetzungen schaffen, um das Lernen der Kinder zu erleichtern. Die Schule könnte ein »anregungsreiches« Milieu schaffen.

8.2.2 Schüler entwickeln sich entsprechend ihrer Möglichkeiten (Vygotskij)

In Klemms Gutachten wird die Baumert-Studie wiedergegeben, in der vergleichbare Siebtklässler*innen aus verschiedenen Schulformen in ihrem mathematischen Leistungsanstieg miteinander verglichen werden.

> »Den Wirkungen dieser so differenziellen Lernmilieus unterschiedlicher Schulformen sind Baumert u. a. nachgegangen. Sie zeigen, dass sich die Mathematikleistungen von Jugendlichen, die zu Beginn der siebten Klasse im Bereich der Mathematik gleich ›stark‹ waren, die über die gleichen kognitiven Grundfähigkeiten verfügten und deren Sozialschichtzugehörigkeit vergleichbar war, bis zum Ende der zehnten Klasse in Abhängigkeit von der besuchten Schulform auseinander entwickeln: In den Hauptschulen ist der Leistungsanstieg im Verlauf dieser vier Schuljahrgänge am geringsten, im Gymnasium dagegen am höchsten [...]« (Klemm, 2019, S. 10).

Als erfahrene Lehrpersonen können wir jedoch annehmen, dass die beiden verglichenen gleichaltrigen Schülergruppen aus Jahrgang 7, etwa in Hauptschulen und in Gymnasien getestet, *mit gleichen Leistungsergebnissen zu Beginn* der Untersuchung nicht gleich sein müssen. Zwar haben diese Siebtklässler*innen dieselben Testaufgaben vorgelegt bekommen, sie ohne Unterstützung selbstständig bearbeitet und eine ähnliche Zahl von richtigen Lösungen erreicht. Dabei ist nichts darüber gesagt, wie viel mehr sie gekonnt hätten, wenn wir als Lehrpersonen ihnen jeweils bei den Aufgaben geholfen hätten. Wir wissen mit dem Test nicht, was potenziell in ihnen steckt. Ihre möglichen Stärken bleiben durch den Test im Dunkeln.

Diese Überlegungen zeigen ein sehr interessantes Phänomen auf: Der eine Schüler (hier der*die Gymnasiast*in) schafft etwa in einem standardisierten Test *mit* unterrichtlicher Hilfe so viel, wie er ohne diese Hilfe, also selbstständig in dem Test, normalerweise erst *zwei Jahre* später schaffen könnte; andere Schüler (hier der*die Hauptschüler*in) dagegen würde *mit* unterrichtlicher Hilfe so viel erreichen, wie selbstständig normalerweise in einem *halben Jahr* später schaffen könnte. Wenn wir einzelne Kinder anleiten, erreichen wir bei ihnen völlig unterschiedliche Ergebnis-Niveaustufen, selbst dann, wenn sie *in Tests vorher als gleichstark* beschrieben wurden. In ihren Möglichkeiten sind die Kinder sehr unterschiedlich. Ein großer Entwicklungsunterschied zeigt sich also, obwohl sie in ihrer aktuellen Entwicklung als gleich stark getestet wurden.

Der russische Psychologe Lew Vygotskij (2003b [1987]) beschreibt schon 1934 genau diese Testsituation und zieht später bedeutende Schlüsse daraus (siehe vertiefend auch Kapitel 4 in diesem Buch):

> »Stellen Sie sich vor, wir hätten bei zwei Kindern ein Intelligenzalter von sieben Jahren ermittelt. Das bedeutet: Beide Kinder lösten Aufgaben, die für Siebenjährige geeignet sind. Wenn wir aber mit diesen Kindern weitere Testsituationen durchführen, werden wir wesentliche Unterschiede zwischen ihnen feststellen. Das eine vermag durch Hinweise, Fragen, Beispiele, Vorzeigen Tests zu lösen, die sein Entwicklungsniveau um zwei Jahre übersteigen. Das andere löst Testaufgaben, die nur ein halbes Jahr über dem wirklichen Alter liegen« (S. 299).

Vygotskij erklärt dieses alltäglich zu beobachtende Phänomen des Kindes damit, dass es

> »manche Handlungen nachahmen kann, die weit über die Grenzen seiner eigenen Möglichkeiten hinausgehen, die allerdings nicht unbegrenzt sind. Das Kind vermag durch Nachahmung, in kollektiver Tätigkeit, unter An-

leitung Erwachsener viel mehr einsichtig zu leisten, als es selbstständig tun könnte. Die Differenz zwischen dem Niveau, auf dem die Aufgaben unter Anleitung, unter Mithilfe des Erwachsenen gelöst werden und dem Niveau, auf dem das Kind Aufgaben selbstständig löst, macht die Zone der nächsten Entwicklung aus« (ebd., S. 300).

Beispiel

Memeth stößt auf das Problem, dass er 100 Stücke Schokolade an acht Kinder gerecht verteilen will. Er weiß nicht, wie er es angehen könnte. Memeth schaut genau zu, während ich ihm eine Brücke baue, indem ich ein Karopapier mit 100 Kästchen ausschneide. Das sollen für ihn die 100 Stücke Schokolade sein. Nun frage ich ihn, wie er diese 100 Stücke zunächst an zwei Kinder verteilen würde. Memeth ist nach wie vor nicht in der Lage, einen Ansatz zu finden. Ein anderes Kind kommt hinzu und macht mit einer Schere vor, wie Memeth die Fläche in zwei Teile teilen kann. Memeth sieht sich die anschaulichen Vorgaben genau an und ahmt sie für sich erfolgreich nach. Memeth wird sich denken: »Ich versuche es genauso wie mein Lehrer oder die anderen Kinder zu machen. Dann weiß ich nicht weiter. Aber mein Lehrer zeigt mir, dass ich es ja noch einmal schneiden kann. Wieso ich das so machen soll, das weiß ich nicht so genau, aber es gelingt mir. Jetzt habe ich vier Teile. Und jedes hat 25 Stücke. Ach so, ich soll ja acht Teile machen. Ich denke, dass ich es irgendwie schaffen kann. Aber ich verstehe es noch nicht. Die anderen schneiden weiter, noch mal kleiner.«

Hier hat Memeth noch nicht vollständig verstanden, worin die Lösung für ihn zu finden ist. Aber er ahmt zunächst erfolgreich nach und kommt zu einem Zwischenergebnis, das er nur ansatzweise versteht. Bei vier Kindern bekommt jedes Kind 25 Stücke. Er beginnt nun einen weiteren Schneideversuch und stößt natürlich hier auf Grenzen, weil er nun 12,5 Stücke finden wird. Er selbst hat aber bei der Schokolade über halbe Stücke bisher noch kaum nachgedacht.

Vygotskij (2003b [1987]) hat die für den schulischen Unterricht folgenreiche Erhebungsmethode entwickelt, die uns als Lehrer*innen eine Vorstellung davon bietet, wie wir auf ein Kind sehen, das sich in einer produktiven Lernphase befindet:

»Das, was das Kind mit Hilfe eines Erwachsenen zu schaffen vermag, zeigt uns die Zone seiner nächsten Entwicklung. So können wir also mit dieser Methode nicht nur den heute bereits erreichten Entwicklungsstand [...], nicht nur die bereits durchlaufenen Reifungsprozesse erfassen, sondern auch die Prozesse, die gerade im Werden sind, die erst reifen, sich erst entwickeln. Was das Kind heute mit Hilfe Erwachsener vollbringt, wird es morgen selbstständig tun können« (ebd., S. 300).

Diese Erfassungsmethode nach Vygotskij öffnet uns Lehrpersonen den Blick für das Mögliche, das »in Schüler*innen steckt«. Wir sagen oft: »Es steckt mehr in ihm oder ihr, als er oder sie zeigen kann.« Wenn also zwei scheinbar gleich leistungsstarke Schülergruppen – wie in Klemms Beispiel – im Test verglichen werden, dann sagt das nichts darüber aus, welche Möglichkeiten noch in ihnen stecken. Wir müssen also seit den Studien von Vygotskij davon ausgehen, dass der Anstieg der Leistungen bei dem einen Schüler (hier aus dem Gymnasium) höher sein wird als bei dem anderen (hier aus der Hauptschule), selbst wenn beide im 7. Schuljahr das gleiche Testergebnis vorlegen und aus gleichen sozialen Verhältnissen stammen. Nach Feuser (2017, S. 20ff.) muss das Kerngeschäft der Pädagogik sein, das potenziell Mögliche eines Kindes sichtbar zu machen. Wir könnten hier ebenso davon ausgehen, dass die Schüler*innen nicht nur durch die Anregungen der Lehrpersonen vorankommen, sondern auch durch die Mitschüler*innen. Wie aber die anderen Kinder in einer Lerngruppe aufeinander wirken, hängt von der Pädagogik und der Lehrperson ab. Im Sinne von Klemm könnte man annehmen, dass die vielen belasteten Mitschüler*innen zum Beispiel auf einer Hauptschule eine Umgebung darstellen, die nicht produktiv für die Lernentwicklung ist. Diese Annahme geht aber davon aus, dass die Hauptschullehrer*innen mit der belasteten Schülerschaft überfordert sind und deren Potenziale in ihrer Schulstruktur und pädagogischen Ausrichtung nicht anregen können. Die Stärken der Schüler*innen lassen sich möglicherweise nicht so einfach mit Anforderungen von Lehrplänen vereinbaren. Aber die Stärken sind vorhanden. Die Lernerfolge sind aber eine Frage der Didaktik.

Das genannte empirische Ergebnis (Klemm, 2019), dass der Leistungsanstieg von ähnlich getesteten Schüler*innen mit ähnlicher Herkunft aus dem 7. Schuljahr in den kommenden vier Jahren unterschiedlich verläuft, ist vor dem Hintergrund von lernpsychologischen Erkenntnissen voraussehbar und nicht überraschend. Es ist also ein Fehlschluss, diesen

Leistungsunterschied auf die Schulform und ihr Milieu zurückzuführen. Durch diese Überlegungen wird deutlich, dass Schüler*innen auf Anregungen angewiesen sind, um sich entwickeln zu können. Ein »anregungsarmes« Lernmilieu wäre dann in einer Schule festzustellen, wenn die Lehrpersonen den Schüler*innen durch ihre didaktische Schwäche die beschriebenen Möglichkeitsräume nicht bieten würden. Das hat aber nichts mit der Schulform zu tun. Ein Lernklima ist dann anregungsreich, wenn ich als Lehrer*in jedem Schüler und jeder Schülerin ihre individuellen Möglichkeiten näherbringen kann. Dies geschieht auch in Form der »Kooperation am Gemeinsamen Gegenstand« (siehe Feuser in Kapitel 4) mit allen Mitschüler*innen einer heterogenen Gruppe.

All diese Faktoren sind zu berücksichtigen, wenn man Daten kritisch interpretieren möchte. Dazu sind Erfahrungen in der Schulpraxis erforderlich. Ohne einen grundlegenden Praxis- und Theoriebezug ist es ebenfalls nicht möglich, die PISA-Daten zu deuten.

8.2.3 Schüler*innen entwickeln sich durch den Unterricht (Vygotskij)

Welche Rolle spielen die Lehrpersonen bei der Entwicklung der Schüler*innen? Kann eine spezielle pädagogische Arbeit der Lehrer*innen ein Kind aus einem »anregungsarmen« Elternhaus retten? Es lohnt sich nun, Vygotskij zu folgen und zu prüfen, ob die Lehrer*innen und ihr Unterricht den Unterschied machen, wie auch Hattie (2013) in seiner Meta-Studie nahelegt.

Zunächst können wir uns als Lehrperson selbst beobachten, ob wir diese Perspektive auf das »Mögliche« im Alltag nutzen? »Es könnte mehr schaffen«, sagen wir öfter über ein Kind und sprechen hier über das »Mögliche, das im Wirklichen noch nicht sichtbar ist« (Feuser, 2017). Wir vergessen nicht, dass das Kind auch lange vor der Schule bereits von Erwachsenen und Geschwistern viel gelernt hat: »Lernt das Kind in der Tat nicht von den Erwachsenen sprechen? [...] Bildet es nicht, indem es die Erwachsenen nachahmt und von ihnen Handlungsanleitungen bekommt, bei sich viele verschiedene Fertigkeiten aus?« (Vygotskij, 2003b [1987], S. 297). Vygotskij zeigt auf, dass sich das Kind nicht aus sich selbst heraus entwickelt, bevor es angeleitet wird, sondern die Anleitung oder – wie es in der Übersetzung heißt – der »Unterricht« *ist notwendig zur Entwicklung und geht dieser voraus.* Das bedeutet für das pädagogische Arbeiten im Alltag, dass wir nicht warten dürfen, bis sich ein Kind »von selbst« entwickelt. Wieso?

Die These, dass die Entwicklung vom Unterricht unabhängig verlaufen würde, die Vygotskij damals auf Piaget zurückführte, lehnt er ab. Vygotskij schreibt kritisch dazu:

> »In der Entwicklung müssen, so die Autoren dieser Auffassung, bestimmte abgeschlossene Zyklen durchlaufen werden, bestimmte Funktionen müssen herangereift sein, bevor der Schulunterricht einsetzt, bevor das Kind in bestimmten Kenntnissen und Fertigkeiten unterwiesen werden kann. [...] Der Unterricht läuft der Entwicklung hinterher, die Entwicklung geht immer dem Unterricht voraus« (ebd., S. 289).

Eine solche These, dass das Kind sich selbst entwickle und daran der Schulunterricht anknüpfen müsse, beeinflusst nicht selten auch heute folgenreich die pädagogische Arbeit in der Schule. »Ist das nicht eine Überforderung, wenn wir Kindern nicht Ruhe und Zeit für ihre eigene Entwicklung geben?«, fragen hier viele Lehrer*innen. »Muss ich nicht vielmehr umgekehrt langsamer vorgehen, damit sich alles gut setzt?«

Als erfahrene Praktiker*innen haben wir häufig die weitverbreitete Ansicht gehört, dass wir in der Gefahr wären, Kinder zu »überfordern«, weil sie noch nicht so weit seien – sie wären in einem »anregungsarmen« Elternhaus aufgewachsen. Sie hätten eine »Entwicklungsverzögerung« und könnten daher nicht abstrakt denken. »Da ist nun mal seine Grenze erreicht, mehr wird er nicht schaffen«, so denken manche Lehrer*innen, wenn es zum Beispiel um »behinderte«, »ausländische« und »traumatisierte« Schüler*innen geht. Aber auch »begrenzte Aufnahmefähigkeiten«, »Konzentrationsstörungen« und andere »Ablenkbarkeiten« werden ins Feld geführt, um zu sagen, dass ein Kind »zu dumm dafür ist«. Somit entsteht leicht das Bild eines unveränderbaren oder angeborenen Defizits bei einem Kind. Das Kind ist »begrenzt« und gerät damit leicht in eine Schonraumfalle (Schumann, 2007). So wird von Beginn an nicht mehr daran geglaubt, dass ein Kind unter Anleitung eines Erwachsenen in der Schule gut lesen, schreiben und rechnen lernen kann.

Ein weiterer Einflussfaktor auf den genannten Lernfortschritt könnte die Didaktik darstellen: Hier gibt es vielfältige Ansätze, die dem Lernfortschritt entgegenstehen. Bereits zu Vygotskijs Zeiten gibt es die prominente

These der »formalen Disziplin«, nach der sich Unterricht auf einem bestimmten Gebiet auf die allgemeine Entwicklung auswirke:

> »Ausgehend von dieser Theorie wandte man sich verstärkt der lateinischen Grammatik zu, in der Annahme, damit werde die Fähigkeit entwickelt, sich jeden beliebigen anderen Stoff konzentriert anzueignen [...] Es wird also angenommen, dass der Mensch, wenn er gelernt hat, irgendetwas gut zu machen, auch andere Dinge gut ausführen wird, die keinerlei Beziehung zum ersten haben. Es wird angenommen, die geistigen Fähigkeiten seien unabhängig vom Stoff, mit dem sie operieren. Es wird sogar angenommen, dass die Entwicklung der einen Fähigkeit die Entwicklung anderer nach sich zieht« (Vygotskij, 2003b [1987], S. 293).

Angesichts vieler benachteiligter Kinder ist es aber notwendig, einen gründlichen Erwerb in den einzelnen zentralen Lernfeldern wie Schriftsprache und Mathematik in das Zentrum der unterrichtlichen Arbeit zu stellen. Dabei sind systematische und auf Erfolg und Wiederholung basierende Lehrgänge nach individuellem Lerntempo hilfreich. Vor allem ist wichtig, dass diese pädagogische Arbeit nicht unterbrochen wird durch Schulwechsel, sondern ohne Bruch von Schulbeginn bis zum Schulabschluss fortgesetzt werden kann. Ausführliche Beispiele für Lernprozesse von benachteiligten Schüler*innen sind in unseren Praxisbeispielen zu finden.

Es liegt also in der Hand der Pädagog*innen, wie sich die Kinder entwickeln können. Danach ist festzuhalten, dass die Rolle der Lehrpersonen und der Didaktik für die Lernfortschritte der im Beispiel von Klemm getesteten Schüler*innen aus dem 7. Jahrgang vermutlich unterschätzt wurden. Bisher ist nicht erkennbar, wieso die Schulform oder dessen Schülerschaft sich auf die genannten Entwicklungen ausgewirkt haben. Nicht die Schulform, wohl aber die Lehrer*innen und deren didaktische und methodische Arbeit haben großen Einfluss.

8.2.4 Eltern wählen Schulformen entsprechend der Lebensbelastung und der Leistungsfähigkeit ihrer Kinder

Klemm deutet in seinem Gutachten die PISA-Ergebnisse so, dass die Schüler*innen sich in Abhängigkeit von der Schulform entwickeln. Diese Deutung legen aber die PISA-Daten nicht nahe. Sie besagen lediglich, dass die leistungsstärkeren – wie zu erwarten – überproportional in Gymnasien zu finden sind. Es muss zunächst erklärt werden, wieso Schüler*innen eines Gymnasiums durchschnittlich bessere Leistungen abliefern. Dafür lassen sich verschiedene Ursachen finden, die nicht einfach auf den Anregungsreichtum eines Schulmilieus zurückzuführen sind. Es hängt vielmehr damit zusammen, dass die Schulform Gymnasium Schüler*innen ab dem 10. Lebensjahr beschult, die in der vorherigen Schulform Grundschule die besten Schulleistungen vorweisen konnten. Kurz: Nicht die Schulform bestimmt die Leistung, sondern die Leistung führt dazu, dass bestimmte gesellschaftliche Gruppen die entsprechenden Schulformen wählen. Das gegliederte und unsolidarische Schulsystem hat für die »Leistungsstarken« das Gymnasium geschaffen. Folglich ist dort die höchste abprüfbare Leistung zu finden, wo die meisten Schüler*innen mit hohen Leistungen lernen.

Die Annahme, dass dadurch die anderen Schüler*innen gut lernen oder sogar ihre Leistungen steigern können, weil sie umgeben sind von »guten Lerner*innen«, wird in den Argumentationen vorausgesetzt. Sie suggeriert, dass sich in Brennpunktschulen kaum Kinder zu »guten Lerner*innen« entwickeln könnten.

Wenn wir also annehmen, dass die gemessenen Leistungsunterschiede (wie im Beispiel von Klemm dargestellt) sich nicht in Abhängigkeit von der Schulform entwickeln, stellt sich die Frage, womit sie ansonsten zusammenhängen können.

Um dieses Phänomen zu erklären, müssen wir etwas weiter ausholen: Zunächst muss die Frage geklärt werden, wie es sein kann, dass zwei Schülergruppen – wie von Klemm beschrieben – mit vergleichbaren kognitiven Grundfähigkeiten in Mathematik und mit vergleichbarer Sozialschichtherkunft auf zwei unterschiedliche Schulformen gehen. Um dies zu erklären, muss zunächst geprüft werden, ob bei den beiden verglichenen Schülergruppen auch in anderen Lernfeldern ähnliche Hintergründe und Fähigkeiten bestehen. Dies ist denkbar, wenn man weiß, welche Kriterien für Schulformempfehlungen in den 4. Jahrgangsstufen der Grundschulen angelegt werden: Arbeitsverhalten und Sozialverhalten sowie sozial stabile Lebenssituation (zum Beispiel Scheidung, Tod in der Familie, finanzielle Krise, Vormundschaft oder Adoption) und Noten in Deutsch, Mathe und Englisch. Hier ist durchaus denkbar, dass einem sozial belasteten Schüler die Hauptschule empfohlen wird, der weniger problembeladene solle aufs Gymnasium gehen, zumal das Gymnasium als eine Schulform gilt, die in ihrer Lernkultur weniger solidarisch mit den Benachteiligten umgeht – es sondert aus. Die Angst vor dem Versagen in einer solchen Schule ist weit verbreitet.

Die Elternwahl wird entsprechend unterschiedlich sein können: Akademische Eltern wählen für ihre Kinder grundsätzlich eher das Gymnasium. Sie sind zusätzlich leichter in der Lage, den eigenen Kindern Nachhilfe zu geben oder zu bezahlen. Manche Eltern geben ihre Kinder schnell auf und kümmern sich nicht so sehr um deren schulisches Fortkommen wie andere. Schon bei der Schulformwahl spielen solche Zuschreibungen eine Rolle.

Ein weiterer Faktor für eine erwartungswidrige Schulformwahl kann sein, dass bei einem Schüler, einer Schülerin, zum Beispiel eine Lese-Rechtschreibschwäche vorliegt, die die Eltern und Lehrer*innen dazu bewegen, das Kind nicht auf ein Gymnasium zu schicken, sondern auf die Hauptschule. In anderen Fällen könnte eine »diagnostizierte Dyskalkulie« die Pädagog*innen der Grundschule dazu bewegen, den Eltern dennoch ein Gymnasium vorzuschlagen, weil das Kind im sprachlichen Lernbereich alle Defizite ausgleicht. Bei einem anderen Kind mit zusätzlich geringerer sprachlicher Leistung würden sie eine Hauptschule empfehlen. Die Bedenken, dass das Kind an einem Gymnasium keine Zukunft hätte, wären zu groß. Die Zuschreibung, auf eine »Restschule« wie die Hauptschule zu kommen, vermittelt den Schüler*innen von Beginn an nicht selten, dass sie »Schulversager*innen« sind. Dies beeinflusst die Lernmotivation und den Glauben an die eigene Leistungsfähigkeit im Alter von zehn Jahren negativ.

Die getestete Leistung eines Schülers, einer Schülerin, ist also nicht unbedingt das Ergebnis der Arbeit in einer Schulform, sondern die Schulformwahl hängt oft davon ab, wie belastet ein Kind in Jahrgang 4 ist. Damit ist es höchstwahrscheinlich, dass belastete Schüler*innen eher in der Hauptschule zu finden sind, auch wenn sie eine potenziell hohe Leistungsfähigkeit vorweisen. Aus diesem Grund kann es sein, dass die Kinder (Jahrgang 4) mit vergleichbaren Leistungen in Mathematik und vergleichbarer Sozialschichtherkunft sich in ihrer Leistungsfähigkeit unterschiedlich entwickeln. Anzunehmen ist, dass die Schüler*innen mit größeren Belastungsfaktoren sich nicht so positiv entwickeln. Dies alles aber hängt stark davon ab, auf welche Pädagogik sie stoßen. Dass letztere in einem Gymnasium anders als in einer Hauptschule ist, heißt nicht, dass diese Kinder in einer der Schulformen besser lernen. Dass also in Hauptschulen belastete und leistungsschwächere Schüler zu finden sind, ist nicht das Ergebnis der Arbeit der Pädagog*innen dort. Dass diese Schulform auf die Leistung einen negativen Einfluss hätte, kann damit nicht gezeigt werden. So wird deutlich, dass das Paradigma nicht haltbar ist, nach der die Schulform die Leistungsentwicklung qualitativ bestimme.

8.2.5 Schüler*innen entwickeln sich auf einem Gymnasium nicht besser als im Kontext einer anderen Schulform

Die Aussage, dass die Schulform sich auf die Leistungsentwicklung auswirkt, stützt sich auf Vergleichsuntersuchungen mit Schüler*innen, die in verschiedenen Schulformen lernen, aber dennoch vergleichbare kognitive Leistungen, zum Beispiel in Mathematik, und vergleichbare soziale Ausgangsbedingungen mitbringen. Studien zeigen seit Langem, dass es Schüler*innen gibt, die mit vergleichbaren Leistungen in unterschiedlichen Schulformen beschult werden (Kronig, 2007; Reiss et al., 2019, S. 68, 103, 201, 230). Dies sagt nichts darüber aus, dass dadurch die anderen Schüler*innen besser oder schlechter lernen könnten. Wenn die gleiche gemessene Leistung von verschiedenen Schüler*innen in verschiedenen Schulformen vorkommt, heißt das nicht, dass diese Leistung dadurch entsteht, dass die Schüler*innen in dieser Schulform beschult werden. Vielmehr ist denkbar und wahrscheinlicher, dass diese Schüler*innen aufgrund ihrer Lebenssituation und Vorerfahrungen unabhängig von der Schulform, aber nicht unabhängig von den angebotenen Lernorganisationen, ihre eigene Lernentwicklung vollziehen.

Das Paradigma von der Leistungswirkung eines »anregungsreichen Gymnasiums« und einer »anregungsarmen Hauptschule« ist nicht belegt. Es ist jedoch in der Bevölkerung und in der wissenschaftlichen Diskussion weit verbreitet. Kaum eine bürgerliche Familie kann sich vorstellen, dass ihr Kind sich auf einer Hauptschule genauso gut entwickeln könnte wie auf einer »höheren« Schulform. Das Vorurteil verbreitet sich weiter, dass sich das soziale Umfeld der Hauptschule negativ auf die Leistungsentwicklung auswirke. Auch wird ungeprüft behauptet, dass die höheren Leistungsergebnisse im Gymnasium verursacht seien durch ein »besseres soziales Umfeld unter Schüler*innen« und eine bessere didaktische Leistung der länger studierten und höher dotierten Lehrerschaft. Die Studien zu Leistungszuwächsen der Schüler*innen in den Schulformen kommen jedoch zu anderen Ergebnissen: Im Bildungsbericht 2020 wird der Leistungszuwachs in Mathematik und Lesen in den Schulformen untersucht:

»Im weiteren Verlauf des Sekundarbereichs I werden an allen Schularten substanzielle Leistungsverbesserungen erreicht [...]. Hervorzuheben ist, dass sich die Kompetenzen im Schulartvergleich nicht weiter auseinanderentwickeln. Vielmehr werden sogar die größten Kompetenzfortschritte in Mathematik an Hauptschulen (+16 Kompetenzpunkte) und im Lesen an Schulen mit 2 Bildungsgängen (+13 Kompetenzpunkte) erzielt. Gleichwohl erreichen die Schülerinnen und Schüler damit bis zur 9. Jahrgangsstufe gerade einmal das Leistungsniveau, das an Gymnasien bereits zu Beginn des Sekundarbereichs I vorlag« (Autorengruppe Bildungsberichterstattung, 2020, S. 140).

Der Bildungsbericht macht zudem auch

»Aussagen darüber, wie sich die Kompetenzen von Schülerinnen und Schülern unterschiedlicher Herkunft entwickeln [...]. Die Leistungsunterschiede zwischen den sozialen Statusgruppen sind an Realschulen am geringsten ausgeprägt, an den Schulen mit 3 Bildungsgängen am stärksten – zuungunsten der Kinder mit niedrigem sozioökonomischem Status. Sie können ihren Kompetenzrückstand jedoch bis zur Jahrgangsstufe 9 vor allem gegenüber Schülerinnen und Schülern mit mittlerem Sozialstatus verringern« (ebd., S. 140f.).

Es stellt sich die Frage, warum Gymnasien als anregungsreich gelten und Hauptschulen dagegen nicht. Die Wissenschaft muss hier kritisch prüfen, welche Faktoren zum Lernen anregen und ob es der Faktor »Schulform« überhaupt sein kann.

»Denn zum einen fallen die Kompetenzfortschritte an den niedriger qualifizierenden Schularten im Mittel höher aus als an Gymnasien. Zum anderen sind überdurchschnittliche Verbesserungen in den meisten Schularten bei der anfänglich leistungsschwächsten Herkunftsgruppe feststellbar« (ebd., S. 141).

Wenn es im PISA-Bericht von 2018 heißt, dass insbesondere an nicht-gymnasialen Schularten mehr Jugendliche nur über sehr eingeschränkte Lesekompetenzen verfügen und nicht hinreichend für eine weitere Ausbildung vorbereitet sind im Gegensatz zur Gruppe der besonders lesestarken Jugendlichen an Gymnasien, die somit optimale Voraussetzungen für eine gelingende gesellschaftliche Teilhabe haben (Reiss et al., 2019, S. 74), kann dieser Befund nicht zur Schlussfolgerung führen, dass Jugendliche am Gymnasium Lesekompetenz erreichen können. Im Gegenteil ist die Lesefähigkeit in der Regel vor dem 10. Lebensjahr entwickelt. Dabei spielt der Einfluss der sozialen und kulturellen Herkunft eine große Rolle.

Die kritisch zu hinterfragende Behauptung, dass die Schülerleistung von der Schulform beeinflusst wird, wird häufig durch PISA-Daten gestützt, die den großen Anteil von »lernschwachen« Schüler*innen im Rahmen nicht-gymnasialer Schulformen ausmachen. Wie kann es sein, dass es gerade in den »lesestarken Staaten« weniger Schüler*innen mit ähnlich schwachen Leistungen gibt wie in Deutschland? In Deutschland befinden sich 29 Prozent der Jugendlichen an »nicht-gymnasialen Schularten« auf den untersten Kompetenzstufen im Lesen und verfügen demnach nur über eine sehr eingeschränkte Lesekompetenz. Dies wird erklärt durch die Schulstruktur (etwa durch die Länge der Schulzeit sowie die Hauptschule), weil in vergleichbaren Ländern diese Strukturen anders sind als in Deutschland.

Zunächst aber geben die PISA-Daten nur her, dass dieses Defizit in den Leseleistungen mit der sozialen Herkunft korreliert. Das bedeutet, dass die soziale Herkunft einen großen Einfluss auf das Lernen ausübt. Die starke Abhängigkeit der Lernleistungen von der sozialen Herkunft ist besonders hoch in Deutschland: »Die Ergebnisse der PISA Studie 2018 zeigen erneut, dass im Vergleich zu anderen OECD-Staaten der Zusammenhang zwischen sozialer Herkunft und Lesekompetenz in Deutschland besonders stark ausgeprägt ist« (ebd., S. 158) und »in Deutschland weiterhin Handlungsbedarf besteht, um die Integrationskraft des Bildungssystems zu verbessern« (ebd., S. 159).

Das Gymnasium ist nicht die Schulform, die den größten Lernzuwachs vorzuweisen hat – es wird von den meisten leistungsstarken Schüler*innen besucht und zeigt daher logischerweise die höchste absolute Schülerleistung.

Schulformen wie das Gymnasium sind nicht ein Faktor für gute und solidarische Pädagogik, im Gegenteil: Es sondert aus, wenn ein Kind »nicht mithalten kann« und verbreitet Angst vor dem Schulversagen. Das Gymnasium schafft kein Vertrauen in die eigene Leistungsfähigkeit, wenn zum Beispiel die Frage im Raum steht, ob ich als Schüler oder Schülerin hier richtig bin. Seit 2012 hat der Anteil leistungsschwacher Jugendlicher im mathematischen Bereich zugenommen. Zudem ist hier auch »ein tendenzieller Rückgang der Leistungen an Gymnasien« (ebd., S. 206) festzustellen. Damit zeigt sich, dass die vorgeblich »anregungsreiche« Schulform Gymnasium selbst bei ihren leistungsstarken Schüler*innen nicht automatisch gute Schulleistungen vorzeigen kann. Das Gymnasium ist somit nicht als anregungsreicher zu bezeichnen als andere Schulen des unsolidarischen, gegliederten Schulsystems.

8.3 Kolonialität der Erkenntnis

8.3.1 Erkenntnistheoretischer Ungehorsam

Zusammenfassend kann gesagt werden, dass für die These, dass die Schulleistung sich in Abhängigkeit von der Schulform entwickle, keine hinreichenden Belege vorliegen. Wahrscheinlicher ist, dass die Schulform allein keinen Effekt auf die Entwicklung der Leistungsfähigkeit hat. Das Paradigma, eine Problemschule habe wegen ihrer Schülerschaft ein »anregungsarmes« Lernmilieu, ist somit nicht haltbar und stellt eine Diskriminierung ihrer Schüler*innen, aber auch der dort arbeitenden Lehrer*innen dar. Soweit Eltern sich bei der Schulwahl von dieser verbreiteten, bisher ungeprüften Mutmaßung leiten lassen, ist dies kritisch zu betrachten.

Die auf empirischen PISA-Daten erfolgte »Erkenntnis« von einem »anregungsarmen« Lernmilieu in einer bestimmten Schulform wird als wissenschaftlich durch PISA-Daten belegt betrachtet, ist aber widerlegbar. Sie lässt sich hinterfragen, wenn wir den begrenzten Horizont des gegebenen Schulsystems mit all seinen gesellschaftlichen Funktionen verlassen und aus einer anderen Perspektive befragen. Dies haben wir in den letzten fünf Abschnitten Schritt für Schritt getan. Wir machten deutlich, dass bei den Erkenntnissen über »anregungsarmes Milieu« wichtige Hintergründe, wie die Reflektion über unterstützende Möglichkeiten für Schüler*innen, das Schulwahlverhalten der Eltern und die Schulformunterschiede in einem anderen Kontext zu gegenteiligen Erkenntnissen führen können.

Sind folglich die »Erkenntnisse« selbst gar nicht unabhängig davon, welche Ziele damit verfolgt werden? Wenn zum Beispiel jemand das Ziel verfolgt, eine »gute Mischung« von »schwachen« und »starken« Schüler*innen zu rechtfertigen, dann muss er logischerweise vorab klären, nach welchen Kriterien eine Gruppe als »schwach« bezeichnet werden kann. Nimmt man zum Beispiel die Beherrschung der deutschen Sprache als Unterscheidungskriterium, so fallen viele Migrant*innen als »leistungsschwache Schüler*innen« auf. Damit legt jemand aber vorab fest, was bei einer Untersuchung herauskommen wird. Dahinter steht ein koloniales Weltbild, was das Bild von einem Menschen zeichnet, der deshalb als »schwach« gilt, weil er bestimmte eurozentristische Ansprüche nicht erfüllen kann. Bourdieus Analysen der »feinen Unterschiede« (siehe Kapitel 6), die durch die Schule verstärkt werden, erklären, dass es Gruppen von »schwachen« Kindern aus Randgruppen, von Migrant*innen und aus Armutsverhältnissen gibt, die trotz außergewöhnlicher Anstrengungen in der Schule unter den gegebenen Umständen und bei bestimmten Kriterien völlig chancenlos sind. Der Ursprung dieser Chancenlosigkeit liegt in den unterschiedlichen Ausgangslagen, in denen die Kinder der unterschiedlichen Schichten aufwachsen. Statt aber die gesellschaftlichen Bedingungen und die schulischen Strukturen so zu ändern, dass die Menschen sich gut entwickeln können, wird den »Schwachen« eine grundsätzliche – geradezu naturgegebene – »unterentwickelte« Lernfähigkeit bescheinigt. Dieser verschleiernde Denkansatz und Defizitblick entspricht einer kolonialen Perspektive auf Menschen: »Es gibt nun mal diejenigen, die das alles nicht schaffen, was wir können.« Wenn Lehrkräfte sich an den Defiziten orientieren, verstellen sie den »Blick für Spielräume und Ressourcen im Umgang mit Heterogenität« (Drucks & Bremm, 2021, S. 244). Sie deuten die Lebensweisen der von Armut geprägten Gruppen als »defizitäre Abweichungen zu einer schulischen und gesellschaftlichen Norm« (ebd., S. 246) und suchen hierin den Grund für das schulische Scheitern. Ausgeblendet wird von Lehrer*innen mit einer Defizitorientierung das Bewusstsein für die eigenen begrenzten Deutungsprozesse und Perspektiven. Sie unterschätzen außerdem die »adaptiven, lebensweltbezogenen und ressourcenorientierten« (ebd.) Gestaltungsmöglichkeiten in Schule und Unterricht.

Dass betroffene Menschen diesen Defizitblick auf sich selbst anwenden und verinnerlichen, ist eine Tragik, mit der sich gerade die südamerikanischen Kolonialisierungsforscher*innen auseinandergesetzt haben. Erkenntnisse über das Lernen und die Lernmöglichkeiten der Menschen sind nicht unabhängig entstanden von einem Weltbild, das Europa als Zentrum der Weltgeschichte darstellt. Diese »Kultur des Zentrums« ist die Kultur, »an der alle Kulturen gemessen werden. Die Mona Lisa kritisiert alle Bilder; Beethovens Fünfte Symphonie ordnet alle Musikkompositionen; Notre Dame ist der Prototyp aller Kirchen« (Dussel, 1989, S. 108). Dieses eurozentristische Weltbild beeinflusst auch die epistemischen (erkenntnistheoretischen) Wege und verleitet die Denker*innen zur Verschleierung und Rechtfertigung von Gewalt, etwa gegen die Indigenen (Dussel, zit. n. Mignolo, 2012, S. 59):

> »Die Vorstellung, dass die Erkenntnis Kolonialisierungsprozessen unterworfen war, hat in den intellektuellen Debatten und Forschungsvorhaben in Lateinamerika bereits Geschichte. Der brasilianische ›Anthropologe‹ Darcy Ribeiro hat in den frühen 1970er Jahren deutlich gemacht, dass das Imperium mit Waffen, Büchern, Begriffen und vorgefassten Bedeutungen

gegen die Kolonien vorging. Enrique Dussel und Orlando Fals Borda ver-
langten die Dekolonialisierung der Philosophie und der Sozialwissenschaften. [...] Seither ist deutlich geworden, dass es nicht darum geht, die Staats-
macht zu übernehmen, wenn man in der Schulpolitik an Dekolonialisierung
denkt. Es geht vielmehr darum, die Erkenntnis zu untersuchen, um die epis-
temische Macht zu überwinden« (ebd., S. 46f.).

Aus den Erfahrungen mit der Alphabetisierung von Erwachsenen können
wir von Paulo Freire lernen:

>»Dieser mangelnde Glaube in den einfachen Mann macht einen weiteren
Irrtum deutlich: die Verabsolutierung seiner Unwissenheit. Damit die einfachen Menschen für absolut unwissend gehalten werden können, muss es
jemand geben, der sie dafür hält. Diese, die Subjekte dieser Definition, stufen
sich selbst notwendigerweise als Wissende ein. [...] Sie tun damit das, was wir
›Entfremdung der Unwissenheit‹ nennen, wonach die Unwissenheit immer
beim anderen liegt, niemals bei dem, der sie anderen zuschreibt« (2007, S. 56).

Es wird also ein erkenntnistheoretischer, »Epistemischer Ungehorsam«
(Mignolo, 2012) notwendig, um sich von der kolonialen Theorie des
(von Natur aus) »Schwachen« zu befreien. Übertragen wir diese Erfahrungen aus der Alphabetisierung auf das Beispiel einer Brennpunktschule,
so müssen wir prüfen, ob die zugeschriebenen schlechten Kenntnisse und
Fähigkeiten einem kolonialen Blick entstammen. Im Sinne von Freire ist
zu fragen, ob in den Schulen im sozialen Brennpunkt besonders intensiv
und auf Augenhöhe mit den Kindern problemorientiert gearbeitet und
bei jedem und jeder einzelnen die ganz spezielle kulturelle Vorgeschichte
ergründet werden kann (»Tell me your Story!«). Auf der Basis einer tragenden Beziehung und eines Dialogs (Freire, 1970) von Lehrer*innen und
Schüler*innen, in der es kein Unten und Oben gibt, würden dann Erkenntnisse erwachsen (siehe auch die Praxisbeschreibungen in Kapitel 2). Vielleicht ist es ja bereits so, wie es Freire praktiziert hat, dass Lehrer*innen und
Schüler*innen im Brennpunkt gemeinsam Schritt für Schritt die Probleme
angehen und immer mehr erkennen, wie die soziale Lage sich darstellt und
wie die Schule zu gestalten ist. Damit Pädagog*innen im Brennpunkt nicht
eine koloniale »kulturelle Invasion« (Freire, 1970) von oben praktizieren,
sollten sie Bildung als eine »Erkenntnissituation in der Dialogbeziehung«
sehen. Die Erkenntnissituation ist eine, »in der Lehrende-Lernende und

Lernende-Lehrende solidarisch in die gleiche Problematik einbezogen sind« (ebd., S. 94). Das bedeutet, dass die Bevölkerung des Stadtteils, die Eltern, Schüler*innen und die Pädagog*innen *gemeinsam* im Dialog immer wieder nach einem Plan zur Lösung der Probleme suchen müssen. Was es konkret im Unterrichtsalltag für Pädagog*innen und Kinder bedeutet, solidarisch in die gleiche Problematik einbezogen zu sein, lässt sich erahnen, wenn wir den Lernprozess in der Mathematik am obigen Beispiel von Memeth betrachten. Dort wird kein Wissen weitergereicht, sondern Lehrer*innen und Schüler*innen problematisieren im Dialog auf solidarisch gleicher Augenhöhe und finden so Wege zur Lösung (zum Lernprozess siehe auch Kapitel 4). Nach Paulo Freire besteht unsere Stärke darin, solidarisch in die gleiche Problematik einbezogen zu sein. Diesen Gedanken der Dekolonialisierung verfolgen wir in diesem Buch aus vielen Perspektiven und an Beispielen.

8.3.2 Problembelastete Schüler*innen brauchen eine dekolonialisierte, solidarische Schulpädagogik

Was ist daraus zu folgern? Wir haben die Frage zu stellen, was die Kinder der problembeladenen Familien brauchen, um gut lernen zu können. Seit der PISA-Studie von 2000 wird gefordert, »dass Schülerinnen und Schüler, Lehrpersonen, Eltern und Politik jeweils Verantwortung für den Erfolg des Lernens übernehmen müssten. Dieser Aspekt ist bisher nicht systematisch in den Blick genommen worden« (Reiss et al., 2019, S. 307). Problembeladene Schüler*innen brauchen ein Lernen in der Klassengemeinschaft, das auf sie zugeschnitten ist. So verweisen die PISA-Forscher*innen zum Beispiel im mathematischen Bereich auf Lösungsansätze, auf »adaptive und interaktive Lernumgebungen, die Lehrkräfte im Umgang mit Leistungsheterogenität im Klassenraum professionell unterstützen können und sich empirisch als besonders wirksam für leistungsschwache Lernende erweisen (ebd., S. 206). Im Hinblick auf eine noch stärkere Förderung der leseschwachen Kinder und Jugendlichen in Deutschland gibt es Hinweise darauf, dass die Durchgängigkeit des Lernens ohne Brüche bedeutsam ist: »Besonders wirksam scheint die durchgängige Leseförderung vom Vorschulbereich bis zum Ende der Schulzeit zu sein« (ebd., S. 77). Es müsste auch in Erwägung gezogen werden, dass der Bruch mit Blick auf die Schullaufbahn nach Jahrgang 4 das Versagen eines oder einer der verglichenen Schüler*innen verstärkt hat.

Eine Verantwortungsgemeinschaft in diesem Sinne wäre eine solidarische Gesellschaft, die darauf achtet, dass alle ihre Mitglieder zu Erfolgen kommen können. In einer solchen Gesellschaft ist die Schule eine Institution, wo von Beginn an bis zum Übergang in den Beruf dafür gesorgt wird, dass niemand verlorengeht. Eine durchgängige Verantwortung des Bildungssystems von der frühkindlichen bis zur beruflichen Bildung kann nur effizient funktionieren, wenn sie in einer einheitlichen Institution für alle erfolgt. Eine konkurrierende Bildungslandschaft ist einer kolonialen Tradition zuzuordnen. Unser Ziel wird es sein, eine Dekolonialisierung in der pädagogischen Praxis zu entwickeln. Wenn also die Lern-Vorgeschichte belastet ist, wird das Kind weniger gute Schulerfolge und Mathematik-Leistungen zeigen – das hat nichts damit zu tun, ob es in einer Hauptschule oder in einem Gymnasium lernt.

Auch ist nicht gründlich genug gefragt worden, was Kinder brauchen, die problembeladen sind. Hier sind zunächst einige kompensierende Strukturen zu benennen, die in den meisten Schulen nicht bestehen, sodass das Scheitern von Schüler*innen wahrscheinlicher ist. Unserer Meinung nach brauchen problembeladene Schüler*innen für ihr Fortschreiten in jeder Schule kompensierende Lernsituationen in der Klassengemeinschaft durch eine grundsätzlich dekoloniale Pädagogik der Befreiung:

1. die feste Überzeugung der Lehrpersonen von der grundsätzlichen Lern- und Leistungsfähigkeit eines jeden Schülers, einer jeden Schülerin;

2. die Qualität des pädagogischen Handelns: passende Aufgaben für das jeweilige Lernniveau, ein adaptives Lernangebot, das zum Gelingen beiträgt, das immer den Lernfortschritt im Auge hat und das Möglichkeitsräume für jeden und jede schafft;

3. Lehrer*innen, die das Lernen in den Mittelpunkt stellen und ein ermutigendes Lernklima schaffen;

4. klare abgesprochene Regeln in jeder Klassengemeinschaft, zügige und konsequente Reaktionen auf Fehlverhalten, Abklärung aller Probleme im Klassenrat;

5. eine Schule als sorgende Einrichtung (auch im Hinblick auf die Erfüllung von Primärbedürfnissen) mit entsprechenden Ressourcen (Prengel, 2020, S. 32ff.).

Bei genauer Betrachtung fällt auf, dass all diese Bedingungen, die für benachteiligte Kinder hilfreich sind, allgemein als Kriterien guter Schulen gelten.

Zu den hier genannten Faktoren, unter denen problembeladene Schüler*innen gut lernen werden, gehören ebenso strukturelle Voraussetzungen wie
➤ eine durchgehende Schule von (0)1 bis 10 beziehungsweise 13,
➤ der gebundene Ganztag,
➤ die Arbeit in klasseneigenen Pädagogenteams,
➤ kulturell- und altersgemischte Lerngruppen,
➤ eine starke Sozialarbeit, die mit den klasseneigenen Teams und der Schulleitung die Arbeit koordiniert und unter der Verantwortung der Schulleitung gebündelt wird.

Hauptschulen können aus dieser Sicht zwar gemischte Klassen bieten und auch ein anregungsreiches Milieu im gebundenen Ganztag vorhalten, haben aber als schwerwiegendes und problemverstärkendes strukturelles Manko, dass sie erst mit Jahrgang 5 beginnen. Damit können sie nicht optimal für die Entwicklung von problembeladenen Kindern wirken. Die vorher stattgefundene Aussonderung verändert das Selbstbild eines Schülers oder einer Schülerin häufig zum Negativen. Eine Schule ohne Brüche von Jahrgang 1 bis 10 beziehungsweise 13 hat bei der Beachtung der Kriterien für gute Schulen die besten Bedingungen für problembeladene Schüler*innen. Diese Schlussfolgerung zieht auch Klemm in seinem Gutachten über Coerde. Einige dieser kompensierenden Strukturen fehlen in den meisten Schulen, sodass das Scheitern von Schüler*innen wahrscheinlicher ist.

9 »Worin unsere Stärke besteht«

Die solidarische Schule

Kurz gefasst: In diesem Kapitel geht es um die Frage, wie wir die Schule umbauen wollen, damit wir den benachteiligten Kindern gerecht werden können. Wie kann eine Schule für die »Unterdrückten« aussehen? Welche Strukturen sollten wir dafür in der einzelnen Schule schaffen?

9.1 Gegen die »kulturelle Invasion« (Paulo Freire)

Wie die PISA-Studien immer wieder zeigen, gibt es viele OECD-Länder, in denen der Einfluss der Herkunft eines Kindes auf seine gemessenen Leistungsergebnisse im Alter von 15 Jahren geringer ausfällt als in Deutschland. So ist in Deutschland der Zusammenhang zwischen der Lesekompetenz von 15-Jährigen und dem sozioökonomischen Status der Eltern etwa doppelt so stark ausgeprägt wie zum Beispiel in Finnland, Schweden, Estland und Island (Autorengruppe Bildungsberichterstattung, 2020, S. 138, Tabelle D7–3). So wird klar, dass es in diesen Ländern den Kindern aus einkommensschwachen Elternhäusern besser gelingt, zu lernen. Diese Kinder finden offenbar in ihrer Schule bessere Bedingungen vor als vergleichbare in deutschen Schulen. Kinder, die in Armut leben, haben erfahrungsgemäß andere Lernzugänge als wohlhabende und erreichen durch ihre »natürliche« solidarische Haltung untereinander eine wichtige Unterstützung. Ebenso hat die Schule darauf Einfluss, indem sie zum Beispiel durch »natürliche Methoden« (Freinet; Kapitel 2) die Lebendigkeit der Kinder in einer Klassengemeinschaft nutzt.

Die Sieben- bis 16-Jährigen lernen in Finnland in einer Gemeinschaftsschule ohne Selektion. Bereits 1968 wurde dort eine neunjährige Grundschule eingeführt. Sie war in eine Grundstufe (Klasse 1 bis 6) und eine Sekundarstufe (Klasse 7 bis 9) aufgeteilt und besteht seit 1985 ohne

Formen der äußeren Differenzierung. In einem weiteren Schritt wurde der Übergang zwischen Grundstufe und Sekundarstufe abgeschafft (Trumpa, Wittek & Sliwka, 2017, S. 60ff.). An diesem Beispiel zeigt sich, dass durch strukturelle Maßnahmen, die sich pädagogisch nicht nur für benachteiligte Kinder als sinnvoll erweisen, Wirkungen zu erzielen sind.

Es gibt viele Erfahrungen, wie Kinder, die in Armut leben, gut lernen können. Besonders Paulo Freire zeigt mit seiner »Pädagogik der Unterdrückten« und seinem Konzept der Alphabetisierung, dass Lernen gelingt, wenn es an den eigenen Erfahrungswelten und nicht an den bürgerlich geprägten Lehrplänen ansetzt. Im Sinne einer »Philosophie der Befreiung« verfolgt er das Ziel, dass sich die Unterdrückten dieser Welt ihrer kolonialen Versklavungen bewusstwerden und sich davon befreien.

Seit Pestalozzi im Zusammenleben mit verwaisten und verwahrlosten Kindern erkannt hat, dass es darum geht, die Kinder nicht zu vereinzeln, sondern »zu Geschwistern zu machen« (siehe Einleitung), und Freinet eine »natürliche Methode« (siehe Kapitel 2.5) von den Kindern ausgehend zu seinem Unterrichtskonzept gemacht hat, wissen wir mehr: Es ist notwendig, dass jedes Kind, das in Armut aufwächst, mit seinen Erfahrungen ernstgenommen wird und die Pädagog*innen seine Beiträge und Probleme zu verstehen beginnen und sie als Ausgangspunkt des schulischen Lernens betrachten.

Hier stehen also zu Beginn nicht die Erwartungen an das Beherrschen eines Lerninhaltes im Zentrum, so wie es eine Theorie der *materialen* Bildung ausdrücken könnte, sondern das Verhalten, zu dem Kinder *potenziell* in der Lage sind, wenn sie zusammenarbeiten und sich unterstützen oder unterstützt werden, wie eine Theorie der *formalen* Bildung ausgehend von Pestalozzi voraussetzt (Blankertz, 1982, S. 108f.). Materiale und formale Theorien können, im Sinne von Wolfgang Klafki, dialektisch weiterentwickelt werden zu kategorialen: Der aktuelle Bezug zur eigenen »Lebenswelt« greift »Schlüsselprobleme« (Klafki, 1962, 1996) auf, indem das einzelne Kind in der Gemeinschaft erlebt, dass es etwas Wichtiges zum Leben in der Gruppe beitragen kann, indem es für kleine Aufgaben die Verantwortung übernimmt. Auch es könnte zum Beispiel über seine Flucht aus Syrien erzählen. Die lateinamerikanische »Philosophie der Befreiung« (Dussel, 1989) stellt die »Praxis der Befreiung und alles, was sie behindert und befördert« (S. 191) ins Zentrum und legt Wert auf die Auswahl der Schlüsselthemen: »Weil die Themen unendlich sind, die Zeit aber kurz ist, ist es nötig zu wissen, wie man die Zeit weise zu nutzen hat, um die fundamentalen Themen der Epoche zu wählen, in der wir leben« (ebd., S. 190).

Wer über sein eigenes Thema aus eigenem Interesse sprechen will und dabei andere findet, die etwas darüber wissen wollen, lernt gerne mit diesen anderen zusammen und macht große Lernfortschritte an exemplarischen und eigenen Themenfeldern. Klaus Holzkamp (1995) nennt dies das »expansive-weltaufschließende Lernen« (siehe Kapitel 4). Kindern aus Armutsgebieten steht es zu, auf eine natürliche, solidarische Weise an ihren Erfahrungen anknüpfend zu lernen, statt durch die schulischen Lehrformen und Strukturen voneinander getrennt und in Konkurrenz vereinzelt zu werden (Wünsche, 1979, S. 26ff.). Sie haben ein Recht auf eine für sie zugeschnittene Bildung, unabhängig von Herkunft und sozialer Lage.

Lehrpersonen, die sich *von den Zwängen der für diese Kinder unpassenden Lehrpläne und Anforderungen freimachen* und auf die Interessen der Lernenden eingehen, können zügige Lernfortschritte erwarten. Dies wäre eine »Befreiungspädagogik« (Freire) im wahrsten Sinne des Wortes – man befreit sich von unsinnigen Lehrinhalten und pädagogisch ineffizienten Methoden.

Die Lehrer*innen bewegen sich im Unterrichtsalltag einer sehr heterogenen Gruppe in einem Spannungsfeld zwischen dem Individuellen und dem Gemeinsamen: Einerseits nutzen sie den für die Kinder interessanten Inhalt und machen ihn zum *Gemeinsamen* Gegenstand (Feuser). Andererseits gelingt das Lernen am besten, wenn es sich am Erfahrungshorizont orientiert und wenn es dort ansetzt, wo der *einzelne* Mensch im Moment steht. Die Entwicklungen sind oft überraschend, wenn Kinder »natürliche« solidarische »Mitstreiter*innen« in ihrer Sache finden (siehe Kapitel 4). Der brasilianische Pädagoge Paulo Freire hat seine befreienden dialogischen Arbeitsweisen im Rahmen des politischen Alphabetisierungsprozesses (1970) auch als »Pädagogik der Solidarität« (1974) oder »Pädagogik der Unterdrückten« (1971) bezeichnet. Er kritisiert die »anti-dialogische« erzieherische Praxis, weil sie den Menschen aus Armutsgebieten in einer passiven Rolle belässt und als »Objekt« behandelt: »So gesehen müssen die Analphabeten als passive Wesen mit den Worten der Erzieher ›gefüllt‹ werden, statt, dass sie eingeladen werden, sich am Prozess des Lernens schöpferisch zu beteiligen« (Freire, 2007, S. 31). Wenn die Themen nach den kulturellen Bezugsrahmen der Erzieher*innen ausgewählt werden, so erleben die Analphabet*innen die Sprache als etwas von ihrem eigenen Leben und der eigenen Wirklichkeit Isoliertes. Paulo Freire verdeutlicht dieses Vorgehen mit dem Begriff der »kulturellen Invasion«. Dabei werden die bürgerlichen Werte als höhere Werte behandelt. Die eindringenden Invasor*innen ignorieren die heimatliche Kultur, zum

Beispiel der Analphabet*innen: »Der Eindringling denkt bestenfalls über die Überfallenen nach, niemals jedoch denkt er mit ihnen; sie werden von jenem ›bedacht‹. Der Eroberer schreibt vor, die Überfallenen erdulden die Vorschriften« (ebd., S. 50).

»Solange zum Beispiel ein Sozialfürsorger sich als ›*den* Agenten der Veränderung‹ versteht, wird er schwerlich zu der Einsicht gelangen, dass, wenn seine Arbeit wirklich befreiende Bildungsarbeit ist, die Menschen, mit denen er arbeitet, nicht Objekte seines Handelns sein können. Im Gegenteil, sie sind in gleichem Maße Agenten der Veränderung wie er« (ebd., S. 53).

Freire beschreibt diesen Befreiungsprozess als Dialog. Er erfordert eine solidarische Haltung. Freire setzt sich mit dem Gegenargument auseinander, dass ein Dialog auf gleicher Augenhöhe zu viel Zeit beanspruche, die angesichts der dringenden Maßnahmen nicht vorhanden sei. So werde vorgetragen, dass die analphabetischen Landarbeiter*innen oftmals den Dialog zurückwiesen, indem sie schwiegen und apathisch reagierten. Ein ähnliches Argument kennen wir von Lehrkräften, die die vorgeschriebenen Lehrpläne erfüllen wollen und stark entmutigten Schüler*innen (»schulmüden«, »unwilligen«, »Leistung verweigernden« oder »extrem Schwachen«) daher wenig Zeit zugestehen, ihre in der Schulzeit entstandenen »bodenlosen Defizite und Lernrückstände zu beheben«. Manche Lehrkraft zieht die Konsequenz, sich innerhalb des Systems Schule auf die Position zu stellen, dass bei einem »selbst verschuldeten Defizit des Schülers oder der Schülerin« die Schule am Ende ihrer Möglichkeiten sei: »Wenn der Schüler nichts tut, kann ich auch nichts mehr für ihn machen. Ich hatte ihm seine Aufgaben zur Bearbeitung gegeben, er hat bis zum Termin nichts vorgelegt!« Diese Lehrkräfte befinden sich in einem schwer zu ertragenden Dilemma zwischen nicht-möglicher Lehrplanerfüllung beziehungsweise Versetzung und pädagogischer Vernunft, alle Schüler*innen in jedem Fall »mitzunehmen«.

Freire entgegnet auf der Basis seiner Erfahrungen mit Menschen, die von Armut geprägt sind, dass Schweigen und Apathie historisch entstanden seien. Die kolonialen Verhältnisse der Großgrundbesitzer, von denen in Armut lebende Landarbeiter*innen abhängig sind, zeigen sich in der Ungleichheit. Die untersten Schichten werden dabei im Allgemeinen als minderwertig betrachtet. Das unterdrückte Bewusstsein der Landarbeiter*innen ist so historisch entstanden (siehe auch Dussel, 1989, S. 15ff.).

Die Landarbeiter*innen haben keine Erfahrung mit Beteiligung und kein Recht, ihre Meinung zu sagen. Ihre Pflicht besteht darin, zu gehorchen:

> »Es ist nur natürlich, dass die Landarbeiter fast immer, wenn auch nicht immer, denen, die in den Dialog mit ihnen eintreten wollen, Misstrauen entgegenbringen. [...] Sie sind sich ihrer eigenen Fähigkeiten nicht sicher. Sie verinnerlichen den Mythos ihrer absoluten Unwissenheit. Es ist nur natürlich, dass sie es vorziehen, keinen Dialog zu führen, dass sie nach fünfzehn oder zwanzig Minuten reger Teilnahme unerwarteterweise zum Lehrer sagen: ›Verzeihen Sie, wir, die wir nichts wissen, sollten lieber still sein und Ihnen zuhören, denn Sie wissen es ja viel besser‹« (Freire, 2007, S. 58f.).

Freire distanziert sich von der Position, dass die Landarbeiter*innen apathisch seien und sich eben nicht an der Veränderung ihrer Lage beteiligen könnten. »Denn was diese Überlegungen klarmachen, ist, dass die Schwierigkeiten der Landarbeiter, einen Dialog zu führen, nicht ihren Grund in ihnen selbst als Landarbeiter hat, sondern in der geschlossenen und unterdrückerischen Sozialstruktur« (ebd., S. 59).

Der argentinische Philosoph Enrique Dussel (1989) kommt zu dem Schluss:

> »Das Volk allein kann sich nicht befreien. Das System hat es mit der Massenkultur vergiftet, dem schlimmsten, was es anzubieten hat. Deshalb ist die kritische Vernunft des organischen Intellektuellen, der kritischen Gemeinschaft oder politischen Parteien unersetzbar, damit das Volk eine kritische Vernunft erlangen und unterscheiden kann, was es in sich trägt (introjizierte imperialistische Kultur) und was es an Resten von alters her hat (kulturelle Exteriorität [...]). Die Philosophie hat hier eine große Aufgabe« (S. 110).

Dussel betont, dass es sich um eine pädagogische Aufgabe handelt: »Die Philosophie der Befreiung ist eine pädagogische Aktivität, die aus einer Praxis kommt, die ihre Wurzeln in der Proximität der Relation Lehrer-Schüler, Intellektueller-Volk [...] im Volk selbst hat« (ebd., S. 192). Diese Pädagogik ist in diesem Sinne analektisch (auswählend), wie Dussel hervorhebt: »Das heißt, dass sie das Lehramt im Namen des Armen, der Unterdrückten, des Anderen ausübt« (ebd.). Seiner Ansicht nach (2013) dauerte die Hegemonie Europas lediglich zwei Jahrhunderte von der Französischen Revolution 1789 bis zum Ende der UdSSR 1989 und konnte daher den Kern der Jahrtausende alten Weltkulturen nicht grundlegend verändern. Alte Kulturen aus China und dem fernen Osten, hindustanische, islamische, russisch-byzantinische Kulturen sowie die Bantu-Kultur und die lateinamerikanischen Kulturen wurden zwar kolonisiert, »[d]och der größte Teil dieser Wertestruktur wurde eher ausgeschlossen, *missachtet, negiert* und *ignoriert* als ausgelöscht« (ebd., S. 166). Nach Dussel befinden sich diese Kulturen »im Prozess einer Wiedergeburt und suchen neue Wege für ihre zukünftige Entwicklung, wobei sie sich unvermeidlicherweise auch verirren« (ebd., S. 167). Die Missachtung durch die kolonialen Mächte Europas »erlaubte es jedoch, dass sie in der Stille, im Dunkeln überlebten und wiederum ihre eigenen modernisierten und verwestlichten Eliten verachteten« (ebd., S. 166).

Hier ist die »nationale Kultur« von der »revolutionären Volkskultur« (zum Beispiel im Sinne des Befreiungstheologen Ernesto Cardinals aus Nicaragua) zu unterscheiden (ebd., S. 152ff.): Die nationale Kultur schließt die Kultur der Bourgeoisie, der oligarchischen Elite, der Kultur des Proletariats und der Landarbeiter*innen, also aller Bewohner*innen des Staates ein. Die Volkskultur dagegen ist die Kultur der gesamten Ausgebeuteten und Unterdrückten einer Nation. Diese Volkskultur ist zwar unterdrückt worden, aber hält sich »in den von den Herrschenden schlicht unbeachteten Momenten [...]: Folklore, Nahrung, Kleidung, Feste, das Gedenken seiner Helden, seiner emanzipatorischen Taten und der sozialen und politischen Organisationen, etc.« (ebd., S. 154). Eine so beschriebene Volkskultur will sich nicht einverleiben lassen von einer eurozentrierten, okzidentalen Kultur. Auch wenn sich der Staat als liberal und »multikulturell« ausgibt, hat er bisher »die Überlebensmöglichkeiten aller weiterer Kulturen« eigeschränkt (ebd., S. 162). Dagegen entwirft Dussel eine Perspektive, in der diese am Rande stehenden Kulturen sich miteinander verständigen und solidarisieren. Ihre jahrtausendalten Erfahrungen bringen sie ein in einen authentischen interkulturellen Dialog, um Probleme der Zukunft der Menschheit zu lösen (ebd., S. 167ff.).

Hier setzen auch die Überlegungen zu einem Zukunftskonzept einer solidarischen Brennpunktschule ein, die sich einer »Pädagogik der Unterdrückten« verpflichtet. Nie sei das Beispiel Freires für die Schulen wichtiger als heute, betont der kanadische Vertreter der *Critical Pedagogy* Henry A. Giroux (2020, S. 176). Gegen antidemokratische Strukturen und Zwänge in Schulen sei es notwendig, »to mobilize the imagination and develop a language of possibility« (ebd., S. 3). Peter McLaren, ein international führender amerikanischer Vertreter der *Critical Pedagogy*, entwickelt in der Nachfolge von Freire eine *Pedagogy of Insurrection* (2015) (»Empörung«, »Aufstand«). Er verweist darauf, dass Freire nicht der Meinung war, dass ein kritisches Bewusstsein die Voraussetzung sei für den Kampf um soziale Gerechtigkeit. Im Gegenteil: »Critical consciousness was the outcome – not the precondition – of struggle. It is in the act of struggling that educands become critically conscious« (ebd., S. 151). Das bedeutet auch, das tägliche Leben aus der Perspektive der Machtlosen zu verstehen, sodass das Zusammenleben verändert wird im Interesse einer gerechteren und humaneren Existenz. Diese geht über die reine Empathie hinaus (ebd., S. 141).

Die »befreiende Bildungsarbeit«, die Paulo Freire berühmt gemacht hat, hat ihre Existenzberechtigung »in ihrem Drang nach Versöhnung« (Freire, 1971, S. 75). Dies ist ein noch heute nicht eingelöster Anspruch. Noch immer treffen wir im selektiven Schulsystem auf Lehrer*innen, die nicht von ihren Schüler*innen aus Armutsgebieten lernen, sondern ihnen von vornherein Eigeninitiative zum Beispiel beim Bewältigen der schulischen Aufgaben abverlangen. Idealistisch und unrealistisch setzen sie bei diesen Kindern auf »Selbstentfaltung«. Sie sehen als bürgerlich aufgewachsene Mitglieder einer Wettbewerbsgesellschaft nicht, dass sie selbst das Leben ihrer benachteiligten Schüler*innen nicht kennen. In ihrer eigenen Biografie haben sie sich daran gewöhnt, »dass es einige eben nicht schaffen können«. Sie erkennen nicht, dass ihre Lehrtätigkeit mit idealistischen und bürgerlich beeinflussten Anforderungen wie eine »kulturelle Invasion« in fremdes Land wirkt. Sie lehren – und die Schüler*innen werden belehrt. Aus unseren Erfahrungen im sozialen Brennpunkt scheitert man als Lehrkraft mit einer solchen Haltung.

Der Volksschullehrer Konrad Wünsche (1979) nimmt die Position der Schüler*innen ein, deren Familien in Armut leben: »Für den, der in der Mangel der Schule steckt, bleibt, sieht er sich solcher idealistischer Forderungen gegenüber, zunächst das eine: Das kann ich nicht erreichen, das ist für mich zu hoch, da komme ich nicht mit« (S. 24). Wenn wir als Lehrer*innen dagegen uns selbst als Lernende sehen und uns wirklich den Schüler*innen aus den uns fremden Lebenslagen und anderen Kulturen respektvoll nähern, dann erfahren wir viel und beginnen eine Beziehung auf Augenhöhe. Dies gilt ebenso für Eltern aus bürgerlichen und begünstigten Lebensverhältnissen: Sie erkennen oft zunächst nicht, dass sie von den vielfältigen Menschen aus anderen Lebenslagen und Kulturen lernen können. So unterstellen sie, dass Kinder im Brennpunkt in einem »anregungsarmen Milieu« (siehe Kapitel 8) lernen. Erst wenn sie erkennen, dass ihre Kinder von den vielen anderen lernen können, bauen sie ihre Vorurteile ab und öffnen sich selbst dem Dialog, den Paulo Freire anregt:

> »Die Bildungsarbeit muss einsetzen bei der Lösung des Lehrer-Schüler-Widerspruchs, bei der Versöhnung der Pole des Widerspruchs, so dass beide gleichzeitig Lehrer und Schüler werden« (Freire, 1971, S. 75).

Nach Freire ist es fruchtbar, diese grundlegende Überlegung zum dialogischen Lernen zu übertragen auf die Prozesse in der Schule. In Kapitel 2.4 ist dazu deutlich geworden, wie Probleme in der »Aussprache-Gemeinschaft« (Oskar Spiel) im Klassenrat zur Sprache kommen. Den Kindern und Jugendlichen wird das Wort gegeben. Viele sind zunächst ängstlich und vertrauen nicht darauf, dass sie etwas bewegen können, wenn sie es ansprechen. Sie schweigen lieber, weil sie keinen Sinn darin sehen, zu reden. Oder sie lärmen, um sich von der bedrückenden Situation abzulenken. In ihrem Umfeld haben sie so viel strukturelles und existenzielles Unrecht erlebt, dass sie sich daran gewöhnt haben. Sie glauben nicht, dass es Möglichkeiten der Änderung gibt. Denn zur Aufrechterhaltung des Unrechts wird die Ideologie von der eigenen Unwirksamkeit verbreitet. Jedes dieser Kinder hat so starke Selbstzweifel, dass es zuweilen Jahre braucht, um ein Vertrauensverhältnis aufzubauen. Dann erst können wir an dem irrtümlichen Bild gemeinsam arbeiten, dass das Kind nichts bewirken könne. Im Klassenrat erfahren die Kinder immer wieder, dass es anders als erwartet läuft: Man kann Probleme ansprechen und erleben, dass sich tatsächlich – teilweise erst nach Monaten oder Jahren – etwas ändert – und zwar durch die Mitarbeit aller in der Klasse. Kinder haben häufig erleben müssen, dass sie mit ihrer Stimme nichts bewirken können.

Ein Mädchen (elf Jahre) erzählt

Ich mache in meiner Familie täglich die Erfahrung, dass meine Meinung nicht zählt. Ich ärgere mich schon gar nicht, dass ich immer zu kurz komme. Dass man mich nie fragt, welche Probleme ich habe, bin ich gewohnt. Wenn ich als Mädchen bereits mit zwölf oder 13 Jahren verlobt werden soll, ist nicht nur mein Schicksal. Die anderen haben es auch so hingenommen. Schon zu merken, dass dies ein Unrecht ist, ist mir nicht in den Sinn gekommen. Wir machen Musik und tanzen. Es hat sowieso keinen Sinn darüber nachzudenken. Ich kriege nur Ärger sonst mit meiner ganzen Familie. Die schließen mich aus, wenn ich es nicht will. Wenn ich in der Schule im Klassenrat darüber erzählen soll, sage ich: »Nein, ich will nicht.« Das will ich nicht, weil ich dann nur Ärger kriege.

Bereits in dem Moment, wo dieses Thema irgendwie im Unterricht mal kurz erwähnt wurde, habe ich angefangen, mir zu überlegen, ob ich es jemandem sagen könnte. Mit meiner Freundin habe ich gesprochen. Erst haben wir nur gelacht. Wir haben überlegt, ob wir es doch mal in der Klasse sagen.

In diesem Beispiel geht es um den Anfang einer Veränderung: Die Freundin ist die unterstützende solidarische Mitstreiterin. Wegweisend wird nun die vertrauensvolle Beziehung zur Lehrerin und zur Klassengemeinschaft. Die Gemeinschaft versetzt sich in die Situation des Mädchens. Es beginnt damit, dass das Mädchen und damit auch andere erkennen, dass man ein Problem zur Sprache bringen kann. Dies sind erste Schritte aus der Apathie und Passivität hin zu einer aktiven Rolle, in der das Lernen einen Sinn ergibt. In diesem Fall können wir deutlich erkennen, dass Bildung nicht in der Passivität geschieht, sondern umgekehrt das Mädchen erst zum Sprechen kommen muss. Dabei ist die vertrauensvolle und solidarische Klassengemeinschaft notwendig. Dass sie helfen kann, wird das Mädchen noch nicht ahnen. Aber es erfährt im Dialog mit der Gemeinschaft, dass es sein könnte, dass alles nicht so bleibt, wie es immer schon als unveränderlich galt. Dieser Bildungsprozess ist ein gemeinsamer, an der alle im Klassenrat teilhaben. Der erste Schritt ist das »generative« Wort, sind die »generativen« Worte (Freire, 1977, S. 86ff.), die das Problem benennen – eine politische Alphabetisierung beginnt.

Freire spricht von einer »Kultur des Schweigens« als einer »Kultur der Abhängigkeit, in der die beherrschte, unterdrückte Klasse sich nicht ausdrücken kann« (Freire 2007 [1972], S. 93). Sie kann in eine »Kultur des Lärms« umschlagen: »Lärm besteht aus den Worten, die wir nicht richtig sagen können [...]. Lärm ist der Anschein, eine Stimme zu haben, aber solange wir bloß Lärm machen, haben wir keine Stimme« (ebd.).

Die Pädagog*innen sollten die Schüler*innen nicht vollpumpen mit Wissen, sondern in der Dialogbeziehung ermöglichen, dass *beide* (Schüler*in und Lehrer*in) lernen. Erkenntnisse können nicht auf ihre »problematisierende Quelle« verzichten. Ebenso ist es bei der Aneignung von Wissen unbedingt notwendig, dass Lernende das Wissen problematisieren: Ein »dialogisches Abenteuer« entsteht und ist fruchtbar, und das gemeinsame Wissen ist als Interaktion zu erkennen; »ein Wissen, [...], das die Welt erklärt, das aber vor allem durch die Veränderung dieser Welt seine Rechtfertigung findet« (Freire, 2007, S. 65).

In einer Schulklasse kommen die von Bourdieu beschriebenen »feinen Unterschiede« deutlich zum Vorschein: Wollen wir als Lehrer*innen den Dialog mit den benachteiligten Kindern, so müssen wir erkennen, dass sie in gleichem Maße wie wir die »Agent*innen der Veränderung« sind. Darin liegt ihre Stärke. Solange die »schwachen Schüler*innen« in ihrem eigenen Gefühl der Minderwertigkeit verstärkt und sie am freien Dialog gehindert werden, gibt es keine Veränderung. Dies können wir als Pädagog*innen, aber auch als Eltern aus den Erfahrungen von Paulo Freire ableiten. Wie die »feinen Unterschiede« in der pädagogischen Praxis sichtbar werden, muss immer wieder kritisch beobachtet werden.

Im nächsten Schritt wird es darum gehen, eine solidarische Schule zu gestalten. Sie sollte für die benachteiligten Schüler*innen, aber unbedingt auch mit ihnen zusammen entstehen. 1967 veröffentlichen acht Bauernjungen einer Dorfschule im italienischen Barbiana ein Buch darüber, wie sie selbst ihre eigene Schule machen: Die 29 Elf- bis 18-jährigen im Schulsystem »durchgefallenen« Jugendlichen nahmen mit Unterstützung eines Pfarrers die Schule eigenständig in die Hand: als Lehrende und Lernenden, ohne Zensuren und Angst vor dem Sitzenbleiben. Peter Bichsel schreibt über sie: »Sie haben keine Idee in die Tat umzusetzen; das Recht auf Bildung ist ihnen selbstverständlich, eine weitere Rechtfertigung brauchen sie nicht« (1970, S. 15). Und schließlich betont er, dass sich diese Schülerschule von fortschrittlichen pädagogischen Modellen darin unterscheide, »daß sie zu machen ist, dass die politischen Veränderungen, die sie als Voraussetzung haben müsste, gering wären und daß sie ganz eindeutig politische Veränderungen zur Folge hätte« (ebd., S. 15).

Eine neue Schule sollte also geprägt sein davon, was wir bei vielen benachteiligten Kindern und Jugendlichen ohnehin schon sehen: ihren Wunsch nach Zusammenhalt, raus aus dem Gefühl der Minderwertigkeit. Viele zeigen ihre Stärke in der Solidarität, besonders mit denen, denen Unrecht geschieht. Eine solidarische Schulpädagogik haben wir zu skizzieren, in der wir die Stärke der Kinder entdecken und ihnen ihre Stimme geben.

9.2 Welchen Beitrag leisten Reformschulen für benachteiligte Kinder?

Hans Magnus Enzensberger legte in seinem 1982 erschienenen »Plädoyer für den Hauslehrer« auf humorvolle Art einen verblüffenden Vorschlag vor, bei dem die Lehrer*innen zu den Schülern nach Hause kommen und mit etwa fünf Kindern gemeinsam lernen. Bei diesem »pädagogischen Wanderzirkus« (Enzensberger, 1982, S. 169) wechseln sie regelmäßig den Lernort, so dass sie reihum nach Hause kommen. Enzensberger fordert damit eine »Vergesellschaftung« (ebd., S. 176) der Erziehung durch die Abschaffung der öffentlichen Schule als »Ort der Unterdrückung, der weder von Schülern noch von Lehrern erdacht worden ist, und an dem beide noch nie das Sagen hatten« (ebd., S. 165). Damit kommt er der reformpädagogischen Schulkritik und der Hauslehrer-Schule in der Tradition des Sozialisten Berthold Otto sehr nahe:

> »Wir werden uns auf die Schlauheit, die Neugier und die Hartnäckigkeit der Kinder verlassen müssen, die im allgemeinen wenig Lust haben, schon im Sandkasten die Karriereträume, die ihre Eltern hegen, im Auge zu behalten – und auf die Fähigkeit der Hauslehrer, durch eine Mischung von Geduld, Klugheit und sanftem Druck auch noch den letzten Zahnarzt davon zu überzeugen, daß ein homogenes Milieu soziale Idioten hervorbringt. Wenn die Kinder aber größer werden, wenn sie mehr wissen und noch mehr wissen wollen, dann werden wir uns nach Spezialisten umsehen müssen, nach Hauslehrern, die nicht mehr kontinuierlich, Tag für Tag, mit derselben Gruppe arbeiten, sondern umschichtig, einmal hier, einmal dort einen naturwissenschaftlichen Tag einlegen, ein Wirtschaftsunternehmen analysieren oder in ihrem Fach, auch wenn es Wetterkunde ist, auf englisch unterrichten können« (ebd., S. 174f.).

Die reformpädagogischen Wurzeln der 1920er Jahre wirken bis heute. Geprägt durch die Jugendbewegung oder die Kunsterzieherbewegung wurden Konzepte erprobt, die das *eigene Erlebnis* der Schüler*innen durch Schreiben, Kunst, Musik, darstellendes Spiel und Bewegung zum Ausdruck brachten. Auch Fahrten, Lager, Feste und Feiern ermöglichten bleibende Erfahrungen im schulischen Leben. Im Mittelpunkt vieler Lehrkräfte stand das »Erlebnis« der Kinder und Jugendlichen, das in Gesprächen aufgearbeitet werden konnte (Keim & Schwerdt, 2013, S. 962ff.).

Neben den verschiedenen Ausprägungen des Gesamtunterrichts und des Erlebnisunterrichts fanden sich vielfältige Unterrichtsformen in »Arbeitsschulen« (ebd., S. 966ff.). Der reformpädagogische Begriff »Selbsttätigkeit« meinte nicht nur, dass die Lernenden aktiv *tätig* waren, sondern auch, dass sie dies aus eigenem Antrieb, *selbstgesteuert* taten.

Aus der Praxiserfahrung wissen wir, dass dies nur gelingt, wenn wir die *Beziehungen der Kinder* untereinander ernsthaft in unsere Überlegungen einbeziehen. Ohne eine solidarische Klassengemeinschaft ist kaum vorstellbar, dass sich Kinder, die in Armut leben, aus eigenem Antrieb trauen, neue Wege zu versuchen.

Wichtige Praxismodelle lieferten die amerikanische »Projekt«-Idee von John Dewey (1859–1952). Die »Projektmethode« von Dewey und die von Kilpatrick sind historische Vorbilder. Sie entstammen bei Dewey der Berufsbildung, und Kilpatrick reduzierte sie in Bezug auf das allgemeine Schulwesen auf ein »herzhaftes absichtsvolles Tun«.

Meist ist davon in unserem heutigen Schulsystem nur eine Projektwoche mit Neigungsgruppen für verschiedene Themen geworden. In Feusers *Entwicklungslogischer Didaktik* geht es um die didaktischen Implikationen eines Projekts als generelle Unterrichtsform und nicht als »Methode«. Wenn Feuser heute von »Projekt« spricht, meint er die gesamte Bandbreite, sich kind- und sachadäquat einen Gemeinsamen Gegenstand zu erschließen, der auf den Interessen, Motiven und Erfahrungen der Kinder aufbaut und die Kommunikation der Kinder untereinander berücksichtigt (Feuser, 2011a; Kapitel 4). Historische Vorläufer sind die Konzepte der Italienerin Maria Montessori (1870–1952) und des Franzosen Célestin Freinet. In deutschen reformpädagogischen Schulen wurde sowohl Arbeit als Handwerk verstanden (Georg Kerschensteiner, 1854–1932) als auch die »freie geistige Schularbeit« (Hugo Gaudig, 1860–1923) erprobt, wobei die Schüler*innen selbst als *handelnde Subjekte* ihren Lernprozess bestimmen sollten. Als umfassende Verbindung von *Schule und Leben* sollte die »Produktionsschule« der entschiedenen Schulreformer*innen mit Paul Oestreich (1878–1958) eine *Schule für alle* sein, in der die Schüler*innen ihre eigenen Anliegen selbst verwalten konnten (Pawel P. Blonskij, 1884–1941). Lernen und Arbeiten *dienten der Gemeinschaft* und galten als Beitrag für die Umformung der Gesellschaft. Schüler und Schülerinnen beschäftigten sich mit für sie interessanten Themen aus ihrer Lebenswelt, erarbeiteten sie kollektiv und präsentierten die Arbeitsergebnisse in einer größeren Öffentlichkeit (siehe Kapitel 2.2). Dass Schulen *Zentren des Gemeinwesens* sein könnten, die soziale Leistungen, Beratungs- und Gesundheitsdienste sowie Bildungs- und Freizeitangebote für ein »lebenslanges Lernen« unter einem Dach vereinten, scheint heute noch vielen unvorstellbar – aber es blieb nicht Utopie: Die Stadtteil- und Nachbarschaftsschulen, die englische *community education*, die amerikanischen *community schools* und die skandinavischen Erfolgsmodelle zeigen, dass die reformpädagogischen Schulversuche in vielen Ländern nicht folgenlos blieben.

Gemessen an der großen Zahl konventioneller Schulen gibt es eine kleine Zahl an Reformschulen. Diese Schulen werden die soziale Ungleichheit in der Gesellschaft nicht aufheben. Können sie dennoch ein erster Schritt sein? Um diese Frage zu klären, müssen wir genauer schauen, was ein reformorientierte Schulmodell tatsächlich dafür tut, dass jedes Kind, das in Armut aufwächst, gleichwertig dazu gehört. Wir müssen folglich die Frage stellen, ob wir mithilfe bestimmter Reformschulen einen Beitrag für benachteiligte Kinder leisten können. Hier finden wir bei Bourdieu eine Orientierung: Die Aufgabe der Schule müsste sein, »die Nachteile derjenigen zu kompensieren, die in ihrem familialen Milieu keine Anregung zur kulturellen Praxis finden« (Bourdieu, 2018a [1966], S. 34). Die Konsequenz von Pierre Bourdieu lautet daher: Die Schule müsste eine systematische und allgemeine *Akkulturation* in Angriff nehmen (ebd., S. 30) – das bedeutet, dass sie allen Schüler*innen das kulturelle Erbe vermitteln müsste, das in begünstigten Familien bereits zu Hause übertragen wird. Diese Akkulturation kann sich das Schulsystem solange ersparen, »wie es sich an die Kinder der begünstigten Klasse wendet« (ebd., S. 23). Würde es sich ernsthaft an *alle* Schüler*innen wenden, müsste es sich anderer Strukturen und Lernmethoden bedienen beziehungsweise diese aufbauen.

Was bedeutet das für uns heute? In einigen reformorientierten und unterstützenden Schulen »erwirtschaftet« sich eine Klassenlehrerin die dafür nötige Zeit am besten in der freien Arbeitszeit. Die schneller lernenden (meist bürgerlichen) Kinder müssen selbstständig arbeiten, während die Lehrerin den bedürftigen Kindern (meist mit Armutserfahrungen) Unterstützung zukommen lässt. Somit wird die Schulklasse zu einer »Solidargemeinschaft«. Die *Zuwendungszeit* der Lehrperson wird *nicht gleich verteilt* auf alle Kinder, sondern bemisst sich danach, wie viel das einzelne Kind aufgrund des eigenen kulturellen Erbes braucht, um den Lernprozess erfolgreich zu bewältigen. Privilegierte Kinder bekommen daher weniger von der vorgesehenen Zeit der Lehrer*innen. Aus der von den Behörden errechneten Ressourcenzuwendung einer Brennpunktschule (»Förderung« für Migrant*innen, Behinderte und viele mehr) lässt sich dieses Vorgehen ableiten. Das akzeptieren einige begünstigte Eltern nur dann, wenn sie sicher sein können, dass für ihr eigenes Kind gut gesorgt wird und die Potenziale des eigenen Kindes zur vollsten Entfaltung kommen.

Die Klassengemeinschaft als *Solidargemeinschaft* hat die Chance, gruppeneigene Kräfte zu mobilisieren: Kinder helfen Kindern in Partnerarbeit, Übungen erfolgen selbstständig an selbstkontrollierbaren Aufgaben, Pausen werden individuell eingelegt und so weiter. In allen Aktivitäten geht es immer auch darum, dass Schüler*innen am »Gemeinsamen Gegenstand« kooperieren (Feuser, 2018b, S. 131) und so sich auf individuelle Weise das kulturelle Erbe aneignen. Die unterschiedlichen Entwicklungsniveaus erleichtern solidarisches gemeinsames Lernen.

Angesichts der Vielfalt der Schüler*innen in sozialen Brennpunkten (Migration, Behinderung, Armut, prekäre Lebenslagen, Krankheit) kann Akkulturation heute verstanden werden als die Aneignung des kulturellen Basiswissens. Die »Katastrophenkompetenz« (Kaiser, 2007) gehört zu diesen grundlegenden und »not-wendigen« Zielen einer Schule für alle: praktische Kompetenzen entwickeln, historisches Denken lernen, sich Zeit lassen können für Aneignungsprozesse oder Vertiefungen, Schwächen akzeptieren, Ich-Stärke entwickeln und verantwortlich handeln. Ungleiche Lernvoraussetzungen sind Fakt. »Begabungsunterschiede«, müssen wir ursächlich als »gesellschaftlich bedingt« und veränderbar bezeichnen. Betrachteten wir sie als angeborene und unveränderbare Unterschiede, würden wir diese Ungleichheiten weiterhin stabilisieren. In einem kompensierenden pädagogischen Alltag lernt jedes Kind, das aus Armutsverhältnissen stammt, genau an der Stelle weiter, wo es gerade steht. Es wird nicht beschämt durch Über- oder Unterforderung. Dazu gehört, dass die eigene kulturelle Vorgeschichte eines Kindes ihren Platz und Wert hat, und nicht fremde, aus dem Bürgertum stammende, oft konkurrierende Ansprüche die soziale Ungleichheit weiter festschreiben.

Wie kann eine solidarische Schule aussehen, die den benachteiligten Kindern das Schulversagen erspart, sich als Solidargemeinschaft versteht und sich besonders stark für Schüler*innen einsetzt, die in Armut leben? Im Gegensatz zu fast allen »normalen Schulen«, in denen Kinder erleben müssen, dass Mitschüler*innen aus ihrer Klassengemeinschaft herausgenommen und auf andere Schulen hin »wegberaten« werden, gehört hier jedes Kind ohne Ausnahme in die wohnortnahe Schule zu den Freund*innen aus der Nachbarschaft. Aus einer solchen solidarischen Schule wird kein Kind aus der Gemeinschaft herausgenommen, wenngleich es auch an solchen Schulen immer wieder einzelne Lehrpersonen gibt, die aus unterschiedlichen Motiven für eine Aussonderung plädieren. Dies zu verhindern, ist eine wichtige Aufgabe der Schulleitung In unserer Schulpraxis stellen sich viele Fragen, die daraus resultieren, dass man der Schule eine *gesellschaftliche Auslesefunktion* gibt.

So wäre es für die Schüler*innen einer Klasse beispielsweise gut, wenn möglichst viele Fächer in der Hand von wenigen Lehrpersonen lägen. Dann könnten die benachteiligten Schüler*innen zu ihren Lehrer*innen leichter Vertrauen aufbauen. Die Lehrpersonen aber haben normalerweise nur zwei Fächer studiert und sehen sich in der Sekundarstufe oft überfordert mit den für sie fremden Fächern. So fragen besorgte bürgerliche Eltern: Wird also in unserer Schule im Brennpunkt zugunsten der »schwachen Schüler*innen« entschieden und auf Fachunterricht verzichtet? Heißt das, dass die fachliche Qualität leidet, weil zum Beispiel behinderte Schüler*innen in der Klasse gemeinsam mit den begünstigten Schüler*innen unterrichtet werden?

Wollen wir also öfter Fachunterricht bei älteren Schüler*innen hinnehmen oder durchgehend bis zum Schulabschluss den Klassenlehrerunterricht bevorzugen? Das *Fachlehrersystem* haben wir ausführlich einer kritischen Prüfung unterzogen (Stähling & Wenders, 2018, S. 11ff.). Dennoch muss immer konkret entschieden werden, welche Lehrperson derzeit in der Schule welche Fachgebiete »abdecken« kann und wo unser Schulprofil gestärkt werden müsste. Angesichts des Lehrermangels müssen wir bei der Beantwortung dieser alltäglichen praktischen Fragen oft Kompromisse eingehen: Was verlangen die Lehrpläne? Welche Lehrpersonen mit welchen Fächerkombinationen haben wir derzeit zur Verfügung? Welche von ihnen können oder wollen »fachfremd« eingesetzt werden und kommen mit welchen Problemlagen in welchen Klassen gut zurecht? Welche Kooperationen in den Klassenteams funktionieren gut, welche müssen verändert werden? Wie viele Freiräume und Autonomie braucht jedes klasseneigene Team? Was verstehen wir hier unter der pädagogischen Freiheit? Werden sich Lehrkräfte ihre eigenen Methoden aussuchen können, wenn sie gut zu ihnen passen? Wer wird das entscheiden? Einige bürgerliche Eltern verlassen die Schule im Brennpunkt, weil sie sich für ihre Kinder eine vermeintlich »anregungsreichere Umgebung« wünschen. Der »Umgang« mit den »Schmuddelkindern« ist für viele »Begünstigte« bedrohlich. Einige wünschen sich innerhalb des schulischen Unterrichtes mehr Trennung in Gruppen, in denen »Begabte« und »Bildungsnahe« miteinander lernen und die anderen von diesen »anregungsarmen« Gruppen ausgeschlossen sind. Für die »Schwachen« sollten dann gesonderte »Förderangebote« in anderen Räumen eingesetzt werden.

Wie viel ist davon nötig? Wie groß sollten Fördergruppen sein? Sind sie sinnvoll? Wenn wir Teilgruppen bilden, kostet dies besonders viele Lehrerstunden. Könnten wir die Stunden der Pädagog*innen nicht besser als flexible Doppelbesetzung in den Unterricht der gesamten Gruppe einbringen? Mit den Doppelbesetzungen stärken wir eher das solidarische Prinzip der Klassengemeinschaft. Inwiefern schaden wir mit äußeren Leistungsgruppen den »Schwächsten«? Brauchen wir mehr Neigungsgruppen, die auch das Profil der Schule attraktiv machen?

Aus den Wünschen der »abiturnahen Familien« bezüglich der Zusammenstellung von Gruppen lassen sich ganze Gesamtschul-Konzepte entwerfen, die der »äußeren Fachleistungsdifferenzierung« gerecht werden. Auf diese anderen Schulen werden Eltern und Lehrer*innen verweisen, die eine inklusive Arbeit »in Kooperation am Gemeinsamen Gegenstand« (Feuser, 2013a) in der Klasse nicht wünschen.

Kurz: Immer wieder ist zu fragen, was eine Schule im Brennpunkt eigentlich kann und will? Wo liegen ihre wirklichen Stärken, auf die sie aufbauen kann? Begünstigte Eltern fragen: Warum soll mein Sohn gezwungen sein, immer mit dem Schwachen zusammen zu lernen? Wird ihm damit nicht eine Lernchance genommen, weil die Lernumgebung »anregungsarm« ist (siehe Kapitel 8)? Muss er darunter leiden, dass die Schule solidarisch mit anderen Kindern ist? Wozu soll der »Lernbehinderte« über viele Jahre immer im Vergleich mit anderen, schneller lernenden Schüler*innen gemeinsam unterrichtet werden? Besteht da nicht die Gefahr, dass er sich ständig damit konfrontieren muss, dass er all das nicht schafft, was die anderen können?

Hospitation in einer reformorientierten Schule

Unsere Versuchsschule hat den Auftrag, zu erproben, wie wir die soziale Ungleichheit aufheben können, in einer »Schule für alle von Jahrgang 1 bis 10« ohne den Bruch nach Jahrgang 4. Die alltäglichen Erfahrungen zeigen aber, dass dieser Auftrag konträr zu den üblichen Regularien steht. In der Praxis müssen wir teils schmerzhafte Kompromisse in Kauf nehmen, obwohl wir die Freiheiten eines Schulversuches haben. Reformpädagogische Schulen mit bürgerlicher Elternschaft haben ähnliche Probleme.

Wir beschreiben eine imaginäre Hospitation in einer solchen, *überwiegend von Schüler*innen aus der Mittelschicht* besuchten, reformorientierten Gesamtschule, die wir als Pädagog*innen im Geiste besuchen (aber so nie irgendwo gesehen haben). Es dient der Schärfung des eigenen Standpunktes im Brennpunkt.

Wir sehen als Beobachter*innen zunächst Schüler*innen, Lehrer*innen und viel Betrieb in den Fluren und in einigen Räumen. Einige Jugendliche könnten aus Armutsverhältnissen stammen. Wir lassen sie in unserer Fantasiereise aus »einfachen Verhältnissen« kommen. Die Schule arbeitet ab Jahrgang 5 bis zum Abitur. Normalerweise sind Gesamtschulen so aufgebaut, dass es ab Jahrgang 6 beziehungsweise 7 bereits einzelne Kurse gibt.

Ein Schüler denkt und erklärt dazu

Diese Kurse betreffen bei einigen Fächern die Wahlpflichtbereiche: zum Beispiel ich kann als Schüler entscheiden, ob ich ab Jahrgang 6 oder 7 Französisch lernen will oder ob ich dieses Wahlpflichtangebot in der Sekundarstufe nicht nutze und es eventuell erst in der Oberstufe ab Jahrgang 11 mache. Um entscheiden zu können, muss ich als Schüler einer solchen Schule beratende Mentor*innen oder Tutor*innen haben. Weil meine Eltern solche Schulsysteme gar nicht kennen, kann ich zu Hause keine Unterstützung erwarten. Höchstens meine Geschwister wissen, worauf es ankommt.

In Kursen trennen sich die Klassengemeinschaften. Noch extremer ist es für mich als Schüler, wenn ich ab Jahrgang 7 in einem Grundkurs Mathematik lerne oder in einem »Erweiterungskurs«, wo höhere Ansprüche gelten. Viele meiner Klassenkamerad*innen sind in unterschiedlichen Kursen, meine zwei besten Freunde besuchen in Englisch denselben Kurs wie ich, in Mathe aber andere. Der Zusammenhalt als Klassengemeinschaft wie in der Grundschule existiert nicht mehr. Die Gespräche in der gesamten Klasse oder mit der Klassenlehrerin fehlen mir.

Wir werden eingeladen, zu einer ersten »Unterrichtsstunde« mit einem 8. Jahrgang zu kommen. Ein Lehrer bittet in seinen Raum. Die dort sitzenden Jugendlichen wirken nett und erwartungsvoll – freundlicher Gruß. Es ist das Klassenzimmer des Lehrers, in dem er immer arbeitet – die Schüler*innen sind hier nur zu Gast. Sie haben keinen eigenen Raum, der ihnen gehört. Das erfahren wir, als er sich bei uns vorstellt.

In der ersten Stunde haben die Schüler*innen Fachunterricht. Sie bekommen Input. Aber es sind nicht alle hier im Raum. Einige lernen in einer parallellaufenden Gruppe bei einer sonderpädagogischen Lehrkraft. Hier geht es um Lernen in äußerer Differenzierung. Aber lernen sie am gleichen Themenfeld? Wir schauen kurz in diese Gruppe hinein und stellen fest, dass dieses nicht so ist: Die »Förderschüler*innen« machen etwas anderes. Sie vertiefen Grundlagen. Sie nehmen nicht teil am Kurs.

Andere Schüler*innen sind in einem weiteren Raum. Die hier versammelten sind Schüler*innen des »Erweiterungskurses«. Sie stammen aus verschiedenen Klassen. In einem weiteren parallelen Grundkurs lernen die »schwächeren Schüler*innen«. Wir sehen eine gut strukturierte Frontalstunde. Und wir fragen uns, weshalb hier der unsichere Schüler von der schnell lernenden Schülerin getrennt wird. Jeder und jede scheint hier an seinem eigenen Lernprogramm zu basteln. Das eigene Fortkommen steht im Vordergrund. Lernstoff, der für die Prüfungen nötig ist, wird »gebüffelt«. Was lernen sie hier alle? Gibt es ein Ziel neben dem, die Prüfung zu schaffen? Was würden die Kolleg*innen hier sagen, wenn wir jetzt mit Kaisers »Katastrophenkompetenz« von 2007 oder Rasfelds und Breidenbachs »Schulen im Aufbruch« von 2019 kommen würden?

In der nun folgenden zweiten Stunde gehen alle zu verschiedenen frei zu wählenden Angeboten – eine Zeit der freien Auswahl.

Ein Schüler erklärt vor diesem Hintergrund

Es ist frei, wohin ich gehe. Mir gefällt es, mit meinem Freund zusammen zu lernen. Wir gehen immer zusammen in diese freien Arbeitsstunden. Hier sind wir frei und haben keine Pflicht, aufzupassen, wenn einer an der Tafel etwas erklärt. Hier kann ich mir bei einem Lehrer oder älteren Schüler erklären lassen, was ich noch nicht verstanden habe. Ich brauche Hilfe in Mathematik – das hatte ich auch mit meinem Mathelehrer abgesprochen. In meinem Logbuch steht, dass ich in der freien Lernzeit unbedingt in Mathe die bestimmten Aufgaben lernen soll, die ich bisher noch nicht kann.

Hier spottet keiner über mich, hier bin ich sicher, dass mir jemand helfen kann, ohne dass ich mich blamiere. Außerdem ist dies nicht mein Mathelehrer, der mich sonst immer recht böse anschaut, weil ich es immer noch nicht begriffen habe.

Ein Lernparadies, denken wir spontan als Besucher*in. Aber ist es wirklich ein »Treibhaus der Zukunft«?

Ein anderer Schüler aus Armutsverhältnissen mit Migrationsvorgeschichte spricht skeptisch über dieses Lernangebot

Ist dieses freie Auswählen für mich als schwacher Schüler am besten? Ich weiß ja oft noch nicht so genau, woran es liegt, dass ich nicht so gut rechnen kann und vieles nicht verstehe. Das hatte ich in der Schule immer schon. Schon bei der Schulanmeldung konnte ich nicht bis zehn zählen. Und da war ich sechs Jahre alt. Meine Eltern können wenig Deutsch und mussten immer arbeiten. Sie hatten also nie Zeit und konnten das alles nicht so, wie wir es in der Schule machten. Keiner hat mir weitergeholfen – ich musste selbst aufschnappen, wie die Zahlen hießen und wie sie aussahen. Meine Kumpels haben geholfen. Schule hatte ich mir anders vorgestellt: strenger, sodass alle dasselbe lernen und zuhören müssen, aber eigentlich hatte ich gehofft, dass mir eine Lehrerin alles genau erklärt und Zeit dafür hat. Ich habe also gar nicht gewusst, wie ich lernen soll. Die anderen konnten schon viel mehr. Aber sie waren trotzdem nett und haben mit mir Fußball gespielt. Ich war irgendwie Außenseiter von Anfang an. Jetzt hoffe ich nur, dass mich der eine Lehrer gut genug einschätzen kann und mich nicht blamiert, weil ich oft die einfachen Aufgaben auch noch nicht kann.

Die andere Perspektive als Besucher*in der Schule sieht so aus: Wir sind fasziniert von der großen Freiheit der Schüler*innen. Erstaunlich viele gehen verantwortlich damit um. Einige nutzen es aus. Aber die werden dann engmaschig geführt, wie uns ein Kollege sagt. Sie bekommen vorgegebene Aufgaben ohne eigene Entscheidungsmöglichkeiten. Konsequent. Wir sehen viele fleißig arbeiten und auch viele, die unterstützt werden. Ältere und jüngere Schüler*innen lernen hier zusammen in ganz freien Lernpartnerschaften. Lehrer*innen sind hier »Lerncoaches« und bieten ihre Dienste an – geradezu locker und gelöst und ohne große Spannungen. Ist das eine passende Herangehensweise auch bei benachteiligten Schüler*innen? Was steckt dahinter? Was lernen die Kinder? Welche Inhalte sollten sie unbedingt aufnehmen und sich erarbeiten?

Ein solches Lernprinzip, wie hier beschrieben, könnte zum Beispiel von der amerikanischen Reformpädagogin Helen Parkhurst (1886–1973) stammen. Um 1904 war sie Lehrerin in einer einklassigen Landschule. Dort lernten vierzig Kinder im Alter von vier bis 14 Jahren zusammen – eine Situation, die viele Lehrer*innen zu kreativen Lösungen führt. Insofern ist es für uns wichtig, welche pädagogischen Lösungen für solche großen und stark heterogenen Gruppen die Kolleg*innen damals fanden. Frontalunterricht war sowieso undenkbar. Parkhurst entwickelte im Laufe von vielen Jahren ein System, das ihr half, die Kinder zum selbstständigen Lernen zu bringen. Sie gab den Kindern Aufgabenpläne, zum Beispiel für eine Woche. Die Kinder hatten große Freiheiten, ihre Aufgaben auf ihre Weise in bestimmten Zeiten zu erledigen. Sie schuf »Laboratorien« oder *subject rooms*, also extra Räume, in denen die Schüler*innen sich mit ihren Lernpartner*innen oder Freund*innen zusammen an diese Aufgaben begeben konnten. Die Lehrer*innen traten zurück und fungierten als Berater*innen und Organisator*innen (Scheibe, 1999, S. 308ff.). Die Pädagogik von Montessori, das individuelle Arbeiten, war Leitlinie für ihre berühmt gewordene Schule im Bezirk Dalton.

Helen Parkhurst formulierte 1925 ihre Grundsätze:
1. Freiheit der Schüler*innen,
2. Kooperation der Schüler*innen und
3. kontrollierte Arbeitsplanung.

Die Kooperation bezog sich auf die Lernenden untereinander. Hier wurde also die Beziehung der Schüler*innen, die sich mögen und unterstützen, genutzt – eine für uns sehr wichtige Erkenntnis für die Kooperation der Kinder untereinander in einer Brennpunktschule. Was können wir zum Beispiel aus dieser reformpädagogischen Dalton-Konzeption heute für eine Brennpunktschule übernehmen? Wie sah in der imaginären Gesamtschule der Zusammenhalt in einer Klassengemeinschaft aus? Am Ende der Schulhospitation sind wir sehr nachdenklich geworden. Im folgenden Abschnitt beschreiben wir unsere Gedanken und ziehen Konsequenzen.

9.3 Die Klassengemeinschaft als Halt für die Kinder und Zentrum der Arbeit

Eine Klassengemeinschaft als Basis allen Arbeitens in einer Brennpunktschule scheint uns notwendig zu sein. Wir finden eine große Gruppe von Kindern unterschiedlichsten Alters hilfreich, die sich immer regelmäßig versammelt und ihre Ergebnisse der Arbeit bespricht. Die Kinder der Gruppe reden über ihre Probleme, die nicht nur dort in den Räumen entstehen. Die Klassengruppe wird zu einer Gemeinschaft, die sich im Laufe von Jahren durch das Lösen von Konflikten und das Bewältigen von Aufgaben findet. In dieser Gemeinschaft werden Neue wie Geschwisterkinder integriert, wenn sie hinzukommen. Die altersgemischte Gruppe fungiert als »Keimzelle der Gesellschaft« (Fritz Karsen, 1885–1952) (Keim & Schwerdt, 2013, S. 725ff.) – eine Klassengemeinschaft, die auch Freinet im gleichen Zeitraum in Frankreich führte und die er als »Kollektiv« definierte, als eine Gruppe von Schüler*innen, die nun mal dort wohnte, wo die Schule war und die sich zusammenfand, eine Gruppe, die mitbestimmte, was sie machen und welche Dinge sie lernen wollte.

Freinet und sein Lernkollektiv brauchten einen Klassenrat, in dem das Zusammenleben und -lernen und die dabei entstehende Kultur jede Woche wieder neu zum Thema gemacht wurden. Immer wieder kochten Konflikte zwischen den Kindern hoch. Der Streit um jedes Ding konnte nicht zufällig nebenbei gelöst werden. Vielmehr konnten die Kinder Schritt für Schritt im Klassenrat lernen, wie sie ihre Auseinandersetzungen ohne Gewalt lösen. Werte des friedlichen und solidarischen Miteinander entstanden nur in der konkreten Auseinandersetzung um die ständig auftretenden Streitpunkte.

Das *strukturelle* Gegenteil dieser Art von solidarischer Klassengemeinschaft ist heute in allen Schulen zu finden, die ihre Mitglieder nur unter bestimmten Bedingungen in ihrer Gemeinschaft dulden: nämlich, wenn sie bestimmte Mindestleistungen erbringen. Wer auf einem Gymnasium die im Lehrplan festgelegten Lernziele nicht erreicht, verlässt seine Klassengemeinschaft. Die Schule lässt ihn oder sie fallen, er oder sie gehört nicht mehr dazu, selbst wenn jene zuvor herzlich empfangen wurden und als Mitglieder der Klasse viele Freund*innen gefunden hatten. Dasselbe Phänomen findet man in fast allen anderen Schulformen: Eine unsolidarische Gemeinschaft spaltet ihre Gruppe und lässt ihre »schwachen« Mitglieder fallen. Das Schulsystem hat dafür sogar einen verräterischen Begriff: Die Schüler*innen der Jahrgang 5 und 6 gehören in vielen Schulformen zur »Erprobungsstufe«.

Aus Sicht eines Schülers wird dies folgendermaßen erlebbar

In dieser Stufe bin ich als Schüler nicht sicher und kann mich nicht auf das Versprechen verlassen, dass man hier alles tun würde, um mich zu fördern. Leider muss ich dann erfahren, dass ich »nicht genüge«, dass meine Leistungen also als »ungenügend« oder »mangelhaft« bezeichnet werden. Dies geschieht mit der Konsequenz, dass ich die

Gemeinschaft verlasse. Ich muss als Schüler in einer solchen Schule fürchten, dass die Erwachsenen ihr Versprechen nicht halten, mich zu stärken – ist es dann eine unechte Gemeinschaft? Also eine *fake school*?

Meine Klassengemeinschaft ist also gespalten in eine Gruppe der Sieger und eine Gruppe der Loser, die eben »hier nicht hingehören!« Welch ein Hohn für die, die sich gefreut haben, mit ihren Freunden zusammen für lange Zeit zusammen in dieselbe Schulklasse zu gehen! Nun müssen sie sie verlassen. Die Freunde würden sie solidarisch stützen, füreinander einstehen, ihnen Hilfe anbieten – es nützt alles nichts, der Loser muss gehen.

Ebenso entwickelt sich die Schulform Grundschule zu einer selektierenden Institution: Hier wird den Kindern früh beigebracht, welche Kinder aufgrund ihrer Leistungen zusammenbleiben dürfen.

Eine Jugendliche denkt im Rückblick

Als Kind erfahre ich, dass ich von meinen Freundinnen getrennt werde, ohne dass ich verstehen kann, wieso. Ich deute es mir als Kind, indem ich mir irgendeinen Grund erklären lasse, der mich beruhigt. Vielleicht ist es ja besser für meine Freundinnen, die nicht so schnell lernen, dass sie nicht mehr mit mir zusammen lernen, weil sie dann unter Stress gerieten? Oder ich deute es mir, indem ich mir sage, dass meine Freundinnen eben zu »dumm« sind beim Lernen. Ich habe eben Glück und bin klüger. Aber warum soll ich dann von ihnen weg? Ich könnte ja zu ihnen stehen, so wie bisher, und ihnen mit meiner freundschaftlichen Unterstützung zeigen, dass sie genauso viel wert sind wie ich. Wieso – so fragten sich ganz viele Kinder bei uns in der Grundschule – dürfen wir nicht zusammenbleiben? Die Schüler*innen fragen sich: Warum lernen wir als Kinder, dass es für uns besser wäre, wenn wir voneinander getrennt sind. Wer spaltet uns hier und wieso? Wo doch genau darin eigentlich unsere Stärke besteht!

Mindestens zehn Jahre zusammen zur Schule zu gehen – dieses solidarische System wünschen sich viele Kinder, aber auch deren Lehrpersonen.

Der Kerngedanke dieses Lösungsansatzes von den pädagogischen Pionieren wie *Parkhurst* oder *Freinet* war immer auch die Solidarität der

Gruppe, die Klassengemeinschaft als Bezugspunkt. Sie hatte eine eigene solidarische Lernkultur und tradierte diese an die kommenden Neuen weiter. War es also jemals vorgesehen, dass Kursgruppen gebildet wurden, die letztlich die Klassengemeinschaft überflüssig machten? War das Lernen des einzelnen Kindes oder Jugendlichen ursprünglich überhaupt frei von der großen Gruppe gedacht?

Zurück zu unserer Hospitation in einer Gesamtschule: Stehen heute die solidarischen Werte der Gruppe noch so hoch im Kurs wie früher in den Gründungszeiten? Zählt das Individuum mehr? Wollen viele bürgerliche Familien heute vor allem die Vorbereitung auf die Karriere ihrer Kinder? Welche Ziele und Inhalte stehen dann im Vordergrund? Finden wir solidarische Konzepte der Klassengemeinschaft in der Praxis der meisten Montessori- oder »Dalton-Schulen« heute? Oder sind sie inzwischen nicht mehr die Schulen der armen Bevölkerung, sondern dienen der Karriere-Vernetzung ihrer begünstigten Klientel?

Benachteiligte »Brennpunkt-Kinder« neigen durch ihre ähnliche Lebenslage eher dazu, zusammenzuhalten. Sie drücken eine *natürliche solidarische Haltung aus*. Sie freuen sich zum Beispiel über Lernerfolge anderer und natürlich auch über eigene. Sie wollen nicht, dass es zu große Unterschiede gibt, damit sie nicht »einer gegen den anderen ausgespielt« werden (Wünsche, 1979, S. 27) und man sie schließlich voneinander trennt. In diesem Zusammenhalt gegen die Vereinzelung liegt ihre Stärke – im Gegensatz zu etlichen Kindern aus konkurrenzorientierten Milieus, die sich häufig gerade an das Lernen unter Vergleich und Konkurrenz von Beginn an gewöhnen mussten. Nicht selten leiden diese »begünstigten« Kinder auch wie die Kinder aus Armutsverhältnissen unter dem Leistungsdruck, sehen aber wenig Auswege aus der Vereinzelung. Sie können gerade in der Gruppe zusammen mit den benachteiligten Kindern viel lernen. Oft wird vergessen, dass in diesem Punkt die »Brennpunkt-Kinder« durch ihren Zusammenhalt ein großes soziales Kapital mitbringen. Unsere Erfahrungen zeigen: Sie können dies nutzen und werden im Lernbereich gestärkt, weil sie sich über die Gemeinschaft stabilisieren können.

Die Schule kann mit diesen enormen sozialen Ressourcen arbeiten. Um dies effektiv nutzbar machen zu können, sind wir als Schule gefragt. Diese Kinder brauchen ganz besonders: Begleitung und Solidarität, Zugehörigkeit, Achtung und Verlässlichkeit (Stähling, 2006): verlässliche Gruppen, verlässliche Lehrer*innen, die täglich zusammenkommen und sich gemeinsam ihren Aufgaben und der Erarbeitung ihres »ganz eigenen kulturellen Erbes« widmen – eines Erbes, das in Gemeinschaft und Solidarität, und nicht im individuellen Ellenbogen, die Lösung für die Probleme sieht.

Jedes Kind hat ein juristisch einklagbares Recht auf Teilhabe wie die Behindertenrechtskonvention es für Menschen mit Behinderungen definiert, um das Unrecht der Aussonderung zu beenden. Dabei setzt diese Konvention der UN offensichtlich voraus, dass nicht nur Kinder mit Behinderungen, sondern auch Kinder aus benachteiligten Lebenslagen ebenso Vorkehrungen in Schulen vorfinden müssen, die ihnen ermöglichen, dass sie an allen Themenfeldern, Lerngegenständen und Projekten teilnehmen können. Gemeint ist hier nicht die Teilnahme am Einzelunterricht außerhalb der Klasse oder in ausgesonderten Gruppen, gemeint ist die *Klassengemeinschaft aller*. Wenn Kinder sich ausgegrenzt fühlen, sie sich gegenüber anderen benachteiligt sehen, weil sie zum Beispiel nicht so schnell laufen, nicht so gut Fußball spielen können, dann ist dies das Thema der gesamten Gruppe. Im Klassenrat wachsen mit der Zeit die wichtigsten Werte des Zusammenlebens: Gewaltlosigkeit, Anerkennung der Unterschiedlichkeit, Wertschätzung jedes anderen, Unantastbarkeit der Würde, Solidarität mit anderen. Der Zusammenhalt ist ein sehr starkes Grundbedürfnis der Kinder, das die Schule akzeptieren und lebendig halten muss. Angesichts der Behindertenrechtskonvention erscheint dies in einem anderen Licht: als Grundrecht *jeden* Kindes. Georg Feuser legt seit Langem zurecht den Finger in eine offene Wunde: Es gibt eine Gruppe von jungen und alten Menschen mit Behinderungen, die immer noch in Sondereinrichtungen weggesperrt wird, die als so schwer beeinträchtigt angesehen werden (oft verstärkt und stabilisiert die Separierung ihre multiplen Beeinträchtigungen noch zusätzlich), dass sie als »nicht-integrationsfähig« gelten. Erst wenn wir anfangen, diese Gruppe teilhaben lassen, sie zumindest immer mitdenken, erst dann könnten wir irgendwann von »Inklusion« sprechen.

Zugleich braucht jedes Kind in verworrenen Lebenssituationen oder Notlagen und auch in der Zeit der Schulschließung wegen Corona (siehe Kapitel 3) eine Lernbegleitung durch Halt gebende Erwachsene, sich dem Problem eines Kindes solidarisch annehmen und es in seiner speziellen Lebenslage gut genug kennen. Diese Begleitung muss eingebettet sein in eine Gemeinschaft, dann kann sie auch im Einzelkontakt fortgeführt werden – zur Not auch über SMS, Telefon und andere soziale Medien. Die Gemeinschaft der altersgemischten Klasse oder »Stammgruppe«, der das Kind zugehört, ist gleichzeitig eine verlässliche Begleitung, die Schutz bietet. Vereinzelung ist in solch einem *Caring*-Konzept (siehe auch Prengel, 2013, 2020) dann ausgeschlossen, wenn sich die Stammgruppe regelmäßig um das Wohl aller kümmert. Auch in den damaligen altersgemischten Landschulen bei Helen Parkhurst, Célestin Freinet oder anderen entstand ein solches »Caring-Curriculum«, eine »ethische Pädagogik« (Prengel, 2020) in den Lerngemeinschaften. Das Lernen war gemeinschaftlich, die Zusammenarbeit dieser Kinder war wegen ihrer Herkunft sowieso solidarisch und daher *selbstverständlich*. Und das *Zusammenleben selbst* war der »Gemeinsame Lerngegenstand« (Feuser).

Georg Feuser (2013) spricht davon, dass das »Zusammenwirken von Menschen unterschiedlicher Entwicklungsniveaus […]« dazu führe, dass »Erlebnisweisen und Erkenntnisse« (definiert als der Gemeinsame Gegenstand) gewonnen werden (S. 285). Dieser Gemeinsame Gegenstand ist einbezogen in die Lösung von *Schlüsselproblemen* (Klafki), die in der Gesellschaft bestehen. Damit sind die hier genannten »Erlebnisweisen und Erkenntnisse« nicht isoliert zu sehen, sondern zum Beispiel in der Schulklasse ein Teil des Gemeinschaftslebens, das immer wieder neue Fragen aufwirft.

Aus dem Leben der Klassengemeinschaft heraus entstehen die Probleme, die zu lösen sind, und sie werden zu Themen. Hier kann man anknüpfen an die Lösungsversuche auch der erfahreneren Schüler*innen, der »Alten«. Wie lösen die älteren Schüler*innen solche Problemlagen? Welche fachlichen Kenntnisse und Fähigkeiten, welche Methoden werden zur Klärung von Fragen benutzt? So können wir in der Klasse Mathematik als hilfreiches, kulturelles Werkzeug und Mittel erfahren, um Diagramme und Statistiken der Corona-Pandemie zu verstehen. Die Ergebnisse sind zu diskutieren, um daraus etwas zu erkennen und Schlussfolgerungen zu gewinnen. Über viele Jahre tradiert eine Klassengemeinschaft die einmal erarbeiteten Werte. Symbolisch weitergegeben werden diese Werte im Alltag, indem die älteren Schüler*innen den neu dazukommenden die bestehenden Regeln erklären und ihnen als Pat*innen eine Sicherheit in der fremden Umgebung bieten. Altersgemischte Klassen garantieren in der Regel, dass gemeinsame Werte über Jahre lebendig blieben. Dies wissen viele reformpädagogische Schulen aus jahrelangen Erfahrungen. Bei uns schalteten sich die »Schülerpolizist*innen« auf dem Schulhof ein, wenn Kinder nicht mitspielen durften oder ausgeschlossen waren. Sie halfen dann, den Kummer zu klären. Nichts war egal – wenn es nicht sofort geklärt werden konnte –, schrieb es jemand in das Klassenratsbuch. Einmal wöchentlich war Klassenrat, dann konnten alle sicher sein, dass dieses Problem angegangen wurde.

Das kulturelle Erbe einer Solidargemeinschaft wird weitergegeben, um sich zum Beispiel in dieser »deutschen«, »historisch entstandenen« Gesellschaft zurechtzufinden – immer in einem kritischen Verhältnis zur Vergangenheit, um aus ihr lernen zu können. Immerhin gibt uns das Grundgesetz den Auftrag, für Gerechtigkeit, Frieden und Freiheit einzutreten und Widerstand zu leisten, wenn diese Werte »mit Füßen getreten« werden. Eine Solidargemeinschaft entsteht nicht ohne diese kulturelle Grundbildung. Und sie ist historisch und kritisch, orientiert an den Menschenrechten und an dem Ziel, einer gerechten Welt. Sind Klassengemeinschaft und Klassenrat letztendlich Wundermittel gegen fast alle Probleme? Sicher nicht. Aber es sind wichtige Strukturen, die Solidarität und Gemeinschaftssinn fördern.

Was davon ist geblieben, wenn wir in einer Schule ab dem Jahrgang 5 (welch eine künstliche Gliederung!) bestimmte Schüler*innen zusammenfassen und sie schrittweise weg von ihrer Klassengemeinschaft zu einem System führen, das sie in erste Linie nach Leistungen in Kursen trennt? Oft hört man von Kolleg*innen der »weiterführenden« Systeme, dass in Jahrgang 5 zunächst »alle« auf einen Stand gebracht werden müssen und dass das entsprechend viel Zeit koste. Sie müssten vieles wiederholen, weil die Schüler*innen in Jahrgang 5 aus zahlreichen, höchst unterschiedlichen Grundschulen stammten. Das hört sich nicht nur aus Sicht der Kinder nach einem verschwendeten Lernjahr an. Anschließend, etwas später, werden in einigen Gesamtschulen Freundinnen zum Beispiel getrennt, weil ein Mädchen in den Grundkurs kommt, das andere in den E-Kurs. Das gegliederte Schulsystem definiert die Jahrgänge 5 und 6 in einigen Ländern zielsicher als eine »Erprobungsstufe«; dort sollen das Kind und die Eltern feststellen können, ob sie auf der »richtigen Schulform« sind. Hier wird gefragt, ob das Kind in der gewählten Schulform »über- oder unterfordert« sei. Kommen dort die benachteiligten Kinder zu ihrem Recht? Können wir in solch einer Struktur das kulturelle Erbe einer Solidargemeinschaft weitergeben? Inwiefern sind »sortierende« Systeme passend und in der Lage, Kindern und Jugendlichen aus Armutsverhältnissen den Weg zum Lernen zu bahnen? Sind Schüler*innen mit Lebenskrisen hier verloren? Wo gehören sie hin? Wer kümmert sich verlässlich um sie? Wer begleitet sie, wenn sie schwere Schicksalsschläge verarbeiten müssen? Wer gibt ihnen Raum und Zeit für die eigenen Zweifel und Ängste?

9.4 Unsolidarische versus solidarische Schule

Wie soll eine Schule organisiert sein, die sich der Aufgabe stellt, »die Nachteile derjenigen zu kompensieren, die in ihrem familialen Milieu keine Anregung zur kulturellen Praxis finden« (Bourdieu, 2018a [1966], S. 34)? Wie soll die systematische und allgemeine *Akkulturation* in Angriff genommen werden, die Bourdieu fordert? Wie können wir allen Schüler*innen das kulturelle Erbe vermitteln, das in begünstigten Familien bereits zu Hause übertragen wird?

Es gibt dafür vielfältige Antworten im Schulsystem. In der folgenden Tabelle werden einige der derzeitigen Lösungsansätze grob und pointiert voneinander abgesetzt – wohlwissend, dass in der Praxis vieler Schulen möglicherweise alle denkbaren Ansätze zu finden sind und erprobt werden, soll hier dennoch eine Abgrenzung erfolgen, um eine Zukunftsperspektive besser erkennen zu können. Auf die Frage, was das deutsche Schulwesen den Schüler*innen, die in sozialen Brennpunkten leben, in ihren Schulen bietet und bieten will, haben wir in den vorherigen Kapiteln ausführlich geantwortet. In der ganzen Bandbreite zwischen Aussonderung und Integration gibt es Konzepte im deutschen Schulwesen für die »Schweigende Mehrzahl« (Wünsche, 1979). Viele Tendenzen in deutschen Schulen sind offenbar nach dem Stand der Forschung in der Regel nicht geeignet für die benachteiligten Kinder und werden ihnen nicht gerecht. Die im Vergleich zu anderen Ländern extreme Abhängigkeit des Schulerfolgs von der Herkunft spricht für sich. Die solidarische Stärke der Kinder aus Armutsverhältnissen mit einer »Pädagogik der Unterdrückten« oder einer »Pädagogik der Befreiung« nach Freire zu entdecken und zu nutzen möchten wir hier in den Mittelpunkt stellen, wenn wir die vorhandenen Ansätze wegen der Übersichtlichkeit vereinfachend einordnen.

In der Tabelle wird in der rechten Spalte eine solche Perspektive als inklusive und solidarische Schule beschrieben. In den linken Spalten dagegen sind die Tendenzen in der Schulpraxis stichwortartig aufgelistet, die dazu führen können, dass die andauernde soziale Ungleichheit bestehen bleibt: Einzelne Kinder werden erst gar nicht aufgenommen oder später fallen gelassen, sie müssen die Schule und ihre Klassengemeinschaft verlassen, sie werden entmutigt, sie werden beschämt, ihre Würde wird verletzt und letztlich geschwächt. Diese hier zu beschreibende Schulpraxis und die dazugehörigen Haltungen und Wertvorstellungen nennen wir »unsolidarisch«. Sie ist nicht geeignet für benachteiligte Schüler*innen. Diese zu überwindenden Strukturen und Haltungen kann man selbst noch in Schulen entdecken, die sich in ihrer Grundidee dem Gegenteil verpflichtet fühlen (zum Beispiel einige Gesamtschulen). Das Alte ist im Neuen noch vorhanden. Dieser Widerspruch muss nicht überraschen. Er entspricht den dialektischen Prozessen von Veränderung. So kann etwa der Klassenrat als regelmäßige Besprechung mit der Klassengemeinschaft zur Basis für solidarische Haltungen werden. Wenn jedoch er zum Zwecke einer »moralischen Standpauke« von einigen Lehrkräften missbraucht wird, wird diese Struktur in ihrer Wirkung »unsolidarisch« genutzt.

Nicht selten werden auch »unsolidarische« Schulstrukturen (wie Sonderschulen und Gymnasien) finanziell besser ausgestattet als integrative Systeme. Sondersysteme sind pro Kind viel teurer. Dies wird teilweise der Bevölkerung als »Solidaritätsmaßnahme der Gesellschaft für die Schwachen« angepriesen, obwohl es sich hier um eine Aussonderung aus der Gemeinschaft und eine Isolation der Betroffenen handelt (Jantzen, 2017, S. 270ff.). So machen manche Sonderschulen den Eltern und Kindern attraktive Angebote, die den Eltern und Kindern der Regelschulen nicht zur Verfügung gestellt werden. Das macht aussondernde, »unsolidarische Systeme« für Eltern attraktiv. Unsere pointierte Gegenüberstellung fragt hier danach, wie die Schule für die benachteiligten Kinder aus pädagogischer Sicht sein müsste und welche unsolidarischen Praktiken, Strukturen, Konzepte und Theorien schädlich wirken.

Die »unsolidarischen Tendenzen« werden in der Gegenüberstellung kontrastiert und hervorgehoben, um die Perspektive für die alltäglichen Praxisentscheidungen klarer sehen zu können. Dass im Alltag ständig schmerzhafte Kompromisse nötig sind, weil das gesamte unsolidarische, selektierende und segregierende Schulsystem (wie zum Beispiel Zensuren) bei jeder einzelnen Entscheidung »durchschlagen« kann, kennen alle Praktiker*innen, das heißt, dass in jeder Schule, auch einer Modell-Schule, die für benachteiligte Schüler*innen nicht geeigneten »unsolidarischen Tendenzen« noch immer vorhanden sein können. Die Tabelle will dabei helfen, die einzelnen Entscheidungen im praktischen Alltag auf ihren Nutzen und ihre Zielsetzung abzuklopfen.

Tabelle 3: Pointierter Vergleich von pädagogischen Ansätzen im Hinblick auf benachteiligte Schüler*innen, nicht gut geeignete unsolidarische Tendenzen versus solidarische Perspektiven

	Unsolidarisches in der Schulpraxis, nicht geeignet für benachteiligte Schüler*innen: Praktiken, Strukturen, Konzepte, Theorien	Solidarische Zukunftsperspektiven für benachteiligte Schüler*innen: die inklusive solidarische Schule
Für welche Schüler*innen macht sich die Schule stark?	Schule tritt überwiegend ein für begünstigte Schüler*innen der gegenwärtigen Gesellschaft, weniger für benachteiligte. Schule begünstigt in jeder Schulform die Begünstigten, deren Kennzeichen sind: einkommensstark; aus der Mittel- oder Oberschicht stammend; Eltern abiturnah; hohes ökonomisches und kulturelles Kapital; *zusätzlich* begünstigend wirken: deutsche Herkunftssprache, nicht-behindert.	Schule tritt ohne Ausnahme ein für alle benachteiligten Schüler*innen der gegenwärtigen Gesellschaft. Kennzeichen sind: *natürliche solidarische Haltung*, in verschiedener Weise am Lernen gehindert, geringes ökonomisches und kulturelles Kapital (Bourdieu), *zusätzlich* benachteiligend wirken: nicht-deutsche Herkunftssprache, Migrationsvorgeschichte, Behinderung (und diese Schule ist zugleich offen für begünstigte Schüler*innen)
Bildungstheorien: Welche Bildung strebt die Schule an?	*Materiale* Theorie: *Ausgehend von der Sache:* Welche Inhalte sind gegenwärtig und zukünftig wichtig? — *Formale* Theorie: *Ausgehend vom Schüler* und dessen subjektiven und objektiven Bedürfnissen: Welches Verhalten, welche *Handlungsformen* sind gegenwärtig und zukünftig wichtig?	*Kategoriale* Theorie (Klafki): Dialektik: formal und material: Welche *Sache* und welche *Handlungsformen* sind gegenwärtig und zukünftig wichtig? Triade: Sache – Subjekt – Gemeinschaft. Die Schüler*innen erschließen sich die Welt und eignen sich aktiv handelnd und *in der Klassengemeinschaft in Kooperation am Gemeinsamen Gegenstand* (Feuser) an. Welche elementaren Prinzipien und fundamentalen Erfahrungen können sich Schüler*innen an welchen *Beispielen* erschließen?
Wo liegen die Schwerpunkte der didaktischen Arbeit der Schule?	Individuelle Entwicklung des Einzelnen mit Vorbereitung auf individuelle Karriere-Planung. Bildungskanon und Lehrpläne erfüllen: kulturelles Erbe weitergeben	Interesse der Schüler*innen. Sorgende Grundhaltung: *Caring*-Curriculum; jedem und jeder gerecht werden in einer gesellschaftlich entstandenen Ungleichheit; Kompensation der Nachteile; individuelle Entwicklung in der Gemeinschaft; kulturelles Erbe aneignen

	Unsolidarisches in der Schulpraxis, nicht geeignet für benachteiligte Schüler*innen: Praktiken, Strukturen, Konzepte, Theorien	Solidarische Zukunftsperspektiven für benachteiligte Schüler*innen: die inklusive solidarische Schule
Politische Hintergrund-Theorie, Werte	Pädagogik des Konservatismus Werte: Stabilisierung der bestehenden Ordnungen, Anpassung, Einstufung nach Leistung und Verhalten, Abgrenzung der »höheren Bildung« von der »niedrigeren«, Konkurrenz Zu sehen in bestehenden Schulen des gegliederten Bildungssystemsmit »Abschulung« von »Schwachen«	Pädagogik der Solidarität durch die Klassengemeinschaft Werte: Menschenrechte, Dekolonialisierung, Anerkennung jedes Kindes, Gewaltlosigkeit, Inklusion, Mehrperspektivität, Caring Zu sehen in bestimmten *inklusiven Schulen* mit altersgemischten Klassen, mit Klassenrat aus der Freinet-Pädagogik, logische Konsequenzen auf Regelverstöße, Gemeinsamer Gegenstand (Feuser)
Schulstruktur	Gegliedertes, »durchlässiges« System oder: Schule der »guten Mischung«, zum Beispiel Gesamtschule mit Aufnahme-Quoten: 15 Prozent Hauptschüler*innen, 25 Prozent Realschüler*innen, 60 Prozent Gymnasiast*innen, 5 Prozent Schüler*innen mit sonderpädagogischem Bedarf *Schüler*innen würden geschwächt durch:* Trennung nach Jahrgang 4, Trennung nach Leistungsfähigkeiten Grundschule, Haupt- Realschule und Gymnasium, gymnasiale Oberstufe, Sonderschulen	Inklusive Schule für alle, ohne Ausnahme, altersgemischte Klassen Gesamtschule von Jahrgang 1 bis 10 (13), um Brüche zu vermeiden. Gesamtschule überwiegend ohne äußeres Leistungsdifferenzierungs-System

	Unsolidarisches in der Schulpraxis, nicht geeignet für benachteiligte Schüler*innen: Praktiken, Strukturen, Konzepte, Theorien		Solidarische Zukunftsperspektiven für benachteiligte Schüler*innen: die inklusive solidarische Schule
Vorrangige Unterrichtsorganisation	Fachunterricht bei Fachlehrer*innen, Kurse nach Leistung und Neigung, extra Fördergruppen, DaZ, LRS-Gruppen und so weiter	Fachunterricht, Kurse nach Leistung und Neigung, selbstständiges Lernen, fächerübergreifender Projektunterricht und freie Arbeitsformen, Arbeit in Jahrgangsklassen. Für »Auffällige«: Sondergruppen in »Trainingsräumen«, DaZ, sonderpädagogische Extragruppen *Schüler*innen würden geschwächt durch:* Arbeit in Sondergruppen, Arbeit mit viel Fachunterricht, mit vielen Fachlehrer*innen, Arbeit in Jahrgangsklassen	Arbeiten vorwiegend in sehr heterogenen, altersgemischten Klassengemeinschaften, Primat der Klassenlehrer*innen, wenig Fachlehrer*innen, Bereitschaft zum »fachfremden Unterrichten« ohne Vernachlässigung der Qualität, klasseneigenes, multiprofessionelles Pädagogenteam, fächerübergreifender, vernetzter Projektunterricht und freie Arbeitsformen, regelmäßiger Sitzkreis zur Klärung klasseneigener Pläne und Konflikte, Klassenrat, Kooperation am Gemeinsamen Gegenstand, Lernen an exemplarischen Themen, an Schlüsselproblemen, Gespräche im Lernklassenrat (Reflexion)
Tagesablauf beispielhaft	Fachunterricht während des gesamten Schultages freiwillig Mittagspause (auch außerschulisch)	Fachunterricht häufig mit Fachleistungsdifferenzierung im Sekundarbereich freies Arbeiten (zum Beispiel Dalton-Zeit: freies Arbeiten nach Wahl der Schüler*innen in Laboratorien kooperativ und alleine mit Lehrer*innen und Schüler*innen in allen Lernbereichen) Fachunterricht oder Projekte *Schüler*innen würden geschwächt durch:* Fachunterrichtsstundenpläne äußere Fachleistungsdifferenzierung keine Zeit für Klassenrat und Gespräche über Befindlichkeit und Probleme	Freies Ankommen und Beratung für die individuelle Lebenslage Entscheidungsfindung zur Arbeit (Fokus) Freie Arbeit (Themengebundene Arbeitszeit, jeder auf seinem Lernniveau in Mathe, Deutsch, Englisch, kooperativ, ohne Fächerunterricht) Lernklassenrat (Reflexion) Projekte zu Schlüsselproblemen fachlicher Input und wenn Fachunterricht, dann nur in innerer Differenzierung

	Unsolidarisches in der Schulpraxis, nicht geeignet für benachteiligte Schüler*innen: Praktiken, Strukturen, Konzepte, Theorien		Solidarische Zukunftsperspektiven für benachteiligte Schüler*innen: die inklusive solidarische Schule
Wie und wo lernen Schüler mit besonderen Bedarfen?	in Sonderschule, oder Abschulung, zum Beispiel nach »Orientierungsstufe«	Langsam Lernende bekommen während des Unterrichts parallel Lernangebote von Sonderpädagog*innen. In der freien Arbeitszeit sind sie bei Lehrer*innen, die für sie Vertrauenspersonen darstellen. *Schüler*innen würden geschwächt durch:* Aussonderung, Bruch nach Jahrgang 4, Verteilung in verschiedene Schulen.	Alle langsam Lernenden sind grundsätzlich immer Teil der altersgemischten Klassengemeinschaft, weil jeder etwas beitragen kann. Thema wird zum Gemeinsamen Gegenstand und für jede*n wird ein passender Zugang geschaffen. Entwicklungslogische Didaktik (Feuser) Sie sind nur selten in separaten Räumen. Kompensatorisches und expansives Lernen
Klassengemeinschaft	Klassengemeinschaft im Fachunterricht	Klassengemeinschaft ist nur in einigen Stunden zusammen und lernt in diesen Stunden im Fachunterricht mit Fachlehrer*innen. In freien Lernzeiten (zum Beispiel »Dalton-Zeiten«) suchen sich die Schüler*innen Lerninhalte, Raum und Lernpartner*in selbst aus. Sie werden von ihren Lehrer*innen in den Fächern beraten. *Schüler*innen würden geschwächt durch:* Fachlehrer- statt Klassenlehrerprinzip, Überforderung durch Selbstorganisation, Jahrgangsklassen	Zugehörigkeit Die altersgemischte Klassengemeinschaft lernt meist ganztägig zusammen. Für wenige Stunden in Wahl- und Neigungsfächern beziehungsweise zur Arbeit in Teilprojekten trennen sich die Schüler*innen und kommen zu neuen Gruppen zusammen.

	Unsolidarisches in der Schulpraxis, nicht geeignet für benachteiligte Schüler*innen: Praktiken, Strukturen, Konzepte, Theorien		Solidarische Zukunftsperspektiven für benachteiligte Schüler*innen: die inklusive solidarische Schule
Räume	Räume sind Klassen- oder Fachräume. Lehrer*innen kommen in die Räume.	Räume sind Klassen- oder Fachräume. Alternativ im Beispiel Dalton: Räume sind Räume der Lehrer*innen. Die Schüler*innen sind zu Gast in dem Raum des Lehrers, der Lehrerin, im Fachunterricht und zum Beispiel in der freien Lernzeit. *Schüler*innen würden geschwächt durch:* häufigen Wechsel hin zu Fachräumen keine Verantwortung für den eigenen Klassenraum	Zwei Klassenräume gehören jeder Klassengemeinschaft. Sie sind gemeinsame Räume der Schüler*innen und des klasseneigenen Pädagogen-Teams und nur für sie und ihre Arbeit da. Fachräume unter anderem wegen des Gesundheitsschutzes für Spezialfächer wie Chemie, Physik, Technik, Hauswirtschaft und Sport Außerschulische Lernorte sind sehr bedeutsam und zeitlich umfangreich: zum Beispiel Wald, Garten, Umgebung, Betriebe.
Kooperation	wenig kooperatives Lernen vorgesehen, stattdessen: dozieren, defensives Lernen	Schüler*innen kooperieren untereinander und selbstständig in den Lernzeiten. Schüler suchen sich selbst Lernhelfer*innen und Input-Geber*innen (Beispiel Dalton). *Schüler*innen würden geschwächt durch:* dozierenden Unterricht defensives Lernen	solidarische Kooperation von Freund*innen expansives Lernen in altersgemischten Stammgruppen In der gesamten Klasse oder in Teilgruppen kooperieren Schüler*innen am Gemeinsamen Lerngegenstand. Jedes Kind findet seinen eigenen subjektiven und handelnden Zugang in der Kooperation. Zur Vertiefung und Wiederholung eines Inhalts finden sich Kinder zusammen und lernen auch in Kleingruppen. In Freien-Forscher-Zeiten oder Zeiten der Herausforderungen entdecken alle ihre Grenzen allein oder in kleinen Gruppen.

	Unsolidarisches in der Schulpraxis, nicht geeignet für benachteiligte Schüler*innen: Praktiken, Strukturen, Konzepte, Theorien		Solidarische Zukunftsperspektiven für benachteiligte Schüler*innen: die inklusive solidarische Schule
Rolle der Lehrer*innen **Lehrer*in-Schüler*in-Beziehung**	Lehrer*in als Fachlehrer*in Im Fach stehen sie in Beziehung zu den Schüler*innen. Probleme werden ausgelagert an Klassenlehrer*in, die*der für »Klassengeschäfte« kaum eine Stunde pro Woche hat.	Fachunterricht beziehungsweise Lerncoach in seinem eigenen Laboratorium Die L-S-Beziehung ist locker und freiwillig. Lehrer*innen übergeben den Schüler*innen die Verantwortung für ihr Lernen und beraten sie dabei. Fachlehrer*innen als Mentor*innen und Berater*innen für das Lernen allgemein *Schüler*innen würden geschwächt durch:* Fachlehrersysteme ohne nachhaltigen Beziehungsaufbau nicht-abgesprochene und nicht-verzahnte »Fördermaßnahmen«	Jede Klasse hat ein klasseneigenes Pädagogenteam. Lehrer*innen sind lernende Mitglieder der Klasse und des Teams. Pädagog*innen der Klasse bieten Verlässlichkeit zur Vertiefung und Begleitung für schwere Lebenslagen. Klassenlehrer*in ist Teamleiter*in zugleich und Ansprechpartner*in und Berater*in für Eltern und Schüler*innen. Klassenlehrer*in muss effiziente Klassenführung beherrschen. Die Aneignung des kulturellen Erbes geschieht durch gemeinsames Arbeiten an Schlüsselproblemen. Die Lehrer*innen kennen ihre Schüler*innen persönlich gut. Sie führen sie fachlich, in ihren eigenen Fächern und fachfremd in einigen anderen Bereichen, sind dort überall verantwortlich. Beratung sehr notwendig für die Berufsorientierung. Die L-S-Beziehung gelingt über die fachliche Seite und den gemeinsamen Gegenstand.
Freiheit bei der Arbeit	Arbeit nach *Lehrplan* der Schule im Fachunterricht	In der freien Lernzeit arbeitet jeder an seinem eigenen Lernbereich. Es gibt zum Beispiel einen vorgegebenen individuell abgesprochenen *Arbeitsplan*, der in einer Zeit von etwa ein bis zwei Monaten zu bearbeiten ist. Wöchentliche Kontrollen und Rückmeldungen durch Lehrer*in *Schüler*innen würden geschwächt durch:* Zeitdruck durch unpassende Arbeitspläne, Konkurrenz zu Mitschüler*innen	In der freien Arbeitszeit wird der *Lerngegenstand mit allen zusammen* bearbeitet. Frei ist, dass jedes Kind in seinem entwicklungslogisch passenden Tempo arbeiten kann und jede Form der Unterstützung durch Freund*innen, Lernpartner*innen oder Erwachsene findet. Verantwortlich ist das gesamte Team.

	Unsolidarisches in der Schulpraxis, nicht geeignet für benachteiligte Schüler*innen: Praktiken, Strukturen, Konzepte, Theorien	Solidarische Zukunftsperspektiven für benachteiligte Schüler*innen: die inklusive solidarische Schule
Oberstufe Sekundarstufe II	Gymnasiale Ausrichtung mit dem Ziel der »Studierfähigkeit« Ziel: Abitur	Kurse nach Neigung und Nachfrage der Schüler*innen und Angebot der Schule. Ziel: Abitur	Oberstufe für alle mit allen Schüler*innen aller Niveaustufen, Berufs- und Studienorientierung, gleichzeitig Zukunftspläne für jede*n Schüler*in Altersmischung Ziel: individuell höchstmöglicher Abschluss inklusive beruflicher Orientierung, gleichwertige Anerkennung der Abschlüsse
Auswirkungen durch juristische Vorgaben des bestehenden nicht-inklusiven Systems	*Aussonderung* der »Schlusslichter« Leistungsprinzip ohne Rücksicht Erklärung für »Minderleistung« über die Begabungs-Theorien und biologische Behinderungsvor- stellungen. Wechsel der Abschlussziele schwierig	*Aussonderung* der »Schlusslichter«. Leistungsprinzip ohne Rücksicht *Klassengemeinschaft reduziert* Fachlehrer*innen, die nur ihr Fach sehen, sind keine guten Gesamtmentor*innen. Schüler*innen stark auf Beratung angewiesen	Grenze durch Ausbildung von Lehrer*innen für Schulform und Fächer Grenze des fachfremden Unterrichtens Grenze der Schüler*in-Wahl-*Freiheit* im Fach zeitliche Grenze: Fachlehrer*in hat mehr Absprachen mit dem klasseneigenen Team als mit der »Fachschaft«. Grenze der Beratungszeit der Pädagog*innen: Gefahr einer Illusion, höhere Abschlüsse zu erlangen Umgang mit Enttäuschungen Abhängigkeiten des Schülers, der Schülerin, und der Fachleh- rer*innen vom Team und der Klasse sind größer als in anderen Formen.

Ziel ist es, solidarische Kräfte zu ermutigen, sich zusammen an die pädagogischen Aufgaben zu begeben, um die gesellschaftlich entstandene Ungleichheit möglichst wenig in der Schule fortzusetzen – vielmehr soll diese Ungleichheit mithilfe der Schule zumindest teilweise aufgehoben oder kompensiert werden. Die inklusive Schule mit altersgemischten Klassen, in denen die Werte der Solidarität, der gewaltlosen Konfliktbewältigung und Anerkennung aller gelebt werden, ist die Zukunftsperspektive.

Unsere Schulen sind Konkurrenzbetriebe (auch durch Auslobung von Schulpreisen) – sie scheinen etwas zu verkaufen, und die Käufer*innen sind die Eltern. Der Erfolg eines Kindes geschieht oftmals auf Kosten eines anderen, das zuvor ausgesondert wurde.

Können wir inklusive, solidarische Schulen schaffen, die für alle Kinder und Eltern attraktiv sind? Erzwingen wird man sie nicht können, solange begünstigte Familien sich dagegen sträuben, ihre Kinder mit den »Schmuddelkindern« zusammen zur Schule zu geben. Darauf zu warten, bis die »Schule für alle« eine Pflichtschule ohne Alternative wird, ist eine Illusion – selbst bei der vierjährigen Grundschule weichen etliche begünstigte Familien auf die Konfessionsschule oder die Privatschule aus.

Die inklusive und solidarische »Schule für alle« ist eine Angebotsschule. Wenn wir sie entwickeln, sollten wir nicht in erster Linie darauf Rücksicht nehmen, ob begünstigte Familien für ihren Nachwuchs auch diese »Schule für alle« wählen – auch wenn wir die Erfahrung haben, dass gerade die Kinder der begünstigten Familien in einer solidarischen Schule Bedeutenderes für ihr zukünftiges Leben lernen als in einer traditionellen unsolidarischen und nicht-inklusiven Schule. Es geht uns darum, eine im Sinne von Paulo Freire befreiende, solidarische Schule für *benachteiligte* Kinder und Jugendliche zu entwerfen, zu erproben und auch anderen anzubieten, die sie unterstützen wollen. Und Célestin Freinet resümiert: »Unsere Techniken leisten sofort das Beste in den Klassen, wo der Begriff der Paukarbeit zugunsten einer Persönlichkeits- und kulturellen Bildung abgeschafft worden ist« (1981, S. 96).

All das sind nie Worthülsen gewesen, sondern dies alles basierte auf der Erfahrung, dass die Kinder begeistert mit ihren Freund*innen zusammen in die Schule gehen und dort an ihren Themen und Interessen arbeiten wollen. Pestalozzi (1953 [1799a]) sagt über seine Arbeit mit den verwaisten und verwahrlosten Kindern: »Ich habe meinen Kindern unendlich wenig erklärt« (S. 200). Und: »Ich habe eine innere Kraft bei den Kindern aufwachsen sehen, deren Allgemeinheit meine Erwartungen weit übertraf und deren Äußerungen mich oft so sehr in Erstaunen setzten als rührten« (ebd., S. 202).

Teil III
Reflexionen

10 Zum Versuch eines bildungspolitischen Systemwandels im Zusammenhang mit der Entwicklung der »Integration« (heute: »Inklusion«) in Bremen zu Beginn der 1980er Jahre[1]

Georg Feuser[2] im Gespräch mit Reinhard Stähling und Barbara Wenders

Reinhard Stähling (R. S.) & Barbara Wenders (B. W.): Die damals mit dem Begriff der »Integration« bezeichneten Entwicklungen führten mit Beginn der 1980er Jahre, nachdem Mitte der 1970er Jahre in Kindergärten der Friedenau und mit der Fläming-Grundschule in Berlin die ersten Versuche gestartet hatten, Kinder mit und ohne Behinderungen gemeinsam zu unterrichten, in Bremen zu einer in der Öffentlichkeit sogenannten »vollen« oder »totalen« Integration in den Kindergärten, die später nahtlos in einem Schulversuch fortgesetzt wurde. Es galt, die in der Regel mit dem Eintritt in den Kindergarten verbundene institutionelle Selektion und Segregation behinderter und nicht-behinderter Kinder außer Kraft zu setzen. Bezogen auf diese Entwicklungen entstehen Fragen.

In unserer PRIMUS-Schule in Münster haben wir ständig Kämpfe gegen Widerstände aller Art geführt, um die Schule durchzusetzen – und nun auch noch, um sie fortzuführen. So hast Du sicher zu Beginn dieser Entwicklungen nicht gewusst, wie weitreichend sie sein und welche Beachtung sie weit über Bremen hinaus finden würden.

---

1 Die Schriftfassung der Transkription des Interviews wird in Fußnoten mit für das Verständnis der Aussagen hilfreichen Hinweisen und einigen Literaturangaben vonseiten Georg Feusers ergänzt. Die im Text zu findenden Quellenangaben sind separat vom Gesamtquellenverzeichnis des Bandes am Ende des Interviews angeführt.

2 Anlass zu diesem Gespräch war mein Besuch der von Reinhard Stähling geleiteten PRIMUS-Schule in Münster am 20. Mai 2019. Im Hintergrund stand und steht die Sorge, dass dieser Schulversuch aus politischen Gründen vorzeitig auslaufen könnte, ehe hinreichend zu evaluierende Durchgänge dieses Unterrichtsmodells der Schulstufen 1 bis 10 vorliegen. Die damit verbundenen Sorgen der Schüler*innen, der Eltern, des Kollegiums und der Leitung der Schule führten zu Fragen an mich hinsichtlich der Erfahrungen mit dem Aufbau der »Integration« (heute: »Inklusion«) in der Freien und Hansestadt Bremen.

431

Georg Feuser (G. F.): Wenn ich aus heutiger Perspektive auf diese Entwicklungen zurückschaue, vor allem auf ihre von Anfang an bestehenden Begründungen und die Theoriebildung (bis heute im deutschsprachigen Raum wohl die naturphilosophisch und humanwissenschaftlich grundlegendste), die sich im Rahmen ihrer praktischen Umsetzung umfassend bestätigt haben und in keinem Punkt grundsätzlich zu revidieren gewesen waren, und sehe, was im Laufe der Zeit daraus geworden ist und was davon heute noch besteht, stehen mir die Tränen in den Augen. Würde ich aber Ende der 1970er gefragt worden sein, ob es möglich sein würde, binnen eineinhalb Jahrzehnten so weit zu kommen, wie es in Bremen möglich geworden war, würde ich das als »undenkbar« bezeichnet und auf einen viele Jahrzehnte langen Zeitraum verwiesen haben, der dafür in Anspruch zu nehmen ist. Ich hätte davon also nicht einmal zu träumen gewagt. Bremen wird im Ländervergleich noch heute eine in Sachen Inklusion als fortschrittlich bewertete Position zugesprochen, was ohne die vorausgegangene Geschichte, die ich aufgrund der Denomination meines Auftrags in Forschung und Lehre von 1978, nämlich die Integration der als geistig behindert und tiefgreifend entwicklungsgestört geltenden Kinder zu realisieren, was ich auch mit größter persönlicher Überzeugung als treibende Kraft getan habe, vermutlich nicht der Fall wäre. Vor dem Hintergrund dieser Geschichte kann ich den gegenwärtigen Stand der Integration beziehungsweise Inklusion in Bremen nicht als wirklich weiterentwickelt ansehen. In seinen grundlegenden Dimensionen ist er hinter den Stand der 1980er Jahre zurückgefallen, befriedet damit aber den Mainstream dessen, was heute in Deutschland unter »Inklusion« verstanden, praktiziert, politisch gerade so zugelassen und – für mich erschreckend – auch in akademischen Feldern für gut befunden wird. Selbst die gegenwärtig Regierungsverantwortung tragende rot-rot-grüne Koalition hat den Status des gegliederten Systems einschließlich der Sonderschule festgeschrieben – und das auf Jahre.

In dieser frühen Zeit der Integrationsentwicklung, die, ich benenne es einmal so, in der Bundesrepublik Deutschland überwiegend von einigen wenigen aufgeklärten Sonder- und Regelpädagog*innen auf den Weg gebracht wurde, ist sie auch überwiegend aus der Sicht der Integration von Kindern mit Behinderungen in das Regelschulwesen gedacht worden. Noch heute ist Inklusion kein zentrales oder gar generelles Anliegen des Regelschulwesens beziehungsweise der

Pädagogik schlechthin – dies nicht einmal in Kreisen der Deutschen Gesellschaft für Erziehungswissenschaft (DGfE). Die Heil- und Sonderpädagogik klammert sich geradezu an die Gruppe jener Kinder, in Bezug auf die behauptet wird, dass ihnen Integration beziehungsweise Inklusion nicht zumutbar sei und sie auch nicht so zu realisieren wäre, dass die Einlösung ihres »sonderpädagogischen Förderungsbedarfs« gewährleistet werden kann. Damit möchte sie die Existenzberechtigung eines wenn auch geschrumpften Sonderschulsystems sichern, für das heute keine soliden wissenschaftlichen Begründungen mehr angeführt werden können. Es handelt sich, kurzgefasst, überwiegend um die Kinder und Jugendlichen mit schweren Beeinträchtigungen und mit uns vor allem sozial herausfordernden Verhaltensweisen; wir nannten sie in den 1960er Jahren auch im Kontext der Psychiatriereform die Kinder des »harten Kerns«. Von welcher Seite aus man die Problematik auch betrachtet, es wird deutlich, dass Integration und das, was man heute »Inklusion« nennt, trotz der UN-Behindertenrechtskonvention, nicht als Menschenrecht verstanden wird, sozial und kulturell aufgrund individueller Merkmale oder ihrer sozialen Herkunft wegen nicht ausgegrenzt zu werden, was ausnahmslos auch die Pädagogik zu realisieren hat und schon heute über das gesamte Bildungssystem hinweg realisiert werden könnte, gäbe es dafür einen politischen Willen. In ihrer institutionellen Ausprägung ist Pädagogik eine Herrschaftswissenschaft und -praxis und entbehrt grundlegend einer Bildungsgerechtigkeit in Solidarität mit den Bildungsanliegen ihrer Klientel.[3]

In Analyse der Gliederung und Praktiken des bestehenden institutionalisierten Erziehungs-, Bildungs- und Unterrichtssystems (EBU) war uns in Bremen von Anfang an klar, dass dieses entgegen dem Geist der Verfassung der BRD ständisch orientierte, selektierende und segregierende Bildungssystem (sEBU) auch nicht-behinderten

---

3 Die Klarstellung solcher Zusammenhänge negiert nicht, dass sich viele Lehrpersonen entgegen des strukturellen Formalismus des Erziehungs-, Bildungs- und Unterrichtssystems um einen subjektorientierten Unterricht bemühen. Man könnte sagen, dass sich das in den Bemühungen um Inklusion repräsentiert. Wir müssen aber den Strukturbedingungen klar ins Auge sehen, um nicht einem massiven Selbstbetrug zum Opfer zu fallen und unter dem Signum der Inklusion das Geschäft der Selektion und Ausgrenzung weiter zu betreiben und das für richtig zu halten.

Kindern und Jugendlichen hinsichtlich einer möglichst umfassenden Entfaltung ihrer Lern- und Entwicklungspotenziale nicht nur nicht entspricht, sondern für alle Kinder und Jugendlichen als unzumutbar einzuschätzen ist, und sie, wie wir damals unmissverständlich sagten, psychisch »verkrüppelt«[4]. Unser Verständnis von Integration bezog sich von Anfang an auf *alle* Kinder und Schüler*innen – und *alle* meint *Alle* – weshalb es von Anfang an auch klar und nicht verhandelbar gewesen war, dass ein Kind wegen Art oder Schweregrad seiner Behinderung nicht integriert worden wäre. Dies war und ist in gleicher Weise bezogen auf Kinder aus sogenannten »sozialen Brennpunkten«, aus armen und sozial benachteiligten Familien. Damals, das muss auch gesagt werden, war man in Bremen vor allem auf der Ebene der Kindertagesheime der Bremisch Evangelischen Kirche (BEK) auch Familien und Kindern aus anderen Kulturkreisen, anderer Hautfarbe, Sprache und Religion gegenüber schon sehr offen. Dass von Eltern oder gar Erzieher*innen gar von »Schmuddelkindern« gesprochen worden wäre, habe ich nicht einmal vernommen. Entsprechend war auch klar, dass es um einen Kindergarten und eine Schule für *Alle* geht, mithin um eine »Allgemeine Pädagogik«, die es didaktisch leistet, ein individuell angemessenes und gleichwohl stets gemeinsames Lernen zu ermöglichen. Das war ein erstes leitendes Moment.

Eine zweite Komponente war, dass jedes Kind, sei es nun behindert oder nicht, dort den Kindergarten besuchen und zur Schule gehen kann, wo es wohnt und sein Lebensumfeld hat. Integration kann nur im unmittelbaren sozialen Umfeld gelebt werden und sich nicht auf den Kindergarten oder die Schule begrenzen, die, das muss man sehen, künstlich organisierte Lernräume sind. Entsprechend der Lebenswirklichkeit im Wohnumfeld, welcher Art dieses auch ist (ob in Bremen Schwachhausen und Oberneuland oder im Stadtteil Tenever) müssen

---

4 Dieser Begriff reflektiert die damals wesentlich von Franz Christoph (1953–1996) in Bremen begründete und aus historischen Gründen so benannte »Krüppelbewegung«, die an die internationalen Bewegungen des Independent Living, von People First und Self-Advocacy und Empowerment anschloss und die Integrationsentwicklung kritisch begleitete (siehe dazu Christoph, 1983; Köbsell, 2011, 2018). Darüber hinaus sprechen die Statistiken über therapiebedürftige psychische Belastungen der Schüler*innen, den Konsum an Psychopharmaka oder die Ausgaben, die Eltern für Nachhilfeunterricht investieren, eine deutliche Sprache.

die Kinder im Kindergarten und in der Schule in altersgemischten Gruppen zusammentreffen können, was pädagogisch gesehen erhebliche psychosoziale Vorteile für ein gemeinsames Lernen erbringt. Damit waren wir in Bremen im Gegensatz zu Berlin und der bundesweiten Entwicklung der Integration den Prinzipien der »Regionalisierung« und der »Dezentralisierung« der für behinderte Kinder erforderlichen Materialien und personalen Ressourcen hin zu den Orten ihres Lernens verpflichtet. Damals wurden die behinderten Kinder quer durch eine Stadt oder übers Land zu einer Integrationsklasse oder -schule gefahren. Sie hatten außerhalb ihrer Kindergarten- oder Unterrichtszeit keine Kontakte mehr miteinander. Nicht anders war es zuvor, als sie zu einer zentralen Sonderschule gefahren wurden. Ihrem Wohnumfeld, den Nachbar*innen und den anderen Kindern im Viertel blieben sie weiterhin entfremdet. Dieses würde auch passieren, würde man der Ideologie der »guten Mischung« folgend – ich kann es leider nicht anders bezeichnen – wieder Kinder zu Schulstandorten außerhalb ihres Stadtteils oder Wohngebietes fahren, als gäbe es in der Gesellschaft irgendwo eine »gute Mischung« einer Hausgemeinschaft, am Arbeitsplatz, in den öffentlichen Verkehrsmitteln, in einem Zoo oder Museum oder wo auch immer.

Darüber hinaus gehörte für uns das Prinzip des »Kompetenztransfers« und der »integrierten Therapie« zu den grundlegenden Erfordernissen der Integration. Das Prinzip des Kompetenztransfers betrifft sowohl das *Co-Teaching* der Erzieher*innen beziehungsweise Lehrpersonen mit unterschiedlichen Ausbildungen (zum Beispiel Regelpädagogik und Behindertenpädagogik) als auch das *Team-Teaching* aller in einer Institution arbeitenden Fachpersonen (Pädagog*innen, Therapeut*innen und Assistent*innen[5]). Das Prinzip des

---

5 Im Laufe der Zeit wurde auch anerkannt, dass die persönlichen Assistenzen für schwer beeinträchtigte und tiefgreifend entwicklungsgestörte Kinder einer pädagogischen Grundbildung bedürfen, die über die übliche Schulung von Zivildienstleistenden weit hinausgeht. Allerdings waren bei uns die Zivildienstleistenden in Assistenzfunktion in die Weiterbildungen des Fachpersonals einbezogen. Wenn Inklusion entsprechend der UN-Behindertenrechtskonvention umgesetzt werden soll, bedarf es für alle Altersstufen und Lebensbereiche der Ausbildung qualifizierter personaler *und* advokatorischer Assistent*innen, was zum Beispiel nach einem gemeinsamen pädagogischen BA-Studium der Pädagogik als Spezifizierung auf Masterebene erfolgen könnte (zu diesem Komplex siehe Feuser, 2011b).

Kompetenztransfers erfordert, seine Expertise weiterzugeben, das heißt, voneinander zu lernen und bezogen auf Planungsprozesse das zu berücksichtigen und abzuwägen, was die Mitglieder eines solchen multiprofessionellen Feldes zu einer Sach- oder Fachfrage einzubringen vermögen. Bezogen auf die Kindertagesstätte gehören dazu auch die in einer Kirchengemeinde arbeitenden Personen (Pastor*innen, Bauherren, Versorgungspersonal, Hausmeister). Im Sinne der integrierten Therapie wurden auch therapeutische Bedarfe von Kindern, die in den großen Bereichen »Sprache« und »Bewegung« organisiert waren, im Kindergartenalltag realisiert, was eine große präventive Wirkung für alle Kinder hatte – auch das konnte im Schulversuch fortgesetzt werden.

Wir konnten von Anfang an eine klare, unseren humanwissenschaftlichen Erkenntnissen über menschliches Lernen und menschliche Persönlichkeitsentwicklung entsprechende Konzeption der pädagogischen Umsetzung der Integration einbringen, die unbenommen komplex ist und fachlich hohe Ansprüche stellt und schon damals erfüllt hat, was seit der Jahrtausendwende mit dem Begriff der Inklusion propagiert, aber kaum irgendwo realisiert wird. Ich gehe heute so weit, zu sagen, dass Inklusion keine grundlegend pädagogische Frage mehr ist, sondern im Sinne des Philosophen und Künstlers Guy Debord einem gesellschafts- und bildungspolitischen »Spektakel« ausgesetzt ist, das Organisationsstrukturen des Bildungssystems aufrechterhält beziehungsweise für die Integration respektive Inklusion Bedingungen schafft, die den Grundgedanken der Inklusion schon im Ansatz pervertieren. Man meint, dafür dann schlanke pädagogische Lösungen finden zu können, und bemerkt nicht mehr, wie man sich zum Erfüllungsgehilfen dieser Perversion macht. Um sein Gewissen zu beruhigen, zieht man dann fachlich pseudowissenschaftliche Argumentationen heran, worauf ich ja schon verwiesen habe.

Die damals üblichen Praxen, erst einmal nur leichter behinderte Kinder aufzunehmen und später, mit zunehmender Erfahrung, auch Kinder, die vor größere pädagogische Herausforderungen stellen, hat bis heute nicht dazu geführt, dass Kinder und Jugendliche des »harten Kerns« in Kindergärten und Schulen zu finden sind, die vorgeben, inklusiv zu arbeiten. Es ist für mich eine fachliche Schande und berufsethisch nicht zu verantworten, dass noch heute und trotz der UN-Behindertenrechtskonvention im gesamten deutschsprachigen

Raum eine »selektierende Inklusion« betrieben wird. Ich bezeichne das als »Inklusionismus« und beschreibe es als *die Integration der Inklusion in die Segregation*. Das ist ein pädagogisches Paradoxon, wie es das bislang in der Geschichte der Pädagogik nicht gegeben hat.

Es hat sich in Bremen bestätigt, dass die mit der Integration verbundenen pädagogisch hohen fachlichen Ansprüche kein Hemmnis waren, eine schon damals dem Begriff der Inklusion entsprechende Konzeption auf den Weg zu bringen. Wohl aber war es kein Leichtes und aufwendig, das auf allen damit zu befassenden Ebenen in aller Breite zu vermitteln – eben auch den Eltern. Verkürzt würde ich sagen, dass die solide wissenschaftliche Fundierung unserer inklusiven Konzeption und die dadurch mögliche Authentizität, sie hinsichtlich einer Verbesserung der Pädagogik für *alle* Kinder überzeugend zu vertreten, ein Schlüsselmoment gewesen war – für Eltern und die pädagogischen und therapeutischen Fachkräfte, für die BEK, den Stadtstaat und, sehr bedeutend, in der Lehre für die Studierenden an unserer Universität, ohne deren jahrelange Mitarbeit die dann mögliche Entwicklung in der aufgezeigten Qualität nicht hätte stattfinden können.[6]

R.S. & B.W.: Konntest Du auf Vorerfahrungen zurückgreifen?

G.F.: Was mit der Integration im Kindertagesheim der Dietrich-Bonhoeffer-Gemeinde in Bremen-Huchting begann, war eine logische Konsequenz der praktischen Realisierung der ihr vorangegangenen Geschichte an Schulreformen und der Erkenntnisse, die sich zu den Bestimmungsfaktoren verdichteten, die eine inklusive pädagogische Arbeit definieren. Kurz: In den 1960er Jahren ging es um die Befreiung der Behinderten aus ihrer Zwangsinklusion in sie nahezu ausschließlich verwahrende Verhältnisse in Psychiatrien und Heimen ohne pädagogische und therapeutische Angebote, um den Nachweis ihrer Lern- und Bildungsfähigkeit und um Schritte, sie nach Gründung der BRD mit dem Aufbau der Schulen für Geistigbehinderte

---

6 Zur Befassung mit diesen Zusammenhängen verweise ich auf den inzwischen mit Vorbemerkungen zur Bedeutung einer inklusiven Frühen Bildung für die psychosoziale Entwicklung der Kinder im Altersbereich drei bis sechs Jahre auf den in der digitalen Volltext-Bibliothek »Bidok« beziehungsweise auf meiner Homepage vorliegenden Bericht aus dem Jahr 1984 und 1987 (http://bidok.uibk.ac.at/library/feuser-kindertagesheim.html [05.04.2020]; auch erreichbar über: https://www.georg-feuser.com/veroeffentlichungen-in-bidok-behinderung-inklusion-dokumentation/).

(SfG) ins institutionalisierte Erziehungs-, Bildungs- und Unterrichtssystem einzugliedern und durchzusetzen, dass sie von ausgebildeten Lehrpersonen unterrichtet werden – was Hessen als erstes Bundesland realisierte. Schon während meiner Arbeit als Lehrer an der ersten SfG der BRD in Frankfurt am Main und danach mit dem Aufbau der Martin-Buber-Schule in Gießen galt es, die damals noch bestehenden Einschulungsvoraussetzungen in eine SfG abzuschaffen, die schwer beeinträchtigte Kinder mit hohem Hilfebedarf oder solche mit tiefgreifenden Entwicklungsstörungen und selbstverletzenden oder in anderer Weise herausfordernden Verhaltensweisen selbst vom Schulbesuch der SfG ausschlossen. Und schließlich – um es kurz zu machen – kämpften wir mit Etablierung des in Hessen flächendeckenden Versuchs integrierter, das dreigliedrige Schulsystem überwindender Gesamtschulen darum, dass zumindest Kinder mit Lern- und Sprachbehinderungen und Verhaltensauffälligkeiten in Gesamtschulen zu unterrichten sind und nicht mehr aus den Regelschulen ausgeschlossen werden dürfen. Dies war auch damals schon verbunden mit der Forderung, dass Kinder mit Behinderungen grundsätzlich an Grundschulen anzumelden sind.[7] Das Parallelsystem von Regelpädagogik und Heil- und Sonderpädagogik mit ihren Institutionen über alle Altersbereiche hinweg führte dazu, dass sich die sogenannte »Allgemeine Pädagogik« nicht um behinderte Kinder und Jugendliche zu kümmern brauchte und als Problemschüler*innen empfundene Kinder und Jugendliche an das Sonderschulsystem weiterreichen konnte. Kinder mit schweren und mehrfachen Beeinträchtigungen wurden unmittelbar an den Sonderschulen angemeldet und dadurch den Regelschulen erst gar nicht bekannt, sodass die Regelschulen von diesen Kindern ihres Einzugsbereiches auch keine Kenntnis hatten. So balancierten sich diese Parallelwelten quasi automatisch. Das wirkt sich bis heute dahingehend aus, dass man unter anderem meint, in der Lehrerbildung Fragen der Inklusion mit einem zum herkömmlichen Studium der Schulformen und Unterrichtsfächer parallel liegenden Modul abhandeln

---

7 Zu den biologistisch-ideologischen Auffassungen mit Blick auf den Personenkreis geistig behinderter Menschen, gegen die anzukämpfen war, siehe Feuser (2009, 2016). Das alles muss auch im Zusammenhang mit der politischen Bewegung der Außerparlamentarischen Opposition (APO) und der 1968er-Bewegung wie deren Nachwirkungen gesehen werden.

zu können.[8] Es ist bis heute in den Erziehungswissenschaften und bis hinein in die DGfE nicht verstanden worden, dass Inklusion kein Fach, keine Spezialdisziplin der Pädagogik und in der Lehrerbildung keine Spezialisierung ist, sondern in Anerkennung der Einzigartigkeit eines jeden Menschen deren ethische und universale Grundlage schlechthin.

Auch die Bewusstheit um historische Dimensionen der im Sinne der Integration als »reformpädagogisch« zu bezeichnenden Ansätze der Schulentwicklung war ein bedeutendes Moment der Entwicklung der Integration in Bremen. Vor dem Hintergrund der kurz erwähnten Vorerfahrungen waren wir bereits darin geschult, permanent gegen gesellschaftliche und politische Widerstände antreten zu müssen, einen langen Atem zu haben und uns vom Scheitern von Möglichkeiten, wie das mit dem Gesamtschulversuch in Hessen der Fall war, nicht handlungsunfähig machen zu lassen. Das alles verweist auf Themenbereiche, die in der Aus-, Fort- und Weiterbildung in Feldern der Pädagogik eine wichtige Rolle spielen sollten. Die Einstellungen, Haltungen und Überzeugungen hinsichtlich einer anerkennungsbasierten Gleichheit aller Menschen in ihren kinder- und menschenrechtlichen Dimensionen und darauf basierend die Einsicht in die Notwendigkeit der Schaffung von »Bildungsgerechtigkeit« waren Grundpfeiler der Integration und sind es heute bezüglich der Inklusion. Schon während der Zeit in Hessen lernten der Kollege Wolfgang Jantzen (1941–1920) und ich uns in Gießen kennen. Als Hochschullehrer hatten wir in Bremen die Möglichkeit, die hier nur skizzenhaft erwähnten wissenschaftlichen und gesellschaftspolitischen Zusammenhänge im Projektstudium unseren Studierenden vermitteln zu können. Weil sie ihr Wissen aus Erkenntnissen – ich sage es einmal global – über Welt und Mensch gewinnen konnten, entwickelten sie vielfältige Motive, das auch tatkräftig umzusetzen und es zu leben.

R.S. & B.W.: Was führte zum Scheitern des Gedankens der Integration bei der integrierten Gesamtschule?

G.F.: Darauf eine tragfähige Antwort zu geben, würde eine umfassende Analyse erfordern. Aber vielleicht lassen sich doch einige Momente

---

8 Für einen Überblick zu den Fragen einer angemessenen Lehrer*nnen-*Bildung* in Sachen Inklusion siehe Feuser (2013b).

erwähnen: Die Diskurse um die Gesamtschule gingen politisch, fachlich und auch seitens der Gewerkschaft (GEW) vom dreigliedrigen Schulsystem aus, obwohl das Schulsystem, denken wir die Sonderschulen mit, de facto ein viergliedriges war. Dies enthob wiederum der Notwendigkeit, sich Gedanken darüber zu machen, dass in der Gesamtschule auch als behindert klassifizierte Schüler*innen zu unterrichten sein könnten. Die »Sonderschüler*innen« waren schlicht Vergessene, um die sich – damals noch so benannt – als bundesweit größter Fachverband der »Verband Deutscher Sonderschulen (VDS)« kümmerte. Die Ausbildung der Sonderschullehrer*innen erfolgte abgetrennt von der allgemeinen Lehrerbildung, was die Separation der Systeme perfektionierte.

Vor allem die integrierte Gesamtschule kam seitens konservativer Kräfte, die sich in allen gesellschaftlichen Bereichen und Klassen mit dem Aufbau der BRD als eine hegemoniale Macht etabliert hatten, sofort in die Kritik. Das bis heute bestehende, bis dato weitgehend unangefochtene selektierende, ausgrenzende und segregierend-einschließende und entgegen der demokratischen Verfassung der BRD im Kern ständisch-hierarchisch gegliederte Schulsystem (sEBU) war der Garant der »hegemonialen Macht des Establishments«, wie wir es damals ausdrückten. Diese wurde durch die integrierte Gesamtschule und die zu schaffende, auf Gleichheit basierende Bildungsgerechtigkeit, die als leistungsabsenkende Gleichmacherei diffamiert wurde, als bedroht angesehen. Ohne dies hier weiter ausführen zu können, spiegelte sich darin die von von Friedeburg 1989 in seinem Buch *Bildungsreform in Deutschland* dargelegte Geschichte des Wiederaufbaus des deutschen Bildungssystems nach 1945 wider. Die Alliierten waren mit Bezugnahme auf das vom preußischen Autoritarismus ausgehende und über das Kaiserreich zum Hitler-Faschismus führende Bildungssystem der Auffassung, mit Gründung der BRD eine Einheitsschule und eine einheitliche Lehrerbildung zu schaffen. Dies wurde von der gesamten Phalanx der konservativen Kräfte, von Lehrer- und Philologenverbänden und unter anderem den Kirchen zu Fall gebracht. Allein der Begriff und das Gebilde der »Einheitsschule«, die in der DDR dem näherkommend mit einer polytechnischen Oberschule aufgebaut wurde, war in gleicher Weise mit »Gleichmacherei« verbunden und unter Kommunismusverdacht gestellt, was politisch sehr wirkmächtig war und die Elternschaft verunsicherte. Und man darf nicht vergessen, dass die Mehrheit der Lehrerschaft, das würde ich auch heute noch so sehen, selbst ein Teil der konservativen gesellschaftlichen Kräfte ist und dieses exkludierende und zwangsinkludierende Schulsystem mit seinen pervertierten Messsystemen von schulischen Leistungen als Grundlage der Selektionsprozesse für gut und richtig hält. Hätte sich das Schulmodell der Alliierten realisiert, wäre die integrierte Gesamtschule vermutlich durchzusetzen und die Integration beziehungsweise Inklusion mit hoher Wahrscheinlichkeit ein weitaus leichter zu realisierendes Anliegen gewesen.

Diesem allgemeinen Druck auf die integrierte Gesamtschule (IGS) gab man mit der parallelen Entwicklung der »additiven Gesamtschule« nach, die das dreigliedrige System weiterhin repräsentierte. Die Vertreter*innen der Gesamtschulidee waren kaum in der Lage, diesem ideologischen und sie diffamierenden Druck und der Verunsicherung der Elternschaft wirksame Argumente entgegenzusetzen. Auch hatte diese neue Schul- und Unterrichtsform, auf die man weder politisch noch fachlich hinreichend vorbereitet war, die Kräfte sozusagen schulintern so stark gebunden, dass die Wirksamkeit dieses Schulmodells nach außen nicht hinreichend vermittelt werden konnte. Was diese Schulform für die Kinder an sehr guten Ergebnissen erbrachte, blieb unterbelichtet. Dies traf vor allem auf die Durchlässigkeit des Systems zu, je nach Möglichkeit an komplexeren oder einfacheren Unterrichtsangeboten (auch über das Kurssystem hinaus) teilzunehmen und dadurch immer erfolgreich lernen zu können, was für die Schüler*innen sehr positive Auswirkungen auf die Selbstwahrnehmung, die Selbstwirksamkeit, das Sozialprestige und die Lernmotivation hatte. Aus der Perspektive dessen, was eine inklusive Schule zu leisten hat, ist selbst die integrierte Gesamtschule mit ihren Differenzierungsmaßnahmen in unter anderem Grundkurse, Erweiterungskurse, Wahlpflichtkurse nicht frei von einer leistungsorientierten äußeren Differenzierung, und die Schüler*innen müssen dadurch bedingt in vielfältiger Durchmischung einer stabilen sozialen Gruppe entbehren. Das kann auch ein Tutorensystem, in dem bestimmte Lehrpersonen für bestimmte Schüler*innen als Ansprechpartner*innen zur Verfügung stehen, nicht leisten und auch Konfliktlagen einzelner Schüler*innen, vor allem solche, die aus prekären Lebenslagen ihrer Familien resultieren, nicht auffangen. Letzteres wäre wiederum nur durch einen konsequenten Projektunterricht zu gewährleisten, der altersgemischte Stammgruppen zur Ausgangslage hat – auch dann, wenn zum Beispiel eine ganze Schulgemeinde an einem großen gemeinsamen Projekt arbeitet. Die Notwendigkeit und Bedeutung authentischer und verlässlicher Beziehungen für die Persönlichkeitsentwicklung, die temporär auch einmal in Qualitäten einer Bindung einzugehen sind, wird in der Pädagogik in einer katastrophal vernachlässigenden Weise schlicht unter den Teppich gekehrt und existiert in der Lehrer*innen-Bildung allenfalls marginal. Ich vertrete nicht die Auffassung, dass Schule alle gesellschaftlich verursachten Probleme zu lösen habe. Viele sind nur politisch und nicht mittels Bildung und Erziehung zu lösen. Aber eine institutionalisierte Pädagogik, die sich unserem sEBU folgend nahezu vollständig in Wissensvermittlung und Leistungskontrollen erschöpft, verliert ihre humane Dimension und sollte weder mit Begriff »Pädagogik« belegt, noch das, was sie tut, als »Bildung« bezeichnet werden. Aber das führt uns wieder auf andere Pfade.

Als eine integrale Einheit gesehen, führten die positiven Ergebnisse der integrierten Gesamtschulen weit über das klassische System hinaus, und das auch in Anbetracht dessen, dass Schüler*innen, die im gegliederten System große Probleme hatten, in die Gesamtschulen abwanderten, was dort die pädagogischen Anforderungen zunehmend erhöhte. Zu einer dem entsprechenden strukturellen Schul- und Unterrichtsreform kam es aber nicht. Da man die zumindest gleiche Leistungsfähigkeit der Gesamtschule wie die des gegliederten Systems sichtbar machen wollte, fielen die Unterrichtspraxen schnell auf Arbeitsweisen zurück, die eine für die Gesamtschule nicht vorgebildete Lehrerschaft aus ihren Vorerfahrungen aus dem gegliederten System mitbrachte. Damit kam es zu einem Scheitern der Gesamtschule auch von innen heraus, und selbst die Integration der behinderten Kinder jenseits des »harten Kerns« wurde als nicht leistbar angesehen.

Das alles hat sehr große Ähnlichkeit mit der Entwicklung der Integration und Inklusion. Meine Auffassung ist ohnehin, dass die Inklusion sich heute aus sich heraus weit mehr selbst zerstört, als dass sie von außen zerstört wird. Die Lehrer*innen-Bildung liegt bezüglich der Erfordernisse der Inklusion mit einem überwiegend falschen Bewusstsein darüber, was diese an Transformationsprozessen des EBU und vor allem an didaktischen Konsequenzen erfordert, weit zurück. Fort- und Weiterbildungsangebote, die verpflichtend sein müssten, werden nicht breit genug angeboten und dürften ihrerseits die erforderlichen Qualitätsstandards nicht hinreichend einlösen. Ein weiterhin kontraproduktiver Umstand ist, dass noch heute in Sachen Inklusion Lehrende und Dozierende selbst keine diesbezügliche Praxis haben oder haben konnten, weil ihre Karriere im segregierenden System verlief und/oder sie noch keine Minute mit einem schwerst beeinträchtigten oder durch seine Verhaltensweisen sehr herausfordernden Menschen verbracht haben. Das ist keine Schande. Schließt man aber diese Personen aus den Inklusionsdiskursen, aus den Kindergärten und Schulen aus, weil man selbst nichts davon versteht, dann ist das ein Verbrechen. Das erfordert heute, wie damals, als wir ohne Ressourcen diese Menschen nach langen Jahren ihrer Hospitalisierung oft schwer traumatisiert aus den Heimen und Anstalten herausholten, *mit ihnen und von ihnen zu lernen* – und zwar dadurch, dass man mit ihnen arbeitet –, in ihren Familien, im öffentlichen Raum, in den Kindergärten und Schulen. Ich bin fest davon überzeugt, dass Inklusion erst dann wirklich beginnt, wenn man diese noch immer geächteten und gemiedenen Personenkreise nicht nur in die Kindergärten und Schulen, sondern auch in die Hochschulen und Universitäten aufnimmt. Das heißt auch, gemeinsam mit Menschen mit Beeinträchtigungen in den Bereichen Lernen, geistige, emotionale und soziale Entwicklung in Projekten zu studieren und sie zum Beispiel auf Tätigkeiten in pädagogischen Feldern vorzubereiten, in denen sie dann mit den Lehrpersonen, mit denen sie zuvor studiert haben, wieder zusammenarbeiten können. Ohne solche Maßnahmen wird sich die Ausgrenzung des sogenannten »harten Kerns« fortschreiben.

Zu ergänzen wäre noch, dass parallel zur Gesamtschulentwicklung auch Forderungen nach der Einrichtung von Ganztagsschulen wieder verstärkt vorgetragen und mit ähnlich abwegigen Argumenten abgewehrt wurden, so zum Beispiel, dass die Ganztagsschule Kinder ihren Eltern entfremdet oder das Erziehungsrecht der Eltern die »elterliche Gewalt« (dieser Begriff ist ja sehr interessant!) einschränken würde – Argumente, die noch heute gegen die Ganztagsschule angeführt werden.

Angefangen von der Befreiung der geistig- und mehrfachbehinderten beziehungsweise tiefgreifend entwicklungsgestörten Kinder und Jugendlichen aus ihrer psychiatrischen und Heimverwahrung und ihrer Integration in das (Sonder-)Schulwesen über die Versuche der Etablierung einer integrierten Gesamtschule und in diese auch Schüler*innen mit, wie es heißt, »sonderpädagogischem Förderbedarf« aufzunehmen und sie nicht mehr in Sonderschulen zu überweisen, bis hin zur Etablierung der Integration beziehungsweise Inklusion vor viereinhalb Jahrzehnten gab es immer sehr ähnliche Argumente, um diese Bemühungen abzuwerten, sie zu diffamieren und schließlich abzuwehren, so, als würde sich Geschichte wiederholen. Wir wissen, dass sich Geschichte nicht wiederholt – aber was sich über diese Zeiträume hinweg seit Gründung der BRD permanent wiederholt, ist die Verteidigung der hegemonialen Machtansprüche einer konservativen-reaktionären und sich heute zu Teilen wieder offen rassistisch-faschistoid gebärdenden Machtelite in den zentralen Bereichen von Bildung, Gesundheit, Soziales, Ökologie, Ökonomie und Politik. Die Argumente reichen bis weit ins Pädagogische hinein. In diesem Zusammenhang zu nennen wären zum Beispiel die Forderungen nach dem Erhalt der Schonräume für Behinderte, derer sie vermeintlich dringend bedürfen. Gemeint sind die Sonderinstitutionen über alle Lebensbereiche hinweg. Angenommen wird auch, dass es aus Gründen einer angemessenen Identitätsbildung und um eine Entfremdung von ihresgleichen vorzubeugen, erforderlich sei, entsprechend der diagnostizierten Behinderungskategorien homogene Lerngruppen zu bilden. Auch die Bundesbildungsministerin plädiert für die Beibehaltung leistungshomogener Lerngruppen. Wie ich schon angedeutet habe, wird der Integration beziehungsweise Inklusion vorgeworfen, dass sie mit einer permanenten Überforderung behinderter Menschen einhergehe und sie ständig der Erfahrung aussetzen, nicht mithalten zu können, sie schwer beeinträchtigte Menschen missbrauche und unethisch sei. Auch diesbezüglich könnte ich eine lange Liste an zu Teil einfach dummen, wenngleich gesellschaftlich hochwirksamen Argumenten erstellen, die ich über 50 Jahre meiner beruflichen Tätigkeit hinweg zu hören bekam – zuerst gegen die Befreiung der Kinder aus den Anstalten und Heimen, dann gegen ihre Aufnahme ins Sonderschulsystem und schließlich gegen ihre Integration ins Regelsystem, verbunden mit dessen Umbau in ein inklusives. Dass misslingende Inklusionen, die die Kinder dann wieder in Sonderklassen oder Sonderschulen oder Erwachsene vom ersten Arbeitsmarkt in die Werkstatt für Behinderte oder vom selbstständigen Wohnen mit Assistenz wieder in die Wohnheime für Behinderte zurückbringen, als Bestätigung der Vorbehalte gegen Inklusion gewertet werden, versteht sich von selbst. Auch diesbezüglich müssten die Inklusionspraxen weit verantwortungsbewusster verfahren und mit höchster Priorität an einem hohen Qualitätsstandard orientiert sein.

Die Bewusstheit über die Verläufe der Geschichte von Schul- und Unterrichtsentwicklungen mit dem Anspruch auf Humanisierung und Demokratisierung des EBU – sowohl in Bezug auf die Gesellschafts- und Bildungspolitik wie auf die Pädagogik selbst, in der man als Reformer*in steht, ist eine große Kraftquelle, die Widersprüche, die Gegnerschaften und auch die persönlichen Verunglimpfungen richtig einschätzen und ihnen standhalten zu können. Zu meinen, wenn man die Absicht hat, etwas Gutes und Richtiges für die Gesellschaft zu tun, wäre man damit willkommen und würde Unterstützung erfahren, kann nur als naiv bezeichnet werden. Ich habe mir immer gesagt: Wenn mich in meinem Tun jemand lobt, muss ich in mich gehen und mich fragen, ob ich noch das Richtige tue. Gleichwohl muss man auch wissen, dass einen viele Gegnerschaften und Erschwernisse, eine Sache durch- und umzusetzen, zu Selbstzweifeln und Versagensängsten führen, die verunsichern und schwächen. Auch deshalb sollte man Kontakte aufbauen, die eine selbstkritische und in der Sache kritische Auseinandersetzung in einem vertrauenswürdigen Rahmen ermöglichen, was – das muss ich gestehen – nicht einfach ist. Als ich damals in Gießen die Martin-Buber-Schule aufbaute und ohne Berücksichtigung der Einschulungskriterien *alle* Kinder und Jugendlichen aufnahm, auch über das schulpflichtige Alter hinaus, weil sie nie unterrichtet worden waren, forderte der damalige Bürgermeister der Stadt, mich psychiatrisch untersuchen zu lassen, weil mein Einsatz für so schwer behinderte Menschen nicht normal sei. Da muss man schon schlucken und durchatmen – aber ich ging damals aus dem Büro des Bürgermeisters mit der Aussage, dass ich noch Schulleiter sein werde, wenn er kein Bürgermeister mehr sein wird. Und so war es. Mutig zu sein, heißt nicht, dumm zu sein. Ganz im Gegenteil: Dass man gegen solche Angriffe, die zum Teil auch sehr subtil ablaufen, immun werden könnte, das gibt es nicht. Aber ein fundiertes gesellschafts- und fachanalytisches Wissen und das Teilen dessen mit anderen – das macht stark.

R.S. & B.W.: Verbleiben wir noch bei der Gesamtschule. Sie musste ja auch Ansprüchen genügen, die im klassischen System die Realschulen und Gymnasien wahrnehmen. Waren es da nicht die sogenannten »Störenfriede«, die in besonderer Weise ausgegrenzt wurden? Wie seid ihr damit umgegangen?

G.F.: Ich habe ja schon angedeutet, dass wir auch in Bezug auf damals so bezeichnete »Verhaltensgestörte« – heute sind sie der Schule für emotionale und soziale Entwicklung zugeordnet – forderten, sie in der Gesamtschule zu unterrichten. Die so kategorisierten Schüler*innen mit entsprechend zugeschriebenen Hilfs- und Förderbedarfen waren immer ein besonderer Brennpunkt in den öffentlichen und fachlichen Diskursen, und das nicht nur in Bezug auf die Schule. Auch heute gilt dies noch: Ich erinnere nur an den Begriff der Fürsorgeerziehung und die damit verknüpfte Heimunterbringung oder an den Film *Systemsprenger*, der 2019 in die Kinos kam: Der Begriff selbst ist entlarvend. Er ist eine brutale Zuschreibung und steht sowohl für die gesellschaftlich-soziale als auch für die pädagogische Hilflosigkeit, mit diesen Kindern und Jugendlichen umzugehen. Der Film stellt nicht die Frage, was das Erziehungs- und Bildungssystem ihnen gegenüber versäumt oder verursacht hat, bis sie so weit kamen, das System zu sprengen. Schon der Film *Bambule* von Ulrike Meinhof (1934–1976) aus dem Jahr 1970, dessen Aufführung verboten wurde, hätte die harten Ausgrenzungsbedingungen für den so wahrgenommenen Personenkreis belegen können.[9] Dieser wird im Grunde in mehrfacher Weise ausgegrenzt, aus den Familien, aus dem Unterricht, vom Schulbesuch, wenn sie ihn nicht schon selbst verweigern, und in der Regel auch aus der Inklusion – und eingeschlossen in Sonderschulen und Heime oder gar in Gefängnisse.

Aber zu eurer Frage: Es ist nur selten gelungen, diese Kinder und Jugendlichen in der Gesamtschule zu verankern oder dort zu halten – und wenn, dann in Abhängigkeit von Schule und Kollegium. Auch

---

9 Die Ausstrahlung des Filmes *Bambule* durch die ARD war für den 24. Mai 1970 vorgesehen – sie wurde allerdings verboten. Der Film wurde erst 1994 in den dritten Programmen der ARD gezeigt. Dass der Film *nur* aus Gründen der Beteiligung von Frau Meinhof an der Baader-Befreiung abgesetzt wurde, entspricht nicht den damals zur Fürsorge- und Heimerziehung geführten Diskursen und Aktionen der »Heimkampagne« zur Offenlegung der Zustände in den Heimen und der despotischen Behandlung der sogenannten »Fürsorgezöglinge«.

fehlte eine angemessene Schulsozialarbeit. Es gab meines Wissens diesbezüglich auch keine spezifischen, auf die integrierte Gesamtschule ausgerichteten Modelle. Vor allem der Kollege Helmut Reiser (Frankfurt am Main), hat zu diesen Fragen geforscht und gearbeitet. Es ist auch nicht gelungen, die Sonderschulen unter dem Dach der additiven Gesamtschule mit den drei klassischen Schulformen zusammenzuführen und diese »durchlässig« zu machen. Die Parallelität des Regel- und Sonderschulsystems war die einer totalen Trennung, und nur der Fluss der Schüler*innen von der Regelschule in die Sonderschulen war gegeben, die umgekehrte Richtung blieb ein sehr seltenes Ereignis, obwohl das nach außen hochgehalten wurde, als gäbe es da eine Erfolgsgeschichte. Die immer, vor allem von konservativen Kräften und auch dem VDS behauptete gesellschaftliche Integration durch Sonderbeschulung hat nie wirklich stattgefunden und blieb ein die Realität vernebelnder Mythos.

Die praxisrelevanten Fragen der Inklusion werden nur lösbar sein, indem man inklusive Lernräume organisiert, aus denen kein Kind ausgeschlossen und in die jedes Kind aufgenommen wird. Dies funktioniert im Sinne einer Bottom-up-Strategie dahingehend, bewusst von Anfang an schwer beeinträchtigte Kinder aufzunehmen, um mit ihnen lernen zu können. Das Top-down-Prinzip, zuerst nur leichter behinderte Kinder aufzunehmen und erst später schwerer beeinträchtigte, hat, soweit ich es beurteilen kann, nie zu diesem Ergebnis geführt. Dieses Verfahren ist eine gut getarnte Abwehrstrategie. Selbst wenn es auf diesem Weg zur Aufnahme schwerer beeinträchtigter Kinder kommt, werden sie zu »auch«-Kindern, sie dürfen »auch« in den Regelunterricht, der aber nicht unter Berücksichtigung ihrer aktiven Teilnahme aufgebaut ist. Sie bleiben, wie ich sage, »Beistellkinder«. Sie liegen in einer Ecke, über ihnen kreisen Mobiles zum Zweck sensorischer Stimulation, aber der Unterricht hat nichts mit ihnen und sie haben nichts mit dem Unterricht zu tun. Immerhin bekommen sie die Ansprache und Fürsorge ihrer Mitschüler*innen, was gegenüber Schwerbehindertenklassen an Sonderschulen nicht zu unterschätzen ist. In Bremen konnten wir die Erfahrung machen, dass alles, was schwer beeinträchtigte Kinder an Angeboten zur aktiven Teilhabe am Unterricht benötigten, auch nicht-behinderten Kindern ein leichteres und schnelleres Lernen ermöglicht. Was die leicht und schnell lernenden Kinder nicht an Hilfen benötigen, bremst sie nicht aus. Sie habituieren[10] diese Angebote und reagieren nicht mehr spezifisch darauf, es sei denn, dass ein Vorgang alle Kinder betrifft, wenn zum Beispiel die Einladung zu einer Gesprächsrunde, die nötig wird, rhythmisch gesungen erfolgt.

In Bremen standen wir von Anfang an vor der Aufgabe, dass uns Kinder mit geringen Kompetenzen im sozial-kommunikativen Bereich und hinsichtlich der Verarbeitung von Konflikten mangels Möglichkeiten zur Affektregulation vor dem Hintergrund nie erfahrener tragfähiger und sicherer Bindungen und damit auch mit traumatischen Belastungsstörungen vor große erzieherische Aufgaben stellten.

R.S. & B.W.: Konnten Erfahrungen mit der integrierten Gesamtschule und dem bereits entwickelten Verständnis von Integration, das den mit »Inklusion« bezeichneten Vorstellungen entspricht, in Bremen realisiert werden, und was waren dafür ausschlaggebende Momente?

G.F.: Das ist nicht mit »Ja« oder »Nein« zu beantworten. In Bremen hatten wir eine ganz andere Ausgangslage. Die Universität Bremen war eine Reformuniversität, damals von Bremen, Hessen und Nordrhein-Westfalen durch deren SPD-geführten Regierungen getragen. Als solche und auch durch die zwar sehr arbeitsaufwendige, aber mit Drittelparität hochdemokratisch abgesicherte Selbstverwaltung, war sie neuen Entwicklungen gegenüber offen, was sich eben auch in einem Projektstudium ausdrückte, und die Studierenden aktiv in die Forschung und Lehre einbezog. Das drückte sich auch in dem von uns vertretenen Wissenschaftsverständnis aus, welches wir, kurz gesagt, als Auftrag verstanden, Wissen zu schaffen, das einen Beitrag dazu zu leisten vermag, die Lebenssituation der Menschen auch unmittelbar in der Region zu verbessern. So beinhaltete die Denomination meiner Stelle erstmals in der BRD unter anderem ausdrücklich die »Integration Geistigbehinderter und tiefgreifend Entwicklungsgestörter«. Damit konnten alle Erfahrungen, die ich 1978 aus meiner Arbeit in Hessen und an der Martin-Buber-Schule mit nach Bremen brin-

---

10 »Habituation« beschreibt die Fähigkeit, auf ein Signal, sofern es sich wiederholt als subjektiv bedeutungslos erweist, nicht zu reagieren. Das heißt nicht, dass eine Extinktion vorliegt. In einem Zusammenhang, in dem sich eine Stimulation als subjektiv bedeutend erweist, kann sofort wieder entsprechend gehandelt werden.

gen konnte, auch in die Forschungs- und Lehrprozesse eingebracht werden. Das trifft auch für die damals schon weit entwickelte Konzeption der SDKHT (Substituierend Dialogisch-Kooperative Handlungs-Therapie)[11] zu. Sie ermöglicht die Arbeit mit Menschen, die als lernunfähig, bildungsunfähig, therapieresistent, austherapiert, selbst und fremdverletzend diagnostiziert worden waren, destruktive und aggressive Verhaltensweisen zeigten und oft viele Jahre hochgradig sozial isoliert waren. Sie galten nicht selten als gemeinschaftsunfähig. Durch die Möglichkeit, in den sogenannten »Fachräumen« unseres Studienganges mit diesen Menschen über alle Altersstufen hinweg ambulant und auch stationär arbeiten zu können, was zu Beginn seitens der Behindertenverbände massiv bekämpft und anfangs auch inneruniversitär verunglimpft wurde, konnte diese Konzeption weiterentwickelt werden. Damit konnten wir konkret mit im wahrsten Sinn des Wortes psychiatrisch, psychologisch und heil- und sonderpädagogisch »aufgegebenen« und schwer traumatisierten Menschen arbeiten, ihre Biografien recherchieren und studieren, sie wieder in kommunikative Kooperationsprozesse einbinden, Vertrauen schaffen, nach und nach Angstfreiheit erreichen und ihre Lebenssituation integrativ verbessern. Durch das Projektstudium waren die Studierenden in das alles eingebunden, sodass etwa Forschung, Theoriebildung und Praxis, die Pädagogik und Didaktik, therapeutische Interventionen[12] und Praxen, die Diagnostik und Gutachtenarbeit eine klientenbezogene Einheit bildeten. Noch heute, nach Jahrzehnten, bekomme ich von ehemaligen Studierenden Rückmeldungen, was ihnen das alles für ihre berufliche Tätigkeit und ihre eigene Persönlichkeitsentwicklung ermöglicht hat. Diese Studierenden waren dann, wiederum in die entsprechenden Projekte eingebettet, auch beim Aufbau der Integration hochengagiert. Dazu muss angemerkt werden, dass wir nur eine minimale Grundausstattung für diese Arbeit an der Universität

---

11 Weitergehende Informationen sind unter https://www.georg-feuser.com/die-substituierend-dialogisch-kooperative-handlung-therapie-sdkht/ (03.04.2020) zu finden.

12 Neben Fragen der Sozialisation, Pädagogik und Didaktik war auch die grundlegende Information in Sachen therapeutischer Konzeptionen ein inhaltlicher Schwerpunkt über alle fachlichen Differenzierungen hinweg. Das ist heute meines Wissens in keiner Studienkonzeption in Sachen Inklusion der Fall, wäre aber gerade für die Inklusion der Personen des »harten Kerns«, dem weitgehend sowohl verständnislos als auch hilflos gegenübergestanden wird, von besonderer Bedeutung.

hatten, keinen Etat, um laufende Kosten zu decken, und wer in die in der Regel drei Wochen dauernde stationäre Arbeit eingebunden war, brachte von zu Hause Mobiliar, Kühlschränke, Waschmaschine, Elektroherde – eben alles mit, was wir in der Universität für diese Zeit in einer täglich 24 Stunden umfassenden Arbeit benötigten.

Das alles war von vornherein auch mit Arbeiten vor Ort in Einrichtungen der Behindertenfürsorge verbunden. Bestimmte Lehrveranstaltungen waren für interessierte Eltern oder Fachpersonen offen und zeitlich so gelegt, dass deren Teilnahme möglich war. Das alles wurde auch nach außen im Sinne einer regen Öffentlichkeitsarbeit kommuniziert. Damit hatten wir (immer auch unter Einbezug der Studierenden) schon zu Beginn der Integrationsarbeit ein solides fachliches Fundament, was es erleichterte, bei Eltern, der BEK und in den Feldern der Sozial- und Bildungspolitik zu überzeugen – das wiederum ergänzt durch die Kontakte, Besuche und Erfahrungen mit dem »Normalisierungskonzept« vor allem in Dänemark und der »Demokratischen Psychiatrie« Italiens, die vor allem mit Franco Basaglia (1924–1980) verbunden ist. Gerade Franco Basaglia, Andrea Canevaro, Adriano Milani Comparetti und Otto Roser, um nur einige Namen zu nennen, dachten ihre Arbeit hinsichtlich der Auflösung von Anstalten und Heimen und der Entwicklung der Integration in der Pädagogik von durchaus ähnlichen erkenntnistheoretischen Voraussetzungen her wie wir in Bremen. Unser Studiengang »Behindertenpädagogik« für das Lehramts- und Diplomstudium war eine hochbedeutsame Drehscheibe der ganzen Entwicklungen.

Im Rahmen der vorgenannten Zusammenhänge waren wir auch im Kontakt mit den Schulen für Geistigbehinderte mit dem Ziel, sie für die Integration zu gewinnen. Es ging gerade um diese Schulen, weil – wie schon betont – nur ein Bottom-up-Vorgehen wirklich zur Entwicklung eines inklusiven Unterrichts in Regelschulen führt. Damit sind wir gescheitert, wenngleich trotz auch konfliktreicher Auseinandersetzungen mit der Schule, den Eltern, der Schulverwaltung und bildungspolitisch Verantwortlichen in Bremen, mit dem Anliegen auf Integration nicht auf eine generelle Ablehnung gestoßen. Dies führte schnell zu der Einsicht, dass wir mit Integration dort und dann beginnen müssen, wo Selektion, Ausgrenzung und Segregation der Kinder zuschlägt, nämlich spätestens mit der Aufnahme in den Kindergarten. Und das wurde zum zielführenden und nachhaltigen Weg. Ich nenne die wichtigsten Gründe schon jetzt: Die Vorstellungen über die Funktion der Kindergartenarbeit ist zum einen seitens der Eltern – ich nenne das bewusst so – noch nicht derart »stressbesetzt« hinsichtlich der zukünftigen Schullaufbahn und späteren beruflichen Etablierung ihrer Kinder, wie es die Schule vor dem Hintergrund des Erfahrungswissens der Eltern ist, die sich sehr wohl berechtigt Sorge um ein möglichst gutes und erfolgreiches Lernen ihrer Kinder machen. Dann sind zum anderen die Erzieher*innen in den Kindergärten noch weit offener für eine basale pädagogische Arbeit, als dies die Lehrpersonen mit ihrem Lehrplan- und Fächerkorsett, ihren berufsstandspezifischen Einengungen und auch bezüglich ihres Erfüllungsgeistes den »Oberen« gegenüber sind. Pierre Bourdieu (1930–2002) würde von »Staatsgeist« sprechen der unser Denken prägt, uns unmündig macht und in einen vorauseilenden Gehorsam drängt.[13] Für die Erzieher*innen, das kann ich mit Blick auf meine Erfahrungen in Bremen unumwunden sagen, stehen die Kinder an erster Stelle, ihre unmittelbare und konkrete Situation im Kindergartenalltag und ihre familiäre und soziale Lebenssituation. Das rückt selbst in der Grundschule zunehmend hinter die Planerfüllung in den Kernfächern zurück, auch wenn noch eine Art Gesamtunterricht praktiziert wird. Es kommt dann schnell dazu, dass Fächer und nicht Kinder unterrichtet werden.

Diese Erfahrungslage – und das muss ich aus heutiger Perspektive schon als ein historisch relativ einmaliges Geschehen in der BRD bewerten – traf mit einer in den 1960er Jahre sich generierenden zivilgesellschaftlichen Aufbruchsstimmung zusammen, die sich gerade in den Humanbereichen der Pädagogik, Psychologie, Soziologie und auch in Kreisen aufgeklärter Psychiatrie und Pädiatrie deutlich artikulierte. Damals bis weit in die 1990er Jahre hinein entstanden die Arbeiten, die ich noch heute für grundlegend halte, ein humanwissenschaftlich fundiertes Verständnis der Inklusion zu entwickeln, auch wenn inzwischen schon die Weisung ausgegeben wird, dass in diesen Studienbereichen selbst für Masterarbeiten nur noch auf Zeitschriften jüngeren Datums und nicht mehr auf Bücher zurückgegriffen werden soll. Da etabliert sich im Pragmatismus der Abrichtung

---

13 Pierre Bourdieu behandelt die Frage des Staatsgeistes im vierten Kapitel seiner Arbeit *Praktische Vernunft* (1998, S. 91–136).

der Studierenden, wie in den Schulen die Abrichtung der Kinder und Jugendlichen, ein effizienzgetriebenes Verwertbarkeitsdenken, das die Geschichte der Universität als Bildungsinstitution selbst negiert. Man kann das auch eine moderne Form der Bücherverbrennung nennen. Aber zurück zum eigentlichen Anliegen.

Diese sicher nicht zu überschätzende, aber doch vorhandene Offenheit zeigte sich auch in der BEK und dort ganz konkret im für die Kindertagesheime zuständigen Landesverband Evangelischer Kindertagesstätten, personifiziert durch Ilse Wehrmann als Leiterin und ihre Mitarbeiterinnen.[14] Die im Verhältnis zu anderen Landeskirchen demokratisch strukturierte BEK erkannte über ihren im eigentlichen Sinne bestehenden theologischen Auftrag hinaus auch ihre sozialpsychologische Verpflichtung vor allem Kindern gegenüber an. Damals war Bremen schon im wirtschaftlichen Niedergang mit großer Arbeitslosigkeit in manchen Stadtteilen. Armut von Familien und ihre prekäre Lebensweise und so auch die Kinderarmut mit allen ihren Folgeproblemen zeigten sich in aller Deutlichkeit. Es ist mir wichtig, hier auch anzumerken, dass unser Verständnis von Integration von Anfang an vollumfänglich alle Kinder umfasste, die aufgrund ihrer Herkunft, Lebensgeschichte und aktuellen Lebensverhältnisse in ihrem Lernen und in ihrer Entwicklung be-hindert werden, ohne das Etikett einer Behinderung zu tragen. Das war eindeutig die Mehrzahl der Kinder, die uns vor schwer zu lösende Erziehungsaufgaben stellten, die immer mit Verbesserungen der Lebenssituation ihrer Familien, deren Unterstützung und Beratung verbunden sein mussten. Das wurde auch insofern zunehmend dadurch erschwert, dass Bremen ein damals recht gut aufgestelltes System einer stadtteilbezogenen Sozialarbeit systematisch nahezu komplett abbaute.

Es kam also zur gemeinsam getragenen Idee, die Kindertagesheime der BEK in integrative umzuwandeln und in dem Maße die Sonderkindertagesstätten in regional integrativ arbeitende Regelkindertagesstätten eines Wohngebiets umzugestalten. Dies sollte in dem Maße geschehen, wie die behinderten Kinder nach und nach die regulären Kindergärten ihres Wohngebiets besuchen konnten. Das erforderte rund acht Jahre intensivste Arbeit. Die Stadtgemeinde Bremen schloss sich mit ihren Kindertagesstätten diesen Transfor-

---

14 Der Einfachheit halber spreche ich weiterhin darauf bezogen nur von »Landesverband«.

mationsprozessen sehr früh an, sodass die Integration in inklusiver Qualität im Grunde flächendeckend war. Auch der Verein der Spastikerhilfe Bremen schloss sich mit seiner Sonderkindertagestätte diesen Entwicklungen an, die der Kollege Wolfgang Jantzen begleitete.

R.S. & B.W.: In Bremen scheinen diese ersten acht Jahre ja sehr bedeutsam gewesen zu sein. Was geschah in dieser Zeit? Welche Aufgaben musstet ihr bewältigen, welche Probleme lösen?

G.F.: Das zu rekonstruieren, um die Frage hinreichend beantworten zu können, würde Bände füllen. Ich versuche, auf einige, mir heute noch als zentral erscheinende Momente bezogen zu antworten.

Als Voraussetzung, das dürfte in unserem Gespräch schon deutlich geworden sein, konnte ich eine human- und fachwissenschaftlich fundierte Konzeption einer projektorientierten, jahrgangsübergreifenden Erziehungs- und Bildungsarbeit für die Altersgruppe der Drei- bis Sechsjährigen vorlegen, die im Grunde schon alles beinhaltete, was heute die »Allgemeine Pädagogik und entwicklungslogische Didaktik«[15] umfasst, die auch Grundlage für den späteren »Schulversuch Integration (SV-INT)« war. Diese Pädagogik und Didaktik war Grundlage für sehr viele, dann vor allem mit dem Landesverband gemeinsam entwickelte Papiere, die je nach Problemzusammenhängen und Gremien spezifisch ausgearbeitet wurden. Wir konnten dadurch in alle Sitzungen sehr klare und fachlich fundierte Vorlagen, Strategien und Zielvorstellungen und damit auch uns als Personen aktiv einbringen und verdeutlichen, dass wir die anstehenden Transformationen der Institutionen verantwortungsvoll und ausgehend von deren Geschichte als kollektive Arbeit vornehmen. Dazu ist wichtig zu wissen, dass auch die Bremischen Kirchengemeinden eine hohe Autonomie hinsichtlich ihrer Arbeitsweise hatten und jede von der Integration zu überzeugen war. Auch unterhielt die Diakonie eigene Einrichtungen für Behinderte.

Parallel dazu leisteten wir eine breite Öffentlichkeitsarbeit im Allgemeinen, und wiederum damit verbunden gab es zahllose und oft langwierige Sitzungen mit den zuständigen Gremien der Kirche und den staatlichen Behörden, auch mit den in der Bremischen Bürgerschaft Regierungsverantwortung tragenden Persönlichkeiten und

---

15 Einen Einblick in die entwicklungslogische Didaktik ermöglichen die Beiträge von Feuser (2011a, 2013a, und zu deren Entwicklung in den 1980er Jahren auch 2018).

auch mit den dort nicht vertretenen Parteien. Wir gingen aktiv auf die entsprechenden Vertreter*innen der Parteien zu, um sie zu informieren, und warteten nicht nur ab, bis sie vielleicht von sich aus mit Fragen auf uns zugekommen wären. Dies geschah vor dem Hintergrund, dass ich, was auch der Landesverband mittrug, die Integration als ein Gesellschaftsprojekt verstanden und vertreten habe, dem sich jede Partei und gesellschaftliche Gruppierung im Interesse unserer Kinder, die zukünftig die sein werden, die diese Gesellschaft gestalten und tragen, verpflichtet zu fühlen hat. Ich bin mir bis heute ganz sicher, dass es der Tod der Sache gewesen wäre, das Anliegen der Integration mit allen damit verflochtenen ökonomischen und sozialen Problemen zum parteipolitischen Disput zu machen. Integration beziehungsweise heute Inklusion mit allen bildungspolitisch relevanten Fragestellungen ist ein demokratisch zu führender Prozess aller Beteiligter – auch der Kinder und Jugendlichen und ihrer Eltern. Das muss zwar bereichs- und funktionsspezifisch behandelt, darf aber nie in parteipolitische oder für Interessengruppen spezifische Anliegen fraktioniert werden. Das zeigte sich zum Beispiel auch darin, dass etwa das Kinderzentrum Bremen und die niedergelassenen Kinderärzt*innen und Pädiater*innen zu Beginn starke Fronten gegen unsere Anliegen aufbauten und den Eltern für ihre behinderten Kinder nahezu durchgängig die Sonderinstitutionen empfahlen, was Eltern anfangs in erhebliche Dilemmata brachte, bis sich das Blatt wendete und, wo immer sich Möglichkeiten geboten haben, den Eltern für ihrer Kinder die Integration empfohlen wurde.

Unsere Konzeption hatte und hat bis heute einen sehr hohen fachlichen Anspruch an die Erziehungs- und Bildungsarbeit. Um diesen einzulösen, etablierten wir eine »Zusatzausbildung Integration (ZA-INT)« im Umfang von elf Vollzeit-Lehrgangswochen über die Dauer von eineinhalb Jahren, die der Landesverband organisierte und an der auch die Mitarbeiter*innen der städtischen Kindergärten teilnehmen konnten. Die ZA-INT wurde durch mich, später dann auch seitens verschiedener Fachpersonen durchgeführt. Zwischen den Lehrgangswochen gab es für die Teilnehmer*innen vor Ort an ihren Arbeitsplätzen ein Beratungssystem – im Zusammenhang mit Aufträgen, die aus den Lehrgangswochen resultierten und Fragen der Teilnehmer*innen aus ihrer konkreten Arbeit aufgriffen. Wir konnten erreichen, dass die Teilnehmer*innen für die Lehrgangswochen vom Dienst vor Ort freigestellt wurden und dadurch verpflichtend teilnehmen konnten. Die Anmeldung zur Teilnahme war freiwillig. Die ZA-INT war derart geschätzt, dass sie über eine lange Zeit, auch dann noch, als ich selbst nicht mehr daran beteiligt war, durchgeführt wurde. Das ermöglichte eine hohe Qualität der Arbeit in den Kindertagesheimen, die ihrerseits und für sich genommen, für die Sache geworben und vor allem auch die Eltern überzeugt hat. Dafür ist den Erzieher*innen und Fachkräften in den Teams eine außerordentliche Anerkennung zu zollen. Erzieher*innen und alle im Altersbereich von 0 bis 6 Jahre pädagogisch tätigen Fachpersonen müssten zusammen mit den Lehrkräften für die Primarstufe an Universitäten ausgebildet und, das meine ich sehr ernst, wie Gymnasiallehrkräfte bezahlt werden, denn sie legen die emotionalen und kognitiven Grundlagen für das Lernen in der Schule und auch weitgehend für dessen Verlauf. Ich sage immer, die Schüler*innen, die es im gegenwärtigen Schulsystem ins Gymnasium geschafft haben, können notfalls trotz der Lehrer*innen lernen, die Kleinen in den Kindergärten, die die gesamte Bevölkerung repräsentieren, brauchen sehr sorgfältige Lernanregungen und eine Lernbegleitung von hoher Qualität.

Persönlicher gewendet kann ich auch sagen: Das alles in Kombination mit einer sehr hohen Arbeitsüberlast allein schon aufgrund einer extrem desolaten Personallage an der Universität, war über zwölf Jahre ohne einen Tag Urlaub mein tägliches Brot. Ich kann diese Zeit, zusammen mit der an der Martin-Buber-Schule Gießen von 1969 bis 1978, bezogen auf mein gesamtes Berufsleben als eine Zeit schätzen, in der ich einer Art Einheit fachlichen Erkenntnisniveaus und praktischer Tätigkeit – bei aller auch erheblichen Diskrepanz zwischen Ist und Soll – am nächsten gekommen bin, auch wenn mir kein Tag in Erinnerung wäre, an dem nicht irgendwelche Problemlagen zu bewältigen gewesen wären. Ein wenig ist das mit dem jetzt wieder zur Verfügung stehenden und mit ergänzenden Anmerkungen versehenen Bericht von 1984, der seinerzeit in 21 Tagen fertiggestellt und 1987 unverändert nachgedruckt wurde, nachzuvollziehen.[16] Die politische und fachliche Überzeugungsarbeit, die uns jede Woche in Kirchengemeinden zu Diskussionen mit den ver-

---

16 Siehe dazu Fußnote 6 im vorliegenden Interview. Das Curriculum der ZA-INT findet sich in Feuser (2018, S. 107–132).

antwortlichen Bauherren, Pastor*innen und Mitarbeiter*innen in den verschiedensten Diensten einer Kirchengemeinde führte beziehungsweise auch in die Kindergärten der Stadtgemeinde und deren Gremien, war ihrerseits eine durchgängig zu leistende Aufgabe. Es gab allgemeine öffentliche Veranstaltungen mit Diashows, um die Arbeit darzustellen und Fragen noch nicht integrativ arbeitender Institutionen und vor allem der Eltern zu beantworten. Berichte in Rundfunk und Fernsehen waren zu bestreiten. Vor allem das Regionalfernsehen von Radio Bremen, »buten un binnen«, war unseren Anliegen gegenüber sehr offen. Das alles war keineswegs ohne Konflikte, die sich ihrerseits auf allen schon angedeuteten Ebenen ergaben und Punkt für Punkt behandelt, geklärt oder wiederholt diskutiert werden mussten, um zu Klärungen und vernünftigen Entscheidungen kommen zu können. Besonders zu betonen wären drei Momente: Diese Entwicklungen und Transformationsprozesse waren erstens in Bremen ständig präsent, oft Tagesgespräch, und wer immer dazu ein Anliegen hatte, mit dem wurde gesprochen, diskutiert, gearbeitet. Man kann es auch so sagen: Wer bildungs- und sozialpolitische Verantwortung trug und mit der Frühen Bildung – auch mit der Schule – befasst war, wurde informiert, einbezogen und auch beraten, was sehr zeitintensiv war, auch einzelne Eltern und Familien hinsichtlich ihrer Nöte, die in der Regel weit über das engere Anliegen der Integration hinaus gingen. Mit dieser Arbeit wurde zweitens der Grundstein für eine Inklusionskultur gelegt, die auch für die Fortführung in der Schule von großer Bedeutung war. Damals war Bremen der einzige Ort in der BRD, der für die Kinder nach der Kindergartenzeit die unmittelbare Fortführung der Integration in einem Schulversuch realisieren konnte. Und, wie schon angedeutet, selbst wenn diese Entwicklung aus politischen, wohlgemerkt nicht aus fachlichen Gründen im Laufe der zweiten Hälfte der 1990er Jahre in ein »Kooperationsmodell«[17] umgewandelt wurde, ist in Bremen noch heute ein wenig davon spürbar. Last, but not least, ging es drittens um die fundierte, auf Qualität und nicht primär auf Quantität orientierte Entwicklungs- und Transformationsarbeit.

---

17 Der aus politischen Gründen erfolgte Abbruch der so genannten »Vollintegration« führte auf schulischer Ebene zu deren Umwandlung in das Kooperationsmodell, das später noch zur Sprache kommen wird.

Ganz allgemein möchte ich noch anfügen, dass die Eltern eine zentrale Größe waren; es ging nur mit den Eltern und nicht gegen und nicht ohne sie. Eltern waren oft gerade auch Uni- und Fachleuten gegenüber berechtigt sehr skeptisch, mussten sie doch überwiegend erfahren, dass von diesen bis dato keine für ihre Lage relevante Hilfe ausgegangen ist und sie in großen Nöten und mit großen Sorgen um ihre Kinder alleingelassen worden waren.

R.S. & B.W.: Aber wie hat das angefangen, wie seid ihr vorgegangen?

G.F.: Der letzte erwähnte Punkt war die leitende Führungsgröße. Wir begannen im Stadtteil Bremen-Huchting und dort in der Dietrich-Bonhoeffer-Gemeinde und in deren Kindertagesstätte wiederum mit einer von vier Gruppen, in der mit Beginn des Kindergartenjahres erst einmal alle als behindert geltenden Kinder dieser Einrichtung zusammen waren. Dass mit diesem Kindergarten begonnen wurde, der sich neben anderen dafür bereiterklärt hatte, war ein Entscheidungsprozess, der mit der besonderen Situation und sozialen Lage des Stadtteils zu tun hatte; es hätte auch eine Kindertagesstätte im sozial besser gestellten Stadtteil Schwachhausen sein können. Dass erst einmal eine von vier Gruppen begann, inklusiv zu arbeiten, hatte wiederum mit der Gruppenleiterin zu tun, die sich mit ihrer Praktikantin und den Fachpersonen dafür bereit fühlte. Es ergab sich dann im Laufe des Kindergartenjahres, dass alle Gruppen des Hauses integrativ arbeiteten und die Anfangssituation sich schnell auflöste. Ein zweiter Kindergarten des Stadtteils, St. Georg, stand für das nächste Kindergartenjahr bereit. Die Mitarbeiter*innen und alle in der Gemeinde konnten nun schon in der Dietrich-Bonhoeffer-Gemeinde in allen Bereichen hospitieren und aus den sich dort ergebenden Erfahrungen lernen. Sie stiegen dann gleich mit allen Gruppen in die integrative Arbeit ein und auch in ein das ganze Haus beschäftigendes Projekt, wie sich das im Laufe des ersten Jahres auch in der Dietrich-Bonhoeffer-Gemeinde ergab.

Ich denke, dies verdeutlicht das sternförmige Vorgehen, wie ich es nannte, das sich dann breit replizierte und dem ich nach wie vor zuschreibe, dass zusammen mit der ZA-INT ein qualitativ hochwertiges Netzwerk der Erfahrungsweitergabe entstanden ist. Um kein falsches Bild zu erwecken: Auch diese Prozesse waren nicht ohne Widersprüche und Konflikte, in einigen Fällen sogar derart, dass Erzieher*innen sich nicht in der Lage sahen, zu arbeiten. Auch das wurde im Kollektiv solidarisch bewältigt, bis eine Person für sich wahrhaben konnte, dass es nicht darum geht, wie sie bisher gearbeitet habe, sondern wie zukünftig gemeinsam im Team gearbeitet werden kann und die Verantwortung geteilt getragen wird. Das weist auch darauf hin, dass sich nicht nur die Arbeitsprozesse verändert haben, sondern die arbeitenden Menschen, alle in der Gemeinde – und das zusammen mit uns von außen. Das betraf auch die »integrierte Therapie« in den Bereichen Bewegung und Sprache, was unter anderem auch die berufliche Identität der Therapeut*innen infrage stellte, vor allem, wenn sich diese eben aus dem Equipment eines Therapieraumes und aus der Einzelarbeit mit einem Kind in besonderen Räumen generierte.

Im Sommersemester 1978 begann ich meine Arbeit an der Universität Bremen: Als wir Anfang der 1980er Jahre an die konkrete Integrationsarbeit gingen, gab es aus meinem ersten Projekt heraus schon viele, im Studium weit fortgeschrittene Studentinnen und Studenten, die alle für eine *theoria cum praxi* begeistert und qualifiziert waren, wie dies Gottfried Wilhelm Leibniz (1646–1716) beschrieb, womit er »Theorie für die Praxis« und nicht »Theorie und Praxis« meinte – ein feiner, aber bedeutender Unterschied. Viele Studierende aus dem Projekt haben von Anfang an mit hohem Engagement mitgearbeitet, waren bei den vorbereitenden Fortbildungen dabei, ermöglichten Eltern die Teilnahme, indem sie Kinder betreuten und so weiter – hier könnte man eine lange Liste erstellen. Und sie stiegen dann auch, in der Namensgebung dem Dänischen Modell des »Normalisierungskonzepts« folgend, als »Stützpädagog*innen« in die Kindergartenarbeit mit ein. Viele von ihnen fanden in den nächsten Jahren in dieser Funktion auch eine Anstellung im Pool der Fachkräfte. Die behindertenpädagogischen und therapeutischen Fachkräfte waren so in einem vom Landesverband organisierten Pool angestellt, von dem aus sie hinsichtlich Intensität und Dauer ihres Einsatzes bedarfsgerecht in den Kindertagesheimen arbeiteten. Die Stützpädagog*innen waren in der Regel für das gesamte Kindertagesheim zuständig.

Dieser Pool war ein weiteres zentrales Moment der Organisation dieser schnell sehr komplex werdenden und sich dann auch zunehmend quantitativ ausweitenden Integration. Würden die Fachpersonen seitens einer Kirchengemeinde für ihr Kindertagesheim angestellt sein, wäre das je nach Bedarf nur ein Minijob. Würde zum

Beispiel ein Kind, das physiotherapeutischen Bedarf hat, das Kindertagesheim verlassen und etwa in die Schule wechseln, würde diese
Arbeit entfallen, wenn kein Kind, das einer vergleichbaren therapeutischen Assistenz beziehungsweise Therapie bedarf, zur Aufnahme in
den Kindergarten ansteht. Der Fachperson müsste dann gekündigt
werden. Auf der Basis eines solchen Verfahrens wären keine qualifizierten Fachpersonen zu gewinnen gewesen und hätte keine für sie
zuverlässige Anstellung realisiert werden können. Dieser zentral be-
triebene Pool, so würde ich heute sagen, war eine geniale Idee. Er umfasste zwei Funktionsbereiche: die Stützpädagog*innen und die Therapeut*innen. Letztere waren in die Bereiche Sprache und Bewegung
gegliedert. Jeder Bereich hatte eine ihn leitende und den Einsatz ver-
antwortende Person. Das ermöglichte unter anderem auch eine sehr
schnelle und unmittelbare behindertenpädagogische oder therapeutische Hilfe, wenn sich in einem Kindertagesheim ein Problem auftat,
die dann auch so lange realisiert werden konnte, bis die Problemlage
gelöst war – gleich welcher Art diese gewesen war. Anders gesagt: Es
gab nicht das Stunden- und Gießkannenprinzip an Hilfen, wie das
bundesweit üblich geworden ist. Entsprechend waren auch stabile
personale Beziehungen für die Häuser und ihre Kinder zu realisieren, was auch für diesen Altersbereich der Kinder von Relevanz ist.
Auch die therapeutischen Fachpersonen waren im Mindestfall einen
Tag in der Woche in einem Kindergarten, und zwar rotierend derart,
dass sie in der ersten Woche am Montag, in der zweiten Woche am
Dienstag und so weiter im Haus waren und dadurch alle Aktivitäten,
die im Laufe einer Woche hindurch zum Tragen kamen, kannten.
Dies ist auch eng mit dem Prinzip des Kompetenztransfers ver-
koppelt, um in den unterschiedlichsten Situationen behinderten-
pädagogisches und therapeutisches Wissen an die Erzieher*innen,
Praktikant*innen und Assistent*innen weitergeben zu können. Was
nützt es, wenn ein tetraspastisch gelähmtes Kind am Mittwoch von
10 Uhr bis 10:30 Uhr in einem Therapieraum Krankengymnastik
hat und die Gruppe am Freitag ins Schwimmbad geht, wo dann niemand weiß, wie diesem Kind die aktive Teilnahme am Schwimmen
ermöglicht werden kann. Durch diese Organisation und mittels des
Kompetenztransfers erfährt ein Kind schnell in allen Verrichtun-
gen eine kompetente Ansprache, kompetentes Handling und eine
angemessene gemeinsame Problemlösung, sodass es dadurch auch

an allem aktiv teilnehmen kann. Das galt auch für die persönlichen Assistent*innen der schwer beeinträchtigten Kinder oder für solche mit sehr herausfordernden Verhaltensweisen. Die vorwiegend therapeutisch orientierten Fachpersonen arbeiteten – wie im Konzept der SDKHT erklärt (Feuser, 2001, 2002) – nicht nur unmittelbar mit einem Kind, sondern – bildlich gesehen – hinter der eigentlichen Bezugsperson des Kindes, und gaben ihre Kompetenzen im Handlungsprozess an diesen Kreis weiter. Auf diese Weise hat zum Beispiel ein tetraspastisch gelähmtes Kind, um im Beispiel zu bleiben, permanent eine angemessene therapeutische Unterstützung, wer auch immer im Tagesverlauf in den unterschiedlichen pädagogischen Handlungsfeldern mit ihm arbeitet, was zu enormen Entwicklungsfortschritten der Kinder führte. Auf diese Weise ist Inklusion in Anbetracht der großen Vielfalt an Diversitätsdimensionen, von mehreren Sprachen, Kulturen, religiöser Zugehörigkeit, häuslichen Erziehungsstilen, Armut, Arbeitslosigkeit, Alkoholismus oder Drogen in den Familien, Armuts- und Wohlstandsverwahrlosung, unterschiedlichster Traumatisierungen und Behinderungen der Kinder und so weiter, für alle zu realisieren. Wir erweiterten das Heterogenitätsspektrum sogar dadurch, dass zum Beispiel zwei Kinder mit Down-Syndrom oder wenn mehrere Kinder einen Rollstuhl zu nutzen hatten, diese in je verschiedene Gruppen gingen, was natürlich nicht hieß, dass sie in einem Teilbereich eines Projektes nicht hätten zusammenarbeiten oder zusammentreffen dürfen, was manchmal unterstellt wurde.

R.S. & B.W.: Haben das die Erzieher*innen und die Eltern einfach so mitgetragen oder gab es da Konflikte?

G.F.: Rückblickend ist man mit den Problemlagen hinsichtlich ihrer Einschätzung meist etwas gnädiger, als dies in aktuellen Situationen der Fall ist. Diesem Trend will ich nicht nachgeben und kommentiere die Frage erst einmal dahingehend, dass nichts ohne Konflikte oder gar frei von Widersprüchen gewesen wäre. Ich hatte zu keiner Zeit die Vorstellung, dass nicht selbst der kleinste Fortschritt erkämpft werden muss. Aber das ist nicht das Problem. Die Frage ist, wie man mit Problemlagen und Konflikten umgeht, wie Widersprüche transparent gemacht und falsche Vorstellungen oder Erwartungen geklärt werden können. Dies neben der konzeptionellen Umsetzungsarbeit zu leisten, sah ich als eine meiner zentralen Aufgaben an. Ausgehend

von den Grundlagen der »Allgemeinen Pädagogik und entwicklungslogischen Didaktik« und der Möglichkeit, durch die gegebene
Transparenz der Entwicklungen und durch Hospitationen zur eigenen Einsichtnahme zu kommen, konnten in mühsamer Kleinarbeit,
wie man so sagt, immer wieder und überwiegend konstruktive Lösungen erzielt werden. Das erforderte erst einmal ruhiges Anhören,
Gespräche als Dialoge und nicht als Belehrung zu führen und sich
dafür wiederholte Male Zeit zu nehmen. Ich habe schon angedeutet,
dass sich Erzieher*innen auch zeitweise arbeitsunfähig fühlten, weil
der Rückblick auf die eigene Geschichte, konkrete gegenwärtige Erfahrungen und Vorstellungen eines zukünftigen Arbeitens nicht mehr
kompatibel waren. Vielleicht zwei Beispiele dazu, die sich eher harm-
los anhören, aber doch zeigen, wie subtil das alles gewesen ist: Der
Vater eines behinderten Mädchens, das unter den ersten aufgenommen Kindern war, sagte mir nach Jahren, dass er der Meinung war,
da komme mal wieder ein Professor von der Uni, erhebe seine Daten
und publiziere damit ein Buch und lässt uns Eltern und die Kinder
danach wieder im Stich. Er verhielt sich anfangs sehr distanziert und
äußerst kritisch, war aber später eine unerschütterliche Kraft für die
Integration und deren Fortsetzung in der Schule. Eine Mutter von
Zwillingen, eineiigen, mit regulärer Entwicklung bestand darauf, dass
ihre beiden Kinder im Kindergarten in die gleiche Gruppe kommen,
so wie sie gleich gekleidet und in allem wie eine Person behandelt
wurden. Das widersprach unserer Auffassung hinsichtlich größtmög-
licher Heterogenität der Gruppen als zentrales Moment gelingender
Inklusion. Es gab lange, sehr harte Auseinandersetzungen vor allem
dahingehend, dass jedes der Kinder die Chance haben muss, seine
Persönlichkeit zu entfalten und zu seinem Ich, zu seiner Identität zu
finden, was nur gelingen kann, wenn die beiden Kinder aus ihrer Ver-
strickung in eine Pseudoeinheit herausgelöst werden, verschiedene
Stammgruppen im Kindergarten besuchen können, nicht gleich gekleidet sind und so weiter. Die Mutter war nicht wirklich zu überzeugen und nahm es schließlich hin, dass ihre Kinder in verschiedenen
Gruppen waren und kleidete sie unterschiedlich. Bei der Feier zur
Verabschiedung des ersten Stützpädagogen, ein Student von damals,
der späterhin leitender Stützpädagoge war und im Landesverband
arbeitete, kam nach gut 30 Jahren eine Frau auf mich zu, fragte ob
ich mich noch an die Geschichte um die Zwillinge erinnere, sagte,

dass sie die Mutter ist und bedankte sich herzlich, dass wir uns damals gegen ihre Intentionen durchgesetzt haben. Ihre Kinder haben sich sehr gut entwickelt.

R.S. & B.W.: Gab es auch mal Zweifel, ob ihr euer Ziel in Bremen überhaupt erreichen werdet? Gab es Enttäuschungen? Wolltet ihr schon mal aufgeben? Wenn ja, wie kam es dann zur Entscheidung weiterzumachen?

G.F.: Nun, die mit dem damaligen Beginn verbundenen Ziele mit Blick auf das Schulsystem haben wir nicht erreicht. Die inneren Widerstände im Schulsystem, die Schulverwaltung eingeschlossen, waren zu groß, und letztlich war es auch politisch nicht durchsetzbar. Wir sind damit, bezogen auf die volle Umsetzung der Inklusion, gescheitert.[18] Daran ist nicht zu rütteln. Nur: Zweifel an der Sache und ihren pädagogisch-didaktischen und therapeutischen Grundlagen hatten wir nicht. Bei aller, meist hinreichender Kenntnisse entbehrenden Kritik oder Ergänzungsversuchen der »Allgemeinen Pädagogik und entwicklungslogischen Didaktik«, ist sie bis heute nicht widerlegt worden.[19] Wo im gesamten deutschsprachigen Raum mit Bezug darauf gearbeitet wird, was mich oft genug, wenn ich es sehe oder berichtet bekomme, hinsichtlich der Art der Umsetzung auch erschreckt, scheint es zumindest dahingehend eine gewisse Klarheit zu geben, dass *alle* Kinder inklusiv zu unterrichten sind, und es eine Frage der Pädagogik und Didaktik ist, ob dies gelingt, und ein Scheitern nicht den Kindern anzulasten ist. Die bremische Kindergarten- und Schularbeit hat diese Pädagogik in Bezug auf eine dem Begriff der Inklusion gerecht werdende Umsetzung voll umfänglich bestätigt. Bei allen Schwierigkeiten, die phasenweise niederschmetternd waren,

---

18 In einem Gespräch, das ich noch gut erinnere, meinte der damalige Senator für Wissenschaft und Bildung, dass kein*e Abiturient*in außerhalb Bremens einen Studienplatz bekommen und kein*e Schulabgänger*in eine Lehrstelle erhalten würde, würde er die in der Freien und Hansestadt Bremen bezüglich der Integration für das Schulsystem entwickelten Vorstellungen umsetzen. Bremens wirtschaftliche Lage war schon damals prekär und der politische Druck auf den Stadtstaat seitens der konservativ regierten Bundesländer bis in die Kultusministerkonferenz hinein, vor allem seitens Bayern, erheblich. Selbst auf die in Bremen im Verhältnis zu anderen Bundesländern günstigere Schüler-Lehrer-Relation wurde Einfluss genommen.

19 Um sich über die jüngeren Versuche der Umsetzung der »Allgemeinen Pädagogik und entwicklungslogischen Didaktik« mit Schwerpunkt des Fächerunterrichts zu informieren, kann ich auf das Buch von Behrendt, Heyden und Häcker (2019) verweisen.

kam mir persönlich nie der Gedanke, aufzugeben. Für andere kann ich nicht sprechen. Das mit Inklusion verbundene Anliegen – kurz gesagt – der Humanisierung und Demokratisierung von Erziehung und Bildung und die von Tag zu Tag zunehmenden Praxiserfahrungen mit den Kindern waren so überzeugend, dass die Sache selbst, die Idee, einen immer wieder aus persönlicher Niedergeschlagenheit herausgeholt hat, die es oft und von schweren Graden gegeben hat.

Mit der dieser Frage vorangegangenen habe ich ja nur kurz die Innenperspektive eingenommen. Lasst mich noch auf die Außenperspektive kommen, um die anstehende Frage weiter beantworten zu können. Der Landesverband und die Leiter*innen des Pools verhandelten alle mit der Integration in Zusammenhang stehenden Kostenfragen mit dem Sozialhilfeträger, damals ja noch auf der Grundlage des Bundessozialhilfegesetzes und mit der Kirche, die hohe Eigenanteile zu leisten hatte. Letztere war immer der erste Ansprechpartner, und sie stand, auch nach konfliktreichen Auseinandersetzungen, zur Integration. Damit waren die einzelnen Kirchengemeinden von solchen unmittelbaren Verhandlungen mit dem Stadtstaat entbunden, was nicht heißt, dass sie nicht beteiligt waren. Das ermöglichte der Kindergartenarbeit, das gesamte Potenzial pädagogisch-therapeutischer Kompetenzen konkret in die Arbeit mit den Kindern einzubringen. Auch das hatte eine unvorstellbare Beschleunigung von Lern- und Entwicklungsprozessen der Kinder zur Folge und war von hohem präventivem Wert für in ihrer Entwicklung gefährdete und sozial hoch belastete Kinder. Selbst für schwer beeinträchtigte Kinder führte das zu Entwicklungsergebnissen, das muss ich eingestehen, die wir bei allen optimistischen Erwartungen weit geringer eingeschätzt haben, als sie eingetreten sind.

Mit dem Staat die Verhandlungen zu führen, war eine jährlich wiederkehrende und die Verantwortlichen des Landesverbandes und die Pool-Leitungen im Grunde auch das ganze Jahr über beschäftigende Aufgabe unter zahllosen anderen. Die Konfliktlagen und deren Härte nahmen, was zu erwarten war, mit dem Übergang in den Schulversuch und in dessen Verlauf drastisch zu. Von Anfang meiner beruflichen Arbeit an war für mich die fachliche Erkenntnislage Leitlinie meines Handelns als Lehrer, als Schulleiter und als Professor und in vielen fachlichen Verbandsfunktionen. Wenn dies mit schulrechtlichen Verordnungen oder administrativen Regelungen in Konflikt steht, kann

der Dienstherr per Dienstaufsicht oder mit anderen Rechtsinstru-
menten gegen mich vorgehen, oder ich selbst eine Entscheidung de
jure provozieren, in dem ich eine Dienstaufsichtsbeschwerde gegen
mich selbst einleite. Alle diese Fälle gab es – und in keinem war ich
unterlegen. Das heißt aber auch, was meist unterschätzt wird, dass es
notwendig ist, alle Maßnahmen, die man zu verantworten hat, auf der
Basis der der Pädagogik zugrunde liegenden Humanwissenschaften
begründen und belegen zu können; zudem muss man die Rechtslage
sehr gut kennen. Es dürfte schon deutlich geworden sein, dass dies permanente Arbeit und immer hohe Wachsamkeit und Präsenz erfordert.
Das ist so geblieben, bis ich 2017 meine letzte institutionsgebundene
Verpflichtung beendet habe. Ich habe einmal etwas läppisch auf eine
Frage geantwortet: Wo etwas los war, da war ich. Eigentlich, wenn ich
zurückblicke, trifft es das sogar sehr gut.

R.S. & B.W.: Woher kam die Stärke, die Sicherheit, so zu verfahren? Wer
hat euch die Kraft gegeben? Wie konntet ihr euren Kopf über Wasser
halten?

G.F.: Das ist nicht einfach zu beantworten, weil es da keine religiösen Überzeugungen, Parteidoktrinen oder moralische Postulate gab, um es
einmal so zu sagen. Es ist meine Geschichte und deren zentrale Be-
zugspunkte, begonnen mit noch zu erinnernden Kriegsnächten im
Luftschutzkeller, über alle Schul- und Studienerfahrungen und zu
bearbeitender Literatur hinweg und – das vielleicht als sehr persönliche Anmerkung – das Postulat meiner Erziehung durch meine sehr
gläubige Mutter, dass die Anliegen anderer im Sinne einer humanen
Universalie stets vor den eigenen rangieren. Würde sich jeder Mensch
so verhalten, wäre für alle Menschen bestens gesorgt. Für mich
hätte kein individuelles Merkmal eines Menschen Grund dafür sein
können, seine Gleichheit mit allen Menschen der Menschheit infrage
zu stellen – dies verbunden mit der Unterscheidung, dass erklärende
Gründe für bestimmte Handlungen nicht zugleich auch diese recht-
fertigende sind, was nicht ausschließt, in der Sache in heftige Auseinandersetzungen zu geraten, wie das zum Beispiel in einer Phase
zwischen Herrn Scherf, Senator für Finanzen, für Soziales, Jugend
und Sport, ab 1990 Nachfolger von Herrn Franke in der Funktion
des Senators für Bildung, Wissenschaft und Kunst und parallel auch
Senator für Justiz gewesen und damit auf allen Ebenen nicht nur mit
der Integration befasst, und mir der Fall gewesen war. Er war, wie

zuvor Herr Franke, auch mein oberster Dienstherr. Die im Juli 1995 durch die SPD zustande gekommene große Koalition anstelle der von Herrn Scherf auch seiner Partei gegenüber favorisierten rot-grünen Koalition hatte schließlich zum Modell der »Kooperation« anstelle der Integration beziehungsweise Inklusion geführt. Herr Scherf wurde Senatspräsident und Bürgermeister von Bremen und Senator für kirchliche Angelegenheiten. So dicht liegen die Dinge in einem Stadtstaat zusammen, wo, war man zum Beispiel bei einer städtischen Abteilung zu Verhandlungen, bis man nach zehn Minuten im gleichen Haus bei der zuständigen Landesabteilung an die Tür klopfte, dort schon alle Informationen vorlagen, ehe man seine Positionen vortragen konnte. Diese Verflechtungen, man könnte auch sagen »die kurzen Wege«, waren keineswegs sonderlich hilfreich, wenn ich das mit meiner Arbeit im Bundesland Hessen vergleiche.

Um noch einmal auf den Kern der Fragen zurückzukommen: Die zentrale Rolle hinsichtlich der Generierung der erforderlichen Tatkraft wie der Regeneration der verausgabten Kräfte spielten für mich, verkürzt gesagt, die in den Humanwissenschaften und deren naturphilosophischen Wurzeln und Begründungszusammenhänge zu findenden Erkenntnisse, die dialektisch in einer einheitlichen Theorie zu fassen sind – in der Spanne der Selbstorganisation der Materie von der Quantenphysik bis zur Astrophysik über die Chemie hin zur Biologie und in dieser wiederum zum Beispiel von Prozessen der Epigenese bis hin zu den komplexen neuronalen Funktionen der Signalsysteme und den hoch komplexen psychischen Phänomenen der Sprache, des Bewusstseins und der Bewusstheit. Das mag sich eigenartig anhören, und ich selbst versuche, mich über Jahrzehnte hinweg, dem anzunähern. Wo ich einige der zentralen Strukturen und Funktionen zum Beispiel der hoch bedeutsamen Selbstorganisationshypothese im Sinne des Austausch-Struktur-Modells in Vorträgen oder Artikeln skizziert habe, löst das eher Unverständnis aus, und in Zeiten zunehmender Wissenschafts- und Theoriefeindlichkeit wurde es auch als unnötiger Ballast empfunden – auch dass dies nichts mit Pädagogik zu tun habe. In unseren universitären Projekten und Theorie-Praxis-Feldern konnte ich doch vielen Studierenden erschließen, dass ein hochkonsistentes Denken eines historischen und dialektischen Materialismus ermöglicht, in der Evolution, wie gerade aufgezeigt, eine Linie von vermeintlich einfachen Vorgängen der Selbstorganisation der Materie bis hin zu den komplexen Funktionen unseres Gehirns und dessen psychischen Funktionen so zu erfassen, dass das theoriegeleitete Denken als Analyseinstrument für konkrete Sachverhalte erklärungstüchtig werden kann und zum Beispiel die Selbstverletzungen, die sich ein Kind zufügt, hinsichtlich ihrer Genese und aktuellen Funktion als subjektiv sinnhaft und systemisch adäquat zu begreifen sind. Das ermöglicht ein Verstehen des Anderen als jemand, der ich sein könnte, würde ich für mein Lernen und meine Entwicklungsprozesse seine Ausgangs- und Randbedingungen gehabt haben. Darauf aufbauend kann dann ein entwicklungsinduzierendes Lernen organisiert werden, das die Handlungsstrategie der Selbstverletzung zur momentanen Lebensbewältigung in zu erreichenden Zonen der nächsten Entwicklung aufhebt und damit diese Verhaltensweise nicht mehr nötig macht. Es stehen einem Menschen dann neue Potenziale der Problemlösung zur Verfügung. Was in der Pädagogik meist nicht begriffen wird, ist, dass unter Wegfall der dafür erforderlichen Bedingungen alte Handlungsweisen wieder reaktiviert werden können, was erfordert, durch Kooperationsprozesse stets neue Zonen der Entwicklung zu ermöglichen.

Die Theoriebildung, deren ständige Verfeinerung und Komplettierung und deren Transformation in die Praxis und die Transformation der aus der Praxis resultierenden Erfahrungen in die Theoriebildung (das definiert letztlich die Didaktik), was Gespräche, Reflexionen, Analysen und anderes bedingt, das waren die eigentlichen Kraftquellen; vor allem die Arbeit mit Menschen, die aufgegeben waren. Heute sind evidenzbasierte Studien, sogenannte »Best-Practice-Modelle« oder »Response-to-Intervention-Strategien« (RTI) primitivster operanter Konditionierungstechniken vor dem Hintergrund von ABA-Designs hoch favorisierte Inklusionsstrategien. Es grenzt an Borniertheit, wenn die Autoren Huber und Grosche in einem Beitrag der *Zeitschrift für Heilpädagogik* zu RTI vom August 2012 behaupten, dass ein geeignetes Rahmenmodell zur Umsetzung der Inklusion fehlen würde. Wie lange es das schon gibt, ist wohl deutlich geworden. Mit solchen Vorgehensweisen kann man die Inklusion gegen die Wand fahren, die Komplexität des eigenen Wissenschaftsfeldes bis auf ein letztlich erklärungsuntüchtiges Rudiment reduzieren, und wirksam betreiben, dass man wissenschaftlich nicht mehr ernst genommen wird und selbst keine überzeugende Position mehr zu gewinnen vermag. Die »Große Didaktik« von Johann Amos Comenius (1592–1670), vor mehr als 360 Jahren geschrieben, gründet in seiner Pansophie, in einem alles umfassenden Wissen als integraler Einheit verfügbarer Erkenntnisse der Wissenschaften – eben »allen alles zu lehren« war sein Grundsatz. Wie primitiv sehen und begründen wir Pädagogik heute? Sein Werk und das nahezu zeitgleich von Wolfgang Ratke (1571–1635) geschaffene kann als Beginn der neuzeitlichen Didaktik angesehen werden. Das sollte uns doch zu denken geben.

Die ständige Auseinandersetzung in der Sache im Kontext einer von gegenseitiger Achtung und Achtsamkeit getragenen Kooperation in Teams hat uns das mit Höhen und Tiefen, Mut und Verzweiflung bewerkstelligen lassen. Da gibt es nichts Sakrales, keine Metaphysik, keinen Mythos. Seitens des historischen und dialektischen Materialismus war ich mit meinen wissenschaftlichen Positionen für viele ein Sozialist und seitens meiner ehemals katholischen Erziehung ein Jesuit – und es war möglich, lange Jahre gut und erfolgreich mit der BEK zusammenzuarbeiten.

R.S. & B.W.: Wie seid ihr mit eurer inneren Haltung mit den Behörden umgegangen, mit Politiker*innen, wie seid ihr strategisch verfahren? Wie damit, dass es im Neuen immer noch das Alte gibt und im alten System schon neue Ansätze?

G.F.: Das Neue im Alten und das Alte im Neuen – damit ist ein Dilemma benannt, das aufzulösen für die Realisierung der Inklusion ihr größtes Problem sein dürfte. Ich drücke den gegenwärtigen Stand mit der Aussage aus, dass versucht wird, die Inklusion in die Segregation zu integrieren, ein Prozess, der systematisch in die Schaffung von Rest-Sonderschulen für behinderte Kinder und Jugendliche des »harten Kerns« führt und gerade diese der Inklusion Bedürftigsten im wahrsten Sinn des Wortes, in ihrem Lernen und in ihrer Persönlichkeitsentwicklung *behindert*, weshalb ich den Begriff »Be-Hinderung« als aktiven gesellschaftlichen Prozess, der gegen Menschen mit Beeinträchtigungen gerichtet ist, beibehalte. Das ist ja schon angeklungen.

In meinen Arbeiten spreche ich, bezogen auf die Persönlichkeitsentwicklung, von einem zentralen Grundsatz der Pädagogik dahingehend, dass deren Praxis immer auf das Mögliche eines jeden Menschen gerichtet ist, auch wenn es im Wirklichen seiner momentanen Verfassung nicht oder noch nicht sichtbar ist. Um Ermöglichung geht es mit jedem auf die »Zone der nächsten Entwicklung« (ZdnE) gerichteten Unterricht.[20] Dieser erfordert, mit einem Begriff von Bourdieu ausgedrückt, die Gewährung »symbolischen Kapitals« im Sinne der Annahme der grundsätzlichen Vernunftfähigkeit und Entwicklungsfähigkeit eines jeden Menschen. Das Dilemma einer defizitorientierten Sichtweise auf den Menschen war und ist die Fixierung auf das momentan Wirkliche, gekoppelt an den Versuch, der der Heil- und Sonderpädagogik im Laufe ihrer Geschichte zum immanenten Habitus geworden ist, die Defizite zu beseitigen oder sie kompensieren zu wollen, was, wie viele Studien aufgezeigt haben, das momentan Wirkliche letztlich konserviert und das Mögliche blockiert. Die Inklusion selbst wird, wie sie heute agiert, das bestehende sEBU konservieren und mit ihren Leistungen zufrieden sein, wenn sie 80 bis 90 Prozent der Kinder mit Behinderungen im Regelschulwesen verankert hat, was ich als »Inklusionismus« bezeichne. Dass erst jenseits dieser Schwelle das anfängt, was Inklusion zu nennen wirklich bedeutet, ich erinnere an den »harten Kern«, ist längst aus dem Blickfeld geraten; die im Dunkeln sieht man eben nicht.

Im Sinne der Fragestellung haben wir ein Problem dahingehend, dass die Strukturen des etablierten sEBU der Funktion nach ausschließlich auf Selektion, Aussonderung und Segregation getrimmt sind. Um Inklusion zu etablieren, haben wir aber keine Tabula rasa, kein anderes EBU als das real Existierende, das dem Anliegen der Inklusion völlig entgegengesetzt ist.

Das verlangt in einem ersten Schritt eine klare Bestimmung dessen, was Inklusion bedeutet, mit der man nicht mehr hinter die

---

20 Im Sinne Vygotskijs (1987) geht es hier um ein Lernen, das über alle Altersstufen hinweg Entwicklung induziert und sie weiterführt, unabhängig von Gegebenheiten und Orten, an denen es stattfindet, oder von Personen, die es ermöglichen. Damit ist ein Zusammenhang von *Unterricht* und *Entwicklung* konstituiert, der eindeutig auf die Subjektseite, auf die Lernenden verweist und diesen die führende Position einräumt, während es im klassischen Verständnis von Unterricht, um die anzueignenden Inhalte, den im Lehrplan ausgewiesenen Stoff, das zu vermittelnde Wissen geht – *Unterricht als Entwicklung induzierendes Lernen* orientiert auf die ZdnE (siehe Vygotskij, 1987, S. 300), die ihrerseits nicht per se im Lernenden vorhanden ist oder mittels Tests in Erfahrung gebracht werden könnte, sondern aus »kommunikationsbasierten Kooperationen am Gemeinsamen Gegenstand« entstehen kann. Die ZdnE ist selbst ein emergentes Ergebnis synergetischer Prozesse.

UN-Behindertenrechtskonvention (UN-BRK) zurückgehen kann. In einem zweiten Schritt ist zu erkunden, was Inklusion, ins Pädagogische transformiert, bezogen auf das institutionalisierte sEBU an strukturellen Transformationen erfordert, damit Inklusion als Basis des Unterrichts praktiziert werden kann. In einem dritten Schritt ist bezogen auf konkrete Institutionsbedingungen zu eruieren und auszuloten, welche Möglichkeitsräume sich diesbezüglich personaler und sächlicher Ressourcen, auch durch die Um- beziehungsweise Neuorganisation der Ressourcen einer Institution, ergeben.

Vor diesem Hintergrund finden sich, darin bin ich mir sicher, in jedem Kindergarten, in jeder Schule, in jeder Universität oder Hochschule Möglichkeiten, erste Schritte im Sinne konkreter inklusiver Praxis zu organisieren und weiterzuentwickeln – und dies in einem Bottom-up-Prozedere.

Dem steht heute aus meiner Sicht, und das in den letzten beiden Jahrzehnten zunehmend, eine pluralistische Sichtweise vom Grad weitgehender Beliebigkeit der Auffassungen zur Inklusion entgegen. Das schlägt sich in Parzellierungen und Elementarisierungen nieder, die das Gesamtanliegen der Inklusion nicht mehr erkennen lassen und die nicht grundsätzlich erfolgte Auseinandersetzung zu Fragen des Menschen- und Behinderungsbildes und der resultierenden Menschenrechtslagen, die davon nicht abzutrennen sind, überdecken. So kann auf alles Denken und Tun das Etikett Inklusion geklebt werden. Dass so etwas »wissenschaftlich« genannt werden kann, würde ich verneinen.

Wie immer, es ist stets an die Grenzen der Systemstrukturen zu gehen und sie dadurch auszuweiten. Das kann in der Umsetzung, nicht in der Zielsetzung, zu sehr unterschiedlichen Verläufen führen, da immer von einer konkreten Situation, Geschichte und Organisation einer Institution auszugehen ist und von den je gegebenen politischen Feldern ihres Umfeldes und ihrer Trägerschaft. Ohne klare Vorstellungen, was Inklusion ist und was das Ziel ihrer Transformation in die Pädagogik, wird es auch hinsichtlich des Weges keine Klarheit geben. Auch wenn man noch so müde oder erschöpft ist, eine Zwischenstufe auf diesem Weg bleibt eine Zwischenstufe und ist nicht das »Ziel Inklusion« – das sollte man sich stets bewusst halten. Im EBU kulminieren die gesellschaftlichen Interessen und Widersprüche in besonderer Weise. Es wird stets ein Spannungsfeld zwischen Bewahrung und Erneuerung bleiben. Auch wird die Überwindung eines Widerspruchs auf der damit erreichten neuen Ebene auch neue Widersprüche generieren. Inklusion wird ein sehr umkämpftes gesellschaftliches Kraftfeld bleiben. Das ist die Wirklichkeit, der zu begegnen ist.

Diese Problematik hat uns mit dem Übergang der Kinder der ersten beiden Kindertagesheime in die Schule voll getroffen. Ein Jahr bevor die ersten Kinder zur Einschulung anstanden, liefen die Kontakte, Gespräche und Auseinandersetzungen, eben alles, wie schon berichtet, mit der senatorischen Behörde – politisch wie administrativ. Die Lehrpersonen der infrage kommenden Stadtteilschule waren zu den Weiterbildungen und zu Hospitationen in die Kindergärten eingeladen, um ihre zukünftigen Schüler*innen kennenzulernen, was kaum wahrgenommen wurde. Alle Eltern beantragten für ihre Söhne und Töchter die Fortsetzung der Integration in der Grundschule. Die Kinder hinsichtlich eines sonderpädagogischen Förderbedarfs beziehungsweise bezüglich ihrer Sonderschulbedürftigkeit zu testen, wurde seitens der Erziehungsberechtigten und auch von uns generell abgelehnt, was nach zähen Auseinandersetzungen auch durchgesetzt werden konnte. Die Lehrpersonen der Grundschule erwarteten Tests und darauf bezogen Hinweise, wie mit den Kindern zu arbeiten ist, wie das bislang in klassischer Weise der Fall gewesen war. Erst als dieses Begehren negativ beschieden worden war, wurden die Hospitationsangebote in den Kindergärten als relevant wahrgenommen. Bildungspolitisch konnte der Konsens hergestellt werden, dass die Integration in der Grundschule, wie in den Kindergärten, regionalisiert erfolgt und dass Kinder wegen Art oder Schweregrad ihrer Behinderung, was nicht erhoben wurde, nicht ausgeschlossen werden können. Das war ein einmaliger Erfolg in Bremen, der auch dem damaligen Senator für Bildung, Wissenschaft und Kunst, Horst-Werner Franke, zu verdanken ist und auch den Parteien vermittelbar gewesen war, wobei wir durch die Partei der Grünen sehr konkrete Unterstützung erhalten und andere es geduldet haben.

Nach drei Jahren der Kindergartenintegration hatten wir gut aus-, fort- und weitergebildete Fachpersonen, umfassend informierte und qualifizierte Eltern und viele zur Sache der Integration stehende Personen der Zivilgesellschaft – inzwischen zählen dazu auch viele Ärzt*innen und Psycholog*innen, die die Integration befürworteten.

Selbstverständlich kämpfte auch der Landesverband um die nahtlose Fortsetzung der Integration in der Schule. Dieses Potenzial ist nicht zu unterschätzen. Durch die intensive Elternarbeit hatten diese ihre mit der Schullaufbahn ihrer Kinder zuvor noch verbundenen Ängste auch zugunsten der Projektarbeit verloren. Mit meinen Forderungen, mit der Inklusion in den Kindergärten zu beginnen und die Zeit bis zum Schuleintritt extensiv zum Abbau der allseitig vorherrschenden, auf die Schule gerichteten Vorurteile und Ängste zu nutzen, Eltern stark zu machen für das, was ihren Kindern wirklich Entwicklungsfortschritte ermöglicht und auf diesem Hintergrund die Schulen in die Pflicht zu nehmen, bin ich bis heute in der Fachöffentlichkeit gescheitert. Die Bedeutung einer inklusiven Frühen Bildung ist sowohl für die Persönlichkeitsbildung der Kinder als auch für die Befassung der Eltern mit der schulischen Inklusion unterschätzt.

Seitens der durch die Wohnorte der Kinder zuständigen Grundschule hatten wir dann doch einen die Integration ablehnenden Konferenzbeschluss, was in Bremen breite und große Empörung auslöste und auch seitens der Bildungsbehörde nicht akzeptiert wurde. Der Konferenzbeschluss wurde aufgehoben und es begann, wie drei Jahre zuvor im Kindergarten, eine Klasse mit der Integration. Der Schulversuch Integration (SV-INT) wurde erst während der Sommerferienzeit vor Beginn des neuen Schuljahres genehmigt – im Sinne der Überprüfung, ob die Integration wie in den Kindergärten unter Beibehaltung der vier Prinzipien der Regionalisierung und Dezentralisierung, des Kompetenztransfers und der integrierten Therapie auch in der Schule realisierbar ist (Feuser & Meyer, 1987). Für die Klasse gab es eine Doppelbesetzung von Regellehrperson und einer Lehrperson mit dem Fach Behindertenpädagogik, die ja auch die Schulstufe und ein zweites Fach studiert hat, sodass jede Lehrperson gleichberechtigt unterrichten konnte, auch in der Sekundarstufe, was ich bis heute für eine zentrale Bedingung für Inklusion halte.[21] Das hat mit einer weiteren, recht interessanten Hintergrundgeschichte zu tun: Damals war man der Auffassung, dass es jeweils institutionsspezifische Integrationsmodelle geben müsse, dass die Inklusion in der Frühen Bildung

---

21 Damals musste aus formalen Gründen eine der Lehrpersonen die verantwortliche Klassenleitung übernehmen, was nach dem Bremischen Lehramtsgesetz eine für die Schulstufe geeignete Lehrkraft sein kann.

eine andere wäre oder sein müsse, als die in einer Grundschule oder im Gymnasium. So sehr stand im Vordergrund, die Institutionen, so wie sie geworden sind, bedienen zu müssen. Heute spielt die unterrichtsfächerspezifische Inklusion eine vergleichbare Rolle, als könne es Schule nur in Form von Fächerunterricht geben. Der Unterricht einer »Allgemeinen Pädagogik und entwicklungslogischen Didaktik« ist auf die Persönlichkeitsentwicklung der Kinder fokussiert, ganz gleich, in welchen Zusammenhängen, Räumen oder Institutionen ein solcher Unterricht, wie ihn Vygotskij definiert, stattfindet. Für Inklusion spielen, um es deutlich zu sagen, die traditionellen, hierarchisch gegliederten Institutionen des sEBU keine Rolle, und auch nicht der klassische Fächerunterricht, die Grundschule nicht, das Gymnasium nicht, die ja alle in Stein gemeißelte Maßnahmen einer durch Selektion und Segregation bedingten äußeren Differenzierung mit einem jeweils zielgleichen Unterricht geworden sind. So sollten wir seitens der wissenschaftlichen Begleitung des SV-INT auch Vergleichsstudien mit nicht-integrativ arbeitenden Klassen anstellen, dem ich mich völlig widersetzte, denn das Lernen im traditionellen Unterricht ist nicht mit dem Lernen im inklusiven Unterricht vergleichbar. Was würde man da wirklich messen? Was soll es, dass mit den Kindern nach ihrer Einschulung im traditionellen Unterricht bis zu den Herbstferien die ersten 50 Wörter zu lesen erarbeitet wurde und, leisten sie das nicht, sie schon auf einer Vormerkliste für die Sonderschule stehen? Wir haben erfahren, dass Kinder, von denen man angenommen hat, dass sie nie das Lesen erlernen, es zum Beispiel im dritten Schuljahr und binnen weniger Wochen für sich entdeckt haben und sinnentnehmend lesen konnten. Auch dieser, für einen inklusiven Unterricht widersinnige Auftrag vergleichender Messung des auf Schulbesuchsjahre bezogenen Lese-, Schreib- und Rechenvermögens der Kinder konnte abgewendet werden.

Inklusion braucht buchstäblich nur *eine Schule für Alle*, die nicht hierarchisch, sondern horizontal angeordnet und gegliedert ist. Für mich wäre das, um es hier nur kurz zu erwähnen, ein Schulbeginn mit drei Jahren und, was heute in Kindergarten und Grundschule gegliedert ist, eine zehnjährige einheitliche Grundstufe, altersgemischt und in Projekten arbeitend, darauf aufbauend eine Oberstufe, die wiederum nahtlos in den tertiären Bereich der Berufsbildung und ins Studium übergeht, wobei, würde jemand zum Beispiel schwerpunktmäßig Forstwirtschaft studieren, auch das Schreinerhandwerk erlernt werden kann, und wer schwerpunktmäßig das Schreinerhandwerk wählt, an der Uni Forstwirtschaft belegen kann. Aber das steht hier nun nicht weiter zu diskutieren an.

Ich sehe also, wie ich hoffentlich darlegen konnte, keinen unüberwindbaren Widerspruch darin, im Alten das Neue zu etablieren und wirksam dafür Sorge zu tragen, dass das Neue nicht ins Alte verfälscht und damit die herrschenden Machtapparate der Bildungspolitik wieder einmal im wahrsten Sinne des Mottos *divide et impera* das alte System dadurch über die Runden retten, dass es das Neue aufspaltet und es zu einer Destruktion der Idee des Neuen kommt. Das ist aus meiner Sicht heute mit der Inklusion im Feld der Pädagogik auf allen Ebenen der Fall. Im Grunde war das damals mit den nach und nach in den Bundesländern aufkommenden Schulversuchen Integration, von denen manche abstruse Bedingungen hatten, auch intendiert. Die Schulversuche ermöglichten dem Staat, durch die Genehmigung der Ausnahme, das Bestehende zu bewahren. So wurden für politisch nicht zu negierende Gruppierungen der Zivilgesellschaft staatlich kontrollierte und gesteuerte Handlungsspielräume geschaffen – und dies in der Regel unter absolut unzureichenden Rahmenbedingungen, was einen immensen Arbeitsdruck aufbaute, um die Sache der Integration nicht auf dem Rücken der Kinder aufrechtzuerhalten. Arbeit wird immer dann gefährlich, wenn sie Denken verhindert, was damals auch in den ersten Meetings der heute als »Internationale Inklusionsforscher*innen-Tagung (IFO)« firmierenden Treffen diskutiert wurde. Wir versuchten, die Inklusion in Bremen von vornherein als Form der Regelbeschulung durchzusetzen, wie das mit den Kindergärten gelungen ist, und kämpften dafür auf allen Ebenen; aber wir haben die gesteckten Ziele nicht erreicht, dennoch vieles grundgelegt, auf dem weiter aufgebaut werden kann, wenn es denn zur Kenntnis genommen wird. Kein Schulversuch in der BRD in Sachen Integration beziehungsweise Inklusion ist zur Regel geworden, wie keine Hochschullehrer*innenstelle der damaligen Pionier*innen der Integration[22] nach deren Pensionierung oder Emeritierung gleichlau-

---

22 Die bedeutende, von Frank Müller (2018) in zwei Bänden herausgegebene Arbeit *Blick zurück nach vorn – WegbereiterInnen der Inklusion* ist bezüglich der Personen, die der ersten Stunde der Integrationsentwicklung zuzurechnen sind, nicht repräsentativ.

tend fortgeführt oder wiederbesetzt worden wäre. Integration oder Inklusion ist zum einen seitens der Herrschenden systematisch ausgetrocknet worden, und zum andern hat sie ihr Kernanliegen selbst weitgehend dadurch eliminiert, dass sie unpolitisch geworden ist und damit in einem Herr-Knecht-Verhältnis agiert. Dies sowohl seitens der Vereinigungen für Integration beziehungsweise Inklusion als auch bezogen auf die Lehrerschaft – die GEW hinsichtlich der Duldung des tradierten Systems nicht ausgenommen. Wo sich Schulen über das politisch geduldete Maß hinaus in Richtung des Neuen entwickelt haben, kommt den Schulleitungen eine entscheidende Schlüsselrolle zu. Wenn einzelne Lehrpersonen Inklusion auf den Weg bringen wollen, bedürfen sie zumindest einer zustimmenden Haltung der Schulleitung, auch wenn das gesamte Kollegium das nicht mitträgt. Hier haben Schulleitungen aus meiner Sicht eine eindeutige Verpflichtung, die Weiterentwicklung des Unterrichts nicht nur zu dulden, sondern auch zu initiieren, wenn dies nicht seitens der Lehrpersonen angestrebt wird.

R.S. & B.W.: Wie zeigte sich das Alte im Neuen mit Beginn der schulischen Integration? Wie seid ihr didaktisch damit umgegangen?

G.F.: Der Übergang war, wie ich schon ausführte, sehr krisenhaft und problembeladen. Die Grundschule wollte die Integration abwehren und versäumte dadurch wertvolle Zeit, sich damit zu befassen und sich in den Kindergärten sachkundig zu machen. Das führte dazu, dass mit Schuljahresbeginn der Unterricht so begann, wie das jedes Schuljahr zuvor mit den neu eingeschulten Kindern der Fall gewesen war. Es wurden *alle* Kinder in die Schule aufgenommen, sie bezogen ihre Klassenräume und der Unterricht begann – und das im Sinne des geheiligten Erstlese-, Erstrechen- und Schreibunterrichts in traditioneller Unterrichtsarbeit. Ich erinnere noch sehr gut, wie laut der Fu-Fibel der Fu den Uffu rief, der Buchstabe an der Tafel gefunden und dazu Namen gesucht wurden – so auch die Namen der Kinder. Interessanterweise war zu Beginn der Unterrichtsarbeit deutlich zu beobachten, dass die heterogenitätserfahrenere Regellehrperson mit allen Kindern besser arbeiten konnte als die Behindertenpädagogin, die mit der Vielfalt der Schüler*innen sichtlich überfordert war. Das zeigt, wie in Sonderschulen auch Lehrpersonen unter dem dominierenden kategorialen Homogenitätsdogma isoliert worden sind, vor allem, wenn sie in Gruppen für Schwerstbehinderte gearbeitet haben, die damals an den Schulen für Geistigbehinderte noch in Sonderklassen der Sonderschule segregiert wurden. Agamben (2002) würde von der »Aussonderung der Aussonderung« sprechen. Nach einigen Monaten konnten Besucher*innen nicht mehr feststellen, wer der*die Regelpädagog*in, wer der*die Behindertenpädagog*in war, und manchmal war nicht einmal die therapeutische Fachkraft oder eine persönliche Assistenz der jeweiligen Schüler*innen zu identifizieren. Das leistet eine konsequente Umsetzung des »Prinzips des Kompetenztransfers«!

Das alles ging nicht lange gut. Mit Beginn der Herbstferien war für alle an der Schule deutlich geworden, dass bei den mit Projektarbeit vertrauten Kindern mit Fächer- und Frontalunterricht, so mild er auch im ersten Schuljahr in Erscheinung treten mag, nicht weit zu kommen ist – was vorherzusehen war.[23] Nach den Herbstferien begann dann das erste Projekt. Die Kinder wollten draußen im weitgehend versiegelten Schulhof einen Garten anlegen, wollten pflanzen, säen, jäten, ernten und so weiter. Das führte bei den Lehrpersonen zu Ängsten, dass die Lernfortschritte der Kinder nicht mehr kontrollierbar seien oder sie nur ihnen beliebte Aktivitäten wahrnehmen würden. Die Lehrpersonen entwickelten eine große Wandzeitung, auf der die Aktivitäten der Kinder im Projekt verzeichnet waren, was für den Übergang in den Projektunterricht den Lehrpersonen sicher hilfreich war und zeigte, dass sich die Kinder keineswegs vor neuen und schwierigen Aufgaben drückten und nur leicht zu bewältigende auswählten. Dass Kinder so handeln würden, ist in Kreisen der Lehrpersonen ein verbreitetes Vorurteil. Motiviert waren die Kinder, Probleme und Aufgaben zu lösen, die über das hinausgingen, was sie schon alleine zu schaffen vermochten, also in der ZdnE lagen und nur in Kooperation mit anderen zu bewältigen waren. Das Projekt entwickelte sich dann aber sehr gut und zeigte schnell, dass die Kinder ohne vorausgegangenen Rechenunterricht

---

23 Aufmerksam zu machen wäre noch darauf, dass nach unseren Beobachtungen Schüler*innen, die durch einen Umzug in nicht integrativ arbeitende Schulen kamen, sich dort nach einer kurzen Übergangszeit gut einfinden und auch behaupten konnten. Sie wurden im Unterricht als die Lehrpersonen fordernd wahrgenommen, überzeugten dann aber als gute und beliebte Mitschüler*innen. Die oft von Eltern vermutenden großen Probleme bei einem erforderlich werdenden Schulwechsel traten nicht auf.

Messverfahren erfanden (die Längeneinheit war zum Beispiel die Sohle des Stiefels der Regelschullehrerin), Winkel konstruierten und schließlich sogar das Außengelände mit den Beeten und was auf diesen angepflanzt worden war maßstabgetreu auf dem Boden des Klassenraumes auf großen Papierbahnen darzustellen vermochten. Würde man, was im Unterricht vonstatten ging, auf das Curriculum der Grundschule übertragen, würde das über alle vier Grundschuljahre streuen, was zeigt, wie wenig die Abfolge von Lehrplanvorgaben mit der Abfolge von Lern- und Entwicklungsprozessen bei Kindern zu tun hat.

Solches Arbeiten war den Kindern aus ihrer Kindergartenzeit vertraut. Das führte einmal auch dazu, dass mir wörtlich und aggressiv vorgeworfen wurde, dass ich die Kinderarbeit wieder einführen würde. Was wurde da nicht verstanden? Kommen Kinder in der Regel im Laufe ihres dritten Lebensjahres auf das Entwicklungsniveau, das Leont'ev als »Gegenständliche Tätigkeit« bezeichnet, haben sie individuelle Werkzeug- und Tätigkeitsbedeutungen ausgebildet, das heißt, sie können zwischen Weg und Ziel eines Handlungsprozesses unterscheiden und auch die Werkzeuge, die man zur Erreichung des angestrebten Zieles oder Produktes benötigt, von diesem selbst. Damit sind, entwicklungspsychologisch gesehen, Tätigkeitsprozesse möglich, die wir mit dem Begriff »Arbeit« beschreiben können, nämlich ein Produkt unter Zuhilfenahme von Werkzeugen arbeitsteilig herzustellen. Der Unterschied zur erwerbsmäßigen Lohnarbeit ist, kurz gesagt, dass die Kinder ihre Arbeitskraft nicht zu verkaufen brauchen, um ihren Lebensunterhalt zu bestreiten. Das führt mit dem nächsten Entwicklungsniveau auf die Ebene der Tätigkeit des Spiels, auch des Rollenspiels und so weiter. So hat man zum Beispiel in einem Kindergarten Gemüse angebaut, dieses geerntet und auf dem Markt verkauft, Kaninchen gezüchtet, sie aufgezogen und in entsprechenden Vereinen angeboten und vieles andere mehr. Als die Kinder mit ihren Produkten zum Markt zogen und sich jede Arbeitsgruppe mit einem Fähnchen kennzeichnete, das sie mitführte, gab es diese irrige Debatte um Kinderarbeit. Was ich hier erwähne, verweist auf die didaktische Bedeutung fundierter entwicklungspsychologischer (und lernpsychologischer) Kenntnisse wie auf die immensen diesbezüglichen Defizite gerade in der Lehrer*innen-Bildung, die mich tief erschrecken. Auch das ist ein großes Negativmoment für die didaktische Realisierung der Inklusion.[24]

Der Übergang in die Projektarbeit war also ein schwieriger, und sie ist auch insofern weiterhin sehr problematisch geblieben, als der Senator das damalige »Wissenschaftliche Institut für Schulpraxis« (WIS), das in Bremen die zweite Phase der Lehrer*innen-Bildung zu leisten hatte, mit drei Personen in die wissenschaftliche Begleitung beorderte, die den Lehrpersonen gegenüber weit mehr das Verharren in traditionellen Unterrichtsstrukturen bekräftigten als die für Integration notwendigen Neuerungen. Dies war eine Entscheidung der senatorischen Behörde, die ihr Schulsystem gefährdet sah, wenn sie die wissenschaftliche Begleitung allein mir und den universitären Einflüssen überlassen würde. Es war ganz klar eine Kontrolle meiner Arbeit. Mir war von Lehramtsstudierenden glaubwürdig berichtet worden, dass sie zur Einführung in ihr Referendariat am WIS mit der Aussage begrüßt wurden, dass sie nun vergessen sollten, was sie von Jantzen und Feuser an der Universität gehört haben – wie Schule und Unterricht zu sein habe, würden sie jetzt lernen. Zu einer Zusammenarbeit in der wissenschaftlichen Begleitung im Sinne einer gemeinsamen übergeordneten Idee der Inklusion kam es nicht, was sich auch aus den dazu verfassten Berichten ablesen lässt. So sind wir im Grundschulversuch auch nie wirklich zu einer Altersmischung gekommen. Letztlich wurde die Integration dann Mitte der 1990er Jahre Opfer der politischen Machterhaltungsstrategien der SPD.[25]

R.S. & B.W.: Kam es im Verlauf der Schullaufbahn der Kinder zunehmend zu Problemen?

G.F.: Mit dem Übergang in die Sekundarstufe I waren wieder neue Problemlagen zu bewältigen. Um nur ein Beispiel anzuführen, war man dort der Auffassung, dass Schüler*innen, die ihre deutsche Mutter-

---

24 Um Entwicklungspsychologien zu verstehen, bedarf es solider Kenntnisse der Entwicklungstheorien, auf deren Basis sie entwickelt wurden. Den heute erforderlichen Erkenntnisniveaus entsprechen vor allem die Entwicklungstheorien und -psychologien von Vygotskij, Leont'ev, Piaget und Spitz, die – bildlich übereinandergelegt – durch die verschiedensten Zugänge und Betrachtungsweisen menschlicher Entwicklung diese annähernd und didaktisch hilfreich abbilden können.

25 Ich sehe da eine gewisse Parallele zum Wahldebakel der rot-grünen Regierung in Nordrhein-Westfalen von 2017, als Stimmen laut wurden, dass die Inklusion dies mitverursacht habe.

sprache nicht beherrschen, am Fremdsprachenunterricht nicht teilnehmen könnten, der natürlich als Fächerunterricht daherkam. Das hätte die Selektion mit der Konsequenz unterrichtlicher Segregation vor allem behinderter Kinder bedeutet und war in Bezug auf Kinder anderer Muttersprache, die mit dem fünften Schulbesuchsjahr noch kein Deutsch beherrschten, wie es den Erwartungen entsprochen hätten, ein für mich an den Haaren herbeigezogenes Argument, nicht integrativ unterrichten zu müssen. Ein anderes viel beschworenes Argument war die Annahme, dass die Integration mit der Pubertät ohnehin ein Ende nehmen und die Nicht-Behinderten sich von den Behinderten distanzieren würden. Auch dem lag, wie sich in vielen Auseinandersetzungen zeigte, ein recht banales Verständnis von Pubertät zugrunde, das Lenot'ev aus entwicklungspsychologischer Perspektive schön und zutreffend als die »zweite Geburt der Persönlichkeit« bezeichnet. Dass sich in diesem Altersbereich alte Beziehungsstrukturen auflösen und neue entstehen, auch erste deutliche Absetzbewegung aus den familiären Beziehungen, es phasenweise auch ein Rückzug auf sich selbst geben mag und die jungen Menschen beginnen, sich im größeren gesellschaftlichen Rahmen zu verorten und eine darauf bezogene neue Identität auszubilden, ist schlicht eine begrüßenswerte Krise, auch wenn das mit schmerzlichen Erfahrungen verbunden ist. Es muss einfach möglich sein, dass die Schüler*innen das in dieser Altersphase zum Gegenstand von Projekten machen dürfen und alles thematisieren, was ihnen wichtig ist – eben die Vielfalt der Differenz- und Heterogenitätsdimensionen. So hat sich das in der Regel auch ohne Verunglimpfungen persönlicher Art bearbeiten und bewältigen lassen. Wie ich es schon angesprochen habe, erscheint mir auch aus Gründen dieser psychischen Dimensionen die Gliederung eines horizontalen EBU, wie schon erwähnt, in zwei Phasen sinnvoll, deren Übergang keinen Bruch darstellt, sondern neuen Orientierungen mit Blick auf die Welt und Menschen und auf die eigene Zukunft Rechnung tragen.

Anzumerken ist auch, dass diese Kinder Ab- und Ausgrenzungsmechanismen, Konkurrenzen, Beschämungen, Herabwürdigungen und alle die in unserer Gesellschaft geläufigen und längst legitimierten Mechanismen der Vorteilsnahme auf Kosten anderer durch ihr gemeinsames Aufwachsen und Lernen von früher Kindheit an, nicht verinnerlicht haben. Das heißt nicht, dass sie damit nicht konfrontiert gewesen wären, und auch nicht, dass sie nicht auch versucht hätten, sich so zu verhalten, was sehr selten auftrat. Wenn dies der Fall gewesen war, wurde es sofort mit der ganzen Klasse bearbeitet und in würdige Formen des wechselseitigen Umgangs überführt, und es wurde nie ein zentrales oder vordergründiges Problem. Das dürfte, kommen Kinder integrativ erst mit Beginn ihrer Schulzeit zusammen, schon andere Dimensionen haben, aber auch das entbindet nicht davon, solche Vorkommnisse dann unmittelbar gemeinsam zu thematisieren und Kompetenzen aufzubauen, mit Konflikten oder anderen Problemlagen sozial konstruktiv umzugehen. Was heute an Schulen läuft und zum Beispiel über Mobbing berichtet wird, dokumentiert ein immenses erzieherisches Versagen der Schulen. Es spielte keine Rolle, ob ein Kind Gebärdensprache benutzt, ein anderes einen Rollstuhl, eines eine Begleitung durch eine Assistenz benötigt oder ob ein tetraspastisch gelähmtes Kind mit seiner physiotherapeutisch geschulten Assistenz zehn Minuten braucht, eine Handlung auszuführen, die andere Kinder in einer Minute erledigen. Ich habe kein einziges Mal »Oh, ist die aber langsam« oder Ähnliches gehört. Besucher*innen meinten, die Kinder stünden sehr unter Druck, da sie so lange im Stuhlkreis sitzen bleiben, bis diese Mitschülerin ihre Aufgabe erledigt hat. Die gegenseitige Achtung resultiert wesentlich aus der Bedeutung des Tuns der einzelnen Mitglieder eines Kollektivs für die gemeinsam angestrebte Erkenntnis und Sache. Deshalb ist für alle die Transparenz des gesamten Projekts von großer Bedeutung, wie im Laufe seiner Durchführung die zu bearbeitenden Teilbereiche ja aus dem Gesamtanliegen entstehen und die dabei erzielten Arbeitsergebnisse wieder in Richtung des Ganzen zurückgeführt geführt werden. Damit bewegen wir uns im didaktischen Feld, wie ich es mit dem Baummodell zu verdeutlichen versuche. Wie die Äste dem Stamm eines Baumes entspringen, erwachsen die in Teilgruppen für eine bestimmte Zeit zu bearbeitenden Sachverhalte dem gesamten Anliegen des Projekts. Konkret beginnt das am Morgen mit der Rückerinnerung an den vorausgegangenen Tag und führt dann in die Tagesplanung der Vorhaben einzelner Gruppen, die zum Ende des Unterrichts wieder allen anderen am Projekt arbeitenden Mitschüler*innen den erreichten Stand berichten und dokumentieren, auch was am nächsten Unterrichtstag weiter zu bearbeiten ansteht. Bis ein Teilbereich abgeschlossen ist, bleibt eine Gruppe stabil. Andere können möglicherweise den Abschluss ihrer Arbeit an einem Projekt-Ast berichten und wenden sich dann einem anderen zu, was auch bedeuten kann, dass sich dafür eine neue Gruppe bildet. Allein daraus ist schon zu ersehen, wie bedeutend die mit den Kooperationsprozessen verbundenen Kommunikationen auf allen Ebenen möglicher Verständigung und mit allen Mitteln möglicher Dokumentation der Vorhaben und ihrer Ergebnisse sind.

Die Kinder kommen eben nicht in die Schule, um Lesen, Schreiben, Rechnen zu lernen. Sie wollen ihre Welt und die Menschen, deren Geschichte und Lebensweise, ihre Arbeit, ihre Wirkensorte kennen und verstehen lernen, sie interessiert, warum Eisen als Schiff schwimmt und als Flugzeug fliegt, geht doch ein Nagel im Wassereimer unter oder er fällt auf die Erde zurück, wenn man ihn hochwirft. Das wollen sie untersuchen, es diskutieren und dokumentieren, was sie herausfinden und so weiter. Sie kommen von selbst darauf, dass Lesen, Schreiben und Rechnen unter anderem ganz brauchbare Techniken sind, Informationen gewinnen, mitteilen, dokumentieren, Erfahrungen verdichten und verallgemeinern zu können. Wenn Sie das entdecken, haben sie auch schon ein genuines Interesse, das wir pädagogisch als »intrinsische Motivation« bezeichnen, diese Techniken beherrschen und verfeinern zu lernen, um die inhaltliche und sächliche Seite ihrer Tätigkeit wirksamer und auch ökonomischer bewältigen zu können. Sie veranstalten dann auch unter sich Übungsrunden und trainieren sich in diesen Kulturtechniken. Es wird gerade in Bezug auf den Projektunterricht immer befürchtet, dass Übungseinheiten zu kurz kämen, die Rechtschreibung vernachlässigt würde oder Rechenoperationen nicht zum Zuge kommen würden. Dem ist nicht so. Das kann für einige Kinder schon im Kindergarten relevant werden, für andere vielleicht erst im dritten Grundschuljahr. Selbst den Gebrauch von Wörterbüchern oder Lexika eigneten sich die Kinder selbst an, ohne das Alphabet auswendig gelernt zu haben. Sie wussten schnell, wo im Lexikon ein zum Beispiel mit einem »M/m« beginnendes Wort zu finden ist. Die Eigenständigkeit des Lernens der Kinder und ihre dafür nötigen zeitlichen Dimensionen zu ertragen, das fällt Lehrpersonen und auch Eltern besonders schwer, wenn sie darauf nicht vorbereitet sind oder mangels einer inklusiven Frühen Bildung mit ihren Kindern dazu keine Erfahrungen machen konnten. Meinen Beobachtungen nach waren die Kinder im Übergang vom zweiten zum dritten Schuljahr bereits zu wissenschaftlichem Forschen und Arbeiten in der Lage, wie es die Mehrzahl der Studierenden zu Beginn ihres Studiums vermissen lassen.

R.S. & B.W.: Und die Problemlagen in den politischen Feldern?

G.F.: Die Umwandlung der (Voll-)Integration in eine Kooperationsmodell war einerseits die Folge politischer Entscheidungen und andererseits ein Versuch, seitens der Pädagogik die Integration so weit als möglich zu erhalten. Das Kooperationsmodell kann kurz dadurch beschrieben werden, dass es um Klassen für Behinderte an Standorten der Regelschule geht. Vorausgegangen war dem zum Beispiel sogar der Verkauf der SfG Bremen-Mitte, da dort keine Kinder mehr zur Einschulung anstanden, ältere Jahrgänge entlassen worden waren und die anderen integrativ unterrichtet wurden. Trotz der dramatischen Finanzlage des Stadtstaates konnte erreicht werden, dass der Erlös aus dem Verkauf der Geistigbehindertenschule dazu verwendet wurde, Regelschulen barrierefrei zu machen und entsprechend umzugestalten. Mit der »gemeinsam-kooperativen Beschulung«, wurden die behinderten Kinder wieder in Sonderklassen zusammenführt und eine Schulleitung für die Sonderklassen eingesetzt, die es dann auch formal ohne eigenes Schulgebäude am Standort einer Regelschule gab.

Das zentrale und durchgehende Argument gegen die Integration war stets deren Finanzierung, obwohl wiederholt rein ökonomisch nachgewiesen werden konnte, dass eine Vollintegration ohne Sonderschulen nicht teurer würde als das bestehende Parallelsystem von Regel- und Sonderschulen, wenngleich die Dauer der Übergangszeit mehr Finanzmittel erfordert. Mit der Kostenfrage konnte man eben in der breiten Öffentlichkeit in Anbetracht der prekären Finanzlage Bremens alte Vorurteile dahingehend, dass die Behinderten zu viel kosten, schnell wiederbeleben und verstärken. Man scheute sich auch nicht, in der Öffentlichkeit damit zu argumentieren, dass für Schüler*innen mit Behinderungen mehr Kosten aufgewendet würden, als das für Gymnasiast*innen der Fall ist. So kam es dann ab 1988, organisiert durch die Lebenshilfe Bremen, die zur Integration stand, zur Entwicklung des Kooperationsmodells, das bewusst und eindeutig nicht mit dem Etikett der Integration firmierte, wie das heute mit dem der Inklusion geschieht. Mit der Bürgerschaftswahl 1995, die entgegen anderer Koalitionsmöglichkeiten, zur großen Koalition führte, war das Ende der Integration besiegelt. Das damals unter anderem auch mit den Argumenten, dass keine Spitzenmanager*innen nach Bremen zu bekommen wären, wenn ihre Kinder in den Gymnasien mit Geistigbehinderten in einer Klasse sitzen würden. Vielleicht ist es wichtig hinzuzufügen, dass sich zuvor die »Wählergemeinschaft für Arbeit in Bremen und Bremerhaven« (AFB), die bis 2002 aktiv war, von der SPD abgespalten hatte und die erste Ampelkoalition in einer Krise steckte – dies zur Verdeutlichung der wirklich sehr krisenhaften politischen Lage. Sie war selbstverständlich auch in der Bevölkerung präsent. Die Sorgen der Menschen richteten sich zunehmend auf ihre wirtschaftliche Lage denn auf Fragen von Kultur, Erziehung und Bildung. Die Eltern und Fachkräfte aus der Anfangszeit der Integration waren von ständigen Kämpfen für die Sache, deren Fortführung und Erhalt müde geworden. Das kann man einfach so sagen. Jahr für Jahr die Fortführung verteidigen zu müssen, war für mich nichts anderes als eine Zermürbungstaktik, die sehr deutlich auch aus der Schuladministration kam. Sie versuchte, wie ich das wahrgenommen habe, ihre eigene Politik auch gegen senatorische Vorgaben zu machen und war darin fürwahr erfolgreich. Als es zur besagten großen Koalition kam, für die die Integration zur Verhandlungsmasse geworden war, schafften wir es nicht mehr, den notwendigen Widerstand im Sinne einer breiten Gegenbewegung der Zivilgesellschaft zu organisieren. Er war in vielen Teilbereichen vorhanden, blieb dadurch aber auf das Ganze gesehen unwirksam. Im Grunde war der Übergang in das Kooperationsmodell auch schon weitgehend akzeptiert und dieser beschäftigte alle so sehr, dass die in sie einfließende Resignation lähmend wirkte. Nicht zu unterschätzen ist, dass Herr Franke 1990 aus seinem Amt als Senator für Bildung, Wissenschaft und Kunst ausschied. Ich bringe es einmal in den Zusammenhang damit, dass die Integration vor den Türen der Gymnasien stand, die sich meines Wissens auch geöffnet hätten. Die Entwicklungen gingen aber dahin, Gymnasien aus den Gesamtschulverbünden herauszulösen und sie aus besagten Gründen wieder als isolierte, selbstständige Schuleinheiten zu führen. Eine Rolle dürfte auch gespielt haben, dass die Bremische Wissenschafts- und Bildungspolitik seitens der konservativ regierten Bundesländer (bis in die Kultusministerkonferenz hinein) stets auch von außen unter erheblichen Druck gesetzt wurde. Bremen hatte zum Beispiel eine bessere Schüler-Lehrer-Relation als es im Bundesdurchschnitt der Fall gewesen war, was in Anbetracht dessen, dass Bremen den Bund-Länder-Finanzausgleich in

Anspruch nehmen musste, zum Anlass genommen wurde, selbst darauf
Einfluss zu nehmen und größere Klassen zu erzwingen.

Die vielfältigen Strömungen, die damals das Bremische Bildungssystem beeinflusst haben, sind Legion. Sie müssten alle herausgefunden und analysiert werden, um ein einigermaßen zutreffendes Bild
zu erhalten. Ich wüsste nicht, dass es eine solche Analyse gibt. Das
infolgedessen etablierte Kooperationsmodell, das ich nie gewollt, allerdings insofern daran mitgearbeitet habe, dass weiterhin kein Kind
wegen Art oder Schweregrad seiner Behinderung ausgeschlossen
wurde, und man immerhin so ehrlich war, was sich da entwickelte,
nicht als »Integration« zu bezeichnen. Das Kooperationsmodell,
das muss zugestanden werden, war weitergehend dem vergleichbar,
was in anderen Bundesländern als »Integration« beziehungsweise
heute als »Inklusion« bezeichnet wurde und wird. Die Konzeption
des Kooperationsmodells verlangte eine Zusammenarbeit zwischen
Sonderklasse und Regelklassen, ließ aber offen, in welcher Form und
in welchem Umfang das der Fall sein sollte und regelte keine dafür
erforderliche Ressourcen. So wäre die Fortführung der Vollintegration durchaus denkbar gewesen und viele Kolleg*innen haben auch
wie zuvor im Modell der Integration weitergearbeitet, was hohe Anerkennung verdient. Es muss aber auch gesehen werden, dass sich
deren Kräfte auch mangels Ressourcen nach und nach erschöpften
und auch die Kräfte wieder Oberhand gewannen, die der Integration
gegenüber skeptisch geblieben sind. So reduzierte sich die Kooperation an manchen Standorten auf einen gemeinsamen Beginn und Abschluss einer Unterrichtswoche und zerfiel sehr schnell in Bezug auf
die sogenannten »harten« Fächer.

Bezüglich der Beendigung der Integration zugunsten des Kooperationsmodells wurden zwei Sachverhalte deutlich: Zum einen, dass
selbst nach Jahren erfolgreichen Arbeitens Integration beziehungsweise Inklusion, politisch gesehen, Verhandlungsmasse bleiben.
Die Qualität von Erziehung und Bildung hat bis heute keinen den
Sonntagsreden der Politiker*innen entsprechende Bedeutung in den
hegemonialen Machtkämpfen auf dem Rücken von Kindern und Jugendlichen. Zum anderen verlangt auch heute die Inklusion in den
kommunalen Bereichen fortlaufend intensive Öffentlichkeitsarbeit
und Gespräche mit allen bildungspolitisch verantwortlichen Personen und Gremien, damit sie im kollektiven Bewusstsein verankert

bleibt und Gegenkräfte mobilisiert werden können, wenn Gefahr in Verzug ist. Das trifft auch auf die PRIMUS-Schulen in NRW zu. Gegen die Taktik der verantwortlichen Bildungspolitik, die Lehrpersonen durch ständigen Ressourcenmangel und dessen Überkompensation, damit er nicht zu Lasten der Kinder geht, schließlich in die Knie zu zwingen, sodass sie sich mit dem bestehenden sEBU arrangieren und schließlich eine »selektierende Inklusion« betreiben, kann man nur mit der qualitativen Weiterentwicklung der eigenen Fachlichkeit und des politischen Bewusstseins im Kollektiv angehen, und das in den Kollegien der einzelnen Schulen selbst, was ich als eine vordringliche Aufgabe der Schulleitungen ansehe – dies nur um klarzumachen, wer die Lage in den Schulen und das Stagnieren ihrer Weiterentwicklung in Sachen Inklusion wirklich zu verantworten hat und um gute fachliche Argumente zu generieren. Das erfordert aber auch, die eigenen Hausaufgaben zu erledigen. Pädagogik ist ein wissenschaftliches Fach und hochpolitisch, sie ist aber nicht die Politik und darin begrenzt, politische Fehlentscheidungen fachlich zu korrigieren oder zu unterlaufen. Aber: Ein in der Sache solidarisches Kollegium hat auch Möglichkeiten, eine Schule zu gestalten und vorhandene Ressourcen neu zu verteilen und zu nutzen, wenn dem das entsprechende Menschenbild und ein Verständnis von Unterricht zugrunde liegt, dessen erste und zentrale Aufgabe es ist, entwicklungsfördernd und nicht unverstanden Stoff einpaukend zu arbeiten.

Bremen hätte, so meine Einschätzung, die Voraussetzungen gehabt, in Sachen Integration und Inklusion zu einem führenden und auch richtungsweisenden Bundesland zu werden und im Sektor der institutionalisierten Bildung einen Weg zu gehen, der der UN-BRK schon lange vor ihrer abschließenden Entwicklung und Ratifizierung voll entsprochen hätte. Wilfried Lemke, der im Juli 1999 das Amt als Senator für Bildung angetreten hat, fuhr mit Mitgliedern seiner Behörde nach Finnland, um sich dort in Sachen Integration zu informieren, während an der Universität Oulu von Kolleg*innen, mit denen wir von 1997 bis 2000 in einem »SOCRATES-Curriculumprogramm INTEGER« zusammengearbeitet haben, Berichte, Vorträge und auch einige der nicht-publizierten »grauen Literatur« von uns ins Finnische übersetzt wurden, weil man dort eine entsprechende Didaktik nicht zur Verfügung hatte. Auch waren schwerstmehrfach behinderte Kinder und deren Teilhabe am Regelunterricht kein Anliegen der In-

tegration in Finnland. Ihre Sonderschulung war weitgehend selbstverständlich und unhinterfragt. In einer öffentlichen Versammlung
nach der senatorischen Exkursion nach Finnland machte ich Senator
Lemke auf diesen Anachronismus aufmerksam, was zwar gehört, aber
nicht wirklich aufgenommen wurde und für die Situation in Bremen
auch bedeutungslos blieb. Wie könnte der Verlust der Geschichte des
eigenen Bundeslandes deutlicher zutage treten? Ich denke, damit ist
alles ausgesagt. Im Sinne einer persönlichen Anmerkung erlaube ich
mir die Frage, wie das auch in Anbetracht der Geschichtsvergessen-
heit der Bremischen SPD hätte anders sein können? Sie ist aus dem
»Allgemeinen Deutschen Arbeiterverein« (wie die SPD 1890 aus der
Umbenennung der »Sozialistischen Arbeiterpartei Deutschlands«)
hervorgegangen, hat ihr Verbot im Rahmen der Sozialistengesetze von
1878 bis 1890 überstanden, sich 1899 gegen den beginnenden Revisi-
onismus der Gesamtpartei gewehrt, sich als links von den Spartakisten
stehend verstanden und sich nach Gründung der KPD 1917 dieser
für eine kurze Zeit angeschlossen. Noch nach 1945 konnten SPD und
KPD sich vorstellen, eine vereinigte Partei zu bilden ...

R.S. & B.W.: Was gibt es zu lernen aus den Kämpfen um Bremen? Welche
Lehren lassen sich daraus ziehen?

G.F.: Ich denke, dass aus den hier kurz zur Sprache gekommenen Erfahrungen einige Momente sowohl im Bereich des Fachlichen wie des Politischen benannt werden können, die aufs Engste miteinander verbunden und auch heute noch zur Etablierung der Inklusion im Sinne der
Transformation des sEBU in ein iEBU von Bedeutung sind. Auszugehen ist meiner Meinung nach stets von der Analyse der Geschichte
und der aktuell bestehenden Verhältnisse einer umzustrukturieren-
den Institution. Es ist wichtig, um die Einstellungen und Bereitschaf-
ten von Kolleg*innen und der Leitung einer Institution zu wissen,
um deren Ressourcen, um die Haltungen der Vorgesetzten und/oder
der eine Institution betreibenden und unterhaltenden Stellen, um
die Einstellungen von Eltern oder anderen Erziehungsberechtigten,
um die unmittelbare soziale Umgebung, die ökonomische Lage einer
Kommune oder eines Stadtteils, um die Situation der Verantwortung
tragenden Parteien, Verbände und Organisationen und vor allem
auch der Behindertenorganisationen selbst und der Betreiber der Institutionen der Behindertenfürsorge – um nur einige relevante Dimensionen zu benennen, die in unserem Gespräch zu den Entwick-

lungen in Bremen angesprochen worden sind. Was diese scheinbar vereinzelten Bereiche verbindet, wo es gemeinsame Nenner gibt oder was sie trennt und was sich total widersprechende Positionen sind, ist die bedeutendste, zu treffende Einschätzung.

Wir haben in Bremen erlebt, dass die Kraft breit getragener Willensbildungen auch eine etablierte Herrschaftspolitik ändern kann, seien es nun Behindertenverbände oder politische Gruppierungen, die ihre Einfluss- und Machtsphären bedroht sehen, wie eine in einer Sache überzeugte politische Persönlichkeit auch gegen eine breite öffentliche Gegnerschaft positive Veränderungen herbeiführen kann. Letztlich sind es Aushandlungsprozesse, die sehr hart, langwierig und auch, wie ich es oft erleben musste, unter die Gürtellinie gehend sein können, wenn es keine sachlich und fachlich haltbaren Gründe mehr für die Fortführung oder Aufrechterhaltung einer Gegenposition zur Inklusion gibt.

Auf der gesellschaftlichen Ebene als solche geht es um Kämpfe hegemonialen Machterhalts der an sich konkurrierenden Akteur*innen, die in der Durchsetzung ihrer Interessen zu dominieren versuchen, aber sich auch Interessengruppen unterwerfen, wie solchen sich auch freiwillig unterordnen können, weil sie dadurch ihren eigenen Zielen näherkommen. Auch wenn es mir herbe Ablehnung einträgt, sehe ich das in besonderer Weise in Bezug auf die Lehrerschaft für gegeben, an der es aus meiner Sicht heute ganz zentral liegt, sich – jetzt als allgemeiner Begriff gedacht – gegen die marktkonforme Abrichtung ganzer Generationen hinsichtlich Produktion, Reproduktion und Konsumtion unter Missachtung der Entfaltung demokratischer Kompetenzen und humaner Potenziale zu erheben. Inklusion ist heute aus meiner Sicht *der* zentrale Weg eines konstruktiven Aufstandes für eine subjektwissenschaftlich fundierte, kindzentrierte Pädagogik.

Was das Bildungssystem betrifft, sind wir noch weit davon entfernt, auch nur annähernd einen politischen und zivilgesellschaftlichen Konsens darin zu haben, dass die Entfaltung der menschlichen Persönlichkeit hinsichtlich der Ermöglichung individueller Potenziale in Kontexten kommunikationsbasierter Kooperationen ein generelles Anliegen pädagogischer Praxis sein sollte.[26] Diesbezüglich sollte man

---

26 Während ich dieses Interview transkribiere und in Schriftform bringe, hat die SARS-CoV-2 Pandemie seit Bestehen der BRD dazu geführt, dass hinsichtlich der Maßnahmen zur Eindämmung und Kontrolle der Pandemie jenseits der Wirtschaftswissenschaften und eines

sich weder durch Sonntagsreden noch durch die kaum noch zu ertragenden Verweise der Politeliten auf *unsere Werte* blenden lassen. Wer sich aktiv und uneingeschränkt auf Inklusion einlässt, wird erfahren, wie sehr die Werte, die propagiert werden, nutzenabhängig für das System sind – was eines Nutzens entbehrt, verliert seinen Wert und der Mensch damit auch seine Würde. Damit hat unsere Gesellschaft anscheinend keine Probleme.

Zusammenfassend würde ich einige Momente, die mir mit Blick zurück bedeutend erscheinen, um in Sachen Inklusion nach vorne zu kommen, wie folgt benennen: die Einarbeitung in eine wissenschaftlich fundierte Fassung der Inklusion, deren Problem die Exklusionen von Menschen mit bestimmten Differenzdimensionen aus dem regulären institutionalisierten Bildungssystem und deren Zwangsinklusion in für sie geschaffene Sondersysteme ist, verbunden mit einer fundierten Befassung mit den humanwissenschaftlichen Dimensionen menschlichen Lernens und menschlicher Persönlichkeitsentwicklung, die eine »Allgemeine Pädagogik und entwicklungslogische Didaktik« bedingen und nachvollziehbar machen, dass das bestehende Bildungssystem strukturell und funktional zu transformieren ist; die Einbeziehung vor allem der Elternschaft in die vorstehend benannten Abklärungsprozesse und gemeinsam mit ihnen, der Leitung und des Kollegiums einer Bildungsinstitution, die Abklärung deren Ressourcen und deren Um- oder Neuorganisation im Sinne der Öffnung von Möglichkeitsräumen für die Realisierung inklusiver Lern-

---

höchst undemokratischen Wirtschaftslobbyismus auch Humanwissenschaftler*innen (Virolog*innen und Personen assoziierter Bereiche) nicht nur angehört, sondern deren Empfehlungen politisch selbst um den Preis der Schwächung der Wirtschaft und der Einschränkungen des gesellschaftlichen Lebens gefolgt wird. Gäbe es das im Feld der Pädagogik, könnten wir mit dem nächsten Schuljahr im aufgezeigten Sinne in einem horizontalen Schulsystem vollintegrativ unterrichten. Da es im Fall der Pandemie möglich ist und dafür quasi über Nacht weit mehr als eine Billion Euro zur Verfügung gestellt werden können, wäre das prinzipiell auch im Feld der Pädagogik bei einem extrem geringen Bruchteil an Kosten möglich und würde binnen einer Generation allen zu Gute kommen. Im Spiegel der Bildungspolitik und der Kultusministerkonferenz scheint die Erziehungswissenschaft nur insofern Gehör zu bekommen, als sie das bestehende System bestätigt. Dies wäre mit dem Umstand zu vergleichen, dass die Politik sich von der Virologie und Seuchenforschung etwa darin beraten ließe, wie eine Gesellschaft möglichst effizient durchseucht werden könnte, unabhängig davon, wie vielen Menschen das ihr Leben kosten würde.

welten; die Öffentlichkeitsarbeit sowohl gegenüber den im Bereich der Bildung Verantwortung tragenden Politiker*innen und Parteien als auch bezogen auf Organisationen und Persönlichkeiten der Zivilgesellschaft, um Unterstützer*innen zu finden und zu verdeutlichen, dass es um ein gesamtgesellschaftliches Anliegen der Humanisierung und Demokratisierung des Bildungswesens in Verantwortung vor *allen* Kindern und der Zukunft unserer Gesellschaft geht.

Unter Berücksichtigung der vorgenannten Momente, gilt es, verantwortungsbewusst auf diese bezogen, hier und jetzt und an jedem denkbaren Standort mit der inklusiven Arbeit zu beginnen. Nur das Tun wird das erforderliche kollektive Bewusstsein schaffen, aufklärend und modellhaft wirksam werden und überzeugen können, und infolge dessen die Bedingungen schaffen können, die von Beginn an nicht zu erwarten sind.

Inklusion wird an jedem Ort auf der Basis der vorzufindenden und zu schaffenden Bedingungen kreativ entwickelt werden müssen. Sie wird nie ein Zustand sein, sondern ein ständig zu realisierender Prozess zwischenmenschlicher Beziehungsqualitäten – auch und gerade in Feldern der Pädagogik.

Literatur zum Interview

Agamben, Giorgio (2002): *Homo sacer*. Frankfurt a. M.: Suhrkamp.
Behrendt, Anja; Heyden, Franziska; Häcker, Thomas H. (Hrsg.). (2019):»*Das Mögliche, das im Wirklichen (noch) nicht sichtbar ist ...*«. *Planung von Unterricht für heterogene Lerngruppen – im Gespräch mit Georg Feuser*. Düren: Shaker.
Bourdieu, Pierre (2001): *Wie die Kultur zum Bauern kommt*. Hamburg: VSA-Verlag.
Bourdieu, Pierre (1998): *Praktische Vernunft. Zur Theorie des Handelns*. Frankfurt a. M.: Suhrkamp.
Christoph, Franz (1983): *Krüppelschläge. Gegen die Gewalt der Menschlichkeit*. Reinbek b. H.: Rowohlt.
Debord, Guy (1996 [1967]): *Die Gesellschaft des Spektakels*. Berlin: Edition Tiamat.
Feuser, Georg (2001): Ich bin, also denke ich! Allgemeine und fallbezogene Hinweise zur Arbeit im Konzept der SDKHT. *Behindertenpädagogik, 40*(3), 268–350.
Feuser, Georg (2002): Die »Substituierend Dialogisch-Kooperative Handlungs-Therapie (SDKHT)« – eine Basistherapie. In ders.; Berger, Ernst (Hrsg.), *Erkennen und Handeln. Momente einer kulturhistorischen (Behinderten-)Pädagogik und Therapie* (S. 349–378). Berlin: Pro Business.
Feuser, Georg (2009): Naturalistische Dogmen: Unerziehbarkeit, Unverständlichkeit, Bildungsunfähigkeit. In Dederich, Markus; Jantzen, Wolfgang (Hrsg.), *Behinderung und Anerkennung* (S. 233–239). Stuttgart: Kohlhammer.
Feuser, Georg (2011a): Entwicklungslogische Didaktik. In Kaiser, Astrid; Schmetz, Ditmar;

Wachtel, Peter; Werner, Birgit (Hrsg.), *Didaktik und Unterricht* (S. 86–100). Stuttgart: Kohlhammer.

Feuser, Georg (2011b): Advokatorische Assistenz. In Erzmann, Tobias; Feuser, Georg (Hrsg.), *»Ich fühle mich wie ein Vogel, der aus seinem Nest fliegt.« Menschen mit Behinderungen in der Erwachsenenbildung* (S. 203–218). Frankfurt a.M.: Peter Lang.

Feuser, Georg (2013a): Die »Kooperation am Gemeinsamen Gegenstand« – ein Entwicklung induzierendes Lernen. In ders.; Kutscher, Joachim (Hrsg.), *Entwicklung und Lernen* (S. 282–293). Stuttgart: Kohlhammer.

Feuser, Georg (2013b): Grundlegende Dimensionen einer LehrerInnen-Bildung für die Realisierung einer inklusionskompetenten Allgemeinen Pädagogik. In ders.; Maschke, Thomas (Hrsg.), *Lehrerbildung auf dem Prüfstand. Welche Qualifikation braucht die inklusive Schule?* (S. 11–66). Gießen: Psychosozial-Verlag.

Feuser, Georg (2016): Zur endlosen Geschichte der Verweigerung uneingeschränkter Teilhabe an Bildung – durch die Geistigbehindert-Macher und Kolonisatoren. In Fischer, Erhard; Markowetz, Reinhard (Hrsg.), *Inklusion im Förderschwerpunkt geistige Entwicklung* (S. 31–73). Stuttgart: Kohlhammer.

Feuser, Georg (2018): *Wider die Integration der Inklusion in die Segregation. Zur Grundlegung einer Allgemeinen Pädagogik und entwicklungslogischen Didaktik.* Berlin: Peter Lang.

Feuser, Georg; Meyer, Heike (1987): *Integrativer Unterricht in der Grundschule. Ein Zwischenbericht.* Solms-Oberbiel: Jarick.

Friedeburg, Ludwig von (1989): *Bildungsreform in Deutschland.* Frankfurt a.M.: Suhrkamp.

Graf, Martin Albert; Graf, Erich Otto (2008): *Schulreform als Wiederholungszwang.* Zürich: Seismo.

Köbsell, Swantje (2011): Eine Frage des Bewusstseins – zur Geschichte der Behindertenbewegung in Deutschland. In Erzmann, Tobias; Feuser, Georg (Hrsg.), *»Ich fühle mich wie ein Vogel, der aus seinem Nest fliegt.« Menschen mit Behinderungen in der Erwachsenenbildung* (S. 43–83). Frankfurt a.M.: Peter Lang.

Köbsell, Swantje (2018): Ohne Kampf keine Rechte. Zur Geschichte der Behindertenbewegung in Deutschland. In Hoffmann, Thomas; Jantzen, Wolfgang; Stinkes, Ursula (Hrsg.), *Empowerment und Exklusion. Zur Kritik der Mechanismen gesellschaftlicher Ausgrenzung* (S. 317–334). Gießen: Psychosozial-Verlag.

Müller, Frank J. (Hrsg.). (2018): *Blick zurück nach vorn – WegbereiterInnen der Inklusion. Band 1 und 2.* Gießen: Psychosozial-Verlag.

Vygotskij, Lew (1987). *Ausgewählte Schriften. Band 2.* Köln: Pahl Rugenstein.

Biografische Notiz

Georg Feuser, Prof. Dr., Jahrgang 1941, Grund-, Haupt-, Real- und Sonderschullehrer, Sonderschulrektor a.D., seit 1978 Professor für »Behindertenpädagogik, Didaktik, Therapie und Integration bei geistiger Behinderung und tiefgreifenden Entwicklungsstörungen« an der Universität Bremen, von 2005 bis 2010 an der Universität Zürich, entwickelte und erprobte unter anderem eine »Allgemeine Pädagogik und entwicklungslogische Didaktik«, die das Anliegen der Inklusion in sich aufzuheben vermag – dies selbstverständlich auch in interkulturellen Kontexten.

Kontakt
E-Mail: gfeuser@swissonline.ch

Quellen

Ackeren, Isabell van; Endberg Manuela; Locker-Grütjen, Oliver (2020): Chancengleichheit in der Corona-Krise: Die soziale Bildungsschere wieder schließen. *Die Deutsche Schule, 111*(2), 245–248.

Adamek, Karl (1981): *Lieder der Arbeiterbewegung*. Frankfurt a.M.: Büchergilde Gutenberg.

Adler, Alfred (1927): *Praxis und Theorie der Individualpsychologie*. München: Bergmann.

Adorno, Theodor W. (1971a): *Erziehung zur Mündigkeit*. Frankfurt a.M.: Suhrkamp.

Adorno, Theodor W. (1971b): Erziehung nach Auschwitz. In ders., *Erziehung zur Mündigkeit* (S. 88–104). Frankfurt a.M.: Suhrkamp.

Adorno, Theodor W. (1972): Theorie der Halbbildung. In ders., *Soziologische Schriften I* (S. 93–121). Frankfurt a.M.: Suhrkamp.

Adorno, Theodor W. (1973 [1950]): *Studien zum autoritären Charakter*. Frankfurt a.M.: Suhrkamp.

Agamben, Giorgio (2002). *Homo sacer*. Frankfurt a.M.: Suhrkamp.

Akhoundi, Zahra Haji (2021): Paulo Freires Erbe im Mathematikunterricht. In Heidhues, Annete Nana; Schimpf-Herken, Ilse; Schmidt Quintero, Mariana, *Begegnung verändert Gesellschaft. Ansätze einer von Paulo Freie inspirierten Bildungspraxis* (S. 291–298). Stuttgart: Ibidem.

Albrecht-Hermanns, Marc (2017): »Kulturzugangsgeräte« sind auf dem Schulgelände verboten. *Integrierte Schulen, (4)*, 14–19.

Alexander, Neville (2001): *Südafrika. Der Weg von der Apartheid zur Demokratie*. München: C.H.Beck.

Allmendinger, Jutta (1999): Bildungsarmut. Zur Verschränkung von Bildungs- und Sozialpolitik. *Soziale Welt, 50*(1), 35–50.

Amjahid, Mohamed (2017): *Unter Weißen. Was es heißt, privilegiert zu sein*. Berlin: Hanser.

Amjahid, Mohamed (2021): *Der weiße Fleck. Eine Anleitung zum antirassistischen Denken*. München: Pieper.

Andresen, Sabine; Wilmes, Johanna; Möller, Renate (2019): Children's Worlds+. Eine Studie zu Bedarfen von Kindern und Jugendlichen in Deutschland. https://www.bertelsmann-stiftung.de/de/publikationen/publikation/did/childrens-worlds/ (06.09.2021)

Arbeitsgruppe Internationale Vergleichsstudie (Hrsg.) (2007): *Schulleistung und Steuerung des Schulsystems im Bundesstaat. Kanada und Deutschland im Vergleich*. Band 9. Münster: Waxmann.

Arendt, Hannah (2007): *Über das Böse. Eine Vorlesung zu Fragen der Ethik*. München: Piper.

Au, Jakob von; Gade, Uta (2016): *»Raus aus dem Klassenzimmer« – Outdoor Education als Unterrichtskonzept.* Weinheim: Beltz.

Autorengruppe Bildungsberichterstattung (Hrsg.). (2020): Bildung in Deutschland. Ein indikatorengestützter Bericht mit einer Analyse zu Bildung in einer digitalisierten Welt. https://www.bildungsbericht.de/de/bildungsberichte-seit-2006/bildungs-bericht-2020/bildung-in-deutschland-2020 (06.09.2021).

Barankow, Maria; Baron, Christian (2021): *Klasse und Kampf.* Berlin: Claassen.

Barloewen, Constantin von (2010): *Clowns. Versuch über das Stolpern.* München: Diederichs.

Barloschky, Joachim (2011): Positionen und Autobiografisches. Abschied von Tenever. Broschüre. Bremen.

Baron, Christian (2016): *Proleten, Pöbel, Parasiten.* Berlin: Das neue Berlin.

Baron, Christian (2021): *Ein Mann seiner Klasse.* Berlin: Ullstein.

Bartnitzky, Horst (2003): Das Dilemma der Grundschule: zu kurz und zu ausleseorientiert. Position des Grundschulverbandes. In Heyer, Peter; Sack, Lothar; Preuss-Lausitz, Ulf (Hrsg.), *Länger gemeinsam lernen* (S. 16–21). Frankfurt a.M.: Grundschulverband.

Bartnitzky, Horst (2013): Die »kritischen Stellen im Lernprozess« und wie Kinder sie bewältigen können. *Grundschule aktuell, 122,* 3–7.

Bartnitzky, Horst (2020): Sinnhaft und interaktiv – Kernprinzipien jeder kindsensiblen Didaktik. In Hecker, Ulrich; Lassek, Maresi – Ramseger, Jörg, *Kinder lernen Zukunft* (S. 293–314). Frankfurt a.M.: Grundschulverband.

Bartnitzki, Horst; Brügelmann, Hans; Hecker, Ulrich; Heinzel, Friederike; Schönknecht, Gudrun; Speck-Hamdan, Angelika (2009): *Kursbuch Grundschule.* Frankfurt a.M.: Grundschulverband.

Bartnitzky, Horst; Hecker, Ulrich; Lassek, Maresi (Hrsg.). (2013): *Individuell fördern – Kompetenzen stärken ab Klasse 3.* Frankfurt a.M.: Grundschulverband.

Bartosch, Roman (2019): Interkulturalität und Inklusion. Überlegungen zu Differenzierung und Gemeinsamem Gegenstand im Englischunterricht. In Behrendt, Anja; Heyden, Franziska; Häcker, Thomas, *»Das Mögliche, das im Wirklichen (noch) nicht sichtbar ist …« – Planung von Unterricht für heterogene Lerngruppen – im Gespräch mit Georg Feuser* (S. 61–78). Düren: Shaker.

Barysch, Katrin Nicole (2016): Selbstwirksamkeit. In Frey, Dieter (Hrsg.), *Psychologie der Werte. Von Achtsamkeit bis Zivilcourage – Basiswissen aus Psychologie und Philosophie* (S. 201–211). Berlin, Heidelberg: Springer.

Basaglia, Franco; Basaglia-Ongaro, Franca (1980): Befriedungsverbrechen. In dies. (Hrsg.), *Befriedungsverbrechen. Über die Dienstbarkeit der Intellektuellen.* Frankfurt a.M.: Europäische Verlagsanstalt.

Bauman, Zygmunt (2005): *Verworfenes Leben. Die Ausgegrenzten der Moderne.* Hamburg: HIS.

Baumert, Jürgen (2008): Was soll man unter Bildung verstehen? *Die Deutsche Schule, 100*(1), 16–21.

Begemann, Ernst (1970): *Die Erziehung der sozio-kulturell benachteiligten Schüler.* Hannover: Schroedel.

Becker, Ulrike; Prengel, Annedore (2010): Kindern institutionell Halt geben – Strukturen für »schwierige Kinder« in inklusiven Grundschulen. In Heinzel, Friederike (Hrsg.), *Kinder in Gesellschaft* (S. 184–198). Frankfurt a.M.: Grundschulverband.

Behrendt, Anja; Heyden, Franziska; Häcker, Thomas (Hrsg.). (2019): *»Das Mögliche, das* *im Wirklichen (noch) nicht sichtbar ist ...«* – *Planung von Unterricht für heterogene Lerngruppen – im Gespräch mit Georg Feuser*. Düren: Shaker.

Benner, Dietrich; Ramseger, Jörg (1981): *Wenn sich die Schule öffnet. Erfahrungen aus dem Grundschulprojekt Gievenbeck*. Weinheim: Juventa.

Benölken, Ralf; Berlinger, Nina; Hammad, Carolin; Veber, Marcel (2017): *MatheWelt. Schülerarbeitsheft ab Klasse 5*. Velber: Friedrich.

Benölken, Ralf; Berlinger, Nina; Veber, Marcel (2018): *Alle zusammen! Offene, substanzielle Problemfelder als Gestaltungsbaustein für inklusiven Mathematikunterricht*. Münster: WTM-Verlag.

Benölken, Ralf; Veber, Marcel (2018): *Fachfremder Mathematikunterricht in schulischer Inklusion – Forschungseinblicke und Ausblicke auf Professionalisierungsangebote. Beiträge zum Mathematikunterricht*. Münster: WTM-Verlag.

Berger, Lasse; Berger, Marianne (2012): *Der Baum der Erkenntnis* (6. Aufl.) Bremen: Berger.

Besser, Robert (2020): Digitaler Unterricht bei Lernschwäche. *Praxis Grundschule, 43*(5), 42–43.

Beywl, Wolfgang; Zierer, Klaus (2014): »Visible Learning« wird zu »Lernen sichtbar machen«. In Terhart, Ewald, *Die Hattie-Studie in der Diskussion* (S. 147–162). Seelze: Friedrich.

Bichsel, Peter (1970): Rassismus und Faulheit. In Scuola (Barbiana) (Hrsg.), *Scuola di Barbiana: Die Schülerschule* (S. 9–17). Berlin: Wagenbach.

Birnbacher, Dieter; Krohn, Dieter (2002): *Das sokratische Gespräch*. Stuttgart: Reclam.

Blankertz, Herwig (1982): *Die Geschichte der Pädagogik*. Wetzlar: Büchse der Pandora.

Blesenkemper, Klaus; Sikorski, Dirk (2017): Praktische Philosophie inklusiv. In *Zeitschrift für Didaktik der Philosophie und Ethik, 39*, 49–56.

Boal, Augusto (1989): *Theater der Unterdrückten*. Frankfurt a.M.: Suhrkamp.

Boban, Ines; Hinz, Andreas (Hrsg.). (2003): Index für Inklusion – Lernen und Teilhabe in der Schule der Vielfalt entwickeln (entwickelt von Tony Booth und Mel Ainscow; übersetzt und bearbeitet von Ines Boban und Andreas Hinz). Martin-Luther-Universität Halle-Wittenberg (eine englischsprachige Ausgabe findet man unter: http://www.eenet.org.uk).

Boban, Ines; Hinz, Andreas (2017): *Inklusive Bildungsprozesse gestalten*. Seeze: Kallmeyer.

Boban, Ines; Hinz, Andreas (2019): »Gentle Teachin« – Ein radikaler Impuls für eine Inklusive Haltung. In Jahr, David; Kruschel, Robert (2019), *Inklusion in Kanada* (S. 144–160). Weinheim: Beltz.

Boban, Ines; Hinz, Andreas (2021a): *Matemática crítica* als Akt befreiender Bildungsarbeit und Beispiel für mathematisches Handeln – eine konkrete Aktionsform für Inklusion. In Heidhues, Annete Nana; Schimpf-Herken, Ilse; Schmidt Quintero, Mariana: *Begegnung verändert Gesellschaft. Ansätze einer von Paulo Freie inspirierten Bildungspraxis* (S. 299–307). Stuttgart: Ibidem.

Boban, Ines; Hinz, Andreas (2021b): »Kritisches Lernen« – eine inklusive und demokratische Art, mit Paulo Freire »die Welt zu lesen«. https://inklusion-online.net/index.php/inklusion-online/article/view/524/385 (29.03.2021).

Bogdal, Klaus-Michael (2011): *Europa erfindet die Zigeuner*. Berlin: Suhrkamp.

Bönsch, Manfred (2017): *Starke Schüler durch starke Pädagogik*. Braunschweig: Westermann.

Bönsch, Manfred (2018): Extrem Maßnahmen für extreme Situationen. *Grundschule, 50*(2), 40–42.

Boldt, Helga (2017): Vielfalt und Differenz an der Neuen Schule Wolfsburg. In Reich,

Kersten, *Inklusive Didaktik in der Praxis. Beispiele erfolgreicher Schulen* (S. 130–152). Weinheim: Beltz.

Booth, Tony; Ainscow, Mel (2017): *Index für Inklusion. Deutschsprachige Adaption*. Weinheim: Beltz.

Bos, Wilfried; Hornberg, Sabine; Arnold, Karl-Heinz; Faust, Gabriele; Fried, Lilian; Lankes, Eva-Maria; Schwippert, Kurt; Valtin, Renate (Hrsg.). (2006): *IGLU 2006. Lesekompetenz von Grundschulkindern im internationalen Vergleich*. Münster: Waxmann.

Bos, Wilfried; Lankes, Eva-Maria; Prenzel, Manfred; Schwippert, Kurt; Walther, Gerd; Valtin, Renate (Hrsg.). (2003): *Erste Ergebnisse aus IGLU. Schülerleistungen am Ende der vierten Jahrgangsstufe im internationalen Vergleich*. Münster: Waxmann.

Bosse, Dorit (2017): Abitur für alle? Zur Zukunft des Lernens in der Oberstufe. In Burow, Olaf-Axel; Gallenkamp, Charlotte (Hrsg.), *Bildung 2030* (S. 105–115). Weinheim: Beltz.

Bosse, Ulrich (2012): Naturforscher: Draußen sein – Natur erkunden – Persönlichkeit stärken. *Grundschule aktuell, 123*, 9–16.

Bourdieu, Pierre (1993): *Soziologische Fragen*. Frankfurt a. M.: Suhrkamp.

Bourdieu, Pierre (2001): *Wie die Kultur zum Bauern kommt*. Hamburg: VSA-Verlag.

Bourdieu, Pierre (2017 [1975]): *Sprache*. Berlin: Suhrkamp.

Bourdieu, Pierre (2018a [1966]): *Bildung*. Berlin: Suhrkamp.

Bourdieu, Pierre (2018b [1982]): *Die feinen Unterschiede*. Frankfurt a. M.: Suhrkamp.

Bourdieu, Pierre (2018c [1998]): *Praktische Vernunft. Zur Theorie des Handelns*. Frankfurt a. M.: Suhrkamp.

Brecht, Bertolt (1967a): Solidaritätslied. In ders., *Gesammelte Werke in 20 Bänden. Band 8* (S. 369f.). Frankfurt a. M.: Suhrkamp.

Brecht, Bertolt (1967b): Was nützt die Güte. In ders., *Gesammelte Werke in 20 Bänden. Band 9* (S. 553). Frankfurt a. M.: Suhrkamp.

Brecht, Bertolt (1974): *Die Mutter. Regiebuch der Schaubühneninszenierung*. Frankfurt: Suhrkamp.

Brinkmann, Erika (2020): Durch freies Schreiben zur Rechtschreibung. In Hecker, Ulrich; Lassek, Maresi; Ramseger, Jörg, *Kinder lernen Zukunft* (S. 98–107). Frankfurt a. M.: Grundschulverband.

Brinkmann, Erika; Brügelmann, Hans (2018): Wie können Anfänger lernen, was Könner nicht wissen? In Gutzmann, Marion, *Sprachen und Kulturen* (S. 222–233). Frankfurt a. M.: Grundschulverband.

Bruder-Bezzel, Almuth (1991): *Die Geschichte der Individualpsychologie*. Frankfurt a. M.: Fischer.

Brügelmann, Hans (2000): Wie verbreitet ist offener Unterricht? In Jaumann-Graumann, Olga; Köhnlein, Walter (Hrsg.), *Lehrerprofessionalität – Lehrerprofessionalisierung* (S. 133–143). Bad-Heilbrunn: Klinkhardt.

Brügelmann, Hans (2011): Den Einzelnen gerecht werden – in der inklusiven Schule. *Zeitschrift für Heilpädagogik, 62*(9), 355–361.

Brügelmann, Hans (2013): Entwicklung der Rechtschreibung und des Rechtschreibunterrichts. Ein Überblick über empirische Studien. *Grundschule aktuell, 124*, 13–17.

Brüning, Ludger (2017): Flüssig lesen und verstehen lernen. *neue deutsche schule, 10*, 12–13.

Brüning, Ludger; Saum, Tobias (2015): *Erfolgreich unterrichten durch Kooperatives Lernen. Band 1*. Essen: NDS.

Brüning, Ludger; Saum, Tobias (2009): *Erfolgreich unterrichten durch Kooperatives Lernen. Band 2*. Essen: NDS.

Braunsteiner, Marie-Luise; Hinz, Andreas; Jerg, Jo (2017): Bildungspläne und inklusive Bildung – zwischen Kompetenzrastern und Neustrukturierung des Wissens. In Boban, Ines; Hinz, Andreas (Hrsg.), *Inklusive Bildungsprozesse gestalten* (S. 134–167). Seelze: Kallmeyer.

Bude, Heinz (2019): *Solidarität. Die Zukunft einer großen Idee.* München: Hanser.

Bühlmann, Franziska (2020): Der Beitrag der Schule zur Bearbeitung von Bildungsungleichheit: Chancen und Risiken – Eine explorative Fallanalyse. University of Zurich: Faculty of Arts.

Büker, Petra; Hüpping, Birgit; Mayne, Fiona; Howitt, Christine (2018): Kinder partizipativ in Forschung einbeziehen – ein kinderrechtsbasiertes Stufenmodell. *Diskurs Kindheits- und Jugendforschung, 1,* 109–114.

Bundesministerium für Bildung und Forschung (2017): Nationaler Aktionsplan des UNESCO Weltaktionsprogramms Bildung für nachhaltige Entwicklung. Berlin.

Burow, Olaf-Axel (2017): Bildung 2030 – Sieben Trends, die die Schule revolutionieren. In ders.; Burow, Olaf-Axel; Gallenkamp, Charlotte (Hrsg.), *Bildung 2030* (S. 162–177). Weinheim: Beltz.

Butterwegge, Christoph (2013): Die soziale Exklusion von Kindern. In Müller, Susanne; Jürgens, Eiko (Hrsg.), *Ungleichheit in der Gesellschaft und Ungleichheit in der Schule – eine interdisziplinäre Sicht auf Inklusions- und Exklusionsprozesse* (S. 34–46). Weinheim: Juventa.

Cambeis, Sabina (2018): »My Challenge« – Vorhaben der besonderen Art. *Gemeinsam Lernen, 4*(2), 32–37.

Carle, Ursula (2016): PRIMUS – Ein Schulversuch zum längeren gemeinsamen Lernen. *Grundschule aktuell, 137,* 36–38.

Carle, Ursula (2018): Zur curricularen Verantwortung. Bildungspläne, Lehrpläne, Standards und ihre Bedeutung für die institutionelle Anschlussfähigkeit im Bildungswesen. In Gutzmann, Marion; Lassek, Maresi: *Kinder beim Übergang begleiten* (S. 244–256). Frankfurt a. M.: Grundschulverband.

Carle, Ursula (2021): Gemeinsam lernen, die Ungerechtigkeiten der Welt zu beseitigen. *Grundschule aktuell, 154*(5), 36–39.

Carle, Ursula; Huf, Christina; Idel, Sebastian; Pauling, Sven (2018): Bericht über die erste Phase der wissenschaftlichen Begleitforschung 2014-2017. https://www.landtag.nrw.de/Dokumentenservice/portal/WWW/dokumentenarchiv/Dokument/MMV17-930.pdf (06.09.2021).

Chaiklin, Seth (2010): Die Zone der nächsten Entwicklung. In Kaiser, Astrid; Schmetz, Ditmar; Wachtel, Peter; Werner, Birgit (Hrsg.), *Bildung und Erziehung. Behinderung, Bildung, Partizipation. Enzyklopädisches Handbuch der Behindertenpädagogik. Band 3* (S. 78–87). Stuttgart: Kohlhammer.

Christoph, Franz (1983): *Krüppelschläge. Gegen die Gewalt der Menschlichkeit.* Reinbek b. H.: Rowohlt.

Comenius, Johann Amos (1985 [1657]): *Große Didaktik (Didactica magna). Die vollständige Kunst, alle Menschen alles zu lehren* (6. Aufl.). Herausgegeben von Andreas Flitner. Stuttgart: Klett.

Dahlhaus, Rainer (2021): Sozialindex zur Steuerung von Ressourcen an die Schulen in NRW. *SchulVerwaltung NRW, 32*(3), 81–85.

Dahlhaus, Rainer; Elvert, Achim; Heeren, Behrend; Kerski, Werner; Schoppengerd, Erhard

(2021): Erfolg der Schulform Gesamtschule am Beispiel der Abituruntersuchung NRW. *Die Schule für alle, 2*(1), 5–24.

Dannenbeck, Clemens; Dorrance, Carmen (2020): Politik nicht den Profis überlassen! Partizipation trifft auf (bildungs-)politische Wirklichkeit. In Boban, Ines; Hinz, Andreas (Hrsg.), *Inklusion und Partizipation in Schule und Gesellschaft* (S. 49–64). Weinheim: Beltz.

Delmont, Matthew F. (2016): *Why Busing Failed: Race, Media, and the National Resistance to School Desegregation.* California: University of California Press.

Deutsches PISA-Konsortium (2003): *PISA 2000 – ein differenzierter Blick auf die Länder der Bundesrepublik Deutschland.* Opladen: Leske + Budrich.

Deutsches PISA-Konsortium (Hrsg.). (2004): *PISA 2003. Der Bildungsstand der Jugendlichen in Deutschland.* Münster: Waxmann.

Dewey, John (1988 [1934]): *Kunst als Erfahrung.* Frankfurt a. M.: Suhrkamp.

Dogmus, Aysun; Huf, Christina; Idel, Till-Sebastian; Pauling, Sven (2020): Der Schulversuch PRIMUS in NRW – Jahrgangsübergreifend. *SchulVerwaltung NRW, 31*(4), 107–110.

Dolci, Danilo (2018): *Sizilianische Geschichten.* Köln: Kieperheuer & Witsch.

Drucks, Stephan; Bremm, Nina (2021): Funktionen von Defizitorientierung von Lehrkräften im Kontext unterschiedlich herausfordernder Lagen. In Ackeren, Isabell van; Holtappels, Heinz Günter; Bremm, Nina; Hildebrand-Petri, Annika (Hrsg.), *Schulen in herausfordernden Lagen – Forschungsbefunde und Schulentwicklung in der Region Ruhr* (S. 244–276). Weinheim: Beltz.

Dussel, Enrique (1989): *Philosophie der Befreiung.* Hamburg: Argument.

Dussel, Enrique (2013): *Der Gegendiskus der Moderne. Kölner Vorlesungen.* Wien: Turia + Kant.

Eichholz, Luise (2018): *Mathematik fachfremd unterrichten.* Heidelberg: Springer.

Eichholz, Reinald (2013): Streitsache Inklusion. Rechtliche Gesichtspunkte zur aktuellen Diskussion. In Feuser, Georg; Maschke, Thomas (Hrsg.), *Lehrerbildung auf dem Prüfstand. Welche Qualifikationen braucht die inklusive Schule?* (S. 67–115). Gießen: Psychosozial-Verlag.

Eichholz, Reinald (2017): Probleme beim Thema Inklusion: Ist ein »Recht auf Exklusion« die Lösung? In Wocken, Hans (Hrsg.), *Beim Haus der inklusiven Schule* (S. 118–143). Hamburg: Feldhaus.

Eickelmann, Birgit; Drossel, Kerstin (2020): Schulschließungen und Perspektiven für die Pandemie-Zeit. *SchulVerwaltung NRW, 31*(9), 231–234.

Eicker-Wolf, Kai (2018): Bitte endlich investieren. *Erziehung und Wissenschaft, 5,* 42–43.

Eickhoff, Petra; Geffers, Stephan; Göhler, Hanna; Kopp, Rainer; Wildt, Michael (Hrsg.). (2021): *Schulen handeln in der Klimakrise.* Köln: Zukunftswerkstatt Akademie Verlag.

El-Mafaalani, Aladin (2020a): *Mythos Bildung.* Köln: Kiepenheuer & Witsch.

El-Mafaalani, Aladin (2020b, 21. August): »Verzichten kann nur, wer hat«. *Süddeutsche Zeitung, 192,* 19.

Emer, Wolfgang (2016): *Projektdidaktik in der Praxis.* Baltmannsweiler: Schneider.

Emer, Wolfgang; Goetsch, Karlheinz (2018): Arbeiten in Projekten – Wie und wozu? *Gemeinsam Lernen, 4*(2), 8–13.

Emmerich, Marcus; Hormel, Ulrike; Jording, Judith (2017): Prekarisierte Teilhabe. Fluchtmigration und kommunale Schulsysteme. *Die Deutsche Schule, 109*(3), 209–222.

Enzensberger, Hans Magnus (1982): Plädoyer für den Hauslehrer. Ein bißchen Bildungspolitik. In ders., *Politische Brosamen* (S. 161–176). Frankfurt a. M.: Suhrkamp.

Ewing, Eve L. (2018): *Ghosts in the Schoolyard: Racism and School Closings on Chicago's South Side.* Chicago: The University of Chicago Press.

Fabry, Lydia; Müller, Stefanie (2012): *Kompetenzerwerb im altersgemischten Englischunterricht. Eine Untersuchung mit Grundschülern.* Saarbrücken: Akademikerverlag.

Fastner, Anna-Lena; von Saldern, Matthias (2010): Unterrichtsmethoden, Überzeugungen und Einstellungen der Lehrer und Lehrerinnen. In Demmer, Marianne; von Saldern, Matthias (Hrsg.), *»Helden des Alltags« – Erste Ergebnisse der Schulleitungs- und Lehrkräftebefragung (TALIS) in Deutschland* (S. 64–93). Münster: Waxmann.

Fellini, Federico (1984): *Fellini über Fellini. Ein intimes Gespräch mit Giovanni Grazzini.* Zürich: Diogenes.

Feuser, Georg (2009): Naturalistische Dogmen: Unerziehbarkeit, Unverständlichkeit, Bildungsunfähigkeit. Dederich, Markus; Jantzen, Wolfgang (Hrsg.), *Behinderung und Anerkennung* (S. 233–239). Stuttgart: Kohlhammer.

Feuser, Georg (2011a): Entwicklungslogische Didaktik. In Kaiser, Astrid; Schmetz, Ditmar; Wachtel, Peter; Werner, Birgit (Hrsg.), *Didaktik und Unterricht* (S. 86–100). Stuttgart: Kohlhammer.

Feuser, Georg (2011b): Advokatorische Assistenz. In Erzmann, Tobias; Feuser, Georg (Hrsg.), *»Ich fühle mich wie ein Vogel, der aus seinem Nest fliegt.« Menschen mit Behinderungen in der Erwachsenenbildung* (S. 203–218). Frankfurt a.M.: Peter Lang.

Feuser, Georg (2013a): Die »Kooperation am Gemeinsamen Gegenstand« – ein Entwicklung induzierendes Lernen. In ders.; Kutscher, Joachim (Hrsg.), *Entwicklung und Lernen* (S. 282–293). Stuttgart: Kohlhammer.

Feuser, Georg (2013b): Grundlegende Dimensionen einer LehrerInnen-Bildung für die Realisierung einer inklusionskompetenten Allgemeinen Pädagogik. In ders.; Maschke, Thomas (Hrsg.), *Lehrerbildung auf dem Prüfstand. Welche Qualifikation braucht die inklusive Schule?* (S. 11–66). Gießen: Psychosozial-Verlag.

Feuser, Georg (2013c): Gedächtnis und Gedächtnistheorien. In ders.; Kutscher, Joachim (Hrsg.), *Entwicklung und Lernen* (S. 203–213). Stuttgart: Kohlhammer.

Feuser, Georg (2016): Zur endlosen Geschichte der Verweigerung uneingeschränkter Teilhabe an Bildung – durch die Geistigbehindert-Macher und Kolonisatoren. In Fischer, Erhard; Markowetz, Reinhard (Hrsg.), *Inklusion im Förderschwerpunkt geistige Entwicklung* (S. 31–73). Stuttgart: Kohlhammer.

Feuser, Georg (2017): Inklusion – Das Mögliche, das im Wirklichen noch nicht sichtbar ist. In ders. (Hrsg.), *Inklusion – ein leeres Versprechen?* (S. 183–285). Gießen: Psychosozial-Verlag.

Feuser, Georg (2018a): *Wider die Integration der Inklusion in die Segregation. Zur Grundlegung einer Allgemeinen Pädagogik und entwicklungslogischen Didaktik.* Berlin: Peter Lang.

Feuser, Georg (2018b): Interview. In Müller, Frank J. (Hrsg.), *Blick zurück nach vorn – Wegbereiterinnen der Inklusion. Band 2* (S. 57–145). Gießen: Psychosozial-Verlag.

Feuser, Georg (2019a): Lernen durch Kooperation am Gemeinsamen Gegenstand. In Behrendt, Anja; Heyden, Franziska; Häcker, Thomas (Hrsg.), *»Das Mögliche, das im Wirklichen (noch) nicht sichtbar ist …« – Planung von Unterricht für heterogene Lerngruppen – im Gespräch mit Georg Feuser* (S. 5–30). Düren: Shaker.

Feuser, Georg (2019b): Bildung und Entwicklung. Vortag bei Fachtagung aus Anlass des 80.Geburtstages von Prof. Dr. Reimer Kornmann am 19.10.2019 in Heidelberg.

Feuser, Georg (2020): Eröffnungsvortrag anlässlich der 34. Internationalen Jahrestagung der Inklusionsforscher/innen an der Universität Wien und an der Pädagogischen Hochschule Wien zur Thematik »Grenzen. Gänge. Zwischen. Welten« vom 25. bis 28. Februar 2020, gehalten am 25.02.2020 an der Universität Wien (ungekürzte Fassung).

Feuser, Georg (2021a): Zur Konzeption und Praxis der Substituierend Dialogisch-Kooperativen Handlungs-Therapie. *Zeitschrift für Psychiatrische Pflege heute, 27*(2), 70–75.

Feuser, Georg (2021b): Schritte aus der teilnahmslosen Vernunft. Erkennen, Erklären, Verstehen, Handeln hinsichtlich emotionaler und sozialer Entwicklung. Ein Essay. Unveröffentlichtes Manuskript.

Feuser, Georg; Meyer, Heike (1987): *Integrativer Unterricht in der Grundschule. Ein Zwischenbericht*. Solms-Oberbiel: Jarick.

Fickermann, Detlef; Edelstein, Benjamin (Hrsg.). (2020): »Langsam vermisse ich die Schule …« Schule während und nach der Corona-Pandemie. *Die Deutsche Schule Beiheft, 16*.

Fickermann, Detlef; Edelstein, Benjamin (Hrsg.). (2021): Schule während der Corona-Pandemie. *Die Deutsche Schule Beiheft, 17*.

Fingerle, Michael (2010): Risiko und Resilienz. In Kaiser, Astrid; Schmetz, Ditmar; Wachtel, Peter; Werner, Birgit (Hrsg.), *Bildung und Erziehung. Behinderung, Bildung, Partizipation. Enzyklopädisches Handbuch der Behindertenpädagogik. Band 3* (S. 135–142). Stuttgart: Kohlhammer.

Fings, Karola (2016): *Sinti und Roma*. München: C. H. Beck.

Flitner, Wilhelm (1953): *Die Erziehung*. Bremen: Schünemann.

Freinet, Célestin (1981): *Praxis der Freinet-Pädagogik*. Übersetzung und Bearbeitung von Hans Jörg. Paderborn: Schöning.

Freire, Paulo (1970): Politische Alphabetisierung. *Lutherische Monatshefte, 9*(11), 578–583.

Freire, Paulo (1971): *Pädagogik der Unterdrückten. Bildung als Praxis der Freiheit*. Stuttgart: Kreuz.

Freire, Paulo (1974): *Pädagogik der Solidarität. Für die Entwicklungshilfe im Dialog*. Wuppertal: Peter Hammer.

Freire, Paulo (1977): *Erziehung als Praxis der Freiheit*. Reinbek b. H.: Rowohlt.

Freire, Paulo (1981): *Der Lehrer ist Politiker und Künstler*. Reinbek b. H.: Rowohlt.

Freire, Paulo (2007): *Unterdrückung und Befreiung*. Herausgegeben von Peter Schreiner, Norbert Mette, Dirk Oesselmann, Dieter Kinkelbur in Kooperation mit Armin Bernhard. Münster: Waxmann.

Freire, Paulo (2007 [1972]): Eine Welt. In ders., *Unterdrückung und Befreiung*. Herausgegeben von Peter Schreiner, Norbert Mette, Dirk Oesselmann, Dieter Kinkelbur in Kooperation mit Armin Bernhard (S. 89–105). Münster: Waxmann.

Friedeburg, Ludwig von (1989): *Bildungsreform in Deutschland*. Frankfurt a. M.: Suhrkamp.

Frieß, Jutta (2007): *Der Frankfurter Reformschulversuch 1921–1937*. Frankfurt a. M.: Brandes & Apsel.

Fritzsche, Sylke; Krüger, Heinz-Hermann; Pfaff, Nicolle (2009): Zum Wandel von Freundschaftsbeziehungen von Kindern im Verlauf der Grundschule und am Übergang in die Sekundarstufe I. *Diskurs Kindheits- und Jugendforschung, 4*(2), 261–277.

Fürstenau, Sara (2016): Mehrsprachigkeit im Unterricht. *Die Grundschulzeitschrift, 30*(5), 29–31.

Fuest, Ada (2008): *Und in der Mitte das Kind*. Baltmannsweiler: Schneider.

Fuest, Ada (2014a): Ermutigung von Kindern. In dies.; John, Friedel; Wenke, Matthias (Hrsg.), *Handbuch der individualpsychologischen Beratung in Theorie und Praxis* (S. 361–368). Münster: Waxmann.

Fuest, Ada (2014b): Gruppengespräche mit Schülern. In dies.; John, Friedel; Wenke, Matthias (Hrsg.), *Handbuch der individualpsychologischen Beratung in Theorie und Praxis* (S. 369–390). Münster: Waxmann.

Fuest, Ada (Hrsg.). (2017): *Mit Flüchtlingskindern lernen.* Baltmannsweiler: Schneider.

Funk, Lena (2016): Empathie. In Frey, Dieter (Hrsg.), *Psychologie der Werte. Von Achtsamkeit bis Zivilcourage – Basiswissen aus Psychologie und Philosophie* (S. 53–65). Berlin, Heidelberg: Springer.

Galic, Barbara (2005): Gehörlosigkeit: Stigma oder Lebensform? – eine Frage der Perspektive! *Zeitschrift für Heilpädagogik, 56*(4), 154–160.

Gathen, Jan von der (2013): Ein Bildungscampus mitten in der Stadt. Die Vensterschool in Groningen. In Fischer, Dietlind; von der Gathen, Jan; Höhmann, Katrin; Klafke, Thomas; Rademacker, Hermann (Hrsg.), *Schule und Armut* (S. 126–127). Seelze: Friedrich.

Gaudig, Hugo (1917): Die Schule im Dienste der werdenden Persönlichkeit. Band 2. Leipzig: Quelle & Meyer.

Gebauer, Michael (2017): Inklusion und Bildungsgerechtigkeit. In Kurschel, Robert (Hrsg.), *Menschenrechtsbasierte Bildung. Inklusive und Demokratische Lern- und Erfahrungswelten im Fokus* (S. 53–67). Bad Heilbrunn: Klinkhardt.

Gillespie McRae, Elizabeth (2018): *Mothers of Massive Resistance: White Women and the Politics of White Supremacy.* New York: Oxford University Press.

Giroux, Henry A. (2020): *On Critical Pedagogy.* London: Bloomsbury.

Göhlich, Michael (Hrsg.). (1997): *Offener Unterricht – Community Education – Alternativschulpädagogik – Reggiopädagogik. Die neueren Reformpädagogiken.* Weinheim: Beltz.

Gogolin, Ingrid (2016): Mehrsprachigkeit und sprachsensibler Unterricht. *Grundschule Deutsch, 1,* 8–10.

Gogolin, Ingrid; Lange, Imke; Michel, Ute; Reich, Hans H. (Hrsg.). (2013): *Herausforderung Bildungssprache – und wie man sie meistert.* Münster: Waxmann.

Gogolin, Ingrid; Neumann, Ursula (Hrsg.). (1997): *Großstadt-Grundschule. Übersprachliche kulturelle Pluralität als Bedingungen der Grundschularbeit.* Münster: Waxmann.

Graf, Martin Albert; Graf, Erich Otto (2008): *Schulreform als Wiederholungszwang.* Zürich: Seismo.

Graf, Erich Otto (2013): *Solidarität. Selbstaufklärung, Autonomes Denken, Handeln und Subjektivität.* Berlin: epubli.

Green, Norm; Green, Kathy (2005): *Kooperatives Lernen im Klassenzimmer und im Kollegium. Das Trainingsbuch.* Seelze: Friedrich.

Grittner, Frauke (2013): Sachunterricht in jahrgangsgemischten Lerngruppen. In Gläser, Eva; Schönknecht, Gudrun (Hrsg.), *Sachunterricht in der Grundschule* (S. 115–125). Frankfurt a. M.: Grundschulverband.

Gröschner, Caroline (2020): »Bedarfsgerechte« Mittelzuweisung bedarfsgerecht? Ein empirischer Blick auf den Umgang mit schulischen Mitteln und die Sichtweisen von Grundschulleitungen. *Die Deutsche Schule, 112*(4), 454–468.

Groos, Thomas; Kersting, Volker (2019): Bildungsanalysen mit kommunalen Mikrodaten. In Fickermann, Detlef; Weishaupt, Horst (Hrsg.), *Bildungsforschung mit Daten der amtlichen Schulstatistik* (S. 49–70). Münster: Waxmann.

Grotlüschen, Anke; Riekmann, Wibke (2011): *leo – Level-One-Studie.* Hamburg: Universität Hamburg.

Gummich, Judy (2017): Zukunft feiern – Menschenrechte verwirklichen. In Kurschel,

Robert (Hrsg.), *Menschenrechtsbasierte Bildung. Inklusive und Demokratische Lern- und Erfahrungswelten im Fokus* (S. 267–282). Bad Heilbrunn: Klinkhardt.

Habermas, Jürgen (2009, 10. Dezember): Es beginnt mit dem Zeigefinger. *DIE ZEIT, 51*, 45.

Häsel-Heide, Uta; Nührenbörger, Marcus (2017): Grundzüge des inklusiven Mathematikunterrichts. In ders.; Nührenbörger, Marcus (Hrsg.), *Gemeinsam Mathematik lernen – mit allen Kindern rechnen* (S. 8–21). Frankfurt a. M.: Grundschulverband.

Hagen, Claudia; Kretschmer, Wilfried (Hrsg.). (2018): *Erfolgreich Kooperieren. Beilage in: Friedrich Jahresheft 2018.*

Hagerman, Margaret (2018): *White Kids: Groving Up with Privilege in a Racially devided America.* New York: New York University Press.

Hansbauer, Peter (Hrsg.). (2000): Entwicklung und Chancen junger Menschen in sozialen Brennpunkten – »Straßenkarrieren« im Schnittpunkt von Jugendhilfe, Schule und Polizei. Bonn: Bundesministerium für Familie, Senioren, Frauen und Jugend.

Hattie, John (2009): *Visible Learning.* London: Routledge.

Hattie, John (2013): *Lernen sichtbar machen* (überarbeitetete deutsche Ausgabe von *Visible Learning* [2009] besorgt von Beywl, Wolfgang; Zierer, Klaus). Baltmannsweiler: Schneider.

Haug, Ralf; Roos, Ulrich (2018): Was wir anders machen. Herausforderung als zentrales Schulentwicklungsprojekt. *Gemeinsam Lernen, 4*(2), 38–45.

Hecht, Yaacov (2017): Power Point Präsentation auf der International Democratic Education Conference (IDEC) in Chadera, Israel 28.03.2017 bis 03.04.2017.

Hecker, Ulrich (2020): Jeder kann schreiben! In Hecker, Ulrich; Lassek, Maresi; Ramseger, Jörg (Hrsg.), *Kinder lernen Zukunft* (S. 88–97). Frankfurt: Grundschulverband.

Heckmann, Gustav (1993): *Das sokratische Gespräch.* Frankfurt a. M.: dipa.

Hehn-Oldiges, Martina (2021): *Wege aus Verhaltensfallen.* Weinheim: Beltz.

Heidhues, Annete Nana; Schimpf-Herken, Ilse; Schmidt Quintero, Mariana (Hrsg.). (2021): *Begegnung verändert Gesellschaft. Ansätze einer von Paulo Freie inspirierten Bildungspraxis.* Stuttgart: ibidem.

Heisterkamp, Günter (2010): Zur Freude in der analytischen Kinder- und Jugendpsychotherapie. *Zeitschrift für Individualpsychologie, 35*(4), 392–414.

Heisterkamp, Günter (2013): Lebensbewegung und Mit-Bewegung. *Zeitschrift für Individualpsychologie, 38*(1), 55–72.

Helbig, Marcel; Nikolai, Rita (2015): *Die Unvergleichbaren. Der Wandel der Schulsysteme in den deutschen Bundesländern seit 1949.* Bad Heilbrunn: Klinkhardt.

Helbig, Marcel; Nikolai, Rita (2018): Bekommen die sozial benachteiligsten Schüler*innen die »besten« Schulen? Eine explorative Studie über den Zusammenhang von Schulqualität und sozialer Zusammensetzung von Schulen am Beispiel Berlins. Discussion Paper P-2019-002. Berlin: Wissenschaftszentrum Berlin für Sozialforschung.

Helmke, Andreas (2003): *Unterrichtsqualität – erfassen, bewerten, verbessern.* Seelze: Kallmeyer.

Hentig, Hartmut von (2006): *Bewährung – Von der nützlichen Erfahrung, nützlich zu sein.* München: Hanser.

Hering, Jochen; Hövel, Walter (1996): *Immer noch der Zeit voraus.* Bremen: Pädagogik-Kooperative.

Herrlitz, Hans-Georg; Hopf, Wulf; Titze, Hartmut; Cloer, Ernst (2005): *Deutsche Schulgeschichte von 1800 bis zur Gegenwart* (5., überarbeitete Auflage). Weinheim: Juventa.

Hess, Birgit; Nührenbörger, Marcus (2017): Produktives Fördern im inklusiven Mathematikunterricht. In Häsel-Heide, Uta; Nührenbörger, Marcus (Hrsg.), *Gemeinsam Mathematik lernen – mit allen Kindern rechnen* (S. 275–287). Frankfurt a. M.: Grundschulverband.

Heyer, Peter; Sack, Lothar; Preuss-Lausitz, Ulf (Hrsg.). (2003): *Länger gemeinsam lernen.* Frankfurt a. M.: Grundschulverband.

Hildebrandt, Frauke; Wronski, Caroline (2018): Alles eine Frage der Autonomie. Was brauchen Kinder in der »digitalen Welt«? *Grundschule aktuell, 142*, 23–25.

Hinz, Andreas (1998): Pädagogik der Vielfalt – ein Ansatz auch für Schulen in Armutsgebieten? In Hildeschmidt, Anne; Schnell, Irmtraud (Hrsg.), *Integrationspädagogik* (S. 127–144). Weinheim: Juventa.

Hinz, Andreas (2002): Von der Integration zur Inklusion – terminologisches Spiel oder konzeptionelle Weiterentwicklung? *Zeitschrift für Heilpädagogik, 53*(9), 354–361.

Hinz, Andreas (2007): Inklusion – Vision und Realität! Herausforderungen in Deutschland und Praxis in Kanada. In Katzenbach, Dieter (Hrsg.), *Vielfalt braucht Struktur* (S. 81–98). Frankfurt a. M.: Johann-Wolfgang-Goethe-Universität.

Hinz, Andreas (2014): Inklusion als »Nordstern« und Perspektiven für den Alltag. In Peters, Susanne; Widmer-Rockstroh, Ulla (Hrsg.), *Gemeinsam unterwegs zur inklusiven Schule* (S. 18–31). Frankfurt a. M.: Grundschulverband.

Hinz, Andreas (2015): Was ist Inklusion? In Fuhrmann, Timm (Hrsg.), *Inklusions-Material Naturwissenschaften. Klassen 5–10* (S. 6–21). Berlin: Cornelsen.

Höhmann, Katrin (2011): Wie Schulleitung Klassenwiederholungen reduzieren kann. In Bellenberg, Gabriele; Höhmann, Katrin; Röbe, Edeltraud (Hrsg.), *Übergänge* (S. 66). Seelze: Friedrich.

Hövel, Werner van den (2017): *Schulrecht NRW.* Erftstadt: Ritterbach.

Hofmann, Annette; Rolland, Carsten; Rafoss, Kolbjørn; Zoglowek, Herbert (2015): *Frilufsliv – ein norwegisches Phänomen.* Münster: Waxmann.

Hoffmann, Catherine (2018, 19. bis 21. Mai): Dumm und nichts gelernt. *Süddeutsche Zeitung, 114*, 26.

Hoffmann, Ilka (2018): Übergänge und Brüche in der Bildungsbiografie im Land der halben Reformen. In Gutzmann, Marion; Lassek, Maresi (Hrsg.), *Kinder beim Übergang begleiten* (S. 257–268). Frankfurt a. M.: Grundschulverband.

Hollenbach-Biele, Nicole; Klemm, Klaus (2021): Sieben Fragen – Inklusion in Deutschland im Jahr 2020. *SchulVerwaltung NRW, 32*(1), 9–12.

Holtappels, Heinz Günter; Brücher, Lisa (2021): Entwicklungen in den Projektschulen. Qualitätsverbesserungen und Aufbau von Schulentwicklungskapazität. In Ackeren, Isabell van; Holtappels, Heinz Günter; Bremm, Nina; Hildebrand-Petri, Annika (Hrsg.), *Schulen in herausfordernden Lagen – Forschungsbefunde und Schulentwicklung in der Region Ruhr* (S. 128–166). Weinheim: Beltz.

Holz, Hans Heinz (2011): Ästhetik. In Dederich, Markus; Jantzen, Wolfgang; Walthes, Renate (Hrsg.), *Sinne, Körper und Bewegung* (S. 138–147). Stuttgart: Kohlhammer.

Holzkamp, Klaus (1995): *Lernen. Subjektwissenschaftliche Grundlegung.* Frankfurt a. M.: Campus.

Horkheimer, Max & Adorno, Theodor W. (1988/1969): *Dialektik der Aufklärung.* Frankfurt a. M.: Fischer.

Hüther, Gerald (2013): Bewusstsein, Lernen und Handeln. In Feuser, Georg; Kutscher, Joachim (Hrsg.), *Entwicklung und Lernen* (S. 43–68). Stuttgart: Kohlhammer.

Hüpping, Birgit; Büker, Petra (2019): Kinder als Forscher in eigener und gemeinsamer

Sache – ein Weg zur Partizipation? Ein kinderrechtebasierter didaktischer Ansatz und dessen Relevanz aus der Perspektive von Grundschulkindern. *Pädagogischer Blick* (3), 159–173.

Huf, Christina; Idel, Till-Sebastian; Schnell, Irmtraud (2016): Entdramatisierung von Übergängen durch Altersmischung. Das Beispiel des Langform-Schulversuchs PRIMUS. *Sonderpädagogische Förderung heute, 61*(2), 167–180.

Huf, Christina; Idel,Till-Sebastian; Dogmus, Aysun; Pauling, Sven (2021): Bericht über die zweite Phase der wissenschaftlichen Begleitung des Schulversuchs PRIMUS (01.10.2017–30.09.2020). Ausschuss für Schule und Bildung vom 01.09.2021.

Hundt, Marion (2018): *Pädagogik und Migrationsrecht. Geflüchtete Kinder in der Schule.* Köln: Link.

Hurrelmann, Klaus (2013): Thesen zur Entwicklung des Bildungssystems in den nächsten 20 Jahren. *Die Deutsche Schule, 105*(3), 305–320.

Jaekel, Nils; Ritter, Markus; Schurig, Michael (2018): Früher Fremdsprachenunterricht. *SchulVerwaltung NRW, 29*(3), 86–88.

Jäkel, Lissy (2016): Garten und Schulumfeld als Lerngelände und Handlungsraum. In Au, Jakob von; Gade, Uta (Hrsg.), *»Raus aus dem Klassenzimmer« – Outdoor Education als Unterrichtskonzept* (S. 183–198). Weinheim: Beltz.

Jahr, David; Kruschel, Robert (2019): *Inklusion in Kanada.* Weinheim: Beltz.

Jantzen, Wolfgang (2009): Rassismus. In Dederich, Markus; Jantzen, Wolfgang (Hrsg.), *Behinderung und Anerkennung* (S. 226–233). Stuttgart: Kohlhammer.

Jantzen, Wolfgang (2017): *Allgemeine Behindertenpädagogik.* Teil 1 und 2. Berlin: Lehmanns.

Jantzen, Wolfgang (2018a): Schwerste Behinderung als sinnvolles und systemhaftes Verhalten unter isolierten Bedingungen anhand der Beispiele Anenzephalie, Epilepsie und Autismus. In Müller, Frank J. (Hrsg.), *Blick zurück nach vorn – WegbereiterInnen der Inklusion. Band 2* (S. 335–357). Gießen: Psychosozial-Verlag.

Jantzen, Wolfgang (2018b): Interview. In Müller, Frank J. (Hrsg.), *Blick zurück nach vorn – WegbereiterInnen der Inklusion. Band 1* (S. 293–333). Gießen: Psychosozial-Verlag.

Jantzen, Wolfgang (2018c): Inklusion und Dekolonisierung als Prinzip jeglicher Pädagogik. Vortag auf der Tagung »Pädagogik bei Geistiger Behinderung« an der Universität Rostock vom 31.05.2018 bis 02.06.2018.

Jochimsen, Luc (1971): *Hinterhöfe der Nation.* Reinbek b.H.: Rowohlt.

Joffe-Walt, Chana (2020): Nice White Parents. Transkribierte Podcasts vom 17.07., 30.07.,06.08. und 13.08.2020. https://www.nytimes.com/2020/07/23/podcasts/nice-white-parents-serial.html (06.09.2021).

Jürgens, Barbara (2020): Ergebnisse pädagogisch-psychologischer Forschung zu Partizipation von Schüler*innen. In Boban, Ines; Hinz, Andreas (Hrsg.), *Inklusion und Partizipation in Schule und Gesellschaft* (S. 65–81). Weinheim: Beltz.

Kaiser, Astrid (1992): Das Konzept »Freie Arbeit« im Spannungsfeld zwischen Materialdifferenzierung und Projektlernen – kritische Anmerkungen zu Problemen neuerer grundschulpädagogischer Reformbestrebungen. *Die Deutsche Schule, 84*(1), 42–49.

Kaiser, Astrid (2004): Caring Curriculum für den Sachunterricht. In dies.; Pech, Detlef (Hrsg.), *Integrative Dimensionen für den Sachunterricht* (S. 188–205). Baltmannsweiler: Schneider.

Kaiser, Astrid (2007): *Menschenbildung in Katastrophenzeiten.* Baltmannsweiler: Schneider.

Kaiser, Astrid (2011): Schlüsselprobleme. In dies.; Schmetz, Ditmar; Wachtel, Peter; Werner, Birgit (Hrsg.), *Didaktik und Unterricht* (S. 157–166). Stuttgart: Kohlhammer.

Kaiser, Astrid (2014): *Praxisbuch handelnder Sachunterricht. Band 4.* Baltmannsweiler: Schneider.

Kaiser, Astrid; Lüschen, Iris (2014): *Das Miteinander lernen. Frühe politisch-soziale Bildungsprozesse.* Baltmannsweiler: Schneider.

Kaiser, Astrid; Pech, Detlef (2004): Auf dem Weg zur Integration durch neue Zugangsweisen? In dies. (Hrsg.), *Integrative Dimensionen für den Sachunterricht* (S. 3–28). Baltmannsweiler: Schneider.

Kaiser, Astrid; Pfeiffer, Silke (2007): *Grundschulpädagogik in Modulen.* Baltmannsweiler: Schneider.

Kaiser, Astrid; Schomaker, Claudia (2010): Die Anfänge des Lernens in den Blick nehmen. Entwicklungsmöglichkeiten der Grundschulpädagogik mit Blick auf Elementarbereich. In Arnold, Karl-Heinz; Hauenschild, Katrin; Schmidt, Britta; Ziegenmeyer, Birgit (Hrsg.), *Zwischen Fachdidaktik und Stufendidaktik. Perspektiven für die Grundschulforschung* (S. 185–188). Wiesbaden: VS Verlag für Sozialwissenschaften.

Kaiser, Astrid; Seitz, Simone (2017): *Inklusiver Sachunterricht. Theorie und Praxis.* Baltmannsweiler: Schneider.

Karaboğa, Betül (2017): Inklusiv in jeder Hinsicht. Islamischer Religionsunterricht an der Primus-Schule. *Kirche und Schule, 44*(182), 28–30.

Karakayalî, Juliane; Nieden, Birgit zur; Kahveci, Çağri; Groß, Sophie; Heller, Mareike (2017): Kontinuität der Separation. Vorbereitungsklassen für neu zugewanderte Kinder und Jugendliche im Kontext historischer Formen separierter Beschulung. *Die Deutsche Schule, 109*(3), 223–235.

Katzenbach, Dieter; Schroeder, Joachim (2007):»Ohne Angst verschieden sein können« – Über Inklusion und ihre Machbarkeit. *Zeitschrift für Heilpädagogik, 58,* 202–213.

Keim, Wolfgang; Schwerdt, Ulrich (Hrsg.). (2013): *Handbuch der Reformpädagogik in Deutschland.* Frankfurt a. M.: Peter Lang.

Keim, Wolfgang; Schwerdt, Ulrich; Reh, Sabine (2016): *Reformpädagogik und Reformpädagogik-Rezeption in neuer Sicht.* Bad Heilbrunn: Klinkhardt.

Kemper, Thomas; Goldan, Janka (2019): Analysen zur Entwicklung der schulischen Inklusion. In Fickermann, Detlef; Weishaupt, Horst (Hrsg.), *Bildungsforschung mit Daten der amtlichen Schulstatistik* (S. 234–250). Münster: Waxmann.

Kempowski, Walter (1979): *Unser Herr Böckelmann.* Hamburg: Albrecht Knaus.

Kempowski, Walter (1983): *Herrn Böckelmanns schönste Tafelgeschichten.* Hamburg: Albrecht Knaus.

Kenner, Sven; Lange, Dirk (2020): Bürgerbewusstsein, politisches Lernen und Partizipation im digitalen Zeitalter. *Die Deutsche Schule, 111*(2), 178–191.

Kerski, Werner (2018): Chancengleichheit – ein Thema nur für Sonntagsreden?! *Integrierte Schulen. GGG NRW, 1,* 6–10.

Kiefer, Gerrald (2016): Mit Schüler/innen draußen sicher unterwegs. In Au, Jakob von; Gade, Uta (Hrsg.), *»Raus aus dem Klassenzimmer« – Outdoor Education als Unterrichtskonzept* (S. 256–264). Weinheim: Beltz.

Klafki, Wolfgang (1962): Didaktische Analyse als Kern der Unterrichtsvorbereitung. In Roth, Heinrich; Blumenthal, Alfred (Hrsg.), *Didaktische Analyse* (S. 5–34). Hannover: Schroedel.

Klafki, Wolfgang (1996): *Neue Studien zur Bildungstheorie und Didaktik. Zeitgemäße Allgemeinbildung und kritisch-konstruktive Didaktik* (4. Aufl.). Weinheim: Beltz.

Klemm, Klaus (2003): Vier starke empirische Befunde zur gemeinsamen Schule. In Heyer, Peter; Sack, Lothar; Preuß-Lausitz, Ulf (Hrsg.), *Länger gemeinsam lernen* (S. 49–53). Frankfurt a. M.: Grundschulverband.

Klemm, Klaus (2019): *Schulen in Coerde: status quo und Perspektiven. Studie zur Situation in Coerde.* Münster: Initiative Chack gegen Kinderarmut.

Klemm, Klaus; Preuss-Lausitz (2011): Auf dem Weg zur schulischen Inklusion in Nordrhein-Westfalen. Empfehlungen zur Umsetzung der UN-Behindertenrechtskonvention im Bereich der allgemeinen Schulen. Gutachten für das Schulministerium NRW.

Klemm, Klaus; Zorn, Dirk (2018): Was kostet eine gute Ganztagsgrundschule für alle? *Grundschule aktuell, 141,* 10–12.

Kluge, Sven (2016): Alfred Adler als Wegbereiter einer modernen Tiefenpädagogik? In Keim, Wolfgang; Schwerdt, Ulrich; Reh, Sabine: *Reformpädagogik und Reformpädagogik-Rezeption in neuer Sicht* (S. 241–268). Bad Heilbrunn: Klinkhardt.

Koch, Gerd (1988): *Lernen mit Bert Brecht. Bertolt Brechts politisch-kulturelle Pädagogik.* Frankfurt a. M.: Brandes & Apsel.

Köbsell, Swantje (2011): Eine Frage des Bewusstseins – zur Geschichte der Behindertenbewegung in Deutschland. In Erzmann, Tobias; Feuser, Georg (Hrsg.), *»Ich fühle mich wie ein Vogel, der aus seinem Nest fliegt.« Menschen mit Behinderungen in der Erwachsenenbildung* (S. 43–83). Frankfurt a. M.: Peter Lang.

Köbsell, Swantje (2018): Ohne Kampf keine Rechte. Zur Geschichte der Behindertenbewegung in Deutschland. In Hoffmann, Thomas; Jantzen, Wolfgang; Stinkes, Ursula (Hrsg.), *Empowerment und Exklusion. Zur Kritik der Mechanismen gesellschaftlicher Ausgrenzung* (S. 317–334). Gießen: Psychosozial Verlag.

Kolbe, Matthias (1999): Das Erleben eigener Wirksamkeit im Zusammenhang mit Schulleistungen, Lernfreude und Klassenklima. In Jerusalem, Matthias; Schwarzer, Ralf (Hrsg.), *Förderung von Selbstwirksamkeit bei Schülern und Lehrern. Abschlussbericht der wissenschaftlichen Begleitung des Modellversuchs Verbund Selbstwirksame Schulen* (S. 3–24). Berlin.

Korczak, Janusz (1999): *Sämtliche Werke. Band 4.* Herausgegeben von Friedhelm Beiner und Erich Dauzenroth. Gütersloh: Gütersloher Verlagshaus.

Korff, Natascha (2016): *Inklusiver Mathematikunterricht in der Primarstufe* (2. Aufl.). Baltmannsweiler: Schneider.

Kramer, Rolf-Torsten; Helsper, Werner (2010): Kulturelle Passung und Bildungsungleichheit – Potenziale einer an Bourdieu orientierten Analyse der Bildungsungleichheit. In Krüger, Heinz-Hermann; Rabe- Kleberg, Ursula; Kramer, Rolf-Torsten; Budde, Jürgen (Hrsg.), *Bildungsungleichheit revisited* (S. 103–125). Wiesbaden: VS Verlag für Sozialwissenschaften.

Krappmann, Lothar (2007): Der Besuch von Venor Munoz-Villalobos: eine menschenrechtliche Perspektive auf das deutsche Bildungswesen. In Overwien, Bernd; Prengel, Annedore (Hrsg.), *Recht auf Bildung. Zum Besuch des Sonderberichterstatters der Vereinten Nationen in Deutschland* (S. 9–17). Opladen: Barbara Budrich.

Krappmann, Lothar; Kerber-Ganse, Waltraud; Prengel, Annedore; Schmitt, Hanno (2013): *Die Sehnsucht nach Anerkennung – Kinderrechte in Geschichte und Gegenwart.* Reckahn: Rochow-Museum.

Krauthausen, Günter; Scherer, Petra (2014): *Natürliche Differenzierung im Mathematik-unterricht.* Seelze: Kallmeyer.

Krawczyk, Adrian (2016): Umbau, Zubau, Neubau von Schulgebäuden: »Reprogramming«. *Grundschule aktuell, 135,* 8–13.

Kronig, Winfried (2007): *Die Systematische Zufälligkeit des Bildungserfolgs.* Bern: Haupt.

Kruschel, Robert (2021): *Inklusionsorientierte Schulentwicklung in der Praxis – Einblicke in den pädagogischen Umgang mit Heterogenität.* Baltmannsweiler: Schneider.

Kucharz, Diemut (2020): Sprachsensibel unterrichten. Was hat die BiSS-Initiative für Grundschulen gebracht? *Grundschulzeitschrift, 34(323),* 6–9.

Kulik, Nils (2018): Die Herausforderung der Herausforderung – Wie eine Idee entsteht und umgesetzt wird. *Gemeinsam Lernen, 4(2),* 26–31.

Labisch, Alfons; Woelk, Wolfgang (2006): Geschichte der Gesundheitswissenschaften. Hurrelmann, Klaus; Laaser, Ulrich; Razum, Oliver (Hrsg.), *Handbuch Gesundheits-wissenschaften* (4., überarbeitete Aufl., S. 49–91). Weinheim: Juventa.

Lähnemann, Christiane (2009): *Freiarbeit aus SchülerInnenperspektive. Studien zur Schul- und Bildungsforschung.* Wiesbaden: VS Verlag für Sozialwissenschaften

Laun, Roland (1982): *Freinet – 50 Jahre danach.* Heidelberg: edition meichsner & schmidt.

Lehmann, Anna (2020, 02. April): Schule während Coronakrise – Wenn nur noch WhatsApp weiterhilft. https://taz.de/Schule-waehrend-Coronakrise/!5676032/ (04.10.2021).

Lehmann, Hannelore; Widmer-Rockstroh, Ulla (2020): PRIMUS-Schule Münster. *Klasse leiten, (12),* 29–30.

Lewis, Amanda E.; Diamond John B. (2015): *Despite the best Intentions: How Racial In-equality Thrives in.* New York: Good Schools, Oxford University Press

Liegmann, Anke (2008): Schulformwechsel – Eine empirische Analyse der subjektiven Sicht von Schülerinnen und Schülern auf ein Selektionsereignis. Dissertation. Universität Duisburg-Essen. https://duepublico2.uni-due.de/receive/duepublico _mods_00017036 (04.10.2021).

Liessem, Verena (2017): Zahl der Schulabgänger ohne Schulabschluss steigt wieder. https://www.rcvfulda.caritas.de/beitraege/zahl-der-schulabgaenger-ohne-ab schluss-steigt-wied/241687/ (04.10.2021).

Lin-Klitzing, Susanne (2018): Gymnasiale Bildung leben. *Profil, 1-2,* 12–13.

Lohmann, Joachim (2018, 27. Februar): Mit gemeinsamer Oberstufe und tertiärer Bildung für alle die Arbeit sichern und der wachsenden Ungleichheit trotzen. *zwd-Politik-Magazin Berlin.*

Lohmann, Joachim (2020): Die extreme soziale Selektivität übersteht das deutsche Schulsystem nicht. Unveröffentlichtes Manuskript vom 30.06.2020.

Ludwig, Harald (1993): *Entstehung und Entwicklung der modernen Ganztagsschule in Deutschland.* Köln: Böhlau.

Lutz-Westphal; Skutella, Katharina (2019): Lernen am Gemeinsamen Gegenstand – Ansatzpunkte für einen inklusiven Mathematikunterricht. In Behrendt, Anja; Heyden, Franziska; Häcker, Thomas (Hrsg.), *»Das Mögliche, das im Wirklichen (noch) nicht sichtbar ist …« – Planung von Unterricht für heterogene Lerngruppen – im Gespräch mit Georg Feuser* (S. 97–118). Düren: Shaker.

Maaz, Kai; Baumert, Jürgen; Trautwein, Ulrich (2010): Genese sozialer Ungleichheit im institutionellen Kontext der Schule: Wo entsteht und vergrößern sich soziale Un-gleichheit? In Krüger, Heinz-Hermann; Rabe-Kleberg, Ursula; Kramer, Rolf-Torsten;

Budde, Jürgen (Hrsg.), *Bildungsungleichheit revisited* (S. 69–102). Wiesbaden: VS Verlag für Sozialwissenschaften.

Maaz, Kai; Jungkamp, Burkhard; Pfafferott, Martin; Stichler, Marion (Hrsg.). (2020): Schule in Zeiten der Pandemie. Empfehlungen für die Gestaltung des Schuljahres 2020/21. Stellungnahme der Expert_innenkommission der Friederich- Ebert-Stiftung vom 28.05.2020. https://library.fes.de/pdf-files/studienfoerderung/16228.pdf (06.09.2021).

Makles, Anna M.; Schneider, Kerstin; Terlinden, Birte (2018): Schulische Segregation und Schulwahl. In Fickermann, Detlef; Weishaupt, Horst: *Bildungsforschung mit Daten der amtlichen Schulstatistik* (S. 176–196). Münster: Waxmann.

Mann, Iris (1981): *Schlechte Schüler gibt es nicht.* München: Urban & Schwarzenberg.

Marcuse, Herbert (1969): Befreiung von der Überflussgesellschaft. *Kursbuch 16,* 185–198.

McLaren, Peter (2000): *Che Guevara, Paulo Freire, and the Pedagogy of Revolution.* Lanham: Rowman & Littlefield.

McLaren, Peter (2015): *Pedagogy of Insurrection.* New York: Lang.

Meyer, Hilbert (2004): *Was ist guter Unterricht?* Berlin: Cornelsen.

Meyer, Hilbert (2014): Auf den Unterricht kommt es an! In Terhart, Ewald (Hrsg.), *Die Hattie-Studie in der Diskussion* (S. 117–133). Seelze: Friedrich.

Mackowiak, Katja (2013): Lernpsychologie: Vereinheitlichte Theorien. In Feuser, Georg; Kutscher, Joachim (Hrsg.), *Entwicklung und Lernen* (S. 115–124). Stuttgart: Kohlhammer.

Maikowski, Rainer (2018): Entwicklung der Gemeinschaftsschulen in Berlin. In Müller, Frank J. (Hrsg.), *Blick zurück nach vorn – WegbereiterInnen der Inklusion. Band 1* (S. 171–186). Gießen: Psychosozial-Verlag.

Melber, Hennig (2006): »Wir haben überhaupt nicht über Reparationen gesprochen« – Die namibisch-deutschen Beziehungen: Verdrängung oder Versöhnung? In Zimmerer, Jürgen; Zeller, Joachim (Hrsg.), *Völkermord in Deutsch-Südwestafrika* (S. 215–225). Berlin: Links.

Merz-Atalik, K. (2020): Diversität, Inklusion und Chancengerechtigkeit. Auf dem Weg zu einer inklusiven Grundschulpädagogik? In Hecker, Ulrich; Lassek, Maresi; Ramseger, Jörg (Hrsg.), *Kinder lernen Zukunft: Über die Fächer hinaus – Prinzipien und Perspektiven* (Beiträge zur Reform der Grundschule. Band 151) (S. 248–260). Frankfurt a. M.: Grundschulverband.

Meyerhöfer, Wolfram (2011): Vom Konstrukt der Rechenschwäche zum Konstrukt der nicht bearbeiteten stofflichen Hürden (nbsH). *Pädagogische Rundschau, 65*(4), 401–426.

Mignolo, Walter, D. (2012): *Epistemischer Ungehorsam.* Wien: Turia + Kant.

MSB Ministerium für Schule und Bildung des Landes Nordrhein-Westfalen (2017): »Scheitern in der Erprobungsstufe des Gymnasiums 2016« – Bericht an den Ausschuss für Schule und Bildung zur Sitzung am 04.10.2017.

MSB Ministerium für Schule und Bildung des Landes Nordrhein-Westfalen (2018): Bericht zum Schulversuch PRIMUS bezüglich der ersten Phase der wissenschaftlichen Begleitforschung 2014–2017. Bericht an den Ausschuss für Schule und Bildung zur Sitzung am 04.07.2018, VORLAGE 17/ 930 A15.

MSB Ministerium für Schule und Bildung des Landes Nordrhein-Westfalen (2020): Handreichungen zur Lernförderlichen Verknüpfung von Präsenz- und Distanzunterricht. https://broschüren.nrw/distanzunterricht/home (06.09.2021).

Möller, Gerd (2020): Chancenungleichheit wird durch Corona-Krise verschärft. *SchulVerwaltung NRW, 31*(7–8), 206–208.

Moldenhauer, Anna (2015): Dialektik der Partizipation. Erfahrungen von Schüler/-innen mit Partizipation in Gemeinschaftsschulen. In Zenke, Christian Timo (Hrsg.), *Differenz erleben – Gesellschaft gestalten. Demokratiepädagogik in der Schule* (S. 85–93). Schwalbach: Wochenschau.

Müller, Frank J. (Hrsg.). (2018): *Blick zurück nach vorn – WegbereiterInnen der Inklusion. Band 1 und 2.* Gießen: Psychosozial-Verlag.

Muñoz, Venor (2016): Deutschland auf dem Prüfstand des Menschenrechts auf Bildung. Eröffnungsvortag auf dem Bundeskongress »Eine Schule für alle« am 26.09.2016 in Frankfurt a. M.

Naeve, Ralf (2018): Gemeinsam in Projekten lernen. *Gemeinsam Lernen, 4*(2), 14–19.

Negt, Oskar (1981 [1971]): *Soziologische Phantasie und exemplarisches Lernen.* Frankfurt a. M.: Europäische Verlagsanstalt.

Negt, Oskar (1997): *Kindheit und Schule in einer Welt der Umbrüche.* Göttingen: Steidl.

Nimmervoll, Lisa (2020, 13. November): Gurgelteststudie – Viel mehr Corona-Infizierte in benachteiligten Schulen. https://www.derstandard.de/story/2000121673318/gurgeltest-studie-viel-mehr-corona-infizierte-in-benachteiligten-schulen (04.10.2021).

Nkengasong, John (2020, 03. November): »Wir haben harte Lektionen gelernt.« *Süddeutsche Zeitung, 254,* 13.

Noddings, Nel (2013): *Caring. A Relational Approach to Ethics and Moral Education.* Berkeley: University of California Press.

Nührenbörger, Marcus (2020): Zahlenfolgen und schöne Päckchen. In Hecker, Ulrich; Lassek, Maresi; Ramseger, Jörg (Hrsg.), *Kinder lernen Zukunft* (S. 119–130). Frankfurt a. M.: Grundschulverband.

Nührenbörger, Marcus; Unteregge, Susannah (2017): Von Zahlenfolgen zu Aufgabenbeziehungen. Algebraische Gleichheitsbeziehungen im Kontext der Arithmetik. *Grundschulzeitschrift, 31,* 30–35.

Nussbaum, Martha (2002): *Konstruktionen der Liebe, des Begehrens und der Fürsorge.* Stuttgart: Reclam.

OECD (2020): *Lernkompass 2030. Future of Education and Skills 2030.* Gütersloh: Bertelsmann.

Ogette, Tupoka (2020): *exit RACISM. Rassismuskritisch denken lernen.* Münster: Unrast.

Ommen, Tjark (2011): Ziel: Ausbildungsplätze für alle. In Bellenberg, Gabriele; Höhmann, Katrin; Röbe, Edeltraud (Hrsg.), *Übergänge* (S. 117–119). Seelze: Friedrich.

Overwien, Bernd; Prengel, Annedore (Hrsg.). (2007): *Recht auf Bildung. Zum Besuch des Sonderberichterstatters der Vereinten Nationen in Deutschland.* Opladen: Barbara Budrich.

Palacios, Marcia Alexandra Santacruz (2021): Erfahrungsorientierte *etnoeducación* aus afrokolumbianischer Perspektive: Eine kritische und intersektionale Pädagogik. In Heidhues, Annete Nana; Schimpf-Herken, Ilse; Schmidt Quintero, Mariana (Hrsg.), *Begegnung verändert Gesellschaft. Ansätze einer von Paulo Freie inspirierten Bildungspraxis* (S. 117–127). Stuttgart: ibidem.

Pant, Hans Anand; Richter, Dirk (2018): Kooperation von Lehrerinnen und Lehrern in internationaler Perspektive. In Boller, Sebastian u. a. (Hrsg.): *Kooperation* (S. 22–24). Velber: Friedrich.

Panagiotopoulou, Julie A.; Putjata, Galina (2020): Schule in der Migrationsgesellschaft. In Hecker, Ulrich; Lassek, Maresi; Ramseger, Jörg (Hrsg.), *Über die Fächer hinaus: Prinzipien und Perspektiven* (S. 220–228). Frankfurt a. M.: Grundschulverband.

Pehnke, Andreas (2002a): *Reformpädagogik aus Schülersicht. Dokumente eines spektakulären Chemnitzer Schulversuchs der Weimarer Republik.* Baltmannsweiler: Schneider.

Pehnke, Andreas (2002b): »*Ich gehöre in die Partei des Kindes!*« *Der Chemnitzer Sozial- und Reformpädagoge Fritz Müller (1887–1968): In Diktaturen ausgegrenzt – in Demokratien vergessen und wiederentdeckt* (2. Aufl.). Beucha: Sax-Verlag.

Peschel, Falko (2002): *Offener Unterricht*. Baltmannsweiler: Schneider.

Pestalozzi, Johann Heinrich (1953 [1799a]): Sittliches Gefühl. In Flitner, Wilhelm (Hrsg.), *Die Erziehung* (S. 197–219). Bremen: Schünemann.

Pestalozzi, Johann Heinrich (1982 [1799b]): *Pestalozzi über seine Anstalt in Stans*. Weinheim: Beltz.

Peter, Tobias (2018, 20. März): Auch Deutschland schwächelt bei PISA. *Frankfurter Rundschau*, 28. https://www.fr.de/wissen/auch-deutschland-schwaechelt-pisa-10982176.html (04.10.2021).

Piasek, Robert (2018): Entrepreneurship Education. *Gemeinsam Lernen*, 4(2), 20–25.

Pietsch, Marcus; Heckt, Meike (2016): Family Literacy in Hamburg. Hält das Programm, was es verspricht? *Die Deutsche Schule, Beiheft 13*, 187–209.

Porsch, Raphaela (2016): Fachfremd unterrichten in Deutschland. *Die Deutsche Schule, 108*(1), 9–32.

Poscher, Ralf; Langer, Thomas (2009): Verbindliche Orientierung. Das Recht auf Bildung im Völkerrecht. *Erziehung und Wissenschaft, (3)*, 19–21.

Poscher, Ralf; Langer, Thomas; Rux, Johannes (2008): Gutachten zu den völkerrechtlichen und innerstaatlichen Verpflichtungen aus dem Recht auf Bildung nach Art. 24 des UN-Abkommens über die Rechte von Menschen mit Behinderungen und zur Vereinbarkeit des deutschen Schulrechts mit den Vorgaben des Übereinkommens. Herausgegeben von der Max-Traeger-Stiftung. Frankfurt a.M.

Porter, Gordon; Richler, Diane (1991): *Changing Canadian Schools: Perspectives on Disability and Inclusion*. Toronto: The Allen Roeher Institute.

Prengel, Annedore (1993): *Pädagogik der Vielfalt*. Opladen: Leske + Budrich.

Prengel, Annedore (2013): *Pädagogische Beziehungen zwischen Anerkennung, Verletzung und Ambivalenz*. Opladen: Barbara Budrich.

Prengel, Annedore (2014a): Halt gebende pädagogische Beziehung in der inklusiven Grundschule. In Peters, Susanne; Widmer-Rockstroh, Ulla (Hrsg.), *Gemeinsam unterwegs zur inklusiven Schule* (S. 64–72). Frankfurt a.M.: Grundschulverband.

Prengel, Annedore (2014b): Introspektion und Empathie in pädagogischer Ausbildung, Fortbildung und Forschung – Zur Arbeit mit szenischen Narrationen und Feldvignetten. In Gerspach, Manfred; Eggert-Schmidt Noerr, Annelinde; Naumann, Thilo; Niederreiter, Lisa (Hrsg.), *Psychoanalyse lehren und lernen an der Hochschule* (S. 219–246). Stuttgart: Kohlhammer.

Prengel, Annedore (2015): Inklusive Schulen als »Caring Communities«. In Braches-Cyrek, Rita; Mangione, Cosimo; Penczek, Anke; Fischer, Carina; Rüb, Eva-Maria (Hrsg.), *Herausforderung Inklusion* (S. 81–97). Bamberg: University Press.

Prengel, Annedore (2018a): Pädagogik der Vielfalt. Inklusive Strömungen in der Sphäre spätmoderner Bildung. In Müller, Frank J. (Hrsg.), *Blick zurück nach vorn – Wegbereiterinnen der Inklusion. Band 2* (S. 33–56). Gießen: Psychosozial-Verlag.

Prengel, Annedore (2018b): Interview. In Müller, Frank J. (Hrsg.), *Blick zurück nach vorn – Wegbereiterinnen der Inklusion. Band 2* (S. 9–31). Gießen: Psychosozial-Verlag.

Prengel, Annedore (2020): *Ethische Pädagogik*. Weinheim: Beltz.

Prengel, Annedore; Tellisch, Christin; Wohne, Anne (2016): Anerkennung im Fachunterricht. *Pädagogik, 68*(5), 10–13.

Preuss-Lausitz, Ulf (2018): Separation oder Inklusion – Zur Entwicklung der sonderpädagogischen Förderung. In Müller, Frank J. (Hrsg.), *Blick zurück nach vorn – Wegbereiterinnen der Inklusion. Band 1* (S. 245-269). Gießen: Psychosozial-Verlag.

Raber, Larissa (2011): Erfolg trotz schlechter Prognose. In Bellenberg, Gabriele; Höhmann, Katrin; Röbe, Edeltraud (Hrsg.), *Übergänge* (S. 70–71). Seelze: Friedrich.

Radde, Gerd (1973): *Fritz Karsen. Ein Berliner Schulreformer der Weimarer Zeit*. Berlin: Colloquium.

Rademacker, Hermann (2011): Daten, Fakten und Divergenzen im Übergang Schule-Beruf. In Bellenberg, Gabriele; Höhmann, Katrin; Röbe, Edeltraud (Hrsg.), *Übergänge* (S. 116). Seelze: Friedrich.

Rademacker, Hermann (2013): Im Fokus: Die Zusammenarbeit mit Eltern – Neue Chancen durch Strukturwandel. In Fischer, Dietlind; von der Gathen, Jan; Höhmann, Katrin; Klafke, Thomas; Rademacker, Hermann (Hrsg.), *Schule und Armut* (S. 104–105). Seelze: Friedrich.

Radisch, Falk; Klemm, Klaus; Tillmann, Klaus-Jürgen (2018): Was ist eine gute Ganztagsschule? *Grundschule aktuell, 141,* 6–9.

Ramseger, Jörg (1975): *Gegenschulen*. Bad Heilbrunn: Klinkhardt.

Ramseger, Jörg (2014a): Das Dilemma von Differenzierung und Integration. Oder: Über die Schwierigkeiten von unerwünschten Schulreformen. *Grundschule aktuell, 126*(5), 6–17.

Ramseger, Jörg (2014b): Das Korallenriff oder: Die Grenzen der Inklusion. In Peters, Susanne; Widmer-Rockstroh, Ulla (Hrsg.), *Gemeinsam unterwegs zur inklusiven Schule* (S. 298–305). Frankfurt a.M.: Grundschulverband.

Ramseger, Jörg (2018): »Aus der Niederlage kann man gestärkt herauskommen«. In Stähling, Reinhard; Wenders, Barbara (2018), *Schule ohne Schulversagen* (S. 315–344). Baltmannsweiler: Schneider.

Ramseger, Jörg (2020a): Notengebung? »Ein teuflisches System!« In Hecker, Ulrich; Lassek, Maresi; Ramseger, Jörg (Hrsg.), *Kinder lernen Zukunft* (S. 279). Frankfurt: Grundschulverband.

Ramseger, Jörg (2020b): Mensch! Nicht bloß Tablets. *Grundschule aktuell, 152,* 36–38.

Rasfeld, Margret (2018): Das Neue wagen. Für die Welt, in der wir leben wollen. *Gemeinsam Lernen, 4*(3), 17–26.

Rasfeld, Margret; Breidenbach, Stephan (2019): *Schulen im Aufbruch*. München: Kösel.

Reich, Hans H. (2013): Durchgängige Sprachbildung. In Gogolin, Ingrid; Lange, Imke; Michel, Ute; Reich, Hans H. (Hrsg.), *Herausforderung Bildungssprache – und wie man sie meistert* (S. 55–70). Münster: Waxmann.

Reich, Kersten (Hrsg.). (2012): *Inklusion und Bildungsgerechtigkeit*. Weinheim: Beltz.

Reich, Kersten (2014): *Inklusive Didaktik*. Weinheim: Beltz.

Reich, Kersten (2017): *Inklusive Didaktik in der Praxis. Beispiele erfolgreicher Schulen*. Weinheim: Beltz.

Reich, Kersten (2019): Die »Heliosschule« – Inklusive Universitätsschule der Stadt Köln. *Die Deutsche Schule, 111*(1), 66–77.

Reich, Kersten; Asselhoven, Dieter; Kargl, Silke (Hrsg.). (2015): *Eine inklusive Schule für alle*. Weinheim: Beltz.

Reiss, Kristina; Weis, Miriam; Klieme, Eckhard; Köller, Olaf (2019): *PISA 2018. Grundbildung im internationalen Vergleich*. Münster: Waxmann.

Rengstorf, Felix; Schumacher, Christine (2010): Projektarbeit und Projektunterricht in der schulischen Wirklichkeit – ein Niemandsland in der empirischen Unterrichtsforschung? *TriOS, 5*(2), 23–56.

Richter, Horst-Eberhard (1998): *Lernziel Solidarität*. Gießen: Psychosozial-Verlag.

Richter, Ingo (2003): Das 15 % Problem. Welche Perspektiven hat die »New Under-Class«? *Erziehung & Wissenschaft, 54*(9), 18–20.

Ricking, Heinrich; Dunkake, Imke (2017): *Wenn Schüler die Schule schwänzen oder meiden: Förderziele Anwesenheit und Lernen-Wollen*. Baltmannsweiler: Schneider.

Ricking, Heinrich (2018): Der Teufelskreis aus Schulversagen und Absentismus. *Grundschule, 50*(2), 19–21.

Riebling, Linda (2013): Heuristik der Bildungssprache. In Gogolin, Ingrid; Lange, Imke; Michel, Ute; Reich, Hans H. (Hrsg.), *Herausforderung Bildungssprache – und wie man sie meistert* (S. 106–153). Münster: Waxmann.

Riedel, Eibe (2010): Gutachten zur Wirkung der internationalen Konvention über die Rechte von Menschen mit Behinderung und ihres Fakultativprotokolls auf das deutsche Schulsystem. Landesarbeitsgemeinschaft »Gemeinsam Leben« Nordrhein-Westfalen. Universität Mannheim/HEID Genf.

Riek, Kim; van Ophuysen, Stefanie (2014): Kriterien der Übergangsempfehlung – Eine qualitative Interviewstudie mit Grundschullehrkräften. In Kopp, Bärbel; Arend, Béatrice (Hrsg.), *Individuelle Förderung und Lernen in der Gemeinschaft. 21. Jahrestagung der Kommission Grundschulforschung und Pädagogik der Primarstufe 2012 in Nürnberg* (S. 270–273). Wiesbaden: Springer VS.

Riekmann, Barbara (2014): Über das eigene Lernen entscheiden. Teilhabe und Mitbestimmung im Unterricht. In Beutel, Wolfgang; Gille, Martina; Seifert, Anne; Stecher, Ludwig; Tillmann, Klaus-Jürgen (Hrsg.), *Engagement und. Partizipation. Wissen für Lehrer* (S. 100–103). Hannover: Friedrich-Verlag.

Riekmann, Barbara; Runge, Andrea (2017): Max-Brauer-Schule Hamburg – Vielfalt willkommen. In Reich, Kersten (Hrsg.), *Inklusive Didaktik in der Praxis. Beispiele erfolgreicher Schulen* (S. 107–129). Weinheim: Beltz.

Rödler, Peter (2017): Inkludiert und ent*eignet*. Verschwinden im Sprachraum. In Feuser, Georg (Hrsg.), *Inklusion – ein leeres Versprechen?* (S. 77–97). Gießen: Psychosozial-Verlag.

Röhner-Münch, Karla (2012): Deutsch als Zweitsprache. In: Braun, Otto; Lüdtke, Ulrike (Hrsg.), *Sprache und Kommunikation* (S. 588–595). Stuttgart: Kohlhammer.

Rohrmann, Eckhard (2013): Behinderung und Armut. In Feuser, Georg; Kutscher, Joachim (Hrsg.), *Entwicklung und Lernen* (S. 152–161). Stuttgart: Kohlhammer.

Romanos, Marcel (2020): »Es wird keine irreparablen Schäden geben«. *Grundschule, 52*(4), 22–23.

Rooks, Noliwe (2020): *Cutting School: The Segrenomics of American Education*. New York: The New Press.

Roßbach, Hans-Günther (2007): Empirische Vergleichsuntersuchungen zu den Auswirkungen von jahrgansheterogenen und jahrgangshomogenen Klassen. In Laging, Ralf (Hrsg.), *Altersgemischtes Lernen in der Schule* (S. 80–91). Hohengehren: Schneider.

Rückriem, Georg; Wiese, Klaus; Zeuch, Ilona (1981): 150 Jahre Proletariat und Schule. 1900 – die soziale Klassenschule. In Arbeitsgruppe Pädagogisches Museum (Hrsg.), *Von der Armenschule zur Gesamtschule 1827 bis heute* (S. 116–118). Berlin: Elefanten Press.

Rüedi, Jürg (2011): *Wie viel und welche Disziplin braucht die Schule?* Bern: Huber.

Rüedi, Jürg (2012): Ein adlerianischer Ansatz der Erziehung. *Zeitschrift für Individual-psychologie, 37*(1), 78–89.

Rühle-Gerstel, Alice (1980 [1927]): *Der Weg zum Wir. Versuch einer Verbindung von Marxismus und Individualpsychologie.* München: Reinhardt.

Rülcker, Tobias (2013): Gemeinschaft und Gesellschaft. In Keim, Wolfgang; Schwerdt, Ulrich (Hrsg.), *Handbuch der Reformpädagogik in Deutschland* (S. 533–558). Frankfurt a. M.: Peter Lang.

Ruf, Urs; Gallin, Peter (2005): *Dialogisches Lernen in Sprache und Mathematik* (3. überarbeitete Aufl.). Seelze: Kallmeyer.

Rushdie, Salman (2018, 19. bis 21. Mai):»Fake« – Vom Zustand der Wahrheit in Literaturgeschichte und Gegenwart. *Süddeutsche Zeitung, 114,* 17.

Sack, Lothar (2015a): Warum Langformschulen besser sind. Erfahrungen mit einer verheimlichten und unterschätzten Schulstruktur. In Schnell, Irmtraud (Hrsg.), *Für uns kommt nur 1-13 in Frage – Entwicklungsimpulse aus und für PRIMUS Berg Fidel* (S. 30–37). Baltmannsweiler: Schneider.

Sack, Lothar (2015b): Schulqualität und Schulstruktur. Was der Deutsche Schulpreis dazu sagt. *Gemeinsam Lernen, 1*(4), 18–24.

Sack, Lothar (2016): Berlin. Schulen des gemeinsamen Lernens 1948 bis heute. *Gemeinsam Lernen, 2*(4), 54–58.

Sack, Lothar (2018): Sprache verbirgt und offenbart. In Stähling, Reinhard; Wenders, Barbara (Hrsg.), *Schule ohne Schulversagen* (S. 357–366). Baltmannsweiler: Schneider.

Salgado, Sebastião (2019): Meine Sprache ist das Licht. Dankesrede aus Anlass der Verleihung des Friedenspreises des Deutschen Buchhandels. In *Börsenverein des Deutschen Buchhandels: Sebastião Salgado* (S. 61–74). Frankfurt a. M.: MVB-Verlag.

Sander, Alfred (2008): Inklusion macht Schule. Ein langer Weg zu einem humaneren Bildungswesen. *Sonderpädagogische Förderung heute, 53*(4), 342–353.

Scheibe, Wolfgang (1999): *Die reformpädagogische Bewegung.* Weinheim: Beltz.

Scheidt, Katja (2017): *Inklusion. Im Spannungsfeld von Individualisierung und Gemeinsamkeit.* Baltmannsweiler: Schneider.

Schleicher, Andreas (2013): PISA oder das Scheitern des deutschen Bildungssystems. In Müller, Susanne; Jürgens, Eiko (Hrsg.), *Ungleichheit in der Gesellschaft und Ungleichheit in der Schule – eine interdisziplinäre Sicht auf Inklusions- und Exklusionsprozesse* (S. 96–114). Weinheim: Juventa.

Schlömerkemper, Jörg (2012): Wiederholen macht Sinn, aber doch nicht im Sitzen. *Schulverwaltung Hessen, (2),* 38–39.

Schlömerkemper, Jörg (2017): *Pädagogische Prozesse in antinomischer Deutung. Begriffliche Klärungen und Entwürfe für Lernen und Lehren.* Weinheim: Beltz.

Schlömerkemper, Jörg (2020): *Pädagogische Diskus-Kultur.* Opladen: Barbara Budrich.

Schmidt, Stefanie Carolina (2017): *Et hätt noch immer jot jejange. Rechtliche Fälle und Lösungen aus dem Schulalltag in NRW.* Erftstadt: Ritterbach.

Schnell, Irmtraud (2010): Die Grundschule Berg Fidel. Inklusive Schulentwicklung im sozialen Brennpunkt – neue Erfahrungen für Studierende der Sonderpädagogik. In Hinz, Andreas; Körner, Ingrid; Niehoff, Ulrich (Hrsg.), *Auf dem Weg zur Schule für alle* (S. 170–180). Marburg: Lebenshilfe-Verlag.

Schnell, Irmtraud (2015): *Für uns kommt nur 1–13 in Frage – Entwicklungsimpulse aus und für PRIMUS Berg Fidel.* Baltmannsweiler: Schneider.

Schnell, Irmtraud; Sander, Alfred; Federolf, Claudia (Hrsg.). (2011): *Zur Effizienz von Schulen für Lernbehinderte. Forschungsergebnisse aus vier Jahrzehnten.* Bad Heilbrunn: Klinkhardt.

Schöler, Jutta (2009): *Alle sind verschieden. Auf dem Weg zur Inklusion in der Schule.* Weinheim: Beltz.

Schönwälder, Berndt; Tiesler, Gerhart; Schölles, Reiner; Zachau, Helmut (2018): Belastung der Grundschulen im roten Bereich. *Grundschule aktuell, 141,* 33–34.

Scholle, Dietrich (2020): Schulpolitische Entscheidungen und Schulstrukturen und ihr Einfluss auf soziale Selektivität. *Zeitschrift für sozialistische Politik und Wirtschaft, 238,* 32–46.

Scholz, Gerold (1996): *Kinder lernen von Kindern.* Baltmannsweiler: Schneider.

Schreff, Heinrich; Steinhaus, Friedrich (1913): *Das schwachsinnige Kind in der normalen Volksschule.* Arnsberg: Stahl

Schroeder, Joachim (2019): Ein »Gewimmel von Diskursen« zu Inklusion in Kanada. In Jahr, David; Kruschel, Robert (Hrsg.), *Inklusion in Kanada* (S. 79–91). Weinheim: Beltz.

Schuck, Karl Dieter (2011): Unterricht bei heterogenen Voraussetzungen. In Kaiser, Astrid; Schmetz, Ditmar; Wachtel, Peter; Werner, Birgit (Hrsg.), *Didaktik und Unterricht* (S. 101–109). Stuttgart: Kohlhammer.

Schuck, Karl Dieter (2014): Individualisierung und Standardisierung in der inklusiven Schule – ein unauflösbarer Widerspruch? *Die Deutsche Schule, 106*(2), 162–174.

Schumann, Brigitte (2007): *»Ich schäme mich ja so!« Die Sonderschule für Lernbehinderte als »Schonraumfalle«.* Bad Heilbrunn: Klinkhardt.

Schumann, Brigitte (2015): Bildungspolitik für Inklusion und Chancengleichheit – Eine bildungspolitische Einordnung des nordrhein-westfälischen Modellversuchs PRIMUS. In Schnell, Irmtraud (Hrsg.), *Für uns kommt nur 1–13 in Frage – Entwicklungsimpulse aus und für PRIMUS Berg Fidel* (S. 139–147). Baltmannsweiler: Schneider.

Schumann, Brigitte (2018): *Streitschrift Inklusion. Was Sonderpädagogik und Bildungspolitik verschweigen.* Schwalbach: Debus.

Seidel, Ulrich (2014): Übertragung und Gegenübertragung. In Fuest, Ada; John, Friedel; Wenke, Matthias (Hrsg.), *Handbuch der individualpsychologischen Beratung in Theorie und Praxis* (S. 248–261). Münster: Waxmann.

Seitz, Simone; Pfahl, Lisa; Lassek, Maresi; Rastede, Michaela; Steinhaus, Friederike (2016): *Hochbegabung inklusive.* Weinheim: Beltz.

Senatsverwaltung für Bildung, Jugend und Wissenschaft, Berlin (2016): *Wissenschaftliche Begleitung der Pilotphase Gemeinschaftsschule.* Berlin.

Sennlaub, Gerhard (1980): *Spaß beim Schreiben oder Aufsatzerziehung?* Stuttgart: Kohlhammer.

Sennlaub, Gerhard (2013): Gegen amtlich angeordnete Kinderschädigung – Ein Schulrat erzählt. In Stähling, Reinhard; Wenders, Barbara (Hrsg.), *Ungehorsam im Schuldienst. Der praktische Weg zu einer Schule für alle* (4. Aufl., S. 9–24). Baltmannsweiler: Schneider.

Sennlaub, Gerhard (o.J.): *Portal von A bis Zett.* https://vonabiszett.gerhardsennlaub. de (06.09.2021).

Siddle Walker, Vanessa (2018): *The Lost Education of Horace Tate: Uncovering the Hidden Heroes Who Fought for Justice in Schools.* New York: The New Press.

Siggelkow, Bernd; Büscher, Wolfgang (2012): *Deutschlands verlorene Kinder. Warum unser Bildungssystem Verlierer produziert.* Reinbek b.H.: Rowohlt.

Singer, Kurt (1998): *Die Würde des Schülers ist antastbar.* Reinbek b.H.: Rowohlt.

Slavich, Antonio (1983): Mythos und Realität des harten Kerns. *Sozialpsychiatrische Informationen, 13*(1), 34–37.

Sliwka, Anne; Wittek, Doris; Trumpa, Silke (2017): Die Bildungssysteme der erfolgreichsten PISA-Länder – vier Analogien und ein kritisches Resümee. In Trumpa, Silke; Wittek, Doris; Sliwka, Anne (Hrsg.), *Die Bildungssysteme der erfolgreichsten PISA-Länder* (S. 163–170). Münster: Waxmann.

Sonnenburg, Thoma; Winkelmann, Simone (2010): *Die Ausreißer*. München: Goldmann.

Spiel, Oskar (1947): *Am Schaltbrett der Erziehung*. Wien. Jugend und Volk.

Spielberg, Saskia (Hrsg.). (2015): *Offener Unterricht im heterogenen Klassenzimmer*. Mühlheim a. d. R.: Verlag an der Ruhr.

Spitta, Gudrun (1992): *Schreibkonferenzen in Klasse 3 und 4*. Berlin: Cornelsen.

Spitta, Gudrun (1998): *Freies Schreiben – eigene Wege gehen*. Lengwil: Libelle.

Spitta, Gudrun (2018): Warum freies Schreiben so wichtig ist und wie es gelingen kann … *Grundschule aktuell, 141*, 35–37.

Stähling, Reinhard (1995): Teamarbeit im Ganztagszweig. In Burk, Karlheinz (Hrsg.), *Teamarbeit in der Grundschule* (S. 76–81). Frankfurt a. M.: Arbeitskreis Grundschule.

Stähling, Reinhard (1998): *Beanspruchungen im Lehrerberuf*. Münster: Waxmann.

Stähling, Reinhard (2000): Unterrichtsqualität und Disziplin. *Grundschule, 32* (2), 20–22.

Stähling, Reinhard (2002a):»Wir sind ständig auf Klassenfahrt« – Ein übertragbares Modell ganztägiger Erziehung in der Grundschule. *neue deutsche schule, 54*(9), 22–23.

Stähling, Reinhard (2002b): Klassenrat oder das Recht des Kindes auf Achtung. Videofilm für die Lehrerausbildung und -fortbildung und Elternarbeit: Universität Münster. Zentrum für Wissenschaft und Praxis. Abteilung für Audiovisuelle Medien.

Stähling, Reinhard (2002c):»Ein wie feines Modell im Kleinen« – Über Merkwürdigkeiten beim Schulwechsel nach Klasse 4. *Die Deutsche Schule, 94*(1), 61–66.

Stähling, Reinhard (2002d):»Für das Leben lernen« – Reformpädagogik als Antwort auf PISA. *Die Deutsche Schule, 94*(3), 295–299.

Stähling, Reinhard (2002e): *Unter westfälischen Eichen. Historischer Roman zur Reformpädagogik im Jahre 1930*. Kelkheim: Ilma.

Stähling, Reinhard (2003): Der Klassenrat – eine Fortführung reformpädagogischer Praxis. In Karlheinz Burk, Angelika Speck-Hamdan, Hartmut Wedekind (Hrsg.), *Kinder beteiligen – Demokratie lernen?* (S. 197–207). Frankfurt a. M.: Arbeitskreis Grundschule.

Stähling, Reinhard (2004a): Multiprofessionelle Teams in altersgemischten Klassen. Ein Konzept für integrativen Unterricht. *Die Deutsche Schule, 96*(1), 45–55.

Stähling, Reinhard (2004b): Schulqualität oder: Lob des Fehlers. *Grundschulverband-aktuell, 88*(4), 7–10.

Stähling, Reinhard (2005a): Der aufhaltsame Abstieg des »schwachen« Schülers in Deutschland. Bildungsbenachteiligung im Schnittpunkt von Schule und Jugendhilfe. *Die Deutsche Schule, 97*(1), 67–77.

Stähling, Reinhard (2005b): Die Klasse führt sich selbst. *Grundschule, 37*(2), 30–33.

Stähling, Reinhard (2005c): Teamarbeit inklusive. In Christiani, Reinhold (Hrsg.), *Jahrgangsübergreifend unterrichten* (S. 48–53). Berlin: Cornelsen.

Stähling, Reinhard (2005d): Qualitätsentwicklung statt Vergleichsarbeiten. Zu einem unfruchtbaren Verhältnis von Forschung und Schule. *Die Deutsche Schule, 97*(2), 211–221.

Stähling, Reinhard (2005e): Gesammelte Fragen zu Vergleichsarbeiten. *Grundschule aktuell, 90*(2), 12–13.

Stähling, Reinhard (2005f): Klassenrat – sieben Schritte gegen Gewalt. *Humane Schule,* *31*(2), S. 10–11.

Stähling, Reinhard (2006): Ganztägige Erziehung mit multiprofessionellen Teams in altersgemischten Klassen. In Burk, Karlheinz; Deckert-Peaceman (Hrsg.), *Auf dem Weg zur Ganztagsgrundschule* (S. 249–259). Frankfurt a. M.: Arbeitskreis Grundschule.

Stähling, Reinhard (2007a): An den Kindern kann es nicht liegen – Über die Aussonderung der Armen in Deutschland. *Grundschule aktuell, 97,* 11–13.

Stähling, Reinhard (2007b): Kinderinteressen – Schulinteressen: ein Balanceakt. In Christiani, Reinhold; Metzger, Klaus (Hrsg.), *Fundgrube Klassenführung* (S. 126–129). Berlin: Cornelsen.

Stähling, Reinhard (2007c): Sieben Schritte auf dem Weg zum Klassenrat. In Christiani, Reinhold; Metzger, Klaus (Hrsg.), *Fundgrube Klassenführung* (S. 129–131). Berlin: Cornelsen.

Stähling, Reinhard (2007d): Rezension zu: Astrid Kaiser 2007: Menschenbildung in Katastrophenzeiten. Baltmannsweiler: Schneider. *Die Deutsche Schule, 99*(4), 504–505.

Stähling, Reinhard (2008a): Rezension zu: Astrid Kaiser 2006: Praxisbuch interkultureller Sachunterricht. Baltmannsweiler: Schneider. *Grundschule, 40*(1), 60–61.

Stähling, Reinhard (2008b): Die Grundschule Berg Fidel auf dem Weg zu einer Schule für alle. Stadt Münster: Gesund aufwachsen in Münster. Dokumentation der Stadtteilfachtagung im Oktober 2007. Veröffentlichung des Gesundheitsamts.

Stähling, Reinhard (2008c): Ein überflüssiges (?) Gedankenexperiment. *Grundschule aktuell, 103,* 11.

Stähling, Reinhard (2008d): Je homogener, desto … – Inklusive Schulpraxis im sozialen Brennpunkt. *Grundschule, 40*(11), 48–50.

Stähling, Reinhard (2009a): Ungehorsam im Schuldienst – Schritte zur Inklusiven Schule. *Grundschulzeitschrift, 23*(12), 26.

Stähling, Reinhard (2009b): Alle gleich – alle anders. Berg Fidel: Gründe und Voraussetzungen für die Umgestaltung eines Schulkonzepts. *Grundschule, 41*(1), 22–25.

Stähling, Reinhard (2009c): »Alle gleich – alle anders!« – Anliegen einer inklusiven Pädagogik. Sternberg, Thomas; Meier-Hamidi (Hrsg.), *Einwanderungsland Deutschland* (S. 89–95). Münster: Dialogverlag.

Stähling, Reinhard (2010a): Das Ende des Sitzenbleibens – Kindern »eine Stimme geben« an der Grundschule Berg Fidel in Münster. In Beutel, Silvia-Iris; Beutel, Wolfgang (Hrsg.), *Beteiligt oder bewertet? Leistungsbeurteilung und Demokratiepädagogik* (S. 243–247). Schwalbach: Wochenschau.

Stähling, Reinhard (2010b): Interkulturelle Bildung. In Kaiser, Astrid; Schmetz, Ditmar; Wachtel, Peter; Werner, Birgit (Hrsg.), *Bildung und Erziehung. Behinderung, Bildung, Partizipation. Enzyklopädisches Handbuch der Behindertenpädagogik. Band 3* (S. 217–222). Stuttgart: Kohlhammer.

Stähling, Reinhard (2010c): Grundschule ohne Ausgrenzung. Das Beispiel der Grundschule Berg Fidel Münster. In Bartnitzky, Horst; Hecker, Ulrich (Hrsg.), *Allen Kindern gerecht werden – Aufgaben und Wege* (S. 121–131). Frankfurt a. M.: Grundschulverband.

Stähling, Reinhard (2010d): Sein eigener Chef werden: Schüler bestimmen ihre Pausen selbst. In Bartnitzky, Horst; Hecker, Ulrich (Hrsg.), *Allen Kindern gerecht werden – Aufgaben und Wege* (S. 187–190). Frankfurt a. M.: Grundschulverband.

Stähling, Reinhard (2010e): Wer das Herz hat … – Zur Bedeutung des Ungehorsams für die Schulentwicklung. *Grundschule, 42*(7/8), 48–50.

Stähling, Reinhard (2010f): Gemeinschaftsgrundschule Berg Fidel, Münster – Schule im sozialen Brennpunkt – auf dem Weg zur inklusiven Teamschule. In Schneider, Lucia (Hrsg.), *Gelingende Schulen. Gemeinsamer Unterricht kann gelingen. Schulen auf dem Weg zur Inklusion* (S. 59–75). Baltmannsweiler: Schneider.

Stähling, Reinhard (2010g): Altersmischung und Inklusion – Beobachtungen in der Praxis. *Gemeinsam leben. Zeitschrift für integrative Erziehung, 18*(4), 243–252.

Stähling, Reinhard (2010h): Interkulturelle Bildung. In Kaiser, Astrid; Schmetz, Ditmar; Wachtel, Peter; Werner, Birgit (Hrsg.), *Bildung und Erziehung. Behinderung, Bildung, Partizipation. Enzyklopädisches Handbuch der Behindertenpädagogik* (S. 217–222). Band 3. Stuttgart: Kohlhammer.

Stähling, Reinhard (2011a): »*Du gehörst zu uns« – Inklusive Grundschule. Ein Praxisbuch für den Umbau der Schule* (4. erweiterte Auf.). Baltmannsweiler: Schneider.

Stähling, Reinhard (2011b): Die deutsche Schule be-hindert Lernen – Zur Diskriminierung der Schüler aus benachteiligten Lebenslagen durch das selektive Bildungswesen. *Gemeinsam leben, 19*(3), 139–145.

Stähling, Reinhard (2013a): »Differenzieren lässt sich lernen« – Wie die Grundschule Berg Fidel gelernt hat, mit Heterogenität umzugehen und Aussonderung zu unterlassen. In Müller, Susanne; Jürgens, Eiko (Hrsg.), *Ungleichheit in der Gesellschaft und Ungleichheit in der Schule – eine interdisziplinäre Sicht auf Inklusions- und Exklusionsprozesse* (S. 252–264). Weinheim: Juventa.

Stähling, Reinhard (2013b): »Geschönte Selektion« oder Inklusion? Konstruktiv-kritische Anfragen aus der Grundschule Berg Fidel in Münster. In Fischer, Christian (Hrsg.), *Schule und Unterricht adaptiv gestalten: Fördermöglichkeiten für benachteiligte Kinder und Jugendliche* (S. 133–140). Münster: Waxmann.

Stähling, Reinhard (2013c): Stoffliche Hürden und Inklusion. *Grundschule aktuell, 122,* 24–26.

Stähling, Reinhard (2013d): Klassenfahrt ohne Ali – können wir das verantworten? *Erziehung und Wissenschaft, 65*(6), 20–22.

Stähling, Reinhard (2013e): Inklusion als Kernprogramm einer »Schule für alle«. Eine Grundschule wird zu einer Schule von 1–13. *Pädagogik, 65*(9), 31–33.

Stähling, Reinhard (2014a): Mit dem Team zur Inklusion. *Grundschule, 46*(6), 12–13.

Stähling, Reinhard (2014b): Barrierefreier Unterricht. In Peters, Susanne; Widmer-Rockstroh, Ulla (Hrsg.), *Gemeinsam unterwegs zur inklusiven Schule* (S. 102–109). Frankfurt a.M.: Grundschulverband.

Stähling, Reinhard (2017a): Geflüchtete Kinder in der Schule – Herausforderungen und Lernchancen. In Kurschel, Robert (Hrsg.), *Menschenrechtsbasierte Bildung. Inklusive und Demokratische Lern- und Erfahrungswelten im Fokus* (S. 283–297). Bad Heilbrunn: Klinkhardt.

Stähling, Reinhard (2017b): »Du gehörst zu uns« – Flüchtlinge bereichern unsere Schulklassen. In Fuest, Ada (Hrsg.), *Mit Flüchtlingskindern lernen* (S. 5–31). Baltmannsweiler: Schneider.

Stähling, Reinhard (2017c): Die Primus-Schule Berg Fidel – eine Schule mit einer unvorhersehbaren Entwicklung. In Reich, Kersten (Hrsg.), *Inklusive Didaktik in der Praxis. Beispiele erfolgreicher Schulen* (S. 75–93). Weinheim: Beltz.

Stähling, Reinhard (2018a): Stoffliche Hürden und Inklusion. *Grundschule aktuell, 141,* 17–19.

Stähling, Reinhard (2018b): Lernen ohne Brüche. Erfahrungen aus der PRIMUS-Schule Berg Fidel/Geist. In Gutzmann, Marion; Lassek, Maresi (Hrsg.), *Kinder beim Übergang begleiten* (S. 231–238). Frankfurt a.M.: Grundschulverband.

Stähling, Reinhard; Wenders, Barbara (2010): Schluss mit der Aussonderung – Wege inklusiver Pädagogik am Beispiel der Grundschule Berg Fidel. In Hanke, Petra; Möwes-Butschko, Gudrun; Hein, Anna Katharina; Berntzen, Detlef; Thieltges, Andree (Hrsg.), *Anspruchsvolles Fördern in der Grundschule* (S. 115–118). Münster: Zentrum für Lehrerbildung Verlag.

Stähling, Reinhard; Wenders, Barbara (2012a): »Wie ein Sandkorn ...« Zum Inklusionsbegriff und zum Index für Inklusion. Gespräch mit Tony Booth. *Grundschule, 44*(3), 24–25.

Stähling, Reinhard; Wenders, Barbara (2012b): »*Das können wir hier nicht leisten«* – *Wie Grundschulen doch die Inklusion schaffen können. Ein Praxisbuch zum Umbau des Unterrichts.* Baltmannsweiler: Schneider.

Stähling, Reinhard; Wenders, Barbara (2013a): »Er ist nicht da, wenn er gebraucht wird, doch er ist zur Stelle, wenn er sich nützlich machen kann.« (Korczak) – Unterrichten in der Grundschule Berg Fidel. *Gemeinsam leben, 21*(3), 160–169.

Stähling, Reinhard; Wenders, Barbara (2013b): *Ungehorsam im Schuldienst. Der praktische Weg zu einer Schule für alle* (4. Aufl.). Baltmannsweiler: Schneider.

Stähling, Reinhard; Wenders, Barbara (2014): »Hier fliegt keiner raus!« – Über Freude und Halt in einer inklusiven Schulklasse der Grundschule Berg Fidel. *Zeitschrift für Individualpsychologie, 39*(3), 319–337.

Stähling, Reinhard; Wenders, Barbara (2015): *Teambuch Inklusion. Ein Praxisbuch für multiprofessionelle Teams.* Baltmannsweiler: Schneider

Stähling, Reinhard; Wenders, Barbara (2018): *Schule ohne Schulversagen.* Baltmannsweiler: Schneider

Stähling, Reinhard; Wenders, Barbara (2019): Ein Tag in der PRIMUS-Schule Berg Fidel – Geist. In Wocken, Hans (Hrsg.), *Die AUCH-Inklusion* (S. 179–198). Hamburg: Feldhaus.

Stähling, Reinhard; Wenders, Barbara (2020): Freies Forschen und Herausforderungen in der PRIMUS-Schule Berg Fidel / Geist Münster. In Boban, Ines; Hinz, Andreas (Hrsg.), *Inklusion und Partizipation in Schule und Gesellschaft* (S. 245–258). Weinheim: Beltz.

Sting, Stefan; Sturzenhecker, Benedikt (2013): Bildung und Offene Kinder – und Jugendarbeit. In Deinet,Ulrich; Sturzenhecker, Benedikt (Hrsg.), *Handbuch Offene Kinder- und Jugendarbeit* (4. überarbeitete und aktualisierte Aufl., S. 375–388). Wiesbaden: VS-Verlag für Sozialwissenschaften.

Strauß, Daniel (Hrsg.). (2011): *Studie zur aktuellen Bildungssituation deutscher Sinti und Roma. Dokumentation und Forschungsbericht.* Marburg: RomnoKher.

Taylor, Clarence (2001): *Knocking at Our Own Door: Milton A. Galamison and the Struggle to Integrate New York City Schools.* Maryland: Lexington Books.

Tempel, Andreas (2020, 07. bis 08. November): »Hier ist Gefahr im Verzug«. *Süddeutsche Zeitung, 258,* 9.

Theunissen, Georg (2012): Person-zentrierte Planung. Methodische Verfahren für eine zeitgemäße Behindertenarbeit in der Diskussion. *Zeitschrift für Heilpädagogik, 63*(2), 54–61.

Thiel, Jeremias (2020): *Kein Pausenbrot, keine Kindheit, keine Chance.* München: Piper.

Thies, Wiltrud (2016): *Inklusion jetzt! Klasse 1–4.* Hamburg: AOL.

Thies, Wiltrud (2018): *Inklusion jetzt! Klasse 5–10.* Hamburg: AOL.

Titz, Cora; Weber, Susanne; Wagner, Hanna; Ropeter, Anna; Geyer, Sabrina; Hasselhorn, Marcus (Hrsg.). (2020): *Sprach- und Schriftsprachförderung wirksam gestalten: Innovative Konzepte und Forschungsimpulse.* Stuttgart: Kohlhammer.

Töpler, Michael (2018): Der Übergang von der Grundschule in die Sek I. Wie möchten

Eltern den Übergang mitgestalten – gestaltet wissen? In Gutzmann, Marion; Lassek, Maresi (Hrsg.), *Kinder beim Übergang begleiten* (S. 114–122). Frankfurt a. M.: Grundschulverband.

Trendel, Georg (2018): Der Lehrplannavigator in den MINT-Fächern. *SchulVerwaltung NRW, 29*(2), 58–60.

Trumpa, Silke; Franz, Eva-Kristina; Greiten, Silvia (2016): Forschungsbefunde zur Kooperation von Lehrkräften. *Die Deutsche Schule, 108*(1), 80–92.

Trumpa, Silke; Wittek, Doris; Sliwka, Anne (2017): *Die Bildungssysteme der erfolgreichsten PISA-Länder*. Münster: Waxmann.

Ullrich, Heiner (2013): Religiosität / Spiritualität. In Keim, Wolfgang; Schwerdt, Ulrich (Hrsg.), *Handbuch der Reformpädagogik in Deutschland. Band 1* (S. 499–532). Frankfurt a. M.: Peter Lang.

UNESCO (2017) Für eine inklusive Bildung in Deutschland. In Wocken, Hans (Hrsg.), *Beim Haus der inklusiven Schule* (S. 293–295). Hamburg: Feldhaus.

UNESCO (2019): Framework for the implementation of Education for Sustainable Development (ESD) beyond 2019. https://unesdoc.unesco.org/ark:/48223/pf0000370215.locale=en (06.09.2021).

Velten, Katrin (2019): HandlungsSpielRäume – Selbstwirksamkeitserfahrungen von Kindern in Kindertageseinrichtung und Grundschule. *Zeitschrift für Grundschulforschung,* (12), 165–179.

Velten, Katrin; Schroeder, Rene; Miller, Susanne (2019): Kinder mit BISS – Erleben von Selbstwirksamkeit und Interesse in der Grundschule. In: Donie, Christian; Foerster, Frank; Obermayr, Marlene (Hrsg.), *Grundschulpädagogik zwischen Wissenschaft und Transfer* (Jahrbuch Grundschulforschung) (S. 227–232). Wiesbaden: Springer VS.

Vieluf, Ulrich (2021): Gemeinschaftsschule Berlin als Prototyp einer inklusiven Schule? *Die Schule für alle, 2*(1), 25–31.

Villa, Richard A.; Thousand, Jacqueline S. (2000): *Restructuring for Caring and Effective Education* (2. Aufl.). Baltimore: Brookes.

Vygotskij, Lew (2003a [1987]): *Ausgewählte Schriften. Band 1*. Herausgegeben von Joachim Lompscher. Köln: Pahl Rugenstein (1987); Berlin: Lehmanns Media.

Vygotskij, Lew (2003b [1987]): Ausgewählte Schriften. Band 2. Herausgegeben von Joachim Lompscher. Köln, Berlin: Pahl Rugenstein und Lehmanns Media.

Vygotskij, Lew (2017): *Denken und Sprechen*. Herausgegeben von Joachim Lompscher, Joachim und Georg Rückriem. Weinheim: Beltz.

Wagenschein, Martin (1968): *Verstehen lehren. Genetisch – Sokratisch – Exemplarisch.* Weinheim: Beltz.

Walitzek, Eva (2020): Unterricht in Zeiten von Corona. *bildungspezial,* (2), 27–30.

Waniek, Dorothea (2013): Dyskalkulie. In Feuser, Georg; Kutscher, Joachim: *Entwicklung und Lernen* (S. 322–326). Stuttgart: Kohlhammer.

Weber, Christoph; Winklhofer, Ursula; Bacher, Johann (2008): Partizipation von Kindern in der Grund- und Sekundarschule. In Alt, Christian (Hrsg.), *Kinderleben – Individuelle Entwicklungen in sozialen Kontexten. Band 5: Persönlichkeitsstrukturen und ihre Folgen* (S. 317–343). Wiesbaden: VS Verlag für Sozialwissenschaften/Springer Fachmedien Wiesbaden GmbH Wiesbaden.

Weishaupt, Horst (2016): Schulen in schwieriger Lage und Schulfinanzierung. *Die Deutsche Schule, 108*(4), 354–369.

Weishaupt, Horst; Kemper, Thomas (2016): Stellenzuweisung über einen Sozialindex. *SchulVerwaltung NRW, 27*(12), 341–343.

Weisser, Jan (2007): Das Besondere der Erziehung. Theoriepolitik in der Sonderpädagogik 1950-2000. *Behindertenpädagogik, 46*(1), 3–18.

Weiß, Hans (2016): Armut. In Hedderich, Ingeborg; Biewer, Gottfried; Hollenweger, Judith; Markowetz, Reinhard (Hrsg.), *Handbuch Inklusion und Sonderpädagogik* (S. 417–422). Bad Heilbrunn: Klinkhardt.

Weitzel, Christa (2004): »Es liegt nicht nur an der Kompetenz, es sind (…) so schwierige Kinder in der Klasse.« Der Blick auf Grundschulkinder in der Regelschule – eine empirische Studie zur Alltagspraxis von Grundschullehrerinnen. In Carle, Ursula; Unckel, Anne (Hrsg.), *Entwicklungszeiten* (S. 129–134). Wiesbaden: VS Verlag für Sozialwissenschaften.

Wenders, Barbara (2009): Ein Hauch Woodstock täte gut. *Grundschule, 41,* 30–32.

Wenders, Barbara (2013): Kinder mit herausforderndem Verhalten. In mittendrin e.V. (Hrsg.), *Alle mittendrin!* (S. 181–188). Mühlheim a.d.R.: Verlag an der Ruhr.

Wenders, Barbara (2018a): Der Übergang von der KiTa in die Grundstufe der Primus-Schule. In Gutzmann, Marion; Lassek, Maresi (Hrsg.), *Kinder beim Übergang begleiten* (S. 129–136). Frankfurt a.M.: Grundschulverband.

Wenders, Barbara (2018b): Der Übergang nach Klasse 4. Erfahrungen im traditionellen System und aus der PRIMUS-Schul-Entwicklung. In Gutzmann, Marion; Lassek, Maresi (Hrsg.), *Kinder beim Übergang begleiten* (S. 137–146). Frankfurt a.M.: Grundschulverband.

Wenders, Barbara (2020): Eigene Gefühle mit Gefühlskarten zur Sprache bringen. *Philosophie und Ethik in der Grundschule, 1*(1), 9–11.

Wenders, Hella (2011): *Berg Fidel*. Dokumentarfilm. W-Film.

Wenders, Hella (2017): *Schule, Schule – die Zeit nach Berg Fidel*. Dokumentarfilm. Augenschein.

Wenders, Wim (2019): Kann Photografieren ein Akt des Friedens sein? Laudatio aus Anlass der Verleihung des Friedenspreises des Deutschen Buchhandels an Sebastião Salgado. In Börsenverein des Deutschen Buchhandels (Hrsg.), *Sebastião Salgado* (S. 29–43). Frankfurt a.M.: MVB-Verlag.

Wernicke, Christian (2020, 14. April): Angst vor dem »Durchseuchungsort«. *Süddeutsche Zeitung,* 86, 5.

Werning, Rolf (2011): Kompetenzzentren für sonderpädagogische Förderung im Bereich der Lern- und Entwicklungsstörungen in Nordrhein-Westfalen. Gutachten für das Schulministerium NRW.

Werning, Rolf; Lütje-Klose, Birgit (2006): *Einführung in die Pädagogik bei Lernbeeinträchtigungen*. München: Ernst Reinhardt.

Widmer-Rockstroh, Ulla (2018): Gemeinsam – Gegliedert: Gerecht? Die Bedeutung des gegliederten Schulsystems in Deutschland für die Lernentwicklung der Schülerinnen und Schüler. In Gutzmann, Marion; Lassek, Maresi (Hrsg.), *Kinder beim Übergang begleiten* (S. 269–285). Frankfurt a.M.: Grundschulverband.

Wocken, Hans (2007): Fördert Förderschule? Eine empirische Rundreise durch Schulen für »optimale Förderung«. In Demmer-Diekmann, Irene; Textor, Annette (Hrsg.), *Integrationsforschung und Bildungspolitik im Dialog* (S. 35–59). Bad Heilbronn: Klinkhardt.

Wocken, Hans (2010): Architektur eines inklusiven Bildungswesens. *Gemeinsam Lernen, 18*(3), 167–178.

Wocken, Hans (2011): *Das Haus der inklusiven Schule*. Hamburg: Feldhaus.

Wocken, Hans (2013): *Zum Haus der inklusiven Schule*. Hamburg: Feldhaus.

Wocken, Hans (2016): *Am Haus der inklusiven Schule*. Hamburg: Feldhaus.

Wocken, Hans (2017a): *Beim Haus der inklusiven Schule*. Hamburg: Feldhaus.

Wocken, Hans (2017b): Demokratie leben und lernen im Klassenrat. In ders., *Beim Haus der inklusiven Schule* (S. 9–32). Hamburg: Feldhaus.

Wocken, Hans (2017c): Das Präsenz-Professionalitäts-Dilemma. In ders., *Beim Haus der inklusiven Schule* (S. 251–292). Hamburg: Feldhaus.

Wocken, Hans (2018): *CONTRA Inklusionskritik. Eine Apologie der Inklusion*. Hamburg: Feldhaus.

Wocken, Hans (2020): Die Grundschule – eine inklusive Schule. In Hecker, Ulrich; Lassek, Maresi; Ramseger, Jörg (Hrsg.), *Über die Fächer hinaus: Prinzipien und Perspektiven* (S. 237–247). Frankfurt a. M.: Grundschulverband.

Wocken, Hans; Antor, Georg (1987): *Integrationsklassen in Hamburg*. Solms-Oberbiel: Jarick.

Woellert, Franziska; Kröhnert, Steffen; Sippel, Lilli; Klingholz, Reiner (2009): *Ungenutzte Potenziale. Zur Lage der Integration in Deutschland*. Berlin: Berlin-Institut für Bevölkerung und Entwicklung

Wrase, Michael (2020): Ausstattung von Lehrkräften mit digitalen Arbeitsgeräten an Schulen in NRW. *SchulVerwaltung NRW, 31*(6), 175–176.

Wüllenweber, Ernst (2011): Verhaltensauffälligkeiten und psychische Störungen – eine entpathologisierende Sicht aus dem Empowermentparadigma. *Zeitschrift für Heilpädagogik, 62*(8), 305–314.

Wünsche, Konrad (1979): *Die Wirklichkeit des Hauptschülers*. Frankfurt a. M.: Fischer.

Xylander, Birgit (2008): Individualisierung als Prinzip der Gemeinschaftsschule und neue Formen der Lerndokumentation. Das Beispiel Winterhude in Hamburg. In Preuss-Lausitz, Ulf (Hrsg.), *Gemeinschaftsschule – Ausweg aus der Krise?* (S. 94–109). Weinheim: Beltz.

Xylander, Birgit (2020): Herausforderungen – Lernen durch Partizipation und Engagement. In: Boban, Ines; Hinz, Andreas (Hrsg.), *Inklusion und Partizipation in Schule und Gesellschaft* (S. 259–271). Weinheim: Beltz.

Zenke, Christian Timo (2020): »Vom Klassenzimmer zur Lernlandschaft?« *Die Deutsche Schule, 112*(3), 338–353.

Zick, Andreas; Küpper, Beate; Berghan, Wilhelm (2019): *Verlorene Mitte – Feindselige Zustände. Rechtsextreme Einstellungen in Deutschland 2018/19*. Bonn: Dietz.

Zymek, Bernd (2017): Die Zukunft des Lehrerberufs in Deutschland – was wir dazu aus der Geschichte wissen können. *Die Deutsche Schule, 109*(1), 209–222.

Frank J. Müller (Hg.)

Blick zurück nach vorn – WegbereiterInnen der Inklusion

Band 1: Alfred Sander, Hans Eberwein, Helmut Reiser, Jutta Schöler, Rainer Maikowski, Reimer Kornmann, Ulf Preuss-Lausitz, Ulrike Schildmann und Wolfgang Jantzen

2018 · 365 Seiten · Broschur
ISBN 978-3-8379-2772-6

Die Interviewten zeichnen dabei die Entstehungsgeschichte des Gemeinsamen Unterrichts vor dem Hintergrund ihrer eigenen biografischen Entwicklung nach und skizzieren in der Zusammenschau die Entwicklung bis zur Gegenwart. Die Interviews zeigen auf, in welchem Umfang Erfahrungen mit dem Gemeinsamen Unterricht bestehen, inwieweit aus der jeweiligen Sicht des Interviewten Entwicklungen rückläufig sind und wo Chancen und Anknüpfungspunkte für die Zukunft gesehen werden. Ergänzt werden die jeweiligen Interviews durch je einen repräsentativen Artikel des Interviewten und durch ausgewählte Literaturlisten. Das Interviewprojekt demonstriert, dass zu Inklusion und Gemeinsamem Unterricht langjährige umfangreiche Erfahrungen vorliegen, auf denen in Zukunft aufgebaut werden kann.

Im Rahmen des Projekts Blick zurück nach vorn werden führende WissenschaftlerInnen aus dem Bereich Integrationspädagogik zu ihren persönlichen Erfahrungen, zu ihrem eigenen Zugang zum Themenfeld Inklusion, zu ihren Forschungsschwerpunkten sowie zu künftigen Herausforderungen befragt.

Der erste Band enthält Interviews und Begleitmaterial von Alfred Sander, Hans Eberwein, Helmut Reiser, Jutta Schöler, Rainer Maikowski, Reimer Kornmann, Ulf Preuss-Lausitz, Ulrike Schildmann und Wolfgang Jantzen.

Walltorstr. 10 · 35390 Gießen · Tel. 0641-969978-18 · Fax 0641-969978-19
bestellung@psychosozial-verlag.de · www.psychosozial-verlag.de

Georg Feuser (Hg.)

Inklusion – ein leeres Versprechen?

Zum Verkommen eines Gesellschaftsprojekts

Februar 2017 · 288 Seiten · Broschur
ISBN 978-3-8379-2570-8

Die aktuelle Inklusionsdebatte zeichnet sich durch ein heterogenes Begriffsverständnis und die widersprüchliche Umsetzung der Inklusion und Integration in Kindergärten und Schulen aus. Daran hat auch die UN-Behindertenrechtskonvention nichts geändert. Die AutorInnen decken auf, dass der zwingend erforderliche strukturelle Umbau des institutionalisierten Bildungssystems politisch nicht gewollt ist und dass die Frage der Voraussetzungen für eine inklusionskompetente Pädagogik und Didaktik in Fachdiskursen zentraler historischer und humanwissenschaftlicher Grundlagen entbehrt und nach wie vor eine eher untergeordnete Stellung einnimmt. Die BeiträgerInnen zeigen, wie sich Solidarität, Bildungsgerechtigkeit und eine grundlegende anerkennungsbasierte Gleichberechtigung auch praktisch realisieren lassen und wie materielle und geistige Barrieren überwunden werden können. Sie legen strukturelle Gewalt- und politische Herrschaftsverhältnisse offen und entlarven die »Zwangsinklusion« in Sondersysteme und marginale Bereiche der Gesellschaft. Mit Inklusion geht es um Exklusion aus diesen Systemen. Nur mithilfe einer kritischen Humanwissenschaft kann dem vagen Begriff der Inklusion seine Bedeutung zurückgegeben werden und der Integrationsbegriff neu verstanden werden.

Mit Beiträgen von Georg Feuser, Erich Otto Graf, Wolfgang Jantzen, Willehad Lanwer, Erwin Reichmann-Rohr, Peter Rödler und Anne-Dore Stein

Walltorstr. 10 · 35390 Gießen · Tel. 0641-969978-18 · Fax 0641-969978-19
bestellung@psychosozial-verlag.de · www.psychosozial-verlag.de

▦ **Psychosozial-Verlag**

David Zimmermann

Traumapädagogik in der Schule
Pädagogische Beziehungen mit schwer belasteten Kindern und Jugendlichen

November 2016 · 200 Seiten · Broschur
ISBN 978-3-8379-2585-2

Kinder und Jugendliche, die Extremerfahrungen wie Gewalt, wiederkehrende Trennungen oder Flucht erlitten haben, stellen für PädagogInnen eine besondere Herausforderung dar. Die traumatischen Erfahrungen spiegeln sich in den pädagogischen Beziehungen wider, die durch eine erhebliche emotionale Beteiligung und Belastung der Betroffenen, Peers und Fachkräfte gekennzeichnet sind.

David Zimmermann beschreibt mithilfe sonder- und psychoanalytisch-pädagogischer Theorien sowie intensiver forschungsbasierter Falldarstellungen die genauen Merkmale traumatisch beeinträchtigter pädagogischer Beziehungen. Hierbei muss nicht nur das vergangene Leid der Kinder und Jugendlichen bedacht werden, sondern auch ihre aktuellen zwischenmenschlichen und gesellschaftlichen Erfahrungen, die die Grundlage ihres Erlebens darstellen. Mit dieser Verknüpfung von Forschung und Praxis lassen sich zentrale Elemente gelingender traumapädagogischer Arbeit in der Schule herausarbeiten. Abschließend werden Schlussfolgerungen für LehrerInnenbildung und die Institutionsgestaltung aufgezeigt.

Walltorstr. 10 · 35390 Gießen · Tel. 0641-969978-18 · Fax 0641-969978-19
bestellung@psychosozial-verlag.de · www.psychosozial-verlag.de